lonely planet

Londres

Édition écrite et actualisée par

Steve Fallon, Damian Harper, Lauren Keith,
MaSovaida Morgan, Tasmin Waby

Sommaire

COVID-19

Au moment où nous terminions l'édition de ce guide, la pandémie de Covid-19 impactait fortement le monde du voyage. Les informations que vous trouverez dans cet ouvrage sont donc susceptibles de changements.

Renseignez-vous bien avant votre départ car la situation aura probablement évolué quand vous préparerez votre voyage.

Tour de Londres p. 135
Un garde de Sa Majesté.

Le petit-déjeuner anglais p. 46
Pour bien commencer la journée...

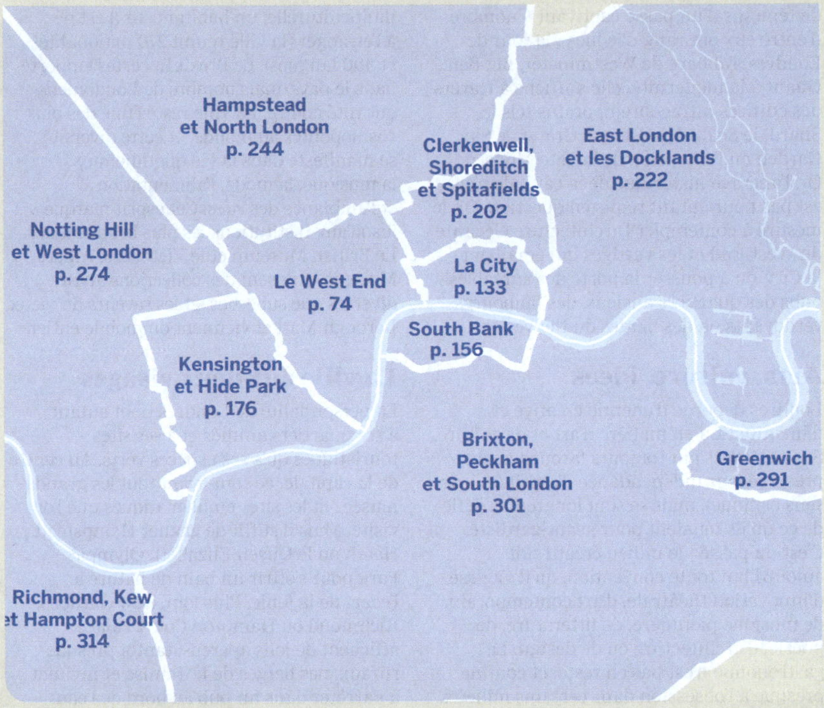

Bienvenue à Londres

Amateurs d'histoire et de culture, fins gastronomes, fêtards, fashionistas ou instagrammeurs compulsifs : chacun aura son content dans la capitale britannique.

Témoins de l'histoire

Les monuments de Londres sont autant de témoins d'un passé captivant – nombre d'entre eux ont rang d'icônes : la tour de Londres, l'abbaye de Westminster, Big Ben... Quant à la modernité, elle s'affiche à travers des édifices ultracontemporains tels le Shard, le Scalpel, le Cheese Grater, le Sky Garden ou l'extension de la Tate Modern. Or, l'ancrage historique de la capitale n'en est pas pour autant remis en question. On le mesure à contempler l'architecture élégante du West End et les vestiges qui émaillent la City, ou à pousser la porte des agréables pubs des quartiers anciens, des faubourgs verdoyants ou des berges du fleuve.

Arts, culture, idées

Londres déborde d'énergie créative et d'imagination en matière d'art et de culture. Ses habitants ont toujours farouchement préservé leur indépendance d'esprit (et leur sens critique), mais se sont longtemps défié de ce qu'ils tenaient pour avant-gardiste. C'est du passé : le milieu créatif fuit aujourd'hui toute convention, qu'il s'agisse d'innovation théâtrale, d'art contemporain, de musique pionnière, de littérature, de poésie, d'architecture ou de design. La gastronomie n'est pas en reste, et confine presque à l'obsession dans certains milieux.

Diversité

Dans cette métropole profondément multiculturelle, un habitant sur 3 est né à l'étranger (la ville réunit 270 nationalités et 300 langues). Le Brexit l'a certes emporté dans le pays, mais nombre de Londoniens ont voté contre. La ville reste l'une des plus cosmopolites au monde, et cette diversité se manifeste dans la vie quotidienne, la musique, la mode, l'alimentation et l'ambiance des rues. Cet esprit marque jusqu'aux institutions les plus britanniques. Le British Museum et le Victoria & Albert Museum exposent des collections aussi diverses que superbes, et les saveurs du vieux Borough Market viennent du monde entier.

La ville aux deux visages

La personnalité de Londres tient autant à ses quartiers animés et à ses sites touristiques qu'à ses espaces verts. Au centre de la capitale, ce sont avant tout les grands musées et les sites emblématiques que l'on visite. Mais il suffit de gagner Hampstead Heath ou le Queen Elizabeth Olympic Park pour s'offrir un bain de nature à l'écart de la foule. Plus loin, Kew Gardens, Richmond ou Hampton Court Palace affichent de jolis aperçus, tantôt presque ruraux, des berges de la Tamise et invitent à s'arrêter dans un pub au bord de l'eau.

Pourquoi j'aime Londres

Par Damian Harper, auteur

C'est à Londres, ville de grands parcs, de places arborées, de pubs au bord de l'eau, toute en diversité, énergie et découvertes incessantes, que je suis né et que j'ai grandi. C'est mon chez-moi, mon lieu préféré. Londres change aussi radicalement que ses quatre saisons, bien marquées, mais optimisme, enthousiasme et créativité y dominent toute l'année. C'est une ville à part. Je vis aujourd'hui en lisière de cette grande métropole, mais quand je reviens en son cœur, le frisson, le tohu-bohu et l'enthousiasme contagieux me sont aussitôt familiers.

Pour en savoir plus sur nos auteurs, reportez-vous p. 500

Ci-dessus : lion de Trafalgar Square (p. 91) et Big Ben (p. 85)

Le Top 16 de Londres

1

British Museum (p. 79)

1 Avec près de 6 millions de visiteurs chaque année, le British Museum, à Bloomsbury, est le site touristique le plus fréquenté du pays. Ses célèbres collections d'antiquités, d'œuvres d'art et de trésors divers sont si étendues qu'elles semblent promettre des découvertes quasi inépuisables. Si vous ne savez pas par où commencer, les visites guidées "Highlights" ou "Eye-opener" vous présenteront les pépites du musée. Quoi qu'il en soit, ne manquez pas de jeter un œil aux momies et à la pierre de Rosette, qui a permis de déchiffrer les hiéroglyphes.

West End

Tate Modern (p. 158)

2 Grand temple de l'art moderne et contemporain, ce musée tire avantage d'un emplacement superbe au bord de la Tamise. Aménagée dans une centrale électrique désaffectée (l'ancienne Bankside Power Station), la Tate Modern est un modèle de modernité, de reconversion architecturale et d'accessibilité. La collection permanente est gratuite. Depuis 2016, une nouvelle extension du musée, évoquant une ziggourat, fournit 60% d'espace d'exposition supplémentaire, ainsi qu'un nouveau point de vue sur Londres (gratuit). L'art conceptuel à travers des installations et des performances.

South Bank

CLAUDIO DIVIZIA/SHUTTERSTOCK ©

2

ANDY STAGG/VIEW PICTURES/UNIVERSAL IMAGES GROUP VIA GETTY IMAGES © ARCHITECTS: HERZOG & DE MEURON ©

3

4

National Gallery
(p. 87)

3 Au cœur de Londres, ce musée national consacré à la peinture européenne, du Moyen Âge au XIXᵉ siècle, est l'un des plus grands du genre au monde et s'enorgueillit d'un fonds exceptionnel. On y admire des chefs-d'œuvre de Léonard de Vinci, de Michel-Ange, de Titien ou de Velázquez, mais aussi de peintres anglais comme Gainsborough, Constable ou Turner, ou d'impressionnistes et de postimpressionnistes (Van Gogh, Cézanne, Monet et Renoir notamment). Le remarquable restaurant du musée permet de conclure la visite en beauté.

West End

Shakespeare's Globe *(p. 160)*

4 Cette reconstitution du Globe offre une plongée unique dans l'époque élisabéthaine. Pour vous mettre dans la peau d'un spectateur d'alors, achetez une place de parterre debout, et suivez le spectacle depuis l'espace à ciel ouvert situé devant la scène (soyez prêt à braver la météo !). Sinon, offrez-vous un fauteuil de balcon, un peu plus cher. Le théâtre est un bijou d'authenticité jusque dans sa structure sans clous, ses poutres en chêne, ses menuiseries et sa toiture en chaume conformes à celles du Globe original (les extincteurs constituent une touche de modernité bienvenue). Les amateurs de Shakespeare seront aux anges.

South Bank

Tour de Londres
(p. 135)

5 Peu de sites au Royaume-Uni sont autant imprégnés d'histoire, de légendes et de superstitions que cette forteresse, dont l'intérêt est loin de se limiter à son architecture grandiose. On peut y contempler l'un des plus gros diamants du monde et d'étincelantes armes et armures ; profiter d'une visite sous la conduite des Yeomen Warders (ou "Beefeaters"), ces guides fièrement sanglés dans leur uniforme Tudor ; et écouter en frissonnant le récit de l'histoire sanglante de la Tour. Prévoyez d'arriver tôt, pour passer au moins une demi-journée sur place.

La City

Victoria & Albert Museum

(p. 178)

6 Ce gigantesque musée situé dans l'élégant quartier de South Kensington renferme une collection exceptionnelle d'arts décoratifs et de design. Sa variété et son étendue sont immenses : tissus islamiques, statues chinoises antiques, photographies, mode, œuvres de Raphaël, classiques du design contemporain (créations Apple ou chaussures Nike)... Sans oublier l'architecture du musée, qui vaut à elle seule la visite.

Kensington et Hyde Park

Pubs londoniens *(p. 53)*

7 Les pubs comme le Lamb & Flag sont à Londres ce que les cafés sont à Paris. La culture du pub est inscrite dans l'ADN de la ville, et ces établissements où flotte l'odeur du houblon sont les meilleurs endroits où côtoyer les habitants dans leur élément. Les pubs sont la pierre angulaire de toute bonne soirée dans la capitale, surtout depuis que leurs horaires ont été étendus au milieu des années 2000. On y vient aussi le week-end pour déjeuner en famille. Jadis raillés par les gourmets, les pubs ont élevé leur degré d'exigence, et certains *gastropubs*, remarquables, n'ont rien à envier à bien des tables réputées !

West End

6

7

8

Spectacles du West End (p. 126)

8 Le West End est le quartier des comédies musicales. Un séjour à Londres ne saurait être complet sans vivre l'expérience *Mamma Mia!*, *Les Misérables* ou *Le Fantôme de l'Opéra*. Si les comédies musicales ne vous tentent pas, d'autres solutions sont possibles : théâtre, danse, opéra, concerts intimistes ou grosses affiches, soirées jazz comme au Ronnie Scott's... Londres est vraiment un haut lieu en matière de spectacles. Réservez bien à l'avance si vous en avez un spécifique en tête ou achetez vos places à la dernière minute pour profiter des bonnes affaires.

À GAUCHE : *WAITRESS* À L'ADELPHI THEATRE

☆ ***West End***

Camden Town

(p. 254)

9 Une plongée dans ce quartier à la mode de North London, à l'écart des grands sites du centre, est une étape obligée pour aborder le *spirit of London*. Si Camden Market – en réalité la réunion de 3 marchés – prend parfois des allures de piège à touristes chaotique, il est très plaisant d'y flâner d'étal en étal, tout en picorant des mets venus des quatre coins du globe. Le soir venu, les oiseaux de nuit affluent de toute la ville, attirés par l'excellente offre musicale de Camden, ses pubs et sa vie nocturne trépidante.

EN BAS : CAMDEN LOCK MARKET (P. 272)

Hampstead et North London

Natural History Museum

(p. 182)

10 Un *Tyrannosaurus rex* mécanisé et rugissant, de passionnantes expositions consacrées à notre planète, l'exceptionnel Darwin Centre et une nef semblable à celle d'une cathédrale : le Muséum d'histoire naturelle incarne la fabuleuse imagination de ses conservateurs. S'il vise avant tout un public d'enfants, les adultes n'en seront pas moins captivés. Donnant un coup de jeune à l'institution, le Hintze Hall a fait peau neuve en 2017 et accueille désormais le squelette d'une baleine bleue en plein plongeon, ainsi que de nouvelles expositions. En hiver, une foule de patineurs évolue sur la glace scintillante de la patinoire aménagée près de la pelouse est.

Kensington et Hyde Park

Vue du ciel

11 Peut-être aurez-vous vu Londres d'en haut en atterrissant à l'aéroport de Heathrow, mais l'on profite bien mieux du panorama depuis certains points élevés de la ville. Un jour de beau temps, montez à bord du London Eye, grimpez au sommet de la cathédrale Saint-Paul ou jusqu'aux plateformes d'observation du Shard, du Sky Garden, de Monument, du Garden at 120, ou encore rendez-vous au Royal Observatory de Greenwich Park ou à Up at the O2. Dans tous les cas, le spectacle est mémorable. Sinon, vous pouvez aussi vous offrir un cocktail avec vue à l'Aqua Shard ou au Duck & Waffle.

La City

9

10

11

Kew Gardens *(p. 320)*

12 Une pagode chinoise du XVIIIe siècle de 10 étages ou encore une porte de temple japonais, au beau milieu d'une des collections botaniques les plus extraordinaires au monde... Kew Gardens est un lieu chéri des Londoniens, avec sa Palm House (entre autres serres du XIXe siècle), ses jardins d'hiver, sa passerelle dans la canopée, ses folies et sa variété incroyable de plantes. Des aires de jeux font le bonheur des enfants. On peut facilement consacrer une journée entière à explorer les lieux, mais un petit train permet de découvrir les principaux sites d'intérêt en moitié moins de temps.

À DROITE : LA GRANDE PAGODE (P. 322) DE KEW GARDENS

Richmond, Kew et Hampton Court

12

13

Hampton Court Palace (p. 316)

13 Hampton Court n'est plus la résidence de la famille royale, mais n'a rien perdu de sa splendeur, à l'intérieur comme à l'extérieur. Ce magnifique palais de style Tudor, édifié par le cardinal Thomas Wolsey, fut cédé par lui à Henri VIII vers 1529, puis agrandi au XVIIe siècle par Christopher Wren. Sa visite permet d'en apprécier les différents styles architecturaux. Ne manquez pas les cuisines Tudor, qui nourrissaient en leur temps les 1 200 membres de la cour du roi Henri, et gardez du temps pour la visite des somptueux jardins, avec leur labyrinthe.

Richmond, Kew et Hampton Court

Londres gastronomique (p. 43)

14 Ne croyez pas ceux qui vous parleront de la cuisine britannique comme d'une cause perdue. Il y a bien longtemps que Londres montre la voie dans le domaine, en proposant un kaléidoscope culinaire inégalé en Europe. Si les cuisines indienne et asiatique en général ont la part belle dans la capitale, ne ratez pas l'occasion de goûter à la cuisine britannique traditionnelle ou moderne, dans un bon *gastropub* ou un restaurant raffiné, comme le Dinner by Heston Blumenthal. Pour les becs sucrés, s'offrir un *afternoon tea* ou une douceur issue de l'une des nombreuses pâtisseries est un must.

Kensington et Hyde Park

Hyde Park *(p. 184)*

15 Londres a l'attrait de parcs exceptionnels. À lui seul, Hyde Park s'étend sur 142 ha. Avec les jardins de Kensington adjacents, c'est un lieu de promenade idéal et très central, où l'on trouve un palais royal, des transats, mais aussi des barques à louer, des concerts en plein air, une galerie d'art, des arbres somptueux et même… un élégant mémorial de granit dédié à la princesse Diana, ou encore le très pompeux mémorial au prince Albert, situé face à la majestueuse silhouette de l'Albert Hall.

Kensington et Hyde Park

Abbaye de Westminster *(p. 76)*

16 Les amateurs d'architecture médiévale s'émerveilleront devant ce chef-d'œuvre du gothique anglais. Cette abbaye est le lieu où sont sacrés les souverains anglais et où se déroulent d'autres grands événements de la famille royale. Chaque recoin est chargé d'histoire. Parmi ses fleurons, citons la plus vieille porte du Royaume-Uni, le coin des poètes, le trône du couronnement, le cloître du XIVe siècle, le jardin vieux de 900 ans, les sépultures royales… Le lieu est très visité, mieux vaut donc s'y rendre tôt pour éviter une trop longue file d'attente.

West End

15

16

Quoi de neuf ?

Quoi de neuf à Londres ? Difficile de répondre, tant la ville ne cesse de se réinventer. Révolutions architecturales, projets d'art public, numérisation des échanges monétaires, scène gastronomique en évolution rapide, tout n'est que changement dans la capitale d'une nation désormais hors de l'UE.

Le véganisme a le vent en poupe

Le véganisme gagne du terrain dans la capitale britannique, au point qu'elle est désormais la ville comptant le plus de restaurants végétaliens au monde (152). C'est sans compter la myriade de restaurants non végétariens proposant des plats végétaliens ; même Greggs, le roi du hot-dog, sert une version végétalienne depuis 2019, et c'est un succès !

La médecine à l'honneur : The Wellcome Collection au Science Museum

S'étendant sur une surface où l'on pourrait installer 1 500 lits d'hôpitaux, ce nouvel espace d'exposition, qui a coûté 24 millions de livres, constitue une évolution majeure du Science Museum. C'est la plus grande collection consacrée à la médecine au monde, avec plus de 3 000 objets exposés, dont le premier scanner IRM de la planète.

La revitalisation de King's Cross

La réhabilitation du quartier de King's Cross se poursuit à un rythme soutenu, et le secteur est en passe de devenir l'un des plus cools de Londres. Plus d'infos sur www.kingscross.co.uk/the-story-so-far.

La plus grande galerie marchande d'Europe

Westfield, à Shepherd's Bush, est la plus grande galerie marchande d'Europe, depuis des travaux d'agrandissement à 600 millions de livres. Elle abrite un scintillant showroom Tesla et l'excellent Kidzania (p. 289), où les enfants jouent à se prendre pour des adultes.

Silo

Dédié corps et âme au développement durable et à l'innovation éthique, le Silo (p. 235), premier restaurant zéro déchets au monde, est né en Australie en 2011

100% LOCAL

L'ÉCHO DE LA RUE

Damian Harper, auteur Lonely Planet

Malgré l'ombre du Brexit planant au-dessus de Londres depuis plus de 3 ans, on parle dans les dîners des fluctuations des prix de l'immobilier, de la pandémie de Covid, des attaques au couteau, de la pollution automobile et du réchauffement climatique. Les Londoniens se plaignent aussi à toute heure de l'augmentation des loyers, des vicissitudes des transports en commun et de la disparition des pubs. Mais le traditionnel optimisme londonien perdure : la ville se mue peu à peu en paradis végan, et avec 87 restaurants étoilés au Michelin, la haute cuisine fait saliver plus d'un habitant. Côté transports, la voiture cède de plus en plus de place au vélo, qui fait tous les jours des émules !

avant d'ouvrir sur les côtes anglaises, à Brighton, en 2014, puis de poser ses valises à Hackney Wick en novembre 2019. Mobilier, assiettes, décoration… tout est en matériaux recyclés.

Japan House

Superbe hommage à l'art, à la culture et au design du Japon, cet espace ultra-chic sur deux niveaux (p. 287), avec au sommet un restaurant japonais, est un nouvel arrivant bienvenu de Kensington High Street.

Londres sans alcool

La sobriété est à la mode chez la jeune génération, donnant naissance à une scène nocturne sans excès. Pubs, bars et autres établissements dédiés à cette clientèle se multiplient, et les cartes de cocktails sans alcool ne cessent de s'allonger.

Tous à vélo !

La concurrence devient rude pour Santander (les "Boris Bikes"), l'opérateur historique de vélos partagés. Électriques ou non, les vélos de Jump, Lime, Freebike et d'autres envahissent les rues de Londres.

Les ponts en lumière

Dans le cadre de l'installation artistique Illuminated River (illuminatedriver.london), ce sont 14 ponts de la capitale qui s'illumineront à terme toutes les nuits, offrant aux Londoniens et aux touristes l'occasion d'admirer la Tamise comme jamais auparavant. L'opération a été lancée en 2019 avec la mise en lumière (dernières technologies LED) de 4 ponts et 9 brillaient de mille feux au printemps 2021.

Garden at 120

De tous les points de vue sur la *skyline* de Londres apparus ces dernières années, ce jardin suspendu (p. 144) est le plus vaste. Le panorama sur l'architecture d'avant-garde de la capitale et ses gratte-ciel les plus emblématiques y est exceptionnel.

La fin du cash ?

La transition vers des transactions 100% numériques est bien plus avancée à Londres qu'ailleurs au Royaume-Uni. Les retraits en espèces ont chuté de près de 9% lors des 4 premiers mois de 2019, et de nombreux bars et restaurants n'acceptent plus les règlements en liquide. Ne sortez pas sans carte bancaire !

ÉCOUTER, REGARDER ET SUIVRE

Inspiration et actualité vous attendent sur www.lonelyplanet.com/england/london/articles.

Insta @prettylittlelondon Superbes photos de Londres.

Insta @londonist.com Londres jusqu'au bout des ongles.

Secret London (secretldn.com). Londres hors des sentiers battus.

London on the Inside (londontheinside.com). Dernières tendances à Londres.

EN BREF

Tendance gastronomique Véganisme

Nombre de voyageurs quotidiens dans le *Tube* Jusqu'à 5 millions

Pourcentage d'espaces verts 47%

Population 8,9 millions d'habitants

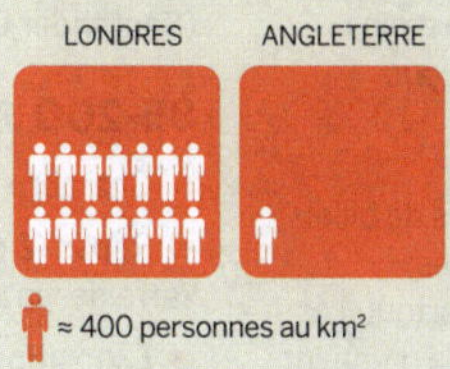

Museum of the Home

Fermé depuis des années, le Geffrye Museum devrait avoir rouvert sous le nom de Museum of the Home (p. 204) quand vous lirez ces lignes. Les salles de cet ancien hospice ont été remodelées dans les moindres détails comme aux XVIIIe et XIXe siècles. À ne pas manquer.

Nage en eau libre

La nage en eau libre fait fureur dans tout le royaume, et Londres ne fait pas exception. Pour vous jeter à l'eau, suivez les nageurs dans les étangs de Hampstead Heath ou dans les eaux du Parliament Hill Lido, du Serpentine Lido ou des London Royal Docs.

L'essentiel

Pour des informations détaillées, voir Londres pratique (p. 419)

Devise
Livre sterling (£)

Langue
Anglais

Formalités
Les citoyens de l'Union européenne, les Suisses et les Canadiens peuvent, dans le cadre d'un séjour touristique, voyager jusqu'à 6 mois au Royaume-Uni sans visa, à condition de présenter un passeport valable au moins pour la durée de leur séjour.

Argent
Nombreux distributeurs de billets (DAB). Principales cartes bancaires acceptées partout. Les bureaux de poste, qui ne prennent pas de commission, sont parfaits pour changer des devises.

Téléphones portables
Si vous ne souhaitez pas payer de frais d'itinérance, achetez une carte SIM sur place. Avec le Brexit, des frais d'itinérance devraient s'appliquer à nouveau pour les résidents de l'UE.

Heure locale
Toute l'année, Londres a 1 heure de retard sur Paris et 5 heures d'avance sur Montréal.

Office du tourisme
Visit London (www.visitlondon.com) propose des infos sur les événements spéciaux, les visites, l'hébergement, les restaurants, le théâtre, les boutiques, etc.

Budget quotidien

Moins de 85 £
- Lit en dortoir : 12-30 £
- En-cas à un stand de marché ou sandwich au supermarché : 3,50-5 £
- Nombreux musées gratuits
- Billet de théâtre de dernière minute : 10 p-25 £
- Vélo en libre-service (Santander Cycles) : 2 £

85-200 £
- Chambre double : 100-200 £
- Repas (2 plats) avec un verre de vin : 35 £
- Expositions temporaires : 12-18 £
- Places de théâtre : 15-60 £

Plus de 200 £
- Chambre d'hôtel quatre étoiles ou boutique-hôtel : plus de 200 £
- Repas complet dans un restaurant haut de gamme, vin compris : 60-90 £
- Trajet en *black cab* : 30 £
- Bonne place de théâtre : 65 £

Taux de change

Canada	1 $CA	0.57 £
Suisse	1 CHF	0,79 £
Zone euro	1 €	0,87 £

Pour connaître les derniers taux de change : www.xe.com/ucc/fr.

À prévoir

Trois mois avant Réserver un hôtel, un restaurant, un spectacle à succès et/ou une grande exposition.

Un mois avant Consulter des sites comme *Time Out* (www.timeout.com/london) pour le théâtre d'avant-garde, les concerts ou les festivals, et réserver.

Quelques jours avant Se renseigner sur la météo sur www.metoffice.gov.uk.

Sites Web

Lonely Planet (www.lonelyplanet.fr/destinations/europe/angleterre/londres). Infos, forum de voyageurs...

Time Out London (www.timeout.com/london). Agenda des sorties, distribué gratuitement chaque mardi.

Londonist (www.londonist.com). Infos sur Londres et tout ce qui s'y passe.

Transport for London (www.tfl.gov.uk). Outil essentiel pour se déplacer à Londres.

London Evening Standard (www.standard.co.uk). Le principal journal de la ville, distribué gratuitement dans les stations de métro.

Met Office (www.metoffice.gov.uk). Prévisions météo.

Brexit (brexit.gouv.fr). Répertorie les questions les plus fréquentes.

QUAND PARTIR

L'été est la haute saison, et le temps des festivals.
Le printemps et l'automne sont plus frais. L'hiver est froid et humide.avec des journées courtes.

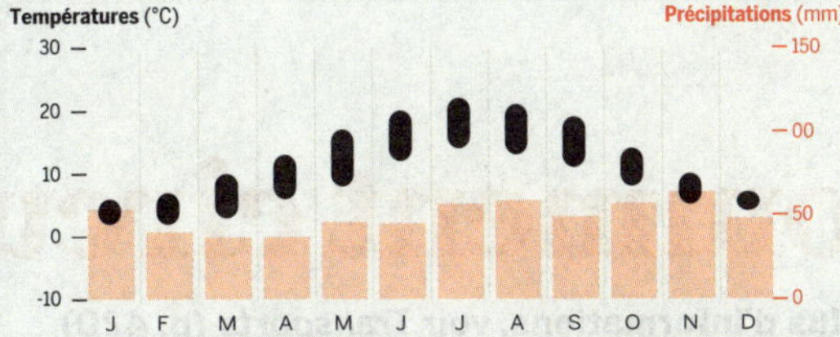

Arriver à Londres

Aéroport de Heathrow Train, métro (*tube*) et bus pour le centre de Londres 5,10-25 £, de 5h environ à près de minuit (les bus de nuit circulent plus tard, et ce métro fonctionne 24h/24 le vendredi et le samedi). Taxis : 50-100 £. Heathrow Express (p. 420) dessert la gare ferroviaire de Paddington en 15 minutes (d'environ 5h à 23h/minuit).

Aéroport de Gatwick Trains pour Londres de 4h30 à 1h35 : 10-20 £. Bus toutes les heures à partir de 10 £. Taxis : 100 £.

Aéroport de Stansted Trains pour Londres de 5h30 à 0h30 : 19,40 £. Bus 24h/24 : 7-10 £. Taxis : 130 £.

Aéroport de Luton Trains pour Londres de 7h à 22h : à partir de 16,70 £. Bus 24h/24 : 7-11 £. Taxis : 110 £.

Aéroport de London City Trains DLR pour le centre de Londres de 5h30 à 0h15 du lundi au samedi et de 7h à 23h15 le dimanche : à partir de 3,30 £. Taxis : 30-60 £.

Gare internationale de St-Pancras. Dans le centre ; reliée par le métro au reste de la ville.

Plus de détails sur l'**arrivée**, p. 420.

Londres numérique

Il existe de nombreuses applications précieuses pour le visiteur. Voici nos préférées (toutes gratuites). Quantité de musées et sites ont aussi développé leur propre application.

StreetMuseum Confronte des images d'époque (photos, peintures, dessins...) aux lieux d'aujourd'hui.

CityMapper Pour calculer son itinéraire (à pied, en transports en commun, à vélo ou en taxi).

TubeMap Plan du métro et calcul d'itinéraire, fonctionnant aussi hors connexion.

Gett Appelle le *black cab* le plus proche.

Bolt, Kabbee ou Free Now Mini-taxis ou VTC partagés à des prix compétitifs.

London Live Bus Countdown Calcul d'itinéraire de bus en temps réel et horaire des prochains bus par arrêt.

Santander Cycles Localise les vélos en libre-service disponibles, ainsi que les emplacements pour les restituer. Calcul d'itinéraire.

Plus de détails sur les **transports**, p. 420.

Où se loger

Poser ses valises à Londres peut coûter (très) cher et impose de réserver au plus tôt. On trouve facilement des auberges de jeunesse correctes, mais elles sont rarement très bon marché. La gamme des hôtels va des chaînes sans prétention à certains des établissements les plus luxueux au monde, comme le Ritz. Les B&B sont souvent d'un meilleur rapport qualité/prix et ont aussi plus de caractère que les hôtels.

Sites Web utiles

Visit London (www.visitlondon.com). Le portail officiel du tourisme à Londres recense un grand nombre d'hébergements.

London Town (www.londontown.com). Offres spéciales de dernière minute dans des boutiques-hôtels et B&B.

London Bed & Breakfast (www.londonbb.com). B&B dans des résidences privées à travers toute la ville.

Lonely Planet (lonelyplanet.com/england/london/hotels). Recommandations et réservations.

Plus de détails sur les **hébergements**, p. 348.

Comment circuler

Pour plus d'informations, voir *Transports* (p. 420)

Le plus économique dans les transports en commun est d'utiliser une **Oyster Card** (oyster.tfl.gov.uk/oyster/entry.do) ou une carte de paiement sans contact (renseignez-vous sur les commissions à l'étranger).

Métro

Le London Underground, ou *Tube*, est très efficace. Il circule de 5h30 à 0h30 en semaine, et toute la nuit le vendredi et le samedi sur 5 lignes (et une partie de l'East London Line de l'Overground). Les réseaux DLR (Docklands Light Railway) et Overground relient des zones plus reculées.

Train

Des trains partent de plusieurs gares vers des destinations plus lointaines, à Londres et au-delà.

Bus

Londres a un réseau de bus étendu et efficace. Les voies dédiées fluidifient le trafic, mais les bus vont parfois lentement.

Taxis

Les *black cabs* (taxis noirs) circulent jour et nuit, mais ils sont chers. Gett est une appli pratique.

Courses partagées

On les applis Bolt, Kabbee, Kapten ou Free Now, on réserve une course rapidement et à bon prix.

Vélo

Les vélos Santander (libre-service) sont pratiques dans le centre.

Mots clés

Black cab Le taxi londonien emblématique. En dépit de son nom, il n'est pas forcément noir.

Boris Bikes Surnom donné aux vélos Santander rouges en libre-service, à louer dans tout Londres – Boris Johnson est l'ancien maire de Londres. Les nouveaux vélos en partage sont appelés Sadiq Cycles, du nom du maire actuel Sadiq Khan.

Contactless Carte bancaire de paiement sans contact. Cette méthode rapide permet de bénéficier d'un tarif préférentiel dans les transports, où la carte sans contact s'utilise comme l'Oyster Card.

DLR Docklands Light Railway : un train sans conducteur, qui dessert l'est de Londres.

Minicab Ces taxis, que l'on ne peut pas héler dans la rue, sont réservés via des applis comme Uber, par téléphone ou dans les agences dédiées, repérables à leur clignotant orange.

Oyster Card Une carte magnétique rechargeable permettant de circuler sur le réseau de transport londonien.

Night Tube Le service nocturne du métro, les vendredis et samedis sur 5 lignes underground (et une partie de l'East London Line de l'Overground), qui restent alors ouvertes 24h/24.

Tube Autre nom du métro.

Itinéraires clés

Bus 15 Ses bus vintage à impériale (*double-decker*) rouges Routemaster passent par de hauts lieux touristiques : tour de Londres, cathédrale Saint-Paul, Strand et Trafalgar Square.

Bus 9 Il dessert Somerset House, Trafalgar Square, Piccadilly, Hyde Park Corner, Knightsbridge et Kensington High Street.

Bus 24 Il part de Pimlico vers Victoria, l'abbaye de Westminster, Downing Street, Trafalgar Square et Hampstead Heath.

Tube – Piccadilly Line Cette ligne de métro dessert des lieux touristiques (Piccadilly Circus, Covent Garden, Hyde Park Corner et Knightsbridge), et l'aéroport de Heathrow.

Héler un taxi

➡ Pour héler un *black cab*, repérez un taxi, à l'arrêt ou à l'approche, avec le panneau allumé (ça signifie qu'il est libre).

➡ Lorsque le véhicule approche, tenez-vous en évidence au bord du trottoir et tendez le bras. Sinon, rendez-vous dans l'une des nombreuses stations de taxis.

➡ On peut héler les *black cabs* dans la rue ; les *minicabs* (minitaxis) doivent être réservés.

➡ Parmi les applis de taxis noirs, essayez Gett ; pour des mini-taxis : Bolt, Kabbee, Kapten ou Free Now.

NOS CONSEILS

➡ Procurez-vous une Oyster Card – et restituez-la en partant pour récupérer la caution de 5 £ et l'éventuel crédit restant. Sinon, utilisez une carte sans contact.

➡ Évitez la zone 1 du métro, à moins de devoir la traverser tout entière : le vélo, la marche ou le bus sont plus économiques et rapides.

➡ Consultez le site www.tfl.gov.uk ou les affichages dans les stations de métro pour connaître les travaux et les fermetures de lignes.

➡ Les vélos en libre-service Santander Cycles (p. 427) sont une bonne formule pour les trajets courts. Pour des trajets plus longs, mieux vaut louer un vélo.

➡ Planifiez vos trajets avec l'appli Citymapper.

Quand circuler

➡ Aux heures de pointe (6h30-9h30 et 16h-19h), il y a foule et les transports sont assez inconfortables. De plus, à ces horaires-là, le trajet en métro coûte plus cher.

➡ Le métro est bien connu pour ses travaux le week-end, qui peuvent entraîner la fermeture de lignes entières ou de sections de ligne. Un service de bus de substitution, souvent plus lent, est généralement mis en place.

➡ Le soir, du dimanche au jeudi, le dernier métro passe vers 0h30 environ. Le vendredi et le samedi, le métro circule toute la nuit sur la quasi-totalité du parcours des lignes Central, Jubilee, Victoria, Northern et Piccadilly (et sur une partie de l'East London Line de l'Overground), avec des rames espacées de 10 à 15 min environ (15 à 20 min pour les stations plus excentrées). Pour ce service, appelé le "Night Tube", les tarifs standards des heures creuses s'appliquent.

➡ Le réseau de bus de nuit couvre tout Londres, mais sur certaines lignes l'intervalle peut atteindre une demi-heure. Consultez les horaires avant votre départ.

Code de conduite

➡ Préparez votre billet ou votre carte avant de franchir le portail afin de ne pas ralentir le flux des voyageurs.

➡ Dans les escalators, tenez-vous à droite (ou, si vous voulez avancer, faites-le sur la gauche), faute de quoi vous risquez de provoquer le mécontentement des autres usagers, en particulier aux heures de pointe.

➡ Retirez votre sac à dos aux heures de pointe pour éviter de heurter le journal ou le téléphone (voire le bambin...) d'un autre usager.

➡ Cédez votre place assise aux personnes qui en ont davantage besoin – dans le métro, les sièges les plus proches des portes sont réservés prioritairement aux personnes à mobilité réduite.

➡ En général, les voitures s'arrêtent aux passages piétons sans feux de circulation, mais regardez toujours à droite en premier avant de traverser.

Billets et forfaits

➡ L'Oyster Card, carte à puce rechargeable et sans contact, est le moyen le plus avantageux et pratique d'utiliser les transports publics. Elle fonctionne sur l'ensemble du réseau et est en vente dans toutes les stations de métro et les gares, ainsi que dans certains magasins.

➡ On peut aussi utiliser une carte de paiement sans contact (comme l'Oyster Card, elle permet de bénéficier d'un système de calcul intelligent). Renseignez-vous sur les commissions à l'étranger.

➡ L'Oyster Card applique automatiquement le tarif le plus avantageux – aller simple, aller-retour ou forfait journée – selon vos déplacements.

➡ Une caution de 5 £ par Oyster Card est demandée. Vous la récupérerez (avec le crédit restant éventuel) en restituant la carte. On peut commander l'Oyster Card en ligne et se la faire poster pour gagner du temps.

➡ Les tickets imprimés, qui existent toujours, reviennent plus cher que les trajets avec une Oyster Card ou une carte sans contact, et il faut faire la queue à chaque fois.

Plus de détails sur **comment circuler**, p. 424. ➡

Londres en quatre jours

Jour 1

Le West End (p. 74)

Commencez votre découverte de Londres par la visite de l'**abbaye de Westminster**, somptueuse introduction à l'histoire de la ville (et du pays), puis joignez-vous à la foule à **Buckingham Palace** pour la **relève de la garde**. Remontez le Mall jusqu'à **Trafalgar Square**, à l'architecture majestueuse. Depuis la place, on aperçoit tout Whitehall. Les amateurs d'art iront explorer la **National Gallery**, riche d'une remarquable collection de tableaux européens.

Déjeuner Brasserie Zédel (p. 113) pour une ambiance très française.

South Bank (p. 156)

Muni d'une réservation pour le **London Eye**, traversez le Hungerford Bridge, une passerelle piétonnière, pour gagner South Bank. Profitez de 30 minutes dans les airs à bord de la fameuse grande roue, et de la vue exceptionnelle sur la ville, et notamment les **Houses of Parliament**. Flânez ensuite le long de la Tamise et pénétrez dans la **Tate Modern** pour un bain d'art contemporain. Depuis l'élégant **Millennium Bridge**, vous pourrez à loisir photographier la **cathédrale Saint-Paul**.

Dîner Des grillades ou des plats plus élaborés au Skylon (p. 170).

South Bank (p. 156)

Assistez à une représentation au **Shakespeare's Globe**. Les places debout ("*groundlings*") peuvent s'acheter à la dernière minute. Sinon, mêlez-vous aux Londoniens à la sortie des bureaux dans les pubs des alentours du **London Bridge**, et savourez des *real ales* dans un cadre historique.

Jour 2

La City (p. 133)

C'est dans la City (surnommée le "Square Mile"), haut lieu de la finance londonienne, que se trouve la **tour de Londres**, immense forteresse médiévale emblématique de la ville. Observez les Beefeaters (Yeomen Warders) et les corbeaux résidents des lieux, avant de vous émerveiller devant les **joyaux de la Couronne**. Vous pourrez ensuite admirer le fameux **Tower Bridge** depuis les berges de la Tamise, ou depuis la passerelle vitrée reliant, à 42 m de hauteur, ses deux tours néogothiques.

Déjeuner BrewDog Tower Hill (p. 153) propose des plats alléchants et des bières artisanales.

Le West End (p. 74)

Montez dans un bus à impériale pour profiter du panorama sur la ville, et rendez-vous au **British Museum** pour une dose décoiffante de culture universelle. Vu la grandeur du musée et ses trésors, participez à l'une des excellentes visites guidées ou louez un audioguide. Terminez par un *afternoon tea* chez **Tea & Tattle**, en face du musée.

Dîner Dirigez-vous vers la place Hakkasan Hanway (p. 110) pour déguster des délices cantonaises.

Le West End (p. 74)

Flânez dans **Chinatown** et **Soho** pour vous imprégner de l'atmosphère de ces quartiers, puis mêlez-vous à la foule de **Leicester Square**. Vous n'aurez que l'embarras du choix en matière de pubs et de bars.

BACKYARDPRODUCTION/GETTY IMAGES ©

Méridien de Greenwich (p. 294)

LITTLE_DESIRE/SHUTTERSTOCK ©

Lotus bleu aux Kew Gardens (p. 320)

Jour 3

Greenwich (p. 291)

Prenez le bateau depuis le centre de Londres, direction Greenwich, quartier réputé pour son architecture majestueuse et son patrimoine maritime, indissociable du méridien et du célèbre observatoire royal. Commencez votre visite par celle du navire **Cutty Sark**, dernier *tea clipper* au monde de la grande époque du commerce du thé, puis du **National Maritime Museum**.

Déjeuner Goddards at Greenwich (p. 299) pour ces tartes et purées traditionnelles.

Greenwich (p. 291)

Flânez dans **Greenwich Park** et grimpez jusqu'au **Royal Observatory**. La vue sur **Canary Wharf**, le quartier des affaires, de l'autre côté du fleuve, est saisissante. À l'observatoire, enjambez le **méridien de Greenwich** et découvrez l'incroyable histoire du calcul de la longitude. Revenez vers Greenwich pour admirer le **Painted Hall** et l'**Old Royal Naval College**, avant de vous poser devant une pinte à la **Trafalgar Tavern**.

Dîner Polpo (p. 208) pour de goûteux en-cas italiens dans une rue pittoresque.

Clerkenwell, Shoreditch et Spitalfields (p. 202)

De Greenwich, regagnez le centre de Londres en DLR et offrez-vous un dîner dans l'un des bons restaurants des environs. Les clubs ne manquent pas non plus. Vous pourrez aussi siroter un cocktail préparé dans les règles de l'art au **Zetter Townhouse Cocktail Lounge**.

Jour 4

Richmond, Kew et Hampton Court (p. 314)

Filez aux **Kew Gardens** suffisamment tôt pour profiter de la matinée. Bien plus qu'un jardin botanique, c'est l'un des joyaux de la capitale anglaise. Si vous êtes accompagné d'enfants, ne manquez pas la passerelle dans la canopée. Quant aux serres, comme la **Palm House** (serre aux Palmiers, datant de l'époque victorienne) et le **Princess of Wales Conservatory**, elles raviront les amateurs de botanique.

Déjeuner Glasshouse (p. 328) pour de la haute gastronomie.

Kensington et Hyde Park (p. 176)

Prenez le métro jusqu'à **Knightsbridge**. Offrez-vous une séance de lèche-vitrines sur Brompton Road, avec une halte chez **Harrods**, temple de l'opulence et de l'extravagance. Les amateurs de culture privilégieront les remarquables **Victoria & Albert Museum**, **Natural History Museum** ou **Science Museum**, voisins.

Dîner Dishoom (p. 283) pour sa délicieuse cuisine indienne.

Notting Hill et West London (p. 274)

Si les pubs aux abords des stations Knightsbridge ou South Kensington vous semblent trop sages, faites un saut à **Notting Hill**, quartier animé à la vie nocturne plus éclectique. Et si vous avez envie de vous faire une toile, vous y trouverez certaines des meilleures salles indépendantes de Londres, notamment l'emblématique **Electric Cinema**.

Envie de...

Royauté

Tour de Londres Tout à la fois château, tour, prison et lieu d'exécution au Moyen Âge. (p. 135)

Palais de Buckingham Le plus vénérable des palais royaux de Londres, agrémenté de beaux jardins, sans oublier la fameuse relève de la garde. (p. 83)

Hampton Court Palace Un superbe palais Tudor entouré d'un beau parc donnant sur la Tamise. (p. 316)

Kensington Palace Demeure du duc et de la duchesse de Cambridge (William et Kate), cet imposant palais royal est la perle de Kensington Gardens. (p. 187)

Château de Windsor Sublime forteresse royale de plus de mille ans, non loin de Londres. (p. 332)

Abbaye de Westminster Tous les monarques ou presque y ont été couronnés, beaucoup y ont leur dernière demeure. (p. 76)

Histoire

Tour de Londres La forteresse médiévale à l'histoire millénaire est aussi l'écrin des joyaux de la Couronne. (p. 135)

Churchill War Rooms L'épicentre de l'effort de guerre britannique, immense QG souterrain londonien de Churchill pendant la Seconde Guerre mondiale, resté presque intact depuis 1945. (p. 92)

Museum of London De ses origines romaines à la métropole

Promenade en barque sur Regent's Canal (p. 252)

du XXIe siècle, parcourez l'histoire de la capitale. (p. 148)

Museum of London Docklands Pour comprendre comment la Tamise et les docks ont façonné l'histoire de Londres. (p. 230)

Dennis Severs' House Un aperçu fascinant de la vie quotidienne des huguenots londoniens au XVIIe siècle. (p. 206)

Palais royal de Hampton Court Spectres, fantômes, légendes, intrigues royales et un extraordinaire labyrinthe. (p. 316)

British Museum Une plongée dans des millénaires d'histoire de l'humanité. L'"histoire du monde en 100 objets" en offre un condensé. (p. 79)

Points de vue

London Eye Pour contempler une vue magnifique sur Londres en dérivant doucement dans les airs. Choisissez si vous le pouvez un jour de beau temps ! (p. 166)

The Shard Le panorama le plus vertigineux – et onéreux – de Londres. (p. 162)

Parliament Hill Vue panoramique sur Londres depuis Hampstead Heath. (p. 256)

Greenwich Park Un point de vue exceptionnel sur Canary Wharf, la Tamise et The O2 Arena. (p. 293)

Sky Garden Une vue sensationnelle sur Londres et un jardin sur le toit. Le tout sans être troublé par l'étrange silhouette du "Walkie Talkie" – et pour cause : on est à l'intérieur ! (p. 144)

Alexandra Palace "Ally Pally", qui surplombe la ville depuis Muswell Hill, offre un panorama époustouflant, en particulier la nuit. (p. 265)

Parcs et jardins

Hampstead Heath Bois, collines, prairies, beaux points de vue, le tout en un seul lieu. (p. 256)

Richmond Park Le plus grand parc urbain d'Europe – près de 1 000 ha vallonnés, entre bois et étendues de nature à l'état pur, peuplés de cerfs, biches et daims, avec de splendides points de vue. (p. 322)

St James's Park L'un des plus beaux parcs royaux de Londres, offrant des panoramas de choix. (p. 97)

Kew Gardens Paradis des amateurs de botanique, cet immense havre de verdure est aussi très apprécié des enfants. (p. 320)

Chelsea Physic Garden Une paisible enclave botanique, à deux pas de la Tamise. (p. 192)

Greenwich Park Vastes pelouses, arbres splendides, vue panoramique – et point d'origine du fameux méridien. (p. 294)

Places

Trafalgar Square La place emblématique du centre de Londres, dominée par la colonne Nelson et ses 4 lions. (p. 91)

Soho Square Un lieu paisible, en plein cœur du West End. (p. 98)

Bedford Square Cette séduisante place est au cœur du quartier littéraire de Bloomsbury. (p. 96)

Covent Garden Piazza Belle place du XVIIe siècle, aujourd'hui lieu de prédilection des artistes de rue. (p. 100)

Leicester Square Pour observer la foule, et repérer des stars les soirs de premières. (p. 101)

Places de Bloomsbury Des places historiques, élégantes et paisibles, ponctuent le quartier littéraire de Bloomsbury.

Architecture contemporaine

The Gherkin L'un des édifices les plus emblématiques du Londres d'aujourd'hui (p. 392), signé Norman Foster et surnommé "le cornichon" (*gherkin*), en raison de sa forme.

The Shard Cette flèche de cristal surgissant de South Bank offre une vue de Londres à couper le souffle depuis ses étages supérieurs. (p. 162)

London Eye La grande roue est visible en maints endroits de la capitale.

Leadenhall Building Surnommé "The Cheesegrater" (la râpe à fromage) pour son architecture particulière toute en angles. (p. 392)

20 Fenchurch Street À la différence de son architecture, les beaux jardins suspendus couronnant le "Talkie-Walkie" font l'unanimité. (p. 144)

Design Museum Mélange épuré d'architecture contemporaine et de lignes et angles des années 1960, avec un intérieur à couper le souffle. (p. 277)

Musique

Ronnie Scott's Un club de jazz mythique au cœur de Soho. (p. 125)

Pour d'autres envies, voir les sections :

- *Où se restaurer* (p. 43)
- *Où prendre un verre et faire la fête* (p. 51)
- *Où sortir* (p. 56)
- *Shopping* (p. 60)
- *Sports et activités* (p. 63)

O2 Academy Brixton Une salle iconique, de taille idéale, étape incontournable pour les groupes en tournée depuis les années 1980. (p. 313)

Royal Opera House Mondialement réputé, cet opéra situé à Covent Garden accueille des productions somptueuses. (p. 125)

Royal Festival Hall Acoustique fabuleuse et excellente programmation. (p. 173)

Wireless Très populaire, ce festival de juillet a vu se produire Stormzy, The Weeknd ou encore Travis Scott. (p. 30)

St Martin-in-the-Fields Prenez place sur un banc de l'église pour un concert gratuit à l'heure du déjeuner. (p. 100)

Londres en posts Instagram

Natural History Museum Son architecture intérieure grandiose vous vaudra des *likes* à foison. (p. 182)

Notting Hill Gate De belles maisons mitoyennes peintes vous attendent sur Denbigh Terrace, Lancaster Road et Farmer Street. (p. 281)

Foyer & Reading Room at Claridge's La superbe salle de ce restaurant exige une discrétion de bon ton. (p. 118)

Sky Garden Un panorama qui éblouira vos followers. (p. 144)

Édifices religieux

Cathédrale Saint-Paul Chef-d'œuvre tricentenaire de sir Christopher Wren ; l'église et son dôme sont emblématiques de Londres ! (p. 141)

Abbaye de Westminster Sublime temple des couronnements royaux, depuis Guillaume le Conquérant. (p. 76)

Cathédrale de Westminster D'étincelantes mosaïques néobyzantines, dans un intérieur assez dépouillé. (p. 94)

St Bartholomew the Great L'une des plus anciennes églises de Londres, chargée d'histoire et de folklore. (p. 148)

St Stephen Walbrook La plus belle église conçue par Wren dans la City, et sa coupole annonciatrice de Saint-Paul. (p. 144)

Cimetières

Highgate Cemetery Ce sublime cimetière gothique victorien de 20 ha abrite, entre autres, les sépultures de Karl Marx et George Michael. (p. 257)

Brompton Cemetery Beatrix Potter a immortalisé des résidents de ce cimetière en empruntant leurs noms pour certains de ses personnages. (p. 277)

Pet Cemetery Ce cimetière d'animaux de compagnie est niché dans le nord de Hyde Park. (p. 188)

Kensal Green Cemetery Une architecture néoclassique caractéristique, et d'illustres résidents tel l'ingénieur Isambard Kingdom Brunel. (p. 279)

Au fil de l'eau

Regent's Canal Longtemps une importante voie commerciale, traversant le nord de Londres. (p. 252)

Little Venice Les plus charmants canaux de Londres, avec des chemins de halage arborés et une myriade de jolies péniches ornées de fleurs. (p. 278)

Petersham Meadows Un concentré de campagne anglaise blotti dans un méandre de la Tamise à Richmond. (p. 323)

Trafalgar Tavern Pub de Greenwich avec une belle vue sur la Tamise. (p. 300)

Hampton Court Palace Remontez la Tamise en bateau jusqu'au splendide palais Tudor d'Henri VIII. (p. 316)

Animaux et vie sauvage

London Wetland Centre Oiseaux, chauves-souris, libellules, loutres et bien plus encore : une riche faune en plein Londres. (p. 324)

ZSL London Zoo L'un des plus anciens zoos du monde (1828), hébergeant notamment des bébés tigres et gorilles. (p. 248)

Mudchute Vaches, moutons, lamas, et Canary Wharf en toile de fond : une ravissante ferme sur l'Isle of Dogs. (p. 228)

Sea Life London Aquarium Un formidable aquarium marin à proximité de la Tamise. (p. 165)

Natural History Museum Ces animaux-là ne sont plus vivants, mais il y en a des centaines, d'espèces disparues ou non. (p. 182)

Promenades à pied

Hampstead Heath Authentique morceau de nature dans la ville, cette étendue vallonnée où alternent prairies, landes et bois, permet de jouir d'un beau panorama sur la ville. (p. 256)

Regent's Canal Balade au bord du canal, dans le nord de Londres. (p. 252)

Thames Path Les bords de la Tamise se prêtent à une flânerie particulièrement agréable entre Putney et Barnes. (p. 329)

Wimbledon Common Promenez-vous au vert, à travers bois, landes et prairies. (p. 325)

Mois par mois

LE TOP 5

Chelsea Flower Show, mai

Trooping the Colour, juin

Tournoi de tennis de Wimbledon, juin

Carnaval de Notting Hill, août

Guy Fawkes Night, novembre

Janvier

Le Nouvel An est célébré par un grand feu d'artifice. À cette période, la capitale connaît les affres de l'hiver et les jours sont courts (le soleil se lève vers 8h mais se couche dès 16h).

London International Mime Festival

Originalité, espiègleries, prouesses physiques et inattendu caractérisent ce brillant festival de mime (www.mimelondon.com) qui a près de 45 ans ! Deuxième quinzaine de janvier.

London Art Fair

Plus de 130 grandes galeries participent à ce salon d'art contemporain (www.londonartfair.co.uk), l'un des plus importants d'Europe. Au programme : expositions thématiques, événements divers et talents émergents.

Février

Février est froid et humide. C'est la période du Nouvel An chinois, et des crêpes à Mardi gras ; des courses à pied traditionnelles – poêle à crêpe en main –, sont organisées.

Nouvel an chinois

Début février (parfois fin janvier), Chinatown crépite et pétarade à l'occasion d'un festival de rue très coloré, avec danse du dragon et festivités diverses.

BAFTA

Mi-février, la British Academy of Film and Television Arts (BAFTA ; www.bafta.org) déroule le tapis rouge pour remettre les BAFTA. Stars et paillettes sont au rendez-vous.

Mars

Avec le printemps, les arbres refleurissent et les jonquilles égaient parcs et jardins.

Head of the River

Quelque 400 équipes participent à cette course d'aviron de 6,8 km sur la Tamise, entre Mortlake et Putney.

Parade et festival de la Saint-Patrick

Incontournable pour les Irlandais londoniens, ce festival se tient le dimanche le plus proche du 17 mars. Une parade bigarrée défile dans le centre de Londres ; de nombreuses festivités ont lieu autour de Trafalgar Square.

Avril

Le printemps est là. Avec le passage à l'heure d'été fin mars, il fait jour jusqu'à 19h. Certains sites qui avaient fermé pour l'hiver rouvrent leurs portes.

Oxford and Cambridge Boat Races

La foule se masse sur les rives de la Tamise pour voir s'affronter à l'aviron les deux prestigieuses universités, de Putney à Mortlake. Consultez le site Web (www.theboatraces.org) pour les dates, qui changent chaque année.

Marathon de Londres

Cette course qui va de Blackheath au Mall, l'une des plus grandes du monde en milieu urbain (www.virginmoney londonmarathon.com), rassemble chaque année quelque 40 000 coureurs, dont beaucoup parrainent une œuvre caritative.

Underbelly Festival

Ce festival conjugue, chaque printemps, humour, cirque, cabaret, musique et autres divertissements familiaux (www.underbellyfestival.com). De plus en plus populaire, il se tient jusqu'en septembre dans des installations éphémères à South Bank. Une partie Streeteat (cuisine de rue) lui a été adjointe.

Mai

Les journées se réchauffent et les Londoniens profitent de deux week-ends prolongés (premier et dernier week-ends du mois).

London Tweed Run

D'un charme excentrique dont les Britanniques ont le secret, cette course cycliste (www.tweedrun.com) voit les concurrents se parer de leurs plus beaux kilts avant de pédaler d'un monument londonien à l'autre, avec des pauses thé et pique-nique.

Chelsea Flower Show

L'exposition horticole la plus renommée du monde (p. 192) attire les passionnés de jardinage. Au programme : conférences, présentations et expositions spectaculaires de ce qui se fait de mieux en matière d'horticulture.

Juin

La haute saison démarre : longues et chaudes journées (le soleil se couche vers 22h), tournoi de Wimbledon et événements en plein air.

Trooping the Colour

L'anniversaire officiel de la reine est célébré en grande pompe : marée de drapeaux, défilés, coups de canon, survol de l'aviation militaire… La famille royale est souvent bien représentée.

London WNBR (World Naked Bike Ride)

Des cyclistes en tenue d'Ève et d'Adam envahissent les rues de Londres pour célébrer la liberté des corps, protester contre la culture de l'automobile, sensibiliser sur la vulnérabilité des cyclistes et défendre leurs droits.

London Festival of Architecture

D'une durée d'un mois, ce festival (www.londonfestivalofarchitecture.org) explore la portée de l'architecture et du design londoniens et l'importance de la capitale britannique comme lieu d'expérimentation en la matière.

Meltdown

À la mi-juin, le Southbank Centre donne carte blanche à une figure de la musique contemporaine (Grace Jones, Patti Smith ou Guy Garvey, par exemple) pour élaborer un riche programme de concerts, de conférences et de films (www.facebook.com/meltdownfest).

Royal Academy Summer Exhibition

Jusqu'à fin août, chaque année, à la Royal Academy of Arts, cette exposition (p. 102) présente les travaux d'artistes de tout le pays et du monde entier (environ 1 000 œuvres).

Open Garden Squares Weekend

Le temps d'un week-end, plus de 200 jardins de Londres habituellement inaccessibles au public ouvrent leurs portes (www.opensquares.org).

Tournoi de tennis de Wimbledon

Deux semaines durant, le tranquille petit village de Wimbledon, au sud de Londres, devient le centre du monde du tennis.

Juillet

C'est la saison des fraises, des beer gardens et d'une myriade d'activités et de manifestations en plein air, grands festivals de musique compris.

Pride London

Le grand show annuel (www.prideinlondon.org) de la communauté gay, avec des conférences, des concerts et un gigantesque défilé.

Wireless

L'un des grands festivals de musique londoniens

En haut : Carnaval de Notting Hill (p. 279)
En bas : Trooping the Colour

VIKTOR KOVALENKO/SHUTTERSTOCK ©

OSCAR GARRIGA ESTRADA/SHUTTERSTOCK ©

(www.wirelessfestival.co.uk), mettant l'accent sur la dance et le R&B, à Finsbury Park. Les billets peuvent être pris d'assaut selon la programmation.

☆ BBC Promenade Concerts (The Proms)

À partir de la mi-juillet, lors des Proms, de remarquables concerts classiques (www.bbc.co.uk/proms) ont lieu dans des sites prestigieux. Le Royal Albert Hall est au centre des festivités.

☆ Lovebox

Créé par le duo de musique électro Groove Armada, ce festival (www.loveboxfestival.com), sur 2 jours – un week-end de folies musicales au Gunnersbury Park –, fait danser tout le monde sur des sons dance, mais pas seulement – musique indé, pop, hip-hop, R&B...

Août

C'est les vacances ! Le très suivi carnaval de Notting Hill a lieu le dernier week-end du mois (un week-end prolongé).

☆ Summer Screen à la Somerset House

Durant une quinzaine de jours, la splendide cour de la Somerset House se transforme en cinéma en plein air (p. 104), avec des projections variées.

☆ Great British Beer Festival

Ce festival arrosé (www.gbbf.org.uk), au centre d'exposition Olympia, invite à découvrir des bières du Royaume-Uni et d'ailleurs.

Carnaval de Notting Hill

Le plus grand carnaval en plein air d'Europe et le plus animé de la capitale britannique (p. 279) célèbre le Londres caribéen à grand renfort de musique, de danses et de costumes, le week-end précédant le dernier lundi d'août.

Septembre

Une bonne saison pour visiter Londres, assister à un festival d'humour et voir des lieux habituellement fermés au public.

Totally Thames Festival

Un festival cosmopolite (www.totallythames.org) célébrant la Tamise : fête foraine, théâtre de rue, musique, feux d'artifice, courses nautiques et, pour finir, grand défilé nocturne.

Greenwich Comedy Festival

Cet événement d'une semaine, plus important festival d'humour de Londres, attire grands noms et jeunes talents.

Open House London

Le temps d'un week-end, à la mi-septembre, le public peut accéder à plus de 800 monuments historiques d'ordinaire fermés (www.openhouselondon.org.uk).

Octobre

Le temps se rafraîchit, mais les parcs londoniens se parent de splendides couleurs automnales. On passe à l'heure d'hiver le dernier week-end du mois.

London Cocktail Week

Pendant 7 jours, c'est la fête du cocktail (drinkup.london/cocktailweek ; pass festival 10 £, cocktails 6 £) dans plus de 300 bars de Londres, ainsi qu'au Cocktail Village monté pour l'occasion. *Cheers*!

London Film Festival

Le plus grand événement cinématographique de la ville (www.bfi.org.uk/lff) attire les grands noms du 7e art et présente, en avant-première, une centaine de films britanniques ou étrangers. Master class de grands réalisateurs.

Dance Umbrella

Le brillant festival annuel de danse contemporaine de Londres (www.danceumbrella.co.uk) présente, pendant 2 semaines, des compagnies britanniques et étrangères dans divers lieux de la ville.

Novembre

Ce sont les derniers jours des couleurs d'automne dans les parcs. La nuit tombe de plus en plus tôt, invitant à se réchauffer au coin du feu dans un pub.

Guy Fawkes Night (Bonfire Night)

La Bonfire Night ("nuit des feux de joie") commémore la tentative de Guy Fawkes de faire exploser le Parlement en 1605. On allume des feux de joie et des feux d'artifice le 5 novembre. Ceux de Primrose Hill, Highbury Fields, Alexandra Palace, Clapham Common et Blackheath sont renommés.

Lord Mayor's Show

Conformément à la Grande Charte (*Magna Carta*) de 1215, le Lord-maire de la Cité de Londres (un peu moins de 3 km²) fraîchement élu (pour un an, contrairement à l'"autre" maire de Londres) se rend en carrosse de Mansion House aux Royal Courts of Justice pour prêter serment d'allégeance à la Couronne. Une procession accompagnée de chars et de fanfares et suivie de feux d'artifice (www.lordmayorsshow.london).

London Jazz Festival

Des musiciens du monde entier font swinguer la capitale pendant 10 jours (www.efglondonjazzfestival.org.uk), entre world jazz et classiques.

Décembre

Noël approche et une ambiance festive compense la brièveté des jours. Musées, commerces et métro ferment le jour de Noël.

Noël, sapin et illuminations

Une célébrité donne le coup d'envoi des illuminations sur Oxford Street, Regent Street et Bond Street. Un immense sapin trône à Trafalgar Square.

Patin à glace

De la mi-novembre à janvier, des patinoires font leur apparition dans toute la ville, notamment dans la cour de la Somerset House (p. 104), dans le jardin du Natural History Museum (p. 182) et dans les douves asséchées de la Tour de Londres (p. 135).

Avec des enfants

Londres est une destination fabuleuse pour les enfants. Les musées de la ville sont passionnants à tout âge, et une myriade de spectacles – danse, théâtre, concerts – feront le bonheur des plus grands et des ados. Quant aux aires de jeux, aux parcs, aux fermes urbaines et autres espaces verts, ils sont idéaux pour se détendre ou dépenser son trop-plein d'énergie !

sée de cire Madame Tussauds (p. 107)

Musées

Les musées londoniens savent assurément accueillir les plus jeunes. Tous ou presque offrent des parcours spécifiques pour les enfants ou les familles. En outre, de nombreuses activités sont proposées : contes à la National Gallery (p. 87), kits de visites thématiques au British Museum (p. 79), performances impromptues au Victoria & Albert Museum (p. 178), guides multimédias à la Tate Modern (p. 158), ateliers d'artisanat à la Somerset House (p. 104), dans la cour de laquelle les enfants peuvent aussi danser parmi les fontaines en été. Au rez-de-chaussée du Science Museum (p. 186), The Garden est un fabuleux espace interactif où les bambins peuvent barboter dans l'eau, mais beaucoup resteront tout simplement hypnotisés par la fantastique boutique du musée. Toujours au Science Museum, les simulateurs de vol donneront des frissons aux plus grands.

En hiver (de novembre à janvier) les patinoires fleurissent dans des cadres magiques : le jardin du Natural History Museum (p. 182) – foule nombreuse : réservez votre créneau bien en amont (www.ticketmaster.co.uk) –, la cour de la Somerset House et celle du palais royal de Hampton Court (p. 316), une douve asséchée de la tour de Londres (p. 135), au Winter Wonderland de Hyde Park et en d'autres lieux.

Une nuit au musée

Quoi de plus excitant que de dormir au pied d'un dinosaure ? La formule de la nuit au musée (*museum sleepover*) a beaucoup de succès : réservez au moins 2 ou 3 mois à l'avance.

Natural History Museum

Pour dormir sous la surveillance de la baleine bleue du Hintze Hall, après avoir exploré les recoins du musée (p. 182) à la lampe de poche. Une fois par mois ; adultes bienvenus également !

Science Museum

Les *Astronights* (soirées astronomie) proposent aux enfants de 7 à 11 ans ateliers, spectacles et autres activités scientifiques.

Les bambins pourront explorer le musée à leur guise et même dormir sur place (p. 18).

British Museum

Pour s'endormir (enfants de 8 à 15 ans) à l'ombre d'une sculpture égyptienne. (p. 79)

Pour les plus jeunes

Le plus dur est de savoir par où commencer !

V&A Museum of Childhood

Déguisements, jouets anciens et jeux interactifs (plan p. 482, C4 ; ☎020-8983 5200 ; www.museumofchildhood.org.uk ; Cambridge Heath Rd, E2 ; entrée libre ; ⊙10h-17h45 ; 🚼; Ⓤ Bethnal Green), au génial musée de l'Enfance, annexe dédiée du V&A Museum.

Natural History Museum

Des dinosaures, des animaux, encore des dinosaures, la planète bleue et bien des découvertes attendent petits et grands dans ce musée gigantesque et grandiose (p. 182).

London Transport Museum

Les enfants peuvent grimper à bord des 20 bus et trains londoniens exposés, sans se retenir de toucher à tout. (p. 100)

Greenwich Park et Royal Observatory

D'abord, il y a le parc (p. 294), dans lequel gambader avant de grimper à l'observatoire (p. 293). Viennent ensuite les galeries d'astronomie et le planétarium, qui émerveilleront les enfants, ainsi que la Camera Obscura.

ZSL London Zoo

La plus grande ménagerie de Londres laissera vos enfants bouche bée. (p. 248)

Kidzania

Les 14 ans et moins pourront s'essayer à la vie d'adulte dans cette ville (p. 289) gérée par des enfants !

Horniman Museum

Un aquarium, une salle de musique interactive, des galeries d'histoire naturelle et un parc immense : de quoi s'amuser en s'instruisant. (p. 305)

Pour les ados

Les ados peuvent être difficiles à contenter, mais Londres a plus d'un tour dans son sac.

ArcelorMittal Orbit's Slide

Ce toboggan en tire-bouchon de 178 m de long (p. 230) donne des frissons comme peu d'endroits à Londres et la vue est superbe.

Science Museum

Les expositions sensationnelles sur l'espace et les technologies de l'information, de même que les simulateurs de vol, entre autres, séduisent immanquablement les ados. (p. 186)

Tate Modern

Dans ce musée d'art moderne (p. 158), les adolescents pourront réveiller le Rothko qui sommeille en eux grâce aux carnets de croquis numériques du Drawing Bar de Bloomberg Connects.

Madame Tussauds

Les mannequins de cire à l'effigie de célébrités comme Luke Skywalker, Dua Lipa ou Captain America font de ce musée (p. 107) le paradis du selfie.

London Film Museum

La collection de voitures de James Bond remporte bien sûr la palme, mais il y a aussi mille et un gadgets et objets en lien avec les aventures cinématographiques du héros de Ian Fleming (p. 101).

London Transport Museum

Les rouages des transports londoniens (p. 100), expliqués de A à Z, de façon ludique. Le musée organise également des circuits "*Hidden London*" ("Londres caché", réservés aux plus de 14 ans), permettant de visiter des abris dissimulés et des tunnels désaffectés de Londres (réserver bien en amont).

HMS Belfast

Ce croiseur léger (p. 162) a servi pendant la Seconde Guerre mondiale et la guerre de Corée : sa visite donne chair à l'Histoire.

ALEXEY FEDORENKO/SHUTTERSTOCK ©

Hyde Park (p. 184)

Relève de la garde

Des soldats portant casques en fourrure d'ours et uniforme rouge, répondant à des ordres militaires en grande pompe : de quoi impressionner petits et grands. (p. 103)

Jours de pluie

Vos projets sont compromis par la pluie ? En plus des innombrables musées, voici quelques lieux où trouver refuge.

BFI IMAX Cinema

Documentaires et dernières superproductions à voir en 3D sur le plus grand écran de cinéma du pays, pour une expérience hors du commun. (p. 174)

Queens Ice & Bowl

Lancez-vous sur la patinoire (p. 290), ou initiez vos enfants au bowling.

Spectacle en matinée dans le West End

De nombreuses pièces de théâtre et comédies musicales conviennent au jeune public, de *Matilda* au *Bizarre Incident du chien pendant la nuit*. On peut souvent acheter des billets le jour même. (p. 124)

En plein air

Treetop Walkway

Enfoncez-vous sous terre, puis retrouvez-vous à 18 m de hauteur, sur une passerelle dans la canopée, pour une découverte mémorable de la nature aux Kew Gardens. (p. 321)

Mayfield Lavender

Déambulez parmi les champs de lavande au cœur d'un **paysage** (☎07503 877 707 ; www.mayfieldlavender.com ; 1 Carshalton Rd, Banstead, SM7 ; adulte/enfant 4 £/gratuit ; ⌚9h-18h juin-août ; 👪; 🚌166) 🍃 à la beauté magique.

Les parcs de Londres

Accordez-vous une pause en laissant vos petits s'ébattre à leur guise dans l'un des nombreux parcs de Londres (p. 195).

Labyrinthe de Hampton Court Palace

Les visiteurs mettent en moyenne 20 minutes pour découvrir le centre du labyrinthe (p. 317) : vos enfants feront-ils mieux ? L'été, joutes et fauconnerie sont également au programme.

BON À SAVOIR

Transports Les bus sont gratuits pour les moins de 16 ans (les 11-15 ans doivent présenter une Zip Oyster Photocard), le métro l'est pour les moins de 11 ans, et les moins de 5 ans voyagent gratuitement dans les trains. En raison des escaliers et autres escalators, certaines stations sont difficiles d'accès avec des poussettes : préférez le bus. Le site Web de Transport for London (www.tfl.gov.uk/transport-accessibility/) fournit des informations détaillées sur l'accessibilité au réseau.

À pied C'est à pied que Londres s'explore le mieux : les transports en commun sont parfois bondés, et il y fait chaud en été.

Comme un Londonien

La vraie vie londonienne est partout, même s'il faut parfois un œil aiguisé pour savoir la déceler. Dans cette immense métropole, les habitants se sont habitués à la frénésie ambiante, attendant les ouvertures nocturnes des musées pour éviter la foule mais se précipitant en masse dans les parcs dès que le soleil est de la partie.

COLDSNOWSTORM/GETTY IMAGES ©

Borough Market (p. 161)

Prendre un verre

Les Britanniques ont la réputation de s'adonner au *binge drinking* (consommation spectaculaire d'alcool en un temps record). Pourtant, à Londres, prendre un verre, c'est avant tout se détendre dans une ambiance chaleureuse. Les Londoniens se rendent pour cela au *local* (pub du coin de la rue) ; les prix peuvent paraître élevés mais il n'est pas rare de se voir offrir une tournée. Et tout le monde s'installe volontiers en extérieur – cour, terrasse ou *beer garden* – pour boire en verre dès qu'il y a un rayon de soleil.

Se restaurer

En règle générale, les Londoniens préfèrent dîner dans le *fish and chips* le plus proche ou prendre leur repas dominical dans le *gastropub* du coin plutôt que de traverser toute la ville pour se rendre dans un restaurant en particulier. Cependant, ils se déferont volontiers de leurs habitudes pour les grandes occasions. Vous les trouverez en train d'agiter un bocal de sauce pili-pili chez Nando's, de dévorer un "*fry-up*" (petit-déjeuner à l'anglaise) dans les rades de quartier ou de transpirer devant un curry ultra-épicé, quand ils ne sont pas en route vers Chinatown pour des dim sum, ou en train de faire la queue devant un *food truck* à l'heure du déjeuner. Les marchés d'alimentation ont un succès grandissant – marchés pour gourmets comme le Borough Market (p. 161) ou marchés de petits producteurs, dans toute la ville.

Les Londoniens aiment aussi la tradition, et s'adonnent parfois à des plaisirs étranges comme les "*chip butties*" (sandwich aux frites), les tartines de "*Marmite*" (pâte à l'extrait de levure qu'on aime ou qu'on déteste) ou encore des tourtes avec écrasé de pommes de terre et "*liquor*" (sauce au persil).

Prendre l'air au parc

Disposant d'un ensemble d'espaces verts aussi vaste qu'exceptionnel, les Londoniens en profitent au premier rayon de soleil, allant dans les parcs pour jouer au foot, pique-niquer, faire un barbecue, lire ou discuter sur un coin de pelouse. En semaine, beaucoup viennent y chercher leur dose de soleil au milieu d'une journée de travail.

Explorer la ville

Beaucoup de Londoniens aiment sortir des sentiers battus, explorer les confins de la capitale, ou couper à travers North London par Regent's Canal (p. 252). Partez à la découverte des zones 2 et 3 et suivez votre instinct. Nombre d'habitants attendent les nocturnes pour visiter les musées sans la foule et réservent les horaires de journée aux expositions temporaires.

Les *Londoners* apprécient aussi les événements spéciaux tel Open House London (p. 390), leurs Journées du Patrimoine, ou les visites de maisons-musées nocturnes à la bougie, manière unique de découvrir des intérieurs d'époque.

Obsessions locales

La propriété privée

L'obsession britannique pour l'achat d'un bien immobilier n'épargne pas Londres, où les tarifs sont astronomiques. Les déjeuners dominicaux sont souvent l'occasion de parler appartements hors de prix, taux d'intérêt, promesses de vente non tenues, taille du jardin et conséquences du Brexit sur le marché immobilier.

Codes postaux et codes sociaux

Le fossé entre le nord et le sud de Londres n'a jamais été aussi grand. Chaque camp ne jure que par sa rive. La principale différence, pour les Londoniens, tient au fait que le sud est moins bien desservi par le métro (les prix de l'immobilier sont donc plus bas, mais cela devrait changer avec la prolongation de la Northern Line). Une rivalité est/ouest complique encore les choses au nord de la Tamise. Mais le débat importe peu pour les visiteurs, et l'incroyable diversité des sites, restaurants, bars et marchés est la même partout !

La météo

Le climat londonien est humide, gris, froid… et surtout imprévisible et capricieux ! D'avril à septembre, les habitants ne savent sur quel pied danser quand ils prévoient un pique-nique, un barbecue ou une rencontre dans un *beer garden*. On n'est jamais à l'abri des averses, du froid et/ou des coups de vent.

Les transports publics

Malgré la qualité du réseau de transport, les habitants se plaignent volontiers des prix ou des retards (pouvant être dus à des feux rouges trop longs, des pannes de signalisation, des feuilles mortes sur la voie, de la neige…). Ils peuvent aussi discuter inlassablement du meilleur itinéraire pour aller d'un point A à un point B.

La politique

En Grande-Bretagne, le débat politique est souvent enflammé : en témoignent les échanges plutôt musclés dans la Chambre des communes. Les Londoniens ont beau être réticents à aborder ces questions, ils n'abandonnent pas un débat une fois lancé : avis aux amateurs de politique !

Le football

Le ballon rond déchaîne les passions, et les rivalités entre les trois principaux clubs londoniens (Arsenal, Chelsea et Tottenham) sont bien réelles. La capitale compte plusieurs clubs en *Premier League*, dont West Ham et Crystal Palace, et chacun a son lot de supporteurs.

BON PLAN

Santander Cycles (p. 427). Système de vélos en libre-service astucieux et bon marché, avec des bornes partout en ville.

Oyster Card Pas mieux que cette carte à puce (et autres cartes sans contact) pour circuler à des tarifs avantageux et sans faire la queue pour les billets.

Ligne de bus 15 Desservie par une flotte de bus à impériale (*double-decker)* à l'ancienne, cette ligne passe par plusieurs grands sites touristiques. Prenez place à l'étage.

Londres à peu de frais

Londres est peut-être l'une des villes les plus chères du monde, mais tout n'y coûte pas forcément les yeux de la tête. Nombre de sites et d'événements sont gratuits, ou presque.

IACOMINO FRIMAGES/SHUTTERSTOCK ©

Relève de la garde (p. 84)

Sites et curiosités

On peut assister gratuitement à la relève de la garde (p. 103) et aux débats aux Houses of Parliament (p. 85). Lors d'Open House London (p. 390), en septembre, plus de 800 bâtiments habituellement fermés au public ouvrent gratuitement leurs portes.

Musées et galeries

Les galeries et musées nationaux sont gratuits, notamment le Victoria & Albert Museum (p. 178), la Tate Modern (p. 158), le British Museum (p. 79), la National Gallery (p. 87) et l'excellent Horniman Museum (p. 305).

Vues

Des panoramas superbes vous attendent au 10e étage de la Switch House du Tate Modern, au Sky Garden (p. 144) perché au sommet du "Talkie-Walkie", à One New Change (p. 155) ou au Garden at 120 (p. 144).

Concerts

Des concerts de musique classique gratuits ont lieu à l'heure du déjeuner à St Martin-in-the-Fields (p. 100), St James's Piccadilly (p. 96), St Alfege Church (p. 297), Temple Church (p. 103) – entre autres églises.

Promenades

Arpentez Hampstead Heath (p. 256), dans North London, longez la Tamise à South Bank et Richmond, ou explorez le West End.

L'ESSENTIEL

➜ **Sites Web** Nombreuses suggestions sur les sites : www.londonforfree.net ou www.skintlondon.com.

➜ **Carte de réduction** Le London Pass (www.londonpass.com) vous permettra de voir beaucoup de choses en peu de temps.

➜ **Accès Wi-Fi** Le Wi-Fi est souvent gratuit dans les bars et les cafés.

➜ **Journaux** *Time Out*, l'*Evening Standard* et *Metro* sont des journaux gratuits.

➜ **Enfants** Bus et métro sont gratuits pour les moins de 11 ans, ainsi que le train pour les moins de 5 ans.

Natural History Museum (p. 182)

Musées et galeries

La réputation de Londres en terme de musées et galeries d'art de classe mondiale n'est plus à faire. Ces institutions, souvent installées dans des édifices historiquement et architecturalement fascinants, exposent des trésors du monde entier – non sans polémique parfois. Un trio de musées exceptionnels vous attend à South Kensington, mais le West End n'est pas en reste, et d'autres encore s'y ajoutent, disséminés à travers la ville.

L'ESSENTIEL

Billets

- L'accès aux musées nationaux (British Museum, National Gallery, Victoria & Albert Museum notamment) est gratuit, sauf pour les expositions temporaires (qu'il vaut mieux réserver).
- Dans les musées privés plus modestes, l'entrée est payante (5-10 £ environ).
- Les galeries d'art se visitent souvent gratuitement ou pour un prix modique.

Heures d'ouverture

Généralement, les musées nationaux sont ouverts de 10h à 18h environ, avec une ou deux nocturnes par semaine. En soirée, l'affluence moindre rend la visite très agréable.

Restauration

Beaucoup de grands musées (Wallace Collection, Somerset House...) disposent d'un excellent restaurant qui vaut à lui seul le détour.

Sites Web

La plupart des musées londoniens, surtout les plus fréquentés, comme le British Museum, la National Gallery ou le Victoria & Albert Museum, possèdent un site Web extrêmement riche et bien conçu.

Museum Crush (www.museumcrush.org). Une mine d'informations sur les musées et galeries d'art.

Visit London (www.visitlondon.com). Consultez la section "Que faire à Londres ?"pour des infos sur les vernissages, musées éphémères et autres événements artistiques.

Les musées vedettes

Les musées les plus célèbres de Londres sont concentrés dans le centre, faciles d'accès et, cerise sur le gâteau, gratuits (les dons sont évidemment bienvenus) !

À Trafalgar Square, la **National Gallery** (p. 87) réunit des chefs-d'œuvre de l'art occidental du XIIIe au XIXe siècle (Vinci, Rembrandt, Turner, Van Gogh...). Sa voisine la **National Portrait Gallery** est fermée pour travaux jusqu'à fin 2023. À 15 minutes à pied plus au nord, à Bloomsbury, le **British Museum** (p. 79) a tout d'incomparable, avec son extraordinaire collection d'antiquités qui témoigne de 7 000 ans de civilisations humaines.

Le quartier de South Kensington s'enorgueillit de 3 musées majeurs : le **Victoria & Albert Museum** (p. 178), temple des Arts décoratifs et du Design, ainsi que le grandiose **Natural History Museum** (p. 182) et le **Science Museum** (p. 186), tous deux adaptés aux enfants.

Les amateurs d'art moderne ne manqueront pas la **Tate Modern** (p. 158), à South Bank. Quant à la vénérable **Tate Britain** (p. 90), toute proche en bateau, elle présente des œuvres d'artistes britanniques de diverses époques.

Galeries privées

Le dynamisme de la scène artistique londonienne se traduit par quelque 1 500 galeries privées à travers toute la ville. Les amateurs d'écoles d'art traditionnelles préféreront Mayfair, tandis que les quartiers de Spitalfields, Hoxton et Hackney Wick sont plutôt spécialisés dans des créations plus à la pointe de l'avant-garde. Le mieux est encore de profiter des grands salons d'art contemporain comme la **Moniker International Art Fair** (www.monikerartfair.com), axée sur l'art et la culture urbaine, ou **The Other Art Fair** (TOAF ; www.theotherartfair.com), organisée par la fameuse galerie Saatchi, pour découvrir les artistes émergents de la scène mondiale.

Les nocturnes

De nombreux musées proposent une à deux nocturnes par semaine, et beaucoup organisent des nuits au musée permettant de découvrir leurs collections sous une autre lumière.

Voici quelques musées qui font des nocturnes ou des nuits au musée :

British Museum (p. 79). Le vendredi jusqu'à 20h30.

British Library (p. 246). Le mardi jusqu'à 20h.

Sir John Soane's Museum (p. 246). Réservez une visite aux chandelles.

Tate Britain Certains vendredis jusqu'à 22h.

Tate Modern Les vendredis et samedis jusqu'à 22h.

Cours, débats et conférences

Les musées et les galeries sont des lieux privilégiés où entendre parler des experts, notamment la British Library (p. 246), le British Museum (p. 79), la **Dulwich Picture Gallery** (p. 305), la National Gallery (p. 87), la Tate Britain (p. 90), la Tate Modern (p. 158) et le Victoria & Albert Museum.

Musées et galeries par quartiers

Le West End (p. 79). British Museum, National Gallery, Tate Britain, Churchill War Rooms et bien d'autres.

La City (p. 148). Museum of London, Guildhall Art Gallery, Barbican Arts Centre, Bank of England Museum et Dr Johnson's House.

South Bank (p. 158). Tate Modern, Hayward Gallery et nombreux petits musées et galeries.

Kensington et Hyde Park (p. 178). Victoria & Albert Museum, Natural History Museum, Science Museum, Saatchi Gallery, Serpentine Gallery, etc.

Clerkenwell, Shoreditch et Spitalfields (p. 204). Museum of the Home, Dennis Severs' House et St John's Gate.

East London et Docklands (p. 230). Museum of London Docklands, Ragged School Museum, Whitechapel Gallery, etc.

Hampstead et North London (p. 251). Wellcome Collection, London Canal Museum, Kenwood House, British Library, Vagina Museum, Freud Museum, Jewish Museum, etc.

ÉVITER LA FOULE

Hélas ! La foule et les files d'attente aux contrôles de sécurité vont de pair avec l'exploration de Londres. Les périodes de plus grande affluence sont généralement les samedis et dimanches après-midi et les vacances scolaires. Toutefois, même pendant ces périodes, vous pouvez limiter l'attente en visant l'heure d'ouverture ou en profitant des nocturnes. En semaine, mieux vaut visiter le Natural History Museum l'après-midi, les groupes scolaires s'y rendant habituellement en matinée.

Notting Hill et West London (p. 277). Design Museum, Museum of Brands, Leighton House et William Morris Society.

Greenwich (p. 296). National Maritime Museum, Royal Observatory, Ranger's House.

Brixton, Peckham et South London (p. 303). Imperial War Museum, Horniman Museum, Florence Nightingale Museum, Black Cultural Archives.

Richmond, Kew et Hampton Court (p. 316). La Cumberland Art Gallery (Hampton Court Palace) et le Wimbledon Lawn Tennis Museum.

u Victoria & Albert Museum (p. 178)

Grands musées

British Museum (p. 79). Une exceptionnelle collection d'objets de nombreuses civilisations, témoignage de 7 000 ans de créativité humaine.

Tate Modern (p. 158). Une célébration de l'art moderne et contemporain dans une centrale électrique réhabilitée au bord de la Tamise.

National Gallery (p. 87). Une des plus belles collections d'art au monde.

Science Museum (p. 186). Idéal pour les enfants, petits ou grands.

Natural History Museum (p. 182). Une cathédrale à la gloire de la nature.

Victoria & Albert Museum (p. 178). Surnommé "le grenier de la nation", le V&A abrite une collection éclectique d'arts décoratifs.

Petits musées

Museum of the Home (p. 204). Une incursion fascinante dans la vie quotidienne d'une famille de huguenots du XVIIe siècle.

Sir John Soane's Museum (p. 93). Dans la demeure de caractère de cet architecte du XIXe siècle est exposée sa collection d'art et d'antiquités.

Shakespeare's Globe (p. 160). Tout sur Shakespeare et son œuvre.

London Transport Museum (p. 100). Les transports londoniens, des omnibus hippomobiles au chantier du Crossrail.

Viktor Wynd Museum of Curiosities, Fine Art & Natural History (p. 226). Un cabinet de curiosités étrange et troublant.

Old Operating Theatre Museum & Herb Garret (p. 162). Une plongée dans la médecine d'avant l'anesthésie.

Dulwich Picture Gallery (p. 305). Belle collection de peintures de maîtres.

Petites galeries d'art

Kenwood House (p. 249). Splendide collection d'œuvres de maîtres (XVIIe-XIXe siècle), dans un cadre magnifique.

Guildhall Art Gallery (p. 145). Collection éclectique, au-dessus d'un amphithéâtre romain.

Whitechapel Gallery (p. 226). Une galerie d'avant-garde qui continue de faire sensation avec d'excellentes expositions.

Saatchi Gallery (p. 191). Un écrin ultramoderne et élégant pour l'art contemporain.

The Photographers' Gallery (p. 99). Un bâtiment splendide consacré à l'art de la photographie.

House of Illustration (p. 252). Galerie d'art à but non lucratif fondée par Quentin Blake.

Newport Street Gallery (p. 305). Collection personnelle de Damien Hirst.

Maisons-musées

Dennis Severs' House (p. 206). Étonnante plongée dans une maison huguenote du XVIIIe siècle.

Charles Dickens Museum (p. 95). L'unique demeure londonienne du grand romancier.

18 Stafford Terrace (p. 276). L'intérieur esthétique d'une maison victorienne bourgeoise.

Apsley House (p. 189). Le duc de Wellington habita 35 ans ce grandiose hôtel particulier, surnommé "Number One London", dont une partie a été transformée en musée Wellington – vainqueur de Napoléon à Waterloo oblige.

Leighton House (p. 276). Un joyau néobyzantin aux portes de Holland Park.

Keats House (p. 255). La maison où Keats trouva l'inspiration pour ses plus beaux poèmes.

Musées thématiques

Imperial War Museum (p. 303). Consacré à l'histoire militaire de la Grande-Bretagne, avec une section incontournable sur la Première Guerre mondiale.

Churchill War Rooms (p. 92). Le centre névralgique de l'effort de guerre britannique durant la Seconde Guerre mondiale.

Science Museum (p. 186). Un temple des sciences, des inventions et de la technologie.

Design Museum (p. 277). Présente le rôle du design dans la vie quotidienne.

Museum of London Docklands (p. 230). L'histoire des docks et du commerce qui ont fait la prospérité de Londres.

Horniman Museum (p. 305). Un petit musée d'histoire naturelle de South London, idéal pour une visite en famille.

Étal de currys au Camden Market (p. 254)

Où se restaurer

La scène gastronomique de Londres compte aujourd'hui parmi les plus intéressantes, et les gourmets y sont à la fête – mais pas à l'abri de mauvaises surprises. L'atout majeur de la capitale anglaise est sa grande diversité culinaire : marchés de cuisine de rue, expériences haut de gamme avec vue imprenable et cuisines du monde entier, de l'Afghanistan à la Zambie.

L'ESSENTIEL

Heures d'ouverture

La plupart des restaurants ouvrent de 12h à 14h30 et de 18h à 23h. Les brasseries et les établissements de chaînes fonctionnent souvent en continu de 12h à 23h.

Fourchettes de prix

Les symboles ci-dessous indiquent le prix moyen d'un plat principal.

£	moins de 15 £
££	entre 15 et 25 £
£££	plus de 25 £

Réservations

Réserver est toujours une bonne idée, surtout le week-end ou si vous êtes nombreux (notez qu'un numéro de carte bancaire est souvent exigé au moment de réserver). Certains restaurants assurent plusieurs services, avec des créneaux de 2 heures généralement.

Pourboire

La plupart des restaurants ajoutent d'emblée 12,5% à l'addition pour le service. Si vous estimez le service insatisfaisant, vous pouvez demander que ce montant soit déduit, mais peu de Londoniens le font. Si le service n'est pas compris, l'usage est de laisser au moins 10% de la note en pourboire, si possible en espèces et directement au serveur.

Grande cuisine, petits prix

- Beaucoup de restaurants haut de gamme proposent des formules déjeuner avantageuses.
- Les prix à la carte sont habituellement moins élevés au déjeuner qu'au dîner.
- Les établissements du West End ou de South Bank sont nombreux à proposer des menus pour des repas d'avant ou d'après-théâtre.

BYO (Bring Your Own)

On peut souvent apporter sa bouteille dans les établissements bon marché. Un droit de bouchon (1-5 £/bouteille) est parfois demandé.

Spécialités

CUISINE ANGLAISE

Certes, l'Angleterre est le pays des *beans on toast*, de la *jelly*, des *mushy peas* (purée de petits pois) et des *chip butties* (frites entre deux tranches de pain blanc), mais elle a plus d'une corde à son arc. Bien préparée, la cuisine anglaise a ses charmes propres, qu'il s'agisse du rosbif dominical servi avec des *Yorkshire puddings* (gâteaux légers à base de pâte à crêpe que l'on trempe dans la *gravy*, sauce accompagnant la viande) ou d'un cornet de *fish and chips* – avec une pincée de sel et quelques gouttes de vinaigre de malt. Et rien ne vaut un petit-déjeuner anglais complet pour bien commencer la journée.

En outre, la gastronomie anglaise contemporaine fait des émules, en partie grâce aux chefs vedettes Fergus Henderson et Jamie Oliver, qui ont relancé l'intérêt des gourmets pour des ingrédients traditionnels sous-cotés comme les tubercules, le poisson fumé, les crustacés, le gibier, l'agneau pré-salé, les saucisses, le boudin noir, les abats, des découpes de viande méconnues ou encore la moelle.

VINS ET FROMAGES

Si la cuisine anglaise était autrefois tournée en dérision, que dire des vins… Mais les choses sont aussi en train de changer dans ce domaine. Les vins pétillants produits en Angleterre ont récemment attiré l'attention au niveau international, et sont maintenant servis à Buckingham Palace lors des dîners officiels, et en première classe sur les vols British Airways. Même la maison de champagne Taittinger s'y intéresse et a racheté un vignoble dans la région du Kent (sud-est de Londres), aux sols crayeux, dont les premières bouteilles sont attendues pour 2023. Les producteurs anglais qui montent incluent Wiston Estate, Furleigh Estate, Theale Vineyard, Ridgeview, Bolney Estate et Hambledon.

Le climat froid et pluvieux est propice à la culture de certains cépages blancs particulièrement vigoureux, dont beaucoup sont peu connus. On trouve du chardonnay, mais aussi des cépages bacchus, madeleine angevine, seyval blanc, pinot blanc, reichensteiner et müller-thurgau. Certains bons pinots noirs sont également cultivés.

Les fromages britanniques n'ont jamais souffert de problèmes d'image. Le stilton est le plus célèbre, mais goûtez si vous en avez l'occasion les bleus de Wensleydale,

Se restaurer quartier par quartier

de Derby, du Dorset et du Shropshire. Fromage à pâte molle fort en goût, le Stinking Bishop ("évêque puant") a également du caractère. Le roi des fromages à pâte dure friable est le cheddar mature, mais le Cheshire, le Lancashire et le Caerphilly ont leurs propres variétés.

À Londres, les bonnes adresses où goûter des vins et des fromages britanniques comptent notamment la Neal's Yard Dairy (p. 130), le Borough Market (p. 161) et le Paxton & Whitfield Market (p. 128).

POISSON ET FRUITS DE MER

De nombreux visiteurs s'étonnent que la cuisine de ce pays insulaire fasse peu de cas des poissons et fruits de mer, à l'exception de l'omniprésent *fish and chips*, véritable institution (les échoppes qui vendent des filets de morue, d'aiglefin ou de carrelet panés sont partout). Toutefois, les restaurants d'aujourd'hui sont en train de combler ce retard. Beaucoup proposent des spécialités locales (sole de Douvres, huîtres de Cornouailles, pétoncles d'Écosse, anguille fumée du Norfolk, hareng de l'Atlantique, maquereau…) et les tables haut de gamme spécialisées dans les produits de la mer sont légion.

DESSERTS

Les Britanniques ont la passion des desserts, et les restaurants de cuisine anglaise les mettent à l'honneur. Parmi leurs préférés, entre *trifles*, *treacles* et autres *sticky toffe puddings*, citons le *bread and butter pudding* (pain perdu), le *toffee pudding*, le *spotted dick* (cuit à la vapeur avec de la graisse de bœuf et des raisins secs), l'*Eton mess* (meringue, fraises et crème fouettée), le fameux *Christmas pudding* (cuit à la vapeur avec fruits confits et cognac) et le crumble (aux pommes, à la rhubarbe, aux baies…).

PETIT-DÉJEUNER ET BRUNCH

Le petit-déjeuner a toujours été important pour les Britanniques. Le *full English* typique – très simple quoique peu diététique – comprend bacon, saucisses, haricots blancs (*baked beans*) à la sauce tomate, œufs (au plat ou brouillés), champignons, tomates et pain grillé (parfois agrémenté de Marmite). Vous en trouverez à des tarifs raisonnables dans d'innombrables "*caffs*" – cafés, surnommés "*greasy spoons*" (cuillères graisseuses) – où travailleurs de tous bords se serrent autour de tables en Formica pour reprendre des forces.

Quant au porridge – bouillie d'avoine au lait ou à l'eau, consommée chaude sucrée ou salée –, il fait un retour en force sur la table matinale. Instagram et la culture "brunch" ont remis au goût du jour ce mets jadis consommé seulement chez grand-mère. Désormais, le porridge est souvent agrémenté de noix, baies ou cacao, servi dans du lait de vache ou végétal, et parfois en recettes salées inédites, comme la recette au chou kale et bacon inspirée par Hugh Fearnley-Whittingstall ou Yotam Ottolenghi.

CUISINES DU MONDE

Londres brille dans ce domaine. Introduit en Grande-Bretagne à l'époque de l'Empire colonial (le Raj britannique), le curry est désormais omniprésent, et considéré *de facto* comme un plat national. Mais à mesure que les palais anglais s'affinent, ils s'ouvrent aussi aux délices des différentes régions du sous-continent, et l'offre culinaire indienne ne se limite plus au traditionnel *vindaloo*. La scène gastronomique de Brick Lane, jusqu'ici dominée par les hommes, commence à s'éroder sous l'influence d'une nouvelle génération de restaurateurs, tandis que Tooting, au sud, est le nouveau "corridor du curry" de Londres.

Autre importation de l'ancien Empire colonial britannique : la cuisine afro-caribéenne, que l'on retrouve dans des marchés et restaurants à travers toute la ville. Pour un *jerk chicken* (poulet mariné) ou un riz wolof, cap sur Hackney, Tottenham ou Brixton, au sud de la ville.

La cuisine asiatique – notamment chinoise et japonaise – est omniprésente. Mais trouver un bon restaurant thaïlandais, coréen ou vietnamien exige un peu de recherche.

Les traditions culinaires de la Méditerranée et du Moyen-Orient ont une énorme influence sur la scène gastronomique londonienne – ingrédients frais et de saison, recettes simples, saveurs prononcées et assiettes à partager ont le vent en poupe.

On trouve des restaurant baltes, nordiques et d'Europe continentale (français, italiens, allemands) pour tous les budgets. Et depuis une décennie, la gastronomie d'Europe de l'Est fait des émules avec ses *pirogi*, *pelmeni* et autres bortschs ; ils sont surtout installés dans les quartiers comptant des communautés polonaises, bulgares ou russes (essayez Shepherd's Bush ou Stratford).

Pubs gastronomiques

Loin du pub d'autrefois où l'on se contentait d'une bière et de quelques chips, les *gastropubs*, nés dans les années 1990, sont des restaurants à part entière. Attention, la qualité varie énormément, du produit surgelé au plat digne d'une table étoilée.

Cuisine veggie et végane

Depuis les années 1970, Londres est une destination de choix pour les végétariens. Historiquement, cette tendance tenait à sa myriade de restaurants indiens et pakistanais. Depuis, nombre de restaurants 100% dédiés au végétarianisme ont ouvert, proposant des versions herbivores de spécialités d'origines très diverses. La plupart des restaurants, pubs et cafés servent au moins un plat végétarien, et certaines adresses haut de gamme ont des menus dégustation végétariens. Avec l'explosion du véganisme, les tables végétaliennes fleurissent, et de plus en plus d'adresses, des fast-foods aux restaurants étoilés, servent des mets végétaliens.

Toques célèbres

La renaissance culinaire londonienne est en partie l'œuvre de chefs très télégéniques, qui ont construit de véritables empires autour de leur nom et de leurs émissions. Les établissements de Gordon Ramsay restent des porte-drapeaux de l'excellence. Citons aussi Jamie Oliver, Nigella Lawson et Heston Blumenthal, connu à l'international pour ses expérimentations de savant fou.

Café

La qualité des cafés servis à Londres est toujours aléatoire, mais depuis quelques années les adresses de format poche où l'on fait d'excellents cafés (et pâtisseries) se multiplient, souvent tenus par des

BARMALINI/SHUTTERSTOCK ©

En haut : Rôti du dimanche typique (p. 50)

En bas : Bleu anglais de Shropshire

Australiens ou des Néo-Zélandais imprégnés de la *coffee culture* de troisième vague et non moins férus de toasts à l'avocat. Les cafés de grandes chaînes sont partout, souvent médiocres et peu regardants sur la propreté en salle.

Marchés alimentaires

Les marchés alimentaires se divisent en 3 catégories : étals alimentaires dans des marchés généralistes comptant sur les touristes venus s'imprégner de leur atmosphère – Old Spitalfields (p. 219), Camden (p. 254) ; marchés fermiers exclusivement consacrés à la gastronomie et vendant des produits locaux, bio et artisanaux – Borough Market (p. 161), Broadway Market (p. 242) ; marchés de rue chamarrés où l'on achète aux commerçants à l'accent *cockney* ou parlant un patois jamaïcain, une salade de mangue fraîche trop chère, pour le plaisir de participer à l'ambiance – Brixton Market (p. 313), Ridley Road Market (p. 225), Portobello Road Market (p. 278).

Tendances

Marchés de cuisine de rue En plein air, dans des containers ou sous de grandes halles, ils sont partout, West End (p. 116) compris. Ceux dans lesquels on trouve aussi de l'alcool se transforment naturellement en fêtes de rue le soir venu.

Carte bancaire pour réserver De plus en plus d'établissements demandent un numéro de carte bancaire au moment de la réservation, afin de prélever des frais en cas d'annulation ou si les convives ne sont pas aussi nombreux qu'annoncé. De quoi cogiter avant d'appeler.

Pas de réservations Certains restaurants à succès préfèrent ne pas accepter de réservations. À moins d'arriver tôt, il faut donc faire la queue. Il est parfois possible de laisser son numéro et d'attendre dans un pub voisin qu'une table se libère.

Cuisine du monde régionale Exit la traditionnelle enseigne générique chinoise : aujourd'hui, on déguste spécifiquement la cuisine du Dongbei ou du Xinjiang. Idem pour la cuisine indienne : on parle maintenant de cuisine du Gujarat, de Goa ou du Punjab (Pendjab).

Allergies et intolérances alimentaires La plupart des restaurants londoniens (mais pas tous) accepteront de remplacer un ingrédient par un autre pour s'adapter aux restrictions alimentaires, et la signalétique sur les cartes s'améliore peu à peu.

Buffets diététiques Un tout nouveau type de buffets a fait son apparition en ville, proposant des festins végétariens et/ou végétaliens à des prix abordables. Essayez les chaînes Tibits (www.tibits.co.uk) et Natural Kitchen (www.naturalkitchen.co.uk).

Restauration rapide en famille

La ville compte des chaînes locales de très bonne qualité. Elles sont généralement bon marché, surtout s'il y a des formules ou des menus enfants. Vous en trouverez dans quasiment tous les quartiers du centre. Message aux bambins : ce n'est pas parce que c'est un fast-food qu'il faut laissez les bonnes manières à l'entrée !

Busaba Eathai (www.busaba.com). Une cuisine thaïlandaise divine et sans chichis, dans un décor asiatique moderne.

Carluccio's (www.carluccios.com). Restaurants omniprésents, cuisine italienne haut de gamme et service irréprochable.

Franco Manca (www.francomanca.co.uk). Pizzas au levain cuites au feu de bois.

Giraffe (www.giraffe.net). Cuisines du monde et brunch toute la journée.

Honest Burgers (www.honestburgers.co.uk). Hamburgers élaborés avec des ingrédients britanniques de qualité.

Masala Zone (www.masalazone.com). Cette chaîne de cuisine indienne est spécialisée dans les *thali* (plateau composé de petites portions).

Nando's (www.nandos.co.uk). Chaîne très prisée pour son poulet au peri-peri et ses fameuses sauces suprêmement épicées ; commandez au comptoir.

Pret a Manger (www.pret.co.uk). Sandwicheries aux prix abordables proposant un bon choix de garnitures ; des établissements spécialisés Veggie Pret ont récemment ouvert.

Real Greek (www.therealgreek.com). Mezzes et souvlakis très bien présentés, à partager entre amis.

Tas (www.tasrestaurants.co.uk). Ces restaurants turcs affichent un vaste choix de grillades, de ragoûts et de mezzes.

Wagamama (www.wagamama.com). Nouilles japonaises et service rapide.

Wahaca (www.wahaca.com). Variations autour de la cuisine de rue mexicaine, dans un cadre coloré.

La sélection de Lonely Planet

St John (p. 209). Britannique jusqu'au bout des ongles.

Palomar (p. 112). Une cuisine israélo-libanaise d'exception, dans une ambiance très théâtrale.

Clove Club (p. 212). Ancien *supper club* de Dalston devenu un prodigieux restaurant étoilé au Michelin.

Kiln (p. 112). Exceptionnelle cuisine thaïlandaise sous forme de tapas, dans le West End.

Par prix

£

Padella (p. 167). Pâtes maison à Borough Market.

Hook Camden Town (p. 261). *Fish and chips* issu de la pêche durable et sauces maison.

Beijing Dumpling (p. 110). Spécialisé dans les soupes aux raviolis, dans le West End.

Breddos Tacos (p. 208). Ce *food truck* devenu restaurant sert les meilleurs tacos de Londres.

Seven Dials Market (p. 114). Cuisine de rue, boissons et musique, dans le West End.

££

Glasshouse (p. 328). À Kew, une cuisine européenne moderne étoilée au Michelin.

Duck & Waffle (p. 150). Panorama d'exception et cuisine fusion inventive.

Palomar (p. 112). Savoureuse cuisine de Jérusalem, dans Soho.

Ottolenghi (p. 264). Célèbre café-boulangerie méditerranéen d'Islington.

£££

Clove Club (p. 212). Un audacieux restaurant classé parmi les meilleurs du monde.

City Social (p. 150). Les plats contemporains de Jason Atherton séduisent tout autant que la vue, extraordinaire.

Five Fields (p. 197). À Chelsea, une cuisine britannique inventive.

Gymkhana (p. 119). Ce restaurant indien style Raj britannique du West End fait l'unanimité.

Dinner by Heston Blumenthal (p. 193). Fusion sublime d'une cuisine britannique parfaite et d'un décor saisissant – le tout supervisé par une célébrité.

Par types de cuisine

Cuisine britannique

Spring (p. 116). Dégustez les délices de Skye Gyngel dans la splendide Somerset House.

Launceston Place (p. 196). Cuisine, présentation et service époustouflants.

Rabbit (p. 196). Sur King's Road, cuisine britannique de saison.

Andrew Edmunds (p. 113). Une institution de Soho, où l'on sert une excellente cuisine britannique moderne.

Battersea Pie Station (p. 114). Le temple des tourtes, froides ou chaudes, en plein cœur de Covent Garden.

Rules (p. 115). Le restaurant le plus ancien de Londres (1798) sert une cuisine traditionnelle à base de gibier, dans le West End.

Simpsons Tavern (p. 149). Taverne traditionnelle (1757), cuisine de pub classique et le fameux *stewed cheese* en dessert, qualifié de *Stupor food* par des critiques londoniens et objet d'un challenge annuel.

Cuisine chinoise

Hakkasan Hanway Place (p. 110). Cuisine cantonaise exceptionnelle dans ce *basement* du West End.

Yauatcha (p. 113). Le paradis du dim sum d'Alan Yau, dans un cadre glamour et grandiose (Christian Liaigre).

Mamalan (p. 306). *Street food* pékinoise à Brixton.

Bar Shu (p. 111). Cuisine du Sichuan authentique (et décor aussi) et délicieuse.

Beijing Dumpling (p. 110). Bon marché, pas toujours chaleureux mais idéal pour des raviolis frits.

Cuisine française moderne

Gordon Ramsay (p. 197). Établissement phare de ce chef médiatique – dans le trio des 3 étoiles au Michelin, à Londres.

Chez Bruce (p. 308). Raffinement intemporel, à la lisière de Wandsworth Common.

Pied à Terre (p. 110). Institution londonienne des palais francophiles, avec désormais un menu végétalien.

Chez Lindsay (p. 328). Un coin de Bretagne à Richmond.

Cuisine indienne

Quilon (p. 109). La cuisine indienne la plus inventive de Londres.

Dishoom (p. 283). Nombreuses adresses ; cuisine et service toujours impeccables.

Café Spice Namasté (p. 231). Le meilleur des célèbres restaurants indiens de l'East End.

Gymkhana (p. 119). Décor superbe évoquant l'époque du Raj, et cuisine de haut vol.

Tamarind (p. 117). Cuisine indienne contemporaine haut de gamme, préparée au tandoor (four en terre cuite enterré).

Cuisine italienne

Padella (p. 167). Savoureuses pâtes maison à petits prix au Borough Market.

Locanda Locatelli (p. 117). Sans doute le restaurant italien le plus réputé de Londres.

Polpo (p. 113). Des *cicchetti* (sortes de tapas) à la vénitienne.

Trullo (p. 264). À Islington, des grillades italiennes au charbon.

River Cafe (p. 284). Autre restaurant célèbre attirant de nombreux habitués à Fulham.

Cuisine végétalienne

Temple of Seitan (p. 234). Des burgers et du "poulet" "seitaniquement" bons.

Wulf & Lamb (p. 196). Élégant, délicieux et 100% à base de plantes.

Tibits (p. 168). Cette chaîne végétarienne/végétalienne fixe ses prix au poids.

Cuisine végétarienne

Gate (Hammersmith) (p. 284). Menu inventif et savoureux.

Gate (Clerkenwell) (p. 209). Autre antenne, aux influences indienne et moyen-orientale.

Mildreds (p. 110). Un classique de Soho, où l'on sert aussi des plats végétaliens et sans gluten.

Gauthier Soho (p. 114). Des menus 100% végan qui font la renommée d'Alexis Gauthier.

Sagar (p. 109). Cuisine végétarienne d'Inde du Sud, aussi légère que savoureuse.

Sunday Roasts

Anchor & Hope (p. 168). Une réputation bien établie à South Bank depuis plus d'une décennie.

Empress (p. 236). Cuisine britannique contemporaine savoureuse dans l'East End.

Hawksmoor Spitalfields (p. 213). L'endroit idéal pour un festin dominical.

Swan at the Globe (p. 168). Pub convivial et cuisine excellente au bord de la Tamise.

Smokehouse (p. 264). Dans une ruelle, un pub baigné de lumière réputé pour ses rôtis gastronomiques.

Tables avec vue

City Social (p. 150). Depuis une tour de la City, vue à couper le souffle sur le Shard et au-delà.

Skylon (p. 170). La vue inverse : depuis South Bank, sur la City.

Coq d'Argent (p. 151). Restaurant français en toit-terrasse dans le quartier financier.

Duck & Waffle (p. 150). Plats britanniques traditionnels au sommet de la Heron Tower. Service en continu.

The Ivy Asia (p. 151). Un restaurant-bar asiatique ouvert très tard, avec vue sur la cathédrale Saint-Paul.

Peckham Levels (p. 307). Cuisine de rue et vue sur le couchant à South London.

Afternoon Tea

Foyer and Reading Room at Claridge's (p. 118). Un sommet de l'élégance Art déco.

Delaunay (p. 115). Thé à la viennoise avec petits kouglofs et Sachertorte (gâteau viennois).

Oscar Wilde Lounge (p. 114). Un thé à savourer sous une débauche de dorures.

Orange Pekoe (p. 327). Spécialiste du thé proposant du thé à la crème toute la journée.

Tea and Tattle (p. 109). "Thé et papotages", dans une librairie voisine du British Museum.

Sketch (p. 119). Banquettes roses moelleuses et décor photogénique à souhait.

Marchés alimentaires

Borough Market (p. 161). Étals sans fin, dégustations gratuites et excellents plats à emporter.

Broadway Market (p. 242). Le rendez-vous hebdomadaire des gourmets de l'East End.

Portobello Road Market (p. 278). Un véritable panorama mondial de la *street food*.

Maltby Street Market (p. 306). Pour flâner parmi des stands de nourriture étonnants.

Market Hall Victoria (p. 197). Tout le monde y trouve son compte, y compris les véganes.

Vaut le détour

Dinner by Heston Blumenthal (p. 193). La crème de la cuisine moléculaire.

Gordon Ramsay (p. 197). Tout le talent du célèbre chef.

Glasshouse (p. 328). Cuisine européenne moderne à Kew Gardens.

Petersham Nurseries Cafe (p. 328). L'occasion d'une promenade bucolique à Richmond.

Chiltern Firehouse (p. 117). La cuisine étoilée du chef Nuno Mendes à Marylebone.

Glaciers

Gelateria Danieli (p. 327). Glaces artisanales de saison, au *Christmas pudding* par exemple.

Ruby Violet (p. 259). Parfums originaux.

Chin Chin Labs (p. 261). Des glaces à l'azote liquide : délicieusement étrange !

Gelupo (p. 111). Ingrédients 100% naturels, au cœur de Londres.

Où prendre un verre et faire la fête

Il suffit de regarder les estampes de William Hogarth de 1751, comme Gin Lane ou la moins sinistre Beer Street, pour constater que les Londoniens ont toujours entretenu une relation particulière avec l'alcool. Le choix ne manque pas pour prendre un verre, des bars à cocktails de style speakeasy aux clubs fermant à l'aube. Pourtant, un nombre croissant d'établissements sans alcool ciblent les fêtards souhaitant rester sobres.

L'ESSENTIEL

Heures d'ouverture
Traditionnellement, les pubs ouvrent de 11h-12h, jusqu'à 23h – un peu plus tôt le dimanche. Certains pubs et bars ouvrent plus tard et ferment à 2h-3h le week-end. Les clubs ouvrent en général à 22h le week-end et ferment entre 3h et 7h du matin.

Tarifs
L'entrée de nombreux clubs est gratuite ou moins coûteuse en semaine. Dans les plus en vue, le samedi soir, l'entrée atteint 25 £. Certains clubs appliquent des réductions en début de soirée.

Entrée et guest list
Pour éviter les files d'attente dans le froid à 23h, présentez-vous en avance et/ou réservez. Certains clubs proposent de s'inscrire en amont sur une liste (*guest list*). Consultez leur site Internet.

Code vestimentaire
Le code vestimentaire des clubs londoniens est dans l'ensemble assez ouvert. Les boîtes chics, dans des quartiers comme Kensington, sont plus regardantes sur la tenue (jeans et baskets à éviter) – généralement, plus on va vers l'est, plus la tendance est à une mode alternative et à un accueil plus large.

Demandez le programme
Le programme des nuits londoniennes vous attend sur le site de *Time Out* (www.timeout.com/london), mais c'est par le bouche-à-oreille (ou les réseaux sociaux, son équivalent moderne) qu'on a les infos les plus intéressantes.

Le club Fabric (p. 214)

Pubs

Les pubs (raccourci de *public houses*) sont, depuis des siècles, au cœur de la vie sociale britannique. Chaque Londonien ou presque a le "sien", et vous pourrez vous amuser à trouver celui qui vous correspond le mieux.

Les pubs du centre de Londres font le plein à la sortie des bureaux, après 17h. Dans les quartiers résidentiels, ils prennent véritablement vie le week-end : les déjeuners prolongés se transformant en après-midi, puis en soirées entre amis. Beaucoup de pubs proposent des quiz les soirs de semaine. D'autres organisent des concerts, des spectacles d'humour ou des soirées poésie (*spokenword*). Certains se distinguent par leur cuisine raffinée, au point qu'il faut réserver.

On peut y boire de tout : de la bière, du vin, des boissons sans alcool, des alcools forts, voire des boissons chaudes. Certains s'approvisionnent auprès de microbrasseries locales et artisanales, en *real ales*, bières fruitées, cidre bio, etc. Les *gastropubs* contemporains ont généralement une bonne carte des vins.

L'hiver, on se réchauffe avec un vin ou un cidre chauds, et l'été on se presse dans les *beer gardens* pour enchaîner les pichets de Pimm's-limonade.

LES PUBS WEATHERSPOON

Depuis la crise financière de 2008, la chaîne de pubs JD Weatherspoon remporte un franc succès auprès des Londoniens grâce à ses bières à prix cassés. Nombre d'établissements sont installés dans des édifices historiques, comme le dernier-né de la chaîne, aménagé dans un monument classé du Strand qui abritait jadis une banque Lloyds. Chaque pub a sa propre moquette célébrant son quartier d'adoption, comme on peut le découvrir dans le blog Tumblr *Spoon's Carpets: An Appreciation*, publié par Penguin en version papier.

DE LA MICROBRASSERIE À LA BIÈRE DE GRANDE MARQUE

Les pubs proposent généralement un bon choix de *lager* (très gazeuse, à consommer fraîche ou glacée) et une sélection plus restreinte de *real ale* ou *bitter* (sans bulles ou très légèrement gazeuse, avec des saveurs corsées et servies à température ambiante).

La marque britannique de *lager* la plus connue est la Carling, assez générique, mais il en existe d'autres, des courantes Foster's et Stella Artois, aux marques tchèques Budvar ou Pilsner Urquell.

Fuller's, qui était la dernière grande brasserie historique (depuis 1654 dans le quartier de Chiswick) encore en activité à Londres, a été rachetée par le géant japonais de la bière Asahi en 2019, et donc sa fameuse London Pride ("Fierté de Londres") aussi. Même sort pour Meantime, basée à Greenwich, depuis 2019. Parmi les autres grandes marques de bière servies dans les pubs de Londres, citons la Truman's Runner, la Landlord de Timothy Taylor, les ales de Samuel Smith, la Spitfire de Shepherd Neame, la Directors de Courage, la Ghost Ship d'Adnams et l'Old Peculiar de Theakston.

Jadis perçue comme une boisson réservée aux plus vieux, la *real ale* ("véritable ale") séduit aujourd'hui les jeunes, tout comme les bières artisanales. Le personnel des bars affichant un grand choix de *real ales* et de bières artisanales sont souvent des zythologues (biérologues) avertis, avec une culture en la matière digne des grands sommeliers : demandez conseil.

La *stout* (telle la Guinness irlandaise) est une bière brune, légèrement sucrée, avec un goût caractéristique dû au fait que le malt est grillé avant la fermentation.

Les microbrasseries poussent comme des champignons depuis une dizaine d'années : de 9 en 2006, elles sont 130 aujourd'hui. Pour en découvrir, essayez notamment Beavertown, Brixton Brewery, Fourpure, London Fields Brewery, Five Points Brewing Company, Redchurch, Crate Brewery, Hackney Brewery, Kernel et East London Brewing Company.

Les amateurs feront la tournée des brasseries et salles de dégustation du fameux Bermondsey Beer Mile (p. 309).

Bars

Bien que très fréquentés, les bars sont une bonne alternative aux pubs et aux clubs : ils ouvrent plus tard que les pubs, ferment plus tôt que les clubs, et séduisent ceux qui rechignent à se coucher à 23h ou à aller en discothèque. Beaucoup sont animés par des DJ le week-end, et certains ont une piste de danse. Les consommations sont en général plus chères que dans les pubs, mais le service est parfois compris.

Les bars à cocktails font un come-back à Londres – traditionnelle terre de pubs –, grâce à des noms de boissons amusants, une atmosphère tamisée évoquant l'époque de la Prohibition (et des *speakeasies*), et pour certains d'excellents choix sans alcool également. Quant aux bars spécialisés, bars à vins, à whiskies, à bières artisanales, à cidres ou à cocktails sans alcool, ils se multiplient. Si vous avez une envie particulière, vous trouverez votre bonheur.

Clubs

Londres n'a rien à envier en termes de clubbing. Il y en a pour tous les goûts : immenses et célèbres comme le Fabric (p. 214) ou le Ministry of Sound (p. 312), ou plus intimistes et sentant la sueur comme le XOYO (p. 216), avec toujours la crème des DJ émergents. Côté musique, c'est techno, rock indé, musique latine, ska, pop, dubstep, grime, electro minimal, R&B ou hip-hop, tous les soirs de la semaine.

Le jeudi est une grosse soirée, certains se résignant à aller au travail le lendemain avec la gueule de bois, tandis que les employés de bureau les plus sérieux attendent le vendredi pour envahir les pistes de danse. Mais c'est le samedi que les clubs se remplissent véritablement de fêtards prêts à danser jusqu'à l'aube. Le dimanche réserve d'excellentes surprises – dont profitent notamment les employés du secteur du tourisme, en congé le lundi.

S'il reste des clubs dans le centre de Londres, beaucoup se sont déplacés vers la périphérie ; les noctambules profitent à fond du *Night tube* (métro de nuit) et des bus de nuit le week-end. L'East End (notamment Shoreditch, Dalston et Hackney) est réputé pour ses clubs improvisés dans des sous-sols de bars ou d'anciens magasins. Camden Town vise la clientèle indé et rock, et King's Cross offre un peu des deux. Les adresses gays sont surtout au sud de la Tamise, en particulier à Vauxhall, même si il y en a encore quelques-unes dans le West End et dans l'East End.

Le phénomène des cabarets

La scène des cabarets a explosé depuis 20 ans, inondant Londres de chapeaux hauts de forme, cache-seins et corsets, et donnant lieu à certaines des meilleures fêtes de la ville. D'alternative, cette scène est devenue de plus en plus "grand public", au point que les organisateurs ont augmenté

Prendre un verre quartier par quartier

leurs tarifs pour décourager les simples observateurs. Soyez prêt à payer jusqu'à 25 £ pour certaines soirées, et habillez-vous de façon à en mettre plein la vue !

Ces soirées vont du concours burlesque masculin à la *tea party* servie par des demoiselles sur patins à roulettes. Le Bethnal Green Working Men's Club (p. 238), un club de travailleurs, accueille des soirées cabaret pleines de fantaisie. Le RVT (p. 312) est le fleuron de la scène gay et cabaret de Londres, en partie grâce à ses fameuses soirées Duckie du samedi, dédiées au rock and roll.

Soirées sans alcool

De plus en plus de Londoniens adhèrent à la mode de la tempérance, et les possibilités ne manquent pas pour des soirées sans alcool. *Escape games*, soirées poésie, spectacles d'humour où l'on donne ce qu'on veut, kayak de nuit et d'occasionnelles raves sobres (www.morninggloryville.com)… On peut faire la fête sans excès.

Les amateurs d'art apprécient les nocturnes des musées et galeries d'art. Un événement parfois hebdomadaire – Tate Modern (p. 158), Royal Academy of Arts (p. 102), National Gallery (p. 87), Wellcome Collection (p. 251) – mensuel ou limité à de grandes occasions – British Museum (p. 79), V&A (p. 178), Whitechapel Gallery (p. 226). Ces ouvertures tardives incluent parfois des sessions DJ, concerts et danse. La plupart des grandes librairies sont aussi ouvertes en soirée, certaines dotées d'excellents cafés.

Nombre de pubs et bars ont allongé leur carte sans alcool : bières artisanales sans alcool au Brew Dog (p. 285), boissons au CBD (cannabidiol) de marques comme Green Monkey (www.greenmonkey.co.uk) ou Little Rick (www.littlerick.co.uk) et cocktails sans alcool élaborés.

La sélection de Lonely Planet

Holly Bush (p. 267). Pub douillet du XVIIIe siècle, niché dans le quartier sélect de Hampstead.

Magritte Bar (p. 124). Élégance d'autrefois au Beaumont Hotel de Mayfair.

Netil360 (p. 239). Un bar sur un toit, avec parties de croquet et vue panoramique.

City Barge (p. 329). Un pub chargé d'histoire qui vaut largement le détour.

Oriole (p. 151). Cocktails des quatre coins du monde et décor envoûtant.

Pubs

George Inn (p. 170). Pub de l'époque de Dickens avec une cour pavée agréable en été.

White Cross (p. 329). Excellent vieux pub sur les bords de la Tamise, à Richmond.

Lamb & Flag (p. 122). Probablement le pub le plus populaire du West End – attendez-vous à jouer des coudes.

Cat & Mutton (p. 240). À la fois traditionnel et branché, et toujours paré pour la fête.

Mayflower (p. 311). Un vénérable pub au bord de la Tamise, devant le lieu où le *Mayflower* leva l'ancre pour l'Amérique.

Fox & Anchor (p. 214). Pub victorien à l'ancienne, ouvrant tôt pour accueillir les travailleurs du marché.

Bars à cocktails

Zetter Townhouse Cocktail Lounge (p. 352). Bar lounge aux murs tendus de rouge et mobilier ancien, niché dans Clerkenwell.

High Water (p. 238). Bar convivial de Dalston où l'on crée de délicieux élixirs.

Satan's Whiskers (p. 237). Le personnel avenant de ce bar de Bethnal Green mixe des cocktails d'enfer.

Artesian (p. 123). Le bar à cocktails revitalisé du Langham Hotel.

Lyaness (p. 171). Déco moderne, éclairage doux et mixologue primé aux commandes.

Cocktail Trading Co (p. 218). Classe, branché, et cocktails superbes.

Expériences uniques

Seabird (p. 172). Restaurant-bar avec vue superbe, et des huîtres pour accompagner les cocktails.

Bar Pepito (p. 258). Un bar andalou de la taille d'un mouchoir de poche, dévolu aux amateurs de *sherry*.

Crate Brewery (p. 240). Alcool et pizzas au bord du canal, dans le quartier industriel de Hackney Wick.

American Bar (p. 122). Bar d'hôtel de Mayfair au cadre Art déco.

Bethnal Green Working Men's Club (p. 238). Burlesque, cabaret, soirées rétro, paillettes et sueur.

Nickel Bar (p. 151). Sous la voûte du lobby de The Ned, une ambiance à la *Gatsby le Magnifique*, avec piano jazz et éclairage aux chandelles.

Drink, Shop & Do (p. 266). Un bar excentrique tout en rose pastel, orné de Lego, d'artisanat et de gâteaux.

Beer gardens

Windsor Castle (p. 284). L'été, les habitués délaissent l'intérieur, historique, au profit du paisible jardin.

Queen Elizabeth Hall Roof Garden (p. 173). En été uniquement, cette "prairie urbaine" offre un beau panorama sur Londres.

Edinboro Castle (p. 267). Bar festif de Camden où prolonger une belle soirée d'été.

Garden Gate (p. 268). Pour siroter un *Pimm's* dans la verdure de Hampstead.

People's Park Tavern (p. 240). Immense *beer garden* avec mini-golf, voisin des étendues boisées du Victoria Park.

Tap on the Line (p. 329). Une cour ensoleillée vous attend dans ce bar aménagé dans une gare ferroviaire.

Le Royal Albert Hall (p. 199)

Où sortir

Depuis l'ère élisabéthaine et l'arrivée d'un jeune barde de Stratford-upon-Avon nommé William Shakespeare, Londres peut compter sur ses talentueux artistes pour divertir les foules avec du théâtre, de l'humour, de la danse ou de l'opéra. Si vous êtes d'humeur pour un concert, d'excellents groupes émergents jouent dans les arrière-salles des pubs de quartier, tandis que les vedettes internationales se produisent dans les meilleures salles (et parfois les pires) de la capitale.

Théâtre

Aller au théâtre est un *must* à Londres, mais comme souvent dans la capitale anglaise, il convient de s'organiser. Pour les grosses productions, inscrivez-vous à une alerte sur les newsletters pour la prochaine sortie de billets afin d'obtenir de bonnes places au meilleur prix. Les billets de dernière minute sont souvent plus chers.

Les places pour les grands spectacles comme *Hamilton* ou *Harry Potter et l'enfant maudit* partent très vite, et il faut souvent se rabattre sur un revendeur comme **TodayTix** (www.todaytix.com/x/london). Certaines productions proposent des billets de dernière minute (à voir en ligne).

Le West End (p. 124) est l'épicentre du théâtre à Londres, avec plus de 40 théâtres où l'on voit des pièces classiques (avec des comédiens de renom) ou contemporaines, des comédies musicales, des ballets, de l'opéra et des spectacles qui durent depuis longtemps, parfois renouvelés par de nouveaux metteurs en scène, tels *Les Misérables*.

Hors du West End, des institutions bien établies comme le National Theatre (p. 173), le Barbican Centre (p. 155), l'Old Vic (p. 173) et le Shakespeare's Globe (p. 173) proposent des spectacles de classe mondiale et des classiques remis au goût du jour.

De petits théâtres réputés attirent le public grâce à de fantastiques œuvres nouvelles, dont beaucoup poursuivent leur chemin vers le West End et Broadway. Consultez les programmations de l'Almeida (p. 269), du Bridge Theatre (p. 163), du Young Vic (p. 173), du Bush Theatre (p. 286), de la Donmar Warehouse (p. 125), du Hackney Empire (p. 241) et de l'Arcola (p. 241).

Pour des productions plus confidentielles (et moins chères), essayez les Vaults (p. 174), les Riverside Studios (p. 287), le King's Head Theatre (p. 269) ou le Hampstead Theatre (p. 271). En famille, tentez les grands spectacles (*Matilda*, *Le Roi lion*), ou les compagnies de théâtre pour enfants, moins onéreuses, de l'Unicorn Theatre (p. 174) ou de la Puppet Theatre Barge (p. 286).

Musique classique

Avec ses nombreux orchestres et ensembles de prestige, ses salles splendides et ses tarifs raisonnables, Londres séduit les mélomanes exigeants. Le Wigmore Hall (p. 125), le Royal Festival Hall (p. 173), le Barbican Centre (p. 155), le Royal Albert Hall (p. 199), le King's Place et Handel & Hendrix (p. 108) affichent une programmation de musique classique séduisante. Le célèbre festival de musique des Proms investit durant 8 semaines estivales le Royal Albert Hall (p. 199) et le Cadogan Hall (p. 199).

Opéra

Entre la Royal Opera House (p. 125) à Covent Garden, qui abrite l'une des grandes compagnies mondiales, l'English National Opera (p. 126), installé au London Coliseum, et les nombreux artistes et événements, le choix est vaste. En marge des classiques, de nouvelles productions abordent des sujets contemporains. L'été, des représentations ont lieu en plein air à Holland Park (p. 287). À cause des coûts de production élevés, les places sont chères.

Danse

Le Royal Ballet (p. 125), peut-être la meilleure formation classique du pays, est hébergé à la Royal Opera House, à Covent Garden. L'English National Ballet (p. 126) se produit souvent au London Coliseum, notamment à Noël et en été. À Islington, North London, le Sadler's Wells (p. 218) est connu pour ses chorégraphies plus contemporaines et expérimentales. **Dance Umbrella** (www.danceumbrella.co.uk), festival de danse contemporaine et multiculturelle, a lieu en octobre.

L'ESSENTIEL

Billets

- Mieux vaut retenir ses places bien à l'avance pour les événements courus, et directement auprès de la salle.
- Les billets de dernière minute sont rares. En dernier recours, passez par les revendeurs et les applis comme TodayTix.
- N'achetez pas vos billets auprès de revendeurs particuliers en ligne ; il s'agit presque toujours des escroqueries.
- Les nouvelles technologies ont fait disparaître les revendeurs à la criée.

Places debout

- Le Shakespeare's Globe (p. 173) vend 700 places debout (5 £) pour chaque spectacle.
- Diverses salles londoniennes vendent des billets "debout" en nombre limité pour de nombreuses grosses productions, dont *Hamilton*.

Billets à prix cassés

- En semaine, les séances en matinée sont souvent moins chères que le soir (et fréquentées par un public de retraités).
- Certains spectacles du National Theatre (p. 173) sont retransmis en direct dans des cinémas de la ville.
- Procurez-vous des billets à prix réduits pour des spectacles du West End auprès de **Tkts à Leicester Square** (officiallondontheatre.com/tkts), jusqu'à 2 jours à l'avance.

Sites Internet et applis mobiles

Time Out (www.timeout.com/london). Hebdomadaire gratuit fournissant une liste à jour des sorties.

Bach Track (www.bachtrack.com/city/london). Listing de concerts classiques, d'opéra et de danse.

London Theatre (www.londontheatre.co.uk). Les pièces de théâtre, de théâtre expérimental (*fringe*) et les comédies musicales du moment.

Songkick (www.songkick.com). Synchronise vos données Spotify pour proposer des concerts.

Dice (dice.fm). Infos sur des spectacles et concerts indés.

Musique live

Malgré la concurrence grandissante de Bristol et Birmingham, Londres sait encore attirer de grands talents musicaux. Ses superbes églises anciennes, théâtres et salles de concerts attirent des artistes de renom en quête d'un décor intimiste – et les places partent vite. Consultez les programmations de l'Union Chapel (p. 271), de l'O2 Academy Brixton (p. 313), de Roundhouse (p. 271), d'Electric Ballroom (p. 271) et du Hammersmith Apollo (p. 286).

L'été, la capitale, comme le reste du pays, brille par ses grands festivals hédonistes avec têtes d'affiches internationales, cuisine de rue, alcool et clubs éphémères. Ces événements, très bien organisés, investissent souvent des parcs pour un week-end, à l'image de **British Summer Time** (www.bst-hydepark.com), à Hyde Park. Mais le marché arrive à saturation et la concurrence est rude pour décrocher têtes d'affiches, lieux de concerts et estrades (il reste souvent des places jusqu'au dernier moment).

S'inspirant du succès d'artistes comme Stormzy, une nouvelle génération d'artistes auto-produits s'est mise en quête de salles où jouer leur musique. Essayez le Ronnie Scott's (p. 125) et le 606 Club (p. 198), ou le Dalston's Vortex Jazz Club (p. 241) et le Cafe Oto (p. 241). Cela dit, c'est avant tout sur les réseaux sociaux qu'on trouve des infos sur les concerts hip-hop, rap, grime, slam, jazz, blues et R&B de Londres.

Humour

Les Londoniens sont connus pour leur sens de l'humour (une stratégie de survie, sans doute), et des humoristes se produisent aux quatre coins de la ville dans des *comedy clubs*. La plupart rêvent de succès au Festival d'Édimbourg (Edinburgh Festival), et testent leurs nouveaux spectacles d'avril à juillet sur des publics conquis. Vous verrez peut-être la prochaine Phoebe Waller-Bridge avant son succès international. Pour identifier les étoiles montantes de l'année, renseignez-vous sur les lauréats des **prix du Festival d'Édimbourg** (Edinburgh Comedy Awards ; www.comedyawards.co.uk).

Cinéma

Londres possède une solide culture cinématographique, et les salles vont de multiplexes géants comme le BFI IMax (p. 174) aux petits cinémas pleins de charme comme le Rio Cinema (p. 242) ou le Ciné Lumière de l'Institut français (p. 199). Des salles comme le Prince Charles Cinema (p. 125), aux prix abordables, programment des minifestivals et projettent des comédies musicales cultes que le public peut accompagner en chantant (*singalong*). Pour réviser vos classiques, rendez-vous au BFI (British Film Institute ; p. 174) de South Bank, qui organise aussi le festival de cinéma le plus important de l'année, le **London Film Festival** (www.bfi.org.uk/lff ; ⏲oct). Les avant-premières prestigieuses ont souvent lieu à Leicester Square (places les plus chères de Londres).

Avec un peu de chance, vous pourrez vivre l'une des plus intenses émotions cinématographiques de Londres au Secret Cinema (www.secretcinema.org), où les classiques du 7e art prennent littéralement vie. Les spectateurs sont invités à se mettre en costume et à s'immerger dans le décor avant la projection du film. Téléphones et appareils photo sont bannis, afin de garder secrets les détails de l'expérience pendant toute la durée de la production.

Quartier par quartier

Le West End (p. 124). Un choix inégalé pour le théâtre, les comédies musicales, l'opéra, la musique classique, mais aussi les petites salles de concerts, les *comedy clubs* et les cinémas.

La City (p. 155). Le Barbican Arts Centre, et des concerts dans des églises.

South Bank (p. 173). Des théâtres prestigieux.

Kensington et Hyde Park (p. 198). Le Royal Albert Hall, le Royal Court Theatre et d'autres salles de concerts plus petites.

Clerkenwell, Shoreditch et Spitalfields (p. 218). Sadler's Wells, de la musique live et des spectacles d'humour.

East London et Docklands (p. 241). Théâtres, cinémas et salles de concerts indépendants.

Hampstead et North London (p. 269). Cap sur Camden ! Rock indé, jazz, blues, musique traditionnelle, danse folklorique, humour et théâtre.

Notting Hill et West London (p. 286). Cinémas indépendants, concerts, et opéra l'été.

Brixton, Peckham et South London (p. 312). Salles de concerts locales, plus l'emblématique O2 Academy Brixton (ex-Brixton Academy) pour les vedettes internationales.

La sélection de Lonely Planet

Royal Opera House (p. 125). La grande scène londonienne pour l'opéra et la danse classique.

Wigmore Hall (p. 125). Superbe salle ancienne avec une excellente acoustique.

Southbank Centre (p. 163). Concerts, récitals, comédies musicales – vous n'aurez que l'embarras du choix.

Barbican Centre (p. 155). Le plus grand centre des arts du spectacle d'Europe, à l'architecture fascinante, proposant musique classique ou contemporaine, danse, théâtre, cinéma et expositions d'art.

Shakespeare's Globe (p. 173). Les pièces de Shakespeare comme vous les auriez vues il y a 400 ans.

Royal Albert Hall (p. 199). Pour un voyage dans le passé victorien de Londres, et des concerts magiques dans sa fameuse salle ovale.

Théâtre

Almeida (p. 269). Classiques revisités et productions nouvelles souvent en route pour le West End.

Old Vic (p. 173). Une institution de l'univers du théâtre londonien.

Young Vic (p. 173). Du théâtre contemporain pour un public avide d'expérimentations.

Donmar Warehouse (p. 125). Des spectacles qui interpellent.

Royal Court Theatre (p. 199). Un théâtre progressiste, qui donne leur chance aux jeunes talents.

Salles de concerts

Roundhouse (p. 271). Classée, vaste mais intimiste, la meilleure salle de Camden.

Union Chapel (p. 271). L'une des plus belles salles de concerts de Londres.

Eventim Apollo (p. 286). Salle légendaire, avec des concerts toujours au niveau.

Wilton's (p. 241). Salle victorienne avec une programmation éclectique.

Cadogan Hall (p. 199). La résidence du Royal Philharmonic Orchestra, à Chelsea.

Cafe Oto (p. 241). Une salle intimiste pour mélomanes à la pointe.

Humour

Soho Theatre (p. 126). Talents locaux et étrangers.

Comedy Store (p. 126). Héberge la plus célèbre troupe d'improvisation de la ville.

Angel Comedy (p. 270). Payez ce que vous souhaitez pour les spectacles quotidiens du Camden Head et du Bill Murray.

Museum of Comedy (p. 126). Spectacles comiques gratuits tous les lundis, dans le West End.

Danse

Sadler's Wells (p. 218). Le meilleur de la danse contemporaine internationale et britannique.

Royal Opera House (p. 125). Héberge le Royal Ballet, plus grande compagnie de ballet du pays.

English National Ballet (p. 126). Compagnie itinérante qui a ses quartiers au London Coliseum.

The Place (p. 126). Le véritable berceau de la danse britannique moderne.

Concerts dans des églises

St Martin-in-the-Fields (p. 100). Excellents concerts classiques, souvent aux chandelles.

Abbaye de Westminster (p. 76). Office chanté le soir, et les meilleurs concerts d'orgue de la ville.

Cathédrale Saint-Paul (p. 141). Des offices du soir envoûtants.

St Alfege Church (p. 297). Concerts gratuits le jeudi à l'heure du déjeuner.

SERENAROSSI/SHUTTERSTOCK ©

Portobello Road Market (p. 278)

Shopping

Que vous soyez en quête d'un article unique ou que vous vouliez tenter un look mi-luxe mi-loques, Londres est une destination shopping d'exception. Des boutiques vintage aux grandes marques internationales, il y en a pour tout le monde. Entre autres incontournables : Camden Market, Portobello Road, Rough Trade, Harrods, Hamleys et Fortnum & Mason.

Créateurs

Ne manquez pas les bastions de la mode londonienne que sont Vivienne Westwood, Stella McCartney, Karen Miller, Alexander McQueen, Paul Smith et Burberry. Mais n'oubliez pas la nouvelle génération, dont Molly Goddard, Christopher Kane ou Mimi Wade, et les créations décomposées de Jamie Wei Huang et Vinti Andrews.

Marchés

Véritables trésors de mode de petits créateurs, bijoux originaux, photos anciennes, œuvres d'art et autres objets vintage, ces lieux contrastent avec les galeries marchandes climatisées et les boutiques aseptisées des rues commerçantes. Choisissez entre l'ambiance grunge années 1990 de Camden (p. 254), l'éclectisme abrité d'Old Spitalfields (p. 219) et l'architecture servant d'écrin à Portobello Road (p. 278). Ne manquez pas le Sunday Upmarket de Brick Lane (p. 219), le week-end uniquement.

Trésors vintage

Le shopping vintage ne se résume plus à dénicher des fringues originales et décalées. C'est aujourd'hui devenu un geste citoyen dans la lutte contre la *fast fashion* et les

Shopping quartier par quartier

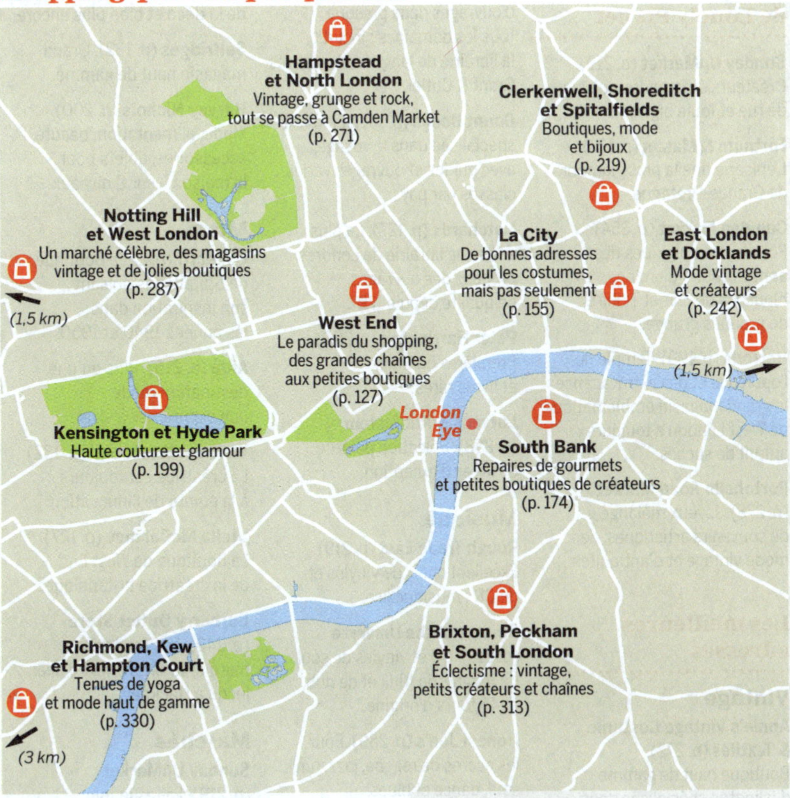

émissions de gaz à effets de serre. Dans les nombreuses boutiques vintage haut de gamme, les Londoniens achètent manteaux d'hiver, chemises hawaïennes ou bleus de travail importés d'Amérique du Nord. Il y a aussi de nombreuses *Charity shops* (boutiques de bienfaisance). Pour des vêtements de créateurs, visitez les quartiers huppés de Marylebone, Chelsea, Kensington ou Richmond. Pour des trouvailles coûtant une bouchée de pain, en revanche, il faudra une machine à remonter le temps.

Grandes marques

Les grandes marques sont bien établies dans les galeries marchandes et les rues commerçantes. Les boutiques indépendantes voient leurs loyers grimper au point de menacer leur survie. Vous n'aurez aucun mal à trouver un H&M, un Uniqlo ou un Zara, auxquels s'ajoutent les chaînes locales comme Karen Millen ou Topshop.

L'ESSENTIEL

Heures d'ouverture

- Du lundi au samedi, de 9h-10h à 18h-19h, et le dimanche de 12h à 17h.
- Magasins du West End et grandes galeries marchandes ferment plus tard (jusqu'à 21h) les jeudis et vendredis.

Taxes et remboursements

- Les prix incluent presque toujours une TVA de 20%, sauf sur la nourriture et les vêtements pour enfants.
- Les voyageurs provenant de pays hors UE peuvent se faire rembourser la TVA acquittée s'ils ont fait des achats dans des magasins "*tax free*".
- Renseignements sur le site www.gov.uk/tax-on-shopping/taxfree-shopping.

La sélection de Lonely Planet

Sunday UpMarket (p. 219). Créateurs émergents, cuisine de rue et foule bigarrée.

Fortnum & Mason (p. 127). L'épicerie fine la plus glamour de Grande-Bretagne.

Camden Market (p. 254). Pour les nostalgiques des années 1990 : piercings, blousons de cuir et T-shirts de groupes grunge.

Harrods (p. 199). Temple de l'opulence et de l'extravagance, le grand magasin emblématique de West London a toujours autant de succès.

Portobello Road Market (p. 278). Joyeux mélange de souvenirs artistiques, de mode vintage et d'antiquités.

Les meilleures adresses

Vintage

Annie's Vintage Costume & Textiles (p. 272). Boutique haut de gamme d'Islington spécialisée dans le vintage glamour.

Traid (p. 242). Cette boutique à but non lucratif de Dalston axée sur les pièces vintage haut de gamme et des créations à partir de chutes de tissu.

Atika (p. 220). De tout, absolument de tout !

Beyond Retro (p. 242). L'empire londonien rock and roll du vintage.

Rellik (p. 289). Pièces d'occasion de créateurs des années 1950 aux années 1990.

Livres

John Sandoe Books (p. 200). Magnifique librairie pleine de trésors.

Foyles (p. 129). Excellent choix d'ouvrages dans presque tous les domaines ; inclut la librairie de langues étrangères Grant & Cutler.

Daunt Books (p. 131). Librairie spécialisée dans le voyage, avec guides et ouvrages variés classés par pays.

Hatchards (p. 127). La plus ancienne librairie de Londres propose des ouvrages de qualité depuis 1797.

Peter Harrington (p. 200). Premières éditions et livres rares.

Lutyens & Rubinstein (p. 288). Sélection pointue de livres d'exception.

Musique

Rough Trade East (p. 219). Excellent choix de vinyles et de CD ; musique live.

Sounds of the Universe (p. 219). CD et vinyles de soul, de reggae, de funk et de dub, et 45 tours d'origine.

Honest Jon's (p. 289). Pour les accros de reggae, jazz, funk, soul, dance et blues.

Phonica (p. 130). Spécialiste de la dance music, avec un choix varié dans d'autres genres.

Reckless Records (p. 130). Vinyles d'occasion à Soho, depuis 1984.

Grands magasins

Fortnum & Mason (p. 127). Tout un univers gastronomique dans un cadre historique luxueux.

Harrods (p. 199). Gigantesque, extravagant et irrésistible, avec un rayon alimentaire mondialement réputé.

Liberty (p. 129). Grand magasin *So British*, architecture de style Tudor Revival, des tissus et de la mercerie, de la mode, de la déco et bien plus encore.

Selfridges (p. 132). Grand magasin haut de gamme.

Harvey Nichols (p. 200). Mode, alimentation, beauté, accessoires, objets pour la maison… sur 8 niveaux.

Mode

Collectif (p. 221). Boutique de Spitalfields puisant son inspiration dans les années 1940 et 1950.

Aida (p. 219). Plus qu'une destination mode, une expérience à vivre.

Vivienne Westwood (p. 132). La créatrice est toujours à la pointe de l'innovation.

Stella McCartney (p. 127). La boutique de West End de la créatrice britannique.

Burberry Outlet Store (p. 242). Les fans de la marque feront l'effort d'aller jusqu'à Hackney.

Marchés

Sunday UpMarket (p. 219). Faites le tour des étals gourmands avant de vous attaquer au coin des créateurs.

Camden Market (p. 254). Des antiquités à la camelote pour touristes – en passant par tout le reste.

Portobello Road Market (p. 278). L'emblématique marché de Notting Hill, paradis du vintage.

Old Spitalfields Market (p. 219). Les grandes marques côtoient les stands d'antiquités et de fringues vintage.

Broadway Market (p. 242). Produits locaux, cuisine de rue et artisanat.

Sports et activités

À l'occasion des J.O. de 2012, de nombreuses infrastructures sportives sont sorties de terre dans East London, s'ajoutant aux stades et aux salles de classe mondiale qui émaillaient déjà la capitale. Londres compte également d'innombrables espaces verts où les Londoniens font leur jogging en nombre. Le vélo gagne en popularité, pour se rendre au travail ou pour des balades en ville, en partie grâce à l'amélioration du réseau de pistes cyclables et de la signalisation.

Natation

Avec ses deux piscines de 50 m et son bassin de plongeon de 25 m, le London Aquatics Centre (p. 243), dans le Queen Elizabeth Olympic Park, est la meilleure installation de Londres pour les nageurs. Londres compte aussi de charmants "lidos" (piscines en plein air) de style Art déco, souvent ouvertes uniquement l'été. Vous préférez nager en pleine nature ? Cap sur les étangs mondialement célèbres de Hampstead Heath (p. 173) ou sur le Serpentine Lido (p. 201), dans Hyde Park, accessibles toute l'année.

Vélo

Londres est sillonnée de pistes cyclables offrant un grand choix d'itinéraires, entre chemins de halage (souvent bondés le week-end) et sentiers traversant parcs et espaces verts. Le centre de Londres est plat et étonnamment compact, ce qui en fait un terrain de jeu idéal pour les cyclistes. Le plus simple est d'utiliser les nombreux vélos Santander Cycles (p. 428), répartis dans des stations émaillant toute la ville, ou d'opter pour les nouveaux vélos en partage d'entreprises telles que JUMP (www.jump.com).

Les fous de la petite reine ne voudront pas manquer le Lee Valley VeloPark (p. 243), où ils pourront pédaler sur la piste du vélodrome olympique pendant que les enfants (petits ou grands) s'amusent dans le parc BMX (location vélo et casque comprise).

Tennis

Pendant 2 semaines en juin-juillet, Wimbledon (p. 325) devient le centre de la planète tennis à l'occasion du célèbre tournoi sur gazon. Trouver des billets (p. 326) n'a rien d'une sinécure. Faites une demande de billet en ligne (succès non garanti) ou préparez-vous à faire la queue des heures durant (on vous épargne les détails – plus d'infos sur Internet). Pour admirer ou visiter le Centre Court en dehors du tournoi, rendez-vous au Wimbledon Lawn Tennis Museum (p. 326).

Sports nautiques

Le choix est vaste, des paisibles croisières sur la Tamise aux activités – rafting et nage en eaux vives, tubing, kayak – proposées au **Lee Valley White Water Centre** (www.gowhitewater.co.uk). **Kayaking London** (www.kayakinglondon.com) et **Moo Canoes** (www.moocanoes.com) proposent des sorties kayak sur la Tamise et les canaux de Londres pour découvrir la ville autrement.

Sinon, essayez Thames Rockets (p. 175) pour du hors-bord sur la Tamise, **Skuna Boats** (www.skunaboats.com ; adulte/ado 45/35 £, location privée 225 £) pour une croisière Jacuzzi ou barbecue autour de Canary Wharf, London Waterbus Company (p. 289) pour des balades sur les canaux au départ de Camden, ou encore Richmond Bridge Boat Hire (p. 330) pour louer une barque et ramer sur la Tamise à votre propre rythme. Vous préférez observer ? La course d'aviron opposant Oxford et Cambridge (p. 323),

L'ESSENTIEL

Heures d'ouverture

La plupart des salles de fitness ouvrent très tôt, souvent dès 6h, et ne ferment pas avant 21h (certaines ne ferment pas). Les parcs clôturés ouvrent généralement de l'aube au crépuscule.

Billets

Réservez les billets pour les manifestations sportives le plus tôt possible ; consultez les sites Internet des équipes, des stades spécifiques et des événements concernés (tels les Ashes, la série de test-matchs de cricket) pour vous renseigner sur l'obtention de places.

sorte de grand-messe de l'élite britannique, se déroule fin mars/début avril.

Cricket

Par une belle journée d'été, il n'y a pas d'expérience plus *british* que d'aller admirer, muni d'un pique-nique, le ballet des lanceurs et des batteurs de cricket. Le site de l'English Cricket Board (www.ecb.co.uk) donne des renseignements complets sur les horaires des matchs et les billets. Les parcs de la ville voient également s'affronter des équipes locales, reconnaissables à leurs tenues blanches. Les tests-matchs internationaux sont disputés aux stades de Lord's (p. 253) et de l'Oval (p. 313). Les billets pour les grands matchs sont attribués par tirage au sort, mais vous devriez pouvoir obtenir des places pour des rencontres moins importantes et découvrir l'atmosphère policée entourant ce sport.

Football

Le football est un élément essentiel de la culture britannique, et Londres compte une douzaine d'équipes. Lors de la préparation de ce guide, 5 équipes londoniennes figuraient en Premier League (www.premierleague.com) : Arsenal, Chelsea, Crystal Palace, Tottenham Hotspur et West Ham United. La compétition se déroule d'août à mai.

Il est difficile pour les touristes d'obtenir des billets pour ces rencontres (les titulaires d'un abonnement saisonnier les ont généralement tous raflés). Avec de la chance vous pourrez assister à un match de Coupe de la Ligue. Envisagez à défaut plutôt la visite du stade de **Wembley** (☎0800 169 9933 ; www.wembleystadium.com ; visites guidées adulte/enfant 19/12 £ ; Ⓤ Wembley Park), du Tottenham Hotspur Stadium (p. 262), du London Stadium (p.231), de l'Arsenal Emirates Stadium (p. 256) ou Stamford Bridge (p. 278).

Patinage

Le Queens Ice & Bowl (p. 290), qui combine patinoire et bowling, est ouvert toute l'année et programme des soirées disco sur la glace. L'hiver, le patinage est très prisé des Londoniens, et des patinoires extérieures prennent leurs quartiers à la Somerset House (p. 104), au Natural History Museum (p. 182), à la tour de Londres (p. 135), à Hampton Court Palace (p. 316) et au Winter Wonderland à Hyde Park (p. 201).

Sports et activités par quartier

Le West End (p. 74). Enfourchez un vélo de Santander Cycle et partez à la découverte du quartier.

Kensington et Hyde Park (p. 201). Jogging, équitation, vélo, natation, canotage et tennis dans Hyde Park.

Clerkenwell, Shoreditch et Spitalfields (p. 202). Minigolf à l'Old Truman Brewery.

East London et Docklands (p. 243). Kyrielle d'activités au Queen Elizabeth Olympic Park, escalade à Mile End et canoë sur le canal.

Hampstead et North London (p. 244). Le stade de cricket Lord's, l'Emirates Stadium d'Arsenal, sans oublier les promenades et la nage en eau libre à Hampstead Heath.

Notting Hill et West London (p. 273). Chelsea Football Club, Queens Ice & Bowl et kayak à Little Venice.

Brixton, Peckham et South London (p. 301). The Oval, fameux terrain de cricket, et de vastes parcs.

Greenwich (p. 291). Une balade sur le toit de l'O2 avec Up at the O2, puis le long de la Tamise pour regagner le centre.

Richmond, Kew et Hampton Court (p. 314). Le tennis à Wimbledon, de réputation mondiale, et le stade de rugby de Twickenham, sans oublier le canotage à Richmond.

La sélection de Lonely Planet

Wimbledon (p. 63). Tentez votre chance au tirage au sort ou faites la queue toute la nuit afin d'obtenir un billet pour le plus prestigieux des tournois du Grand Chelem.

Lord's (p. 253). Visitez ce temple consacré au cricket ou passez la journée au soleil à écouter le choc des battes sur le cuir des balles en sirotant des Pimm's par pichets entiers.

Étangs de Hampstead Heath (p. 273). Un étang pour les femmes, un pour les hommes, et un autre mixte vous attendent pour une session de natation mémorable.

London Aquatics Centre (p. 243). Laissez s'exprimer le champion en vous dans ce bassin olympique conçu pour les Jeux.

Somerset House (p. 104). L'hiver, allez patiner dans ce cadre magique.

Will to Win (p. 201). Tennis avec location de raquettes, boulingrin et un espace fitness en plein air, le tout en plein centre de Londres.

Les meilleurs lieux par catégorie

Natation

London Aquatics Centre (p. 243). Bassins construits pour les Jeux olympiques, dans un espace à la magnifique architecture ondulée.

London Fields Lido (p. 243). Complexe restauré de l'East End avec un cachet années 1930.

Hampstead Heath Ponds (p. 273). Étangs ouverts à la baignade au milieu de la verdure : deux bassins unisexes et un mixte.

Serpentine Lido (p. 201). Une partie du lac de Hyde Park est réservée aux nageurs.

Porchester Spa (p. 290). Superbe complexe Art déco avec piscine intérieure de 30 m.

En famille

Kidzania (p. 289). Monde miniature qui fera appel à l'imagination de vos bambins et leur laissera des souvenirs pour la vie.

Diana, Princess of Wales Memorial Playground (p. 188). Fantastique aire de jeux en plein centre de Londres.

ArcelorMittal Orbit (p. 230). Montez dans la tour pour le panorama d'exception sur la capitale, avant de redescendre par le toboggan de 178 m de longueur.

Queens Ice & Bowl (p. 290). Patinoire et bowling... Quoi de mieux pour une sortie en famille par temple de pluie ?

London Aquatics Centre (p. 243). Parc aquatique avec jeux gonflables pour bambins à partir de 8 ans.

Visites de stades

Lord's (p. 253). Le temple du cricket, doublé d'un fascinant musée.

Wembley Stadium (p. 64). Stade national emblématique, utilisé pour les matchs de football et les plus grands concerts.

Twickenham Rugby Stadium (p. 325). Le célèbre stade de rugby de Londres, utilisé lors des test-matchs internationaux.

Tottenham Hotspur Stadium (p. 262). Le stade dernier cri des “Spurs”.

London Stadium (p. 231). Stade principal des Jeux olympiques de 2012 et nouveau domicile du West Ham United FC.

Arsenal Emirates Stadium (p. 256). Visites autoguidées ou sous la conduite d'anciens joueurs d'Arsenal.

Londres gay et lesbien

Les voyageurs LGBTQI+ ne seront pas déçus par la ville d'Oscar Wilde, Virginia Woolf et Elton John, où toute la culture gay, du cérébral à l'underground, est représentée. Les communautés gay, lesbienne et transgenre de Londres ne se cachent pas, et profitent pleinement de la capitale. Si la loi protège toutes les orientations et identités sexuelles, gardez en tête que tous les Londoniens n'ont pas la même ouverture d'esprit.

Bars et clubs gays

Un certain nombre de lieux ont mis la clé sous la porte depuis quelques années, en partie à cause de la gentrification des quartiers gays, dont l'essor attire les investissements de grandes entreprises et fait monter les loyers.

S'il existe des clubs spécifiquement LGBTQ+, il y a surtout des soirées gays organisées par des clubs mixtes bien établis. Ne vous étonnez pas si un club rempli de barbus torses nus un soir attire une foule de gothiques vêtus de noir le lendemain.

Les établissements gays sont éparpillés dans tout Londres, et vous devrez faire quelques recherches pour trouver un pub à l'ancienne où siroter une pinte, un club bondé où danser jusqu'à l'aube, un cabaret, un karaoké ou un club fétichiste.

Scène lesbienne

La scène lesbienne de Londres compte peu d'établissements dédiés – à l'exception notable du She Soho (p. 120) sur Old Compton Street – et la plupart des bars gays sont surtout fréquentés par des hommes. Cela dit, les endroits plus jeunes et plus branchés – comme Glory (p. 215), Bethnal Green Working Men's Club (p. 238) et Dalston Superstore (p. 238) – sont souvent plus mélangés, et des soirées pour filles ont régulièrement lieu dans des établissements gays ou hétéros, particulièrement dans l'East End.

Droits des homosexuels

La protection contre la discrimination est inscrite dans la loi, et le mariage homosexuel est autorisé. Mais l'homophobie reste malheureusement présente au Royaume-Uni, où les agressions contre les homosexuels sont en augmentation constante. Il serait cependant extrêmement surprenant (et contraire à la loi) qu'un couple homosexuel rencontre la moindre difficulté pour réserver une chambre double dans un hôtel, par exemple, ou dans ses échanges avec tout autre prestataire de services durant son séjour. Signalez tout crime homophobe à la police (☎101 pour les appels non urgents). Pour demander conseil anonymement, contactez le service **LGTB & Helpline** (☎0300 330 0630 ; switchboard.lgbt) de Switchboard.

Quartier par quartier

West End (p. 74). Le village gay de Soho, qui s'étend autour d'Old Compton Street, conserve la plus grande concentration de bars et clubs gays de la ville.

East London et Docklands (p. 222). Hackney et Tower Hamlets possèdent une scène alternative, diverse et mélangée, avec des institutions gays ou des soirées gay-friendly dans des établissements mixtes. Consultez les médias locaux.

Brixton, Peckham et South London (p. 301). Vauxhall et Clapham ne manquent pas de divertissements, des soirées cabaret de l'emblématique RVT (p. 312) aux clubs le week-end, en passant par les soirées danse en ligne de Two Brewers (p. 312) pour les apprentis cow-boys.

Les meilleures adresses par catégories

Événements

Pride (p. 30). L'une des plus importantes parades des fiertés au monde, avec chars, stands et spectacles.

Fringe! (www.fringefilmfest.com). Festival gay célébrant le cinéma et les arts dans plusieurs lieux en novembre.

Bars et pubs

The Yard (p. 121). Un lieu avec cour extérieure, rareté dans le Soho gay.

Glory (p. 215). Un lieu très éclectique, où l'on aime le bizarre.

Two Brewers (p. 312). Vénérable bar de Clapham attirant la clientèle locale de South London.

Duke of Wellington (p. 122). Sans clinquant ni paillettes, un simple bar gay attirant une clientèle barbue.

Old Ship (p. 241). Pub de quartier chaleureux de Limehouse.

Lesbiennes

She Soho (p. 120). Le seul bar lesbien de Londres, au cœur de la scène gay.

Ku Bar (p. 122). Le mardi, les fêtardes profitent de la soirée hebdomadaire Ruby Tuesdays.

Dalston Superstore (p. 238). Un lieu branché où les femmes sont les bienvenues. Des soirées sont régulièrement réservées aux filles.

Royal Vauxhall Tavern (p. 312). Soirées *Butch, Please!* tous les mois, drag kings et autres interprètes lesbiennes.

Glory (p. 215). Cet excentrique bastion gay attire la jeunesse branchée de Londres.

Soirées

Bethnal Green Working Men's Club (p. 238). Pop, punk et cabaret se mêlent lors de soirées hédonistes mensuelles, les Cookie Jar Parties.

Heaven (p. 123). Qu'on l'aime ou qu'on la déteste, la soirée G-A-Y (tout court) semble attirer la moitié de Soho le samedi soir.

Royal Vauxhall Tavern (p. 312). La soirée Duckie du samedi, qui se revendique comme l'authentique honky tonk de Londres, est l'emblématique spectacle *queer* du club

Eagle (p. 312). Horse Meat Disco se produit ici tous les dimanches soir, pour le plus grand plaisir des hommes en âge d'apprécier.

Sites historiques et culturels

Gay's the Word (p. 129). Cette librairie est un bastion de la culture gay depuis 1979.

Hampstead Heath (p. 256). Célèbre terrain de drague ; l'écrivain Alan Hollinghurst a immortalisé ses bassins unisexes dans son roman historique *La Ligne de beauté* (prix Booker 2004), qui suit la vie de Nick, un jeune homme gay.

Cadogan Hotel, Sloane St, Knightsbridge L'hôtel où fut arrêté Oscar Wilde en 1895 a réouvert ses portes.

52 Tavistock Sq, Bloomsbury La maison où vivait Virginia Woolf lorsqu'elle écrivit *Orlando*, s'inspirant de Vita Sackville-West.

Admiral Duncan, 54 Old Compton St, Soho En 1999, ce pub gay fut victime d'un attentat qui fit 3 morts.

Clubs

Heaven (p. 123). Le succès du club gay le plus célèbre de Londres ne se dément pas depuis la fin des années 1970.

Dalston Superstore (p. 238). Restaurant le jour, club en sous-sol le soir.

Eagle (p. 312). Un excellent lieu nocturne, bastion d'une clientèle gay virile portant souvent la barbe.

Royal Vauxhall Tavern (p. 312). Soirées à thèmes, cabaret, spectacles de drag queens, scènes ouvertes et toutes sortes de joyeux amusements.

Ku Bar (p. 122). Quand tout ferme à Soho, cap sur le Ku.

L'ESSENTIEL

Presse gratuite

Boyz (www.boyz.co.uk). Mensuel couvrant la scène des bars, des saunas et des clubs.

QX (www.qxmagazine.com). Hebdomadaire consacré principalement aux lieux masculins.

Pride Life (www.pridelife.com). Magazine lifestyle et d'actualité trimestriel, également présent sur le Web.

Attitude (www.attitude.co.uk). Mensuel lifestyle gay masculin sur papier glacé.

Gay Times (www.gaytimes.co.uk). Mensuel gay pour hommes, existant de longue date.

Diva (www.divamag.co.uk). Mensuel lesbien.

Sites Internet

60by80 (www.60by80.com). Infos pour voyageurs gays.

Time Out London LGBT (www.timeout.com/london/lgbt). Recense bars, clubs et événements.

Explorer Londres

LES INCONTOURNABLES
LONDRES

À gauche : Big Ben (p. 85)

Les quartiers en un clin d'œil

1 Le West End p. 74

Le West End accueille des sites, édifices et musées parmi les plus emblématiques de Londres, comme Trafalgar Square, Piccadilly Circus, le palais de Buckingham, l'abbaye de Westminster et le British Museum, sans oublier les théâtres, les parcs, les boutiques, les pubs et les clubs.

2 La City p. 132

Le cœur ancien de Londres est frénétique en semaine, mais déserté le week-end. Depuis le début du XXIe siècle, d'audacieux gratte-ciel y ont poussé comme des champignons, contrastant avec des monuments historiques comme les emblématiques Tour de Londres et cathédrale Saint-Paul.

3 South Bank p. 156

Avec la Tate Modern récemment rénovée et des ensembles brutalistes saisissants, South Bank est un quartier incontournable pour qui aime l'art, le théâtre et l'architecture.

4 Kensington et Hyde Park p. 176

Kensington est l'un des plus beaux quartiers de Londres, avec d'excellents restaurants et boutiques, des parcs et une architecture élégante. Ne manquez pas le V&A, le Natural History Museum et le Science Museum.

5 Clerkenwell, Shoreditch et Spitalfields p. 202

Ces quartiers historiques bordant la City sont réputés pour leurs vies culturelle et nocturne. Shoreditch et Hoxton ont depuis longtemps détrôné Soho et Camden dans le cœur des fêtards branchés de Londres.

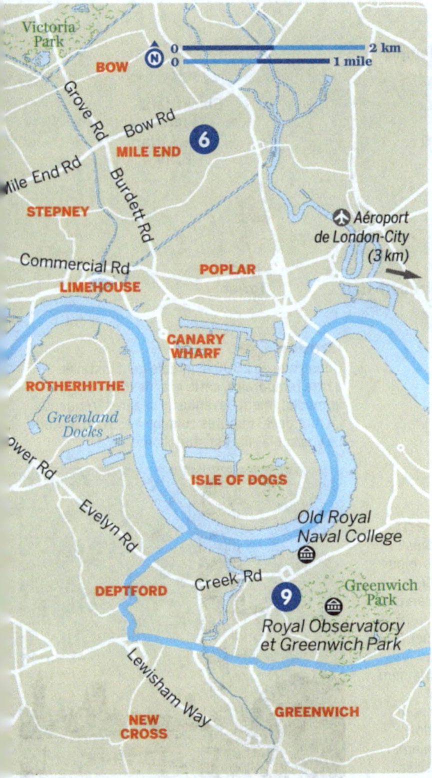

6 East London et Docklands p. 222

Des musées et galeries d'art qui valent le détour, d'excellents pubs, des restaurants au bord de l'eau, le tout ponctué de *street art* et de friperies vintage.

7 Hampstead et North London p. 244

North London abrite le célèbre marché de Camden, une scène musicale sans égale et le secteur de King's Cross en pleine renaissance. Explorez aussi les espaces verts de Hampstead Heath et Regent's Park.

8 Notting Hill et West London p. 274

Venez pour le marché de Portobello Road, le Design Museum, les cinémas historiques, les imposantes églises, les belles demeures et les parcs. Vous y resterez pour ses fantastiques pubs et ses clubs, ses boutiques en tous genres et ses cuisines du monde.

9 Greenwich p. 291

Ce quartier historique à l'ambiance de village, mèle une architecture majestueuse, des marchés animés le week-end, des parcs agréables et des pubs au bord de la Tamise.

10 Brixton, Peckham et South London p. 301

À Brixton et Peckham, les bistros afro-caribéens côtoient les restaurants et bars de poche. Imprégnez-vous de la vie locale de Clapham et Battersea, et de l'ambiance rurale de Dulwich Village.

11 Richmond, Kew et Hampton Court p. 314

Sur les bords de la Tamise, profitez des Kew Gardens, de Richmond Park (où l'on peut apercevoir des cerfs), de Wimbledon Common, puis d'un pub au bord de l'eau...

La Tamise

UN CIRCUIT AU FIL DE L'EAU

Le destin de Londres a toujours été lié à la Tamise (River Thames). Il y a près de 2 000 ans, les Romains fondèrent un port et, de siècle en siècle, la capitale a vu nombre de ses lieux emblématiques surgir de terre sur les rives du fleuve. Partez à leur découverte au fil d'une promenade en bateau.

Les embarcadères qui jalonnent les berges permettent d'utiliser les fréquentes navettes pour visiter les sites remarquables. Le meilleur quai pour embarquer est Westminster Pier, d'où les bateaux descendent le fleuve entre la City of Westminster, siège du gouvernement, et la City originelle, devenue le quartier financier et dominée par un nombre croissant de gratte-ciel. En face, la rive sud (South Bank), autrefois misérable et négligée, n'est désormais plus en reste de sites majeurs : elle abrite notamment la tour élancée du Shard.

Dans l'illustration ci-dessous, l'accent a été mis sur les grands sites que l'on pourra

KIEV.VICTOR / SHUTTERSTOCK ©

Cathédrale Saint-Paul

Bien que le site abrite une église depuis l'an 604, l'édifice actuel, chef-d'œuvre de sir Christopher Wren, a vu le jour après le Grand Incendie de 1666. La cathédrale a échappé au Blitz et a accueilli le mariage de Charles et Diana. Elle a fait peau neuve après une rénovation entreprise à l'occasion de son 300e anniversaire en 2011 !

Somerset House

Ce palais néoclassique était jadis l'une des nombreuses demeures aristocratiques bordant la Tamise. Les arches monumentales assuraient un accès direct au fleuve, jusqu'à la construction des quais dans les années 1860.

London Eye

Construite en 2000 et initialement installée à titre temporaire, cette grande roue est immédiatement devenue un site très fréquenté. Le tour de 30 minutes culmine à 135 m d'altitude. La vue sur la ville est stupéfiante.

VERDOONIE / BUDGET TRAVEL ©

Houses of Parliament

Reconstruit dans un style néogothique après l'incendie de l'ancien palais de Westminster en 1834, le clocher demeure la partie la plus célèbre du Parlement. Généralement connu sous le nom de Big Ben, il doit son nom à Benjamin Hall, qui supervisa sa construction.

admirer depuis la Tamise. D'ouest en est, on retrouve les **1 Houses of Parliament**, le **2 London Eye**, la **3 Somerset House**, la **4 cathédrale Saint-Paul**, la **5 Tate Modern**, le **6 Shakespeare's Globe**, la **7 Tour de Londres** et le **8 Tower Bridge**.

Certains bateaux proposent d'aller au-delà et remontent la Tamise jusqu'aux Kew Gardens et Hampton Court Palace, ou bien la descendent vers Greenwich et la Thames Barrier (barrière de la Tamise).

NAVETTES FLUVIALES

Les Thames Clippers sont destinés aux déplacements des Londoniens, mais sont aussi une bonne formule pour les visiteurs. Les navettes, espacées de 15 minutes. passent par Westminster, Embankment, Waterloo, Blackfriars, Bankside, le London Bridge et la Tour de Londres, suivant une boucle. Réductions avec l'Oyster Card.

Tour de Londres
Elle a beau ne plus être le plus haut édifice de Londres, cette tour de 900 ans, ancien lieu d'exécution et gardienne des joyaux de la Couronne, continue de dominer les autres sites de la ville. Depuis le fleuve, on aperçoit bien Traitors' Gate, la porte par laquelle les ennemis de la Couronne pénétraient dans la prison.

Tate Modern
En face de la cathédrale Saint-Paul, de l'autre côté du fleuve, ce musée d'art moderne est le plus visité au monde. Installé dans une ancienne centrale électrique de la fin des années 1940, il doit autant sa popularité à son architecture qu'aux œuvres exposées. Une nouvelle extension date de 2016.

Shakespeare's Globe
Cette reconstitution du Globe se dresse au bord du fleuve, à quelques centaines de mètres de son site d'origine (où il fut dévasté par un incendie en 1613 lors d'une représentation). Ce théâtre, auquel le comédien américain Sam Wanamaker consacra sa vie, propose une programmation extrêmement prisée d'avril à octobre.

Tower Bridge
Bien qu'il semble aussi âgé que la tour voisine, ce pont emblématique (à ne pas confondre avec le London Bridge, en amont) ne fut achevé qu'en 1894. Ses fameuses bascules permettaient aux grands voiliers de venir s'amarrer aux anciens quais à l'ouest. Elles s'ouvrent encore jusqu'à mille fois par an.

PRES PANAYOTOV / SHUTTERSTOCK ©

Le West End

WESTMINSTER | BLOOMSBURY | FITZROVIA | ST JAMES'S | SOHO | CHINATOWN | COVENT GARDEN | LEICESTER SQUARE | WHITEHALL | HOLBORN | LE STRAND | MARYLEBONE | MAYFAIR

Notre sélection

❶ L'abbaye de **Westminster** (p. 76) est restée le bastion des traditions britanniques où se déroulent couronnements, mariages royaux, funérailles et autres cérémonies grandioses.

❷ **Soho** (p. 98) était jadis un haut lieu du vice et de la perdition. On s'y presse aujourd'hui dans des restaurants au format de poche et la foule déborde à toute heure des pubs turbulents jusque dans la rue.

❸ **St James's Park** (p. 97) est le parc le plus manucuré de Londres, où l'on peut admirer le paysage depuis un transat de location.

❹ L'immense et remarquable **British Museum** (p. 79), controversé, permet d'explorer l'histoire des civilisations passées.

❺ À **Covent Garden Piazza** (p. 100), les boutiques *So British* (de Ted Baker à Doc Martens) côtoient des artistes de rue bourrés de talent.

Pour des plans plus détaillés, voir p. 458, p. 460, p. 462, p. 464, p. 466 et p. 468 ➡

Découvrir le West End

Le West End a tout pour plaire : sites emblématiques, restaurants, boutiques et une infinité de lieux où se divertir. Accordez une demi-journée aux grands musées comme le British Museum (p. 79) ou la National Gallery (p. 87), et au moins quelques heures à l'abbaye de Westminster (p. 76) ou à Buckingham Palace (p. 83), résidence royale ouverte au public en été seulement..

Ce quartier déborde d'énergie urbaine de jour comme de nuit, et on l'explore avec bonheur. Vous trouverez des lieux pleins de cachet pour souffler un peu ou manger un morceau en observant la foule à **Lincoln's Inn Fields**, St James's Park (p. 97) ou encore Soho Square (p. 98).

Le soir venu, les alentours de Westminster et de St James s'assoupissent. C'est l'heure de rejoindre Soho (p. 98) pour une tournée des pubs et des restaurants, ou pour flâner parmi les amateurs de théâtre arpentant les environs de Covent Garden Piazza (p. 100).

Vivre comme un Londonien

Restaurants Aucun quartier ne peut rivaliser avec Soho en la matière. Aux maisons établies de longue date, tel Andrew Edmunds (p. 113), se mêlent d'intéressants petits "nouveaux", qui se sont déjà forgé une belle réputation, comme le Polpo (p. 113), le Kricket Soho (p. 113) et le Palomar (p. 112).

Nocturnes des musées Pour apprécier, sans la foule du week-end, la dernière expo ou les collections permanentes, les Londoniens profitent des nocturnes de la National Gallery (p. 87) et du British Museum (p. 79), et de celles, moins fréquentes, de la Tate Britain (p. 90) et du Sir John Soane's Museum (p. 93).

Shopping Fuyant le chaos d'Oxford Street, les Londoniens savent dans quelles ruelles se nichent leurs créateurs préférés, et mettent le cap sur Marylebone, Covent Garden ou Soho.

Depuis/vers le West End

Métro Presque toutes les lignes de métro passent par le West End ; il est donc très facile de s'y rendre. Le *Tube* permet aussi d'aller d'un bout à l'autre du quartier.

À pied Il peut être intéressant (et plus économique) d'explorer à pied ce quartier peu étendu. Empruntez les petites rues pour éviter la cohue et photographier, sans jouer des coudes, édifices et scènes de rue.

À vélo Le vélo est idéal pour les courts trajets (à condition d'être attentif aux piétons distraits et aux sens uniques). Bornes de vélos en partage Santander Cycles dans tout le quartier.

Bons plans Lonely Planet

Pour les voyageurs au budget serré, le West End est un eldorado : on y trouve des musées parmi les plus importants et les plus connus de Londres (British Museum, National Gallery, Tate Britain), et d'autres moins connus (Sir John Soane's Museum, Wallace Collection), et tous sont gratuits. Citons aussi deux parcs royaux pour se détendre : le plus petit (Green Park) et le plus joli (St James's Park). C'est un quartier agréable à explorer à pied ou à vélo – souvent plus rapide que le bus ou le *Tube*.

Le top des restaurants

- Kiln (p. 112)
- Palomar (p. 112)
- Spring (p. 116)
- Bar Shu (p. 111)
- Seven Dials Market (p. 114)

Voir détails p. 108

Le top des bars et des clubs

- Lamb & Flag (p. 122)
- Artesian (p. 123)
- Sketch (p. 119)
- Magritte Bar (p. 124)

Voir détails p. 119

Le top des sorties nocturnes

- Royal Opera House (p. 125)
- Prince Charles Cinema (p. 125)
- Ronnie Scott's (p. 125)
- Wigmore Hall (p. 125)
- Donmar Warehouse (p. 125)

Voir détails p. 124

LES INCONTOURNABLES
ABBAYE DE WESTMINSTER

Ce lieu chargé du souvenir de grands événements royaux a une immense importance symbolique. C'est aussi entre ses murs que la nation rend hommage aux grands noms du monde politique et artistique. Tous les souverains britanniques y ont été couronnés depuis Guillaume le Conquérant en 1066, à l'exception d'Édouard V et d'Édouard VIII qui ne furent jamais couronnés (l'un fut assassiné, l'autre abdiqua). Seize d'entre eux s'y sont mariés et beaucoup y reposent.

Histoire royale

L'abbaye, qui mêle plusieurs styles architecturaux, constitue le plus bel exemple de style gothique anglais primitif. L'église d'origine fut érigée au XIe siècle sur ordre du roi Édouard le Confesseur, canonisé depuis et inhumé dans un tombeau richement orné derrière le maître-autel. Henri III (r. 1216-1272) entama la construction d'un nouveau bâtiment mais n'en vit pas l'achèvement. C'est sous Richard II que fut élevée la nef gothique, terminée en 1388. L'immense et somptueuse chapelle de la Vierge (Lady Chapel) fut ajoutée en 1516, sous Henri VII.

L'abbaye était à l'origine (vers 960) un monastère bénédictin, et bon nombre de ses bâtiments (la salle capitulaire octogonale, le chœur, le College Garden...) attestent de ce passé collégial. Initié dans les années 1530 par le roi Henri VIII à la suite du refus du pape d'avaliser son divorce, le schisme (ou séparation de l'Église catholique romaine) plaça le monarque à la tête de la nouvelle Église anglicane. La communauté monastique dissoute, l'abbaye acquit alors son statut royal (placée hors de la juridiction ecclésiastique, elle est gérée directement par la Couronne).

À NE PAS MANQUER

- Tombe du Soldat inconnu
- Coin des Hommes de science
- Pavement cosmatesque et maître-autel
- Chapelle de la Vierge
- Queen's Diamond Jubilee Galleries
- Coin des Poètes

INFOS PRATIQUES

- Plan p. 468, D4
- ☎ 020-7222 5152
- www.westminster-abbey.org
- 20 Dean's Yard
- Adulte/enfant 24/10 £, demi-tarif mer 16h30
- 9h30-15h30 lun-mar et jeu-ven, 9h30-18h mer, 9h30-15h sam mai-août, 9h30-13h sam sept-avr
- U Westminster

Transept nord, sanctuaire et chœur des chantres (Quire)

Les visiteurs individuels entrent dans l'abbaye par la grande porte nord. Le transept nord, ou **Statesmen's Aisle** (nef des Hommes d'État), abrite d'imposantes statues et plaques en marbre à la gloire des hommes politiques (surtout des Premiers ministres) et autres éminentes personnalités.

À l'extrémité ouest de la nef se trouve la **tombe du Soldat inconnu** (tué dans le nord de la France pendant la Première Guerre mondiale et reposant ici depuis 1920). La tombe fut remplie de terre du champ de bataille et recouverte d'une dalle de marbre noir de Belgique. C'est la seule des 3 300 de l'abbaye qu'il est interdit de fouler.

Chapelles et chaire

Parmi les chapelles entourant le chœur, la plus spectaculaire est la magnifique **chapelle de la Vierge** (ou chapelle d'Henri VII), à l'extrême est, de style gothique perpendiculaire, avec sa voûte en éventail, ses bannières colorées des chevaliers de l'ordre du Bain (Order of the Bath) et ses somptueuses stalles en chêne aux miséricordes ouvragées. Derrière l'autel, remarquez l'opulent sarcophage d'Henri VII et de sa reine bien-aimée, Élisabeth d'York.

L'édifice est entouré de chapelles plus modestes. Derrière le tombeau d'Henri VII, la **chapelle de la Royal Air Force** (RAF) se détache en avant du vitrail commémorant son heure de gloire, la bataille d'Angleterre (juillet 1940-mai 1941), où 1 500 pilotes de la RAF trouvèrent la mort. Au sol, une dalle de pierre marque le lieu de la première sépulture de Cromwell, en 1658, avant son exhumation sous la Restauration – son cadavre fut alors pendu et décapité.

De part et d'autre de la chapelle de la Vierge, deux petites chapelles abritent des tombes de monarques célèbres. Du côté nord se trouve le caveau d'**Élisabeth Ire** et de sa demi-sœur **Marie Ire** (dite Bloody Mary). Deux corps, qui seraient ceux du roi Édouard V et de son frère, les dénommés **princes de la Tour** (probablement assassinés par leur oncle Richard III en 1483), furent inhumés ici presque deux siècles plus tard, en 1674. On trouve, du côté sud, le caveau de **Marie Stuart** (Mary Queen of Scots), décapitée en 1587 sur ordre de sa cousine la reine Élisabeth Ire.

Chapelle de Saint-Édouard le Confesseur

C'est dans cette chapelle au dallage remarquable, située au centre de l'abbaye, que se tiennent les cérémonies royales (couronnements, mariages et funérailles). L'architecte George Gilbert Scott en a conçu le splendide **maître-autel** en 1873. On y

UNE PETITE FAIM ?

Non loin de l'abbaye, le Vincent Rooms (p. 108), tenu par les talentueux étudiants en hôtellerie du Westminster Kingsway College, sert une excellente cuisine européenne moderne à des tarifs très abordables.

En 2011, le prince William épousa Catherine (Kate) Middleton à l'abbaye de Westminster. Le couple fit décorer l'intérieur de l'abbaye avec des arbres et 30 000 fleurs — la plupart provenant du parc du château de Windsor, dans le Surrey. La mariée portait une robe de la styliste britannique Sarah Burton (de la marque de luxe Alexander McQueen). L'acte de mariage à l'ancienne de William et Kate est exposé dans les Queen's Diamond Jubilee Galleries.

accède en foulant le **pavement cosmatesque** de 1268, en marbre uni incrusté de petits morceaux de pierre et de verre formant des motifs qui symbolisent l'Univers à la fin des temps (dont une inscription prédit la venue en l'an 19 683 !).

À l'entrée de la charmante **chapelle de Saint-Jean-Baptiste**, une sublime statue en albâtre translucide de la *Vierge à l'Enfant*, a été placée en 1971 – l'original fut perdu ou détruit au cours de la Réforme.

Le lieu le plus sacré de toute l'abbaye, à l'accès restreint, est le **tombeau de Saint-Édouard le Confesseur**, derrière le maître-autel, d'où l'on peut admirer le pavement cosmatesque à travers des ouvertures dans les murs. Édouard, considéré comme saint bien avant sa canonisation officielle, est le fondateur de l'abbaye. L'édifice d'origine fut consacré quelques semaines avant sa mort, en 1066. Au milieu du XIIe siècle, Henri III fit installer un tombeau neuf orné de mosaïques cosmatesques, que les pèlerins en quête de guérison venaient visiter (emportant souvent avec eux un morceau de pierre en souvenir).

Des **visites guidées par des bedeaux** (*Verger-led tours* ; supp 7 £) permettent d'explorer l'abbaye en 1 heure 30 et comprennent une visite du tombeau, dont l'accès est strictement encadré afin de protéger le fragile dallage du XIIIe siècle.

Transept sud et nef

Dans le transept sud, se trouve le fameux **coin des Poètes** (Poets' Corner), où sont inhumés ou célébrés nombre des plus grands auteurs de l'histoire d'Angleterre. Parmi les noms prestigieux inscrits sur les plaques, citons Geoffrey Chaucer, Charles Dickens, Thomas Hardy, Alfred Tennyson, Samuel Johnson, Rudyard Kipling, William Shakespeare, Jane Austen, les sœurs Brontë et Philip Larkin.

Un nouveau musée pour l'abbaye

Ignaugurées en 2018, les **Queen's Diamond Jubilee Galleries** (5 £ supp) sont un nouvel espace d'exposition en hauteur situé dans le triforium médiéval (galerie voûtée au-dessus de la nef). Parmi les éléments présentés, citons les masques mortuaires et les effigies en cire de membres de la royauté, ainsi que des armures et vitraux. Les pièces maîtresses sont le trône gravé d'inscriptions utilisé pour le couronnement de Marie II, les manuscrits illustrés du *missel de Litlyngton* (1380) et le retable de Westminster, du XIIIe siècle, le plus ancien d'Angleterre.

Haut perchées, à 16 m au-dessus de la cohue des visiteurs, ces salles offrent un calme saisissant qui contraste avec la nef centrale, et valent largement la dépense supplémentaire, ne serait-ce que pour profiter de la vue sur l'abbaye.

Bâtiments extérieurs et jardins

Certaines parties de l'abbaye sont en accès libre, notamment les cloîtres, la salle capitulaire et les jardins universitaires vieux de 9 siècles. Cependant, se limiter à ces lieux ne vous donnerait qu'une impression tronquée de la majesté du site.

Dans la **salle capitulaire**, de forme octogonale, datant des années 1250, les moines se rassemblaient pour les prières et la répartition des tâches quotidiennes, jusqu'à ce qu'Henri VIII ne supprime les monastères trois siècles plus tard. À droite en entrant, on remarquera ce qui serait la plus vieille porte britannique, installée ici autour de 1050. La **chambre Pyx**, aux airs de crypte et qui servait de trésorerie, date des alentours de 1070, et tient son nom de coffres contenant or et argent attendant d'être vérifiés avant d'en faire de la monnaie. Ces opérations furent ensuite transférées à Londres, au Goldsmiths' Hall.

Comptant parmi les jardins d'origine de l'abbaye et vieux de 900 ans, le superbe **College Garden** (en retrait de Great College St ; ⌚10h-16h mar-jeu) GRATUIT servait de potager et de jardin d'herbes médicinales pour les moines vivant sur place.

Contrairement au reste de l'abbaye, la plupart de ces lieux en accès libre peuvent être photographiés.

CHRISDORNEY/SHUTTERSTOCK ©

LES INCONTOURNABLES
BRITISH MUSEUM

Site touristique le plus visité du pays, le British Museum accueille quelque 5,8 millions de visiteurs par an. On y arpente des kilomètres de salles à travers les siècles, les millénaires et les cultures du monde entier. Les 90 galeries contiennent 80 000 objets, qui ne représentent que 1% des 8 millions de pièces de la collection du musée !

Histoire et Great Court

Le musée fut fondé en 1753 lorsque le médecin, naturaliste et collectionneur Hans Sloane légua à l'État son cabinet de curiosités, en échange du paiement de 20 000 £ à ses héritiers, qui fut financé par des fonds levés grâce à une loterie publique. Le musée ouvrit en 1759 ; l'entrée était, déjà, gratuite. La collection fut complétée au fil du temps grâce à des acquisitions, à des legs, mais aussi au pillage d'œuvres d'art dans l'Empire britannique, et ailleurs.

Derrière le hall s'étend l'impressionnante **Great Court**, recouverte depuis 2000 d'une spectaculaire verrière signée de l'architecte Norman Foster. Au centre se dresse la fameuse **Reading Room** (salle de lecture), fermée pour l'instant, où Karl Marx rédigea *Le Capital* (1867) et où Virginia Woolf ou Gandhi avaient leurs habitudes.

Égypte ancienne, Moyen-Orient, Grèce

La pièce phare de la collection égyptienne est la **pierre de Rosette** (salle 4, au rez-de-chaussée), qui a permis à Jean-François Champollion de déchiffrer les hiéroglyphes. Elle est présentée dans la même salle qu'un imposant buste de **Ramsès II**.

À NE PAS MANQUER

- Pierre de Rosette
- Momie de Katebet
- Marbres du Parthénon
- Taureaux ailés de Khorsabad
- Objets du bateau-tombe de Sutton Hoo
- Trésor de Mildenhall
- Figurines de Lewis

INFOS PRATIQUES

- Plan p. 464, E6
- ☎020-7323 8000
- www.britishmuseum.org
- Great Russell Street
- Gratuit
- ⏲10h-17h30 sam-jeu, 10h-20h30 ven
- Ⓤ Tottenham Court Rd ou Russell Square

British Museum

CIRCUIT D'UNE DEMI-JOURNÉE

Avec une collection permanente d'environ 8 millions de pièces, le British Museum est si vaste qu'on peut se demander par où commencer. Ce circuit à la découverte de quelques œuvres phares vous servira de fil d'Ariane. Les visites guidées ou audioguidées (5 £) sont une bonne formule pour aller plus loin. La **1 pierre de Rosette**, qui permit à Jean-François Champollion de déchiffrer le système d'écriture de l'Égypte ancienne, constitue un bon point de départ. Non loin se dressent les imposants **2 taureaux ailés de Khorsabad**, entre autres trésors de l'Empire mésopotamien d'Assyrie. Ne manquez pas les **3 marbres du Parthénon** – les sculptures et la frise représentant la naissance d'Athéna –, emblématiques de l'art grec classique. En direction de l'escalier ouest, le gigantesque **4 buste de Ramsès II**

Taureaux ailés de Khorsabad
Ces deux imposants taureaux ailés en albâtre, à tête d'homme, gardaient jadis l'entrée du palais du roi assyrien Sargon II à Khorsabad. La Mésopotamie (actuel Irak) fut un berceau de la civilisation.

Marbres du Parthénon
Le Parthénon, temple de marbre blanc dédié à Athéna, faisait partie d'un ensemble fortifié sur l'Acropole d'Athènes. Des sculptures et des frises issues de ce monument sont complétées d'installations interactives restituant leur disposition d'origine.

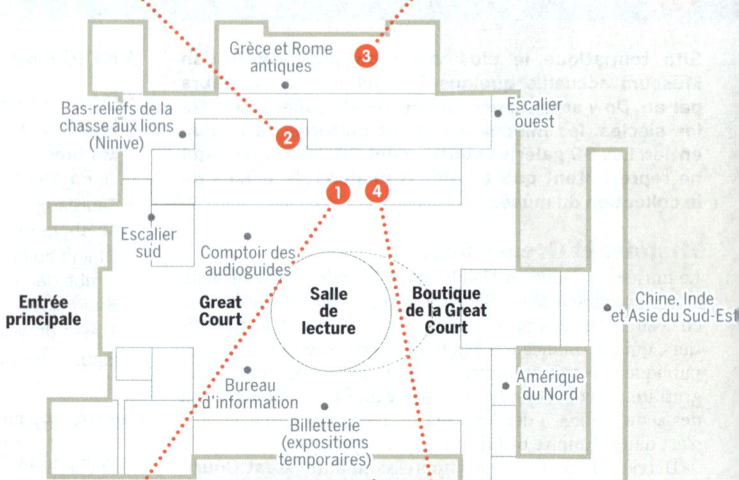

Pierre de Rosette
Écrite en hiéroglyphes, en démotique (écriture cursive d'Égypte antique) et en grec, cette pierre de 762 kg est gravée d'un décret exemptant les prêtres de l'impôt à l'occasion du premier anniversaire du couronnement du jeune Ptolémée V.

Buste de Ramsès II
Sculpture la plus impressionnante des galeries égyptiennes, ce buste de 725 kg représente Ramsès II sous les traits d'un jeune homme.

annonce la vaste collection de 5 **momies égyptiennes** à l'étage (la plus ancienne, aux cheveux roux, s'est conservée dans le sable chaud). Viennent ensuite les Romains et la Grande-Bretagne de l'Antiquité, autour du 6 **trésor de Mildenhall**. Puis les Anglo-Saxons, avec le 7 **bateau-tombe de Sutton Hoo**, une barque funéraire, et le Moyen Âge, avec les 8 **figurines de Lewis**, pièces d'un jeu d'échecs.

UNE PETITE FAIM ?

Court Café Au nord de la Great Court, salades et sandwichs. Tables communes.

Pizzeria Non loin de la salle 12, plus au calme, pizzas et salades.

Great Court Restaurant Pour un repas assis plus posé, grimpez à l'étage en surplomb de l'ancienne salle de lecture de la British Library.

ILEANA_BT / SHUTTERSTOCK ©

Momies égyptiennes
Parmi la riche collection de momies et d'objets funéraires, la fameuse "Ginger" (la Rousse), enterrée il y a plus de 5 500 ans sur le site de Gebelein, en Égypte, et Katebet, chantre du temple d'Amun, à Karnak.

Figurines de Lewis
Les 78 pièces de ce jeu d'échecs médiéval comptent des figurines sans visage, des reines à l'expression inquiète, des évêques à la mitre de guingois et des tours incarnées par des gardes agrippés à leur bouclier.

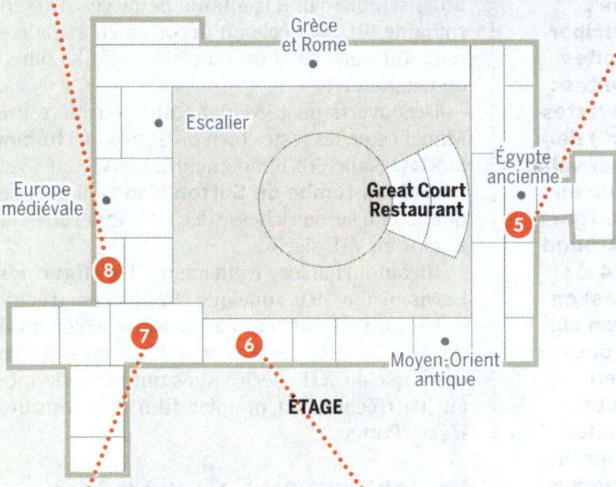

Bateau-tombe de Sutton Hoo
Ce site funéraire unique, abritant une personnalité royale anglo-saxonne importante (mais non identifiée), a livré des cornes à boire, des boucles en or et un stupéfiant casque avec masque.

Trésor de Mildenhall
Des dieux romains, tels Neptune ou Bacchus, côtoient des symboles paléochrétiens comme le chrisme (monogramme de "Christ") sur la trentaine de bols, d'assiettes et de cuillères en argent de ce trésor.

UNE PETITE FAIM ?

Le British Museum est immense ; il vous faudra donc prendre des forces. L'**Abeno** (plan p. 464 ; ☎020-7405 3211 ; www.abeno.co.uk ; 47 Museum St ; plats 13-21 £ ; ⏰12h-22h ; Ⓤ Holborn), à proximité, propose des galettes salées et autres délices japonaises.

Plus traditionnel, le salon de thé Tea and Tattle (p. 109) est situé de l'autre côté de la rue de l'entrée de Great Russell Street.

Étant donné l'immensité du musée, mieux vaut cibler quelques salles et participer à l'une des visites guidées gratuites : visites découvertes ("Eye-opener") de 30 minutes par salle, conférences de mi-journée ou un Tour du Monde ("Around the world" ; 14 £ ; places limitées) en 1 heure 30. Dans la Great Court, des audioguides en français (adulte 7 £) et des guides interactifs pour les familles en anglais (adulte/enfant 7/6 £) sont disponibles au comptoir (*desk*). Le Families Desk, dans le Great Hall, propose des forfaits d'activités (par âge) pour les enfants.

Parmi les trésors assyriens de la Mésopotamie ancienne, figurent les **taureaux ailés de Khorsabad** (salle 10), œuvre la plus colossale du musée (16 tonnes). Juste derrière, admirez les délicats **bas-reliefs de la chasse au lion du palais d'Assurbanipal à Ninive** (salle 10), du VIIe siècle av. J.-C., qui influencèrent les sculpteurs grecs. Ces trésors paraissent d'autant plus précieux depuis la destruction de l'antique Nimrod par l'État islamique en 2015.

Les **marbres du Parthénon** (salle 18), une frise de 80 m de long mettant en scène la procession des Grandes Panathénées – festivités qui se tenaient tous les quatre ans en l'honneur d'Athéna –, sont aussi particulièrement remarquables.

Joyau du musée, le département d'Égypte ancienne, au niveau 3, n'est qu'une succession de trésors, dont des sculptures, des bijoux, des papyrus, des cercueils et des momies, en particulier la mystérieuse **momie de Katebet** (salle 63).

Angleterre romaine et médiévale

Le niveau 3 comprend également des trouvailles archéologiques provenant de Grande-Bretagne et du reste de l'Europe (salles 40 à 51). Beaucoup datent de l'époque où Rome régnait sur une grande partie du continent. Le **trésor de Mildenhall** (salle 49), un ensemble d'une trentaine de pièces d'argenterie romaine du IVe siècle au décor païen et paléochrétien, fut mis au jour dans le Suffolk, dans l'est de l'Angleterre.

Découverts en 1984 dans une tourbière près de Manchester, les restes bien préservés de l'**homme de Lindow** (salle 50) témoignent de la vie au Ier siècle. Le **bateau-tombe de Sutton Hoo** (salle 41) éclaire quant à lui sur la richesse des rites funéraires anglo-saxons au VIIe siècle.

Incontournables également, les **figurines de Lewis** (salle 40), quelque 82 pièces d'échiquier mises au jour sur une île écossaise isolée au début du XIXe siècle, ont été sculptées dans de l'ivoire de morse au XIIe siècle. Elles ont servi de modèles au jeu d'échecs du premier film des aventures de Harry Potter.

Enlightenment Galleries

Autrefois connu sous le nom de King's Library, cet espace néoclassique (salle 1) adjacent à la Great Court, appelé "galerie des Lumières", a été bâti entre 1823 et 1827. À travers une série d'objets, la collection retrace de façon passionnante l'émergence de disciplines comme la biologie, l'archéologie, la linguistique et la géographie au XVIIIe siècle, durant la période des Lumières.

LES INCONTOURNABLES
PALAIS DE BUCKINGHAM

Construit en 1705 pour le duc de Buckingham, puis acheté par le roi George III, ce palais est la résidence londonienne de la famille royale depuis que la reine Victoria s'y établit en 1837. De mi-juillet à septembre, Sa Majesté passe ses vacances en Écosse. Les roturiers peuvent alors visiter les State Rooms – 19 petites pièces d'apparat sur les 775 salles du palais.

State Rooms

La visite des appartements officiels débute par la **grande entrée** (Grand Hall), au pied de l'**escalier monumental** (Grand Staircase), commandé par George IV en 1828. Elle englobe le **salon vert** (Green Drawing Room) à l'italienne conçu par John Nash, la **salle à manger d'apparat** (State Dining Room ; en damas rouge, meublée dans le style Régence), le **salon bleu** (Blue Drawing Room) au splendide plafond signé John Nash, et le **salon blanc** (White Drawing Room) où sont reçus les ambassadeurs étrangers.

L'entrée inclut l'accès à des expositions thématiques dans l'immense **salle de bal** (Ballroom), construite entre 1853 et 1855. Avec ses fauteuils roses ornés des monogrammes de monsieur et madame ("ER" et "P"), la **salle du trône** (Throne Room) déçoit un peu.

Picture Gallery et jardins

La **galerie de portraits** (Picture Gallery), qui s'étire sur 47 m de long, rassemble un concentré de chefs-d'œuvre signés Antoine Van Dyck, Rembrandt, Rubens, Canaletto, Nicolas Poussin, Antonio Canova et Johannes Vermeer.

Autre temps fort, la promenade dans les **jardins** (16 ha). On peut y admirer certaines des 350 espèces de fleurs et de

À NE PAS MANQUER

- Salon blanc
- Expositions temporaires de la salle de bal
- Picture Gallery
- Jardins
- Royal Mews

INFOS PRATIQUES

- Plan p. 468, A4
- ☎ 0303 123 7300
- www.rct.uk/visit/the-state-rooms-buckingham-palace
- Buckingham Palace Road
- Adulte/enfant/- 5 ans 26,50/14,50 £/gratuit, avec Royal Mews et Queen's Gallery 49/26,50 £/gratuit
- 9h-18h mi-juil à fin sept
- U Green Park ou St James's Park

UNE PETITE FAIM ?

Réservez une table chez The Other Naughty Piglet (p. 108), bistrot décloisonné installé dans The Other Palace Theatre, pour une formule déjeuner (2 plats 18 £) ou des assiettes à partager. La carte de saison ravira les amateurs de poisson, de viande et de bons vins.

Quatre enfants royaux ont été baptisés dans le salon de musique (*Music Room*), avec de l'eau du Jourdain (où Jésus l'aurait été) : le prince de Galles (prince Charles), la princesse royale (princesse Anne), le duc d'York (prince Andrew) et le duc de Cambridge (prince William).

plantes, et profiter de points de vue sur le palais et le lac. Vous pourrez vous joindre au State Rooms & Garden Highlights Tour (3 heures).

Queen's Gallery

Depuis le règne de Charles Ier d'Angleterre (1600-1649), la famille royale a rassemblé une collection inestimable de peintures, sculptures, céramiques, meubles et bijoux. Ces trésors sont exposés à tour de rôle dans la petite **galerie de la Reine** (plan p. 468 ; www.rct.uk/visit/the-queens-gallery-buckingham-palace ; Aile sud, Buckingham Palace, Buckingham Gate ; adulte/enfant 13,50/6,70 £ ; 10h-17h30, 9h30-17h30 mi-juil à sept ; U St James's Park ou Green Park).

À l'origine, ici, dans l'aile sud du palais, se trouvait une serre conçue par l'architecte gallois John Nash. Celle-ci fut convertie en chapelle pour la reine Victoria en 1843. Détruite par un bombardement en 1940, elle rouvrit sous sa forme actuelle de galerie en 1962. La rénovation réalisée en 2002 pour le jubilé d'or de la reine Élisabeth II a triplé l'espace dévolu à la présentation des collections.

Écuries royales

Au sud-ouest du palais, les **Royal Mews** (Plan p. 468 ; www.rct.uk/visit/royalmews ; Buckingham Palace Rd ; adulte/enfant 13/7,50 £ ; 10h-17h avr-oct, 10h-16h lun-sam fév-mars et nov ; U Victoria), une ancienne fauconnerie, abritent les écuries et les opulentes voitures de la monarchie britannique.

Ne manquez pas le Gold State Coach, exubérant carrosse de 1762, utilisé pour les couronnements depuis 1821. Il y a aussi le Diamond Jubilee State Coach, dernier-né de la flotte (2014), et les superbes écuries des années 1820, hébergeant des pensionnaires de races Windsor Grey ou Cleveland Bay.

Relève de la garde

Le défilé des soldats en uniformes rouges et hautes toques (*bearskin hat*) en fourrure d'ours noir le long du Mall jusqu'à Buckingham Palace est un événement touristique majeur. La **cérémonie** (www.royal.uk/changing-guard ; Buckingham Palace, Buckingham Palace Rd ; 11h lun, mer, ven, dim août-mai, 11h tlj juin-juil ; U St James's Park ou Green Park) GRATUIT de la relève de la garde (45 min) voit la New Guard remplacer la Old Guard du régiment d'infanterie de la Maison royale (Household Regiment) dans la cour principale ; elle est close par une fanfare militaire au grand complet. Arrivez au moins 45 minutes avant la cérémonie pour être bien placé et consultez au préalable le calendrier officiel (www.changing-guard.com/dates-buckingham-palace.html), la cérémonie étant parfois annulée pour cause de mauvais temps ou de travaux sur la voirie.

LES INCONTOURNABLES
HOUSES OF PARLIAMENT

Chef-d'œuvre néogothique du milieu du XIXe siècle (seules quelques parties ont survécu à un incendie en 1834), le somptueux palais de Westminster est le siège du Parlement, avec la House of Commons (Chambre des communes) et la House of Lords (Chambre des lords, nommés ou héréditaires). Sa visite est une plongée au cœur de la démocratie britannique.

Tours

L'élément le plus célèbre du Parlement est la tour de l'Horloge, rebaptisée en 2012 Elizabeth Tower (tour Élisabeth) pour le jubilé de diamant de la reine, marquant ses 60 ans de règne, – et plus connue sous le nom de **Big Ben** (www.parliament.uk/visiting/visiting-and-tours/tours-of-parliament/bigben ; Bridge St). En vérité, Big Ben désigne l'énorme cloche de 13,7 tonnes à l'intérieur de la tour. Ce surnom lui vient de Benjamin Hall, commissaire en chef attaché aux travaux (First Commissioner of Works) au moment de l'achèvement de la tour en 1859. À l'extrémité sud, au pied de la Victoria Tower, la plus haute de ce palais monumental, se trouve l'entrée réservée au souverain (**Sovereign's Entrance**).

Westminster Hall

C'est l'un des éléments les plus intéressants du **palais de Westminster**, qui fut le siège de la monarchie du XIe au début du XVIe siècle, sa partie la plus ancienne datant de 1097. L'impressionnant plafond à double blochet, ajouté entre 1393 et 1401, est le plus grand plafond médiéval en bois d'Europe du Nord. Le seul autre vestige du palais à avoir survécu à l'incendie de 1834 est la **Jewel Tower** (☎020-7222 2219 ; www.english-heritage.org.uk/visit/places/jewel-tower ; Abingdon St ; adulte/enfant 5,40/3,30 £ ; ⏲10h-18h avr-sept, 10h-17h oct, 10h-16h sam-dim nov-mars), érigée en 1365 pour entreposer les trésors royaux.

À NE PAS MANQUER

- Charpente du Westminster Hall
- Style Tudor de l'intérieur du palais
- Tour Élizabeth et Big Ben
- Entrée du Souverain
- Visite guidée

INFOS PRATIQUES

- Plan p. 468, E4
- www.parliament.uk
- Parliament Square
- Visite guidée adulte/enfant 26,50/11,50 £, avec audioguide 19,50 £/gratuite
- Ⓤ Westminster

UNE PETITE PAUSE ?

Prenez l'*afternoon tea* au bord du fleuve dans une salle de la *House of Commons*, moyennant un supplément de 30 £ (15 £ pour les enfants). Le réfectoire des membres de la Chambre est parfois également ouvert au public.

Mieux encore, réservez un déjeuner à l'élégant Skylon (p. 170) du Southbank Centre, dont les baies vitrées offrent une vue dégagée sur la Tamise et au-delà.

Les visiteurs peuvent assister librement aux débats dans les Chambres. Il n'est pas rare de devoir patienter plusieurs heures. Le mercredi midi (pour les questions au Premier ministre) est le créneau le plus intéressant, mais également le plus couru.

Si les délibérations de la Chambre sont parfois animées, les débats ne sont pas toujours captivants et peuvent parfois traîner en longueur.

Salle de banquet pour les fêtes du couronnement au Moyen Âge, le Hall servit de tribunal jusqu'au XIXe siècle. C'est ici que furent jugés William Wallace (1305), Thomas More (1535), Guy Fawkes (1606) et Charles Ier (1649). Au XXe siècle, on y présenta la dépouille mortelle de plusieurs monarques, et celle de l'ancien Premier ministre Winston Churchill.

Chambre des communes

C'est ici, dans la House of Commons que se réunissent les députés (Members of Parliament, ou MP), qui proposent et discutent les lois et questionnent le gouvernement.

Les plans de la Chambre furent inspirés par ceux de la chapelle Saint-Étienne qui se dressait dans le palais de Westminster d'origine. La Chambre actuelle, conçue par l'architecte Giles Gilbert Scott (1880-1960), a remplacé celle détruite par une bombe en 1941.

La Chambre ne compte que 437 sièges pour les 650 députés. Les membres du gouvernement s'assoient à droite du Président (Speaker) et les membres de l'opposition, à gauche.

Chambre des lords

On accède par la "galerie des Étrangers" (Strangers' Gallery) à la House of Lords, dont l'intérieur gothique Tudor fut conçu par l'architecte Augustus Welby Pugin (1812-1852), qui mourut prématurément.

Y siègent des lords spirituels (archevêques et évêques de l'Église anglicane) et des lords temporels, nommés ou héréditaires.

Les 814 lords sont pour la plupart (85%) des pairs nommés à vie (*Life Peers*) par le monarque, dont 186 *crossbenchers* : des membres non affiliés aux grands partis politiques. Actuellement, 73% des membres de la House of Lords sont des hommes.

Visites

Les visites sont possibles toute l'année le samedi, et certains week-ends des vacances parlementaires (comme à Pâques, en été et à Noël). Vous aurez le choix entre une **visite avec audioguide** (1 heure 15 environ ; adulte/enfant 19,50 £/gratuit) disponible en français, et une **visite guidée** (1 heure 30 ; en anglais), plus complète, incluant les deux Chambres, le Westminster Hall et d'autres bâtiments historiques. Visites en français souvent proposées.

Une **visite guidée pour enfants** est disponible (1 heure ; places limitées, réservez). Les horaires sont changeants, vérifiez en ligne. Billets en vente au bureau face à la Portcullis House, sur Victoria Embankment. Les résidents du Royaume-Uni peuvent s'adresser à leur député afin d'organiser une visite guidée gratuite.

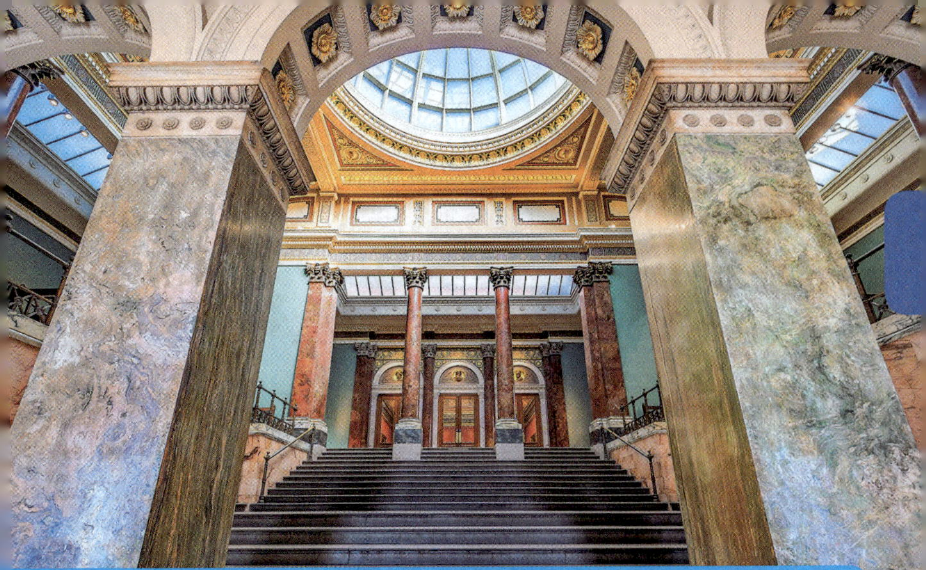

LES INCONTOURNABLES
NATIONAL GALLERY

Comptant plus de 2 300 tableaux européens, la collection de la National Gallery (fondée en 1824) est d'une richesse exceptionnelle. Léonard de Vinci, Michel-Ange, Titien, Vincent Van Gogh, Auguste Renoir : le musée possède des œuvres majeures, datant du milieu du XIIIe siècle au début du XXe siècle.

Aile la plus moderne du musée, la Sainsbury Wing (sur le côté ouest) est dévolue aux peintures les plus anciennes, datant de 1250 à 1500. À côté des sujets religieux, privilégiés dans des œuvres de commande destinées à la dévotion privée, comme le fameux *Diptyque Wilton* (alcôve de la salle 51), trésor de petit retable portatif peint par un maître anonyme (vers 1395-1399), on peut y découvrir des chefs-d'œuvre tels *Vénus et Mars* de Botticelli (salle 58) ou *Arnolfini et sa femme* de Van Eyck (salle 63). *La Vierge aux rochers* de Léonard de Vinci (salle 66) est une prouesse visuelle et technique.

Des œuvres de la Renaissance tardive (1500-1600), notamment de Michel-Ange, Titien, Raphaël, le Corrège, le Greco et Bronzino, sont exposées dans les salles 2 à 14. Rubens, Rembrandt et le Caravage sont réunis dans les salles 15 à 32 (1600-1700). Ne manquez pas les deux autoportraits de Rembrandt (à 34 et 63 ans, salle 30) et la *Vénus au miroir* de Velázquez (salle 30).

L'aile est (1700-1930), qui a la faveur du public, fait la part belle aux œuvres des paysagistes britanniques (Gainsborough, Constable, Turner...) et aux chefs-d'œuvre impressionnistes et postimpressionnistes signés Van Gogh, Renoir et Monet. Les splendides mosaïques couvrant le sol du hall principal sont également remarquables.

À NE PAS MANQUER

- *Vénus et Mars*, de Botticelli (salle 58)
- *Arnolfini et sa femme*, de Van Eyck (salle 63)
- Le *Diptyque Wilton* (alcôve de la salle 51)
- *La Vénus au miroir*, de Velázquez (salle 30)
- *Les Tournesols*, de Van Gogh (salle 41)

INFOS PRATIQUES

- Plan p. 458, B7
- ☎020-7747 2885
- www.nationalgallery.org.uk
- Trafalgar Square
- Gratuit
- ⏲10h-18h sam-jeu, 10h-21h ven
- Ⓤ Charing Cross

1

2

Le Dernier Voyage du Téméraire, de John William Turner
La Vénus au miroir, de Diego Velázquez
Les Tournesols, de Vincent Van Gogh

Chefs-d'œuvre de la National Gallery

Les collections, somptueuses, couvrent 7 siècles de peinture occidentale, représentés par plus de 2 300 tableaux, tous des chefs-d'œuvre. Petit florilège.

Vénus et Mars, Botticelli

Mars, dieu de la Guerre, s'est endormi après l'amour. Vénus, assise, veille. L'amour l'emporte sur la guerre...

Les Tournesols, Van Gogh

Ce chef-d'œuvre du grand peintre néerlandais représente 14 tournesols à différents stades. La couleur principale – le jaune – est appliquée par touches épaisses. Une nouvelle approche audacieuse, "sculpturale", de la peinture.

La Vénus au miroir, Velázquez

Sujet rarement traité durant l'Inquisition espagnole, Vénus se (et nous) contemple dans un miroir tendu par son fils Cupidon.

Les Époux Arnolfini, Van Eyck

Le premier portrait de bourgeois de l'histoire – un riche marchand de soie toscan installé à Bruges et son épouse –, exemple remarquable de perfectionnisme de la peinture à l'huile avec une manière révolutionnaire d'inventer l'espace en peignant la lumière.

La Charrette de foin, Constable

Tirée par des chevaux au milieu de la rivière, cette charrette évoque de façon romantique l'Angleterre de la veille de la révolution industrielle. Des touches blanches créent des effets de lumière et de mouvement. Un avant-goût de l'impressionnisme.

Le Dernier Voyage du Téméraire, Turner

Le *Téméraire*, figure de la bataille de Trafalgar, est remorqué vers un chantier de démantèlement. Le soleil se couche... Une ère s'achève tandis que se profile l'âge de la vapeur et de l'industrialisation.

I WEI HUANG/SHUTTERSTOCK ©

LES INCONTOURNABLES
TATE BRITAIN

Plus ancienne que la Tate Modern, la vénérable Tate Britain célèbre l'art britannique de 1500 à nos jours, à travers les œuvres d'artistes comme Blake, Hogarth, Gainsborough, Barbara Hepworth, Whistler, Constable, Turner ou, plus proches de nous, Lucian Freud, Francis Bacon et Henry Moore.

J. M. W. Turner est la vedette incontestée des lieux, avec 300 peintures à l'huile et quelque 30 000 croquis et dessins, aujourd'hui propriété de la nation. La prestigieuse collection de la Tate Britain comprend de grands classiques comme le *Coucher de soleil écarlate* et le *Château de Norham, lever de soleil*.

On peut également y admirer de grandes œuvres de Constable, Gainsborough et Reynolds, ainsi que d'artistes préraphaélites comme William Holman Hunt (*L'Éveil de la conscience*), John William Waterhouse (*La Dame de Shalott*), John Everett Millais (*Ophélie*) et Edward Burne-Jones (*L'Escalier d'or*). Ne manquez pas non plus le fameux triptyque *Trois Études de figures au pied d'une crucifixion* (1944) de Francis Bacon.

Prestigieux et souvent controversé, le prix Turner, récompensant l'art contemporain, a fait son grand retour au musée fin 2020, après une brève infidélité avec le Turner Contemporary de Margate.

À NE PAS MANQUER

- Le *Coucher de soleil écarlate*, de J. M. W. Turner
- *Trois Études de figures au pied d'une crucifixion*, de Francis Bacon
- *Ophélie*, de John Everett Millais
- *L'Éveil de la conscience*, de William Holman Hunt

INFOS PRATIQUES

- Plan p. 468, E7
- ☎020-7887 8888
- www.tate.org.uk/visit/tate-britain
- Millbank
- Gratuit
- ⏲10h-18h
- Ⓤ Pimlico

PRETTYAWESOME/SHUTTERSTOCK ©

LES INCONTOURNABLES
TRAFALGAR SQUARE

Réunions conviviales, défilés militaires, célébrations de Noël et du Nouvel An, séances de cinéma en plein air et manifestations politiques, Trafalgar Square est un lieu privilégié de rassemblement des Londoniens, et constitue à ce titre le véritable centre de la capitale.

La place est dominée par la **colonne de Nelson** (52 m), monument en hommage à lord Horatio Nelson, amiral qui mena la flotte britannique à la victoire contre Napoléon lors de la bataille de Trafalgar en 1805. Quatre **lions en bronze** bordent la place, de même que maints édifices splendides, dont la National Gallery (p. 87) et l'église St Martin-in-the-Fields (p. 100). On peut également y voir l'œuvre d'art moderne (souvent déjantée) mise à l'honneur pour une durée de 18 mois sur la **Fourth Plinth** (quatrième socle ou piédestal). En mars 2020, c'était au tour de la 13e œuvre en date d'être dévoilée. Il s'agissait d'une sculpture monumentale de l'artiste britannique Heather Phillipson, représentant une montagne de crème fouettée en équilibre instable sur laquelle trônent une cerise, une mouche et un drone semblant filmer les passants. L'œuvre était intitulée *The End*.

Afin de réduire le nombre de passants et de limiter ainsi les risques de troubles, des **fontaines** ont été installées sur la place. Si une émeute se déclenchait malgré tout, entrez dans la petite **cabine téléphonique**, dotée de fenêtres permettant de superviser toute la place, qui permet d'avoir Scotland Yard en ligne directe. La cabine est affectueusement connue comme le "plus petit poste de police de Londres".

À NE PAS MANQUER

- Colonne de Nelson
- Lions en bronze
- Sculpture de la Fourth Plinth
- Plus petit poste de police de Londres

INFOS PRATIQUES

- Plan p. 458, B7
- U Charing Cross ou Embankment

JOHN HARPER/GETTY IMAGES ©

LES INCONTOURNABLES
CHURCHILL WAR ROOMS

À la fin du mois d'août 1939, face à l'imminence du conflit, le gouvernement et le commandement des forces armées britanniques résolurent de s'installer à l'abri d'un bunker aménagé sous l'actuel Trésor. Le 3 septembre suivant, la Grande-Bretagne entrait en guerre.

Ce bunker fut le centre de réunion du Cabinet de guerre jusqu'à la fin de la Seconde Guerre mondiale. Les chefs d'état-major y dormaient, y mangeaient et y élaboraient leur stratégie pour vaincre Hitler, se pensant à l'abri des bombes de la Luftwaffe. En réalité, la carapace de béton de 3 m au-dessus d'eux aurait été bien incapable de les protéger en cas de bombardement direct.

Les salles du **Cabinet de guerre** sont restées pratiquement telles qu'elles étaient lorsqu'elles furent abandonnées, le 15 août 1945. De nombreuses pièces ont été conservées intactes : la salle où le Cabinet se réunit à plus de 115 reprises ; la Transatlantic Telegraph Room, où une ligne était réservée aux communications avec le président Roosevelt ; le placard à balais transformé en bureau-chambre pour Churchill (il n'y dormit que 3 fois) ; et la salle des cartes qui servait de centre opérationnel.

Magnifique musée interactif et multimédia, le **Churchill Museum** ne fait pas mystère des faiblesses de Churchill – il est décrit comme un anticonformiste au mauvais caractère, assez porté sur la boisson, plutôt médiocre politicien en temps de paix – et met l'accent sur la grande force du "Vieux Lion" : ses discours enthousiasmants.

À NE PAS MANQUER

- Salle des cartes
- Anecdotes des War Rooms
- Extraits des discours célèbres de Churchill
- Bureau-chambre de Churchill
- Vidéos d'archive sur les funérailles de Churchill

INFOS PRATIQUES

- Plan p. 468, D3
- www.iwm.org.uk/visits/churchill-war-rooms
- Clive Steps, King Charles Street
- Adulte/enfant 23/11,50 £
- 9h30-18h
- Westminster

LEON NEAL/GETTY IMAGES ©

LES INCONTOURNABLES
SIR JOHN SOANE'S MUSEUM

Ce petit musée insolite et fascinant fut la demeure et le studio de l'architecte néoclassique sir John Soane (1753-1837), et son intérieur abrite une collection foisonnante de curiosités qu'il a rassemblées.

Professeur d'architecture à la Royal Academy, Soane conçut notamment le bâtiment de la Banque d'Angleterre (Bank of England). Au XVIIIe siècle, son grand tour d'Italie fut pour lui une source d'inspiration. Après son mariage, il construisit cette maison-musée au n°12 de Lincoln's Inn Square, et finit par acheter la maison voisine, au n°13.

La maison, classée, est une curiosité à elle seule. Sa coupole en verre diffuse de la lumière jusqu'à la crypte, une colonnade agrémentée de statues et doublée d'une galerie de peintures. On peut y voir les œuvres favorites de Soane, dont des œuvres de Canaletto, ainsi que l'original du *Rake's Progress* de William Hogarth, une série de caricatures sur les bas-fonds londoniens de la fin du XVIIIe siècle. Parmi les acquisitions les plus singulières de Soane, citons le sarcophage du pharaon Séthi Ier, ainsi que sa jolie Model Room, située dans ses appartements privés, au 2e étage de la maison.

Le **Highlights Tour** (15 £), visite guidée de 1 heure, permet de découvrir les appartements privés et la Model Room. Réservez en ligne.

À NE PAS MANQUER

- Série *A Rake's Progress* (*La Carrière d'un libertin*), de William Hogarth
- Sarcophage du pharaon Séthi Ier
- *Riva degli Schiavoni, vers l'Ouest*, de Canaletto
- Model Room

INFOS PRATIQUES

- Plan p. 458, E2
- ☎020-7405 2107
- www.soane.org
- 12 Lincoln's Inn Fields
- Gratuit
- ⏲10h-17h mer-dim, nocturnes (voir site)
- Ⓤ Holborn

À VOIR

Westminster

ABBAYE DE WESTMINSTER ÉGLISE

Voir p. 76.

HOUSES OF PARLIAMENT ÉDIFICE HISTORIQUE

Voir p. 85.

ST MARGARET'S CHURCH ÉGLISE

Plan p. 468 (☎020-7654 4840 ; www.westminster-abbey.org/st-margarets-church ; ⌚9h30-15h30 lun-ven, 9h30-13h30 sam, 14h-16h30 dim ; Ⓤ Westminster). Depuis 1614, cette église contiguë à l'abbaye de Westminster est le lieu de culte de la House of Commons ; ses vitraux commémorent les paroissiens Caxton et Milton, et le navigateur et écrivain sir Walter Raleigh est inhumé près de l'autel. St Margaret peut paraître insignifiante au regard de l'immense abbaye voisine, mais elle fut construite à côté du monastère bénédictin pour servir les besoins spirituels du commun des mortels. Depuis la fin du XIe siècle, c'est la troisième église dédiée à sainte Marguerite qui s'élève à cet endroit.

CATHÉDRALE DE WESTMINSTER CATHÉDRALE

Plan p. 468 (☎020-7798 9055 ; www.westminstercathedral.org.uk ; Victoria St ; adulte/enfant tour 6/3 £, trésor 5/2,50 £, billet combiné 9/4,50 £ ; ⌚église 7h-19h lun-ven, 8h-19h sam-dim, clocher et trésor 9h30-17h lun-ven, 9h30-18h sam-dim ; Ⓤ Victoria). Reconnaissable à sa façade alternant brique rouge et pierre blanche, la cathédrale du Précieux-Sang, dessinée par John Francis Bentley au XIXe siècle, est un remarquable exemple d'architecture néobyzantine. C'est l'archidiocèse des églises catholiques romaines d'Angleterre et du pays de Galles. Sa construction débuta en 1895 ; les fidèles purent assister aux offices 7 ans plus tard.

Faute de fonds, le décor est resté en grande partie inachevé, mais de resplendissantes mosaïques illuminent l'autel et les chapelles latérales.

À gauche de l'autel principal, la **chapelle du Saint-Sacrement** (Chapel of the Blessed Sacrament) brille de mosaïques byzantines et est ornée de 100 types de marbres ; de l'autre côté de l'autel principal, le plafond voûté de la **chapelle de la Vierge** (Lady Chapel) est aussi somptueusement décoré. Certaines autres parties de l'église demeurent en brique nue.

Les fameuses **stations du Chemin de croix** (Stations of the Cross ; 1914-1918) d'Eric Gill et le peu de luminosité contrastent agréablement avec l'agitation extérieure. Accessible par un ascenseur, la galerie perchée à 64 m (210 pieds) de hauteur dans le **clocher** (83 m, 272 pieds), offre une vue panoramique impressionnante. Ne manquez pas le **trésor** de la cathédrale, aux beaux objets ecclésiastiques. Un **café** est installé près du baptistère, à droite après l'entrée. Plusieurs messes ont lieu quotidiennement, dont une en latin (généralement à 10h30) et une autre accompagnée par le chœur de la cathédrale (à 17h30 ou 18h) – plus d'informations sur le site Internet.

SUPREME COURT MONUMENT

Plan p. 468 (☎020-7960 1900 ; www.supremecourt.uk ; Parliament Sq ; ⌚9h30-16h30 lun-ven ; Ⓤ Westminster). GRATUIT Jusqu'en 2009, la Cour suprême, plus haute instance judiciaire du Royaume-Uni, était constituée de membres de la Chambre des lords. Elle est désormais séparée de cette dernière et installée dans le Middlesex Guildhall, un édifice néogothique de 1913, à Parliament Square. On y trouve une exposition permanente sur le travail et l'histoire de la Cour, ainsi que sur l'histoire du bâtiment au sous-sol. Visite autoguidée avec brochure (1 £) ou visites guidées à 11h, 14h et 15h le vendredi.

Pendant la pause estivale de la Cour suprême (d'août à début septembre), des visites ont également lieu à 11h et 14h la plupart des jours de semaine. Les membres du public sont invités à assister à des séances de la Cour lorsqu'elle siège, de 11h à 16h le lundi, et de 10h30 à 16h du mardi au jeudi. Pour accéder à la liste des personnes ou des délits jugés, renseignez-vous à l'accueil ou consultez la section "Affaires en cours" (*Current cases*) sur le site Internet.

Bloomsbury et Fitzrovia

BRITISH MUSEUM MUSÉE

Voir p. 79.

ALL SAINTS MARGARET STREET ÉGLISE

Plan p. 464 (☎020-7636 1788 ; www.allsaintsmargaretstreet.org.uk ; 7 Margaret St ; ⌚7h-19h lun-mar et jeu-ven, 8h30-19h mer, 11h-19h sam ; Ⓤ Oxford Circus). En 1859, l'architecte

William Butterfield mit la dernière pierre à ce qui est l'un des plus beaux exemples d'architecture gothique victorienne, aux vitraux somptueux et au dallage extraordinaire. Depuis 2014, All Saints compte au nombre des 10 monuments britanniques de l'histoire ayant le plus contribué à changer le visage de la nation, classés par la direction de l'English Heritage, comme l'abbaye de Westminster et Christ Church, à Oxford.

CHARLES DICKENS MUSEUM MUSÉE

Plan p. 464 (☎020-7405 2127 ; www.dickensmuseum.com ; 48 Doughty St ; adulte/enfant 9,50/4,50 £ ; ⏲10h-17h mar-dim, tlj en déc ; 📶 ; Ⓤ Russell Sq, Chancery Lane). Écrivain prolifique, Charles Dickens (1812-1870) ne vécut dans cette élégante demeure mitoyenne georgienne, où sa famille ne cessa de s'agrandir, que deux ans (1837-1839), mais c'est ici que son œuvre prit toute son ampleur. Il y acheva *Les Papiers posthumes du Pickwick Club*, *Nicholas Nickleby* et *Oliver Twist*. Chacune des pièces, dont certaines ont été reconstituées comme à l'époque, renferme un peu d'histoire, comme le bureau où Dickens écrivit *Les Grandes Espérances*.

Si de nombreux lieux londoniens sc targuent d'être liés à Dickens, cette adresse est la seule résidence de l'auteur encore debout en ville. La maison échappa de peu à la démolition, et le musée ouvrit en 1925.

On accède librement au **Garden Cafe**, charmant, sans payer l'entrée au musée. Une fois par mois, le musée ferme à 20h (voir le site Internet) – dernière admission à 19h.

ST GEORGE'S HANOVER SQUARE ÉGLISE

Plan p. 460 (☎020-7629 9874 ; www.stgeorgeshanoversquare.org ; St George St ; ⏲8h-16h lun-mar et jeu-ven, 8h-18h mer, 8h-12h dim ; Ⓤ Oxford St). Cette église, l'une des 50 prévues par la loi de 1710, fut édifiée entre 1721 et 1724. Elle a accueilli des mariages de personnages illustres, comme Lady Hamilton, le poète Percy Bysshe Shelley, l'homme politique et auteur Benjamin Disraeli, la romancière George Eliot et, en 1886, Theodore Roosevelt, 26e président des États-Unis. St George est également citée dans la chanson *Get Me to the Church on Time* de la comédie musicale *My Fair Lady*.

À l'intérieur, on peut admirer deux retables, l'un sculpté par Grinling Gibbons et l'autre, représentant la *Cène*, attribué à William Kent.

POLLOCK'S TOY MUSEUM MUSÉE

Plan p. 464 (☎020-7636 3452 ; www.pollockstoys.com ; 1 Scala St, W1 ; adulte/enfant 7/4 £ ; ⏲10h-17h lun-sam ; Ⓤ Goodge St). Destiné autant aux adultes qu'aux (grands) enfants, ce musée fascine – et effraie quelque peu. Passé la boutique, emplie de jouets en bois et de jeux, commencez votre exploration en grimpant un étroit escalier grinçant, où sont déjà exposés des jouets mécaniques, des marionnettes, et des poupées d'Amérique latine, d'Afrique, d'Inde et d'Europe.

PETRIE MUSEUM OF EGYPTIAN ARCHAEOLOGY MUSÉE

Plan p. 464 (UCL ; ☎020-7679 2884 ; www.ucl.ac.uk/culture/petrie-museum ; University College London, Malet Pl, WC1 ; ⏲13h-17h mar-sam ; Ⓤ Goodge St). GRATUIT La collection d'archéologie égyptienne et soudanaise du musée Petrie, riche de près de 80 000 objets, est l'une des plus impressionnantes au monde. La muséographie, un peu datée, met mal en valeur ce fonds, mais celui-ci est exceptionnel. Des visites hebdomadaires gratuites du musée Petrie, du Grant Museum of Zoology et de l'UCL Art Museum sont organisées par l'University College London.

ST GEORGE'S BLOOMSBURY ÉGLISE

Plan p. 464 (☎020-7242 1979 ; www.stgeorgesbloomsbury.org.uk ; Bloomsbury Way ; ⏲13h-16h ; Ⓤ Holborn ou Tottenham Court Rd). Parmi les 6 églises réalisées par Nicholas Hawksmoor à Londres, celle-ci, de 1730, superbement restaurée, se distingue par son portique classique surmonté de chapiteaux corinthiens et par sa flèche (visible dans *Gin Lane*, une gravure de William Hogarth) inspirée du mausolée de Halicarnasse (actuelle Bodrum, en Turquie). Au sommet de la flèche, une statue représente le roi George Ier en costume romain, avec des lions et des licornes à ses pieds. Possibilité de réserver une visite guidée (5 £/pers).

FOUNDLING MUSEUM MUSÉE

Plan p. 464 (☎020-7841 3600 ; foundlingmuseum.org.uk ; 40 Brunswick Sq ; adulte/enfant 9,50 £/gratuit ; ⏲10h-17h mar-sam, 11h-17h dim ; Ⓤ Russell Sq). Thomas Coram fonda le Foundling Hospital en 1739 pour les enfants abandonnés ou confiés par leurs mères : à sa fermeture en 1953, ils étaient 27 000 à y avoir résidé. Le musée qui l'occupe aujourd'hui retrace l'histoire de cette institution et de ces enfants. La collection

LE BLOOMSBURY LITTÉRAIRE

Il fut un temps où les jolies places de Bloomsbury étaient le domaine du "Bloomsbury Group", une clique d'artistes et d'écrivains qui comptait notamment dans ses rangs Virginia Woolf et E. M. Forster, aux histoires d'amour aussi fascinantes de complexité que leurs livres. Charles Dickens, Charles Darwin, William Butler Yeats et George Bernard Shaw vécurent aussi dans ce quartier, comme l'attestent les nombreuses plaques bleues de l'English Heritage (Patrimoine national) sur les façades.

Jusque dans les années 1990, **Bedford Square** (Plan p. 464 ; Ⓤ Tottenham Court Rd) accueillit de nombreuses maisons d'édition londoniennes, qui déménagèrent lorsqu'elles furent englouties par les multinationales. Ces éditeurs ont largement contribué à entretenir l'intérêt pour le Bloomsbury Group en publiant d'inépuisables recueils de correspondance, des mémoires et des biographies sur le sujet. Parmi ces maisons, citons Jonathan Cape, Chatto et The Bodley Head.

Le Bloomsbury d'aujourd'hui est un quartier charmant, avec d'excellentes boutiques spécialisées, des librairies et des cafés, le tout agréablement épargné par la frénésie londonienne.

d'amulettes laissées par les mères aux enfants pour qu'ils ne les oublient pas est particulièrement émouvante. L'intérieur georgien englobe également une remarquable collection d'art.

ST PANCRAS CHURCH ÉGLISE

Plan p. 464 (☎020-7388 1461 ; www.stpancraschurch.org ; angle Euston Rd et Upper Woburn Place ; ⏲8h-18h lun-ven, 7h30-11h30 et 17h30-19h dim ; Ⓤ Euston). La tour de cette saisissante église néogrecque a été conçue sur le modèle de la tour des Vents d'Athènes : un portique à 6 colonnes ioniques et unc aile ornée de caryatides comme l'Érechthéion sur l'Acropole. À son achèvement en 1822, il s'agissait de l'église la plus chère à avoir été construite à Londres depuis la cathédrale Saint-Paul. Dirigez-vous vers la Crypt Gallery pour y voir la dernière exposition artistique en date, ou venez un jeudi à 13h15 pour assister à un récital gratuit.

WIENER LIBRARY MUSÉE

Plan p. 464 (☎020-7636 7247 ; www.wienerlibrary.co.uk ; 29 Russell Sq ; ⏲10h-17h lun et mer-ven, 10h-19h30 mar ; Ⓤ Russell Square). GRATUIT Fondée en 1933 par le juif allemand Alfred Wiener pour rendre compte de la montée de l'antisémitisme dans son pays natal (qu'il avait fui face aux persécutions nazies), la Wiener Library est la plus ancienne institution au monde consacrée à l'étude de l'Holocauste. Abritant aujourd'hui un institut de recherche et une bibliothèque publique, elle contient plus d'un million d'ouvrages traitant de la période. Visites gratuites de 1 heure le mardi à 13h.

GRANT MUSEUM OF ZOOLOGY MUSÉE

Plan p. 464 (www.ucl.ac.uk/culture/grant-museum-zoology ; Rockefeller Building, University College London, 21 University St ; ⏲13h-17h lun-sam ; Ⓤ Euston Sq). GRATUIT Peu connu et pourtant passionnant, ce musée recèle 68 000 spécimens du règne animal, pour beaucoup d'espèces disparues ou fortement menacées. Parmi les plus intéressants, citons le très rare squelette d'un quagga (ou couagga ; zèbre d'Afrique du Sud disparu), les os d'un dodo et d'un thylacine (marsupial à rayures, semblable à un chien, aujourd'hui disparu), ainsi qu'une collection captivante de coupes transversales de têtes d'animaux. Le Micrarium présente des lames de microscope rétroéclairées contenant quelque 20 000 échantillons minuscules, dont les poils d'un mammouth laineux.

⊙ St James's

PALAIS DE BUCKINGHAM PALAIS

Voir p. 83.

TATE BRITAIN MUSÉE D'ART

Voir p. 90.

ST JAMES'S PICCADILLY ÉGLISE

Plan p. 468 (☎020-7734 4511 ; www.sjp.org.uk ; 197 Piccadilly ; ⏲8h-20h ; Ⓤ Piccadilly Circus). St James (1684) est la seule église érigée par Christopher Wren (1632-1723) ex nihilo (la plupart des églises londoniennes qu'il a construites remplaçaient des lieux de culte détruits par le Grand Incendie de 1666). Cet édifice élégant et sobre contraste radicalement avec le style pompeux et très ornementé des églises les plus célèbres de l'architecte. Les fonts baptismaux figurant Adam et Ève et les retables de l'autel sont de Grinling Gibbons (1648-1721), sculpteur parmi les plus habiles de l'époque.

La paroisse de St James est particulièrement active en matière d'œuvres caritatives, proposant un service d'aide psychologique ainsi qu'un hébergement de nuit pour les sans domicile fixe en hiver (qui peuvent dormir sur les bancs). Elle organise des concerts à l'heure du déjeuner et en soirée, et accueille un **marché alimentaire** (10h-15h30 lundi et mardi), ainsi qu'une **foire d'art et d'artisanat** (10h-18h du mercredi au samedi) sur son parvis. Ne manquez pas la belle statue de la Paix, en bronze, dans le jardin. L'entretien de cette église engagée coûte 1 800 £ par jour. Les dons, même modestes, sont les bienvenus.

ST JAMES'S PARK — PARC

Plan p. 468 (www.royalparks.org.uk/parks/st-jamess-park ; The Mall ; 5h-minuit ; St James's Park ou Green Park). Des 8 parcs royaux, St James Park (23 ha) est le plus petit après Green Park, mais c'est l'espace vert le plus soigné de Londres. On y jouit de beaux panoramas sur le London Eye, Westminster, St James's Palace, Carlton Terrace et la Horse Guards Parade. Quant à la vue sur Buckingham Palace, elle est exceptionnelle depuis le **Blue Bridge** sur le lac central.

Le lac est peuplé de canards, de cygnes, d'oies et autres oiseaux aquatiques, dont les fameux **pélicans**, descendants de ceux offerts en 1664 par l'ambassadeur de Russie au roi Charles II. Le nourrissage des pélicans, avec des poissons frais, a lieu près du cottage de Duck Island de 14h30 à 15h.

Les parterres de fleurs chamarrés – géraniums écarlates, tulipes rouges et giroflées jaunes – proches du palais de Buckingham ont été créés en l'honneur de la reine Victoria en 1901 (année de sa mort). De mars à octobre, des **transats** (2/10 £ par heure/jour) permettent de lézarder confortablement.

BURLINGTON ARCADE — ÉDIFICE HISTORIQUE, GALERIE MARCHANDE

Plan p. 468 (www.burlington-arcade.co.uk ; 51 Piccadilly ; 9h-19h30 lun-sam, 11h-18h dim ; Green Park). Jouxtant la Burlington House, siège de la Royal Academy of Arts (p. 102), cette magnifique galerie fut construite en 1819. Visant une clientèle fortunée, elle est surtout connue pour ses Burlington Berties, des gardes en uniforme prêts à réprimander quiconque aurait l'audace de courir, manger un chewing-gum, siffler, ouvrir un parapluie ou dont le comportement pourrait déparer le chic du lieu. (Le fait que la galerie servit autrefois de maison close est généralement passé sous silence.)

Perpendiculaire à la Burlington Arcade, entre Old Bond Street et Albemarle Street, la Royal Arcade est un passage du même type, plus récent (1880).

CLARENCE HOUSE — PALAIS

Plan p. 468 (0303 123 1958 ; www.rct.uk/visit/clarence-house ; Cleveland Row ; adulte/enfant 11,30/6,80 £ ; 10h-16h30 lun-ven, 10h-17h30 sam-dim août ; Green Park). Dans ce palais – résidence officielle du prince Charles et de Camilla, duchesse de Cornouailles –, 5 pièces sont accessibles au public dans le cadre d'une visite guidée (45 min) pendant un mois l'été. La curiosité majeure est la petite collection d'art de feu la reine mère, qui comporte un tableau du dramaturge Noël Coward et des toiles de W. S. Sickert et de sir James Gunn. Conçue par John Nash au début du XIXe siècle, la demeure a subi depuis d'importantes modifications.

SPENCER HOUSE — ÉDIFICE HISTORIQUE

Plan p. 468 (020-7514 1958 ; www.spencerhouse.co.uk ; 27 St James's Pl ; adulte/enfant 15,50/12,50 £ ; 10h30-16h30 dim ; Green Park). Construite dans le style palladien entre 1756 et 1766 pour le premier comte Spencer, un ancêtre de la princesse Diana, cette grande demeure voisine de Green Park fut transformée en bureaux après le départ de la famille Spencer, en 1927. Elle a retrouvé son faste 60 ans plus tard, grâce aux vastes travaux de restauration entrepris par lord Rothschild. Somptueusement meublées et conçues par John Vardy et James Stuart dit l'Athénien, les pièces d'apparat sont accessibles uniquement sur visite guidée.

Les jardins du XVIIIe siècle ne sont ouverts que certains dimanches d'été, de 14h à 17h : pour plus d'informations, consultez la rubrique "*What's On*" ("Agenda") du site Internet.

GREEN PARK — PARC

Plan p. 468 (www.royalparks.org.uk/parks/green-park ; 5h-minuit ; Green Park). Le plus petit (19 ha) des 8 parcs royaux n'en est pas moins remarquable, planté de platanes et de chênes gigantesques, ainsi que de vastes pelouses. Il a aussi l'avantage d'être moins fréquenté que St James's Park, son voisin très soigné. On y venait jadis se battre en duel. Comme Hyde Park (p. 184), Green Park servit de jardin potager pendant la Seconde Guerre mondiale.

Ici, pas de parterres de fleurs. L'histoire veut qu'ils aient été bannis par la reine Catherine de Bragance, qui avait été informée que son mari volage, Charles II, avait pour habitude d'y cueillir des bouquets pour ses maîtresses. Légende ou réalité ?

GUARDS MUSEUM MUSÉE

Plan p. 468 (☎020-7414 3428 ; www.theguardsmuseum.com ; Wellington Barracks, Birdcage Walk ; adulte/enfant 8 £/gratuit ; ⏲10h-16h ; Ⓤ St James's Park). Ce petit musée des Wellington Barracks (caserne Wellington) est dédié à l'histoire des 5 régiments d'infanterie (Grenadier, Coldstream, Scots, Irish et Welsh Guards), et à leur rôle dans les campagnes militaires depuis Waterloo, à travers une collection d'uniformes, de peintures à l'huile, de médailles et d'objets militaires. Dans la boutique, le choix de soldats de plomb et de figurines en vente est remarquable. Ne manquez pas la Royal Military Chapel adjacente, dont le bâtiment d'origine fut rasé par une bombe en juin 1944.

Si vous avez tenté d'assister à la relève de la garde (p. 103), mais qu'il y avait trop de monde, venez ici à 10h30 un jour où la relève a lieu, pour observer les soldats de la New Guard se regrouper en formation devant le musée, puis assister à son inspection 20 minutes plus tard avant son départ, peu avant 11h, pour la relève de la Old Guard à Buckingham Palace.

INSTITUTE OF CONTEMPORARY ARTS CENTRE ARTISTIQUE

Plan p. 468 (ICA ; ☎020-7930 3647 ; www.ica.art ; Nash House, The Mall ; 5 £, entrée libre mardi ; ⏲12h-21h mar-dim ; 📶 ; Ⓤ Charing Cross). C'est dans cet édifice de style Regency conçu par John Nash, sur le Mall, que Picasso et Henry Moore exposèrent pour la première fois au Royaume-Uni. L'ICA, centre d'art moderne toujours à l'avant-garde, suscite à l'occasion la polémique et se place résolument à la pointe du monde artistique à travers une remarquable programmation – films, soirées musicales, photographies, art, conférences, installations multimédias, lectures... Sur place également : l'ICA Cafe Bar, où l'on sert de l'alcool, et une petite librairie.

⊙ Soho et Chinatown

SOHO QUARTIER

Plan p. 460 (Ⓤ Tottenham Court Rd ou Leicester Sq). Le nom de "Soho" pourrait provenir d'un cri propre à la chasse – à l'emplacement du quartier actuel s'étendaient jadis des pâturages et des territoires de chasse royale des Tudor. Bien que le centre de la vie nocturne londonienne se soit déplacé à l'est de l'agglomération, et que des clubs et des salles de concerts emblématiques du quartier aient fermé du fait de son embourgeoisement, Soho révèle sa véritable personnalité le soir, et demeure le fief de la communauté homosexuelle. Le quartier ne manque pas non plus de vie et de charme en journée.

À l'extrémité nord du quartier, le très arboré **Soho Square** est le jardin secret des environs. Créée en 1681, la place s'appelait à l'origine King's Square ; une statue de Charles II trône d'ailleurs dans sa partie nord. Au centre, la minuscule maison à colombages au style pseudo-Tudor fut un abri de jardin construit dans les années 1870. L'espace en sous-sol servit de refuge antiaérien pendant la Seconde Guerre mondiale.

Au sud de cette place, **Dean Street** aligne une collection de bars et de restaurants. Karl Marx et sa famille vécurent au n°28 (1851-1856) dans un extrême dénuement, quand le père du communisme passait ses journées au British Museum à faire des recherches pour *Le Capital*.

Old Compton Street, au cœur du village gay, est le lieu incontournable de la communauté homosexuelle. La rue est appréciée de tous, gays comme hétéros, pour ses bars de qualité, ses boutiques osées et son ambiance.

Casanova (vers 1763) et Thomas De Quincey (écrivain et opiomane), en 1821, ont séjourné dans **Greek Street**. Mozart a résidé (1764-1765) dans **Frith Street** (au n°20), une rue parallèle.

PICCADILLY CIRCUS PLACE

Plan p. 460 (Ⓤ Piccadilly Circus). Dans les années 1820, John Nash (1752-1835), qui fut l'architecte du prince régent, futur George IV, avait souhaité faire de Regent Street et de Piccadilly les zones les plus élégantes de la ville, mais les urbanistes refrénèrent ses ambitions. Il serait sans doute déçu et tout à fait sidéré par le

SEXE, DROGUE ET ROCK AND ROLL : L'HISTOIRE DE SOHO

Les vagues d'immigration successives ont forgé le caractère particulier de Soho. La construction de quartiers résidentiels commença au XVIIe siècle, après que Londres fut presque entièrement ravagée par le Grand Incendie de 1666. Les réfugiés grecs et huguenots, puis les Italiens, les Chinois et autres artisans et radicaux arrivés en masse au XVIIIe siècle supplantèrent la bourgeoisie, qui se déplaça à Mayfair, le quartier voisin. Au siècle suivant, Soho n'était guère plus qu'un bidonville en proie au choléra et à la misère. Malgré ces difficultés, son atmosphère cosmopolite attira des écrivains et des artistes, et cette zone surpeuplée devint un quartier de divertissements, où fleurirent tavernes, restaurants et cafés. La misère contribua également à l'éclosion des idées radicales : de 1851 à 1856, Karl Marx vécut dans une extrême pauvreté au 28 Dean Street.

Le XXe siècle fut plus mouvementé encore : une nouvelle vague d'immigrants européens en fit une véritable enclave bohème, durant les deux décennies suivant la Seconde Guerre mondiale. Le célèbre club de jazz Ronnie Scott's, initialement établi dans Gerrard Street, donna au quartier son ambiance sonore dès les années 1950. Quant à Jimi Hendrix, aux Rolling Stones ou encore Pink Floyd, ils donnèrent leurs premiers concerts au légendaire Marquee Club, qui était dans Wardour Street. Soho était réputé depuis longtemps pour son aspect miteux, mais lorsque les centaines de prostituées qui officiaient à la City furent chassées des rues pour être placées dans des vitrines, Soho devint le quartier rouge officieux de Londres et le centre de la pornographie, des sex-shops sans licence, des bars à strip-tease et des clubs licencieux. Les mouvements LGBT+ prirent rapidement la relève, et Soho devint, dès les années 1980, le centre du Londres gay, et il l'est toujours. Malgré l'embourgeoisement qui en change le visage, Soho dégage une véritable convivialité et une ambiance de village particulièrement palpables en matinée le week-end.

Piccadilly Circus d'aujourd'hui, véritable capharnaüm de voitures, de touristes et de néons publicitaires.

Piccadilly Circus est le décor de carte postale londonienne typique, et son effervescence symbolise tout le piquant d'un séjour dans la capitale britannique. Le nom de "Piccadilly", qui remonte au XVIIe siècle, garde le souvenir des cols empesés (les *piccadils*) d'alors, qui firent la fortune d'un tailleur des environs. Le mot de "Circus" vient du latin signifiant "cirque" (cercle).

Au centre de la place se dresse une statue en aluminium appelée **Éros** – indûment puisqu'elle représente en fait son jumeau Antéros. Portant le nom officiel de "Angel of Christian Charity" (Ange de la Charité chrétienne), le monument est dédié à lord Shaftesbury, philanthrope et réformateur social. D'abord moulée dans l'or, puis dans de l'aluminium dernier cri, c'est la première statue d'extérieur dans ce métal léger.

REGENT STREET — RUE

Plan p. 460 (ⓤPiccadilly Circus ou Oxford St). Cette jolie rue fait office de ligne de démarcation entre le Soho populaire et le Mayfair huppé. John Nash voulait en faire un axe cérémoniel reliant Carlton House, résidence londonienne du prince régent démolie au XIXe siècle, et Regent's Park. Il dut toutefois opter pour un projet moins ambitieux et construisit l'artère suivant une courbe. Regent Street est aujourd'hui une rue commerçante appréciée, bordée de beaux bâtiments classés.

Son "occupant" le plus célèbre est sans nul doute Hamleys, fameux magasin de jouets et de jeux. Regent Street est également réputée pour ses illuminations de Noël, inaugurées en grande pompe de plus en plus tôt dans l'année (habituellement à la mi-novembre). La rue est piétonnisée les dimanches de juillet lors de l'opération "Summer Streets".

PHOTOGRAPHERS' GALLERY — GALERIE D'ART

Plan p. 460 (☎020-7087 9300 ; thephotographersgallery.org.uk ; 16-18 Ramillies St ; adulte/enfant 5 £/gratuit ; ⏲10h-18h lun-sam, 10h-20h jeu, 11h-18h dim ; ⓤOxford Circus). GRATUIT Avec ses 6 galeries sur 5 niveaux, son joli café et sa boutique riche en tirages et en livres de photos, cet espace constitue la plus grande galerie londonienne publique consacrée à la photographie. Depuis 1997, elle décerne tous les ans le prestigieux Deutsche Börse Photography Foundation Prize, récompense majeure pour les photographes contemporains. L'entrée est gratuite après 17h.

Parmi les lauréats passés du prix Deutsche Börse, on peut citer Richard Billingham, Luc Delahaye, Andreas Gursky et Juergen Teller et, plus récemment, Richard Mosse et Trevor Paglen.

Covent Garden et Leicester Square

NATIONAL GALLERY MUSÉE D'ART

Voir p. 87.

TRAFALGAR SQUARE PLACE

Voir p. 91.

LONDON TRANSPORT MUSEUM MUSÉE

Plan p. 458 (020-7379 6344 ; www.ltmuseum.co.uk ; Covent Garden Piazza ; adulte/enfant 18 £/gratuit ; 10h-18h ; Covent Garden). Installé dans l'ancienne halle aux fleurs de Covent Garden, ce musée fascinant permet de découvrir comment l'amélioration des transports a transformé la ville. On y voit des omnibus à chevaux, des rames de métro anciennes avec plans de métro d'époque et autres bus à impériale (on peut monter à bord de certains d'entre eux, pour le grand bonheur des enfants). La **boutique** vend de superbes souvenirs de Londres, dont des affiches rétro du Tube ou encore des coussins fabriqués avec le même matériau que les sièges du métro.

COVENT GARDEN PIAZZA PLACE

Plan p. 458 (020-7420 5856 ; www.coventgarden.london ; Covent Garden). Le lieu qui accueillait jusqu'en 1974 le marché de gros de fruits et légumes de Londres est aujourd'hui devenu le domaine des touristes, attirés par ses boutiques logées dans de pittoresques arcades à l'italienne, ses innombrables cafés et restaurants, les étals du marché, le spectacle des artistes de rue sur la West Piazza et l'amusant London Transport Museum.

L'esplanade devant St Paul's Church (surnommée l'église des acteurs) fait depuis longtemps office de scène ouverte : le journal de Samuel Pepys, qui date de 1662, mentionne déjà une représentation de marionnettes comprenant le personnage de Punch. Le meilleur site d'observation est la terrasse à l'étage du pub Punch & Judy.

Dans une ruelle du nord de la place, trône une vieille enseigne peinte, affichant le règlement et le prix des emplacements pour les vendeurs. Des photos en noir et blanc de l'ancien marché de négociants en denrées alimentaires de Covent Garden ornent les étroits passages bordant la place.

Lors de la très kitsch Rent Ceremony (généralement en juin), le président et ses membres défilent autour de la place accompagnés d'un crieur et d'une fanfare, afin de régler au seigneur de Covent Garden le loyer annuel de 5 pommes rouges et 5 bouquets de fleurs.

ST PAUL'S CHURCH ÉGLISE

Plan p. 458 (020-7836 5221 ; www.actorschurch.org ; Bedford St ; 8h30-17h30 lun-ven, horaires variables sam, 9h-13h dim ; Covent Garden). Le comte de Bedford, qui avait chargé Inigo Jones de concevoir la Covent Garden Piazza, voulait que cette église soit la plus simple possible, “guère plus qu'une grange”. L'architecte répondit en érigeant “la plus belle grange d'Angleterre”. Achevée en 1633, St Paul fut longtemps considérée comme l'église des comédiens en raison de ses liens avec tous les théâtres alentour.

L'intérieur renferme des mémoriaux en l'honneur de Charlie Chaplin, Noël Coward, Peter O'Toole, Vivien Leigh ou encore Boris Karloff, né William Henry Pratt à Lewisham en 1887. La première représentation du célèbre spectacle de marionnettes *Punch and Judy* eut lieu sur l'esplanade de l'église Saint-Paul en 1662, et a donné son nom au pub avec balcon faisant face à l'église.

ST MARTIN-IN-THE-FIELDS ÉGLISE

Plan p. 458 (020-7766 1100 ; www.stmartin-in-the-fields.org ; Trafalgar Sq ; 8h30-18h lun-ven, 9h-18h sam-dim ; Charing Cross). Cette église paroissiale royale (1726), qui allie magnifiquement les styles néoclassique et baroque, est l'œuvre de James Gibbs. St Martin est réputée pour ses concerts de musique classique (9-32 £), souvent donnés à la lueur des bougies, et ses liens étroits avec la communauté chinoise (la messe est dite en anglais, en mandarin et en cantonais).

L'agréable **Café in the Crypt** accueille des soirées jazz (8-15 £, places debout 3,50 £ si le concert est complet) le mercredi de 20h à 22h, ainsi que des concerts gratuits à 13h les lundis, mercredis et vendredis. La **boutique** propose du “frottage de laiton”, activité prisée à l'époque victorienne consistant à poser une feuille de papier sur

LES INNS OF COURT

Les quatre collèges de formation et de supervision des avocats de Londres, regroupés dans Holborn à proximité de Fleet Street, forment un quartier organisé à partir de cours intérieures, sur le modèle d'Oxford et de Cambridge, avec des allées tranquilles, de vastes étendues et une atmosphère sereine. Tout avocat (*barrister*) inscrit au barreau de Londres appartient à l'une des quatre Inns et y a étudié. Parmi leurs anciens membres, citons des noms aussi prestigieux qu'Oliver Cromwell, Charles Dickens, le Mahatma Gandhi et Margaret Thatcher. Leurs obscurs protocoles puisent pour la plupart leurs origines au XIIIe siècle. Il fait bon flâner au gré de ces allées paisibles et de ces vastes cours.

Lincoln's Inn (plan p. 458 ; ☎020-7405 1393 ; www.lincolnsinn.org.uk ; Lincoln's Inn Fields, Serle St ; ⏲jardins 7h-19h lun-ven, chapelle 9h-17h lun-ven ; Ⓤ Holborn) possède encore quelques-uns de ses bâtiments d'origine (XVe siècle). Avec sa chapelle du XVIIe siècle et ses jolis jardins paysagers, c'est le plus ancien et le plus joli des quatre collèges.

Gray's Inn (plan p. 458 ; ☎020-7458 7800 ; www.graysinn.org.uk ; Gray's Inn Rd ; ⏲jardins 12h-14h30 lun-ven, chapelle 11h-18h lun-ven ; Ⓤ Chancery Lane), rasée par les bombardements de la Seconde Guerre mondiale, fut reconstruite en grande partie.

Middle Temple (p. 103) et **Inner Temple** (p. 104) se situent tous deux entre Fleet Street et Victoria Embankment. Le premier est le mieux conservé, et le second renferme l'intrigante **Temple Church** (p. 103), du XIIe siècle.

une gravure en laiton pour le frotter au crayon et emporter avec soi le calque ainsi réalisé (à partir de 4,50 £).

En 2006, des travaux de restauration dans la cour mirent au jour un sarcophage romain en pierre de 1,5 tonne – une trouvaille étonnante datant des environs de l'an 410, époque très éloignée de l'ère du Londinium romain.

LONDON FILM MUSEUM — MUSÉE

Plan p. 458 (☎020-7202 7040 ; www.londonfilmmuseum.com ; 45 Wellington St ; tarif plein/réduit/famille 14,50/9,50/38 £ ; ⏲10h-18h ; Ⓤ Covent Garden). Exclusivement dédié au cinéma britannique, le London Film Museum fait la part belle à la série des James Bond. On y découvre près d'une trentaine de voitures de l'agent 007, dont la Lotus Esprit submersible de *L'Espion qui m'aimait*, la légendaire Aston Martin DB5, la Rolls Royce Phantom III de *Goldfinger* et l'Aston Martin V8 de Timothy Dalton dans *Tuer n'est pas jouer*. Il y a aussi des objets personnels de Bond, dont une collection de passeports.

LEICESTER SQUARE — PLACE

Plan p. 460 (Ⓤ Leicester Sq). Entourée de cinémas proposant fréquemment des avant-premières (la foule se presse alors autour des tapis rouges), Leicester Square est également jalonnée de bars, de restaurants et de boutiques touristiques. À ne pas manquer : la statue de William Shakespeare, la fontaine où batifolent les enfants en été et le superbe marché de Noël en hiver.

⊙ Whitehall

CHURCHILL'S WAR ROOMS — MUSÉE

Voir p. 92.

10 DOWNING STREET — ÉDIFICE HISTORIQUE

Plan p. 468 (www.number10.gov.uk ; 10 Downing St ; Ⓤ Westminster). Bureau officiel des dirigeants britanniques depuis que le roi George II céda la demeure au "premier lord du Trésor" Robert Walpole en 1735, le célèbre 10 Downing Street est également la résidence du Premier ministre depuis la fin du XIXe siècle. Malgré le prestige de l'adresse, il ne s'agit en fait que d'un petit bâtiment de style georgien dans une rue ordinaire, sans comparaison avec, par exemple, l'hôtel Matignon en France. Trois maisons ont été reliées, et l'ensemble compte une centaine de pièces (tout de même !) et un jardin de 2 000 m^2.

Une imposante grille fut installée au bout de la rue à l'époque de Margaret Thatcher, d'où l'on ne voit pas grand-chose. Le lourd portail de bois qui barrait la rue fut en effet remplacé par de l'acier renforcé en 1991, après une attaque au mortier de l'IRA, et la porte ne s'ouvre plus de l'extérieur.

L'accès à la rue est bien évidemment réglementé. Si vous n'êtes pas chef d'État, votre seule chance d'y pénétrer est de gagner à la loterie permettant de jeter un coup d'œil aux lieux lors des événements Open House London et Open Garden Squares Weekend (www.opensquares.org).

BANQUETING HOUSE PALAIS

Plan p. 468 (020-3166 6155 ; www.hrp.org.uk/banquetinghouse ; Whitehall ; adulte/enfant 7,50 £/gratuit ; 10h-17h ; Westminster). Ce bel édifice est l'unique vestige du palais Tudor de Whitehall (1532) qui bordait autrefois l'avenue sur presque toute sa longueur, et qui brûla en 1698. La Banqueting House, dessinée par Inigo Jones en 1622, fut le premier bâtiment purement Renaissance d'Angleterre. Auparavant polychrome, la façade fut unifiée en pierre de Portland à la fin du XVIIIe siècle. Ne manquez pas l'**Undercroft** (crypte) au sous-sol.

À l'intérieur, on admirera au plafond 9 panneaux peints par Rubens en 1635. Commandés par Charles Ier, ils célèbrent les “avantages d'un gouvernement avisé”, et l'union de l'Angleterre et de l'Écosse (1603).

Un buste à l'extérieur rappelle les événements du 30 janvier 1649 : accusé de trahison par Cromwell durant la guerre civile, Charles Ier fut exécuté sur un échafaud adossé à une fenêtre du niveau supérieur. Dès le rétablissement de la monarchie par son fils Charles II, l'endroit devint une sorte de lieu de pèlerinage royaliste. On observera ainsi, sur l'horloge surmontant Horse Guards Parade, une marque noire au niveau du chiffre 2 – heure de l'exécution.

Achetés en ligne, les billets sont un peu moins chers. La Banqueting House ferme parfois pour des réceptions : consultez les heures de fermeture sur le site Internet.

CÉNOTAPHE MÉMORIAL

Plan p. 468 (Whitehall ; Westminster ou Charing Cross). Ce cénotaphe (“tombeau vide” en grec), construit en 1920 par Edwin Lutyens et réalisé en pierre de Portland, est le principal monument britannique dédié aux citoyens du Commonwealth tués pendant les deux guerres mondiales. La reine

LES INCONTOURNABLES
ROYAL ACADEMY OF ARTS

La plus ancienne académie des Beaux-Arts de Grande-Bretagne (Royal Academy of Arts, RA ; www.royalacademy.org.uk), fondée en 1768, déménagea dans la grandiose Burlington House (1664) un siècle plus tard. Sa collection de dessins, peintures, projets architecturaux, photographies et sculptures d'académiciens royaux d'hier et d'aujourd'hui, tels sir Joshua Reynolds, John Constable, Thomas Gainsborough, J. M. W. Turner, David Hockney ou Tracey Emin, reste dominée par les artistes hommes, même si les choses évoluent petit à petit.

Les plus belles œuvres de la collection permanente sont au 1er étage, dans les **John Madejski Fine Rooms**, accessibles dans le cadre de visites guidées gratuites.

La fameuse **Summer Exhibition** (adulte/enfant 18 £/gratuit ; 10h-18h mi-juin à mi-août), durant laquelle sont vendues, depuis près de 250 ans, les œuvres d'artistes contemporains connus ou à découvrir, est la manifestation majeure de l'Academy.

L'avant-cour de la Burlington House, savamment mise en lumière, est rythmée de fontaines disposées selon la configuration des astres la nuit de la naissance du premier président de l'Academy, le peintre Joshua Reynolds (1723-1792). La cour accueille des expositions temporaires en plein air d'artistes contemporains.

En 2018, l'académie s'est agrandie avec le 6 Burlington Gardens, autre splendide demeure historique.

À NE PAS MANQUER

- Summer Exhibition
- John Madejski Fine Rooms
- Forfaits familles

INFOS PRATIQUES

- Plan p. 468, B1
- 020-7300 8000
- www.royalacademy.org.uk
- Burlington House, Piccadilly
- Gratuit
- 10h-18h sam-jeu, 10h-22h ven
- Green Park

et d'autres notables y déposent des coquelicots (les fameux *poppies*, fleurs symboles de la Grande Guerre) lors du Remembrance Sunday (dimanche du Souvenir), le deuxième dimanche de novembre.

HORSE GUARDS PARADE SITE HISTORIQUE

Plan p. 468 (changing-guard.com/queens-life-guard.html ; Horse Guards Parade, près de Whitehall, SW1 ; 11h lun-sam, 10h dim ; Westminster, Charing Cross, Embankment). C'est le lieu où assister à une relève de la garde plus accessible que celle de Buckingham Palace (p. 84). Tous les jours, les gardes à cheval de la Household Cavalry (cavalerie de la Maison royale) procèdent ici à ce même rituel, à 11h du lundi au samedi, et à 10h le dimanche. À 16h, la relève des gardes à pied en est une version allégée. C'est ici aussi que se déroule, le deuxième samedi de juin, la superbe cérémonie de **Trooping the Colour** (www.householddivision.org.uk/trooping-the-colour ; défilé des gardes à cheval), pour l'anniversaire officiel de la reine. La tradition du double anniversaire a été lancée en 1748 par le roi George II.

Le terrain de manœuvres et les bâtiments de Horse Guards Parade furent créés en 1745 pour héberger les Life Guards de la reine. On y donnait des joutes équestres sous les règnes d'Henri VIII et de sa fille Élisabeth Ire. Le **Household Cavalry Museum** (plan p. 468 ; 020-7930 3070 ; www.householdcavalrymuseum.co.uk ; Horse Guards Parade ; adulte/enfant 9/7 £ ; 10h-18h avr-oct, 10h-17h nov-mars) s'y trouve également.

Holborn et le Strand

SIR JOHN SOANE'S MUSEUM MUSÉE

Voir p. 93.

TEMPLE CHURCH ÉGLISE

Plan p. 458 (020-7353 3470 ; www.templechurch.com ; adulte/enfant 5/3 £ ; 10h-16h lun, mar, jeu et ven, 14h-16h mer, horaires et jours pouvant varier ; Temple). Cette splendide église fut bâtie par les Templiers, ordre de moines soldats fondé au XIIe siècle pour protéger les pèlerins sur la route de Jérusalem dans le contexte des Croisades. Aujourd'hui, cette immense oasis de beaux bâtiments et de cours verdoyantes sans circulation automobile accueille deux Inns of Court (collèges d'avocats) : l'Inner Temple et le Middle Temple. Temple Church leur sert de chapelle. Le lieu a servi au tournage d'une scène clé du *Da Vinci Code*, adapté du roman de Dan Brown.

Temple Church possède une structure inhabituelle en deux parties : la rotonde ("The Round", consacrée en 1185 et inspirée, dit-on, de l'église du Saint-Sépulcre de Jérusalem) et le chœur ("Chancel", construit en 1240), cœur de l'église moderne. Toutes deux furent gravement endommagées par une bombe en 1941. Le fleuron de l'église est incontestablement l'ensemble de 9 gisants en pierre grandeur nature de chevaliers du XIIIe siècle, dans la rotonde. L'église accueillit en 1214-1215 des négociations cruciales dans l'élaboration de la Magna Carta (la Grande Charte). Temple Church est l'une des 4 dernières églises d'Angleterre en rotonde.

ROYAL COURTS OF JUSTICE ÉDIFICE HISTORIQUE

Plan p. 458 (020-7947 6000 ; www.justice.gov.uk ; 460 The Strand ; 9h-16h30 lun-ven ; Temple). GRATUIT À la jonction du Strand et de Fleet Street, le bâtiment des Cours royales de justice est une débauche de flèches, de pinacles gothiques et de pierre de Portland polie datant de 1874. On peut assister à toutes les audiences. Le programme des affaires jugées est disponible sur le site Internet et affiché sur des panneaux dans le Great Hall, à l'entrée.

L'édifice est l'œuvre de G.E. Street (1824-1881), dont la statue trône dans le Great Hall. L'architecte, qui rêvait de bâtir des cathédrales, mit tant d'énergie dans la construction qu'il mourut d'une crise cardiaque peu de temps avant son achèvement. Les statues dominant le monument représentent le Christ en majesté, le roi Salomon et le roi Alfred le Grand. On peut jeter un coup d'œil au somptueux intérieur depuis l'entrée nord, dans Carey Street.

MIDDLE TEMPLE ÉDIFICE HISTORIQUE

Plan p. 458 (020-7427 4800 ; www.middletemple.org.uk ; Middle Temple Lane ; jardins 10h-16h lun-ven ; Temple). Depuis le Strand, repérez la porte à clous noire portant l'inscription "Middle Temple Lane", face à Bell Yard et au bâtiment des Royal Courts of Justice : vous pénétrerez alors dans le vaste domaine entourant Temple Church et le Middle Temple Hall, de style élisabéthain. Temple Church (ci-contre) fut érigée par les Templiers au milieu du XIIe siècle ; le Middle Temple Hall, lui, a été rebâti à l'identique après avoir été réduit en poussière par

LES INCONTOURNABLES SOMERSET HOUSE

En passant sous l'arche qui marque l'entrée de ce chef-d'œuvre de style palladien, difficile d'imaginer que la belle **cour aux 55 fontaines jaillissantes** (Edmond J. Safra Fountain Court) servait de parking aux percepteurs des impôts avant les grands travaux de 2000. Cette demeure, conçue par William Chambers en 1775 pour des sociétés royales, abrite aujourd'hui deux musées.

Dans l'aile nord, près de l'entrée sur le Strand, la **Courtauld Gallery** rassemble une kyrielle de tableaux (XIVe-XXe siècle), dont des chefs-d'œuvre de Rubens, Botticelli, Cézanne, Degas, Renoir, Seurat, Manet, Monet et Léger, entre autres. Citons ainsi *Le Déjeuner sur l'herbe* et *Un bar aux Folies Bergère* de Manet, *le Pont de Courbevoie* de Seurat et *Nevermore* de Gauguin. Une ravissante collection d'art médiéval et Renaissance est installée au rez-de-chaussée.

Les **Embankment Galleries**, dans l'aile sud, accueillent des expositions temporaires (photographie, multimédias, design et mode) ; tarifs et horaires variables ; consultez le site Internet.

La Safra Fountain Court sert de cadre à des spectacles vivants et des séances de cinéma en plein air lors du Summer Screen en été. Les enfants apprécieront ses fontaines. Une patinoire y est installée en hiver.

À NE PAS MANQUER

- Patinoire en hiver
- Cinéma en plein air en été
- Terrasse de l'aile sud au bord de l'eau
- Courtauld Gallery (lorsqu'elle réouvrira)

INFOS PRATIQUES

- Plan p. 458, E5
- ☎020-7845 4600
- www.somersethouse.org.uk
- The Strand
- ⌚cour intérieure 7h30-23h
- ⓊTemple

les bombardements de la Seconde Guerre mondiale. Des cours et des jardins enchanteurs s'offrent à chaque détour.

Le week-end, l'accès se fait par Tudor Street à l'est. Visites du Middle Temple (8-12 £) sur réservation uniquement.

INNER TEMPLE ÉDIFICE HISTORIQUE

Plan p. 458 (☎020-7797 8208 ; www.innertemple.org.uk ; King's Bench Walk ; ⌚enceinte 6h-20h, jardins 12h-15h lun-ven ; ⓊTemple). En franchissant le porche voûté d'Old Mitre Court (47 Fleet Street), on pénètre dans l'Inner Temple, vaste ensemble composé de superbes édifices, dont un alignement de maisons du XVIIe siècle et Temple Church. Des visites guidées (12 £) d'Inner Temple (45 min) sont possibles. Renseignez-vous sur le site Internet pour en savoir plus.

ST CLEMENT DANES ÉGLISE

Plan p. 458 (☎020-7242 8282 ; stclementdanesraf.org ; The Strand ; ⌚9h-16h lun-ven, 9h-15h sam, 9h30-15h dim ; ⓊTemple). De l'église originelle, conçue par sir Christopher Wren en 1682, seuls les murs et un clocher ajouté par James Gibbs en 1719 survécurent aux bombardements de 1941, durant la Seconde Guerre mondiale. Après la guerre, l'église fut reconstruite à la mémoire des aviateurs alliés. C'est aujourd'hui la chapelle de la Royal Air Force (RAF). Quelque 800 plaques d'ardoise arborant les écussons des différents escadrons sont incrustées dans le dallage de la nef.

La statue controversée qui trône devant l'église représente sir Arthur "Bomber" Harris, officier de la RAF à la tête des raids aériens responsables de l'anéantissement de Dresde, qui avait fait 25 000 victimes civiles à la fin de la Seconde Guerre mondiale.

Si vous passez par là à 9h, 12h, 15h, 18h ou 21h, vous entendrez les cloches entonner un air vaguement familier. Il s'agit d'une berceuse anglaise du XVIIIe siècle énumérant les noms des églises de Londres, qui débute par : "*Oranges and lemons, say the bells of St Clements*" et s'achève en apothéose sur : "*Here comes a candle to light you to bed/Here comes a chopper to chop off your head/Chop, chop, chop, chop, the last man's dead!* (Voici une bougie pour aller te coucher/Voici un hachoir, ta tête sera tranchée/Coupe, coupe, coupe, coupe/ Le dernier homme est mort)". Faites de beaux rêves, les enfants !

TWO TEMPLE PLACE ÉDIFICE HISTORIQUE, EXPOSITIONS D'ART

Plan p. 458 (☎020-7836 3715 ; www.twotempleplace.org ; 2 Temple Pl ; ⏲10h-16h30 lun et jeu-sam, 10h-21h mer, 11h-16h30 dim mi-jan à mi-avr ; Ⓤ Temple). GRATUIT Édifiée à la fin des années 1890 pour William Waldorf Astor, créateur de l'hôtel Waldorf et, en son temps, homme le plus riche d'Amérique, cette maison néogothique sert de cadre à des expositions d'œuvres d'art issues de musées d'autres régions du pays. La visite vaut autant pour l'opulence de la demeure que pour les œuvres. Two Temple n'ouvre que quelques mois par an, à l'occasion de la Winter Exhibition.

STAPLE INN ÉDIFICE HISTORIQUE

Plan p. 458 (www.stapleinn.co.uk ; Staple Inn ; Ⓤ Chancery Lane). Cet édifice de 1580 a pour principal attrait sa façade à colombages. C'est le dernier des 8 Inns of Chancery, qui virent leurs missions assumées à partir du XVIIIe siècle par les Inns of Court (collèges d'avocats, voir encadré p. 101). Les bâtiments, pour la plupart reconstruits après-guerre, sont aujourd'hui occupés par des bureaux et des chambres judiciaires : ils ne sont pas ouverts au public, mais il est possible de jeter un coup d'œil à la cour.

THE STRAND ARTÈRE HISTORIQUE

Plan p. 458 (Ⓤ Charing Cross ou Temple). À la fin du XIIe siècle, des nobles firent construire de superbes demeures en pierre avec des jardins sur les "rives" (*strand*) de la Tamise reliant Westminster (le siège du pouvoir politique) à la City (le centre marchand). Le Strand devint l'un des lieux de résidence les plus prestigieux de Londres, et, au XIXe siècle, Benjamin Disraeli déclara qu'il constituait la plus belle artère d'Europe. Certains de ces édifices accueillent aujourd'hui de jolis hôtels et restaurants, mais aussi des bureaux et des boutiques de souvenirs.

Parmi les adresses célèbres du Strand, citons **Twinings** (plan p. 458 ; ☎020-7353 3511 ; www.twinings.co.uk ; 216 The Strand ; ⏲9h30-19h lun-ven, 10h-17h sam, 11h-17h dim ; Ⓤ Temple), salon de thé ouvert par Thomas Twining en 1706, qui serait la plus vieille entreprise de la capitale à être restée en activité

LES INCONTOURNABLES
WALLACE COLLECTION

Ce musée d'art replonge le visiteur, avec délice, dans la vie aristocratique du XVIIIe siècle. La somptueuse demeure de style italianisant (qui mérite une visite à elle seule) renferme un véritable trésor de tableaux, de porcelaines et de meubles des XVIIe et XVIIIe siècles. Collectionnés par plusieurs générations d'une même famille, ils furent légués à la nation par la veuve de sir Richard Wallace (1818-1890), à la condition qu'ils restent exposés de la même façon.

Parmi les nombreux trésors de la Wallace Collection figurent des toiles de Rembrandt, Delacroix, Titien, Rubens, Poussin, Velázquez et Gainsborough exposées dans la superbe Great Gallery. Remarquez notamment *Le Cavalier riant* de Frans Hals. La collection de toiles rococo (comme le troublant tableau de Jean-Honoré Fragonard *Les Hasards heureux de l'escarpolette)* et de meubles et tableaux ayant appartenu à Marie-Antoinette est particulièrement fournie. À voir aussi : le spectaculaire ensemble d'armures et d'armes du Moyen Âge et de la Renaissance venues d'Europe et d'Orient. Le grand escalier est un chef-d'œuvre d'architecture intérieure à la française.

À NE PAS MANQUER

- Great Gallery
- Meubles, tableaux et porcelaines de Marie-Antoinette
- *Le Cavalier riant*, de Frans Hals
- Armures
- *Les Hasards heureux de l'escarpolette*, de Fragonard

INFOS PRATIQUES

- Plan p. 466, C3
- ☎020-7563 9500
- wallacecollection.org
- Hertford House, Manchester Square
- ⏲10h-17h
- Ⓤ Bond Street

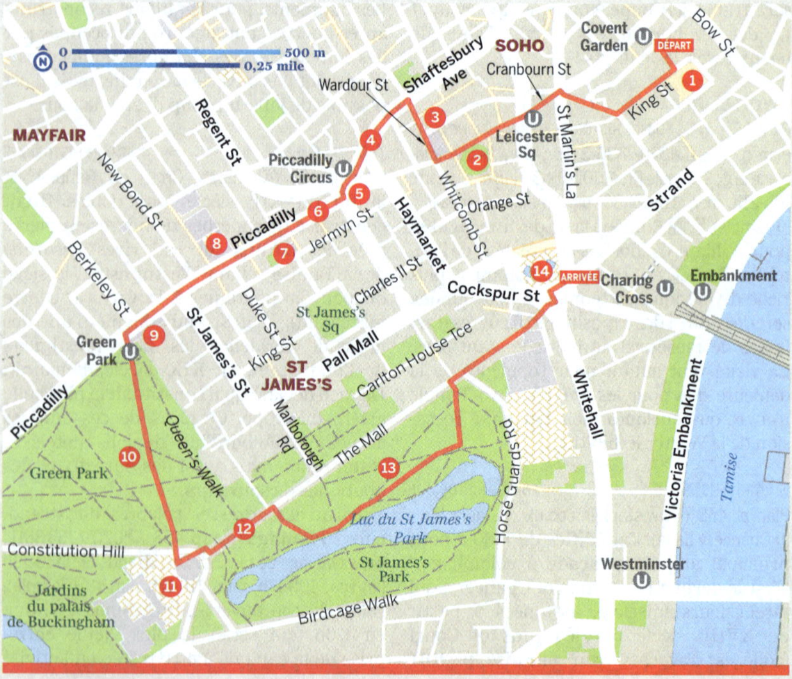

Promenade à pied
Dans le West End

DÉPART : MÉTRO COVENT GARDEN
ARRIVÉE : TRAFALGAR SQUARE
DISTANCE : 4 KM ; DURÉE : 1 HEURE 30

Découvrez les charmes du West End depuis les boutiques chics de Covent Garden jusqu'à Trafalgar Square, via Chinatown et St James's Park.

Dirigez-vous vers 1 **Covent Garden Piazza** (p. 100) ; les artistes de rue sont nombreux le long deJames Street et devant St Paul's Church. Continuez vers l'ouest dans King Street et Garrick Street, et tournez à gauche dans Cranbourn Street pour atteindre 2 **Leicester Square** (p. 101), haut lieu des premières de cinéma. À l'extrémité est de la place, prenez à droite dans Wardour Street ; on aperçoit à droite les portes orientales de 3 **Chinatown** (plan p. 460, G5 ; www.chinatown.co.uk ; Wardour St ; U Leicester Sq), dont les rues sont joliment ornées de lanternes lors du Nouvel An chinois.

Prenez à gauche dans 4 **Shaftesbury Avenue**, haut lieu des théâtres prestigieux. Au bout de l'avenue, voici le frénétique 5 **Piccadilly Circus** (p. 98), un concentré de magasins, de touristes... et de circulation.

Filez à l'ouest le long de 6 **Piccadilly**, qui annonce les quartiers chics de St James's et de Mayfair. Pénétrez dans l'église 7 **St James's Piccadilly** (p. 96), dessinée par Christopher Wren. Plus loin sur la droite viennent la majestueuse Burlington House, siège de la 8 **Royal Academy of Arts** (p. 102), et le luxueux hôtel 9 **Ritz** (p. 353) sur le côté sud de la rue.

Sur la gauche, s'étend le paisible 10 **Green Park** (p. 97), aux chênes centenaires et aux lampadaires à l'ancienne. Traversez-le et passez par les Canada Gates pour déboucher sur 11 **Buckingham Palace** (p. 83).

Descendez le tapis d'asphalte rouge du 12 **Mall**, avec à droite les espaces verts manucurés de 13 **St James's Park** (p. 97). Depuis le Green Bridge, passerelle sur le lac, la vue sur Buckingham Palace et la Horse Guards Parade est sensationnelle. Au bout du Mall, la colonne Nelson et la National Gallery dominent 14 **Trafalgar Square** (p. 91).

au même endroit. Citons aussi **Stanley Gibbons** (plan p. 458 ; ☎020-7836 8444 ; www.stanleygibbons.com ; 339 The Strand ; ⏰9h-17h30 lun-ven, 9h30-17h30 sam ; ⓤCovent Garden ou Charing Cross), lieu de prédilection des collectionneurs de timbres et de pièces.

Marylebone

MADAME TUSSAUDS MUSÉE

Plan p. 466 (☎0870 400 3000 ; www.madame-tussauds.com/london ; Marylebone Rd ; tarif plein/4-15 ans 35/30 £ ; ⏰10h-18h ; ⓤBaker St). Ce musée kitsch et cher (réservez en ligne) promet néanmoins de bons moments. On s'y fait prendre en photo avec ses stars préférées (Daniel Craig, Lady Gaga, Benedict Cumberbatch, Audrey Hepburn), des acteurs de Bollywood (Hrithik Roshan et Salman Khan) ou des têtes couronnées (Sa Majesté la reine, le prince Harry, le prince William et la princesse Kate). En ligne, les tarifs sont bien moins chers, et le site Web indique les heures d'ouverture saisonnières.

Côté politique, on peut voir un Donald Trump embarrassé se tenant aux côtés de Vladimir Poutine ; les fans de Luke Skywalker et de Han Solo pourront revivre les aventures de *Star Wars* avec nombre de ses personnages principaux représentés dans des décors emblématiques.

Le tout est résolument commercial, chacune des 12 salles ne manquant pas de coins boutique et d'occasions de dépenser de l'argent. Cela dit, la balade en taxi du *Spirit of London Ride* (qui relate l'histoire de la ville) est aussi amusante que pédagogique, et la Sherlock Holmes Experience (supplément 5 £), plongée interactive dans l'univers du détective, est sensationnelle.

L'histoire du musée remonte à l'artiste française Marie Tussaud (1761-1850), qui façonna les masques mortuaires de personnes exécutées pendant la Révolution française. Arrivée à Londres en 1803, elle exposa une trentaine de ses œuvres non loin, dans Baker Street, permettant ainsi aux visiteurs de voir des représentations fidèles de personnages célèbres bien avant la généralisation de la photographie. Ouvert en 1835, ce musée de cire a précédé le fameux musée Grévin (1882) de Paris.

SHERLOCK HOLMES MUSEUM MUSÉE

Plan p. 466 (☎020-7224 3688 ; www.sherlock-holmes.co.uk ; 221b Baker St ; adulte/enfant 15/10 £ ; ⏰9h30-18h ; ⓤBaker St). Les célèbres romans policiers d'Arthur Conan Doyle (1859-1930) connaissent un regain de popularité grâce à la série *Sherlock*. Les disciples du maître viennent dans ce musée pour découvrir un intérieur victorien (reconstitué sur 3 niveaux) qui se visite aisément en 30 minutes. Cependant, nombreux sont ceux qui préfèrent éviter l'attente et le prix exorbitant de l'entrée pour se contenter de chiner à la boutique, et d'une photo souvenir avec le garde en uniforme posté à la porte.

D'ailleurs, l'adresse du musée n'est même pas la bonne. Ici, se trouvait à l'origine l'Abbey National Bank, aujourd'hui plus bas dans Baker Street, où un secrétaire s'occupait à temps plein de répondre au courrier des fans de Holmes. Lorsque la banque déménagea, en 2002, Royal Mail consentit à délivrer au musée le courrier adressé à Sherlock Holmes, bien que son adresse relève de la fiction.

Mayfair

MARBLE ARCH MONUMENT

Plan p. 466 (ⓤMarble Arch). Conçu par John Nash en 1828, cet imposant arc de triomphe en marbre blanc (érigé sur le modèle de l'arc de Constantin à Rome), à l'origine dressé devant Buckingham Palace, fut déplacé à côté de Speakers' Corner en 1851... car la reine Victoria le trouvait très laid. Une loi (inappliquée) réserve à la famille royale et à la King's Troop Royal Horse Artillery, unité dédiée aux cérémonies, le privilège d'emprunter son passage central.

L'arche, qui a donné son nom au quartier, renferme 3 salles (fermées au public). Elle abritait de 1851 à 1968 un poste de police (deux portes accèdent à l'intérieur) où étaient stationnés une centaine d'agents qui pouvaient se précipiter à Speaker's Corner en cas de troubles.

Une plaque commémorative orne l'îlot central du carrefour entre Bayswater Road et Edgware Road. Elle marque l'endroit où se dressait jadis le Tyburn Tree, un échafaud à 3 piliers qui servit à la pendaison d'environ 50 000 prisonniers de 1196 à 1783, le plus souvent traînés ici depuis la Tour de Londres. Au XVIe siècle, de nombreux catholiques y furent exécutés en raison de leur foi, et Tyburn Tree devint plus tard un lieu de pèlerinage catholique.

On peut admirer, à l'ouest de l'arche, une magnifique sculpture de tête de cheval en bronze de 10 m, intitulée *Still Water* (2011), œuvre de Nic Fiddian-Green.

HANDEL & HENDRIX IN LONDON MUSÉE

Plan p. 466 (☎020-7399 1953 ; www.handel-hendrix.org ; 25 Brook St ; adulte/enfant 10/5 £ ; ⏲11h-18h mar-sam ; Ⓤ Bond St). Georg Friedrich Haendel (Handel en anglais) vécut pendant 36 ans, jusqu'à sa mort en 1759, dans cette demeure du XVIIIe siècle située à Mayfair. C'est là qu'il composa ses plus belles œuvres, comme *Water Music*, *Le Messie*, *Zadok the Priest* et *Music for the Royal Fireworks*. À partir de 1968, le guitariste américain Jimi Hendrix (1942-1970) résida (moins d'un an) dans la maison voisine, aujourd'hui rattachée au musée.

Au 1er étage, les salles où Haendel composait et jouait renferment les premières éditions de ses opéras et oratorios, des portraits de musiciens et de chanteurs ayant travaillé avec lui, et des instruments : des musiciens venant y répéter régulièrement, vous aurez probablement droit à un concert gratuit. La chambre de Haendel (où il décéda) et son dressing sont au 2e étage, où se trouve également une boutique. Vous pourrez interroger le personnel, bénévole, sur la vie et l'œuvre du compositeur. Le musée accueille des spectacles (pièces de théâtre, concerts, récitals), sur réservation.

Consacré à Jimi Hendrix, le 3e étage compte une petite exposition très complète, une galerie de photos et une discothèque. L'élément le plus séduisant est la chambre entièrement restaurée dans le style années 1960, que Hendrix partagea avec sa compagne Kathy Etchingham : elle contient un vieux tourne-disque et un poste de télévision, des cendriers pleins à ras bord et un châle indien faisant office de ciel de lit.

OÙ SE RESTAURER

Avec des quartiers aussi différents que Soho, Mayfair, Bloomsbury et Marylebone, difficile de définir le West End d'un point de vue culinaire. Ce secteur hétérogène n'en est pas moins constellé de restaurants comptant parmi les plus chics et les meilleurs de Londres. Les adresses remarquables se cachent généralement derrière des devantures discrètes, à l'écart des artères touristiques bordées, elles, d'établissements souvent médiocres. Les meilleurs nécessitent souvent de réserver ; d'autres n'acceptent pas les réservations.

Westminster et St James's

5TH VIEW BISTROT £

Plan p. 460 (☎020-7851 2433 ; www.5thview.co.uk ; 5e ét., Waterstones, 203-206 Piccadilly ; plats 10-12 £ ; ⏲9h-21h30 lun-sam, 12h-17h dim ; 📶 ; Ⓤ Piccadilly Circus). La vue sur Westminster depuis le dernier étage de la librairie Waterstones, sur Piccadilly, vaut bien de gravir les escaliers (il y a un ascenseur, ceci dit). Avec sa salle cosy, c'est un petit coin secret idéal pour se sustenter et prendre ses distances avec l'agitation de la rue en contrebas. L'*afternoon tea* (1/2 pers 16/30 £) est servi de 15h à 18h du lundi au samedi, et de 12h à 17h le dimanche.

KAHVE DÜNYASI CAFÉ £

Plan p. 460 (☎020-8287 9063 ; www.kahve-dunyasi.co.uk ; Unit 3, 200 Piccadilly ; en-cas 4-5,50 £ ; ⏲7h30-22h lun-ven, 8h-22h30 sam, 9h-21h30 dim ; 📶 ; Ⓤ Piccadilly Circus). Alternative exotique aux omniprésentes chaînes de cafés, le Kahve Dünyası, en provenance directe d'Istanbul, propose d'authentiques cafés turcs, du *sahlep* (boisson chaude lactée à base de racines d'orchidées sauvages séchées), des desserts à la pistache, des *loukoums* et du *dondurma* (mastic à base de crème glacée).

VINCENT ROOMS EUROPÉEN MODERNE ££

Plan p. 468 (☎020-7802 8391 ; www.thevincentrooms.co.uk ; Westminster Kingsway College, Vincent Sq ; 2/3 plats 17/21 £ ; ⏲12h-15h lun-ven et 18h-21h mar-jeu hors vac scolaires ; Ⓤ Victoria). Quel bonheur de servir de cobayes aux apprentis chefs du Westminster Kingsway College, où Jamie Oliver et Ainsley Harriott ont fait leurs classes ! Le service est attentionné, et l'ambiance élégante, tant dans la "Brasserie" que dans l'"Escoffier Room". La cuisine, exquise (plats végétariens fameux), est proposée à des prix très abordables.

THE OTHER NAUGHTY PIGLET BISTROT ££

Plan p. 468 (☎020-7592 0322 ; www.theothernaughtypiglet.co.uk ; The Other Palace Theatre, 12 Palace St ; petites assiettes 10-12 £ ; ⏲12h-14h15 mar-sam et 17h15-21h15 lun-sam ; 📶 ; Ⓤ Victoria). Installé au 1er étage du théâtre The Other Palace, ce bistrot sans prétention, à la cuisine ouverte, est plus spacieux que son grand frère de Brixton, le Naughty Piglets ("le porcelet coquin, ou vilain"). On y sert des délices de saison, telle l'anguille fumée avec rhubarbe, gingembre et coriandre. Les formules déjeuner et pré-représentations (du mardi au samedi) sont d'un excellent rapport qualité/prix (2/3 plats 18/22 £).

CAFE MURANO ITALIEN ££

Plan p. 468 (☎020-3371 5559 ; www.cafemurano.co.uk ; 33 St James's St ; plats 18-28 £ ; ⏲12h-15h et 17h30-23h lun-sam, 11h30-16h dim ; Ⓤ Green Park). L'ambiance de ce superbe restaurant de la chef étoilée Angela Hartnett (protégée de Gordon Ramsay) peut sembler un peu surannée, mais les spécialités du nord de l'Italie revisitées, tel le chevreuil au céleri et oignons *agrodolce* ("aigre-doux"), sont résolument contemporaines. Formules d'un bon rapport qualité/prix (2/3 plats 20/24 £), de même que les vins suggérés pour accompagner les repas.

QUILON INDIEN £££

Plan p. 468 (☎020-7821 1899 ; www.quilon.co.uk ; 41 Buckingham Gate ; plats 18-35 £ ; ⏲12h-14h30 et 18h-23h lun-ven, 12h30-15h30 et 17h45-23h sam, 12h30-15h30 et 18h-22h30 dim ; ✎ ; Ⓤ St James's Park). Étoilé au Michelin, ce restaurant dédié aux saveurs de Goa et du Kerala propose sans doute la cuisine indienne la meilleure et la plus inventive de Londres. Situé dans le quartier huppé de St James, le Quilon ne paie pas de mine, à l'inverse de sa cuisine : que diriez-vous d'*idlis* (galettes de riz) croustillants au pois chiches noirs, chips de lentilles, tomates, concombres, carottes et chutney de gingembre aux légumes croquants épicés ?

L'établissement fait la part belle aux légumes et aux produits de la mer.

Bloomsbury

TEA AND TATTLE CAFÉ ££

Plan p. 464 (☎07722 192703 ; www.teaandtattle.com ; 41 Great Russell St ; afternoon tea 1/2 pers 19/38 £ ; ⏲9h-18h lun-ven, 12h-16h sam ; 📶 ; Ⓤ Tottenham Court Rd). Installé sous la librairie familiale Arthur Probsthain, spécialisée dans les arts et cultures orientaux et africains depuis 1903, voici un salon de thé intimiste et convivial, au beau plancher en bois brut. C'est l'endroit idéal pour se délasser après une visite au British Museum ou une balade dans Oxford Street. Si l'*afternoon tea* (avec sandwichs, scones et gâteau) est *too much* pour vous, commandez à la carte. Son nom anglais de Tea and Tattle ("Thé et Papotages") est très charmant.

NORTH SEA FISH RESTAURANT FISH AND CHIPS ££

Plan p. 464 (☎020-7387 5892 ; www.northseafishrestaurant.co.uk ; 7-8 Leigh St ; plats 14-22 £ ; ⏲12h-14h30 mar-sam, 17h-22h lun-sam, 17h-21h30 dim ; Ⓤ Russell Sq). Poisson frais et pommes de terre : le menu est simple mais de qualité, depuis 1977. Des portions XXL de plie, de flétan, de sole et autres poissons sont préparées chaque jour, à la friteuse ou au gril, et servies avec une montagne de frites. Le comptoir à emporter des origines ferme généralement 30 minutes plus tard que la salle, au décor simple, du restaurant.

Fitzrovia

SAGAR INDIEN £

Plan p. 464 (☎020-7631 3319 ; www.sagarveg.co.uk ; 17a Percy St ; plats 6-11 £ ; ⏲12h-15h et 17h30-22h45 lun-jeu, 12h-23h ven-sam, 12h-22h dim ; ✎ ; Ⓤ Tottenham Court Rd). Enseigne d'une minichaîne spécialisée dans les plats végétariens de l'État du Karnataka (Inde), cette adresse bon marché sert une cuisine copieuse et de qualité. Goûtez le *masala dosa*, une grande galette à base de farine de lentilles garnie de pommes de terre épicées. *Thali* (assortiment de mets servis sur un plateau) à 17-18 £.

PASSYUNK AVENUE AMÉRICAIN £

Plan p. 464 (☎020-3960 2251 ; www.passyunk.co.uk ; 80 Cleveland St ; 11-12 £ ; ⏲11h30-23h30 lun-jeu, 11h30-minuit ven-sam, 11h30-22h30 dim ; Ⓤ Great Portland St). Véritable petite Amérique au cœur d'une rue tranquille de Fitzrovia, le Passyunk Avenue a des airs de rade de Philadelphie. On vient surtout ici, entre ces murs couverts de souvenirs de victoires sportives, pour déguster les fameux "Philly cheesesteaks", sandwichs à la viande typiques de Philadelphie, qui ne déçoivent pas.

Les frites à la "South Philly", parsemées de parmesan et d'origan, ne gâchent rien.

RAGAM INDE DU SUD £

Plan p. 464 (☎020-7636 9098 ; www.ragamindian.co.uk ; 57 Cleveland St ; plats 9-11 £ ; ⏲12h-15h et 18h-23h ; Ⓤ Goodge St). Le mieux est l'ennemi du bien. Ce minuscule restaurant le sait bien, lui qui n'a pas touché à ses fondamentaux (plats excellents et abordables) depuis 1985. De l'extérieur, ce qui ressemble à un boui-boui mérite à peine un coup d'œil. Mais ne vous fiez pas aux apparences : les galettes *dosa* (6,95-7,95 £) sont sublimes, et les choix végétariens épatants.

ROKA JAPONAIS ££

Plan p. 464 (☎020-7580 6464 ; www.rokarestaurant.com ; 37 Charlotte St ; plats 17-26 £ ; ⏲12h-15h30 et 17h30-23h30 lun-ven, 12h30-16h et 17h30-23h30 sam, 12h30-16h et 17h30-22h30 dim ; 📶 ; Ⓤ Goodge St). Ce fantastique restaurant japonais propose, dans une salle avec bancs en bois et déco moderne, toute d'acier et de verre, des spécialités *robatayaki* (grillées au barbecue) des montagnes du Japon, ainsi que des sushis et des cocktails.

PIED-À-TERRE FRANÇAIS £££

Plan p. 464 (☎020-7636 1178 ; www.pied-a-terre.co.uk ; 34 Charlotte St ; menu déj à partir de 33 £, menu dégustation 10 plats 105 £ ; ⏲12h-14h30 lun-ven et 18h-23h lun-sam ; 📶🖊 ; Ⓤ Goodge St). Petit et élégant, ce restaurant français étoilé est devenu une institution de la scène gastronomique londonienne. On y fait la part belle aux classiques (aile de raie au beurre brun), mais aussi aux recettes plus expérimentales (tartare de crevettes ultra-fraîches au yuzu, salicorne et quinoa). Si vous ne mangez pas de viande, vous aurez le choix entre un menu végétalien et deux menus végétariens.

HAKKASAN HANWAY PLACE CHINOIS £££

Plan p. 464 (☎020-7927 7000 ; hakkasan.com ; 8 Hanway Pl ; plats 39-49 £ ; ⏲12h-15h et 17h30-22h30 lun-mer, 12h-15h et 17h30-23h jeu-ven, 12h-23h sam, 12h-22h30 dim ; 📶 ; Ⓤ Tottenham Court Rd). Ouvert en 2001, ce pionnier de la gastronomie cantonaise haut de gamme a essaimé à travers l'Asie, le Moyen-Orient et les États-Unis, mais c'est toujours à Fitsrovia, sur Hanway Place, que réside son âme d'origine. Les dim sum classiques comprennent des raviolis au crabe royal avec sauce au poivre, et la carte affiche également des plats simples et délicieux, comme l'entrecôte grillée aux bulbes de lys et haricots noirs.

Les formules (de 33 £ à 120 £/pers) sont l'occasion de découvrir le talent des chefs cantonais officiant en retrait de la superbe salle, tout en laque.

LIMA PÉRUVIEN £££

Plan p. 464 (☎020-3002 2640 ; www.limalondongroup.com/fitzrovia ; 31 Rathbone Pl ; plats 24-26 £ ; ⏲12h-14h30 tlj, 17h30-22h30 lun-sam, 17h30-21h30 dim ; 📶 ; Ⓤ Tottenham Court Rd). La capitale péruvienne possède l'une des scènes culinaires les plus dynamiques au monde, et ce restaurant, qui en a pris le nom, permet d'en découvrir les couleurs et les saveurs, simples et acidulées. Commencez par un *ceviche* (le brème au "lait de tigre" avec patates douces et maïs péruvien grillé est divin), avant de vous demander lequel des plats peut vous arracher à l'idée d'opter pour le cochon de lait de 18 heures.

Soho et Chinatown

HOPPERS SRI-LANKAIS £

Plan p. 460 (☎020-3319 8110 ; www.hopperslondon.com ; 49 Frith St ; plats 10-11 £ ; ⏲12h-14h30 et 17h30-22h30 lun-jeu, 12h-22h30 ven-sam ; Ⓤ Tottenham Court Rd). Cette table sri-lankaise, tout en brique et tons "boîtes à épices", est un régal d'authenticité. On y savoure des *hoppers* (galettes de riz fermenté en forme de bols), des *karis* (currys) de cochon noir, aubergines et autres produits vedettes, du *panir* (fromage frais) au piment et au beurre, et les délicieux *sambols* (chutneys) qui font la fierté de l'île. Réservations limitées aux groupes ; laissez votre numéro à l'accueil aux heures d'affluence.

La formule déjeuner (19,50 £) comprend une entrée, un *hopper*, un *kari* et un *sambol*.

BEIJING DUMPLING CHINOIS £

Plan p. 460 (☎020-7287 6888 ; facebook.com/beijingdumpling ; 23 Lisle St ; plats 9-11 £ ; ⏲12h-23h30 lun-sam, 12h-22h30 dim ; Ⓤ Leicester Sq). La spécialité vedette de ce restaurant est visible dès l'entrée, où sont confectionnés avec une dextérité impressionnante les *xiaolongbao* (raviolis à la soupe), derrière la vitrine embuée. Ne partez pas sans en commander un ou deux paniers. Le décor est simple, mais presque tous les plats sont de très haut niveau. Service parfois bourru, toujours efficace.

MILDRED'S VÉGÉTARIEN £

Plan p. 460 (☎020-7484 1634 ; www.mildreds.co.uk ; 45 Lexington St ; plats 12-13 £ ; ⏲11h-23h lun-sam, 11h-22h dim ; 📶🖊 ; Ⓤ Oxford Circus ou Piccadilly Circus). Restaurant végétarien du West End très populaire, toujours plein au déjeuner – vous partagerez sûrement une table avec des inconnus. On y sert, dans une salle lumineuse, des gnocchis au potiron (bouillis, puis poêlés), des *pangrattato* (croûtons frits), des burgers au halloumi et à la harissa et des kebabs au poulet du Levant. Plats végétaliens et sans gluten.

Mildred's a ouvert 3 nouvelles adresses, à Dalston, Camden et King's Cross.

KOYA BAR JAPONAIS £

Plan p. 460 (www.koya.co.uk ; 50 Frith St ; plats 11-15 £ ; 8h30-22h30 lun-mer, 8h30-23h jeu-ven, 9h30-23h sam, 9h30-22h30 dim ; Tottenham Court Rd ou Leicester Sq). Une table japonaise sans prétention mais remarquable. Arrivez tôt pour éviter la file d'attente et prendre place au comptoir. Les nouilles *udon* authentiques (servies chaudes ou froides, en soupe ou avec une sauce froide), les prix raisonnables et le service efficace assurent son succès auprès des Londoniens. Mention spéciale aux Hiyashi Saba, *udon* contenant de généreux morceaux de maquereau fumé et du cresson.

GELUPO GLACIER £

Plan p. 460 (020-7287 5555 ; www.gelupo.com ; 7 Archer St ; 1/2/3 boules 4/5/6 £ ; 11h-23h lun-jeu, 11h-minuit ven-sam, 12h-23h dim ; Piccadilly Circus). La *gelateria* la plus authentique du centre de Londres, devant laquelle on fait la queue les week-ends d'été. Tous les ingrédients sont naturels et les portions généreuses. Aux parfums classiques (pistache, chocolat amer...), vous pouvez préférer quelque chose de plus original, comme la bergamote, la ricotta ou l'association figue et noix.

PIZZA PILGRIMS PIZZERIA £

Plan p. 460 (020-7287 8964 ; pizzapilgrims.co.uk ; 11 Dean St ; pizzas 9-11 £ ; 11h30-22h30 lun-mer, 11h-23h jeu, 11h30-23h30 ven-sam, 12h-21h30 dim ; ; Tottenham Court Rd). L'une de nos adresses favorites, au cœur de Soho, pour des pizzas grand format à la napolitaine. Il y a une demi-douzaine de classiques à la carte, et une nouvelle pizza chaque mois. Les végétariens trouveront également leur bonheur. Nombreux accompagnements, garnitures sur mesure, bières, vins et cocktails.

NORDIC BAKERY SCANDINAVE £

Plan p. 460 (020-7734 7837 ; www.nordicbakery.com ; 14a Golden Sq ; en-cas 4-6 £ ; 7h30-19h lun-ven, 9h-20h sam, 9h-19h dim ; ; Piccadilly Circus). Une salle tout en bois sombre, idéale pour échapper à l'agitation de Soho, vous attend côté sud d'une jolie petite place "secrète". Déjeunez de spécialités scandinaves comme du poisson fumé, un sandwich aux boulettes de viande (5-6 £) ou une salade de saumon fumé à chaud (7 £). Autrement, optez pour un café accompagné de pain noir au seigle et de petits pains à la cannelle.

Signé par la copropriétaire Miisa Mink, le livre *Nordic Bakery Cookbook* vous permettra de prolonger le plaisir de la dégustation.

BONE DADDIES RAMEN BAR NOUILLES £

Plan p. 460 (020-7287 8581 ; www.bonedaddiesramen.com ; 31 Peter St ; plats 11-13 £ ; 12h-22h lun, 12h-23h mar-mer, 12h-23h30 jeu-sam, 12h-21h30 dim ; ; Tottenham Court Rd). Pour un bol de *ramen* (nouilles) nourrissant, le Bone Daddies, premier établissement d'une chaîne en pleine expansion, est imbattable. Choisissez votre base – bouillon aux nouilles ou salade –, puis une ou deux garnitures (porc *chāshū*, effiloché de poulet, pousses de soja, etc.).

CEVICHE PÉRUVIEN £

Plan p. 460 (020-7292 2040 ; www.cevichefamily.com ; 17 Frith St ; plats 9-15 £ ; 12h-23h15 lun-ven, 17h-23h lun-jeu, 17h-23h30 ven, 12h-23h30 sam, 12h-22h dim ; ; Tottenham Court Rd). Cette pimpante bodega est une authentique enseigne de cuisine péruvienne. Commencez par la *cancha* (grains de maïs croustillants), puis enchaînez avec l'un des ceviches emblématiques (poisson ou crustacés marinés au citron vert avec piments, oignons et coriandre) ou le *lomo saltado* (bœuf sauté). Délicieuses salades au quinoa et aux cœurs de palmier.

Le long bar à l'arrière est idéal pour savourer un pisco sour, cocktail à base de l'eau-de-vie indigène nationale du Pérou.

BAR SHU CHINOIS ££

Plan p. 460 (020-7287 6688 ; barshurestaurant.co.uk ; 28 Frith St ; plats 11-23 £ ; 12h-23h dim-jeu, 12h-23h30 ven-sam ; Piccadilly Circus ou Leicester Sq). Lampions rouges, claustras en bois sculpté (superbe porte de la Lune), statue de Guanyin (la déesse de la Miséricorde) : une table chinoise au décor authentique où déguster la meilleure cuisine du Sichuan de tout Londres. Le *ma-po* tofu ("tofu grêlé de grand-mère", péché mignon de Mao), avec ses haricots fermentés, son huile pimentée, son porc fondant et sa crème aux haricots onctueuse, n'a pas d'égal.

DES CODES POSTAUX LONDONIENS DÉROUTANTS

À Paris, les 20 arrondissements se déploient depuis le centre dans le sens des aiguilles d'une montre en formant un colimaçon ravissant et logique. Le système londonien est autrement plus compliqué. Il suffit d'observer les codes postaux londoniens sur un plan : pourquoi donc SE23 côtoie-t-il SE6 ? Pour en savoir plus, cap sur le London's Postal Museum (p. 207).

À leur introduction en 1858, les codes postaux étaient très clairs. Tous les points cardinaux étaient représentés, de même que le centre-est (EC) et le centre-ouest (WC). Peu après, cependant, NE fusionna avec E, et S fusionna avec SE et SW : ce fut le début des difficultés.

Pis encore, durant la Première Guerre mondiale, les employés étant partis au front, un nouveau système fut mis en place pour faciliter la tâche des trieurs inexpérimentés. Le n°1 était affecté au centre de chaque zone, mais les chiffres suivants étaient attribués à des districts de cette zone selon leur classement alphabétique. Par conséquent, les quartiers dont le nom commençait par une lettre du début de l'alphabet recevaient un petit numéro, même s'ils se trouvaient à des kilomètres du centre de la zone en question : par exemple, bien qu'éloigné du centre de la zone East London (Whitechapel, E1), le quartier de Chingford à East London reçut le code E4, tandis que Poplar, quoique contigu à Whitechapel, reçut le code E14.

Le système n'avait donc pas pour but de désorienter le chaland, mais au final, c'est bien le cas.

Les prix sont très variés : les spécialités les plus simples, comme les "fourmis grimpeuses d'arbres" *ma-po* (classique à base de vermicelles frits) coûtent autour de 10 £, mais regardez bien le prix avant de commander du concombre de mer, des ormeaux ou encore du crabe.

♥ PALOMAR — ISRAÉLIEN ££

Plan p. 460 (020-7439 8777 ; www.thepalomar.co.uk ; 34 Rupert St ; plats 14-16 £ ; 12h-14h30 et 17h30-23h lun-sam, 12h30-15h30 et 18h-21h dim ; ; Piccadilly Circus). Cette table israélo-libanaise, aux airs de *diner* des années 1930, a connu un immense succès dès son ouverture, grâce au talent des chefs s'activant derrière le bar en zinc. Parmi les recettes originales : le poulpe aux dattes et harissa ou les fruits de mer braisés de Tel-Aviv, labné de betterave et vinaigrette persillée.

On peut généralement s'installer seul ou à deux aux 16 tabourets de bar pour déjeuner, mais mieux vaut réserver pour un repas en salle (40 couverts) et pour dîner. Les chefs conversent sans chichis avec les convives.

♥ KILN — THAÏLANDAIS ££

Plan p. 460 (www.kilnsoho.com ; 58 Brewer St ; plats 4,50-14 £ ; 12h-15h et 17h-23h lun-jeu, 12h-23h ven-sam, 12h-22h dim ; Piccadilly Circus). Élu meilleur restaurant du Royaume-Uni en 2018, ce minuscule grill thaïlandais propose une explosion de saveurs, concoctées dans la longue et étroite cuisine, sous l'œil attentif des clients perchés sur leurs tabourets de bar. La carte est constituée de petites assiettes à partager entre amis pour profiter d'un maximum de saveurs. Le curry de cou de bœuf et les vermicelles en marmitte d'argile sont exceptionnels.

MORTIMER HOUSE KITCHEN — MÉDITERRANÉEN ££

Plan p. 464 (020-7139 4401 ; www.mortimerhouse.com/restaurant ; 37-41 Mortimer St ; plats 21-26 £ ; 7h30-23h30 lun-jeu, 7h30-minuit ven, 9h-minuit sam, 9h-18h dim ; Goodge St ou Oxford Circus). "Soho" et "calme" sont deux mots rarement associés, même dans ce secteur moins trépidant du quartier, et pourtant il émane de la salle Art déco du Mortimer une atmosphère d'un zen confiant évoquant *Gastby le magnifique*. La carte mêle Méditerranée et Moyen-Orient, des salsifis sauce *charmoula*-tahini aux *tortelli* betteraves-burrata fumée. Service au top.

10 GREEK STREET — EUROPÉEN MODERNE ££

Plan p. 460 (020-7734 4677 ; www.10greekstreet.com ; 10 Greek St ; plats 20-26 £ ; 12h-14h30 lun-sam, 17h30-22h lun-mar, 17h30-22h30 mer-sam, 12h-23h dim ; ; Tottenham Court Rd). Élégant et sans prétention, ce bistrot fait fureur grâce à une cuisine conjuguant à merveille produits et techniques britanniques et méditerranéens. Laissez-vous tenter par les crevettes aux lentilles, *salsa verde* et lardons, ou le merlu avec chou pointu, chorizo et topinambours. Desserts au niveau, tel le granité citron avec mûres et crème pâtissière. Service irréprochable.

Réservations acceptées pour le déjeuner, mais pas pour le dîner.

BRASSERIE ZÉDEL — FRANÇAIS ££

Plan p. 460 (☎020-7734 4888 ; www.brasseriezedel.com ; 20 Sherwood St ; plats 15-18 £ ; ⏲11h30-minuit lun-sam, 11h30-23h dim ; 📶 ; ⓊPiccadilly Circus). La salle de bal Art déco restaurée d'un ancien hôtel sert de cadre, superbe, à ce qui est sans conteste la plus française des brasseries londoniennes. Parmi les classiques : choucroute ou steak haché sauce au poivre et frites. Les formules (2/3 plats 11/14 £) et les "plats du jour" (lapin à la moutarde, par exemple) sont variés et d'un bon rapport qualité/prix.

Le **Bar Américain** Art déco adjacent est tout indiqué pour un cocktail (à partir de 10 £) en apéritif.

ANDREW EDMUNDS — EUROPÉEN MODERNE ££

Plan p. 460 (☎020-7437 5708 ; www.andrewedmunds.com ; 46 Lexington St ; plats 18-20 £ ; ⏲12h-15h30 et 17h30-22h45 lun-ven, 12h30-15h30 et 17h30-22h45 sam, 13h-16h et 18h-22h30 dim ; ⓊOxford Circus ou Piccadilly Circus). Installé dans une belle maison georgienne depuis 1985, ce charmant petit restaurant évoque le Soho de jadis. Avec ses deux niveaux tout en lambris, à l'ambiance bohème, et sa carte écrite à la main de spécialités britanniques modernes (rôti de bœuf froid sauce aux salsifis ou langue de bœuf chaude à la moutarde et sucrine par exemple), l'endroit est très prisé, et les réservations essentielles.

Excellente carte des vins – bons crus à des prix raisonnables.

YAUATCHA — CHINOIS ££

Plan p. 460 (☎020-7494 8888 ; www.yauatcha.com ; 15-17 Broadwick St ; plats 15-30 £, dim sum 8-10 £ ; ⏲12h-1h lun-sam, 12h-minuit dim ; ⓊTottenham Court Rd ou Oxford Circus). Récompensé d'une étoile au Michelin, ce restaurant de dim sum exceptionnel, ouvert par le prince de la gastronomie asiatique Alan Yau, est un havre de paix à l'écart du chaos du marché de Berwick Street, tout proche. Ambiance bleutée, et feutrée donc, au rez-de-chaussée, consacré à une remarquable sélection de thés ("*tcha*"). Le sous-sol théâtral (le décor est signé Christian Liaigre), avec son plafond constellé d'étoiles lumineuses et sa cuisine ouverte, est ultra chic et *trendy*. Les dim sums sont d'un raffinement hors pair, notamment les raviolis de langouste au *tobiko* (œufs de poisson-volant), tandis que le bar épicé à la vapeur et piments marinés n'est qu'un des nombreux choix de plats plus copieux.

Le Soho Lunch (28 £/pers, min 2 pers) est idéal pour découvrir les succulents dim sums sans se ruiner. Chose rare, le Yauatcha propose de savoureux gâteaux, macarons et autres douceurs (pâtissier français oblige).

POLPO — VÉNITIEN ££

Plan p. 460 (☎020-7734 4479 ; www.polpo.co.uk ; 41 Beak St ; petites assiettes 4-9 £ ; ⏲11h30-23h lun-sam, 11h30-22h30 dim ; 📶 ; ⓊOxford Circus ou Piccadilly Circus). Les *cicchetti* – sortes de tapas vénitiennes – font fureur dans les *bàcari* (bars à vins) jalonnant les canaux de Venise, et ce restaurant animé en propose un excellent choix aux Londoniens. Pour un repas plus consistant, essayez les palourdes à la *fregola* (couscous sarde) et au persil. Belle sélection de cocktails et de vins italiens. Le Polpo compte désormais 3 nouvelles adresses à Londres, ainsi qu'une autre à Brighton.

Amusante coïncidence, en 1749, le peintre vénitien Canaletto vécut deux ans au 41 Beak Street.

KRICKET SOHO — INDIEN ££

Plan p. 460 (☎020-7734 5612 ; kricket.co.uk ; 12 Denman St ; petites assiettes 8-14 £ ; ⏲12h-14h30 et 17h15-22h30 lun-sam ; 🍸 ; ⓊPiccadilly Circus). Les chefs de ce restaurant s'activent sous les yeux des clients perchés sur les tabourets le long du bar étroit, mitonnant des assiettes créatives à partager venant des quatre coins de l'Inde. La carte affiche plus de recettes végétariennes (le *roti* de maïs aux champignons de Mangalore est divin) que carnées. Des alcôves et une seconde salle attendent ceux qui ne souhaitent pas manger au comptoir.

Excellents cocktails (la plupart à 9,50 £).

BARRAFINA — TAPAS ££

Plan p. 458 (☎020-7440 1456 ; www.barrafina.co.uk ; 10 Adelaide St ; tapas 4-7 £, assiettes complètes 9-17 £ ; ⏲12h-15h et 17h-23h lun-sam ; ⓊEmbankment ou Leicester Sq). Faute de réservation, vous devrez probablement faire la queue devant ce restaurant réputé pour ses tapas, parmi les meilleures de Londres. Toutes sont divines, des crevettes aux piments piquillos rôtis aux travers de porc ibérique avec artichauts grillés. Vous ne regretterez pas d'avoir patienté.

Les groupes ne peuvent pas excéder 4 personnes. Quelques tables en terrasse.

GAUTHIER SOHO FRANÇAIS £££

Plan p. 460 (☎020-7494 3111 ; www.gauthier-soho.co.uk ; 21 Romilly St ; menu déj 3 plats avec/sans vin 38/32 £ ; ⏲12h-14h30 et 18h30-21h30 mar-jeu, 12h-15h et 18h30-22h ven et sam ; ; ⓊLeicester Sq). Le temple de la gastronomie d'Alexis Gauthier occupe deux niveaux d'une élégante maison de style Regency (sonnez pour entrer). Dîners délicieux et onéreux (60/70 £ pour 3/4 plats) ; préférez le somptueux déjeuner en semaine, à moitié prix ! Commencez par un risotto à la truffe, et poursuivez avec une caille du Norfolk, écrasé de chou frisé et pommes boulangères.

La carte est composée de 75% de légumes et les menus 100% véganes qui font déjà sa renommée (Alexis Gauthier est un végane convaincu), devraient à terme remplacer les autres. Avec la pandémie, sa Vegan Box à emporter a fait un tabac.

POLLEN STREET SOCIAL EUROPÉEN £££

Plan p. 460 (☎020-7290 7600 ; www.pollenstreet-social.com ; 8-10 Pollen St ; plats 41-44 £ ; ⏲12h-14h30 et 18h-22h30 lun-sam ; ⓊOxford Circus). Vous ne regretterez pas de dépenser une fortune dans le temple dédié à la haute cuisine du chef Jason Atherton, étoilé seulement 6 mois après son ouverture. Si vos moyens sont limités, la formule déjeuner vous permettra de goûter du faisan de Braehead avec gnocchis à la châtaigne, ou bien de la morue de Cornouailles aux légumes rôtis sous sel, pour 40 £.

OSCAR WILDE LOUNGE SALON DE THÉ £££

Plan p. 460 (☎020-7406 3310 ; www.hotelcafe-royal.com/afternoontea ; 68 Regent St ; afternoon tea 55 £, avec champagne à partir de 65 £ ; ⏲12h-17h30 ; ⓊPiccadilly Circus). Ouvert en 1865 et ayant compté parmi ses habitués un certain Oscar Wilde (d'où son nom), ce salon de thé installé dans l'Hotel Café Royal possède un décor tout en bois verni et dorures aux airs de boîte à bijoux. C'est l'endroit idéal pour un *afternoon tea*, comme en atteste l'interminable liste de célébrités qui l'ont fréquenté au fil des ans (Elizabeth Taylor, David Bowie...). On y sert sandwichs, scones et autres douceurs classiques de l'*afternoon tea* à l'anglaise.

Covent Garden et Leicester Square

THE DELAUNAY COUNTER CAFÉ £

Plan p. 458 (☎020-7499 8558 ; www.thedelaunay.com/counter ; 55 Aldwych ; soupes et sandwichs 7,50-8,50 £ ; ⏲7h-20h30 lun-ven, 10h30-20h30 sam, 11h-17h30 dim ; ⓊTemple ou Covent Garden). Le Counter, petit frère de l'immense Mitteleuropean Delaunay adjacent, fleure bon Vienne avec ses *Sachertorte* (gâteau au chocolat fourré à la confiture d'abricots), ses *Wiener Kaffee* (double expresso à la crème fouettée) et ses bières Stiegl Austrian. Côté salé, il y a aussi du *borcht* ou des sandwichs au *schnitzel* de poulet. Idéal après une virée shopping à Covent Garden.

♥ **SEVEN DIALS MARKET** CUISINE DE RUE £

Plan p. 458 (www.sevendialsmarket.com ; Earlham St ; ⏲11h-23h lun-sam, 12h-22h30 dim ; ⓊCovent Garden). Installé dans un ancien entrepôt de bananes (d'où la déco), ce marché de cuisine de rue, sur deux niveaux, fait penser au célèbre Chelsea Market de New York. Il y a un peu de tout, des tacos végétaliens de Club Mexicana aux spécialités japonaises du minuscule comptoir de Nanban, le restaurant de Brixton. Le jour, le soleil brille à travers les puits de lumière et, la nuit, des concerts assurent l'ambiance.

SHORYU JAPONAIS £

Plan p. 460 (www.shoryuramen.com ; 9 Regent St ; plats 10-14,50 £ ; ⏲11h15-minuit lun-sam, jusqu'à 22h30 dim ; ; ⓊPiccadilly Circus). Première adresse d'un petit empire de bars à *ramen* du Royaume-Uni, le Shoryu est toujours animé, et convivial – mais l'établissement ne prend pas de réservations. La star ici est le *tonkotsu ramen* au porc bouilli, garni de *nori* (algues séchées), d'oignons de printemps, de *nitamago* (œufs mollets) et de graines de sésame. Les pains vapeur (porc rôti, poulet frit, etc.) sont excellents.

Des *ramen* végétariens et sans gluten sont également proposés, ainsi qu'un choix de sakés, de *soju* coréens, et de whiskys et bières japonais.

BATTERSEA PIE STATION BRITANNIQUE £

Plan p. 458 (☎020-7240 9566 ; www.batterseapie.co.uk ; rez-de-chaussée inférieur, 28 The Market, Covent Garden ; plats 7-10 £ ; ⏲11h-19h30 lun-ven, 10h-20h sam, 11h-19h dim ; ⓊCovent Garden). Ce petit café carrelé de blanc n'a pas son pareil en matière de tourtes (petites ou grandes).

La viande provient d'animaux élevés en plein air, les saveurs sont au rendez-vous (steak-rognons, poulet-champignons), et les accompagnements traditionnels, comme l'écrasé de pommes de terre sauce persillée, sont bien préparés. Il y a aussi des tourtes au porc froides.

DELAUNAY EUROPÉEN ££

Plan p. 458 (☎020-7499 8558 ; www.thedelaunay.com ; 55 Aldwych ; plats 19-26 £ ; ⏲7h-23h lun-ven, 8h-23h sam, 9h-22h dim ; 📶 ; ⓊTemple ou Covent Garden). Ce café immaculé, sosie des grandes brasseries d'Europe centrale, est dédié aux *schnitzels*, saucisses et poissons. Également des *flammekueche* (tarte flambée alsacienne) et un *Tagesteller* (plat du jour) changeant. Le Delaunay Counter, à l'ambiance plus relax, est la porte à côté.

IVY MARKET GRILL EUROPÉEN ££

Plan p. 458 (☎020-3301 0200 ; theivymarketgrill.com ; 1a Henrietta St ; plats 15-25 £, menu théâtre 2-3 plats 18/21 £ ; ⏲8h-0h30 lun-sam, 8h-23h30 dim ; 🖉 ; ⓊCovent Garden). Filiale de l'un des plus vénérables lieux de rencontre des célébrités de Londres, ce restaurant possède une superbe terrasse verdoyante à l'avant, et une salle au décor classique, tout en bois et luminaires en laiton. Côté cuisine, les mets sont traditionnels haut de gamme, de la *Shepherd's pie* aux *fish and chips* ou au steak tartare. Menu végétalien.

L'endroit ne désemplit pas, du matin au soir, et l'*afternoon tea* est servi tous les jours de 15h à 17h (27/20 £ avec/sans champagne).

NATIONAL CAFE CAFÉ ££

Plan p. 458 (☎020-7747 5942 ; www.nationalgallery.org.uk/visiting/eat-and-drink ; National Gallery, Trafalgar Sq ; menu déj 2/3 plats 20/25 £ ; ⏲9h30-20h30 lun-jeu, 9h30-22h ven, 9h30-18h sam-dim ; ⓊCharing Cross). L'agréable café-cafeteria-restaurant au rez-de-chaussée de la National Gallery, où se restaurer à toute heure – repas légers en self-service pour manger sur le pouce, espace bistrot où s'attabler et *afternoon tea* (de 15h à 17h30 tous les jours ; 32/23 £ avec/sans champagne). Également : sandwichs à emporter, pâtisseries et boissons chaudes (à partir de 8h en semaine et 9h le week-end). Le lieu est prisé des Londoniens comme des visiteurs du musée en raison de ses horaires à rallonge. On y accède depuis l'intérieur de la National Gallery ou par St Martin's Place.

J SHEEKEY POISSON ET FRUITS DE MER £££

Plan p. 458 (☎020-7240 2565 ; www.j-sheekey.co.uk ; 28-32 St Martin's Ct ; plats 27-36 £ ; ⏲12h-15h et 17h-minuit lun-sam, 12h-15h30 et 17h30-22h30 dim ; 📶 ; ⓊLeicester Sq). Icône de la scène culinaire du West End, cette adresse ultra *smart* remonte à la fin du XIXe siècle. Venez y faire un festin de poisson (plats exquis cuisinés simplement) et de fruits de mer, dans l'une des élégantes salles lambrissées. Formule de 2/3 plats à 25/30 £.

L'**Atlantic Bar** (de 12h à minuit du lundi au samedi, jusqu'à 22h30 le dimanche), adjacent, remporte la palme, avant et après les représentations théâtrales, pour ses huîtres et ses crustacés.

BALTHAZAR BRASSERIE £££

Plan p. 458 (☎020-3301 1155 ; balthazarlondon.com ; 4-6 Russell St ; plats 21-33 £ ; ⏲7h30-23h30 lun-jeu, 7h30-minuit ven, 9h-minuit sam, 9h-23h dim ; 📶 ; ⓊCovent Garden ou Temple). On est rarement déçu par la cuisine essentiellement française (moules, salade niçoise, confit ou parmentier de canard) de cette jolie brasserie. Magnifique bar en zinc et délicieuses friandises dans la boulangerie adjacente.

Très bon rapport qualité/prix pour le menu déjeuner en semaine (20/23 £ les 2/3 plats), également servi de 17h à 18h30 et à partir de 22h jusqu'à la fermeture du lundi au samedi.

RULES BRITANNIQUE £££

Plan p. 458 (☎020-7836 5314 ; rules.co.uk ; 35 Maiden Lane ; plats 29-30 £ ; ⏲12h-23h30 lun-sam, 12h-22h30 dim ; 📶 ; ⓊCovent Garden). Fondé en 1798, le très huppé Rules (au *dress code* très british : "Aux vestes et aux cravates nous préférons les jolies robes") est l'un des restaurants les plus anciens de Londres. La spécialité ici est la vraie cuisine anglaise traditionnelle, notamment le gibier. Le gibier à plumes (de la Grouse rouge à la bécassine), servi abondamment de mi-août à janvier, provient du domaine de chasse des High Pennines (nord-ouest de l'Angleterre) qui appartient à l'établissement. Du poisson figure aussi au menu.

Les puddings traditionnels, comme les *trifles* et les *treacles* (Harry Potter en raffole) ou autres *sticky toffe puddings*, sont accompagnés de *custard* (crème anglaise, version anglaise, avec de la crème fraîche).

Holborn

KANADA-YA
JAPONAIS £

Plan p. 458 (020-7240 0232 ; www.kanada-ya.com ; 64 St Giles High St ; plats 11-13 £ ; 12h-15h et 17h-22h30 lun-sam, jusqu'à 20h30 dim ; Tottenham Court Rd). En matière de *ramen*, cette cantine minuscule, mais ultra-prisée, a notre préférence. On ne prend pas de réservations et la file d'attente est parfois longue. Les *tonkotsu ramen* (nouilles dans un bouillon à la viande de porc) attirent les amateurs, venus parfois de loin. Température et consistance sont toujours parfaites. Le bouillon et les saveurs sont à tomber.

HOLBORN DINING ROOM
BRITANNIQUE MODERNE ££

Plan p. 458 (020-3747 8633 ; www.holborndiningroom.com ; 252 High Holborn ; plats 20-26 £ ; 7h-22h30 lun-ven, 7h30-22h30 sam-dim ; Holborn). Chêne recyclé, miroirs d'époque et banquettes en cuir : intégrée au Rosewood London (voir p. 353), cette brasserie à l'ambiance assez masculine propose des délices, tels la poitrine de porc Suffolk rôtie, la tourte de mouton au curry et le burger aux crevettes. Si vous n'avez pas faim, installez-vous à l'imposant bar de cuivre pour goûter l'un des quelque 500 gins et 30 tonics disponibles.

SPRING
BRITANNIQUE £££

Plan p. 458 (020-3011 0115 ; www.springrestaurant.co.uk ; New Wing, Somerset House, Lancaster Pl ; plats 29-33 £, déj 2/3 plats 29/32 £ ; 12h-14h30 et 17h30-22h30 lun-sam ; Temple). Murs blancs, grands lustres, colonnes, et des fleurs çà et là créent le décor de cette salle de réception victorienne restaurée de la Somerset House (p. 104). La chef australienne primée, Skye Gyngell, dirige une équipe impliquée dans le développement durable, n'utilisant aucun plastique à usage unique et proposant un menu spécial en début de soirée (3 plats 25 £) à base de produits qui auraient autrement finis à la poubelle. Desserts exceptionnels.

Marylebone

ETHOS
VÉGÉTARIEN £

Plan p. 464 (020-3581 1538 ; www.ethosfoods.com ; 48 Eastcastle St ; déj et dîner plats 8-12 £ ; 8h-22h lun-ven, 11h-22h sam, 11h-17h dim ; ; Oxford Circus). Ce restaurant au design épuré propose un buffet de plus de 40 plats végétariens et végétaliens, que l'on paie au poids, au déjeuner et au dîner (le petit-déjeuner est à la carte). La carte convient aux régimes sans produits laitiers, végans, sans gluten et sans sucre raffiné, et on peut acheter à emporter.

YALLA YALLA
LIBANAIS £

Plan p. 464 (020-7637 4748 ; www.yalla-yalla.co.uk ; 12 Winsley St ; plats 13-15 £ ; 11h30-23h lun-sam, 12h-20h dim ; ; Oxford Circus). Idéal pour échapper un moment au chaos d'Oxford Street, ce restaurant accueillant, à la décoration exubérante, est spécialisé dans une cuisine libanaise haut de gamme : *chawarma* (poulet épicé avec garnitures variées), *fattouche* (salade de crudités), *baba ganousch* (caviar d'aubergines), etc. En cas de grosse fringale, optez pour le très complet *Feast Menu* (30 £/pers, min 2 pers).

GOLDEN HIND
FISH AND CHIPS £

Plan p. 466 (020-7486 3644 ; www.goldenhindrestaurant.com ; 71a-73 Marylebone Lane ; fish and chips 11-15 £ ; 12h-15h lun-ven et 18h-22h lun-sam ; Bond St). Depuis sa création par M. Esposito en 1914, une ribambelle de Londoniens d'origines italienne et grecque se sont succédé à la tête de cette échoppe bon marché, à l'intérieur classique, avec friteuse vintage. Aux tables en bois brut, cols blancs et ouvrier dégustent côte à côte d'excellents *fish and chips*. On y sert de l'alcool, mais vous préférerez peut-être apporter votre propre bouteille (2 £/pers).

ROTI CHAI
INDIEN ££

Plan p. 466 (020-7408 0101 ; www.rotichai.com ; 3 Portman Mews S ; petites assiettes 5-8 £ ; 12h-22h30 lun-sam, 12h30-21h dim ; ; Marble Arch). Des effluves épicés s'échappent en continu de la cuisine ouverte du Roti Chai, où tout le monde rejoint la salle conviviale à l'étage pour se régaler de *bhel puri* (riz soufflé au tamarin), de *dhokla* (galette vapeur aux pois chiches du Gujarat) ou de *macher jhol* (poisson en sauce *kasundi* à la moutarde, spécialité bengalie). Choix encore plus vaste de mets dans la salle du sous-sol (12h-14h30 en semaine, dîner seulement le week-end ; plats 12-15 £).

28-50
INTERNATIONAL ££

Plan p. 466 (020-7486 7922 ; www.2850.co.uk/marylebone ; 15-17 Marylebone Lane ; plats 18-28 £ ; 12h-22h30 lun-mer, 12h-23h jeu-sam, 12h-22h dim ; Bond St). Juste au nord d'Oxford Street, ce bar à vins et restaurant de forme triangulaire, à l'ambiance intimiste et aux grandes baies vitrées, est une institution auprès des habitués qui font leur shopping ou vont au concert (le Wigmore Hall est au coin de la rue). Les plats sont aussi simples que savoureux, notamment l'épaule d'agneau braisée, le thon grillé dans un bouillon à l'asiatique ou la tourte au poisson avec poireaux au curry. Les dîneurs solitaires privilégieront le long bar.

Superbe carte des vins, avec des choix haut de gamme si vous êtes prêt à faire des folies.

WALLACE RESTAURANT EUROPÉEN ££

Plan p. 466 (020-7563 9505 ; www.peytonandbyrne.co.uk/venues/wallace-restaurant ; Hertford House, Manchester Sq ; plats 20-24 £ ; menu fixe 3 plats 35 £ ; 10h-17h dim-jeu, 10h-23h ven-sam ; Bond St). Tenue par une équipe de traiteurs, le café-restaurant de la Wallace Collection (p. 105) est un cran au-dessus du café de musée habituel. Venez pour un café avec pâtisserie, un cocktail ou un repas d'inspiration française. Le café est dans la cour centrale, couverte et toute en tons roses et blancs. Même les plantes et les érables japonais en plastique ne suffisent pas à ternir l'élégance du décor.

Afternoon tea servi tous les jours (14h30-16h30 ; sans/avec champagne 19/27 £).

FISHWORKS POISSON ET FRUITS DE MER ££

Plan p. 466 (020-7935 9796 ; www.fishworks.co.uk ; 89 Marylebone High St ; plats 22-28 £, menu déj 2 plats 18 £ ; 12h-22h30 ; Baker St). Il faut passer par la poissonnerie pour pénétrer dans ce temple à la gloire des produits de la mer (9h-22h lun-sam, 10h-22h dim). Sole de Douvres, Saint-Jacques du Devon, crabe de Dartmouth et huîtres de Colchester comptent parmi les spécialités anglaises, mais il y a aussi des délices d'outre-Atlantique et de Méditerranée (homard, steak de thon et soupe de poisson à l'italienne).

LOCANDA LOCATELLI ITALIEN £££

Plan p. 466 (020-7935 9088 ; www.locandalocatelli.com ; 8 Seymour St ; plats 28-33 £ ; 12h-15h tlj et 18h-23h lun-jeu, 18h-23h30 ven-sam, jusqu'à 22h15 dim ; wifi ; Marble Arch). Dans un hôtel sans grand intérêt de Marble Arch, cette *locanda* du talentueux chef Giorgio Locatelli est l'une des meilleures tables italiennes de Londres – et les célébrités l'adorent. Les plats de pâtes sont divins, et la carte affiche toujours au moins 5 plats de poisson et autant de viande, en plus de 2 plats pour les végans. Réservez.

CHILTERN FIREHOUSE EUROPÉEN MODERNE £££

Plan p. 466 (020-7073 7676 ; www.chilternfirehouse.com ; 1 Chiltern St ; plats 32-42 £ ; 19h-10h30, 12h-15h et 17h30-22h30 lun-ven, 8h-15h sam-dim, 18h-22h30 sam, 18h-22h dim ; wifi ; Baker St ou Bond St). Le restaurant au chic exceptionnel de l'hôtel éponyme occupe une magnifique caserne de pompiers en brique datant de 1889. Vous y côtoierez des célébrités, tout en dégustant la cuisine du très réputé chef Nuno Mendes. Attendez-vous à des plats brillants, tels le flétan glacé aux cœurs de poireau ou la bisque de crabe sauce chinoise XO. Adresse ultra-prisée : réservez.

Mayfair

MOMO MAROCAIN ££

Plan p. 460 (020-7434 4040 ; www.momoresto.com ; 25 Heddon St ; plats 21-24 £ ; 12h-1h lun-sam, 12h-minuit dim ; wifi ; Piccadilly Circus). Beau décor oriental rehaussé de coussins et de lampes pour ce restaurant à la chaleureuse ambiance marocaine et à la cuisine excellente. Après les entrées, pour changer des traditionnels tajines ou couscous, optez pour la pastilla au pigeon ou le poulpe aux betteraves rôties sous sel. Formules déjeuners de 2/3 plats (29/39 £) proposées pour les groupes de 9 personnes ou plus.

En été, tables en terrasse dans la ruelle tranquille.

EMBER YARD GRILLADES ££

Plan p. 460 (020-7439 8057 ; www.saltyardgroup.co.uk/ember-yard ; 60 Berwick St ; plats 13-20 £ ; 12h-minuit lun-sam, 12h-22h dim ; Oxford Circus). *Parillas* espagnoles, *asadors* basques et grillades italiennes inspirent la cuisine de cet élégant restaurant tout en bois poli, avec un bar au sous-sol flanqué de tabourets confortables. Il y a des tapas (poulpe grillé, chorizo à l'aïoli) et des plats plus copieux, comme les travers de porc glacés à la pâte de coings.

En semaine, on peut commander le "menu siesta" (charcuteries et fromages) de 15h à 17h.

TAMARIND INDIEN ££

Plan p. 466 (020-7629 3561 ; www.tamarindrestaurant.com ; 20 Queen St ; plats 18-27 £ ;

⌚12h-14h30 et 17h30-22h30 ; ✎ ; Ⓤ Green Park). Mêlant classiques haut de gamme de différentes régions de l'Inde et innovations tel le kebab *seekh* légumes-chou kale au chutney de figue noire, le Tamarind s'est forgé une belle réputation et une vraie clientèle d'habitués. Formules déjeuner (2/3 plats 25/30 £), mais si vous avez le temps, préférez le menu dégustation (69 £, ou 59 £ pour la version végétarienne).

BRICIOLE — ITALIEN ££

Plan p. 466 (☎020-7723 0040 ; briciole.co.uk ; 20 Homer St ; plats 13-17 £ ; ⌚11h30-22h45 lun-sam, 12h-22h30 dim ; Ⓤ Edgware Rd). Le "Croûtons" est une charmante trattoria en angle, flanquée d'un café-traiteur à l'entrée et d'une salle agréable à l'arrière. La cuisine est simple et savoureuse, comme on l'aime en Italie : boulettes de viande à la palermitaine aux oignons aigre-doux, entrecôte au gril, ragoût de porc aux légumes avec une montagne de pâtes. Prix très raisonnables.

EL PIRATA — ESPAGNOL ££

Plan p. 466 (☎020-7491 3810 ; www.elpirata.co.uk ; 5-6 Down St ; tapas 4,95-8,95 £, plats 18-20 £ ; ⌚12h-23h30 lun-ven, 18h-23h30 sam ; Ⓤ Green Park ou Hyde Park Corner). Un bon restaurant espagnol, doté d'une mezzanine, proposant plus de 50 tapas. Il y a aussi des plats traditionnels comme les côtelettes d'agneau grillées et des plats du jour, tels les *huevos rotos especiales* (œufs, pommes de terre, crevettes, chorizo et piment). Les indécis pourront opter pour l'un des deux assortiments de tapas (25 £/pers, min 2 pers). Sélection pointue de vins espagnols.

♥ FOYER & READING ROOM AT CLARIDGE'S — BRITANNIQUE £££

Plan p. 466 (☎020-7107 8886 ; www.claridges.co.uk ; Brook St ; afternoon tea 70 £, avec champagne 80-90 £ ; ⌚7h-23h lun-sam, 8h-23h dim, afternoon tea 14h45-17h30 ; 📶 ; Ⓤ Bond St). Apprécié des amateurs d'emplettes fortunés du West End depuis 1856, le splendide Foyer & Reading Room at Claridge's (p. 354), orné de miroirs Art déco et d'une sculpture en verre de Dale Chihuly, est un lieu mémorable où l'on savoure une cuisine raffinée. Nombreux sont ceux qui viennent aussi grignoter les canapés et pâtisseries du très aristocratique *afternoon tea*.

Tenue correcte exigée à toute heure.

GREENHOUSE — FRANÇAIS £££

Plan p. 466 (☎020-7499 3331 ; www.greenhouse-restaurant.co.uk ; 27a Hay's Mews ; menu 4 plats 110 £, menus dégustation 125-145 £ ; ⌚12h-13h45 mar-ven et 18h30-21h45 mar-sam ; 📶 ; Ⓤ Green Park). Il faut traverser un joli jardin émaillé de sculptures pour atteindre le Greenhouse – deux étoiles au Michelin –, institution de Mayfair pour la haute cuisine. Les menus dégustation sont très copieux, et ponctués de nombreux extras (des amuse-gueule aux petits-fours, en passant par les sorbets entre les plats).

NOBU — JAPONAIS £££

Plan p. 466 (☎020-7447 4747 ; www.noburestaurants.com/london-old-park-lane ; 1er étage, Metropolitan Hotel, 19 Old Park Lane ; plats 26-45 £ ; ⌚12h-14h30 tlj, 18h-22h30 lun-mer, 18h-23h jeu-sam, 18h-22h dim ; 📶 ; Ⓤ Hyde Park Corner). Il faut réserver bien en amont pour s'attabler chez Nobu, lieu de rendez-vous des célébrités londoniennes, et savourer sa cuisine péruviano-japonaise (surtout japonaise, en vérité). Parmi les plats fétiches, citons la morue charbonnière au miso ou le bœuf Wagyu cuit et servi sur un *toban yaki* (assiette en céramique). Mets, décoration, service… Tout est parfait.

KITTY FISHER'S — BRITANNIQUE MODERNE £££

Plan p. 466 (☎020-3302 1661 ; www.kittyfishers.com ; 10 Shepherd Market ; plats 27-29 £ ; ⌚12h-14h30 et 18h-21h30 lun-sam ; Ⓤ Green Park). Située dans le quartier historique de Shepherd Market, ancien quartier rouge de Londres, cette table chaleureuse tire son nom d'une courtisane du XVIIIe siècle peinte par Joshua Reynolds. Le Kitty se compose de deux salles joliment décorées où est servie une cuisine britannique de qualité, telle la lotte au chou-fleur et beurre au curry, ou la perdrix au céleri et pickles de poires. Remarquable carte des vins.

LE BOUDIN BLANC — FRANÇAIS £££

Plan p. 466 (☎020-7499 3292 ; www.boudinblanc.co.uk ; 5 Trebeck St ; plats 23-32 £ ; ⌚12h-15h et 18h-23h lun-sam, jusqu'à 22h30 dim ; 📶 ; Ⓤ Green Park). L'un des meilleurs restaurants français de Londres, aux airs de bistrot parisien. Les plats (cuisse de canard confite, sole de Douvres…) sont réalisés à la perfection, les sauces parfaitement exécutées et les portions généreuses. En prime : des frites divines. La carte des vins compte plus de 500 crus. Autant dire que l'endroit est prisé : réservez.

GYMKHANA INDIEN £££

Plan p. 468 (020-3011 5900 ; www.gymkhanalondon.com ; 42 Albemarle St ; plats 17-38 £, menus 4 plats 40 £ ; 12h-14h30 et 17h30-22h15 lun-sam ; ; Green Park). Le cadre superbe (plafond en chêne d'où tournoient des ventilateurs, photos d'époque de matchs de cricket et trophées de chasse) de cette table indienne raffinée évoque l'époque du Raj britannique. Côté cuisine, c'est une explosion de saveurs, notamment les menus dégustation de 7 plats (avec/sans viande 85/80 £). Le bar, aux airs de taverne pour matelots de l'Inde coloniale, ferme à 1h.

SEXY FISH JAPONAIS £££

Plan p. 466 (020-3764 2000 ; www.sexyfish.com ; Berkeley Sq House, Berkeley Sq ; plats 21-38 £ ; 12h-2h lun-sam, 12h-1h dim ; Green Park). Ce restaurant gastronomique japonais (et "DJ bar") de Mayfair est tout en flamboyance : œuvres signées Damien Hirst et Frank Gehry, couleurs chamarrées et aquarium titanesque. L'addition, salée, est justifiée par une cuisine exceptionnelle : homard au piment, pomelo et noix de coco, sashimis ultra-frais, côtes d'agneaux grillées au *robata* avec miso et *gochujang* (purée de piments coréenne).

Côté bar, où l'on peut aussi dîner, des DJ sont aux platines tous les soirs du mercredi au samedi, et la sélection de whiskys japonais est *vraiment* exceptionnelle.

PARK CHINOIS CHINOIS £££

Plan p. 466 (020-3327 8888 ; parkchinois.com ; 17 Berkeley St ; plats 28-55 £ ; 12h-15h lun-ven, 12h-16h sam-dim, 18h-2h lun-sam, 18h-minuit dim ; Green Park). Juste au sud du quartier de Berkeley Square, le Park est un somptueux restaurant et club, où venir se régaler, tous les jours, de dim sums et autres délicieux mets de l'Empire du Milieu, dans le très glamour **Salon de Chine**, au rez-de-chaussée. Du mardi au samedi à partir de 18h, descendez au sous-sol à l'extravagant **Club Chinois**, où vous attendent DJ, spectacles de cabaret et autres divertissements. On peut aussi y dîner (même carte qu'au restaurant), et siroter de délicieux cocktails du Wave Bar. L'ambiance, ultra-chaleureuse, évoque celle du Shanghai des années 1930. C'est le brillantissime Alan Yau qui est à l'origine de cet autre lieu phare.

Le groupe résident joue tous les soirs à l'étage à partir de 19h45 (un supplément un peu excessif de 10 £/pers est alors exigé), tandis que pour dîner au Club Chinois il faut compter 25 £ de plus.

OÙ PRENDRE UN VERRE ET FAIRE LA FÊTE

Même si les célèbres clubs du West End disparaissent peu à peu (il reste encore quelques oasis d'hédonisme), le quartier a conservé une vie nocturne trépidante, avec ses théâtres, ses excellents restaurants, ses librairies ouvertes tard et sa ribambelle de pubs, de clubs et de bars s'étendant de Soho à Leicester Square.

St James's

SKETCH BAR À COCKTAILS

Plan p. 460 (020-7659 4500 ; www.sketch.london ; 9 Conduit St ; 7h-2h lun-ven, 8h-2h sam, 8h-minuit dim ; Oxford Circus). Le Sketch, établissement joyeusement indéfinissable, a tout pour lui : un restaurant décoré de deux étoiles au Michelin, une salle rose bonbon aux murs ornés de dessins absurdes de l'artiste britannique David Shrigley, un bar aux airs de forêt mystique doté d'un piano mécanique et des toilettes cachées dans des capsules ovoïdes d'un blanc éclatant. Un joyeux capharnaüm à découvrir...

RIVOLI BAR BAR À COCKTAILS

Plan p. 468 (020-7493 8181 ; www.theritzlondon.com/dine-with-us/rivoli-bar ; Ritz London, 150 Piccadilly ; 11h30-23h30 lun-sam, 12h-22h30 dim ; ; Green Park). Même sans arborer un diamant gros comme le Ritz (p. 353), venez prendre un verre dans cette merveille Art déco. Ce bar est un bijou, tout en bois de camphrier, lustres et décors éclairés Lalique et coupoles dorées, et les cocktails sont divins. Contrairement à d'autres parties du Ritz, le code vestimentaire est ici relativement décontracté.

Caviar, huîtres et classiques plus copieux, comme la salade niçoise au thon ou la *shepherd's pie* à la queue de bœuf, sont servis de 11h30 à 22h30 (36-375 £).

DUKES LONDON BAR À COCKTAILS

Plan p. 468 (020-7491 4840 ; www.dukeshotel.com/dukes-bar ; Dukes Hotel, 35 St James's Pl ; 14h-23h lun-sam, 16h-22h30 dim ; ; Green Park). Des martinis divins et une ambiance de club pour gentlemen anglais font tout l'attrait du Dukes, bar éminemment *british*, où les barmen en veste blanche concoctent de divins mélanges. Ian Fleming y avait ses habitudes. Peut-être y a-t-il perfectionné la fameuse maxime de James Bond : "*shaken, not stirred*" ("secoué, pas mélangé"). Les fumeurs peuvent profiter du **Cognac & Cigar Garden** pour déguster paisiblement leur cigare acheté sur place.

Code vestimentaire chic-décontracté ; les résidents de l'hôtel peuvent s'attarder un peu après la fermeture.

Bloomsbury et Fitzrovia

THE LAMB
PUB

Plan p. 464 (020-7405 0713 ; www.thelamblondon.com ; 94 Lamb's Conduit St ; 11h-23h lun-mer, 11h-minuit jeu-sam, 12h-22h30 dim ; Russell Sq). Bar central d'acajou tout en courbes et ses "*snob screens*" victoriens (panneaux pivotants qui préservent l'intimité des buveurs ne souhaitant pas se mêler au tout-venant) en verre dépoli, murs ornés de lithographies anciennes, beau parquet : le Lamb est une sorte d'idéal platonicien du pub londonien. Sirotez votre *bitter* Young sur une banquette vert foncé ou, s'il fait beau, dans le *beer garden* clos de murs.

QUEEN'S LARDER
PUB

Plan p. 464 (020-7837 5627 ; www.queenslarder.co.uk ; 1 Queen Sq ; 11h30-23h lun-ven, 12h-23h sam, 12h-22h30 dim ; Russell Sq). Ce joyeux pub de quartier tient son nom de la reine Charlotte, qui stockait ici des vivres pour son époux George III, le "roi fou" alors traité pour démence à proximité. La cuisine, servie tous les jours de 12h à 15h, est très *british* (beignets de jambon reconstitué – *Spam fritters* – avec frites et haricots, par exemple). L'agréable bar possède quelques tables en terrasse et une salle à manger à l'étage.

MUSEUM TAVERN
PUB

Plan p. 464 (020-7242 8987 ; 49 Great Russell St ; 11h-23h30 lun-jeu, 11h-minuit ven-sam, 12h-22h30 dim ; ; Holborn ou Tottenham Court Rd). Inauguré en 1723, ce pub légendaire a vu passer nombre d'érudits au sortir de la salle de lecture du British Museum, dont Karl Marx, George Orwell, sir Arthur Conan Doyle ou J. B. Priestley. L'endroit, au décor authentique, a la faveur des universitaires et des étudiants. Cuisine de pub classique (11-14 £), dont des tourtes, des burgers et un rôti du dimanche.

LONDON COCKTAIL CLUB
BAR À COCKTAILS

Plan p. 464 (020-7580 1960 ; www.londoncocktailclub.co.uk/goodge-street ; 61 Goodge St ; 16h30-minuit lun-sam ; Goodge St). Luminaires suspendus, joyeux désordre, graffitis et atmosphère tapageuse donnent à ce bar en sous-sol, juste au nord d'Oxford Street, des airs de rade new-yorkais. Arrivez tôt ou louez la "loge" privée si vous tenez à être assis : c'est souvent bondé. Carte des cocktails longue comme le pont de Brooklyn, avec une myriade de spécialités maison.

Le lundi, c'est 2 cocktails pour 12 £ toute la soirée.

Soho et Chinatown

SWIFT
BAR À COCKTAILS

Plan p. 460 (020-7437 7820 ; www.barswift.com ; 12 Old Compton St ; 15h-minuit lun-sam, 15h-22h30 dim ; Leicester Sq ou Tottenham Court Rd). À Soho, tout le monde apprécie le Swift, et son élégant bar à l'étage, où prendre un cocktail haut de gamme avant d'aller au théâtre ou dîner. Le bar du bas (ouvert à partir de 17h, sur réservation), tout en sièges et sofas Art déco, est dévolu au whisky (il y en a plus de 300) et c'est jazz et blues live les vendredis et samedis, (à partir de à 21h). Huîtres et olives, entre autres grignotages.

SHE SOHO
LESBIEN

Plan p. 460 (020-7437 4303 ; www.she-soho.com ; 23a Old Compton St ; 16h-23h30 lun-jeu, 16h-minuit ven-sam, 16h-22h30 dim ; Leicester Sq). Sets de DJ, spectacles comiques, burlesques ou de *drag kings*, concerts et soirées à thèmes dans ce bar en sous-sol intimiste, à l'atmosphère conviviale. Le She ferme à 3h les derniers vendredis et samedis du mois et tout le monde est bienvenu, mais les femmes ont la priorité et tout homme doit être accompagné d'une femme.

THE FRENCH HOUSE
PUB

Plan p. 460 (020-7437 2477 ; www.frenchhousesoho.com ; 49 Dean St ; 12h-23h lun-sam, 12h-22h30 dim ; Leicester Sq). Ce pub frenchie légendaire et bohème de Soho fut le repaire des Forces françaises libres pendant la Seconde Guerre mondiale (on dit que de Gaulle le fréquentait), et il a toujours accueilli son lot de personnalités, de Dylan Thomas à Peter O'Toole et Francis Bacon. Comédiens, écrivains, artistes et intellectuels s'y côtoient aujourd'hui, sur deux niveaux, autour de déjeuners parfois arrosés.

Venez entre amis siroter un bon vin (au verre ou en bouteille), une coupe de champagne ou un Ricard et socialiser avec les excentriques du coin (une convivialité encouragée par la politique maison – ici pas (ou peu) de musique, ni de télé, et téléphone portable prohibé). On y sert une cuisine francophile (huîtres, rillettes, lapin à la moutarde), désormais mâtinée de saveurs britanniques (plats autour de 16 £ ; 12h30-15h30 lun-ven, plus 18h-21h30 mar-jeu). De fait, l'ancien York Minster n'a pris son nom officiel de French House qu'en 1984, pour rendre hommage aux FFL et à de Gaulle.

EXPERIMENTAL COCKTAIL CLUB CHINATOWN — BAR À COCKTAILS

Plan p. 460 (ECCC ; www.chinatownecc.com ; 13a Gerrard St ; 18h-3h lun-sam, 18h-minuit dim ; Leicester Sq ou Piccadilly Circus). Ce fabuleux bar à cocktails est dissimulé derrière une porte de Chinatown d'un noir fané, sans enseigne. Éclairage tamisé, miroirs, brique apparente et mobilier vieilli : la sophistication de l'intérieur, sur 3 niveaux, est à l'image de celle des cocktails, à base de liqueurs rares et originales et de champagnes millésimés. La moitié de l'espace est dévolue aux clients sans réservation (celles-ci se font par courriel uniquement). L'entrée est à 5 £ après 23h. Vous l'avez deviné peut-être : l'ECC de Chinatown a été ouvert par les fameux "Trois Garçons", le trio français de l'Experimental Group, qui a réveillé la scène *bartender* de Paris avec le premier ECC.

THE YARD — BAR GAY

Plan p. 460 (020-7437 2652 ; www.yardbar.co.uk ; 57 Rupert St ; 14h-23h30 lun-mar, 12h-23h30 mer-jeu, 12h-minuit ven-sam, 12h-22h30 dim ; Piccadilly Circus). Le Yard, institution de Soho à la clientèle éclectique, est l'adresse idéale pour prendre un verre et entamer la soirée. Installez-vous dans le loft à l'étage, avec bar et petite terrasse, ou rejoignez la jolie cour-jardin (chauffée en hiver) et son bar, à l'ambiance ultra-sympathique.

BAR TERMINI — BAR

Plan p. 460 (07860 945018 ; bar-termini-soho.com ; 7 Old Compton St ; 10h-23h30 lun-jeu, 10h-1h ven-sam, 10h-22h30 dim ; Leicester Sq ou Tottenham Court Rd). Un petit café-bar branché de Soho, où un personnel expérimenté vous préparera un Negroni (la spécialité), un cocktail maison (la plupart à 12 £) ou un café d'exception, à accompagner d'un sandwich ou d'une assiette de charcuteries. Autrement, avec seulement 3 vins et une bière disponibles, vous ne perdrez pas de temps à choisir. Il est en revanche conseillé de réserver une table (créneaux de 1 heure, à partir de 12h).

TWO FLOORS — BAR

Plan p. 460 (020-7439 1007 ; www.twofloors.com ; 3 Kingly St ; 12h-23h30 lun-jeu, 12h-minuit ven-sam, 12h-22h30 dim ; Oxford Circus ou Piccadilly Circus). Le Pacific, à l'étage principal, est un bar lounge moderne, avec un long comptoir en zinc et des tables où l'on se réunit. Si vous avez un faible pour tout ce qui a trait à la Polynésie (pagnes, *poi*, esprit *aloha*), foncez au bar Tiki, au décor feutré, à l'étage inférieur, pour un "poco loco" ou un Zombie (8,50-10 £).

Entrée par Kingly Street ou Kingly Court. Pas d'enseigne extérieure.

CAHOOTS — BAR À COCKTAILS

Plan p. 460 (020-7352 6200 ; www.cahoots-london.com ; 13 Kingly Street ; 17h-1h lun-mer, 16h-2h jeu, 16h-3h ven, 13h-3h sam, 15h-minuit dim ; Oxford Circus). Évoquant une station de métro très cosy, le Cahoots est un bar à cocktails rétro inspiré du Londres de la Seconde Guerre mondiale. Goûtez un "Vera Lynn" (gin, jus de pomme, purée de poire, gingembre, fleur de sureau, citron vert et poivre) en profitant des fréquents concerts de jazz et de swing. Mieux vaut réserver.

L'établissement n'est pas facile à trouver ; on peut également entrer par Beak Street.

VILLAGE — BAR GAY

Plan p. 460 (020-7478 0530 ; www.villagesoho.co.uk ; 81 Wardour St ; 16h-2h lun-jeu, 16h-3h ven-sam, 16h-23h30 dim ; Piccadilly Circus). Depuis son ouverture en 1991, c'est la fête au Village tous les soirs, avec cocktails à moitié prix de 16h à 19h. Le week-end : soirées karaoké, go-go dancers et DJ. Et en attendant l'ouverture du club, lancez-vous sur la piste de danse en bas, pourvue d'une barre de *pole dance, of course*.

DOG AND DUCK — PUB

Plan p. 460 (020-7494 0697 ; www.nicholsonspubs.co.uk ; 18 Bateman St ; 11h30-23h lun-mer, 11h30-1h jeu-sam, 12h-22h30 dim ; Tottenham Court Rd). Sélection épatante de *real ales*, cadre plein de cachet (carreaux victoriens vernissés) et ambiance intimiste pour cet établissement fréquenté par une foule bigarrée. Ce vénérable pub (1734) a vu passer John Constable, George Orwell ou encore... Madonna. En prime, des tourtes originales (sanglier-chorizo, gibier).

G-A-Y LATE CLUB GAY

Plan p. 460 (☎020-7437 0479 ; www.g-a-y.co.uk ; 5 Goslett Yard ; ⏲23h-3h dim-jeu, 22h30-3h ven-dim ; Ⓤ Tottenham Court Rd). Extrêmement populaire, ce bar et club gay et lesbien (avec licence de fermeture tardive) diffuse pop et autre disco (genre *Last Dance* de Donna Summer) jusqu'au petit matin.

DUKE OF WELLINGTON GAY

Plan p. 460 (☎020-7439 1274 ; www.dukeofwellingtonsoho.co.uk/london ; 77 Wardour St ; ⏲12h-minuit lun-sam, 12h-23h30 dim ; 📶 ; Ⓤ Leicester Sq). Ce pub sur deux niveaux, en retrait d'Old Compton Street, attire une clientèle d'homosexuels barbus venus pour s'amuser et de quidams appréciant ce type d'ambiance. C'est une étape quasi obligatoire au début d'une virée nocturne à Soho, et la foule déborde sur le trottoir dès que le temps le permet. *Afters* gratuits avec DJ, lorsque des "divas" comme Mariah Carey ou Céline Dion se produisent en ville.

Covent Garden et Leicester Square

LAMB & FLAG PUB

Plan p. 458 (☎020-7497 9504 ; www.lambandflagcoventgarden.co.uk ; 33 Rose St ; ⏲11h-23h lun-sam, 12h-22h30 dim ; Ⓤ Covent Garden). Toujours animée, cette minuscule adresse pleine de charme est chargée d'histoire : un pub (*public house*) existait ici au moins depuis 1772, appelé le Cooper's Arms et connu pour ses matchs de boxe à poings nus. Par tous les temps, on doit fendre la joyeuse compagnie rassemblée dehors pour accéder au bar.

L'entrée principale est dans l'angle d'une minuscule rue pavée, Rose Street. On peut aussi y accéder par l'étroit passage appelé Lazenby Court, qui vous transporte dans le Londres de Dickens. Gare à la tête.

TERROIRS BAR À VINS

Plan p. 458 (☎020-7036 0660 ; www.terroirswinebar.com ; 5 William IV St ; ⏲12h-23h lun-sam ; 📶 ; Ⓤ Charing Cross). Proche de Charing Cross, ce bar à vins est également porté sur la cuisine. Choix pointu de vins de la vieille Europe comme du Nouveau Monde, dont un grand nombre au verre et en vente à emporter. On y sert aussi des tapas (burrata-clémentines, trévise-pignons), quelques plats complets (selle d'agneau avec pesto de chou noir et aubergine) et des plateaux de charcuteries.

SALISBURY PUB

Plan p. 458 (☎020-7836 5863 ; 90 St Martin's Lane ; ⏲11h-23h lun-jeu, 11h-minuit ven-sam, 11h-22h30 dim ; Ⓤ Leicester Sq). Un pub à la situation centrale, ouvert en 1898 (fenêtres en verre dépoli gravé et autres éléments de décor d'époque), très apprécié. Vaste choix de *cask ales*, et quelques bières blondes étrangères plus rares.

KU BAR BAR GAY

Plan p. 460 (☎020-7437 4303 ; www.ku-bar.co.uk ; 30 Lisle St ; ⏲12h-3h lun-sam, 12h-minuit dim ; Ⓤ Leicester Sq). Véritable palais des plaisirs sur 3 niveaux, à deux pas de Leicester Square. Bar à cocktails et lounge à l'étage, où des écrans diffusent des clips pop, ainsi qu'un club ouvrant à 22h au sous-sol.

Holborn et le Strand

AMERICAN BAR BAR À COCKTAILS

Plan p. 458 (☎020-7836 4343 ; www.fairmont.com/savoy-london/dining/americanbar ; Savoy, The Strand ; ⏲11h30-minuit lun-sam, 12h-minuit dim ; Ⓤ Temple, Charing Cross ou Embankment). Avec ses airs de rade de quartier et ses cocktails aux noms de chansons mythiques du "Savoy Songbook" ("Lonely Street" ou "Concrete Jungle"), l'American Bar est une institution. À l'intérieur, c'est mobilier bleu ciel, lignes Art déco épurées et concert de piano-jazz tous les soirs dès 18h30. Les prix commencent à 20 £, et peuvent atteindre la somme vertigineuse de 5 000 £ (le "Sazerac" contient du cognac de 1858).

Le bar tient son nom de ses consommations "à l'américaine" (aujourd'hui appelées cocktails) – c'est en effet le plus vieux bar à cocktails de Londres. Code vestimentaire chic-décontracté.

CRAFT BEER COMPANY BIÈRE ARTISANALE

Plan p. 458 (☎020-7240 0431 ; www.thecraftbeerco.com/covent-garden ; 168 High Holborn ; ⏲12h-minuit dim-mer, 12h-1h jeu-sam ; Ⓤ Tottenham Court Rd). La Craft Beer Company possède 9 adresses, dont celle-ci, à un emplacement incongru en lisière d'un centre de loisirs. Choix remarquable en matières de mousses artisanales, avec 15 bières à pompes manuelles de microbrasseries du Royaume-Uni, 30 autres à la pression et plus d'une centaine en bouteilles et canettes provenant des quatre coins du monde. Le bar est souvent bondé, mais vous trouverez sûrement une table au sous-sol.

RADIO ROOFTOP BAR — BAR

Plan p. 458 (☎020-7395 3440 ; radiorooftop.com/london ; 10e ét, ME London, 336-337 The Strand ; 7h-1h lun-mer, 7h-2h jeu-sam, 7h-minuit dim ; Temple ou Covent Garden). Dans l'hôtel ME London (p. 354), ce fantastique bar à cocktails Art déco (boissons 17 £) n'a pas d'égal en matière de vue sur la Tamise, South Bank, Trafalgar Square et la *skyline* de Londres depuis sa terrasse découverte. On y mange à toute heure : petit-déjeuner buffet (30 £), brunch avec burgers, œufs et sandwichs, et assiettes à partager le reste du temps.

Ceux qui ne logent pas sur place doivent quitter le bar à 23h.

HOLBORN WHIPPET — PUB

Plan p. 458 (☎020-3137 9937 ; www.holbornwhippet.com ; 25-29 Sicilian Ave ; 12h-23h lun-sam ; Holborn). Sis à l'entrée nord-ouest de Sicilian Avenue, artère à colonnade édouardienne piétonne dallée de marbre, ce pub moderne et douillet est axé sur les bières artisanales de petits producteurs (généralement une dizaine à la pression et 5 en fût). Des cuisines éphémères, comme LIU Xiaomian (dédiée aux nouilles épicées de Chongqing), y officient au déjeuner du mardi au vendredi.

PRINCESS LOUISE — PUB

Plan p. 458 (☎020-7405 8816 ; 208 High Holborn ; 11h-23h lun-ven, 12h-23h sam, 12h-18h45 dim ; Holborn). La belle salle du rez-de-chaussée de ce pub Sam Smith, qui date de 1872, a conservé un cadre grandiose : plafond en métal gaufré, carrelage, miroirs dépolis et autres "*snob screens*", et bar central en fer à cheval. Les cloisons de bois victoriennes délimitent d'agréables alcôves. Cuisine de pub classique servie de 12h à 14h30 du lundi au vendredi, et de 18h à 20h30 du lundi au jeudi (plats 8-12 £).

HEAVEN — CLUB GAY

Plan p. 458 (☎020-7930 2020 ; www.heaven-nightclub-london.com ; Villiers St ; 23h-5h lun, 23h-4h jeu-ven, 22h30-5h sam ; Embankment ou Charing Cross). Installé sous les arches de Charing Cross depuis 1979, à l'emplacement d'une ancienne salle de Roller Disco, ce club gay (ouvert à tous) est un fleuron de l'hédonisme. Ses spectacles, soirées et concerts sont fameux ; s'y sont produits New Order, the Birthday Party, Killing Joke et bien d'autres légendes.

Les soirées Popcorn du lundi sont parmi les meilleures de tout Londres, et c'est soirée G-A-Y Porn Idol le jeudi, soirée G-A-Y Camp Attack le vendredi, et soirée G-A-Y (tout court) le samedi.

GORDON'S WINE BAR — BAR À VINS

Plan p. 458 (☎020-7930 1408 ; www.gordonswinebar.com ; 47 Villiers St ; 11h-23h lun-sam, 12h-22h dim ; Embankment ou Charing Cross). Bar à vins peut-être le plus ancien de Londres (fondé en 1890), immense, éclairé aux chandelles et plein de cachet. Victime de son succès, il est toujours bondé et, à moins d'arriver avant la fermeture des bureaux, on ne peut obtenir de table. Fromage, pain et olives accompagnent les boissons. Également une carte de vins bio et végans. Par beau temps, des tables sont installées dans Watergate Walk.

BAR POLSKI — BAR

Plan p. 458 (☎020-7831 9679 ; facebook.com/barpolskilondon ; 11 Little Turnstile ; 16h-23h lun, 12h30-23h mar-jeu, 12h30-23h30 ven, 18h-23h sam ; Holborn). Plus de 60 alcools polonais différents – des vodkas aromatisées à la noisette ou au blé, à la *slivowica* (alcool de prune) –, et cuisine polonaise (8-10 £) dont du *bigos* (ragoût au chou et à la viande fumée) et des *pierogis*. L'intérieur, triangulaire et carrelé, manque de cachet.

Marylebone

♥ ARTESIAN — BAR À COCKTAILS

Plan p. 466 (☎020-7636 1000 ; www.artesian-bar.co.uk ; Langham Hotel, 1c Portland Pl ; 11h-1h lun-mer, 11h-2h jeu-sam, 11h-minuit dim ; Oxford Circus). Pour un soupçon de glamour à la mode coloniale et une touche d'Orient, rendez-vous au somptueux bar du Langham (souvent bondé). Ses cocktails (à partir de 20 £) ont remporté moult récompenses, et beaucoup considèrent ce bar comme le meilleur du monde. Il tire son nom du puits artésien de 110 m de profondeur logé sous l'hôtel.

PURL BAR À COCKTAILS

Plan p. 466 (020-7935 0835 ; www.purl-london.com ; 50-54 Blandford St ; 17h-23h30 lun-jeu, 17h-minuit ven-sam ; Baker St ou Bond St). Ce fabuleux repaire d'amateurs de cocktails, en sous-sol, affiche un cadre plein de cachet – mobilier vintage baroque, bois ancien, briques apparentes et objets d'époques révolues. Mousses, arômes, ingrédients étonnants et verres sur mesure confèrent aux cocktails, même classiques, un air de nouveauté. L'atmosphère tamisée invite au mystère et à la conversation.

Succession de salles et d'alcôves où s'asseoir (réservez plusieurs jours à l'avance). Concerts de jazz le mercredi.

GOLDEN EAGLE PUB

Plan p. 466 (020-7935 3228 ; 59 Marylebone Lane ; 11h-23h lun-sam, 12h-22h30 dim ; Bond St). Si vous aimez chanter, joignez-vous aux clients de ce joli pub de Marylebone. Tony "Fingers" Pearson les accompagne au piano de 20h30 à 23h15 les mardis, jeudis et vendredis. Ici, rien à manger ; on boit, on chante, et c'est tout. Ambiance garantie !

Mayfair

MAGRITTE BAR BAR À COCKTAILS

Plan p. 466 (020-7499 1001 ; www.thebeaumont.com/dining/american-bar ; Beaumont, Brown Hart Gardens ; 11h30-minuit lun-sam, 11h30-23h dim ; ; Bond St). Venez siroter un bourbon ou un cocktail classique dans ce bar chic, au cadre Art déco évocateur des années 1920, situé dans l'élégant hôtel Beaumont (p. 353). Tel un gentleman's club, sans le côté collet monté, le Magritte Bar, bien qu'ouvert assez récemment, ramène aux Années folles et à l'ère du jazz. Situation très centrale.

10° AT GALVIN AT WINDOWS BAR

Plan p. 466 (020-7208 4021 ; www.galvinatwindows.com ; 28e ét., London Hilton, Park Lane, 22 Park Lane ; 11h-1h lun-mer, 11h-2h jeu-sam, 11h-23h dim ; ; Hyde Park Corner). Perché au 28e étage du Park Lane Hilton, ce bar huppé offre un panorama splendide, notamment dans la lumière dorée du couchant auquel le "10°" fait allusion. Les prix des cocktails sont élevés, mais ils sont superbement préparés et se savourent dans de confortables fauteuils en cuir posés au cœur d'un élégant décor aux couleurs exubérantes, émaillé de plantes suspendues. Des en-cas provenant de l'excellent restaurant s'ajoutent à la liste des plaisirs.

Les déjeuners Bellini dominicaux (55 £/pers) et les formules complètes pré-théâtre (35 £) permettent de découvrir la cuisine du Galvin at Windows sans se ruiner. Code vestimentaire chic décontracté.

CONNAUGHT BAR BAR À COCKTAILS

Plan p. 466 (020-7499 7070 ; www.the-connaught.co.uk/mayfair-bars/connaught-bar ; Connaught Hotel, Carlos Pl ; 11h-1h lun-sam, 11h-minuit dim ; ; Bond St). Les amateurs éclairés ne jurent que par le chariot de martinis, mais les cocktails préparés derrière le bar aux tons argent et platine de cet hôtel emblématique de Mayfair (construit en 1815, et originellement appelé le Coburg) valent également le détour. On les savoure dans une luxueuse ambiance Art déco. Allant du classique au réinventé, ils coûtent entre 12 £ et 21 £.Service irréprochable.

Huîtres, caviar et pâtes à la truffe (plats 28-31 £) servis de 11h à 15h30, ainsi qu'en soirée. Code vestimentaire chic-décontracté.

PUNCH BOWL PUB

Plan p. 466 (020-7493 6841 ; www.punchbowllondon.com ; 41 Farm St ; 11h30-23h lun-sam, 11h30-22h dim ; ; Green Park). L'un des plus vieux pubs de Mayfair (classé Grade II), se compose d'un bar public, d'une salle à manger plus chic et d'un club avec réservation obligatoire. L'endroit a conservé nombre d'éléments d'époque (XVIIIe siècle), dont les lambris et les corniches, et attire une jeunesse dorée, préférant les *ales* en fûts, les grands crus et les whiskys haut de gamme aux pressions sans saveur.

En-cas et plats de pub classiques servis au bar (en-cas 5-8 £), tandis qu'en salle la cuisine monte en gamme – morue avec écrasé de pommes de terre au crabe, tombée d'épinards et sauce américaine par exemple (plats 16-27 £).

OÙ SORTIR

Le West End se taille non seulement la part du lion en matières de salles de théâtres londoniens (avec aussi deux opéras), mais il se targue d'un mélange éclectique de salles de cinéma et de *comedy clubs*, ainsi que le fameux Ronnie Scott's (page ci-contre), doyen des clubs de jazz.

PRINCE CHARLES CINEMA CINÉMA

Plan p. 460 (020-7494 3654 ; www.princecharlescinema.com ; 7 Leicester Pl ; Leicester Sq). Dernier cinéma indépendant du West End, le Prince Charles est plébiscité pour sa programmation sans préjugés. On peut y chanter et entonner des répliques sur *La Reine des neiges*, *Elfe* ou *The Rocky Horror Picture Show*, se lancer dans des marathons cinéma (avec parfois des soirées pyjama), ou assister à des séances anniversaire ou en formats spéciaux. La maison encourage les spectateurs à venir déguisés.

DONMAR WAREHOUSE THÉÂTRE

Plan p. 458 (020-3282 3808 ; www.donmarwarehouse.com ; 41 Earlham St ; Covent Garden). Ce petit théâtre (250 places) est celui des "Londoniens qui pensent". Sous l'influence de son nouveau directeur artistique Michael Longhurst, sa programmation est plus provocatrice et moins tournée vers les vedettes que les théâtres traditionnels du West End. Durant l'année 2020, des œuvres d'auteurs ont été jouées, comme celles de Caryl Churchill ou Nina Segal.

ROYAL OPERA HOUSE OPÉRA

Plan p. 458 (020-7304 4000 ; www.roh.org.uk ; Bow St ; boutique cadeaux et café à partir de 10h ; Covent Garden). Covent Garden Piazza est un écrin de choix pour l'opéra et le ballet, et une soirée à "Covent Garden" (qui désigne le Royal Opera House, ou ROH, résidence du Royal Opera et du Royal Ballet, qui se produisent avec l'orchestre du ROH) ne s'oublie pas de sitôt. Si la programmation comporte des œuvres modernes, elle reste toujours tournée vers des productions classiques d'une qualité remarquable, avec des artistes de classe mondiale. Des travaux de rénovation (près de 3 ans et 50 millions de livres) se sont achevés en octobre 2018, et de nouveaux espaces sont désormais accessibles à tous, dont le café et le bar.

Avec le système baptisé "**Friday Rush**", chaque vendredi à 13h, 49 places à prix réduits sont mises en vente pour chacun des spectacles de la semaine suivante (du samedi au vendredi suivant) – même ceux affichant complet. Des places à moitié prix sont par ailleurs parfois proposées 4 heures avant le spectacle.

Pour jeter un coup d'œil aux coulisses, inscrivez-vous pour une **visite guidée**. Le très prisé Backstage Tour (1 heure 15 ; adulte/enfant 15/11,50 £) permet d'imaginer la préparation, l'effervescence et les mélodrames précédant les représentations. Photos interdites.

WIGMORE HALL MUSIQUE CLASSIQUE

Plan p. 466 (020-7935 2141 ; www.wigmore-hall.org.uk ; 36 Wigmore St ; Bond St). Construit en 1901 (et à l'origine hall d'exposition de pianos), le Wigmore Hall est l'une des meilleures salles de musique classique de Londres, avec plus de 460 concerts par an. Acoustique fantastique, scène couronnée d'une coupole de style Arts & Crafts et représentations de grande qualité... Tout est réuni pour une expérience inoubliable.

Les concerts du dimanche matin (11h30), suivis de café ou de sherry, et ceux du déjeuner à 13h le lundi (diffusés en direct sur BBC Radio 3) sont d'un excellent rapport qualité/prix (adulte/enfant 16/14 £).

RONNIE SCOTT'S JAZZ

Plan p. 460 (020-7439 0747 ; www.ronniescotts.co.uk ; 47 Frith St ; 18h-3h lun-sam, 12h-16h et 18h30-minuit dim ; Leicester Sq ou Tottenham Court Rd). Ouvert en 1959, le Ronnie Scott's est l'un des clubs de jazz les plus fameux de Grande-Bretagne, où se sont produits les plus grands : Miles Davis, Charlie Parker, Ella Fitzgerald, Count Basie et Sarah Vaughan. Il entretient sa renommée en accueillant des grands noms et des étoiles montantes. Réservez, ou préférez les concerts plus informels de l'**Upstairs @ Ronnie's**.

PICTUREHOUSE CENTRAL CINÉMA

Plan p. 460 (08719025747 ; www.picturehouses.com/cinema/Picturehouse_Central ; Shaftesbury Ave ; adulte/enfant 16,90/7,90 £ ; Piccadilly). Magnifiquement conçu, ce cinéma multisalles au cœur de Piccadilly Circus n'est qu'élégance dès l'entrée, avec son majestueux escalier à carreaux rouges richement illuminé. Le billet permet d'accéder au café du bas, mais le bar et toit-terrasse de l'étage – belle vue sur les rues en contrebas – est réservé aux membres.

POETRY CAFÉ ARTS DE LA SCÈNE

Plan p. 458 (020-7420 9888 ; poetrysociety.org.uk/poetry-cafe ; 22 Betterton St ; 11h-22h lun-sam ; Covent Garden). Ce café rénové de Covent Garden est un Q.G. des amateurs de poésie. Conférences et lectures par des poètes reconnus, soirées scène ouverte et ateliers d'écriture presque tous les jours. Plats végétariens et végans (soupes, ragoûts, sandwichs) proposés.

COMEDY STORE SPECTACLES COMIQUES

Plan p. 460 (☎0844 871 7699 ; www.thecomedystore.co.uk ; 1a Oxendon St ; Ⓤ Piccadilly Circus). L'un des premiers *comedy clubs* à avoir été créés à Londres, et l'un des meilleurs. Le mercredi ou le dimanche soir, ne manquez pas le Comedy Store Players, plus célèbre spectacle d'improvisation de la capitale avec la divine Josie Lawrence, une habituée, et des comédiens invités. Les jeudis, vendredis et samedis, la soirée Best in Stand Up offre le meilleur du comique à Londres.

NOVELTY AUTOMATION SALLE D'ARCADE

Plan p. 464 (www.novelty-automation.com ; 1a Princeton St ; 10 jetons 8 £ ; ⏲11h-18h mar, mer, ven et sam, 12h-20h jeu ; Ⓤ Holborn). Cette étonnante salle d'arcade déborde de machines à sous amusantes, et l'ambiance mêle charme de village côtier à l'ancienne et trépidation des temps modernes. Les jeux proposés vous permettront de construire votre propre réacteur nucléaire ("déchets radioactifs comestibles gratuits à chaque partie !"), d'espionner des célébrités avec un drone ou de drainer avec une grue un lac rempli de pièces de monnaie que vous devrez ensuite introduire clandestinement à Londres sans vous faire repérer par les autorités fiscales.

THE PLACE DANSE

Plan p. 464 (☎020-7121 1100 ; www.theplace.org.uk ; 17 Duke's Rd ; Ⓤ Euston Sq). Berceau de la danse moderne britannique, The Place programme surtout des chorégraphies d'avant-garde, parfois provocatrices. Derrière la façade en brique de la fin du XIXe siècle se cachent une salle de 300 places, un café à l'ambiance bohème et une douzaine de studios de danse. Billets à partir de 15 £.

ENGLISH NATIONAL OPERA OPÉRA

Plan p. 458 (ENO ; ☎020-7845 9300 ; www.eno.org ; St Martin's Lane ; Ⓤ Leicester Sq). Le Coliseum est le siège de l'English National Opera (ENO), célèbre pour avoir modernisé le genre et l'avoir rendu plus accessible ; tous les opéras joués ici sont chantés en anglais. Construit en 1904 et restauré un siècle plus tard, l'impressionnant bâtiment accueille aussi régulièrement l'**English National Ballet**. Billets : 12-125 £.

Vous pourrez réserver en ligne une visite des coulisses du London Coliseum (adulte/enfant 10/8 £).

ST JOHN'S, SMITH SQUARE MUSIQUE CLASSIQUE

Plan p. 468 (☎020-7222 1061 ; www.sjss.org.uk ; Smith Sq ; Ⓤ Westminster ou St James's Park). Située au cœur de Westminster, cette belle église fut construite en 1728 par Thomas Archer sous l'égide de la reine Anne et de son *New Churches in London and Westminster Act* (1710), qui ordonnait la construction de 50 nouvelles églises pour accommoder la population grandissante de la métropole londonienne. Gravement endommagée pendant la Seconde Guerre mondiale, l'église fut reconstruite dans les années 1960 en tant que salle de concerts classiques, réputée pour son excellente acoustique. Programmation sur le site Web.

Des 50 églises promises par Anne, seule St John's et une douzaine d'autres virent le jour. Le monument fut dénigré pendant un bon siècle en raison de ses quatre tours d'angle et de ses imposantes façades, une rumeur courant que la reine Anne elle-même comparait l'église à un repose-pied géant. L'édifice est aujourd'hui considéré comme un chef-d'œuvre du baroque anglais. Ne manquez pas d'aller prendre un café ou un en-cas au Footstool ("repose-pied"), situé sous la voûte en brique de la crypte.

SOHO THEATRE THÉÂTRE

Plan p. 460 (☎020-7478 0100 ; www.sohotheatre.com ; 21 Dean St ; billets 8-25 £ ; Ⓤ Tottenham Court Rd). Le Soho Theatre s'est bâti une superbe réputation grâce à une toute nouvelle génération d'auteurs et de comédiens. Il accueille également les plus grands humoristes et comiques du Royaume-Uni, et des spectacles de cabaret.

CURZON SOHO CINÉMA

Plan p. 460 (www.curzoncinemas.com ; 99 Shaftesbury Ave ; billets 8-17 £ ; Ⓤ Leicester Sq ou Piccadilly Circus). L'une des meilleures salles de la ville, avec du cinéma britannique, européen, américain alternatif et international de qualité. Le Curzon organise régulièrement des débats avec des réalisateurs, des projections de courts-métrages et des minifestivals. Café au rez-de-chaussée – gâteaux à se damner et Wi-Fi gratuit ; bar chaleureux à l'étage.

MUSEUM OF COMEDY SPECTACLES COMIQUES

Plan p. 464 (www.museumofcomedy.com ; The Undercroft, St George's Church, Bloomsbury Way ; ⏲17h-22h lun-sam, 13h-22h dim ; Ⓤ Holborn ou Tottenham Court Rd). GRATUIT Si le "musée" ne vaut pas de traverser la ville pour le voir, il a le mérite d'être gratuit, et en réservant son billet on peut y voir de célèbres comiques britanniques y jouer leur nouveau spectacle. Mieux encore, venez boire un verre le lundi pour découvrir les comiques émergents du Monday Club (entrée libre). Également des cours d'écriture humoristique.

AMUSED MOOSE SOHO SPECTACLES COMIQUES

Plan p. 460 (020-7287 3727 ; www.amused-moose.com ; cinéma du Karma Sanctum Hotel, 20 Warwick St ; Piccadilly Circus ou Oxford Circus). Les spectacles itinérants du *comedy club* Amused Moose sont souvent donnés dans les hôtels de Soho, notamment le Karma Sanctum. Les shows épargnent le public – vous pourrez donc vous installer au premier rang sans appréhension. Des comiques connus utilisent parfois Amused Moose lors de soirées "surprise" pour répéter des apparitions télévisées ou des shows destinés au grand public. Des avant-premières de spectacles de l'Edinburgh Fringe vous éviteront aussi d'aller jusqu'en Écosse.

SHOPPING

Inutile de présenter le West End aux amateurs de shopping. Oxford Street et Regent Street sont le "paradis" des magasins de prêt-à-porter de chaînes internationales ; Covent Garden compte aussi son lot de franchises, à taille plus humaine, à côté de boutiques indépendantes et vintage. Mais la mode n'est pas tout ! Soho brille surtout en matière de disquaires (vinyles à gogo), de libraires et de boutiques de souvenirs artistiques et originaux.

Westminster et St James's

FORTNUM & MASON GRAND MAGASIN

Plan p. 468 (020-7734 8040 ; www.fortnumandmason.com ; 181 Piccadilly ; 10h-21h lun-sam, 11h30-18h dim ; Green Park ou Piccadilly Circus). Le temps n'a pas de prise sur Fortnum & Mason, grande institution londonienne fondée en 1707, inventeur du *Scotch egg* en 1738 et fournisseur officiel de Sa Majesté en produits d'épicerie et du Prince de Galles en thé. Les tons vert de jade de sa devanture sont devenus emblématiques de l'enseigne. Son personnel (hommes et femmes) porte encore les queues-de-pie de jadis, et sa splendide épicerie fine regorge de marmelades d'orange, de thés spéciaux et de ses fameux paniers *picnic*. Venez pour l'*afternoon tea* au **Diamond Jubilee Tea Salon**, qui reçut en 2012 la visite de la reine.

HATCHARDS LIBRAIRIE

Plan p. 468 (020-7439 9921 ; www.hatchards.co.uk ; 187 Piccadilly ; 9h30-20h lun-sam, 12h-18h30 dim ; Green Park ou Piccadilly Circus). La plus vieille librairie du Royaume-Uni (1797) occupe ce bâtiment georgien depuis plus de 200 ans. Détentrice de 3 Royal Warrants (mandats émis aux fournisseurs de Sa Majesté), elle possède un remarquable stock d'éditions signées, et un excellent choix de premières éditions.

WATERSTONES PICCADILLY LIBRAIRIE

Plan p. 460 (020-7851 2433 ; www.waterstones.com ; 203-206 Piccadilly ; 9h-21h30 lun-sam, 12h-17h dim ; Piccadilly Circus). La plus grande librairie d'Europe, tenue par un personnel très compétent, accueille des lectures et des séances de dédicace. Quelque 8 niveaux de livres et un excellent bar-restaurant sur le toit, le **5th View** (p. 108).

STELLA MCCARTNEY MODE ET ACCESSOIRES

Plan p. 468 (www.stellamccartney.com ; 23 Old Bond St ; 10h-18h30 lun-sam, 12h-18h dim ; Bond St). Stella McCartney est connue pour ses coupes sophistiquées, ses créations flottantes, son style accessible et son approche éthique de la mode (ni cuir, ni fourrure, ni esclavage moderne). Ses collections du moment sont exposées dans cet espace récemment rénové du West End, centre névralgique de la mode londonienne. Ensuite, tout dépend de vos moyens et de votre dévotion à la reine du style.

PENHALIGON'S PARFUMERIE

Plan p. 468 (020-7629 1416 ; www.penhaligons.com ; 16-17 Burlington Arcade ; 9h-18h30 lun-ven, 9h30-18h30 sam, 12h-18h dim ; Piccadilly Circus ou Green Park). Nichée dans le cadre historique de Burlington Arcade (p. 97), un bijou de boutique Penhaligon's, célèbre parfumeur royal depuis la fin du règne de la reine Victoria, établi en 1870. Les employés cernent vos senteurs préférées, et vous font faire le tour des grands succès de la marque et découvrir les nouvelles créations. Parfums traditionnels, parfums d'intérieur, produits pour le bain et le corps : tout est fabriqué en Angleterre.

BOUTIQUES ÉPHÉMÈRES

Luttant courageusement contre la mode des souvenirs de mauvais goût, **We Built This City** (☎020-3642 9650 ; www.webuilt-thiscity.com ; ⌚10h-19h lun-mer, 10h-20h jeu-sam, 11h-18h30 dim) vend des articles produits localement, qui auront moins de chances de finir à la poubelle ou au fond d'un tiroir, et qui ornent même les salons des Londoniens les plus branchés. Des affiches encadrées y célèbrent la diversité et la créativité de la capitale anglaise. Emplacements des boutiques éphémères sur le site Internet.

PAXTON & WHITFIELD FROMAGERIE

Plan p. 468 (☎020-7930 0259 ; www.paxtonandwhitfield.co.uk ; 93 Jermyn St ; ⌚10h-18h30 lun-sam, 11h-17h dim ; Ⓤ Piccadilly Circus ou Green Park). Cette fromagerie à la devanture noir et or, véritable temple des fromages affinés, s'est vu octroyer deux Royal Warrants. On est bien loin de ses débuts modestes (un simple étal à Aldwych en 1742). Pâte cuite ou molle, bleus, fromages à croûte lavée... avis aux amateurs.

TAYLOR OF OLD BOND STREET BEAUTÉ

Plan p. 468 (☎020-7930 5321 ; www.taylor-oldbondst.co.uk ; 74 Jermyn St ; ⌚9h-18h lun-sam ; Ⓤ Green Park ou Piccadilly Circus). Depuis le milieu du XIXe siècle, cette boutique approvisionne les gentlemen en rasoirs de toutes sortes, en blaireaux et en savons de rasage parfumés. On y trouve aussi des huiles, des sels et autres produits pour le bain.

Bloomsbury et Fitzrovia

♥ **LONDON REVIEW BOOKSHOP** LIBRAIRIE

Plan p. 464 (☎020-7269 9030 ; www.londonreviewbookshop.co.uk ; 14 Bury Pl ; ⌚10h-18h30 lun-sam, 12h-18h dim ; Ⓤ Holborn). Vitrine du très respecté bimensuel littéraire *London Review of Books*, cette librairie ne mise pas sur l'amoncellement des livres sur les rayonnages, mais propose un vaste éventail de titres en quelques exemplaires seulement. Elle accueille souvent des débats avec des auteurs de premier plan, et vous pourrez feuilleter vos récentes acquisitions dans sa charmante pâtisserie.

ROYAL MILE WHISKIES WHISKY

Plan p. 464 (☎020-7436 4763 ; www.royalmilewhiskies.com ; 3 Bloomsbury St ; ⌚10h-18h30 lun-sam, 12h-17h dim ; Ⓤ Tottenham Court Rd). Cet établissement aussi minuscule qu'élégant est tenu par des passionnés, qui se feront un plaisir de vous conseiller parmi le choix inégalé de whiskys, d'Écosse, d'Irlande, d'Amérique ou même suédois ! On peut se faire livrer à domicile ou bénéficier d'une exemption de TVA pour se faire plaisir une fois rentré à la maison.

JAMES SMITH & SONS UMBRELLAS MODE ET ACCESSOIRES

Plan p. 458 (☎020-7836 4731 ; www.james-smith.co.uk ; 53 New Oxford St ; ⌚10h-17h45 lun-mar et jeu-ven, 10h30-17h45 mer, 10h-17h15 sam ; Ⓤ Tottenham Court Rd). Difficile de trouver plus élégants parapluies, cannes et autres bâtons de marche que ceux vendus dans ce magasin, où l'on résiste au mauvais temps britannique depuis 1857. Grâce aux fameuses averses londoniennes, elle a certainement de beaux jours devant elle ! Les prix traduisent la qualité des produits. L'enseigne vintage vaut bien une photo.

BLADE RUBBER STAMPS ARTISANAT

Plan p. 464 (☎020-7831 4242 ; www.bladerubberstamps.co.uk ; 12 Bury Pl ; ⌚10h30-18h lun-sam, 11h30-16h30 dim ; Ⓤ Holborn). Cette boutique spécialisée vend des tampons à manche en bois de toutes sortes : emblèmes londoniens (cabines téléphoniques, Parlement anglais) ou de Noël, paysages, planètes, fusées... On peut aussi commander son tampon personnalisé ou opter pour un kit permettant d'en fabriquer soi-même. Profitez-en pour faire des cadeaux sans encombrer vos valises !

ATLANTIS BOOKSHOP LIBRAIRIE

Plan p. 464 (☎020-7405 2120 ; www.theatlantisbookshop.com ; 49a Museum St ; ⌚10h30-18h lun-sam ; Ⓤ Holborn). Située à deux pas du British Museum, cette librairie, ouverte depuis près d'un siècle, se spécialise dans l'occulte, avec une sélection de livres et objets liés à la magie – éditions rares, boules de cristal, baguettes magiques, chaudrons... Elle accueille régulièrement lancements de livres, conférences et événements variés.

JARNDYCE LIBRAIRIE

Plan p. 464 (☎020-7631 4220 ; www.jarndyce.co.uk ; 46 Great Russell St ; ⌚11h-17h30 lun-ven ; ⓤTottenham Court Rd). Tirant son nom d'un procès dans *La Maison d'Âpre-Vent* de Charles Dickens, cette librairie de livres anciens fait face au British Museum, dans un bâtiment du début du XVIIIe siècle : avec pour spécialité la littérature de cette période (et notamment Dickens), elle fourmille aussi d'autres curiosités abordables.

FOLK MODE

Plan p. 464 (www.folkclothing.com ; 49 et 53 Lamb's Conduit St ; ⌚11h-19h lun-ven, 10h-18h sam, 12h-17h dim ; ⓤHolborn). Simples et pleins de style, les vêtements décontractés de cette marque indépendante londonienne se distinguent souvent par des couleurs audacieuses et un caractère artisanal. Rendez-vous au n°49 pour la ligne masculine, et au n°53 pour la collection femme.

PERSEPHONE BOOKS LIBRAIRIE

Plan p. 464 (☎020-7242 9292 ; www.persephonebooks.co.uk ; 59 Lamb's Conduit St ; ⌚10h-18h lun-ven, 11h-17h sam, 12h-16h dim ; ⓤRussell Sq). Un trésor de librairie et maison d'édition qui s'attache à remettre en lumière des auteurs majoritairement féminins, méconnus ou oubliés, du XXe siècle. Nouvelles, mémoires, romans, thrillers... et livres de cuisine figurent au catalogue de Persephone (139 titres pour le moment, tous intelligents, très "littéraires" et passionnants), chacun avec une jolie jaquette grise et un marque-page personnalisé, et préfacé par des auteurs de renom (Jilly Cooper, Elaine Showalter, Julian Barnes...). Également quelques bonnes idées de cadeaux, dont des reproductions en porcelaine des plaques commémoratives bleues de Londres.

GAY'S THE WORD LIBRAIRIE

Plan p. 464 (☎020-7278 7654 ; www.gaystheword.co.uk ; 66 Marchmont St ; ⌚10h-18h30 lun-sam, 14h-18h dim ; ⓤRussell Sq). Première et unique librairie entièrement dédiée à la littérature gay et lesbienne du Royaume-Uni, et véritable institution, qui a ouvert en 1979. Superbe sélection d'ouvrages et un véritable esprit communautaire, continuellement stimulé par des groupes de discussion hebdomadaires et mensuels.

WATERSTONES BLOOMSBURY LIBRAIRIE

Plan p. 464 (☎020-7636 1577 ; www.waterstones.com ; 82 Gower St ; ⌚9h30-21h lun-ven, 9h30-20h sam, 12h-18h dim ; ⓤEuston Sq). Belle filiale du géant de la littérature, située dans un bel édifice de briques rouges du XIXe siècle, au cœur du quartier universitaire de Londres.

Soho

FOYLES LIBRAIRIE

Plan p. 460 (☎020-7434 1574 ; www.foyles.co.uk ; 107 Charing Cross Rd ; ⌚9h30-21h lun-sam, 12h-18h dim ; ⓤTottenham Court Rd). *La* librairie la plus légendaire de Londres (fondée en 1903), où dénicher même les titres les plus obscurs. Connu pour le capharnaüm de ses rayons, son magasin amiral (*flagship store*) de Charing Cross a déménagé au bout de la rue, dans un bel espace soigneusement conçu, pour le plus grand bonheur des bibliophiles. Un café est situé au 5e étage, où une petite galerie accueille des expositions d'art. Grant & Cutler, plus grande librairie de langues étrangères du Royaume-Uni, est installé au 4e étage.

HAMLEYS JOUETS

Plan p. 460 (☎0371 704 1977 ; www.hamleys.com ; 188-196 Regent St ; ⌚10h-21h lun-ven, 9h30-21h sam, 12h-18h dim ; 🚸 ; ⓤOxford Circus). Plus vaste et plus ancien magasin de jouets au monde, Hamleys est un temple de l'amusement, sur 6 niveaux, pour enfants de tous âges. On y navigue du sous-sol dédié à *Star Wars* et *Harry Potter* jusqu'au Lego World (niveau 5), agrémenté d'une charmante boutique et d'un petit café. À chaque étage, des employés s'amusent à ouvrir les boîtes pour faire du boomerang ou des bulles. Les enfants y élaborent durant des heures leur lettre au Père Noël.

LIBERTY GRAND MAGASIN

Plan p. 460 (☎020-7734 1234 ; www.libertylondon.com ; Regent St, entrée sur Great Marlborough St ; ⌚10h-20h lun-sam, 11h30-18h dim ; 📶 ; ⓤOxford Circus). Fondé en 1875, puis agrandi, c'est le plus reconnaissable des magasins de Londres, avec sa façade blanche à colombages de style Tudor Revival (1924), et l'un des plus beaux. À l'intérieur, superbe et *So British*, prêt-à-porter, articles de maison, cosmétiques et accessoires contemporains haut de gamme attirent une clientèle chic et fortunée. Quant aux fameux tissus Liberty aux motifs floraux, développés dès 1884 et passés à la postérité dès la fin du XIXe siècle (en France, le Liberty sera remis au goût du jour et popularisé dans les années 1960 par

Cacharel), ils font toujours fureur, et l'espace mercerie (Haberdashery department) est incomparable. Entre autres produits abordables qui font de jolis cadeaux : le foulard au motif Liberty.

♥ **SOUNDS OF THE UNIVERSE** MUSIQUE

Plan p. 460 (☎020-7734 3430 ; soundsoftheuniverse.com ; 7 Broadwick St ; ⏲10h-19h30 sam, 11h30-17h30 dim ; Ⓤ Oxford Circus ou Tottenham Court Rd). Cette boutique de **Soul Jazz Records** s'adresse aux amateurs de musique noire en quête de titres exceptionnels et souvent oubliés, sauf par les légendaires compilations du label. Les férus de vinyles y trouveront des trésors aussi rares qu'inédits.

SISTER RAY MUSIQUE

Plan p. 460 (☎020-7734 3297 ; www.sisterray.co.uk ; 75 Berwick St ; ⏲10h-20h lun-sam, 12h-18h dim ; Ⓤ Oxford Circus ou Tottenham Court Rd). Institution parmi les nombreux disquaires de Soho, Sister Ray possède une collection indé, innovante et expérimentale qui aurait fait saliver John Peel, animateur de BBC 1. En prime : une équipe de connaisseurs et une bande-son qui déménage.

RECKLESS RECORDS MUSIQUE

Plan p. 460 (☎020-7437 4271 ; www.reckless.co.uk ; 30 Berwick St ; ⏲10h-19h ; Ⓤ Oxford Circus ou Tottenham Court Rd). Ce petit disquaire indépendant n'a presque pas changé depuis son ouverture en 1984. Pourtant, même au XXIe siècle, la boutique est pleine de chineurs en quête du vinyle ou du CD manquant à leur collection. La façade de Reckless figure sur la pochette de l'album légendaire *(What's the Story) Morning Glory?*, du groupe britannique Oasis, fièrement exposée dans la vitrine.

PHONICA MUSIQUE

Plan p. 460 (☎020-7025 6070 ; www.phonicarecords.co.uk ; 51 Poland St ; ⏲11h30-19h30 lun-mer et sam, 11h30-20h jeu-ven, 12h-18h dim ; Ⓤ Tottenham Court Rd ou Oxford Circus). À la fois branché et relax, ce disquaire spécialisé dans les vinyles fait essentiellement dans la house, l'électro et le hip-hop. En fouillant un peu, on déniche aussi des titres reggae, dub, jazz et rock remasterisés, qui font la joie des clubs et des fêtes privées du tout Londres.

AGENT PROVOCATEUR LINGERIE

Plan p. 460 (☎020-7439 0229 ; www.agentprovocateur.com ; 6 Broadwick St ; ⏲11h-19h lun-sam, 12h-17h dim ; Ⓤ Oxford Circus). La fameuse marque de lingerie créée par Joseph Corré (fils de la styliste Vivienne Westwood et de feu Malcolm McLaren, découvreur des Sex Pistols) pour célébrer et émanciper la femme. Soit un festival de corsets, nuisettes, soutiens-gorge et autres mules, colorés, sexy et provocants, pour tous les goûts et toutes les tailles.

GOSH! LIBRAIRIE

Plan p. 460 (☎020-7437 0187 ; www.goshlondon.com ; 1 Berwick St ; ⏲10h30-19h ; Ⓤ Piccadilly Circus). Dénichez un pouf dans ce minuscule espace rempli d'affiches, de romans graphiques, de mangas, de jeux et livres pour enfants. Les BD ont envahi le sous-sol, où les amateurs peuvent s'extasier devant d'anciens albums et des éditions rares.

Covent Garden et Leicester Square

♥ **STANFORDS** LIBRAIRIE

Plan p. 458 (☎020-7836 1321 ; www.stanfords.co.uk ; 7 Mercer Walk ; ⏲9h-20h lun-sam, 12h-18h dim ; Ⓤ Leicester Sq ou Covent Garden). Spécialisée depuis 1853 dans les cartes, les plans, les guides et les globes terrestres, cette doyenne des librairies de voyages vaut le détour. L'explorateur polaire Ernest Shackleton, le missionnaire David Livingstone, le scénariste et producteur Michael Palin ont compté parmi ses clients. Stanfords a quitté en 2019 son célèbre bastion de Long Acre, que la librairie occupait depuis 1901, pour s'installer à cette nouvelle adresse.

♥ **FORBIDDEN PLANET** BD

Plan p. 458 (☎020-7420 3666 ; forbiddenplanet.com ; 179 Shaftesbury Ave ; ⏲10h-19h lun-mar, 10h-19h30 mer, ven-sam, 10h-20h jeu, 12h-18h dim ; Ⓤ Tottenham Court Rd). Cette "Planète interdite" est une vraie caverne d'Ali Baba emplie de BD, de romans de science-fiction, d'horreur et de fantastique, sans compter les figurines et les jouets répartis sur 2 étages. Les amateurs de mangas, de science-fiction, de fantastique et de genres décalés seront aux anges.

NEAL'S YARD DAIRY ALIMENTATION

Plan p. 458 (☎020-7240 5700 ; www.nealsyarddairy.co.uk ; 17 Shorts Gardens ; ⏲10h-19h lun-sam ; Ⓤ Covent Garden). Cette fabuleuse et odorante fromagerie, qui aurait toute sa place dans la campagne anglaise, prouve que la Grande-Bretagne peut produire une multitude de fromages de grande qualité. Cette boutique propose plus de 70 variétés anglaises et irlandaises, dont des labels fermiers. Également : condiments, pickles, confitures et chutneys.

CAMBRIDGE SATCHEL COMPANY MODE ET ACCESSOIRES

Plan p. 458 (020-3077 1100 ; www.cambridge-satchel.com ; 37 Neal St ; 10h-20h lun-ven, 10h-19h sam, 11h-18h dim ; Covent Garden). L'endroit idéal pour s'offrir de la maroquinerie britannique – un sac, un portefeuille ou une malle – pour votre prochaine aventure. Les articles peuvent être embossés sur place à votre nom en 15 minutes environ.

MOLTON BROWN BEAUTÉ

Plan p. 458 (020-7240 8383 ; www.molton-brown.co.uk ; 18 Russell St ; 10h-19h lun-sam, 11h-18h dim ; Covent Garden). Molton Brown, qui fabrique tous ses produits de beauté en Angleterre avec des ingrédients exotiques rares des quatre coins du monde, est *la* marque de choix des hôtels de luxe, des restaurants gastronomiques et des compagnies aériennes pour leur section de 1re classe. Voyagez sans bouger grâce à la gamme de savons, de lotions et de parfums “London via the World”.

WATKINS BOOKS LIBRAIRIE

Plan p. 458 (020-7836 2182 ; www.watkins-books.com ; 19-21 Cecil Ct ; 10h30-18h30 lun-mer et ven, 11h-19h30 jeu et sam, 12h-19h dim ; Leicester Sq). Un choix pléthorique d'ouvrages ésotériques sur l'au-delà, le tarot, la kabbale, le chamanisme, la spiritualité, l'astrologie, le bouddhisme tibétain... et bien d'autres sujets. Si vous vous y intéressez, même de loin, vous pourriez bien vous attarder ici des heures, dans la plus ancienne librairie ésotérique de Londres.

TED BAKER MODE

Plan p. 458 (020-7836 7808 ; www.tedbaker.com ; 9-10 Floral St ; 10h30-19h30 lun-sam, 12h-18h dim ; Covent Garden). L'ancien tailleur de Glasgow a développé sa propre marque, très élégante. Son point fort : des tenues habillées pour hommes et femmes, déclinées en costumes sobres et en robes aux matières originales et impressions audacieuses. La collection sportswear (jeans, tenues de plage) est également prisée.

BENJAMIN POLLOCK'S TOYSHOP JOUETS

Plan p. 458 (020-7379 7866 ; www.pollocks-coventgarden.co.uk ; Rdc, 44 Market Bldg, Covent Garden Piazza ; 10h30-18h lun-mer, 10h30-18h30 jeu-sam, 11h-18h dim ; ; Covent Garden). Ce magasin de jouets traditionnels déborde de trésors pour enfants de tous âges : théâtres de papier victoriens, marionnettes en bois ou à doigts et ours en peluche vintage d'apparences si fragiles qu'on hésiterait à les confier à des enfants.

Marylebone

DAUNT BOOKS LIBRAIRIE

Plan p. 466 (020-7224 2295 ; www.dauntbooks.co.uk ; 83 Marylebone High St ; 9h-19h30 lun-sam, 11h-18h dim ; Baker St). Cette immense librairie édouardienne consacrée au voyage, avec lambris de chêne, étage en galerie et verrières, est l'une des plus jolies de Londres – et de loin la plus grandiose des librairies Daunt. Outre les ouvrages de voyages, elle contient des titres de fiction et de découvertes répartis sur deux niveaux.

LONDON BEATLES STORE SOUVENIRS

Plan p. 466 (020-7935 4464 ; www.beatlesstorelondon.co.uk ; 230 Baker St ; 10h-18h30 ; Baker St). Médiators, magnets Abbey Road, T-shirts à l'effigie de Ringo Starr, mugs, sacs *Magical Mystery Tour*, guirlandes de Noël *Yellow Submarine*, affiches *Help!*, réveils... Tout ce que l'on peut imaginer en rapport avec les “quatre garçons dans le vent”. D'autres artistes (de David Bowie et Queen à Nirvana et Jimi Hendrix) sont représentés à **It's Only Rock 'n' Roll**, magasin associé, sur le trottoir d'en face.

CATH KIDSTON MODE ET ACCESSOIRES

Plan p. 466 (020-7935 6555 ; www.cathkidston.com ; 51 Marylebone High St ; 10h-18h lun-mar, 10h-19h mer-sam, 11h-19h dim ; Baker St). Les articles de décoration et de mode d'inspiration vintage aux motifs floraux de la styliste Cath Kidston se reconnaissent entre mille, et on en trouve partout en ville. Sa boutique dédiée est l'endroit où craquer pour des accessoires de voyage et autres objets fièrement londoniens, qui feront d'excellents souvenirs ou cadeaux.

CADENHEAD'S WHISKY SHOP & TASTING ROOM WHISKY

Plan p. 466 (020-7935 6999 ; www.whiskytastingroom.com ; 26 Chiltern St ; 10h30-18h30 lun-jeu, 11h-18h30 ven, 10h30-18h sam ; Baker St). Le plus ancien embouteilleur indépendant d'Écosse se spécialise dans les *single malts* de distilleries locales, que l'on retrouve dans ce petit paradis pour passionnés de *uisge-beatha* (whisky en gaélique, littéralement "eau-de-vie"). Tous les breuvages en vente proviennent de fûts sélectionnés individuellement, et n'ont subi ni filtrage, ni ajouts, ni coloration artificielle. Dégustations fréquentes au sous-sol.

Mayfair

VIVIENNE WESTWOOD MODE ET ACCESSOIRES

Plan p. 460 (020-7439 1109 ; www.viviennewestwood.com ; 44 Conduit St ; 10h-18h lun-mer, ven-sam, 10h-19h jeu, 12h-17h dim ; Bond St ou Oxford Circus). Doyenne de la mode punk et new-wave, Vivienne Westwood a conservé le goût de la controverse et continue à créer des collections toujours aussi osées, novatrices et provocatrices : bustiers inspirés du XIXe siècle, chaussures à talons compensés, tartans et vêtements sur mesure voyants.

SELFRIDGES GRAND MAGASIN

Plan p. 466 (0800 123 400 ; www.selfridges.com ; 400 Oxford St ; 9h-22h lun-sam, 11h30-18h dim ; Bond St). Installé dans un majestueux édifice à colonnades classé Grade II, Selfridges ne cesse d'innover depuis son ouverture, en 1909. Ses exubérantes vitrines, régulièrement renouvelées, attirent les foules, notamment à Noël. À l'intérieur : une aire de restauration sans pareille, d'immenses espaces cosmétiques et la gamme habituelle de boutiques de grands magasins. Le **restaurant** sur le toit est idéal pour admirer la ville.

BURBERRY MODE ET ACCESSOIRES

Plan p. 460 (020-3402 1500 ; www.burberry.com ; 21-23 New Bond St ; 10h-19h lun-sam, 12h-18h30 dim ; Bond St). Connue pour ses versions actuelles de classiques (trenchs aux couleurs vives, pantalons kaki à larges poches), son célèbre tissu écossais beige et son look soigné, Burberry demeure la première marque britannique de tradition.

GINA CHAUSSURES

Plan p. 466 (020-7499 7539 ; www.gina.com ; 119 Mount St ; 10h-18h lun-mer et ven-sam, 10h-19h jeu, 12h-17h dim ; Bond St). Outre la qualité du cuir et des tissus, ces souliers ultrachics de haute couture britannique (ballerines, sandales plates, chaussures à talons découverts, à talons aiguilles, à bout ouvert, à talons compensés...) sont décorés de cristal Swarovski. Bien sûr, un tel luxe a un prix, et les articles les moins chers coûtent déjà près de 500 £.

MULBERRY MODE ET ACCESSOIRES

Plan p. 466 (020-7491 3900 ; www.mulberry.com ; 50 New Bond St ; 10h-19h lun-sam, 12h-18h dim ; Bond St). Affirmez votre statut mais aussi votre style avec les sacs Mulberry, réputés pour la qualité de leur cuir et de leur fabrication. La marque, qui s'est modernisée, marche sur les talons d'autres créateurs britanniques tels Burberry et Pringle.

GRAYS ANTIQUES ANTIQUITÉS

Plan p. 466 (www.graysantiques.com ; 58 Davies St ; 10h-18h lun-ven, 11h-17h sam ; Bond St). Quelque 200 antiquaires spécialisés vendent ici de très vieux bijoux, costumes, objets militaires de collection, chinoiseries et bien plus encore, dans deux bâtiments : le principal dans Davies Street et l'autre, contigu, dans Davies Mews. Dans le second, n'oubliez pas de vous rendre au sous-sol, voir le cours d'eau de la Tyburn couler dans un canal. Certains marchands sont fermés le samedi.

La City

Notre sélection

❶ Les gardes de la **Tour de Londres** (p. 135), les *Yeomen Warders* (ou *Beefeaters* “mangeurs de bœuf”), font aussi revivre des siècles d’histoire lors de visites guidées. On y découvre les joyaux de la Couronne, des corbeaux de bon augure, une imposante armure royale…

❷ La **cathédrale Saint-Paul** (p. 141) est couronnée d’une majestueuse coupole invitant à la méditation silencieuse. Un escalier de 528 marches permet d’en explorer les hauteurs.

❸ Le **Museum of London** (p. 148) retrace l'histoire de la ville à travers d’intrigants objets, expos interactives et maquettes de quartiers disparus.

❹ Perché au sommet du “Talkie-Walkie”, le **Sky Garden** (p. 144) jouit d'une vue unique sur l’architecture ultra-moderne de la City.

❺ Restaurant étoilé, le **City Social** (p. 150) offre un cadre Art déco et une vue superbe depuis le 24e étage.

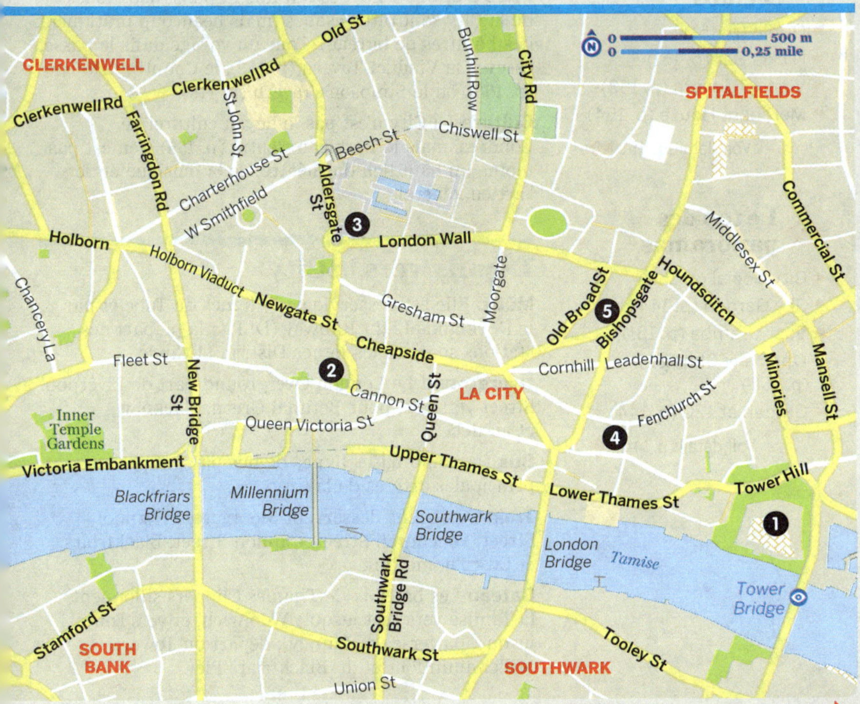

Pour un plan plus détaillé, reportez-vous p. 470

Bons plans Lonely Planet

Conçu par l'architecte français Jean Nouvel, le One New Change (p. 155) est une galerie marchande surtout dévolue aux grandes marques de chaînes. Prenez l'ascenseur jusqu'au 6e étage pour accéder à la plateforme : la vue sur le dôme de la cathédrale Saint-Paul et toute la ville au-delà est imprenable.

Le top des restaurants

- City Social (p. 150)
- Duck & Waffle (p. 150)
- Simpsons Tavern (p. 149)

Voir détails p. 149

Le top des bars et clubs

- Oriole (p. 151)
- Nickel Bar (p. 151)
- Viaduct Tavern (p. 153)
- Merchant House (p. 154)

Voir détails p. 151

Le top des panoramas

- City Social (p. 150)
- Sky Garden (p. 144)
- Sushi Samba (p. 151)
- One New Change (p. 155)
- Garden at 120 (p. 144)

Voir détails p. 144

Promenade dans la City

Surnommée “Square Mile” en référence à sa (modeste) superficie, la Cité de Londres (la City) abrite pourtant d'innombrables sites emblématiques, à commencer par les plus connus : la cathédrale Saint-Paul (p. 141) et la Tour de Londres (prévoir une demi-journée pour chaque site). La visite d'autres lieux peut se faire au gré d'une balade plus improvisée, pour découvrir les trésors cachés du quartier et sa myriade d'églises, dues pour la plupart à sir Christopher Wren.

Si plus d'un demi-million de personnes travaillent dans la City, elle ne compte que 7 400 habitants. Pour mesurer son activité frénétique, découvrez-la en semaine. Le quartier se vide le soir, quand les employés repartent vers les banlieues. Un calme étonnant règne le week-end, moment idéal pour explorer les lieux en toute tranquillité (rare privilège dans une métropole moderne), même si depuis peu bars et restaurants se limitent de moins en moins aux horaires de bureau.

Vivre comme un Londonien

Repas avec vue Chaque gratte-ciel de Londres se doit d'avoir son bar ou son restaurant en hauteur. Le Duck & Waffle (p. 150) est le plus haut d'entre eux.

Pubs d'époque Les restaurants et pubs historiques de la City sont pittoresques (mais beaucoup pratiquent des horaires de bureau). Pour un voyage dans le passé, essayez la Viaduct Tavern (p. 153), le Counting House (p. 153), ou la Simpsons Tavern (p. 149).

Culture La City n'est pas le noyau culturel de Londres, mais le Barbican Centre (p. 155) n'en est pas moins un haut lieu du théâtre, de la musique et de l'art en général.

Depuis/vers la City

Métro Elle est desservie par 7 lignes du Tube et par le Docklands Light Railway (DLR) ; la plupart des stations sont sur les lignes District et Circle.

Overground Le London Overground part de Liverpool Street vers l'est pour Bethnal Green, Hackney et au-delà.

Bus De nombreuses lignes de bus passent par les principales artères de la City.

Train Des trains desservent Moorgate, Liverpool Street, Fenchurch Street, Cannon Street, Blackfriars et City Thameslink.

Bateau Les bateaux de Thames Clippers sillonnent la Tamise vers l'est jusqu'à Woolwich, et vers l'ouest jusqu'à Battersea et Putney ; départ du Tower Millennium Pier et du Blackfriars Pier.

LES INCONTOURNABLES
TOUR DE LONDRES

Dotée d'une histoire aussi sanglante que fascinante, la Tour de Londres est peut-être le plus captivant des sites à visiter. Sa construction commença sous le règne de Guillaume le Conquérant, au XIe siècle, et cette forteresse médiévale, l'une des plus grandes d'Angleterre, qui compte en réalité pas moins de 22 tours, servit au fil des siècles de résidence royale, d'observatoire, d'arsenal, de ménagerie, de prison et de lieu d'exécution.

Tower Green

Les bâtiments à l'ouest et au sud de ce carré de verdure ont toujours hébergé des fonctionnaires de la Tour. L'actuel connétable est logé dans un appartement de la Queen's House (1540). Ce que l'on pourrait prendre pour un havre de paix est l'un des lieux de plus sinistre mémoire de la Tour.

Le site de l'échafaud

Parmi les rares personnes qui, dans leur malheur, eurent le privilège de mourir ici (plutôt que de subir l'affront d'une exécution publique à Tower Hill, sous les cris et railleries de milliers de curieux), on compte Anne Boleyn et Catherine Howard, respectivement deuxième et cinquième épouse d'Henri VIII. Mais aussi lady Jane Grey, 16 ans, qui s'attira les foudres de Marie Ire, fille d'Henri VIII, lorsque sa famille voulut la faire couronner reine, ou encore Robert Devereux, comte d'Essex et ancien favori de la reine Élisabeth Ire. À l'ouest du site se dresse la **Beauchamp Tower** (1280, prononcé "bitchem"), dont les murs présentent encore des messages de détresse laissés par des prisonniers de marque. En tout, les lieux gardent le souvenir de 22 personnes exécutées dans l'enceinte de la tour, dont 11 espions allemands passés par les armes au cours des deux guerres mondiales.

À NE PAS MANQUER

- Visite guidée par les Yeomen Warders
- Joyaux de la Couronne
- Collection d'armures de la White Tower
- Corbeaux de la Tour

INFOS PRATIQUES

- Plan p. 470, G4
- ☎020-3166 6000
- www.hrp.org.uk/toweroflondon
- Petty Wales
- Adulte/enfant 28,90/14,40 £
- 9h-16h30 mar-sam, 10h-16h30 dim-lun
- Tower Hill

UNE PETITE FAIM ?

Dans l'enceinte de la Tour, le **New Armouries Cafe** propose un buffet de style cafétéria de classiques britanniques. Autrement, le BrewDog Tower Hill (p. 153), à deux pas de la Tour, sert pizzas, burgers et salades, à accompagner de bières artisanales brassées sur place.

Les emblématiques Yeomen Warders, vêtus de leur traditionnel uniforme bleu marine à liserés rouges, gardent la Tour de Londres depuis le XVe siècle. Si aujourd'hui leur fonction est avant tout cérémonielle, ils doivent néanmoins avoir servi 22 ans dans l'armée britannique pour pouvoir prétendre au poste. Les histoires qu'ils racontent font partie des clous de la visite guidée (comprise dans le prix d'entrée). Ces visites de 45 minutes, très divertissantes, partent toutes les 30 minutes du pont, à côté de l'entrée principale, jusqu'à 15h30 (14h30 en hiver). Profitez-en avant d'explorer la Tour à votre guise.

Chapelle royale St Peter ad Vincula

À la lisière nord de Tower Green, la chapelle royale du XVIe siècle, St Peter ad Vincula (Saint-Pierre-aux-Liens), est un rare exemple d'architecture religieuse Tudor. Y sont inhumés 3 reines (Anne Boleyn, Catherine Howard et Lady Jane Grey) et deux saints (Thomas More, John Fisher). Un troisième saint, Philip Howard, fut enterré ici avant que sa dépouille ne soit transférée à Arundel, dans le sud de l'Angleterre.

Joyaux de la Couronne

À l'est de la chapelle royale et au nord de la White Tower, les **Waterloo Barracks** abritent les inestimables joyaux de la Couronne. Vous découvrirez quelques séquences filmées des joyaux, illustrant leur place au fil de l'histoire, ainsi que des images d'archives du couronnement de la reine Élisabeth II, en 1953, avant de parvenir à la chambre forte.

À l'intérieur vous attendent divers sceptres, orbes (globes surmontés d'une croix) et couronnes royales. Deux tapis roulants défilent lentement devant les coiffes royales et autres objets de couronnement, dont la couronne de platine de feu la reine mère, sertie du célèbre diamant Koh-I-Nûr ("Montagne de Lumière" en persan), de 106 carats, et le sceptre à la croix, surmonté de la Grande Étoile d'Afrique (ou Cullinan I, un diamant de 530 carats). Les photographies sont interdites, mais vous pouvez toujours recommencer l'exposition depuis le début pour admirer à nouveau vos pièces préférées.

Pièce maîtresse de la collection : la couronne impériale, incrustée de 2 868 diamants (dont la Petite Étoile d'Afrique, ou Cullinan II, de 317 carats), de saphirs, d'émeraudes, de rubis et de perles. Le monarque la porte lors de la cérémonie d'ouverture du Parlement. Notez les boîtes étranges à la sortie : faites sur mesure, elles servent au transport des joyaux de la Couronne pour les cérémonies.

White Tower

Au centre du site trône le plus ancien édifice de Londres. Forteresse de pierre construite dans les années 1070, c'était *la* tour de Londres d'origine. Elle prit son nom de White Tower ("tour Blanche") après qu'Henri III l'eut fait chauler au XIIIe siècle. Avec à peine 27 m de haut, c'est loin d'être un gratte-ciel, mais au Moyen Âge elle devait éclipser les cabanes de bois entourant les murs du château et tenir les paysans en respect.

L'intérieur sert principalement d'écrin à la belle collection de canons, d'armes à feu et d'armures pour hommes et chevaux des **Royal Armouries**. Parmi les pièces remarquables de la **Line of Kings**, citons les deux armures d'Henri VIII – la première réalisée pour un fringant jeune homme de 24 ans, la seconde pour un monarque quinquagénaire replet, au tour de taille de 129 cm. Parmi un ensemble de bois sculpté de la fin du XVIIe siècle, composé de chevaux et de têtes des rois célèbres, ne manquez pas l'impressionnante armure de 2 m, que l'on pensa un temps réalisée pour le duc de Lancastre, Jean de Gand, et, juste à côté, l'armure d'enfant confectionnée pour le futur Charles Ier.

Le dernier étage renferme le billot et la hache utilisés pour l'exécution de Simon Fraser, dernière décapitation publique de Tower Hill, en 1747, ainsi que la chaise Windsor au dossier fracassé sur laquelle l'espion allemand Josef Jakobs fut fusillé en 1941 – la dernière exécution de la Tour. Dans la salle suivante, vous pourrez vous essayer au tir à l'arc ou à l'escrime.

Chapelle Saint-Jean

Avec ses plafonds voûtés, ses arches arrondies et ses 14 piliers de pierre, cette chapelle dépouillée du XIe siècle, bel exemple d'architecture normande, servit un temps d'archives nationales. C'est ici que l'inconsolable Henri VII fit exposer pendant 12 jours le corps de son épouse chérie Élisabeth d'York, morte à 37 ans de suites de couches en 1503. Visites guidées tous les jours à 10h45, 12h45 et 14h15.

Bloody Tower

Juste en face de Traitors' Gate (la porte des Traîtres), par laquelle les prisonniers acheminés par bateau entraient dans la Tour, se trouve l'énorme herse de la Bloody Tower (1225). La "tour Sanglante" doit son surnom aux "princes de la Tour", Édouard V (12 ans) et son jeune frère, Richard, détenus ici puis assassinés pour éviter qu'ils ne prétendent au trône pense-t-on. Ce meurtre est généralement attribué (notamment par Shakespeare) à leur oncle Richard III. Une petite exposition recrée le bureau de l'explorateur Walter Raleigh – emprisonné ici à plusieurs reprises – et s'intéresse à la torture pratiquée dans la Tour à travers de terrifiantes répliques d'instruments tels le *Chevalet* et la *Fille du charognard*.

Palais médiéval

Le palais médiéval se compose de 3 tours. On y pénètre par la **St Thomas's Tower** (tour Saint-Thomas), édifiée entre 1275 et 1279, où ont été reconstituées une salle et une chambre de l'époque d'Édouard Ier. La tour adjacente, **Wakefield Tower**, a été construite sous le règne de Henri III, père d'Édouard, en 1220-1240. Elle est richement meublée – avec notamment la réplique d'un trône – et décorée de façon à évoquer l'intérieur d'origine. Henri VI y aurait été assassiné alors qu'il priait, pendant la guerre des Deux-Roses (XVe siècle), qui opposait les maisons royales de Lancastre et d'York. Une plaque sur le sol de la chapelle rappelle le souvenir de ce roi de la famille Lancastre. Au sous-sol de la tour Wakefield, une exposition sur la torture est accessible par une entrée séparée. L'itinéraire principal de visite se poursuit vers la **Lanthorn Tower** (1220-1238), résidence des reines au Moyen Âge.

Promenade sur les remparts

Les immenses remparts intérieurs de la Tour ont été ajoutés par Henri III en 1220 afin de consolider les défenses de la forteresse. La Wall Walk (promenade des Remparts) permet d'en parcourir les sections est et nord, jalonnées de tours. La première, **Salt Tower**, au sud-est, fut probablement construite pour entreposer le salpêtre utilisé pour fabriquer la poudre. Comme en témoignent des graffitis d'époque, elle accueillit aussi des prisonniers, tel saint Henry Walpole.

Tour de Londres

À L'ASSAUT DE LA TOUR

Il y a souvent moins de monde en fin d'après-midi, mais évitez de visiter la Tour trop tard dans la journée : il y a énormément à voir ! Commencez par une visite guidée en compagnie des Yeomen Warders (ou “Beefeaters”), incluse dans le billet d'entrée. On passe un bon moment, et c'est la façon la plus simple d'accéder à la **1 chapelle royale St Peter ad Vincula**, où la visite se termine. En sortant de la chapelle, on se trouve face au **2 site de l'échafaud**. Le bâtiment situé immédiatement à gauche est celui des Waterloo Barracks, qui renferment les **3 joyaux de la Couronne**. C'est vraiment le clou de la visite : guettez un moment où l'affluence paraît moindre pour les admirer tranquillement. Des tapis roulants font défiler lentement les visiteurs devant la dizaine de couronnes qui constituent les pièces maîtresses de l'exposition. Réservez suffisamment de temps à la visite de la **4 White Tower**, l'édifice central de la Tour, qui commence par l'exposition des armures royales. En montant au premier étage, ne manquez pas **5 St John's Chapel**. Les célèbres **6 corbeaux** se trouvent sur la pelouse devant la White Tower. Puis, explorez la **7 Bloody Tower** et l'exposition sur la torture dans les oubliettes de la Wakefield Tower. Dirigez-vous ensuite vers les tours qui formaient le **8 palais médiéval**, puis empruntez la promenade de l'**9 East Wall Walk** qui permet de découvrir les fortifications. S'il vous reste du temps, profitez-en pour fureter un peu partout : la Tour renferme bien des trésors cachés !

COUPE-FILE

➡ Achetez vos billets en ligne, évitez le week-end et prévoyez d'arriver à la première heure, lorsque les files d'attente sont les plus courtes.

➡ Devenir membre à l'année de l'association Historic Royal Palaces donne droit à un coupe-file et permet de visiter la Tour (ainsi que 4 autres palais londoniens) à volonté.

FLIK47 / GETTY IMAGES ©

Chapelle royale St Peter ad Vincula
Cette chapelle est la dernière demeure des membres de la famille royale et des aristocrates qui furent exécutés sur les lieux. D'autres personnages historiques, comme Thomas More, y reposent également.

Site de l'échafaud
Sept personnes, dont trois reines (Anne Boleyn, Catherine Howard et Jane Grey), ont été décapitées ici sous le règne des Tudors, évitant au roi l'embarras d'exécutions publiques à Tower Hill. Une sculpture commémorative de Brian Catling marque l'emplacement des exécutions.
Ci-dessus : mémorial du site de l'échafaud, par Brian Catling

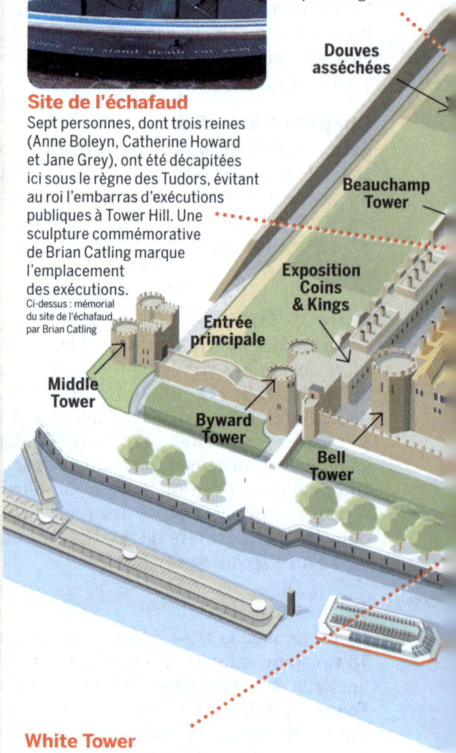

White Tower
La majeure partie de cette tour est consacrée à une collection retraçant 5 siècles d'armures royales. On y voit celle du corpulent roi Henri VIII... munie d'une protection impressionnante destinée à ses attributs virils !

CHRISDORNEY / SHUTTERSTOCK ©

St John's Chapel

La sobre chapelle de la White Tower date des années 1080, ce qui en fait le plus ancien lieu de culte chrétien de Londres à avoir traversé les siècles.

JOSEPH M. ARSENEAU / SHUTTERSTOCK ©

Joyaux de la Couronne

Portés par le souverain lors des cérémonies officielles, les joyaux sont conservés ici le reste du temps. Parmi les 23 578 pierres précieuses, admirez le diamant Cullinan I (530 carats) qui orne le sceptre à la croix, le plus gros fragment de ce qui fut en son temps le plus gros diamant jamais découvert.

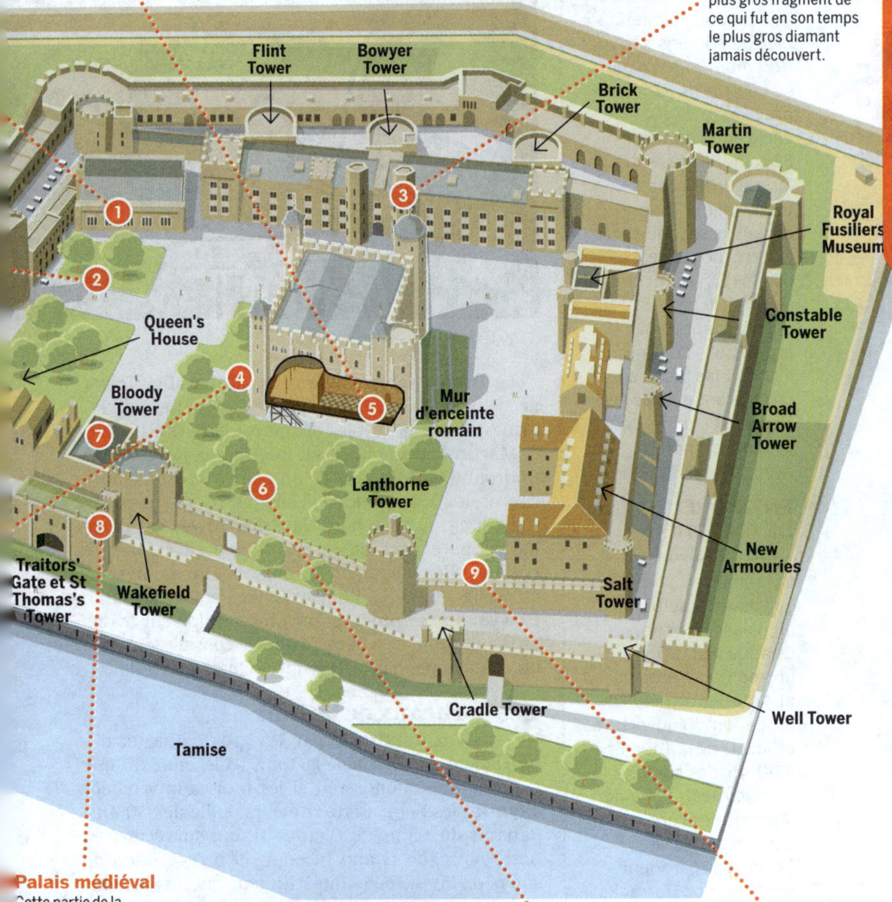

Palais médiéval

Cette partie de la Tour a été construite à partir de 1220. Les rois d'Angleterre du Moyen Âge y résidaient. Ne manquez pas la reconstitution de la chambre à coucher d'Édouard Ier (1272-1307) dans la St Thomas's Tower et de la salle du trône de son père Henri III (1216-1272) au dernier étage de la Wakefield Tower.

CRISTIAN SANTINON / SHUTTERSTOCK ©

Corbeaux

C'est sur cette pelouse que se trouvent les célèbres corbeaux de la Tour, nourris à la viande crue et aux biscuits trempés dans le sang. Selon la légende, si les corbeaux venaient à quitter la Tour, le royaume serait en péril.

Promenade des remparts

Suivez les remparts intérieurs le long des sections est et nord de l'enceinte. Les 7 tours qui les jalonnent présentent chacune des expositions sur un thème différent, de la ménagerie royale à la Tour pendant la Première Guerre mondiale.

LA CÉRÉMONIE DES CLÉS

La fermeture à clé de la porte principale de la Tour, sans doute la plus ancienne cérémonie militaire au monde, a lieu chaque soir depuis plus de 700 ans. La *Ceremony of the Keys* se déroule de 21h53 précises, à 22h05. Elle n'eut qu'une fois 30 minutes de retard, lorsqu'une bombe tomba sur la Tour durant la Seconde Guerre mondiale. Les billets (1 £) se réservent en ligne, le plus tôt possible, sur www.hrp.org.uk ; ils sont disponibles jusqu'à un an à l'avance, mais les 10 premiers mois sont souvent complets.

EN ORDRE DE MARCHE

Il y a 2 autres occasions de voir les traditions anglaises en action. Chaque jour, à 9h, un Yeoman Warder et 4 gardes armés procèdent à l'ouverture officielle de la Tour. Et à 14h45, des soldats de la garde de la Reine, chargés de la protection des Joyaux de la Couronne, paradent des Waterloo Barracks à la Byward Tower pour récupérer auprès du Yeoman Warder en chef le mot de passe qui permet d'entrer dans la Tour après la fermeture ; c'est la cérémonie du Mot (*Ceremony of the Word*).

Beefeater de la Tour de Londres

La **Broad Arrow Tower** et la **Constable Tower** accueillent chacune une petite exposition sur les armes et sur la révolte des paysans de 1381. Dans la **Martin Tower**, qui servit d'écrin aux joyaux de la Couronne de 1669 à 1841, on peut voir d'anciennes couronnes dépourvues de leurs pierres précieuses.

Le long du mur nord, la **Brick Tower** est dévolue à une exposition captivante sur la ménagerie royale – elle comprenait un ours polaire qui nageait et pêchait dans la Tamise, solidement attaché. La **Bowyer Tower** propose une présentation sur le duc de Wellington, et la **Flint Tower** est consacrée au rôle du château pendant la Première Guerre mondiale.

Les corbeaux de la Tour

Ne soyez pas intimidé par les gros corbeaux qui tournoient au-dessus de la Tour. La légende dit que le royaume s'effondrerait si les 6 oiseaux venaient à quitter les lieux. Cette rumeur, vieille de 350 ans, daterait du règne de Charles II, qui survécut à la peste noire, au Grand Incendie et à l'exécution de son père. Mythe ou réalité ? En tout cas, les gardiens de la Tour ne prennent aucun risque.

Les 6 oiseaux (et un septième au cas où) sont logés et soignés sur place par le Ravenmaster ("maître des corbeaux"). Leurs plumes sont taillées pour les empêcher de s'éloigner de la Tour, mais ils peuvent tout de même voler ; malgré cette précaution, on en a retrouvé un à Greenwich ; un autre fut recalé pour avoir pris l'habitude de se poser sur des antennes TV.

En avril 2019, la naissance de quatre oisillons à la Tour fut la première en 30 ans.

PETER ADAMS/GETTY IMAGES ©

LES INCONTOURNABLES CATHÉDRALE SAINT-PAUL

Le chef-d'œuvre de sir Christopher Wren, couronné d'un dôme éclatant, est le plus beau monument de la City. Construite entre 1675 et 1710 après la destruction de l'ancien édifice lors du Grand Incendie, Saint-Paul était alors la seule cathédrale à triple coupole au monde. Son dôme imposant, dont le sommet est accessible par des escaliers, domine encore Ludgate Hill, et préside à une vue superbe sur la ville. De hauts personnages sont enterrés dans la crypte.

À NE PAS MANQUER

- Ascension du dôme
- Mosaïques du plafond du chœur
- Tombeaux de l'amiral Nelson et du duc de Wellington
- Chapelle des Américains

INFOS PRATIQUES

- Plan p. 450, C2
- ☎020-7246 8357
- www.stpauls.co.uk
- St Paul's Churchyard
- Adulte/enfant 20/8,50 £
- ⌚8h30-16h30 lun-sam
- Ⓤ St Paul's

L'intérieur

À une époque marquée par le sentiment anticatholique et la vogue du gothique, le choix d'une inspiration romaine était polémique. Néanmoins, Wren opta pour un intérieur au décor relativement sobre respectant l'esprit protestant, avec de larges ouvertures laissant entrer la lumière. Les statues et les mosaïques que l'on y découvre sont plus récentes.

L'aile nord abrite le grandiose **mémorial au duc de Wellington** (1912), qui nécessita 54 années de travail. À l'origine, le destrier du "duc de fer", Copenhague, était tourné de l'autre côté, mais il fut jugé impropre que le postérieur d'un cheval fît face à l'autel. En dessous de la coupole se trouve une élégante épitaphe rédigée pour Wren par son fils : *Lector, si monumentum requiris, circumspice.* ("Lecteur, si tu cherches son monument, regarde autour de toi.").

La chapelle du transept nord accueille le célèbre tableau de William Holman Hunt, *La Lumière du monde* (*The Light of the World*, 1851-1853), représentant le Christ frappant à une porte recouverte de végétation qui, symboliquement, ne peut être ouverte que de l'intérieur. On est saisi par l'éblouissant **chœur** (*quire*), aux voûtes et aux plafonds resplendissant de mosaïques colorées, ainsi que par le **maître-autel**. Les sculptures ouvragées des **stalles latérales** sont l'œuvre du sculpteur anglo-hollandais Grinling Gibbons, et les

UNE PETITE FAIM ?

Un café et un salon de thé sont installés dans la crypte. Si vous êtes gêné à l'idée de vous restaurer dans un lieu consacré, allez au Ivy Asia (p. 151) – excellente cuisine fusion –, qui donne sur la cathédrale. Sinon, il y a des restaurants de chaînes plus abordables dans la galerie marchande One New Change (p. 155).

L'audioguide est inclus dans le prix du billet, mais il est conseillé de prendre part à l'une des 2 visites guidées, qui donnent accès à des sites interdits au public. Ces visites gratuites (1 heure 30) permettent d'admirer les mosaïques du plafond depuis le chœur. Pas de réservation ; se renseigner en arrivant au guichet des visites. Les Triforium Tours (8 £), moins fréquents, donnent accès à l'escalier du doyen (vu dans les films *Harry Potter*), permettent d'admirer la nef depuis un endroit réservé aux caméras de la BBC, de voir la maquette en bois de la cathédrale utilisée par Wren et de visiter l'impressionnante bibliothèque (fermée pour rénovation jusqu'à fin 2021).

grilles en fer forgé qui séparent les bas-côtés de l'autel sont du ferronnier d'art français huguenot Jean Tijou (tous deux ont contribué à la réalisation de Hampton Court Palace).

Faites le tour de l'autel, surmonté d'un imposant **baldaquin** en chêne doré, jusqu'à la **chapelle des Américains** (American Memorial Chapel), dédiée aux 28 000 soldats américains basés au Royaume-Uni qui périrent pendant la Seconde Guerre mondiale. Remarquez le Tableau d'honneur, dont les pages sont tournées chaque jour, les emblèmes des États sur les vitraux, ainsi que les plantes, les oiseaux et les animaux américains sur les boiseries sculptées.

Dans l'aile nord du chœur, on peut voir une sculpture abstraite de Henry Moore intitulée *Mother and Child*, ainsi que *Mary*, vidéo de Bill Viola associée à la poignante installation de l'artiste occupant le sud du chœur, appelée *Martyrs (Earth, Air, Fire, Water)* et représentant 4 personnages aux prises avec les 4 éléments. En revenant vers la coupole centrale, vous verrez une **statue de John Donne** (1572-1631), poète métaphysique qui fut doyen de la cathédrale. La sculpture réchappa de peu au Grand Incendie, comme en témoignent les traces noires sur la pierre.

Le dôme

Wren souhaitait un dôme imposant à l'extérieur, mais plus modeste à l'intérieur. La solution consistait à édifier 3 enveloppes imbriquées : une coupole maçonnée à l'intérieur, un dôme de plomb ornemental à l'extérieur, et un cône intermédiaire en brique les reliant. Cette structure unique, premier triple dôme jamais construit, et inspirée de Saint-Pierre de Rome, fut une véritable prouesse technique. À l'origine, Wren voulait orner la coupole de mosaïques, mais les **scènes de la vie de saint Paul**, sobres et monochromes, œuvre du peintre sir James Thornhill, furent jugées plus conformes à l'esprit protestant.

Des **mosaïques** victoriennes ont été ajoutées entre les arches et le dôme, représentant les évangélistes Matthieu, Marc, Luc et Jean, ainsi que les prophètes Isaïe, Ézéchiel, Daniel et Josué.

On gravit 528 marches (en 3 volées), pour rejoindre les galeries de la cathédrale. Après 257 marches se trouve la **Whispering Gallery**, à 30 m du sol, fermée lors de notre passage, mais censée réouvrir en 2021.

En gravissant encore 119 marches, on atteint la **Stone Gallery** (galerie de Pierre) et sa plateforme extérieure, à 53 m de haut, dont la vue a été occultée par des piliers et d'autres dispositifs de sécurité. Plus raides et plus étroites que les précédentes, les 152 marches d'acier restantes conduisent à la **Golden Gallery** (Galerie dorée). Le jeu en vaut la chandelle : à 85 m de hauteur, on jouit d'une vue à 360°.

CATHÉDRALE SAINT-PAUL

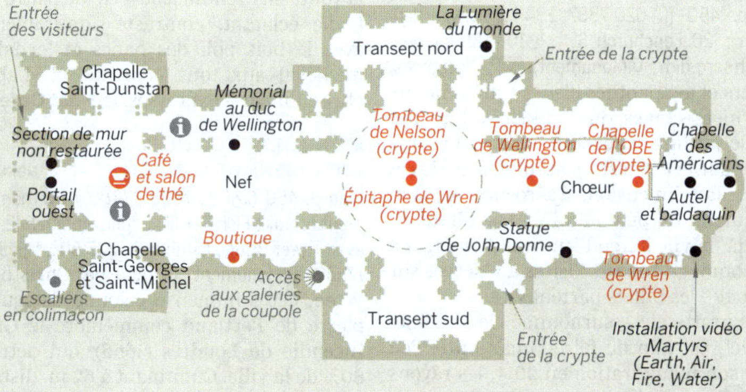

Rez-de-chaussée et crypte

La crypte

Sur le côté est des transepts nord et sud, des escaliers descendent à la crypte et à la **chapelle de l'Order of the British Empire (OBE)**, où des offices religieux sont célébrés pour des membres de l'Ordre de l'Empire britannique, système honorifique établi en 1917, qui compte environ 100 000 membres et dont la devise est : *For God and the Empire* ("Pour Dieu et l'Empire"). La crypte abrite des mémoriaux dédiés à 300 sommités de la nation, dont Florence Nightingale, T. E. Lawrence (alias Lawrence d'Arabie) et sir Winston Churchill. Elle renferme aussi les tombeaux du duc de Wellington, du vice-amiral Horatio Nelson, de Christopher Wren et des peintres Joshua Reynolds, John Everett Millais, J. M. W. Turner et William Holman Hunt. Sur les murs, des plaques commémorent le sacrifice des sujets du Commonwealth britannique disparus dans des conflits armés du XXe siècle.

Dans la crypte, se trouvent également un café, une boutique de souvenirs et des toilettes.

Enceinte extérieure

Une **statue de la reine Anne** (qui régnait au moment de la construction de la cathédrale) domine les escaliers de l'entrée – l'or de sa couronne, de son sceptre et de son orbe scintillant au soleil. Les 4 personnages à ses pieds symbolisent la Grande-Bretagne, l'Amérique du Nord, la France et l'Irlande. Réalisée par Louis Auguste Malempré en 1886, c'est la réplique d'une statue sculptée par Francis Bird en 1712.

À l'extérieur du transept nord, le **monument au peuple de Londres**, sobre mémorial trapu et arrondi, rend hommage aux 32 000 habitants tués (et aux 50 000 autres grièvement blessés) au cours de la Seconde Guerre mondiale.

À VOIR

CATHÉDRALE SAINT-PAUL
ÉGLISE

Voir p. 141.

TOUR DE LONDRES
SITE HISTORIQUE

Voir p. 135.

SKY GARDEN
POINT DE VUE

Plan p. 450 (020-7337 2344 ; skygarden.london ; 20 Fenchurch St ; 10h-18h lun-ven, 11h-21h sam-dim ; Monument). GRATUIT Fougères, figuiers et agapanthes bleues confèrent aux 3 derniers étages du "Talkie-Walkie" des airs de jardins suspendus, et le panorama à 360° sur la City est un atout maître de cet espace aux dimensions d'aérogare. À 155 m de hauteur, on peut admirer The Shard et, au-delà, la vue s'étend sur des kilomètres à l'est comme à l'ouest. Visites à réserver sur Internet – les billets partent vite.

Le gratte-ciel, surnommé le "Talkie-Walkie", est loin de faire l'unanimité. Peu après son inauguration en 2014, les rayons du soleil se reflétant sur ses vitres, particulièrement réfléchissantes, firent fondre les éléments plastiques des voitures garées en contrebas, et l'édifice fut élu "pire nouvelle construction du Royaume-Uni" lors de l'édition 2015 de la Carbuncle Cup.

Le jardin comprend un restaurant, une brasserie et 3 bars (horaires d'ouverture variables). Si les billets pour le Sky Garden sont épuisés, vous pourrez y accéder en réservant une table dans l'un de ces établissements, à condition bien sûr d'y consommer quelque chose.

GARDEN AT 120
POINT DE VUE

Plan p. 450 (www.thegardenat120.com ; 120 Fenchurch St ; 10h-21h lun-ven avr-sept, 10h-18h30 oct-mars ; Bank). GRATUIT Ce Garden at 120 est le plus grand jardin suspendu de Londres. Ce petit paradis de verdure, perché au 15e étage d'un gratte-ciel, n'est pas aussi haut que d'autres, mais offre une perspective inédite sur les gratte-ciel voisins, dont le "Talkie-Walkie", le Gherkin et le Lloyd's Building. Il n'est pas nécessaire de réserver ; c'est donc un bon plan B si vous n'avez pas pu entrer au Sky Garden.

ST MARY ALDERMARY
ÉGLISE

Plan p. 450 (020-7248 9902 ; Bow Lane ; 7h30-16h30 lun-ven ; ; Mansion House). Reconstruite sous la houlette de Christopher Wren (1632-1723) – l'architecte eut un rôle éminent dans la reconstruction de Londres après le Grand Incendie de 1666 (il avait 34 ans), avec notamment plus de 50 églises à son actif, dont la cathédrale Saint-Paul –, l'église St Mary Aldermary (1682) se distingue par son style gothique perpendiculaire, dont c'est le seul exemple subsistant dans la ville. Vous serez ébahi par le plafond de la nef à colonnades, dont la voûte en éventail, couverte de plâtre d'un blanc éclatant, contraste admirablement avec le bois poli des bancs et le dallage médiéval aux tons ocre au sol. L'abside abrite un bar à expressos, le **Host Cafe**.

MONUMENT TO THE GREAT FIRE OF LONDON
MONUMENT

Plan p. 450 (020-7403 3761 ; www.themonument.org.uk ; Fish St Hill ; adulte/enfant 5/2,50 £, avec Tower Bridge Exhibition 12/5,50 £ ; 9h30-17h30 ; Monument). Conçue par Christopher Wren, cette immense colonne dorique en pierre de Portland commémore le Grand Incendie de Londres (1666), qui détruisit 80% de la ville. Culminant à 62 m, distance qui la sépare de la boulangerie de Pudding Lane d'où le feu serait parti, elle dominait tout Londres à l'époque de sa construction. Au regard de sa position centrale, ne manquez pas la vue depuis son sommet (en haut de 311 marches).

ST STEPHEN WALBROOK
ÉGLISE

Plan p. 450 (020-7626 9000 ; www.ststephenwalbrook.net ; 39 Walbrook ; 10h-16h lun-mar et jeu, 11h-15h mer, 10h-15h30 ven ; Bank). Tenue par certains comme la plus belle église paroissiale réalisée par Christopher Wren dans la City, St Stephen Walbrook (1679) fut son coup d'essai en matière de dôme, avant la cathédrale Saint-Paul. Autour du chœur circulaire, 16 piliers à chapiteaux corinthiens soutiennent la magnifique coupole à caissons. L'autel moderne, en travertin, est l'œuvre du sculpteur Henry Moore.

GUILDHALL
ÉDIFICE HISTORIQUE

Plan p. 450 (020-7332 1313 ; www.cityoflondon.gov.uk/guildhallgalleries ; Guildhall Yard ; 10h-16h30 mai-sept ; Bank). GRATUIT Le Guildhall est le siège du gouvernement de la City depuis plus de 800 ans. Le Great Hall, du XVe siècle, possède une majesté gothique évoquant Poudlard, avec ses fenêtres en ogives et ses plafonds hauts de 27 m. C'est la seule construction séculière à avoir survécu au Grand Incendie de 1666. Le bâtiment fut toutefois sévèrement endommagé à l'époque, puis en 1940, pendant le Blitz.

À l'intérieur sont exposés les blasons et bannières des 12 principales guildes de la ville, qui régnaient autrefois en maîtres sur la City. C'est dans cette vaste salle que l'on élit encore aujourd'hui le lord-maire et ses deux shérifs. Parmi les œuvres notables, citons les statues de Winston Churchill, de l'amiral Nelson et du duc de Wellington.

Dans la galerie supérieure, à l'extrémité ouest, les statues des géants bibliques Gog et Magog, considérés comme les gardiens de la City, sont des copies modernes d'originaux du XVIIIe siècle, détruits pendant le Blitz. Les vitraux du Guildhall volèrent en éclats durant les bombardements, et un vitrail moderne, dans l'angle sud-ouest, détaille l'histoire de la ville – on y voit notamment le portrait du célèbre lord-maire de Londres, Richard "Dick" Whittington et de son chat, une scène du Grand Incendie ou le bâtiment de la Lloyd's of London.

Pour visiter, rendez-vous à la réception située dans les bâtiments modernes de l'administration de la City.

GUILDHALL ART GALLERY — COLLECTION D'ART

Plan p. 450 (☎020-7332 3700 ; www.cityoflondon.gov.uk/guildhallgalleries ; Guildhall Yard ; ⏲10h-17h lun-sam, 12h-16h dim ; Ⓤ Bank). GRATUIT La ville de Londres a eu des siècles pour constituer son impressionnante collection d'art, fièrement exposée ici depuis 1885. L'édifice d'origine ayant été détruit pendant le Blitz, le site fut entièrement remanié en 1985, date à laquelle les vestiges d'un **amphithéâtre romain**, (de l'an 70 environ) furent mis au jour – les plans furent revus pour les intégrer à l'ensemble. La collection (4 500 œuvres) fait la part belle aux scènes de vie londonienne et à l'art victorien, avec entre autres d'importantes œuvres préraphaélites de John Everett Millais et Dante Gabriel Rossetti.

La Défaite des batteries flottantes à Gibraltar (1791), œuvre de l'Américain John Singleton Copley représentant une victoire britannique de 1782, occupe un mur entier de la galerie. L'immense tableau à l'huile fut mis en sûreté avant que la galerie ne soit touchée par une bombe allemande en 1941.

Les scènes londoniennes (la moitié de la collection) vont de *The Monument from Gracechurch Street* ("Le Monument depuis Gracechurch Street"), du Vénitien Canaletto, aux représentations de Smithfield et de Leadenhall de la Britannique Jacqueline Stanley, peintes dans les années 1960. La galerie acquiert régulièrement de nouvelles œuvres sur les thèmes de l'argent, du commerce et du capitalisme – préoccupations traditionnelles de la City.

Les quelques vestiges des murs de pierre de l'amphithéâtre romain, visibles le long de l'entrée est, sont mis en valeur par un trompe-l'œil noir et vert fluo représentant les gradins manquants, et des projections numériques évoquant les spectateurs et les gladiateurs. Sur la place devant le Guildhall, des repères de couleur noire indiquent les dimensions d'origine de l'arène, qui pouvait accueillir jusqu'à 6 000 spectateurs.

Visites guidées gratuites mardi, vendredi et samedi à 12h15, 13h15, 14h15 et 15h15.

LEADENHALL MARKET — MARCHÉ

Plan p. 450 (www.leadenhallmarket.co.uk ; Gracechurch St ; ⏲passage public 24h/24 ; Ⓤ Bank). Un bijou de marché couvert (1881), conçu par Horace Jones, donnant sur Gracechurch Street. Échoppes, restaurants et pubs se succèdent dans un décor victorien de la fin du XIXe siècle faisant la part belle au fer forgé, aux pavés d'époque et aux verrières. Un forum romain se dressait ici jadis. Le Leadenhall Market a servi de cadre à de nombreux films, comme *Lara Croft : Tomb Raider* (elle y passa à moto) ou ceux de *Harry Potter* (le fameux chemin de traverse – Diagon Alley, notamment).

BANK OF ENGLAND MUSEUM — MUSÉE

Plan p. 450 (☎020-3461 5545 ; www.bankofengland.co.uk/museum ; Bartholomew Lane ; ⏲10h-17h lun-ven ; Ⓤ Bank). GRATUIT D'un intérêt surprenant, ce musée retrace l'histoire de l'argent et de la vénérable Bank of England, fondée par un Écossais en 1694. Son point d'orgue est la reconstitution du "Stock Office" de l'architecte John Soane. Ne ratez pas l'occasion de soupeser un lingot d'or massif de 13 kg (soit plus de 570 000 £).

POSTMAN'S PARK — PARC

Plan p. 450 (www.postmanspark.org.uk ; King Edward St ; Ⓤ St Paul's). Juste au nord de l'ancienne poste principale de Londres, le **Memorial to Heroic Self-Sacrifice**, inauguré en 1900, est un monument peu commun : sur cette loggia, 54 plaques en céramique relatent les actes de héros anonymes morts en sauvant la vie d'autrui. L'idée vient de l'artiste George Frederic Watts (1817-1904), dont l'épouse Mary reprit le projet en main après son décès. Le mémorial était néanmoins presque à l'abandon lorsqu'elle décéda à son tour, en 1938.

Depuis, seule une plaque a été ajoutée, en l'honneur de Leigh Pitt, qui trouva la mort dans un canal du sud-est de Londres en 2007, alors qu'il tentait de sauver de la noyade un garçon de 9 ans.

BARBICAN ÉDIFICE HISTORIQUE, CENTRE D'ART

Plan p. 450 (☎020-7638 4141 ; www.barbican.org.uk ; Silk St ; Ⓤ Barbican). Si l'esthétique du Barbican, imposant ensemble d'habitations brutaliste d'après-guerre, divise les Londoniens, les appartements demeurent très demandés, et c'est un endroit qui compte dans la vie culturelle londonienne. Ses espaces publics comprennent une serre exubérante, ainsi que les théâtres, le cinéma et les deux galeries d'art – la **Barbican Art Gallery** (☎020-7638 8891 ; www.barbican.org.uk ; Barbican Centre 3e niv, Silk St ; ⌚12h-18h lun-mar, 12h-21h mer-ven, 10h-21h sam, 10h-18h dim ; 📶 ; Ⓤ Barbican) et **The Curve** (☎020-7638 8891 ; Barbican Centre 1er niv ; ⌚11h-20h sam-mer, 11h-21h jeu-ven) GRATUIT – du Barbican Centre (p. 155). Conçu comme un quartier sans voitures, le Barbican devait être doté d'un réseau de passerelles surélevées qui n'a jamais vu le jour. Vous pourrez vous joindre à de passionnantes **visites architecturales** (adulte/enfant 12,50/10 £).

L'endroit est fascinant, notamment le lac central ponctué de fontaines, entouré de nombreux bancs et de terrasses de cafés.

Construit sur un site bombardé pendant la guerre et ouvert progressivement de 1969 à 1982, ce remarquable ensemble brutaliste porte le nom d'une fortification romaine (barbacane) érigée pour protéger l'ancienne Londinium (on peut en voir les vestiges dans la partie sud-ouest du site). De conception avant-gardiste pour l'époque, il englobe l'église paroissiale de John Milton, **St Giles Cripplegate** (Plan p. 450 ; ☎020-7638 1997 ; www.stgilescripplegate.com ; Fore St ; ⌚11h-16h lun-ven ; Ⓤ Barbican).

BARBICAN CONSERVATORY JARDIN

Plan p. 450 (☎0845 120 7500 ; www.barbican.org.uk ; Barbican Centre 3e niv, Upper Frobisher Cres ; ⌚12h-17h dim ; Ⓤ Barbican). GRATUIT Définition même de "jungle urbaine", cette serre au toit de verre, la plus grande de Londres après celle des Kew Gardens (p. 320), est une véritable oasis tropicale d'une luxuriance qui contraste avec l'architecture brutaliste du Barbican. Conçu pour abriter les 6 étages du système de levage du théâtre, le *conservatory* renferme désormais plus de 2 000 espèces végétales, poissons, oiseaux

LES INCONTOURNABLES
TOWER BRIDGE

D'où que vous les aperceviez pour la première fois, les deux gracieuses tours néogothiques du Tower Bridge vous laisseront bouche bée. Flanqué d'entretoises incurvées, le pont le plus à l'est de Londres, peint en rouge, blanc et bleu à l'occasion du Jubilé d'argent d'Élizabeth II, fut achevé en 1894. Son système de bascule à vapeur permettait de lever le tablier du pont en 3 minutes afin d'ouvrir le passage aux bateaux.

Si l'on peut encore assister à ce spectacle (jusqu'à 10 fois par jour ; horaires sur Internet), le mécanisme est désormais électrique ; le meilleur endroit pour le voir est depuis les passerelles de verre de 11 m de long de la **Tower Bridge Exhibition**, perchées 42 m au-dessus de la Tamise. Une hauteur qui distrait plus d'un visiteur de l'histoire de la construction du pont, expliquée sur place.

Conçu par Horace Jones et réalisé par l'ingénieur John Wolfe Barry, le pont est exclusivement constitué de matériaux provenant d'Angleterre : acier de Glasgow, pierres de Portland et granit de Cornouailles. Le pauvre Jones ne vit jamais son œuvre achevée, décédant au cours de la première année de sa construction (1887).

À NE PAS MANQUER

- Vue depuis le haut du pont
- Passerelle en verre
- Salles des machines victoriennes (*Victorian Engine Rooms*)
- Vidéo de la première levée du pont
- Levée du pont en personne

INFOS PRATIQUES

- Plan p. 450, A7
- ☎020-7403 3761
- www.towerbridge.org.uk
- Tower Bridge
- Ⓤ Tower Hill

et tortues d'eau douce. Renseignez-vous sur les horaires des visites guidées par des jardiniers (adulte/enfant 12,50/10 £) et de l'*afternoon tea* (35 £) sur le site Internet.

TOWER BRIDGE EXHIBITION MUSÉE

Plan p. 450 (☎020-7403 3761 ; www.towerbridge.org.uk ; Tower Bridge ; adulte/enfant 9,80/4,20 £, avec Monument 12/5,50 £ ; ⏲9h30-17h ; Ⓤ Tower Hill). Si les coulisses du Tower Bridge ne valent pas sa beauté extérieure, cette exposition s'intéresse à l'histoire de la construction de cet ouvrage d'art, et fait découvrir les machines à vapeur qui actionnaient jadis les bascules du pont. Elle débute par une vidéo d'archives montrant la première levée du pont. Vous verrez, dans la tour sud, des poutres métalliques encore recouvertes de la peinture d'origine. Vous foulerez ensuite un **plancher de verre**, perché à 42 m au-dessus de la Tamise.

SMITHFIELD MARKET MARCHÉ

Plan p. 450 (☎020-7248 3151 ; www.smithfieldmarket.com ; Charterhouse St ; ⏲2h-10h lun-ven ; Ⓤ Farringdon). Dans le dernier marché de viande du centre de Londres, si l'essentiel des transactions concerne la vente en gros, les visiteurs peuvent y faire des emplettes ; venez avant 7h pour profiter de l'ambiance. Le marché existe depuis le XIIe siècle, mais le bâtiment coloré actuel a été conçu en 1868 par l'architecte Horace Jones, à qui l'on doit aussi le Leadenhall Market (p. 145) et le Tower Bridge. Des guides de la City font des **visites** (12,50 £ ; 1 heure 30) une fois par mois à 6h45.

L'avenir de Smithfield est pour l'instant incertain : le quartier reliant Farringdon à Moorgate est en train de se réinventer en tant que "Cultural Mile Corridor" (Avenue de la culture), et le marché attend l'autorisation du Parlement pour déménager à Dagenham, dans East London. Une partie du vaste marché est d'ores et déjà désaffectée, et il est prévu que le Museum of London (p. 148) emménage dans la section du marché général, un peu délabrée, d'ici 2024.

ST DUNSTAN IN THE EAST RUINES

Plan p. 450 (St Dunstan's Hill ; ⏲24h/24 ; Ⓤ Monument). Les éléments ont achevé le travail du Blitz nazi pour façonner les superbes ruines de St Dunstan (XIIe siècle) en un jardin à la beauté sombre et mélancolique, qui s'étend au pied du clocher, miraculeusement préservé, et des derniers murs noircis de l'église, aux ouvertures envahies de lierre.

ROYAL EXCHANGE ÉDIFICE HISTORIQUE

Plan p. 450 (☎020-3861 6500 ; www.theroyalexchange.co.uk ; entre Cornhill et Threadneedle St ; Ⓤ Bank). Le Royal Exchange fut établi au XVIe siècle comme Bourse du commerce par le marchand Thomas Gresham, et inauguré par la reine Élisabeth Ire en 1571. L'édifice néoclassique à colonnes (1844) que l'on découvre aujourd'hui est sa troisième incarnation. Les transactions financières y cessèrent au cours des années 1980. Le monument est désormais occupé par des boutiques de luxe et le très chic bar-restaurant de Fortnum & Mason (p. 127).

ST BRIDE'S ÉGLISE

Plan p. 450 (☎020-7427 0133 ; www.stbrides.com ; St Bride's Ave, Fleet St ; ⏲8h-18h lun-ven, 10h-15h30 sam, 10h-18h dim ; Ⓤ Blackfriars). Bien que les quotidiens nationaux aient déserté Fleet Street dans les années 1980, on l'appelle encore "l'église des journalistes". Dans la nef latérale nord, une chapelle rend hommage aux journalistes décédés en faisant leur travail. Conçue par sir Christopher Wren en 1672, St Bride's est, après la cathédrale Saint-Paul, l'une des églises les plus hautes (71 m) et les plus coûteuses qu'il ait réalisées. Ses différents niveaux auraient inspiré l'idée des gâteaux de mariage.

Dans la crypte du XIe siècle, des panneaux d'information détaillent l'histoire du lieu et du journalisme dans Fleet Street. On peut voir une section de chaussée romaine datant de l'an 180. Visite guidée (1 heure 30, 6 £) le mardi à 14h15, de janvier à novembre.

ALL HALLOWS-BY-THE-TOWER ÉGLISE

Plan p. 450 (☎020-7481 2928 ; www.ahbtt.org.uk ; Byward St ; ⏲8h-18h lun-ven, 10h-17h sam-dim ; Ⓤ Tower Hill). La plus vieille église de Londres accueille des fidèles depuis 675. Si le monument fut épargné par le Grand Incendie, l'essentiel de l'édifice actuel date d'une reconstruction post-Blitz de 1957. Les bombardements allemands ont au moins eu le mérite de mettre au jour une arche de l'ère saxonne. Le musée, dans la crypte, présente des objets étonnants, comme un tronçon de chaussée romaine en mosaïque (IIe siècle) ou un registre paroissial où est enregistré le mariage de John Quincy Adams, 6e président des États-Unis.

Au rez-de-chaussée, les splendides fonts baptismaux du XVIIe siècle sont l'œuvre du sculpteur Grinling Gibbons. Visites guidées gratuites (20 min), de 14h à 16h presque tous les jours en semaine, d'avril à octobre.

ST MARY-LE-BOW ÉGLISE

Plan p. 450 (☎020-7248 5139 ; www.stmarylebow.co.uk ; Cheapside ; ⏲7h-18h lun-ven ; Ⓤ St Paul's ou Bank). On dit que pour être un vrai *Cockney* (terme désignant les Londoniens de la classe ouvrière habitant l'est de la ville, et aussi leur parler, un argot populaire et imagé), il faut être né à portée d'oreille des cloches de St Mary-Le-Bow – les fameuses *Bow Bells*, qui se faisaient entendre jusqu'aux portes de la City. Œuvre toute en délicatesse de Christopher Wren, achevée en 1673, l'église fut sévèrement endommagée lors de la Seconde Guerre mondiale, et ne fut reconsacrée qu'en 1964 – date à laquelle furent ajoutés les splendides vitraux. Le Café Below, dans la crypte, permet de reprendre des forces.

ST BARTHOLOMEW-THE-GREAT ÉGLISE

Plan p. 450 (☎020-7600 0440 ; www.greatstbarts.com ; West Smithfield ; adulte/enfant 5/4,50 £ ; ⏲8h30-17h lun-ven, 10h30-16h sam, 8h30-20h dim ; Ⓤ Barbican). Voisine de l'un des plus vieux hôpitaux de Londres, cette église de 1123 est l'une des plus anciennes de Londres. Ses arches normandes et ses murs chargés d'histoire dégagent une grande quiétude. S'y rendre depuis le Smithfield Market voisin via la porterie du XIIIe siècle restaurée est encore plus évocateur. L'église appartenait à l'origine au prieuré augustinien accolé à l'hôpital. Elle devint la paroisse de Smithfield en 1539, suite à la dissolution des monastères par Henri VIII.

C'est ici que le peintre William Hogarth fut baptisé et que l'homme d'État américain Benjamin Franklin fit son apprentissage en tant qu'imprimeur. L'édifice a servi de décor à de nombreux films, dont *Quatre Mariages et un enterrement*, *Shakespeare in Love* et *Sherlock Holmes*. Ne manquez pas la statue en bronze doré de saint Barthélemy en écorché, de l'artiste Damien Hirst (2006), particulièrement saisissante.

LES INCONTOURNABLES
MUSEUM OF LONDON

Intéressant et divertissant, le Museum of London retrace l'histoire de la capitale anglaise à travers les siècles.

La galerie **London Before London** ("Londres avant Londres") donne un aperçu des premiers habitats, modestes, le long de la Tamise. Le **Roman London** ("Londres romain") est évoqué par des reconstitutions (dont la mosaïque de Bucklersbury, superbement préservée), maquettes, présentations et trouvailles archéologiques fascinantes. Jetez un coup d'œil à un pan de la muraille romaine par la fenêtre, puis découvrez le **Medieval London** ("Londres médiéval"), avec ses objets de Lundenwic, le premier Londres saxon, puis la section **War, Plague & Fire** ("Guerre, peste et incendie"), évoquant le Grand Incendie de 1666, qui altéra irrémédiablement la ville.

La section **Expanding City** ("Ville en expansion") présente la transformation de Londres en un grand centre industriel et colonial ; les cellules des années 1750, destinées aux débiteurs en défaut, attestent que tout le monde n'en a pas profité. Une rue victorienne de l'époque de Dickens et des jardins des plaisirs de Vauxhall Garden apparaissent dans la section **People's City** ("Ville du peuple"), comprenant un taxi de 1908, un ascenseur Art déco de 1928 du grand magasin Selfridges et une exposition multimédias sur les suffragettes. Le **World City** ("Ville du monde") fait le lien avec l'époque moderne, avec des objets liés aux Beatles, aux émeutes raciales, aux manifestations pour les droits des homosexuels et aux Jeux olympiques de 2012.

À NE PAS MANQUER

- Mosaïque romaine de Bucklersbury
- Cellule des débiteurs en défaut de 1750
- Victorian Walk
- Ascenseur Art déco de Selfridges

INFOS PRATIQUES

- Plan p. 450, D1
- ☎020-7001 9844
- www.museumoflondon.org.uk
- 150 London Wall
- Gratuit
- ⏲10h-18h
- 📶
- Ⓤ Barbican

DR JOHNSON'S HOUSE MAISON-MUSÉE

Plan p. 450 (☎020-7353 3745 ; www.drjohnsonshouse.org ; 17 Gough Sq ; adulte/enfant 7/3,50 £ ; ⏲11h-17h lun-sam ; Ⓤ Chancery Lane). Cette maison georgienne du XVIe siècle, l'une des dernières en son genre de la City, était la demeure de Samuel Johnson, auteur du premier véritable dictionnaire anglais et de la fameuse citation affirmant que "lorsqu'un homme en a assez de Londres, c'est qu'il en a assez de la vie". L'intérieur est tout en mobilier d'époque et d'objets ayant appartenu à Johnson, dont une copie de la première édition du dictionnaire de 1755. Ne manquez pas la porte d'entrée d'origine, dotée de barreaux en étripe-chats pour décourager les jeunes chapardeurs.

LONDON MITHRAEUM RUINES

Plan p. 450 (☎020-7330 7500 ; www.londonmithraeum.com ; 12 Walbrook ; ⏲10h-18h mar-sam, 12h-17h dim ; Ⓤ Cannon St). GRATUIT Éclairage tamisé et incantations latines participent à faire revivre les ruines de ce temple romain dédié au culte de Mithra, exclusivement masculin et resté mystérieux jusqu'à nos jours. Le temple fut démantelé et reconstruit un peu plus haut le long de la route dans les années 1950. La vitrine de l'entrée renferme des objets intrigants sur la vie romaine à Londres.

Réservez en ligne pour accéder au site à l'heure que vous souhaitez. Tous les niveaux sont accessibles en fauteuil roulant.

BEVIS MARKS SYNAGOGUE SYNAGOGUE

Plan p. 450 (☎020-7621 1188 ; www.bevismarks.org.uk ; Bevis Marks ; adulte/enfant 5/2,50 £ ; ⏲10h30-14h lun et mer-jeu, 10h30-13h mar et ven, 10h30-12h30 dim ; Ⓤ Aldgate). Cette synagogue classée Grade I fut la première à être construite après qu'Oliver Cromwell eut autorisé le retour des juifs en Angleterre en 1657. Ce temple séfarade achevé en 1701 est parfois appelé la synagogue espagnole et portugaise. Sa ressemblance avec une église protestante n'est pas fortuite : son architecte, Joseph Avis, était quaker et s'inspira des églises construites par sir Christopher Wren. Visites guidées, comprises dans le prix d'entrée, à 11h le dimanche et à 11h30 les mercredis et vendredis.

HOLBORN VIADUCT PONT

Plan p. 450 (Ⓤ St Paul's, Farringdon). Cet imposant viaduc de fer fut édifié dans le but d'embellir le quartier et de relier Holborn à Newgate Street, en enjambant la vallée creusée autrefois par la rivière Fleet. Ses 4 statues de bronze représentent le commerce et l'agriculture (au sud), les sciences et les beaux-arts (au nord).

OÙ SE RESTAURER

Les restaurants du cœur financier visent surtout une clientèle d'affaires, et les adresses bon marché sont rares. Pour profiter des tables gastronomiques sans vous ruiner, optez pour les formules déjeuner. Nombre de restaurants à l'ancienne ferment le week-end, voire en semaine après le déjeuner. Bloomberg Arcade semble se muer depuis peu en une artère gastronomique, tandis que les restaurants de grandes chaînes ont pignon sur rue au One New Change (p. 155) et au Leadenhall Market (p. 145).

SIMPSONS TAVERN BRITANNIQUE £

Plan p. 450 (☎020-7626 9985 ; www.simpsonstavern.co.uk ; Ball Ct, 38½ Cornhill ; plats 9,75-15,80 £ ; ⏲8h30-10h30 mar-ven et 12h-15h30 lun-ven ; Ⓤ Bank). Cette taverne à l'ancienne, institution londonienne depuis 1757, sert une cuisine traditionnelle britannique, dans une salle en bois sombre et alcôves vert olive. En dessert rien ne vaut le *stewed cheese* – ramequin de stilton fondu chaud à verser sur un toast (cousin du *Welsh rarebit*, le croque gallois, mais là le pain est frit) –, spécialité de la maison qualifiée de *Stupor food*, à accompagner de Lea & Perrins, l'authentique marque de Worcestershire sauce.

CITY CÀPHÊ VIETNAMIEN £

Plan p. 450 (www.citycaphe.com ; 17 Ironmonger Lane ; plats 5,25-8 £ ; ⏲11h30-16h30 lun-ven ; ✎ ; Ⓤ Bank). Joignez-vous à la file d'attente à l'heure du déjeuner : ces spécialistes de la cuisine de rue vietnamienne dispensent leurs bols fumants de *phở* ou de *bún bò Huê* (soupes aux nouilles), et de savoureux *bánh mì* (baguettes garnies), aussi vite qu'un vendeur ambulant de Hanoï. Paiements par carte bancaire à partir de 15 £.

CAFÉ BELOW CAFÉ £

Plan p. 450 (☎020-7329 0789 ; www.cafebelow.co.uk ; St Mary-le-Bow, Cheapside ; plats 10,50-15,50 £ ; ⏲7h30-10h et 11h30-14h30 lun-ven ; Ⓤ Mansion House). Installé dans la belle crypte normande sous l'église St Mary-le-Bow (page ci-contre), ce café-restaurant sert des petits-déjeuners et déjeuners de saison, avec par exemple un soufflé au chèvre ou une daurade poêlée. L'été, des tables sont dressées dans la cour ombragée.

♥ DUCK & WAFFLE

BRITANNIQUE ££

Plan p. 450 (020-3640 7310 ; www.duckandwaffle.com ; Heron Tower, 110 Bishopsgate ; plats 14-44 £ ; 24h/24 ; ; Liverpool St). Si les Londoniens dînent tôt, on peut, dans le plus haut restaurant de la capitale, perché au 39e étage de la Heron Tower, manger à toute heure. Le nom "Dick & Waffle" annonce sa spécialité : une gaufre moelleuse garnie d'une cuisse de canard confite et d'un œuf de canard au plat, nappée de sirop d'érable aux graines de moutarde.

MIYAMA

JAPONAIS ££

Plan p. 450 (020-7489 1937 ; www.miyama-restaurant.co.uk ; 17 Godliman St ; plats 13,50-30 £ ; 11h30-14h30 et 17h45-21h30 lun-ven ; St Paul's). Niché au sous-sol d'un bâtiment banal (entrée dans Knightrider Street), ce restaurant japonais convivial est un peu secret. La formule déjeuner, d'un bon rapport qualité/prix, peut comporter sashimis, tempuras, tonkatsus ou teriyakis. Pour voir les chefs à l'œuvre, installez-vous au bar à sushis ou au bar à teppanyakis.

HAWKSMOOR GUILDHALL

BRITANNIQUE ££

Plan p. 450 (020-7397 8120 ; thehawksmoor.com ; 10 Basinghall St ; steaks à partir de 22 £ ; 7h-10h30, 12h-15h et 17h-22h30 lun-ven ; Bank). Parquet, banquettes en cuir et boiseries confèrent à ce *steakhouse* en sous-sol (adresse d'une petite chaîne de restaurants fondée à Londres), une ambiance de club. La formule déjeuner est intéressante (2/3 plats 25/28 £), et les légendaires petit-déjeuners font le buzz – montagnes de bacon, œufs, saucisses, *black pudding* (sorte de boudin noir), *bubble and squeak* (galette frite aux pommes de terre et légumes variés) aux tranches de côte de bœuf, et moelle grillée (spécialité de la maison).

KYM'S

CHINOIS ££

Plan p. 450 (020-7220 7088 ; www.kymsrestaurant.com ; 19 Bloomberg Arcade ; plats 14-29 £ ; 12h-14h30 et 17h30-23h lun-sam ; Cannon St). Avec sa décoration stylisée dont le point d'orgue est un cerisier en fleur artificiel de 5 m, ce restaurant d'Andrew Young reste tout de même plus décontracté que son établissement étoilé (p. 197) de Pimlico. On y sert des délices célébrant les techniques de grillades en Chine. Optez pour les "Trois trésors", assortiment des meilleurs plats de la carte : poitrine de porc croustillante, *char siu* (porc ibérique en sauce hoisin) et poulet au soja, avec une sauce spéciale pour chacun des plats.

FORTNUM'S BAR & RESTAURANT

BRITANNIQUE ££

Plan p. 450 (020-7734 8040 ; www.fortnumandmason.com/stores/the-royal-exchange-london ; Courtyard, Royal Exchange ; plats 14-38 £ ; 7h-23h lun-ven ; ; Bank). Le majestueux Royal Exchange (p. 147) sert d'écrin à ce bar-restaurant de Fortnum & Mason (p. 127), le plus chic des grands magasins londoniens. Des serveurs tirés à quatre épingles naviguent entre les tables et le bar ovale vert pâle, apportant huîtres, caviar et autres délices classiques haut de gamme comme le foie de veau au bacon, les tourtes salées et la pêche du jour. Belle terrasse sur cour.

FAT BEAR

AMÉRICAIN ££

Plan p. 450 (020-7236 2498 ; www.thefatbear.co.uk ; 61 Carter Lane ; plats 11,50-18 £ ; 12h-14h30 et 18h-21h30 lun-ven, 18h-21h30 sam ; St Paul's). Niché au-dessus du pub Rising Sun, ce "Gros ours" est un temple dédié aux plats revigorants du sud des États-Unis. Au programme : burgers XXXL parmi les meilleurs de Londres, et des plats régionaux (*jambalaya* de fruits de mer, poulet frit avec gaufres...). Entrée sur Burgon Street.

COPPA CLUB

BRITANNIQUE ££

Plan p. 450 (020-8016 9227 ; www.coppaclub.co.uk ; 3 Three Quays Walk ; plats 12,95-24,95 £ ; 7h30-23h lun-jeu, 7h30-minuit ven, 9h-minuit sam, 9h-22h30 dim ; Tower Hill). La star du Coppa Club (service continu) est sa grande terrasse face à la Tamise – vue imprenable sur le Tower Bridge. En hiver, les tables extérieures sont abritées par des sortes de dômes-igloos – réservez tôt. Côté cuisine, c'est plutôt banal, mais vous ne trouverez pas mieux aussi près de la Tour de Londres.

♥ CITY SOCIAL

BRITANNIQUE £££

Plan p. 450 (020-7877 7703 ; www.citysociallondon.com ; Tower 42, 25 Old Broad St ; plats 26-37 £ ; 12h-14h30 et 18h-22h30 lun-ven, 17h-22h30 sam ; Bank). Perché au 24e étage, le City Social conjugue panorama inégalé sur la *skyline* de la City, étoilé au Michelin (cuisine de Jason Atherton oblige), intérieur Art déco et éclairage tamisé. Pas d'humeur à faire des folies avec un menu complet ?

Rabattez-vous sur le bar **Social 24** (horaires étendus), à la superbe carte d'en-cas (churros au fromage de chèvre nappés de miel infusé aux truffes de la région).

Réservation obligatoire et sécurité digne d'un aéroport pour accéder à l'ascenseur.

BOB BOB CITÉ FRANÇAIS £££

Plan p. 450 (020-3928 6600 ; www.bobbobcite.com ; Leadenhall Bldg, 122 Leadenhall St ; plats 19,50-45 £ ; 12h-15h et 17h30-minuit mar-jeu, jusqu'à 0h30 ven-sam ; Bank). Il suffit de grimper 3 étages dans la "rape à fromage" (le Leadenhall building de Richard Rogers ; 2014) pour découvrir la nouvelle adresse du restaurant qui a popularisé le "bouton à champagne" parmi les branchés du tout Londres. Ce temple de l'hédonisme affiche un décor clinquant, avec une bande lumineuse sur laquelle scintille votre numéro de table lorsque vous pressez le fameux bouton. Vérifiez quand même le solde de votre compte bancaire avant d'appuyer…

THE IVY ASIA ASIATIQUE £££

Plan p. 450 (020-3971 2600 ; www.theivyasia.com ; 20 New Change ; plats 13,50-48 £ ; 11h30-2h30 lun-sam, 11h30-0h30 dim ; St Paul's). Ouvert il y a peu, le superbe Ivy contribue déjà à la vie nocturne du quartier grâce à son DJ résident, son choix de whiskys japonais et ses plats délirants tels les raviolis à la truffe parsemés de paillettes d'or. Le sol d'un vert scintillant est fait de pierres semi-précieuses, et l'église Saint-Paul brille de mille feux à travers les grandes baies vitrées.

SUSHI SAMBA FUSION £££

Plan p. 450 (020-3640 7330 ; www.sushisamba.com ; Heron Tower, 110 Bishopsgate ; plats 13-65 £ ; 11h30-1h30 dim-mar, 11h30-2h mer-sam ; Liverpool St). Niché un étage en dessous du Duck & Waffle, le Sushi Samba propose un mélange détonnant de cuisines japonaise, brésilienne et péruvienne – sushis, *churrascos* et ceviches à gogo. L'addition est salée, mais on paie aussi le privilège de fouler la terrasse du 38e étage.

COQ D'ARGENT FRANÇAIS £££

Plan p. 450 (020-7395 5000 ; www.coqdargent.co.uk ; 1 Poultry ; plats 24-43 £ ; 7h30-10h, 11h30-15h, 17h30-23h lun-ven, 12h-16h et 17h30-23h sam, 12h-16h dim ; Bank). Installé sur le toit de l'immeuble circulaire de Bank Junction, ce restaurant français extraordinaire possède une carte des vins aussi longue qu'onéreuse. On y trouve tous les plaisirs attendus d'un établissement haut de gamme de grande métropole. Sa terrasse ouverte à l'année (verdoyante en été, style lodge de ski en hiver), à mi-hauteur des gratte-ciel, donne sur le majestueux Royal Exchange.

Entrée par le Bucklersbury Passage.

OÙ PRENDRE UN VERRE ET FAIRE LA FÊTE

Une fois les derniers traders rentrés chez eux, certains secteurs de la City sont déserts, même si un nombre croissant de pubs restent ouverts tard et servent même le week-end. Lorsque la nuit est bien avancée, optez pour les bars sur les toits des gratte-ciel ou pour le Duck & Waffle (p. 150), l'un des rares établissements ouverts tous les jours (24h/24).

ORIOLE BAR À COCKTAILS

Plan p. 450 (020-3457 8099 ; www.oriolebar.com ; E Poultry Ave ; 18h-2h mar-dim, 18h-23h lun ; Farringdon). Entre chien et loup, il faut descendre une ruelle obscure du Smithfield Market pour rejoindre l'Oriole, aux airs de *speakeasy* et l'un des meilleurs bars à cocktails de Londres. Jouez à l'explorateur en parcourant la carte divisée en vieille Europe, Nouveau Monde et Orient, où figurent des ingrédients étonnants (lait de poulpe clarifié, crème de fraisier ou encore chaï infusé dans une palme).

Réservez afin de gagner du temps à l'entrée. Accès payant après 21h – début de la musique live (10 £ ven-sam, 7 £ mer-jeu) ; recette entièrement reversée aux musiciens.

NICKEL BAR BAR À COCKTAILS

Plan p. 450 (020-3828 2000 ; www.thened.com/restaurants/the-nickel-bar ; 27 Poultry ; 8h-2h lun-ven, 9h-3h sam, 9h-minuit dim ; ; Bank). Prenez-vous pour *Gatsby le Magnifique* à l'hôtel Ned (p. 356), orné d'immenses colonnes de tourmaline verte, où profiter de pianistes de jazz et de cocktails haut de gamme d'inspiration américaine. De tous les bars émaillant le splendide hall de cette ancienne banque, le Nickel a le plus de cachet, avec son cadre Art déco évoquant le glamour et l'élégance des paquebots transatlantiques d'autrefois.

CLOUDM BAR

Plan p. 450 (020-3519 4830 ; www.citizenm.com/cloudm-tower-of-london ; 40 Trinity Sq,

Promenade à pied
Londres : des Romains à nos jours

DÉPART : MUSEUM OF LONDON
ARRIVÉE : TOUR DE LONDRES
DISTANCE : 2 KM ; DURÉE : 3 HEURES

La City fait presque la même taille que le Londinium romain. Vous y découvrirez des moments clés de l'histoire du quartier.

Au ❶ **Museum of London** (p. 148), faites-vous une idée de l'histoire de Londres. Marchez ensuite vers Aldersgate Street et continuez vers le sud et Cheapside. Sur ces routes s'étalaient jadis les marchés de Londres, en témoignent les rues Milk Street ("rue du Lait") et Honey Lane ("allée du Miel"). C'est aujourd'hui dans la galerie marchande ❷ **One New Change** (p. 155) que l'on fait son shopping ; rejoignez en ascenseur le toit-terrasse pour jouir de la vue imprenable sur la cathédrale Saint-Paul.

Sortez par Bread Street, tournez à gauche sur Watling Street et traversez Queen Victoria Street pour atteindre Bloomberg Arcade. À gauche, dans Walbrook, le ❸ **London Mithraeum** (p. 149) est un temple romain dédié au culte de Mithra. Rejoignez Bank Junction, admirez l'imposant immeuble de la Bank of England, visitez, si c'est ouvert, le ❹ **Bank of England Museum** (p. 145), puis entrez dans le ❺ **Royal Exchange** (p. 147) pour un thé chez Fortnum & Mason. À l'est, sur Cornhill, le ❻ **Leadenhall Market** (p. 145), splendide halle victorienne du XIXᵉ siècle, est situé à l'endroit où s'étendait autrefois le forum romain. Faites du lèche-vitrine dans le passage ayant servi pour le Chemin de Traverse dans *Harry Potter*.

Prenez Gracechurch Street vers le sud jusqu'au ❼ **monument au Grand Incendie de Londres** (p. 144), et gravissez-en les 311 marches pour une vue exceptionnelle sur la ville. Repartez par Monument Street, et prenez à gauche vers St Dunstan's Hill, où les ruines bombardées de l'église ❽ **St Dunstan in the East** (p. 147) rappellent le Blitz.

Descendez la colline et tournez à gauche dans Lower Thames Street, jusqu'aux douves de la ❾ **Tour de Londres** (p. 135).

citizenM Tower of London ; ⏲7h-1h lun-ven, 15h-1h sam, 15h-minuit dim ; 📶 ; Ⓤ Tower Hill). Un bar d'hôtel (p. 356) à l'élégant décor moderne – hauts murs couverts de livres et de portraits pop art de la reine –, et vue sur la Tour de Londres en prime. Les cocktails n'ont rien d'original, mais la vue au couchant depuis le balcon panoramique est mémorable.

BREWDOG TOWER HILL — BRASSERIE

Plan p. 450 (☎020-7929 2545 ; www.brewdog.com ; 21 Great Tower St ; ⏲12h-23h dim-mer, 12h-minuit jeu-sam ; 📶 ; Ⓤ Tower Hill). L'omniprésente brasserie écossaise Brewdog a récemment ouvert cette annexe semi-enterrée au pied d'un immeuble de bureaux, près de la Tour de Londres. Parmi ses 33 bières artisanales à la pression figurent les excellentes bières BrewDog (certaines brassées sur place) et des bières vedettes d'autres brasseries. Les 3 tables de jeu de palets rencontrent un franc succès.

THE COUNTING HOUSE — PUB

Plan p. 450 (☎020-7283 7123 ; www.the-counting-house.com ; 50 Cornhill ; ⏲8h-23h lun-ven, 11h-23h sam, 11h-21h dim ; 📶 ; Ⓤ Bank). Avec son grand escalier en bois et ses plafonds peints et moulurés, ce pub de la chaîne Fuller a conservé l'élégance des origines du bâtiment, construit en 1893 pour accueillir la Prescott's Bank. Une clientèle chic y navigue autour des courbes du bar central, sous la coupole vitrée, se délectant de bières traditionnelles et de tourtes maison.

En 2019, le pub a inauguré 15 chambres 4 étoiles (doubles à partir de 244 £) à l'étage, où se trouvait autrefois un *gentlemen's club*.

SEARCYS AT THE GHERKIN — BAR

Plan p. 450 (☎0330 107 0816 ; searcysatthegherkin.co.uk ; 30 St Mary Axe ; ⏲11h-23h lun-sam, 10h-16h dim ; Ⓤ Aldgate). Jadis un club privé, les deux derniers étages de l'emblématique gratte-ciel Gherkin sont désormais ouverts à tous, à condition d'être sur son trente-et-un. Cap sur le 40e étage pour des cocktails sous la coupole – vue panoramique sur la City –, ou sur le 39e étage pour un brunch dominical au restaurant Helix.

Réservation obligatoire.

VIADUCT TAVERN — PUB

Plan p. 450 (☎020-7600 1863 ; www.viaducttavern.co.uk ; 126 Newgate St ; ⏲10h-23h lun-ven, 12h-21h sam ; 📶 ; Ⓤ St Paul's). Ouvert depuis 1869, la Viaduct Tavern est l'un des rares bars à gins victoriens de la City ayant survécu à l'épreuve du temps, avec son décor art nouveau, son plafond rouge foncé aux motifs bosselés et même la cabine d'origine du caissier qui changeait autrefois l'argent des buveurs en jetons (les propriétaires ne faisant pas confiance au personnel). La taverne est toujours spécialisée dans le gin et propose une sélection d'infusions maison, exposées derrière le bar.

On dit l'endroit hanté, sans doute à cause de la célèbre prison de Newgate, voisine ; il y a encore des cellules au sous-sol du pub.

14 HILLS — BAR

Plan p. 450 (☎020-3981 5222 ; 14hills.co.uk ; 120 Fenchurch St ; ⏲11h30-minuit lun-jeu, 11h30-1h30 ven-sam, 11h30-17h dim ; 🚉Fenchurch St, Ⓤ Monument). Au 14e étage, sous la forêt du Garden at 120 (p. 144), récemment ouvert un étage plus haut, ce bar est une jungle de 2 500 arbres, arbustes et fougères. Pas d'espace extérieur mais une superbe vue sur la City. La carte revisite de délicieux cocktails classiques grâce à des ingrédients maison, tels le sirop de fèves de cacao, la teinture d'origan ou le gin infusé à la lavande. Également des plats typiquement britanniques agrémentés de touches françaises.

TRADING HOUSE — BAR

Plan p. 450 (☎020-7600 5050 ; www.thetradinghouse.uk.com ; 89-91 Gresham St ; ⏲12h-23h lun-mar, 12h-1h mer-ven ; Ⓤ Bank). Ce splendide édifice classé, qui abritait jadis la Bank of New Zealand, s'est depuis mué en une imitation délirante de comptoir commercial victorien, où têtes de zèbres et oiseaux naturalisés se côtoient sous une voûte en berceau. Les cocktails, inspirés de cultures du monde entier, coûtent à partir de 7,95 £ – dans la City, c'est donné !

BLACKFRIAR — PUB

Plan p. 450 (☎020-7236 5474 ; www.nicholsonspubs.co.uk ; 174 Queen Victoria St ; ⏲10h-23h lun et jeu-ven, 10h-minuit mar, 12h-22h30 mer, 9h-23h sam, 12h-22h30 dim ; Ⓤ Blackfriars). Construit en 1875 sur le site d'un ancien monastère dominicain ("Blackfriar" signifie "frère en noir"), ce pub très apprécié fut sauvé de la démolition dans les années 1960 par le poète et écrivain sir John Betjeman, qui s'illustra dans la sauvegarde de bâtiments historiques. Les frises sur le thème monastique datent d'une rénovation Art nouveau de 1905. Des plats de pub sont servis dans la petite salle, et la clientèle déborde souvent jusque dans la rue dès 17h.

LES ÉGLISES DE LA CITY

Avant le Grand Incendie de 1666, pas moins de 111 églises se nichaient dans les ruelles de la Cité de Londres. Les flammes eurent raison de 86 d'entre elles, dont l'ancienne cathédrale Saint-Paul. D'autres furent rasées pendant le Blitz. Aujourd'hui, 47 églises de pierre vieilles de plusieurs siècles survivent dans l'ombre de la "nouvelle" cathédrale Saint-Paul, œuvre majeure de l'architecte Christopher Wren. Nombre d'entre elles furent aussi conçues par Wren, et elles semblent décidées à durer au cœur du quartier financier de la capitale. Coincées entre les gratte-ciel, ce sont des oasis de calme au milieu de la frénésie de la City.

St Mary Aldermary (p. 144). Construite en 1682, cette église possède une architecture impressionnante et un superbe plafond à voûte en éventail. On peut y prendre le thé, au café installé dans l'abside.

St Vedast-alias-Foster (Plan p. 450 ; 020-7606 3998 ; www.vedast.org.uk ; 4 Foster Lane ; 8h-17h30 lun-ven, 11h-16h sam ; St Paul's). Cette église vaut le détour pour son jardin niché le long d'une ruelle, et son remarquable plafond en plâtre du XVIIe siècle, orné de feuilles d'or et d'aluminium verni.

Holy Sepulchre (Plan p. 450 ; 020-7236 1145 ; hsl.church ; Holborn Viaduct ; 12h-14h mar et jeu, 11h-15h mer ; City Thameslink, St Paul's). Reliée par un tunnel à la fameuse prison de Newgate, cette église renferme une imposante cloche – que l'on sonnait après une exécution –, protégée par une vitrine sous l'impressionnant plafond à caissons. Le navigateur John Smith (1580-1631 ; le John Smith de Pocahontas) y est enterré.

St Nicholas Cole Abbey (Plan p. 450 ; www.stnickschurch.org.uk ; 114 Queen Victoria St ; 7h-16h30 lun-ven ; Mansion House). Profitez de l'excellent café aménagé dans cette église pour décider de la suite du programme. C'est la première église de sir Wren à avoir été reconstruite après le Grand Incendie.

MERCHANT HOUSE — BAR À COCKTAILS

Plan p. 450 (www.merchanthouse.bar ; 13 Well Ct ; 15h-1h lun-ven, 16h-1h sam ; Mansion House). Caché dans une ruelle oubliée donnant sur Bow Lane, une allée piétonne, ce bar a une cave impressionnante : 600 whiskys, 400 rhums et autant de gins. Difficile d'établir une carte dans ces conditions ! Mais pas d'inquiétude, les maîtres mixologues vous concocteront un cocktail à votre goût - choisissez un alcool et une palette gustative (umami, tropicale, côtière, tourbée, etc.).

Un service personnalisé vous attend, sur réservation, chez **The Brig**, "plus petit bar de Londres". Pour 65 £ par personne et par heure (consommations incluses), couples et petits groupes auront leur propre barman.

Axé sur le rhum et affilié à la Merchant House, le **Black Parrot** (Plan p. 450 ; 020-3802 4451 ; blackparrotbar.co.uk ; 8 Bride Ct ; 15h-minuit lun-sam ; City Thameslink, Blackfriars), aussi bien caché que la maison mère au fond d'une ruelle près de la gare de City Thameslink, vaut aussi le détour.

CITY OF LONDON DISTILLERY — BAR À COCKTAILS

Plan p. 450 (020-7936 3636 ; www.cityoflondondistillery.com ; 22-24 Bride Lane ; 14h-23h lun-sam ; City Thameslink, Blackfriars). Première distillerie de gin à ouvrir dans la City depuis près de 200 ans, cette micro-distillerie fait revivre l'art du péché mignon préféré des Anglais. Sirotez un gin-tonic classique en admirant les cuves étincelantes à l'arrière du bar, ou optez pour un plateau dégustation. Également : visites guidées et cours de fabrication de gin. Vous pourrez acheter une bouteille en partant.

GOBPSY — BAR À COCKTAILS

Plan p. 450 (www.thegobpsy.com ; 142 Fenchurch St ; 12h-minuit lun-mer, 12h-1h jeu-ven ; Monument). Ce bar au nom imprononçable prend son statut de *speakeasy* au sérieux. Aucune enseigne ne signale ce repaire de buveurs sorti des années 1920, que l'on rejoint en traversant un salon de coiffure très ordinaire, avant de descendre un escalier. Les excellents cocktails sont servis dans des verres excentriques, en forme de cigare ou de tête de mort aux yeux rouge sang couronnée de barbe à papa. Fermé le week-end, comme l'exige la tradition.

HACK & HOP — PUB

Plan p. 450 (020-7583 8117 ; thehackandhop.com ; 35 Whitefriars St ; 11h30-22h30 lun, 11h30-23h mar-ven, 12h-18h dim ; ; Blackfriars).

Meilleur bar à bières artisanales des environs et repaire des employés de Fleet Street dès 17h. Le personnel vous aidera à déchiffrer la carte, qui indique même les bières à venir lorsque les fûts actuels seront vides.

JAMAICA WINE HOUSE PUB

Plan p. 450 (020-7929 6972 ; www.jamaicawinehouse.co.uk ; St Michael's Alley ; 11h-23h lun-ven ; Bank). Le "Jampot" comprend un pub historique lambrissé et un bar à vins au sous-sol. L'établissement est à l'emplacement du tout premier café de Londres (1652), que fréquentait le chroniqueur Samuel Pepys. Niché au bout d'une ruelle étroite donnant sur Cornhill, l'édifice Art nouveau (1869) a conservé nombre d'éléments d'origine, dont des enseignes lumineuses et un torréfacteur à café du XIXe siècle.

YE OLDE CHESHIRE CHEESE PUB

Plan p. 450 (020-7353 6170 ; Wine Office Court, 145 Fleet St ; 12h-23h lun-sam ; City Thameslink, Blackfriars). Reconstruit en 1667 après le Grand Incendie, le Ye Olde est l'un des plus célèbres pubs de Londres. Un lieu hautement littéraire, qui a vu passer Mark Twain, Arthur Conan Doyle ou Charles Dickens. L'intérieur tamisé, agencé tout en couloirs étroits, donne du charme aux lieux, mais le manque d'espace et le personnel bourru incitent à ne pas s'attarder.

LAMB TAVERN PUB

Plan p. 450 (020-7626 2454 ; www.lambtavernleadenhall.com ; 10-12 Leadenhall Market ; 11h-23h lun-ven, 12h-23h sam ; Monument). Sis à l'intersection centrale du Leadenhall Market, marché victorien couvert aux multiples verrières, la Lamb Tavern, propriété de la chaîne Young, est un repaire de buveurs à l'ancienne. On rejoint l'étage par un escalier en métal branlant, mais la plupart des clients préfèrent les pavés anciens des allées du marché pour savourer leurs pintes.

EL VINO BAR À VINS

Plan p. 450 (020-7353 6786 ; www.elvino.co.uk ; 47 Fleet St ; 10h-22h lun, 10h-23h mar-ven, 12h-23h sam ; City Thameslink, Blackfriars). Depuis 1879, El Vino, institution locale, est le rendez-vous des avocats, notaires et autres juristes, qui n'ont qu'à traverser la rue depuis la Cour royale de justice pour venir boire un verre de vin. Maison mère d'une chaîne comptant 5 adresses, l'établissement, tout en lambris, se targue de l'une des plus belles cartes des vins de la ville.

OÙ SORTIR

BARBICAN CENTRE ARTS DU SPECTACLE

Plan p. 450 (020-7638 8891 ; www.barbican.org.uk ; Silk St ; billetterie 10h-21h lun-sam, 12h-20h dim ; Barbican). Vous serez tout aussi perdu devant la programmation exceptionnelle qu'en arpentant le labyrinthe brutaliste de l'édifice abritant l'**Orchestre symphonique de Londres**, l'**Orchestre symphonique de la BBC** et la **Royal Shakespeare Company**. Le Barbican Centre est l'épicentre de la culture dans la City, où l'on vient voir concerts, pièces de théâtre ou spectacles de danse, ainsi que les films indépendants ou hollywoodiens du cinéma de Beech Street.

SHOPPING

À moins que vous ne cherchiez un costume pour le travail, la City n'a pas grand chose à offrir côté shopping, et la plupart des magasins sont fermés le week-end. Le Royal Exchange (p. 147) abrite joailliers et boutiques de luxe.

ONE NEW CHANGE GALERIE MARCHANDE

Plan p. 450 (020-7002 8900 ; www.onenewchange.com ; 1 New Change ; 10h-18h lun-mer et sam, 10h-20h jeu-ven, 12h-18h dim ; St Paul's). Répartie sur plusieurs niveaux, cette galerie marchande moderne, ouverte le week-end, est émaillée de restaurants pour tous les budgets et de boutiques de grandes marques. Montez au 6e étage pour admirer la vue sur la cathédrale Saint-Paul depuis le toit-terrasse.

LONDON SILVER VAULTS ANTIQUITÉS

Plan p. 450 (020-7242 3844 ; silvervaultslondon.com ; 53-64 Chancery Lane ; 9h-17h30 lun-ven, 9h-13h sam ; Chancery Lane). Une expérience shopping originale vous attend, une fois franchie la sécurité, à 12 m de profondeur dans les London Silver Vaults, espace sans fenêtres contenant la plus importante collection d'argent à vendre du monde. Une trentaine de boutiques indépendantes, logées derrière des portes de coffre-fort, y proposent toutes sortes d'objets victoriens et georgiens en argent – boutons de manchette, bougeoirs, timbales, et bien d'autres merveilles.

L'adresse dit Chancery Lane, mais l'entrée se fait par les Southampton Buildings.

South Bank

LONDON BRIDGE ET BERMONDSEY STREET | BANKSIDE ET SOUTHWARK | WATERLOO

Notre sélection

❶ L'extraordinaire collection d'art moderne et contemporain de la **Tate Modern** (p. 158), dans une ancienne centrale électrique, avec vue sur la ville.

❷ La diversité gastronomique du **Borough Market** (p. 161), entouré de bars et de restaurants, qui stimulera vos papilles.

❸ Le **Shakespeare's Globe** (p. 160), remarquable reconstitution, à l'identique, du théâtre élisabéthain originel du XVIe siècle.

❹ **Southbank Centre** (p. 163), le plus grand complexe artistique d'Europe, à l'architecture brutaliste, émaillé d'un dédale de couloirs et d'escaliers en béton.

❺ **Leake Street Arches** (p. 165), le fameux tunnel de graffitis (300 m de long), initié par Banksy et temple du *street art*, et les installations artistiques de The Vaults, dans une autre série de tunnels.

Pour un plan plus détaillé, reportez-vous p. 472

Découvrir South Bank

Grâce aux sites très touristiques situés le long du fleuve entre le Westminster Bridge et Tower Bridge, South Bank est un quartier très accueillant et très fréquenté.

Si la langue de Shakespeare n'est pas un obstacle pour vous, prenez le temps d'aller au théâtre, dans l'une des nombreuses salles du coin. Voir une pièce au fameux Shakespeare's Globe (p. 160) élisabéthain, reconstitué à l'identique, est un incontournable. Tout comme une visite au Southbank Centre (p. 163), plus grand complexe artistique d'Europe, qui ne fait relâche qu'à Noël.

Mieux vaut réserver dans les bars et les restaurants haut de gamme de South Bank (surtout dans ceux avec vue), car les tables partent rapidement. Sachez que certains restaurants prisés, tel le Padella (p. 167), se rebellent, et n'acceptent aucune réservation.

Vivre comme un Londonien

Pubs de quartiers Aux pubs de chaînes qui ont envahi la rive de la Tamise, préférez les charmants petits pubs de quartier, situés dans les rues alentour, comme le Kings Arms (p. 172).

Bars d'hôtels Les Londoniens ne passent pas la nuit dans le quartier, mais vous les côtoierez dans les bars d'hôtels branchés, comme le Lyaness (p. 171) et le Seabird (p. 172) du Hoxton.

Tunnels abandonnés Les anciens tunnels ferroviaires de Londres, aux voûtes humides, autrefois à l'abandon, sont en pleine régénérescence artistique : street art sous les Leake Street Arches (p. 165), réhabilitation des arches de la Low Line (p. 171), encore en travaux, restaurants des Old Union Yard Arches et de Flat Iron Square (p. 167).

Depuis/vers South Bank

Métro La ligne principale pour South Bank est la Jubilee Line, avec des stations à Waterloo, Southwark, London Bridge et Bermondsey, mais on peut aussi y arriver par la Bakerloo Line, la Northern Line et la Waterloo & City Line.

Train Les trains de National Rail desservent London Bridge, Waterloo et Blackfriars.

Bus S'il y a de nombreuses autres lignes de bus, la RV1, entre Covent Garden et Tower Gateway, est la plus pratique ; elle traverse South Bank et Bankside, en passant par les sites les plus importants.

Bateau Les bateaux de Thames Clippers s'arrêtent au London Bridge City Pier, au Bankside Pier et au London Eye Pier.

Bons plans Lonely Planet

South Bank s'explore de préférence à pied ; si votre temps est limité, comptez au moins une demi-journée pour longer la Tamise, entre le Westminster Bridge et le London Bridge, en faisant halte au London Eye, au Southbank Centre, à la Tate Modern, au Shakespeare's Globe et au Borough Market.

Le top des restaurants

- Arabica Bar & Kitchen (p. 167)
- Padella (p. 167)
- Skylon (p. 170)
- Anchor & Hope (p. 168)
- Casa do Frango (p. 167)

Voir détails p. 166

Le top des pubs, bars et cafés

- Lyaness (p. 171)
- George Inn (p. 170)
- Kings Arms (p. 172)
- Seabird (p. 172)
- Scootercaffe (p. 172)

Voir détails p. 170

Le top des théâtres

- Shakespeare's Globe (p. 173)
- National Theatre (p. 173)
- Bridge Theatre (p. 173)
- Old Vic (p. 173)
- Young Vic (p. 173)

Voir détails p. 173

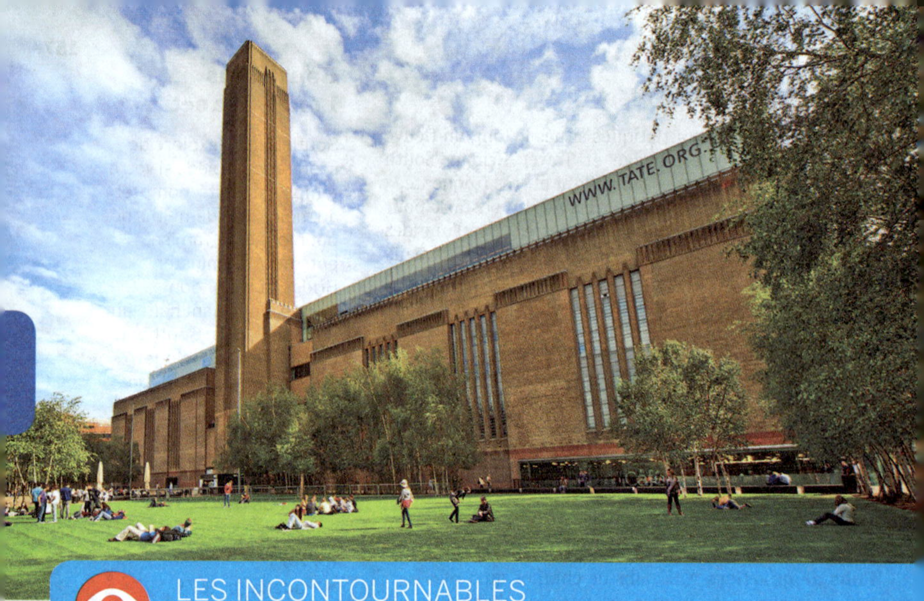

JOHN HARPER/GETTY IMAGES ©

LES INCONTOURNABLES
TATE MODERN

Occupant une ancienne centrale électrique au bord de la Tamise, la Tate Modern est un musée d'art moderne et contemporain brillantissime, au succès phénoménal. Le Blavatnik Building, une extension inaugurée en 2016, sur 10 niveaux, a augmenté de 60% l'espace d'exposition.

Natalie Bell Building

Le bâtiment principal du musée est l'ancienne centrale électrique de Bankside. Rebaptisé Natalie Bell Building en l'honneur d'une activiste locale, cet édifice monumental de 200 m de long (il est fait de 4,2 millions de briques) en impose. Ne manquez pas la vue sur la Tamise et la cathédrale Saint-Paul depuis le café du 6e niveau.

Turbine Hall

L'entrée secondaire de Holland Street mène aux 3 300 m^2 de la salle des Turbines. Cet espace gigantesque, anciennement dévolu aux turbines de la centrale, accueille désormais des installations de grande envergure et des expositions temporaires. Pour la Commission annuelle, visant à rendre l'art plus accessible, des pièces populaires et interactives ont vu le jour, comme la *Fons Americanus* de Kara Walker, une fontaine haute de 13 m illustrant l'histoire de l'esclavage ; un immense terrain de jeux avec des balançoires tri-places, installation du collectif danois Superflex ; ou encore un labyrinthe de jardins géométriques baptisé *Empty Lot* ("jardin vide"), réalisé par Abraham Cruzvillegas – il a pris de la terre dans des parcs de Londres et l'a arrosé pendant 6 mois pour voir ce qui en sortirait. L'entrée côté Tamise fait arriver directement au niveau 1, moins spectaculaire, mais les escaliers conduisent au Turbine Hall.

À NE PAS MANQUER

- Turbine Hall
- Terrasse panoramique du Blavatnik Building (niveau 10)
- Vue sur la cathédrale Saint-Paul depuis le café du Natalie Bell Building (niveau 6)
- Étages des expositions gratuites (collection permanente)

INFOS PRATIQUES

- Plan p. 472, D3
- 020-7887 8888
- www.tate.org.uk
- Bankside
- Gratuit
- 10h-18h dim-jeu, 10h-22h ven et sam
- Wi-Fi
- Southwark

Blavatnik Building

L'extension de la Tate Modern (2016), également composée de briques, fait écho au bâtiment d'origine. Les briques, légèrement plus claires, sont décalées de manière à créer des interstices qui laissent entrer la lumière du jour à l'intérieur (inversement, à la nuit tombée, l'édifice est spectaculaire de l'extérieur).

L'intérieur est d'aspect sévère. Des revêtements en béton brut apparent font un peu penser à un édifice brutaliste défraîchi, mais l'espace d'exposition, vaste et tout en volumes, est un bel écrin à la collection.

Niveau panoramique

Prenez l'ascenseur jusqu'au niveau 10 pour jouir d'un panorama grandiose sur la ville. Le mélange d'espaces intérieurs-extérieurs permet d'en profiter même s'il fait mauvais.

Collection permanente

La collection permanente (entrée libre) de la Tate Modern, présentée aux niveaux 2 et 4 du Natalie Bell Building et aux niveaux 0, 2, 3 et 4 du Blavatnik Building, est présentée à la fois par thème et par ordre chronologique. Celle du Blavatnik Building se concentre sur la période commençant avec les années 1960.

Plus de 60 000 œuvres tournent constamment – ce qui peut être frustrant si l'on veut voir une œuvre en particulier ! Heureusement, l'excellent site Internet du musée (www.tate.org.uk/search) permet de vérifier si une œuvre est exposée, et où.

Le **Start Display** au niveau 2 du Natalie Bell Building, fait un très bon point de départ : ce petit espace organisé tout spécialement est un parfait avant-goût du musée avec quelques œuvres parmi les plus prisées de la collection, et il donne au visiteur des repères utiles pour comprendre l'art moderne.

Expositions temporaires

Avec l'ouverture du Blavatnik Building, la Tate Modern accueille davantage d'expositions temporaires (payantes). Elles se déroulent au niveau 3 du Natalie Bell Building et au niveau 2 du Blavatnik Building, les prix variant selon les expositions.

Des rétrospectives ont par exemple été consacrées à Andy Warhol, Henri Matisse, Edward Hopper, Frida Kahlo, Roy Lichtenstein, August Strindberg ainsi qu'à Joan Miró, ou encore au nazisme et à l'art "dégénéré".

FAIRE UNE PAUSE

Le Borough Market (p. 161), à 10 minutes à pied vers l'est le long de la Tamise, est un paradis pour les gourmets, qui pourront déguster de délicieux mets et autant de boissons. Au Tibits (p. 168), dédié aux végétariens, les petites assiettes inventives se paient au poids.

Pour une balade culturelle des plus pittoresque, prenez le RB2 (River Boat ou River Bus), navette fluviale qui relie le Bankside Pier (plan p. 472 ; www.thamesclippers.com ; aller adulte/enfant 8,70/4,35 £), **devant la Tate Modern, au Millbank Pier, près de la Tate Britain (p. 90).**

VISITES GUIDÉES

Trois visites gratuites de 45 minutes sont organisées chaque jour à travers les expositions permanentes de la Tate Modern. Elles présentent l'ensemble du musée avant de passer à une section spécifique. Elles débutent à 12h, 13h et 14h, au niveau 4 du Natalie Bell Building.

LES INCONTOURNABLES
SHAKESPEARE'S GLOBE

Le "nouveau" Globe est la réplique presque parfaite du théâtre d'origine, depuis les matériaux utilisés jusqu'à la scène et l'orchestre à ciel ouvert (le public est donc exposé aux aléas de la météo londonienne). Voir une pièce ici est la meilleure et la plus authentique manière de découvrir Shakespeare.

Une reconstruction authentique

Malgré la popularité de Shakespeare, le Globe originel, démoli par les puritains en 1644, n'était presque qu'un lointain souvenir quand l'acteur américain Sam Wanamaker vint à sa recherche en 1949. Il entreprit de réunir les fonds nécessaires à la reconstruction d'un bâtiment en mémoire de l'ancien théâtre, et le chantier débuta en 1987. Wanamaker mourut malheureusement 4 ans avant son ouverture, en 1997.

Le Globe reconstruit a cherché à être aussi proche de l'original que possible. Il est fait de 600 poutres de chêne, de briques Tudor cuites tout spécialement et de chaume du Norfolk. Le plâtre contient poils de chèvre, calcaire et sable, comme à l'époque de Shakespeare.

Visiter le Shakespeare's Globe

Pour visiter les coulisses, prenez part à l'une des visites guidées instructives (environ 40 minutes) qui partent toutes les demi-heures. Elles donnent accès à une exposition sur Shakespeare, le théâtre au XVIIe siècle et la vie à Bankside. Vous pourrez voir également les costumes et les décors utilisés lors des représentations, et avoir un aperçu de la façon dont les cascades (parfois sanglantes !) étaient réalisées à l'époque. Le mieux, bien sûr, est d'assister à une pièce (p. 173) ; une place dans la fosse centrale à ciel ouvert ne coûte que 5 £.

À NE PAS MANQUER

- Assister à une représentation debout dans la fosse, pour 5 £ seulement
- Architecture authentique du théâtre
- Visite guidée et accès à l'exposition

INFOS PRATIQUES

- Plan p. 472, E3
- ☎ 020-7401 9919
- www.shakespearesglobe.com
- 21 New Globe Walk
- Visite guidée, tarif plein/réduit 17/10 £
- billetterie 10h-18h
- Ⓤ Blackfriars ou London Bridge

LES INCONTOURNABLES

BOROUGH MARKET

Depuis près de mille ans, le "garde-manger de Londres" se tient à l'extrémité sud du London Bridge, faisant de ce point de rassemblement toujours animé un joli spectacle. Il a connu un étonnant renouveau ces 15 dernières années et déborde de boutiques, de stands d'alimentation exigus et de primeurs fournissant les meilleures tables de Londres. Borough Market constitue une halte délicieuse le midi et l'après-midi ou pour trouver l'inspiration pour un repas de fête. Il promeut le développement durable et soutient les petits producteurs.

Stands gourmands

Le Borough Market est spécialisé dans les produits frais haut de gamme (de circuits courts généralement). Les étals de fruits et légumes y côtoient ceux des fromagers, des bouchers, des poissonniers et des boulangers. On vient aussi pour les traiteurs et les étals d'épices, noix, conserves et condiments. Les photographes amateurs sont aux anges dans ce temple de la gastronomie haut en couleur.

Délices à emporter

Une fois achevée votre découverte culinaire, rendez-vous dans l'un des nombreux stands de plats à emporter. On y trouve de tout : saucisses allemandes haut de gamme, currys éthiopiens, ragoûts caribéens, wraps aux falafels ou portions de raclette à la viande fumée et pommes de terre. Les étals de pâtisserie ne manquent pas ; difficile de ne pas se laisser tenter ! Une grande partie des traiteurs à emporter est regroupée à **Green Market**, proche de la Southwark Cathedral (p. 169).

À NE PAS MANQUER

- Déjeuner dans l'un des stands de plats à emporter
- Admirer les primeurs
- Regarder passer les gens, un verre à la main, à l'extérieur de l'un des nombreux pubs ou cafés.

INFOS PRATIQUES

- Plan p. 472, F4
- www.boroughmarket.org.uk
- 8 Southwark Street
- marché complet 10h-17h mer-jeu, 10h-18h ven, 8h-17h sam, marché restreint 10h-17h lun-mar
- London Bridge

À VOIR

London Bridge et Bermondsey Street

BOROUGH MARKET MARCHÉ

Voir p. 161.

THE SHARD POINT DE VUE

Plan p. 472 (☎0844 499 7111 ; www.theviewfromtheshard.com ; Joiner St ; adulte/enfant à partir de 25/20 £ ; ⏲10h-21h ; Ⓤ London Bridge). Transperçant l'horizon tel un "éclat de verre" et d'acier, la silhouette du Shard (2012), signé Renzo Piano, est bien vite devenue emblématique – et c'est toujours l'un des plus hauts gratte-ciel d'Europe. Depuis les plateformes des 69e et 72e étages, le panorama à 360°, à près de 250 m de haut, est époustouflant (le prix est lui aussi vertigineux). Réservez en ligne en amont pour économiser. Les billets Premium vous garantissent le beau temps, vous devriez donc pouvoir y revenir gratuitement.

Vous pourrez profiter de la vue à moindre coût dans l'un des restaurants ou bars du Shard ; un cocktail à l'Aqua Shard (p. 170) vous reviendra à la moitié du prix du billet pour la plateforme d'observation, et la vue y est aussi spectaculaire.

HMS BELFAST MUSÉE

Plan p. 472 (www.iwm.org.uk/visits/hms-belfast ; Queen's Walk ; adulte/enfant 19/9,50 £ ; ⏲10h-16h ; Ⓤ London Bridge). Ce grand croiseur léger, lancé en 1938, fit ses preuves pendant la Seconde Guerre mondiale, en aidant notamment à couler le navire de guerre allemand *Scharnhorst* (décembre 1943) et en participant au pilonnage de la côte normande le jour du débarquement ; il servit aussi pendant la guerre de Corée. Ses canons à longue portée pouvaient atteindre des cibles à 20 km de distance. La scénographie donne un excellent aperçu de la vie à bord, en temps de paix et pendant les combats. D'anciens membres d'équipage livrent leurs anecdotes dans les bons audioguides (inclus dans le prix d'entrée).

OLD OPERATING THEATRE MUSEUM AND HERB GARRET MUSÉE

Plan p. 472 (☎020-7188 2679 ; www.oldoperatingtheatre.com ; 9a St Thomas St ; adulte/enfant 6,50/3,50 £ ; ⏲14h-17h lun, 10h30-17h mar-ven, 12h-16h sam-dim ; Ⓤ London Bridge). Situé dans le grenier de **St Thomas Church** (1703), accessible par un escalier en colimaçon, ce musée unique en son genre présente la terrifiante médecine hospitalière du XIXe siècle – avant l'existence de l'anesthésie et des antiseptiques. On peut y voir le plus ancien bloc opératoire du pays (Old Operating Theatre), aménagé en 1822 dans ce qui était alors l'herboristerie (Herb Garret) de l'hôpital Saint-Thomas. Le tout a été redécouvert en 1956. Vous pourrez passer en revue les remèdes naturels exposés, dont de la bave d'escargots pour les maladies vénériennes, et frissonner devant l'assortiment de couteaux d'amputation et de lames.

WHITE CUBE BERMONDSEY GALERIE D'ART

Plan p. 472 (☎020-7930 5373 ; www.whitecube.com ; 144-152 Bermondsey St ; ⏲10h-18h mar-sam, 12h-18h dim ; Ⓤ London Bridge). Cette galerie d'art contemporain est la plus grande des "White Cube" (comparé à l'autre adresse londonienne du 25-26 Mason's Yard, et à celles de Paris, Hong Kong et Sao Paulo) – sortis de l'imagination de Jay Jopling. Ce marchand d'art emblématique du Britart s'est fait un nom dès les années 1990 en exposant des artistes alors inconnus comme Tracey Emin, Damien Hirst ou Antony Gormley. La galerie impressionne avec ses vastes espaces d'exposition, adaptés aux œuvres et aux installations monumentales. Le White Cube a ouvert un nouvel espace à Paris, avenue Matignon, en 2020.

LONDON BRIDGE EXPERIENCE ET LONDON TOMBS MUSÉE

Plan p. 472 (☎020-7403 6333 ; www.thelondonbridgeexperience.com ; 2-4 Tooley St ; adulte/enfant 28,95/22,50 £ ; ⏲10h-18h lun-ven, 9h30-18h sam-dim ; Ⓤ London Bridge). Sous les voûtes du London Bridge, une "expérience" immersive à faire peur à travers l'histoire sanglante de ce pont, de l'époque romaine à nos jours. On passe d'un musée un peu insipide à une vraie maison hantée, puis à une série de tombeaux du XIVe siècle et de fosses communes pour pestiférés (bien réelles), tandis que rongeurs robotiques et acteurs en costume couverts de sang terrifient les groupes de visiteurs. Réservez en ligne bien en amont pour éviter la queue et économiser sur le prix d'entrée (cher).

CROSSBONES GARDEN JARDIN

Plan p. 472 (☎020-7403 3393 ; www.crossbones.org.uk ; angle Union Street et Redcross

Way ; ⌚12h-14h mer-ven ; Ⓤ Borough). Ce paisible jardin, un peu négligé, se trouve sur un site appelé Crossbones, lieu de sépulture non consacré où furent enterrées les personnes déshéritées, en marge de la société, jusqu'en 1853, soit environ 15 000 personnes. La plupart étaient des femmes (prostituées, connues sous le nom de "Winchester Geese") et des enfants. Des associations luttent depuis des décennies pour protéger le site des promoteurs immobiliers et en faire un jardin du souvenir dédié à ces "morts oubliés". Le chanteur-compositeur folk/punk/rock Franck Turner leur a rendu hommage dans un titre intitulé *The Graveyard of the Outcast Dead* (album *No Man's Land*, 2019). Les grilles du cimetière sont ornées de messages, de rubans et de fleurs, et une cérémonie commémorative y a lieu à 19h, le 23 de chaque mois.

CITY HALL ÉDIFICE REMARQUABLE

Plan p. 472 (www.london.gov.uk/city-hall ; Queen's Walk, SE1 ; ⌚8h30-18h lun-jeu, 8h30-17h30 ven ; Ⓤ London Bridge). Siège des services municipaux et du maire, le "nouvel" Hôtel de ville de Londres, œuvre futuriste de Norman Foster, a été inauguré en 2002. L'ancien County Hall, de style édouardien, accueille désormais l'aquarium et un centre de divertissements – London Dungeon notamment. Comme bien des nouvelles réalisations architecturales, le bâtiment de 45 m de haut, aux parois de verre, a fait l'objet de toutes sortes de comparaisons (un bulbe penché, ou encore le casque de Dark Vador). En été, des spectacles musicaux ou théâtraux sont donnés sur la vaste esplanade qui l'entoure. Des expositions gratuites sur Londres ont régulièrement lieu à l'intérieur.

Rotherhithe

Niché dans un coude de la Tamise, à l'est de Bermondsey, le quartier de Rotherhithe vaut le détour. Cet ancien port fluvial resta actif jusque dans les années 1970. On peut encore voir ses anciens entrepôts, désormais réaménagés, et ses quais préservés.

LES INCONTOURNABLES
SOUTHBANK CENTRE

Édifié pour le Festival of Britain de 1951, le Southbank Centre, complexe de béton de plus de 7 ha, est le plus grand centre d'arts vivants et visuels d'Europe. On se perd facilement dans ce dédale de salles où sont présentés plus de 1 200 événements par an.

La façade de verre et de pierre de Portland du **Royal Festival Hall** (p. 173) est d'un abord plus facile que celles de ses voisins des années 1970. C'est l'une des meilleures salles de concerts de Londres. Même sans musique, on peut se détendre au bien nommé **Riverside Terrace Cafe**, ou revenir dans les années 1950 au **Skylon** (p. 170). Repérez l'**ascenseur chantant**, qui pousse la sérénade à chaque arrêt.

Côté nord, le **Queen Elizabeth Hall** (p. 173) est une icône austère du brutalisme, malgré son joyeux escalier jaune jonquille menant au **jardin sur le toit** (p. 173), qui sert de café-bar à la belle saison. La programmation ici est surtout musicale : concerts, musique de chambre, ballets et opéras toute l'année. Une rénovation de 3 ans a pris fin en 2018.

Datant de 1968, la **Hayward Gallery**, autre beauté brutaliste récemment rénovée, compte parmi les grands espaces d'exposition d'art contemporain, ultra pointus. Pas de collection permanente : consultez le programme avant d'y aller.

À NE PAS MANQUER

- Représentation au Royal Festival Hall
- Ascenseur chantant
- Jardin sur le toit du Queen Elizabeth Hall
- Expositions à la Hayward Gallery

INFOS PRATIQUES

- Plan p. 472, A4
- ☎020-3879 9555
- www.southbankcentre.co.uk
- Belvedere Road
- 📶 🚻
- Ⓤ Waterloo

Promenade à pied
Flânerie à South Bank

DÉPART : MÉTRO WESTMINSTER
ARRIVÉE : THE SHARD
DISTANCE : 4,5 KM ; **DURÉE :** 3 HEURES 30

Depuis la station Westminster, traversez le Westminster Bridge et descendez l'escalier côté est pour rejoindre South Bank et le 1 **County Hall** (plan p. 472, A5 ; Westminster Bridge Rd ; Westminster ou Waterloo), édifice édouardien à colonnes, siège de la municipalité de 1922 à 1986. À proximité, le 2 **London Eye** (p. 166) tourne avec élégance. Cette partie des berges de la Tamise est toujours pleine de visiteurs, de vendeurs de glaces ambulants, d'artistes de rue et de Londoniens pressés de déjeuner. Plus à l'est, passez devant le 3 **Southbank Centre** (p. 163), profitez des acrobaties des ados dans le skatepark Undercroft, couvert de graffitis, sous le 4 **Queen Elizabeth Hall** (p. 173). Longez le fleuve en passant devant les boutiques indépendantes du 5 **Gabriel's Wharf** (p. 175) et de l' 6 **Oxo Tower Wharf** (p. 174).

Quelques minutes après être passé sous le Blackfriars Bridge, vous arriverez devant l'imposante 7 **Tate Modern** (p. 158), centrale électrique devenue musée d'art contemporain. Depuis le pont suspendu 8 **Millennium Bridge** (p. 165), on jouit d'une vue superbe sur la cathédrale Saint-Paul, de l'autre côté du fleuve. Une centaine de mètres à l'est de la Tate Modern, on parvient au 9 **Shakespeare's Globe** (p. 160). Passez sous le Southwark Bridge, illuminé la nuit, et devant l' 10 **Anchor Bankside** (p. 172), un pub toujours animé, puis plongez dans le lacis des rues menant à la 11 **Southwark Cathedral** (p. 169).

Tout autour des arches du pont de chemin de fer s'étend le 12 **Borough Market** (p. 161), grand marché gastronomique de Londres (et l'un des plus anciens), particulièrement animé les vendredis et samedis. Quant au 13 **Shard** (p. 162), l'un des plus hauts gratte-ciel d'Europe, symbole de la modernité de Londres, il domine la ligne d'horizon.

BRUNEL MUSEUM — MUSÉE

(www.brunel-museum.org.uk ; Railway Ave, SE16 ; tarif plein/réduit/enfant 6/4 £/gratuit ; ⏲10h-17h ; Ⓤ Rotherhithe). Un excellent petit musée sur l'histoire du premier tunnel sous-marin du monde, construit ici même entre 1825 et 1843 par l'ingénieur Marc Isambard Brunel (père d'Isambard Kingdom Brunel, autre célèbre ingénieur). Celui-ci eut cette idée comme autre solution à un pont, pour endiguer la circulation sur la Tamise. Vous y découvrirez les succès et déboires du projet, ainsi que la technologie révolutionnaire employée pour creuser le tunnel.

Celui-ci, initialement conçu pour les piétons (et aujourd'hui emprunté par les trains), fut inauguré en fanfare en 1843. Pour une **visite guidée** (tarif plein/réduit 10/8 £) comprenant l'accès au puits du tunnel, l'ancien Grand Entrance Hall, rendez-vous à la station de métro Bermondsey les dimanches et lundis à 10h40, ou le mercredi à 18h15.

Bankside et Southwark

TATE MODERN — MUSÉE

Voir p. 158.

SHAKESPEARE'S GLOBE — THÉÂTRE

Voir p. 160.

MILLENNIUM BRIDGE — PONT

Plan p. 472 (Ⓤ Blackfriars). Cette superbe passerelle en acier, aluminium et béton relie la rive sud de la Tamise, au niveau de la Tate Modern, à la rive nord, au pied de Peter's Hill et de la cathédrale Saint-Paul. Avec ses câbles de suspension surbaissés, cet ouvrage d'art, œuvre de l'architecte Norman Foster, de l'ingénieur Tony Fitzpatrick et du grand sculpteur sir Anthony Caro (1924-2013 ; qui fut aussi l'assistant de Henry Moore), est spectaculaire, surtout lorsqu'il est illuminé, la nuit, au moyen de fibres optiques. La vue sur Saint-Paul depuis South Bank est l'une des images emblématiques de Londres.

Waterloo

LEAKE STREET ARCHES — QUARTIER

Plan p. 472 (www.leakestreetarches.london ; Leake St ; Ⓤ Waterloo). "Eat.Drink.Paint. Play" ("manger, boire, peindre, s'amuser"), telle est la devise ici, sous les quais de la gare de Waterloo, avec de l'art, des restaurants et un théâtre. Leake Street, l'un des anciens tunnels routiers en cours de réhabilitation, est devenu un haut lieu du street art (c'est le seul endroit où la municipalité autorise les artistes à s'exprimer librement). Depuis que le mystérieux graffeur Banksy y a tagué en 2008, les murs du **Leake Street Tunnel** (300 m de long) sont littéralement couverts d'œuvres souvent épatantes, et de nouveaux tagueurs s'y montrent chaque jour. L'œuvre de Banksy n'y est plus, mais on peut voir les artistes d'aujourd'hui, souvent des cadors de la bombe aérosol, taguer sur les œuvres d'hier.

Côté restaurants, on peut choisir entre vietnamien chez Banh Bao Brothers, polonais chez Mamuśka ou jeux de plateaux et bière chez Draughts. Entrée depuis Lower Marsh Road ou York Road.

HAYWARD GALLERY — MUSÉE

Plan p. 472 (☎020-3879 9555 ; www.southbankcentre.co.uk/venues/hayward-gallery ; Belvedere Rd ; ⏲11h-19h lun, mer, sam-dim, 11h-21h jeu ; Ⓤ Waterloo). La Hayward Gallery, qui fait partie du Southbank Centre, présente en rotation des œuvres d'art contemporain dans un bâtiment brutaliste des années 1960. Ici, pas de collection permanente, mais 3 ou 4 expositions majeures par an. Le musée a été totalement refait en 2018, avec notamment la rénovation des 66 puits de lumière pyramidaux en verre, pour faire entrer la lumière naturelle. Une grande rétrospective Bridget Riley (née en 1931) – art cinétique et Op Art – y a notamment été présentée en 2019-1920. Tarifs variables selon les expositions.

ROUPELL STREET — RUE

Plan p. 472 (Roupell St, SE1 ; Waterloo). Les rues situées derrière la gare de Waterloo cachent leur lot de trésors architecturaux. Roupell Street se caractérise par une ravissante enfilade de petites maisons d'ouvriers des années 1820, avec briques sombres et portes de couleurs vives. Un vrai décor de cinéma ! On retrouve la même architecture dans Theed Street et Whittlesey Street (parallèles à Roupell Street, au nord).

SEA LIFE LONDON AQUARIUM — AQUARIUM

Plan p. 472 (www.visitsealife.com/london ; County Hall, Westminster Bridge Rd ; adulte/enfant 29/23 £ ; ⏲10h-16h lun-mer et ven,

11h-16h jeu, 10h-17h sam-dim ; 🚼 ; Ⓤ Waterloo ou Westminster). Ouvert en 1997, l'aquarium de Londres occupe une partie de l'ancien County Hall (hôtel de ville), un superbe édifice de style édouardien. Entre tunnel aux requins, lagon pour les raies et habitats pour les manchots papous, le Sea Life a de quoi captiver les enfants pendant des heures. Séances de nourrissage et conférences tout au long de la journée, et on peut même plonger dans le bassin des requins. Réserver en ligne donne droit à une petite réduction et vous garantit l'entrée. Horaires variables, plus étendus l'été, les week-ends et période de vacances scolaires : vérifiez-les au préalable.

LONDON DUNGEON ATTRACTION

Plan p. 472 (☎0333 321 2001 ; www.thedungeons.com/london ; County Hall, Westminster Bridge Rd ; adulte/enfant 30/24 £ ; ⏲10h-16h lun-mer et ven, 11h-16h jeu, 10h-18h sam, 10h-17h dim ; Ⓤ Waterloo ou Westminster). Un voyage effrayant dans l'histoire sanglante de Londres vous attend au County Hall. Passages sombres, bruits soudains, éclairs, jets de liquide indéfinissable et odeurs déplaisantes sont au rendez-vous dans les salles à thèmes où des acteurs, souvent couverts de faux sang, racontent des histoires sinistres et titillent les visiteurs. Chair de poule, interactivité et plaisir à gogo si vous aimez vous faire peur. Réservez impérativement en ligne. Visite de 1 heure 30 environ. Ne convient pas aux jeunes enfants.

OÙ SE RESTAURER

Si le Borough Market (p. 161) fait depuis longtemps la réputation gastronomique de South Bank, les restaurants fleurissent désormais dans les rues environnantes. Tooley Street et Bermondsey Street brillent notamment en la matière (tapas espagnoles, cuisine thaïlandaise, gastro-pubs, cuisine de rue...). Sachez que les meilleurs emplacements au bord de la Tamise sont occupés par des restaurants de chaînes sans grand intérêt.

LES INCONTOURNABLES
LONDON EYE

Difficile d'imaginer South Bank sans le London Eye (ou Lastminute.com London Eye, nom officiel dû à son sponsor actuel), la plus grande des grandes roues du monde, inaugurée en 2000 pour marquer le nouveau millénaire. Comme la tour Eiffel, le London Eye ne devait être qu'une structure temporaire, mais sa popularité a assuré sa permanence. Avec 135 m de haut, visible de nombreux endroits dans une ville plutôt plate, elle a changé la *skyline* londonienne.

Un tour – ou "vol" (*flight*), comme on dit ici – dans l'une des 32 nacelles en verre, dure 30 minutes. On peut ainsi apprécier à loisir une vue à 40 km à la ronde (jusqu'au château de Windsor)... à condition, toutefois, que le ciel soit dégagé. Mais même par temps couvert, la vue rapprochée sur le Parlement, juste en face, est exceptionnelle. Dans chaque nacelle, des tablettes interactives (en plusieurs langues, dont le français) donnent des informations sur les grands monuments à mesure qu'ils apparaissent, rendant l'expérience encore plus enrichissante.

Les billets sont chers, réserver en amont permet une petite réduction et une fenêtre de 15 minutes pour y monter. Promotions parfois ("2 pour le prix de 1") sur www.daysoutguide.co.uk.

LE SAVIEZ-VOUS ?

- Le London Eye est le point de départ des milliers de feux d'artifice tirés lors du spectacle pyrotechnique du Nouvel An.

INFOS PRATIQUES

- Plan p. 472, A4
- www.londoneye.com
- Près du County Hall
- Adulte/enfant 28/23 £
- ⏲10h-20h30, hiver horaires réduits
- Ⓤ Waterloo ou Westminster

London Bridge et Bermondsey Street

PADELLA ITALIEN £

Plan p. 472 (www.padella.co ; 6 Southwark St ; plats 4-12,50 £ ; 12h-15h45 et 17h-22h lun-sam, 12h-15h45 et 17h-21h dim ; ; London Bridge). Spécialisé dans les plats de pâtes maison, inspirés des pérégrinations culinaires des propriétaires en Italie, le Padella est un petit bistrot dynamique. Les portions sont petites, excuse toute trouvée pour prendre plus d'un plat... L'attente est toujours longue ; téléchargez l'appli WalkIn pour faire la queue virtuellement et allez patienter au pub.

Les plats proposés changent souvent mais les *pici cacio e pepe*, stars de la carte, sont incontournables.

FLAT IRON SQUARE ESPACE DE RESTAURATION £

Plan p. 472 (020-3179 9800 ; www.flatironsquare.co.uk ; Flat Iron Sq ; 12h-minuit lun-sam, 10h30-22h dim ; ; London Bridge). Cet espace de restauration industriel-chic, qui occupe 7 voûtes d'un viaduc ferroviaire et leur extérieur, est un concentré de gastronomie. Entre *gyoza*, pizza, *pad thai*, poulet au bas-beurre ou salade méditerranéenne, chacun trouvera son bonheur. Flat Iron accueille également des événements, marchés d'objets vintage et soirées à thèmes. Horaires et tarifs variables selon les commerces.

VINEGAR YARD CUISINE DE RUE £

Plan p. 472 (www.vinegaryard.london ; 72-82 St Thomas St ; 12h-22h lun-ven, 11h-22h sam-dim ; London Bridge). À la fois marché d'alimentation, bar, boutique d'occasion et installation artistique, le Vinegar Yard se veut tout, pour tous, et y parvient sans effort. L'immense espace extérieur est un atout rare pour un lieu aussi central, et il y a des espaces sous tente quand la météo n'est pas clémente. Au programme : de très bonnes cuisines de rue, libanaise et italienne notamment, des burgers inspirés par l'Inde, etc. Un marché aux puces s'installe ici chaque week-end.

WATCH HOUSE CAFÉ £

Plan p. 472 (020-7407 6431 ; www.thewatchhouse.com ; 199 Bermondsey St ; sandwichs à partir de 4,95 £ ; 7h-18h lun-ven, 8h-18h sam-dim ; ; Borough). Des sandwichs délicieux, du café (extra !), des pâtisseries gourmandes et un cadre charmant, ultra-miniature. Le Watch House occupe une ancienne maison de guet du XIXe siècle, magnifiquement restaurée, jadis utilisée par les patrouilles du cimetière de St Mary Magdalen.

ARABICA BAR & KITCHEN MOYEN-ORIENT ££

Plan p. 472 (020-3011 5151 ; www.arabicabarandkitchen.com ; 3 Rochester Walk, Borough Market ; plats 6-14 £ ; 12h-22h30 lun-ven, 9h-22h30 sam, 10h-21h30 dim ; ; London Bridge). Sous une arche de brique, l'Arabica est dédié aux classiques du Moyen-Orient, servis façon mezzes. Venez à plusieurs pour goûter et partager une myriade de petites assiettes. Parmi les vedettes de la carte, le *baba ganoush* crémeux, avec de l'aubergine parfaitement fumée et du yaourt au safran, ou le kebab d'agneau grillé.

CASA DO FRANGO PORTUGAIS ££

Plan p. 472 (www.casadofrango.co.uk ; 32 Southwark St ; plats 6-10 £ ; 12h-15h et 17h-22h30 lun-jeu, 12h-23h ven-sam, 12h-22h dim ; London Bridge). Rien à voir avec Nando's : la Casa do Frango est un cran au-dessus, avec une salle à l'étage agrémentée de plantes, à quelques pas de Borough Market (p. 161). Quant à son "Frango", poulet rôti au barbecue à l'algarvienne, avec une sauce au fameux pili-pili (*peri-peri*), c'est la star de la carte. Il y a également des plats régionaux à partager. Cherchez la porte dérobée qui mène au "bar clandestin" pour boire un verre après le dîner.

TEXAS JOE'S BARBECUE ££

Plan p. 472 (020-3759 7355 ; www.texas-joes.com ; 8-9 Snowsfields ; plats 10-22 £ ; 12h-22h lun-jeu, 12h-23h ven-sam, 12h-21h dim ; London Bridge). Lancé par un expatrié de Dallas, Texas, le Joe's est une enclave du *Lone Star State* dans une petite rue de Bermondsey. Les grosses portions de viandes sont fumées toute la journée, puis servies sur du pain blanc avec des pickles et une sauce barbecue piquante. Ajoutez-y des accompagnements tels que moelle ou *jalapeños* au bacon pour atteindre l'extase.

EL PASTÓR MEXICAIN ££

Plan p. 472 (www.tacoselpastor.co.uk ; 7a Stoney St ; tacos 6,75-10,50 £ ; 12h-15h et 17h-23h lun-ven, 12h-16h et 18h-23h sam, 12h-16h dim ; London Bridge). La bonne cuisine mexicaine manquait étonnamment à

Londres. Quelques établissements y ont remédié. Entrez dans ce temple des tacos par un rideau en plastique et commandez plusieurs assiettes (les parts sont petites) ou de grands plats à partager. La carte des mezcals (alcools d'agave) fait deux fois la carte des plats.

Pas de réservation ; attente à prévoir.

TAPAS BRINDISA TAPAS ££

Plan p. 472 (020-7357 8880 ; www.brindisatapaskitchens.com ; 18-20 Southwark St, SE1 ; plats 5-16 £ ; 10h-23h30 lun-ven, 8h30-23h30 sam, 10h-22h dim ; London Bridge). À l'angle de Borough Market et de Southwark Street, ce qui était l'un des premiers bars à tapas de Londres est devenu un empire *español* essaimant dans toute la ville. Les tables débordent sur le trottoir et les clients commandent assiette sur assiette de classiques *croquetas*, *pan con tomate* (pain à la tomate), *jamón ibérico* ou tentacules de poulpes entières.

RABOT 1745 FUSION ££

Plan p. 472 (020-7378 8226 ; www.hotelchocolat.com ; 2-4 Bedale St ; plats 15-21 £ ; 12h-22h mar-ven, 9h-22h sam ; London Bridge). Lancé par les fondateurs de la marque Hotel Chocolat, qui ont réactivé une plantation de cacao à Sainte-Lucie, aux Caraïbes, le Rabot 1745 propose un mélange intrigant de plats britanniques et de saveurs antillaises. Le cacao sous diverses formes est omniprésent : purée de chocolat blanc, viande marinée aux fèves de cacao concassées, ganache à 70% sur le burger... le tout est très réussi.

CASSE-CROÛTE FRANÇAIS ££

Plan p. 472 (020-7407 2140 ; www.cassecroute.co.uk ; 109 Bermondsey St ; plats à partir de 20 £ ; 12h-22h lun-sam, 12h-16h dim ; London Bridge). Le cadre du Casse-Croûte évoque avec succès les bistrots français d'autrefois. La carte renouvelée chaque jour, affichée sur une ardoise (en français), met l'accent sur des classiques, du flétan aux mojettes à la tarte Bourdaloue. Réservation conseillée.

GARRISON PUBLIC HOUSE GASTROPUB ££

Plan p. 472 (020-7089 9355 ; www.thegarrison.co.uk ; 99-101 Bermondsey St ; plats 16-32 £ ; 8h-23h lun-jeu, 8h-minuit ven, 9h-minuit sam, 9h-22h30 dim ; ; London Bridge). On sert la meilleure cuisine de pub de Bermondsey Street au charmant Garrison – extérieur carrelé de vert et bel intérieur blanc lambrissé avec des tables aux sièges dépareillés en bois vieilli. La cuisine est surtout britannique, avec quelques accents d'Europe de l'Ouest, et il y a toujours au moins un bon plat végétarien.

Bankside et Southwark

ANCHOR & HOPE GASTROPUB ££

Plan p. 472 (020-7928 9898 ; www.anchorandhopepub.co.uk ; 36 The Cut ; plats 12,40-19,40 £ ; 17h-23h lun, 11h-23h mar-sam, 12h30-15h15 dim ; Southwark). Véritable institution culinaire de South Bank, l'Anchor & Hope est le *gastropub* par excellence. Dans un cadre élégant et informel, on y sert une cuisine délicieuse (européenne tendance britannique). La carte change quotidiennement, et peut inclure des plats tels que l'épaule d'agneau présalé façon gigot de 7 heures, le lapin sauvage aux anchois, aux amandes et à la roquette, ou, en dessert, une (délicieuse !) panna cotta à la compote de rhubarbe.

BALA BAYA MÉDITERRANÉEN, MOYEN-ORIENT ££

Plan p. 472 (020-8001 7015 ; www.balabaya.co.uk ; Arch 25, Old Union Yard Arches, 229 Union St ; plats 11-18 £ ; 12h-15h et 17h-22h lun-ven, 10h30-16h et 18h-22h sam, 10h30-16h dim ; ; Southwark). Dans une arche ferroviaire sur 2 niveaux, à l'intérieur chaulé tout en courbes inspiré du Bauhaus. La carte déborde de produits frais et écoresponsables, parfaits pour les végétariens et les végétaliens. Le chef israélien crée des versions ludiques des classiques méditerranéens ; la pita de chou-fleur caramélisé au tahini a la cote au déjeuner.

SWAN AT THE GLOBE GASTROPUB ££

Plan p. 472 (020-7928 9444 ; www.swanlondon.co.uk ; 21 New Globe Walk ; plats 16,50-25 £ ; 8h-23h30 lun-mer, 8h-minuit jeu, 8h-0h30 ven, 10h-0h30 sam, 10h-23h dim ; Blackfriars ou London Bridge). Le restaurant du Shakespeare's Globe (p. 173) est idéal pour un dîner d'avant-spectacle. Même si vous ne venez pas voir une pièce, réservez au Swan pour déguster une cuisine britannique bien exécutée (tourte au gibier et aux cèpes par exemple), dans un cadre raffiné, avec une jolie vue sur la Tamise.

TIBITS VÉGÉTARIEN ££

Plan p. 472 (020-7202 8370 ; www.tibits.co.uk ; 124 Southwark St ; tarif au poids ; 7h30-22h lun-mer, 7h30-23h jeu-ven, 11h30-23h sam, 11h30-22h dim ; ; Blackfriars, Southwark). Ce café végétarien donne un air branché aux repas de cafétéria. Divers plats végétariens et végétaliens inventifs sont disposés sur un comptoir en self-service ; vous vous servez en salades, currys, risotto… et votre assiette est pesée à la caisse. L'emplacement et l'ambiance tranquille en font un endroit idéal pour recharger ses batteries après avoir visité la Tate Modern.

BALTIC EUROPE DE L'EST ££

Plan p. 472 (020-7928 1111 ; www.balticrestaurant.co.uk ; 74 Blackfriars Rd ; plats 14,50-19 £ ; 17h30-23h15 lun, 12h-15h et 17h30-23h15 mar-sam, 12h-16h30 et 17h30-22h30 dim ; Southwark). Dans une salle lumineuse et spacieuse (haut plafond, verrière et poutres en bois), le Baltic offre un voyage culinaire dans l'est de l'Europe : quenelles et blinis, mets saumurés et fumés, ragoûts généreux et viande braisée. Les saveurs, qu'elles viennent de Pologne ou de Géorgie, sont authentiques et les plats, superbement présentés. Belle carte des vins et des vodkas. Les dîners d'avant-théâtre et les formules du déjeuner sont d'un bon rapport qualité/prix.

Waterloo

LOWER MARSH MARKET CUISINE DE RUE £

Plan p. 472 (020-7620 1201 ; www.lowermarshmarket.com ; Lower Marsh ; marché 9h-17h lun-sam, cuisines de rue 12h-14h lun-ven ; Waterloo). Ce marché d'alimentation et de bric-à-brac est, de longue date, une institution de Lower Marsh Road, artère piétonne bordée de maisons en briques et de petits commerces indépendants où s'est développé un sens communautaire fort. Les stands de nourriture vont des currys aux falafels, plutôt bons en général. Malgré la proximité de la Tamise, le marché est plus fréquenté par les employés des bureaux voisins que par les touristes. Le samedi, l'accent est mis sur l'artisanat et les vêtements.

OXO TOWER BRASSERIE EUROPÉEN ££

Plan p. 472 (www.harveynichols.com/restaurant/the-oxo-tower/brasserie ; 020-7803 3888 ; Oxo Tower Wharf, Bargehouse St ; plats 14,50-26 £ ; 12h-22h dim-mer, 12h-23h jeu-sam ; ; Waterloo). La réhabilitation dans les années 1990 de l'Oxo Tower, avec une brasserie au 8e niveau (première de celles lancées par le grand magasin Harvey

LES INCONTOURNABLES SOUTHWARK CATHEDRAL

L'histoire de la cathédrale de Southwark, bâtiment essentiellement victorien, remonte à plusieurs siècles. Elle était autrefois l'église la plus proche du seul point d'entrée dans la ville, le London Bridge.

Les arcs de la nef gothique sont impressionnants et on peut voir les vestiges d'un toit plus ancien près des fonts baptismaux du côté ouest de l'église ; les quelques **bossages du toit médiéval** visibles, du XVe siècle, font partie des 150 écus gravés et peints qui ornaient autrefois le plafond. Dans l'allée nord de la nef se trouve la **tombe de John Gower** (vers 1330-1408), poète de Richard II et Henry IV. Passez devant un **coffre** du XVIe siècle à la marqueterie superbe, sculpté par des immigrants allemands, puis admirez les saints du **retable du maître-autel**, du XVIe siècle, dans le chœur. La partie la plus ancienne de la cathédrale est l'**arrière-chœur** (derrière le maître-autel), côté est, qui compte quatre chapelles.

Dans le cimetière, juste en face du Borough Market, le **jardin des simples** est planté d'herbes médicinales qu'on utilisait dans l'hôpital médiéval autrefois attenant à la cathédrale. Dans l'allée sud de la nef, le **Shakespeare Memorial** d'albâtre vert, sculpté en 1912, honore le célèbre auteur, qui vivait à Southwark.

À NE PAS MANQUER

- Jubé
- Retable du maître-autel
- Arrière-chœur
- Shakespeare Memorial

INFOS PRATIQUES

- Plan p. 472, F3
- 020-7367 6700
- www.cathedral.southwark.anglican.org
- Montague Close
- 9h-17h lun-ven, 9h30-15h45 et 17h-18h sam, 12h30-15h et 16h-18h dim
- London Bridge

Nichols), a contribué à la renaissance gastronomique de South Bank. Ce splendide espace aux immenses baies vitrées permet aux dîneurs de profiter pleinement de l'une des plus belles vues sur Londres (les prix s'en ressentent). La carte met le poisson à l'honneur, et les végétariens auront le choix entre plusieurs plats. Réservez.

SKYLON EUROPÉEN £££

Plan p. 472 (020-7654 7800 ; www.skylon-restaurant.co.uk ; 3e ét., Royal Festival Hall, Southbank Centre, Belvedere Rd ; plats 16,50/34 £ ; 12h-23h lun-ven, 11h30-15h et 17h-23h sam, 11h30-22h30 dim, restaurant 12h-14h30 et 17h30-22h30 lun-sam, 12h-16h dim ; ; Waterloo). Baptisé d'après le bâtiment érigé ici pour le Festival of Britain de 1951, le Skylon fait renaître les années 1950 avec son décor rétrofuturiste (tendance à l'époque, encore plus aujourd'hui) et une carte britannique contemporaine inspirée des saisons. Les immenses baies vitrées – vue somptueuse sur la Tamise et la ville – sont peut-être son plus grand atout.

Réservation conseillée. Repas offert aux moins de 10 ans.

OÙ PRENDRE UN VERRE ET FAIRE LA FÊTE

Vous ne mourrez pas de soif à South Bank. Si les pubs de chaînes, accaparant la vue, sont majoritaires au bord de la Tamise, les pubs plus authentiques se dissimulent dans les petites rues avoisinantes. Plusieurs bars en toit-terrasse ont surgi çà et là à proximité du fleuve.

London Bridge et Bermondsey Street

GEORGE INN PUB

Plan p. 472 (020-7407 2056 ; www.nationaltrust.org.uk/george-inn ; 77 Borough High St ; 11h-23h lun-jeu, 11h-minuit ven-sam, 12h-22h30 dim ; London Bridge). Ce superbe relais de poste avec galeries en façade est le dernier du genre à Londres. Le bâtiment (1677), propriété du National Trust, apparaît dans le roman *La Petite Dorrit* de Charles Dickens. Le soir, les bancs de pique-nique de la grande cour pavée sont toujours pris d'assaut (pas de réservation) ; sinon, trouvez une place dans le labyrinthe de pièces sombres et de couloirs à l'intérieur.

RAKE PUB

Plan p. 472 (020-7407 0557 ; www.facebook.com/TheRakeSE1 ; 14 Winchester Walk ; 12h-23h lun-jeu, 11h-23h ven, 10h-23h sam, 12h-22h dim ; London Bridge). Tenu par les fondateurs de la bièrerie Utobeer (p. 174), qui a commencé au Borough Market, le Rake propose un vaste choix de bières dont certaines qu'on ne trouvera qu'ici. Le personnel, très serviable, est d'un très bon conseil. L'endroit est minuscule et toujours plein ; la terrasse en bois est très appréciée.

AQUA SHARD BAR

Plan p. 472 (020-3011 1256 ; www.aquashard.co.uk ; 31e niv, Shard, 31 St Thomas St ; 10h30-1h dim-jeu, 10h30-3h ven-sam ; London Bridge). Pour profiter de la vue depuis le Shard (p. 162) au prix d'un cocktail, montez au 31e étage et entrez dans ce joli bar-restaurant sur 3 niveaux. Les plafonds hauts rendent le panorama sur Londres, qu'on voit briller derrière les parois de verre inclinées, encore plus épatant. On ne peut réserver que pour le restaurant ; préparez-vous à attendre si vous venez aux heures d'affluence du bar.

CHAPTER 72 CAFÉ

Plan p. 472 (www.chapter-72.com ; 72 Bermondsey St ; 7h-19h30 lun-mar, 7h-22h mer-ven, 9h-22h sam, 9h-19h30 dim ; London Bridge). Ce café-bar à cocktails a été nommé meilleur café de quartier du SE1 (alias Southwark) en 2018. Tout ce qui est à base d'expresso y relève du grand art – il y a même une masterclass sur l'Expresso Martini (avec vodka et liqueur de café). Ne manquez pas de goûter au Negroni Dark Arts, relevé au Tia Maria (liqueur de grains de café), servi en théière (à partager). Les amateurs de café tardif peuvent même demander un Expresso Martini décaféiné.

214 BERMONDSEY BAR

Plan p. 472 (020-7403 6875 ; www.two1four.com ; 214 Bermondsey St ; 17h-23h lun-mer, 17h-minuit jeu, 17h-1h30 ven-sam, 16h-22h30 dim ; London Bridge). Un air de *speakeasy* mais sans aucun snobisme : ce bar caché au sous-sol du restaurant Flour & Grape est le temple du gin (100 gins différents), servi avec un tonic fait maison ou dans le cocktail de votre choix, parfaitement

LA LOW LINE LONDONIENNE

Depuis l'ère victorienne, cette partie de South London est sillonnée de lignes ferroviaires surélevées, mais avec le temps, beaucoup de ces viaducs, rendus inaccessibles par de nouvelles constructions, sont tombés à l'abandon. Aujourd'hui, à l'imitation de la High Line new-yorkaise, des promoteurs londoniens ont créé la Low Line, un ensemble de boutiques, de restaurants, de bars et d'espaces culturels installés dans ces anciennes arches ferroviaires.

Quelques panneaux sont en place, et un plan existe sur Internet (www.visitbankside.com), mais la Low Line n'est pas achevée. Le parcours n'est pas aussi évident que son homologue new-yorkais, mais on peut voir à quoi cela ressemblera au Flat Iron Square (p. 167), au Borough Market (p. 161) et aux Old Union Yard Arches, où se trouve le Bala Baya (p. 168).

exécuté. Également : des plateaux de 3 gins sans étiquette. À vous de deviner ce que vous buvez.

GENTLEMEN BARISTAS CAFÉ

Plan p. 472 (www.thegentlemenbaristas.com ; 63 Union St ; 7h-17h30 lun-ven, 8h30-17h sam, 8h30-16h dim ; ; U London Bridge ou Borough). Un lieu un peu prétentieux, mais parfait pour goûter d'excellents cafés, de bonnes pâtisseries et un petit choix de sandwichs. La clientèle branchée se répartit sur les deux niveaux, aux murs de brique nue.

OMEARA CANTINA BAR

Plan p. 472 (020-3179 2900 ; www.omearalondon.com ; 6 O'Meara St ; 17h-minuit lun-mer, 17h-2h jeu, 17h-3h ven-sam, 13h-23h dim ; U London Bridge). Dans une petite rue peu fréquentée de Southwark, l'Omeara est un bar intime et une salle de concerts. Dans le décor vieilli des arches ferroviaires, rythmes et cocktails à la tequila ou au mezcal alimentent la fête jusque tard dans la nuit. Il est relié au Flat Iron Square (p. 167), ce qui vous permet d'y faire une commande et de manger ici.

MARKET PORTER PUB

Plan p. 472 (020-7407 2495 ; www.themarketporter.co.uk ; 9 Stoney St ; 6h-8h30 et 11h-23h lun-ven, 12h-23h sam, 12h-22h30 dim ; U London Bridge). Le Market Porter est l'un des derniers pubs de Londres ouverts tôt le matin, pour les travailleurs du Borough Market. À l'intérieur, le cadre fait de boiseries traditionnelles est typiquement victorien, mais la plupart des clients s'installent dans Stoney Street, piétonnisée, pour regarder passer les gens. Très bon *Sunday roast* (rôti du dimanche) servi dans la salle du haut.

CALL ME MR LUCKY BAR

Plan p. 472 (020-7078 9634 ; www.callmemrlucky.com ; 11 Southwark St ; 17h-minuit lun-mer, 17h-1h jeu-sam ; U London Bridge). Tous les Breakfast Club de Londres ont leur *speakeasy* ; une fois obtenu le mot de passe à London Bridge, vous pourrez franchir la porte secrète et descendre dans la grande salle de ce bar au thème mexicain, éclairé de lampions. Les spécialités de la maison sont bien sûr souvent à base de tequila ; sinon, vous pourrez faire confiance à la “roue de la fortune”.

MONMOUTH COFFEE COMPANY CAFÉ

Plan p. 472 (020-7232 3010 ; www.monmouthcoffee.co.uk ; 2 Park St ; 7h30-18h lun-sam ; U London Bridge). Le Monmouth, l'un des cafés préférés des Londoniens, est victime de son succès. Les cafés (cafés filtre ou expresso) sont parfaits, mais l'attente peut être pénible, et trouver une place dans la grande salle ouverte sur l'extérieur est difficile. Heureusement, le café Monmouth est servi dans d'autres cafés de la ville.

Bankside et Southwark

LYANESS BAR À COCKTAILS

Plan p. 472 (020-3747 1063 ; www.lyaness.com ; Sea Containers, 20 Upper Ground ; 16h-1h lun-mer, 12h-2h jeu-sam, 12h-0h30 dim ; ; U Southwark). Six mois après que le Dandelyan eut été nommé meilleur bar du monde, Ryan Chetiyawardana (alias Mr Lyan), mixologue de légende, l'a fermé pour ouvrir le Lyaness, dans un lieu à l'atmosphère et au fonctionnement similaires. Le bar s'enorgueillit d'ingrédients rares : miel végane, liqueur de petit-lait et Onyx, un alcool totalement nouveau, créé en collaboration avec la distillerie danoise Emporium Spirits.

SEABIRD BAR

Plan p. 472 (020-7903 3050 ; www.seabirdlondon.com ; Hoxton Southwark, 40 Blackfriars Rd ; 12h-minuit lun-jeu, 12h-1h ven, 11h-1h sam, 11h-minuit dim ; Southwark). L'un des plus récents bars sur le toit de South Bank, et peut-être le meilleur. En haut de l'hôtel Hoxton Southwark (p. 356), le chic Seabird, est tout en espaces dedans-dehors agrémentés de palmiers, d'où l'on peut contempler Saint-Paul depuis son siège en osier. Et pour se restaurer, les produits de la mer sont en vedette et le choix d'huîtres est, dit-on, le plus vaste de tout Londres.

12TH KNOT BAR

Plan p. 472 (020-3747 1063 ; www.facebook.com/12thknot ; Sea Containers, 20 Upper Ground ; 17h-1h mar-mer, 17h-2h jeu-sam ; ; Southwark). Au 12e niveau du luxueux hôtel Sea Containers, le 12th Knot vaut la visite, avec une vue superbe sur la ville et un toit-terrasse. La carte des cocktails met l'accent sur les voyages avec des ingrédients originaux sélectionnés en chemin : vinaigre de champagne, brume de whisky d'Islay et bacon confit. Tenue correcte exigée ; réservation conseillée.

ANCHOR BANKSIDE PUB

Plan p. 472 (020-7407 1577 ; www.facebook.com/TheAnchorBankside ; 34 Park St ; 11h-23h lun-mer, 11h-23h30 jeu-sam, 12h-22h30 dim ; London Bridge). Maillon de la chaîne Greene King, ce pub datant du XVIIe siècle, au bord de la Tamise, est charmant et bien situé. La cuisine et le choix de boissons sont plus quelconques. Si la terrasse vous attire vraiment, ayez à l'esprit que l'auteur de dictionnaires du XVIIIe siècle, Samuel Johnson, ami du propriétaire, venait boire ici, tout comme le chroniqueur Samuel Pepys avant lui.

Waterloo

KING'S ARMS PUB

Plan p. 472 (020-7207 0784 ; www.thekingsarmslondon.co.uk ; 25 Roupell St ; 11h-23h lun-sam, 12h-22h30 dim ; Waterloo). Dans la rue préservée de Roupell Street (p. 165), ce charmant pub de quartier attire les amateurs de mousses avec, en rotation, des ales traditionnelles et bières en bouteille. On fait souvent halte ici en sortant du bureau, avant de rejoindre la gare de Waterloo. Le pub déborde sur la rue aux heures d'affluence. Dans la salle du fond, rustique, on sert une bonne cuisine thaïlandaise.

VAULTY TOWERS BAR

Plan p. 472 (020-7928 9042 ; www.vaultytowers.london ; 34 Lower Marsh ; 12h-23h dim-mer, 12h-1h jeu-sam ; Waterloo). Ce bar loufoque est un fouillis d'éléments de décors excentriques, grâce à l'espace artistique voisin associé, The Vaults (p. 174). Immanquable depuis la rue : il est couvert de personnages de street art qui semblent échappés du Leake Street Tunnel (p. 165). Pas d'espèces : prenez votre carte bancaire.

UNDERSTUDY BAR

Plan p. 472 (020-7452 3551 ; www.nationaltheatre.org.uk ; National Theatre, Upper Ground ; 12h-minuit lun-mer, 12h-1h jeu-sam, 12h-22h dim ; Waterloo). Au bord de la Tamise, le bar du National Theatre (page ci-contre) n'a rien d'une doublure et joue vraiment les vedettes quand des tables sont installées sur l'immense terrasse près de l'eau, idéale pour voir passer les gens quand le jour décline. À la pression, nombreuses Meantime venues de la brasserie située en aval, à Greenwich.

SCOOTERCAFFE CAFÉ

Plan p. 472 (www.facebook.com/scootercaffe ; 132 Lower Marsh ; 8h30-23h lun-jeu, 8h30-minuit ven, 10h-minuit sam, 10h-23h dim ; ; Waterloo). Ancien garage de réparation Vespa, ce café bohème-chic est un joli mélange de mobilier dépareillé et d'affiches vintage, avec bien sûr quelques scooters. Le café est torréfié sur place et passé dans une antique machine à expresso de 1957. Le soir, la caféine fait place aux cocktails.

FOUR CORNERS CAFÉ

Plan p. 472 (020-8617 9591 ; www.four-corners-cafe.com ; 12 Lower Marsh ; 7h30-18h30 lun-ven, 9h-17h sam ; ; Waterloo). Avec son excellent café (de chez Ozone Roasters) et sa sélection de thés exceptionnelle, le Four Corners accueille habitués et visiteurs de passage. L'endroit est décoré sur le thème du voyage (comptoir tapissé de cartes, collection de vieux guides touristiques...), et l'on peut même y échanger ses anciens guides (s'ils n'ont pas déjà la même édition) contre un café !

OÙ SORTIR

Sur la rive opposée, loin de l'esprit un peu étriqué de la conservatrice City, South Bank est un quartier plus enjoué, et un haut lieu de distractions depuis le Moyen Âge. Il brille notamment par sa collection de théâtres, dont le fameux Shakespeare's Globe, rebâti à l'identique, et une salle IMAX équipée du plus grand écran de cinéma du pays. Les nombreuses salles du Southbank Centre (p. 163) accueillent des arts du spectacle et des concerts.

SHAKESPEARE'S GLOBE — THÉÂTRE

Plan p. 472 (020-7401 9919 ; www.shakespearesglobe.com ; 21 New Globe Walk ; billetterie 10h-18h ; U Blackfriars, London Bridge). Le Shakespeare's Globe (p. 160), l'un des plus célèbres théâtres au monde, est un bijou de bâtiment. Sa reconstruction à l'identique ramène le public à l'ère élisabéthaine, avec des sièges en bois (durs) abrités sur 3 niveaux de galeries et une fosse centrale ouverte en plein air (coussins et ponchos en vente sur place). Les places dans la fosse ne coûtent que 5 £, mais impliquent de rester debout toute la représentation, tels les *groundlings* du XVIIe siècle, trop pauvres pour payer une place assise.

La saison dure d'avril à octobre ; la programmation est composée de pièces de Shakespeare et de ses contemporains, notamment Christopher Marlowe. Le Globe, comprend également le Sam Wanamaker Playhouse, théâtre couvert jacobéen éclairé aux chandelles, semblable à celui que Shakespeare aurait utilisé l'hiver, qui accueille des pièces tout au long de l'année.

NATIONAL THEATRE — THÉÂTRE

Plan p. 472 (020-7452 3000 ; www.nationaltheatre.org.uk ; Upper Ground ; U Waterloo). Le théâtre phare du pays, dans un bâtiment brutaliste, affiche une programmation de quelque 25 pièces par an, dans ses 3 salles. Même si on ne vient pas voir une pièce, on peut visiter le foyer qui abrite une librairie, des restaurants, des bars et des espaces d'exposition. Découvrez-en les coulisses lors d'une visite guidée qui passe par les loges, les entrailles du bâtiment et vous fait rencontrer l'équipe chargée des costumes.

ROYAL FESTIVAL HALL — SALLE DE CONCERTS

Plan p. 472 (020-3879 9555 ; www.southbankcentre.co.uk/venues/royal-festival-hall ; Southbank Centre, Belvedere Rd ; ; U Waterloo). L'auditorium du Royal Festival Hall (2 700 places) est l'un des meilleurs lieux où venir écouter de la musique classique ou moderne, de la poésie et même du *spoken word* (littéralement "mot parlé") – une façon particulière d'oraliser un texte, poétique ou non, souvent associé à d'autres formes d'art comme la musique, le théâtre ou la danse. Quatre orchestres y résident, dont le **London Philharmonic Orchestra** et le **London Sinfonietta**.

QUEEN ELIZABETH HALL — SALLE DE CONCERTS

Plan p. 472 (020-3879 9555 ; www.southbankcentre.co.uk/venues/queen-elizabeth-hall ; Southbank Centre, Belvedere Rd ; U Waterloo). Le fameux Queen Elizabeth Hall (QEH) propose toute l'année concerts, musique de chambre, spectacles de danse et opéras, à une échelle moindre que le Royal Festival Hall voisin. Les deux font partie du Southbank Centre (p. 163). Le QEH a rouvert en 2018 après 3 ans de travaux. L'été, prenez un verre au Roof Garden Bar & Cafe, sur le **toit** (12h-21h avr à mi-juin et sept-oct, 10h-22h30 mi-juin à août), avec pelouses, arbres et jardin d'herbes aromatiques.

BRIDGE THEATRE — THÉÂTRE

Plan p. 472 (0333 320 0051 ; www.bridgetheatre.co.uk ; 3 Potters Fields Park ; U London Bridge). Premier grand théâtre construit à Londres depuis 80 ans, dans un édifice contemporain, le Bridge Theatre (2017) accueille 900 spectateurs dans un auditorium moderne et flexible. Essentiellement des nouveautés, et quelques classiques.

OLD VIC — THÉÂTRE

Plan p. 472 (0344 871 7628 ; www.oldvictheatre.com ; The Cut ; U Waterloo). Ce théâtre associatif de 1 000 places a fêté sa 200e saison en 2018, et continue de proposer une programmation variée, parfois appuyée par de grands noms comme Daniel Radcliffe, acteur britannique qui s'est fait connaître dans le rôle de Harry Potter au cinéma.

YOUNG VIC — THÉÂTRE

Plan p. 472 (020-7922 2922 ; www.youngvic.org ; 66 The Cut ; billetterie 10h-18h tlj sauf dim ; ⓤSouthwark). Dans ce théâtre novateur, fondé en 1970 dans ce qui était une ancienne boucherie (désormais entrée principale et billetterie), il s'agit autant de révéler de nouveaux talents que de faire découvrir le théâtre au public. On y met en lumière des acteurs et des metteurs en scène du monde entier. De nombreuses pièces abordent des sujets d'actualité ou politiques comme la peine de mort, la jungle de Calais, le racisme ou la corruption ; la danse et la musique se mêlent souvent au jeu.

BFI SOUTHBANK — INSTITUT DU CINÉMA

Plan p. 472 (020-7928 3232 ; whatson.bfi.org.uk ; Belvedere Rd ; 9h45-23h ; ⓤWaterloo). Le British Film Institute (BFI), qui passe presque inaperçu sous le viaduc de Waterloo Bridge, compte 4 cinémas, où des milliers de films sont projetés chaque année, un musée dédié au 7ᵉ art et une médiathèque, où visionner des séries cultes et des films issus des Archives nationales du BFI.

Le BFI est au cœur du **BFI London Film Festival**, qui propose quelque 300 films du monde entier, tous les ans en octobre.

BFI IMAX — CINÉMA

Plan p. 472 (www.bfi.org.uk/bfi-imax ; 1 Charlie Chaplin Walk ; ⓤWaterloo). Étrangement situé au milieu d'un rond-point, le BFI IMAX est un mastodonte, avec le plus grand écran de cinéma de tout le pays : 20 m de haut sur 26 m de large. Imbattable pour voir les dernières superproductions, ainsi que des documentaires sur l'espace, les voyages ou les animaux, le tout en 2D ou en 3D.

THE VAULTS — SALLE DE SPECTACLES

Plan p. 472 (020-7401 9603 ; www.thevaults.london ; Leake St ; ⓤWaterloo). Installée dans une série de tunnels aux voûtes humides sous la gare de Waterloo, The Vaults est une plateforme artistique alternative dont la règle est de surprendre, des *supper clubs* (dîners "clandestins") aux pièces de théâtre immersives. Ce qui reste des décors finit au bar voisin, le Vaulty Towers (p. 172). C'est aussi le lieu du **Vault Festival**, underground et ultracréatif, avec une programmation avant-gardiste de comédies, de spectacles de cabaret et de théâtre. Et le tunnel de graffitis de Leake Street est à deux pas.

UNICORN THEATRE — THÉÂTRE

Plan p. 472 (020-7645 0560 ; www.unicorntheatre.com ; 147 Tooley St ; ; ⓤLondon Bridge). Avec près de 20 pièces différentes par an, l'Unicorn propose des spectacles de qualité aux enfants de 6 mois à 18 ans. Les productions sont excellentes, variées et parfaitement adaptées au public ciblé.

SHOPPING

South Bank n'est pas un haut lieu du shopping, mais on déniche des objets originaux dans les boutiques de la Tate Modern (p. 158), du National Theatre et du Southbank Centre (p. 163). Et quelques boutiques indépendantes sont installées dans Bermondsey Street et au pied de l'Oxo Tower (Plan p. 472 ; www.oxotower.co.uk ; Bargehouse St ; 11h-18h mar-dim ; ⓤWaterloo ou Blackfriars).

SUCK UK — CADEAUX ET SOUVENIRS

Plan p. 472 (020-7928 0855 ; www.suck.uk.com ; RDC, Oxo Tower Wharf ; 10h-19h lun-sam, 10h-17h30 dim ; ⓤWaterloo). Les cadeaux branchés et décalés de Suck UK sont si amusants qu'on a envie de les garder pour soi : le parapluie qui change de couleur quand il est mouillé, une platine de DJ qui sert au chat à faire ses griffes, ou un paillasson qui dit "entrez" à l'endroit, et "allez-vous-en" sur l'envers.

LOVELY & BRITISH — DESIGN

Plan p. 472 (020-7378 6570 ; 132a Bermondsey St ; 10h-18h lun-ven, 10h-19h sam, 11h-17h dim ; ⓤLondon Bridge). Cette ravissante boutique de Bermondsey se targue de proposer des affiches, des bijoux et des articles de décoration sur le thème British signés de créateurs britanniques. Un mélange éclectique d'objets à des prix très raisonnables.

THE CAGE/UTOBEER — BOISSONS

Plan p. 472 (Borough Market, Unit 24 ; 11h-17h lun, 11h-17h30 mar, 11h-18h mer-jeu, 10h-18h ven, 9h-17h sam ; ⓤLondon Bridge). Fameuse bièrerie de Borough Market (p. 161), ouverte en 1999, qui a en stock des centaines de bières internationales en bouteille, avec un vaste choix de marques américaines et européennes difficiles à trouver ailleurs à Londres.

GABRIEL'S WHARF MODE ET ACCESSOIRES

Plan p. 472 (www.facebook.com/gabrielswharf ; entre Queen's Walk et Upper Ground ; ⓤWaterloo ou Southwark). Cette petite enclave un peu en retrait du fleuve est jalonnée de boutiques indépendantes de céramiques, d'art, de vêtements et de bijoux, à côté de quelques restaurants et cafés. Horaires variables selon les boutiques.

SOUTHBANK CENTRE BOOK MARKET LIVRES

Plan p. 472 (Queen's Walk ; ⏲11h-19h, horaires réduits en hiver ; ⓤWaterloo). En plein air, sous le Waterloo Bridge, on vend ici livres anciens et d'occasion de toutes sortes, cartes, posters et gravures, quel que soit le temps.

SPORTS ET ACTIVITÉS

THAMES ROCKETS BATEAU

Plan p. 472 (☎020-7928 8933 ; www.thamesrockets.com ; Boarding Gate 1, London Eye Millennium Pier ; adulte/enfant à partir de 44,95/29,95 £ ; ⏲10h-18h ; 👪 ; ⓤWaterloo ou Westminster). Thames Rockets propose des sorties décoiffantes en hors-bord, filant à 30 nœuds dans la section de la Tamise où la vitesse est autorisée. L'Ultimate London Adventure et le Captain Kidd's Canary Wharf Voyage (50 min) sont adaptés aux familles, contrairement à Thames Lates, l'été (avec un cocktail inclus) ou à Break the Barrier, pour les amateurs de vitesse.

Kensington et Hyde Park

KNIGHTSBRIDGE ET SOUTH KENSINGTON | HYDE PARK ET KENSINGTON GARDENS | CHELSEA ET BELGRAVIA | VICTORIA ET PIMLICO

Notre sélection

❶ Une architecture superbe et un panorama encyclopédique des arts décoratifs et du design du monde entier. Le **Victoria & Albert Museum** (p. 178) réserve des découvertes étonnantes.

❷ Sis dans un immense et grandiose bâtiment de style néo-roman, le prestigieux **Natural History Museum** (p. 182) détient d'inépuisables collections. Son jardin sauvage est remarquable.

❸ Vous pourrez pique-niquer à **Hyde Park** (p. 184), le poumon vert de Londres, qui compte divers sites et monuments, ainsi qu'un grand lac.

❹ Découvrir les mystères de l'Univers à travers des expositions interactives et pédagogiques pour petits et grands au **Science Museum** (p. 186).

❺ **Harrods** (p. 199), temple de l'extravagance et de l'opulence, se prête à une séance de shopping – ou de simple lèche-vitrines !

Pour un plan plus détaillé, reportez-vous p. 476 ➡

Découvrir Kensington et Hyde Park

La belle palette de musées des arts et des sciences de South Kensington permet d'ouvrir son horizon sur bien des sujets ; plusieurs jours sont nécessaires à leur découverte. Ils n'ouvrent qu'à 10h ; s'y rendre à l'ouverture permet d'éviter une trop forte affluence.

Les amateurs de shopping filent plutôt à Knightsbridge, chez Harrods ou Harvey Nichols, ou vers des lieux plus paisibles et littéraires, comme John Sandoe Books ou Peter Harrington.

Après une journée à Hyde Park et aux Kensington Gardens, on comprend leur succès auprès des Londoniens ! Une fois que vous aurez visité l'opulent Kensington Palace, cap sur l'Albert Memorial, la Serpentine Sackler Gallery, la fontaine du Diana Princess of Wales Memorial et le Speakers' Corner... et toute la nature régénérante qui les entoure.

Les bons restaurants fleurissent à Kensington, Knightsbridge et Chelsea, où les plaisirs de la table sont pris très au sérieux – certains de vos meilleurs souvenirs pourraient bien être culinaires.

Vivre comme un Londonien

Repaires Côtoyez les connaisseurs à l'Anglesea Arms (p. 198) et au Queen's Arms (p. 198), ou battez la mesure avec des amateurs de jazz au 606 Club (p. 198) et au Pheasantry (p. 199).

Musées Profitez du Victoria & Albert Museum (p. 178), moins bondé le vendredi en nocturne.

Parcs Plébiscités par les Londoniens, surtout lorsque le soleil pointe son nez. Bouquiner sur l'herbe à Hyde Park (p. 184) est un régal.

Depuis/vers Kensington et Hyde Park

Métro Kensington et Hyde Park sont accessibles depuis les autres quartiers de Londres via les stations South Kensington, Sloane Square, Victoria, Knightsbridge et Hyde Park Corner, sur les lignes Circle, District, Piccadilly et Victoria.

Bus Le bus 52 va de Victoria à High Street Kensington, le bus 360 assure la liaison entre South Kensington et Sloane Square et Pimlico, et le bus 11 circule entre Fulham Broadway et King's Road, Sloane Square et Victoria. Le bus Heritage Routemaster n°9 va de Kensington High Street à Trafalgar Square via le Royal Albert Hall, Knightsbridge, Hyde Park Corner et Piccadilly.

Vélo Les vélos Santander (p. 427) se prêtent à la découverte du quartier.

Bons plans Lonely Planet

La relève de la garde est un rituel immuable depuis 1660. Le régiment des Horse Guards, la **garde à cheval de la reine** (ou Queen's Life Guard), quitte la caserne (Barracks) de Hyde Park à 10h28 (9h28 le dimanche) pour Horse Guards Parade. Le défilé passe par Hyde Park Corner et sous Wellington Arch (p. 189), puis par Constitution Hill et le Mall. Moins courue que la relève de la garde à Buckingham Palace, celle de Horse Guards Parade peut être vue de plus près.

Le top des restaurants

- Five Fields (p. 197)
- Dinner by Heston Blumenthal (p. 193)
- A Wong (p. 197)
- Launceston Place (p. 196)
- Rabbit (p. 196)

Voir détails p. 193

Le top des pubs, bars et cafés

- Tomtom Coffee House (p. 198)
- K Bar (p. 198)
- Coffee Bar (p. 198)
- Queen's Arms (p. 198)
- Anglesea Arms (p. 198)

Voir détails p. 198

Le paradis du shopping

- Harrods (p. 199)
- The Conran Shop (p. 200)
- John Sandoe Books (p. 200)
- Peter Harrington (p. 200)
- Pylones (p. 200)

Voir détails p. 199

STEVE ALLEN/SHUTTERSTOCK ©

LES INCONTOURNABLES
VICTORIA & ALBERT MUSEUM

Consacré pour l'essentiel aux arts décoratifs et au design, le Victoria & Albert Museum (le V&A) fait partie du legs que le prince Albert fit à la nation après le succès phénoménal de l'Exposition universelle de 1851. Son but : "affiner le goût du public en matière d'arts décoratifs" et "appliquer les beaux-arts aux objets utilitaires". À cet égard, le musée, en perpétuelle évolution, épate, étonne et continue de briller aujourd'hui, avec une collection d'une richesse et d'une diversité inégalées.

À NE PAS MANQUER

- Jewellery Gallery
- Photography Centre
- Cartons de Raphaël
- Cast Courts
- Tapis d'Ardabil

INFOS PRATIQUES

- V&A
- Plan p. 476, C4
- 020-7942 2000
- www.vam.ac.uk
- Cromwell Road, SW7
- Gratuit
- 10h-17h45 sam-jeu, 10h-22h ven
- South Kensington

Collection

Les 146 salles abritent la plus vaste collection d'arts décoratifs au monde, couvrant plus de 3 000 ans d'objets issus des cultures les plus riches de la planète : céramiques chinoises anciennes, esquisses d'architecture moderniste, bronzes coréens, sabres japonais, *Cartons* de Raphaël, tenues élisabéthaines, bijoux anciens, Walkman Sony...

Entrée

À l'entrée principale de Cromwell Road, vous admirerez, sous la rotonde, le **lustre** (2001) monumental en verre soufflé bleu et jaune aux airs échevelés de l'artiste américain Dale Chihuly. Un plan est disponible à l'accueil (don demandé : 1 £). En cas d'affluence, utilisez l'entrée, grandiose, d'Exhibition Road Courtyard, ouverte en 2017, ou celle qui arrive au sous-sol depuis la station de métro.

Niveau 0

Le rez-de-chaussée est essentiellement consacré aux arts indien, chinois, japonais, coréen, sud-asiatique et européen. Ne manquez pas les **Cast Courts** (salles 46a et 46b), des moulages de plâtre réunis à l'époque victorienne, tel le *David* de Michel-Ange, acheté en 1858.

La salle 48a présente les **Cartons de Raphaël**, les dessins originaux (1515-1516), à partir desquels ont été tissées les tapisseries de la chapelle Sixtine.

La **China Gallery** (salles 44 et 47e) comporte des pièces d'un raffinement extrême : une statue en bois de Guanyin (*bodhisattva* mahayana, déesse de la Miséricorde) assise dans une posture royale (dite *lalitasana*), réalisée vers 1200 dans la province de Shanxi ou une **veste de femme** en soie rose pour le soir, brodée de sequins Art déco (1925-1935). La **Japan Gallery** (salle 45) renferme notamment une imposante armure Dô-Maru. L'**Islamic Middle East Gallery** (salle 42) réunit plus de 400 pièces (textiles, tapis, céramiques, verreries, mobilier), du VIIIe siècle à la Première Guerre mondiale. Le **tapis d'Ardabil** (nord de l'Iran) chef-d'œuvre de tapis persan du XVIe siècle, en est le point fort.

Niveaux 1 et 3

Réparties en deux sections, les **British Galleries** se concentrent sur les arts décoratifs britanniques des années 1500 à 1900 (niveau 1 : de 1500 à 1760 ; niveau 3 : de 1760 à 1900). Le **grand lit de Ware** (salle 57a), lit à baldaquin en chêne sculpté et marqueterie (vers 1590), était déjà connu du temps de Shakespeare. Au niveau 3 également, l'**Architecture Gallery** (salles 127 à 128a) met brillamment l'accent sur les différents styles architecturaux à l'aide de maquettes et de vidéos, sans oublier la spectaculaire **Contemporary Glass Gallery** (salle 129).

Niveau 2

La **Jewellery Gallery** (salle 91) est exceptionnelle. Le niveau supérieur donne à voir des épées incrustées de pierres précieuses, des montres et des boîtes en or. Admirez le **diadème de saphirs et de diamants de la reine Victoria**, dessiné par le prince Albert. Le **Photography Centre** (salles 100 et 101) est un voyage dans l'histoire de la photo depuis ses origines, dans les années 1830. La section **Design Since 1945** (salle 76) célèbre des classiques du design, comme la radio Sony de 1985 au format carte de crédit, la chaussure Nike Air Max de 1992 ou la perche pour selfie. Un peu à l'écart, mais valant un coup d'œil, les galeries **Theatre & Performance** (salles 103 à 106), font la chronique du théâtre britannique ; on peut y admirer une première édition, rare, de pièces de Shakespeare ou des costumes d'un spectacle récent comme *Le Roi Lion*.

Niveau -1

La section Europe 1600-1815 est consacrée à des œuvres et réalisations européennes des XVIIe et XVIIIe siècles, dont le Cabinet de Sérilly (1778). La Sainsbury Gallery est aussi au niveau –1.

MADEJSKI GARDEN & REFRESHMENT ROOMS

Traversez le John Madejski Garden (jolie cour intérieure ombragée et paysagée) pour arriver aux grandioses **Refreshment Rooms** (salles Morris, Gamble et Poynter, aussi appelées V&A Café) – plus ancien café-restaurant de musée du monde. La Morris Room sert un délicieux *afternoon tea* (30 £/pers). Sinon, optez pour des sandwichs, gâteaux et salades, assortis de bière ou de vin.

Les expositions temporaires du V&A, toujours excellentes, ont un succès fou (accès payant ; réservez tôt). L'institution propose aussi débats, ateliers et diverses manifestations. La boutique du musée (p. 200) est l'une des meilleures du genre à Londres.

CÉRAMIQUE ET MOBILIER

La **Ceramics Gallery** (salles 136 à 146), d'une richesse exceptionnelle, recèle des pièces uniques du Moyen-Orient et d'Asie. Enfin, la **Dr Susan Weber Gallery** (salles 133 à 135) est dédiée au mobilier des 6 derniers siècles.

Victoria & Albert Museum

UNE DEMI-JOURNÉE AU V&A

Le V&A est vaste : cette visite est conçue autour des œuvres phares du musée, afin de vous permettre d'appréhender certaines pièces emblématiques, tout en appréciant la majesté de l'architecture.

Empruntez l'entrée principale, dans Cromwell Road, et prenez aussitôt à gauche dans l'Islamic Middle East Gallery, pour découvrir le somptueux **1 tapis d'Ardabil**, tout de soie et de laine. Parmi les pièces d'Asie du Sud visibles dans la galerie adjacente se trouve l'impressionnant automate du **2 tigre de Tipu**. Continuez vers l'exceptionnelle **3 Fashion Gallery**, qui illustre les styles vestimentaires par époques. La galerie en face abrite les **4 Cartons de Raphaël**. Prenez l'escalier vers le niveau 2 pour accéder aux British Galleries 1500-1760, et obliquez à gauche pour découvrir

Cartons de Raphaël
Ces 7 dessins de Raphaël, illustrant les actes de saint Pierre et saint Paul, sont les cartons préparatoires à l'échelle qui servirent pour tisser les tapisseries de la chapelle Sixtine, au Vatican.

Fashion Gallery
Cette galerie circulaire, organisée de manière chronologique, présente des vêtements du XVIIIe siècle jusqu'aujourd'hui : tenues de soirée, sous-vêtements et créations emblématiques, comme les robes des années 1960 dessinées par Mary Quant.

Grand lit de Ware
Fabriqué au XVIe siècle, durant le règne d'Élisabeth Ire, ce lit en chêne, dont la tête et les colonnes arborent des inscriptions anciennes, est cité dans *La Nuit des rois*, de Shakespeare.

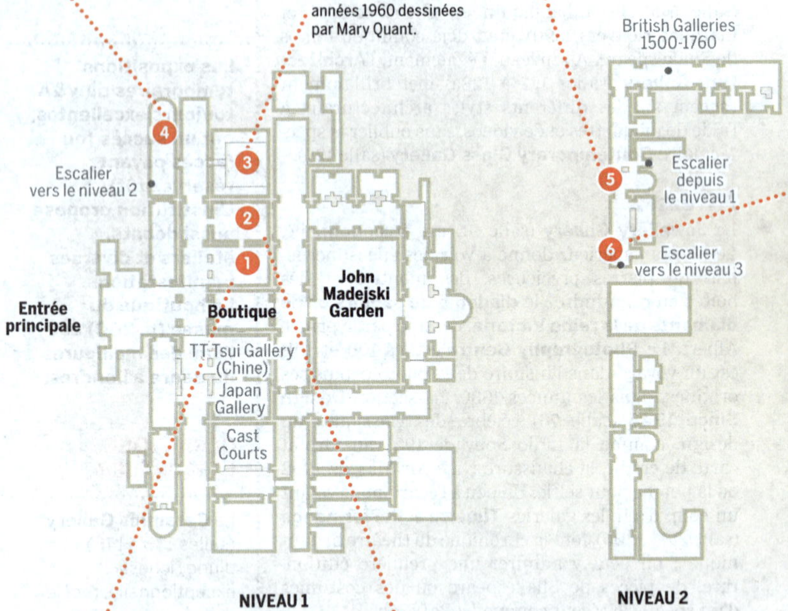

Tapis d'Ardabil
L'un des plus beaux tapis au monde, une commande du shah d'Iran Tahmasp, achevée en 1540. La finesse de sa réalisation n'a d'égale que la subtilité de ses motifs.

Tigre de Tipu
Ce troublant automate du XVIIIe siècle en bois et métal représente un Européen déchiqueté par un tigre. Lorsque la manivelle est actionnée, un orgue dissimulé dans le félin imite les hurlements du mourant qui agite en vain les bras.

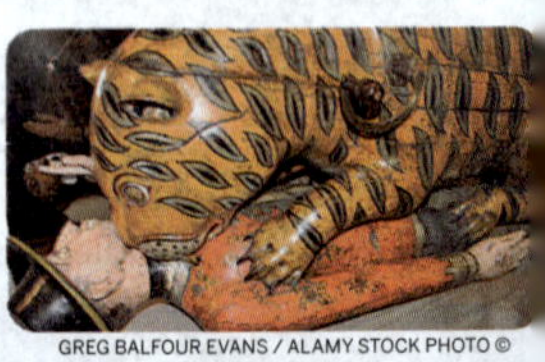
GREG BALFOUR EVANS / ALAMY STOCK PHOTO ©

le **5 grand lit de Ware**, puis la ravissante **6 écritoire d'Henri VIII**. Gravissez l'escalier pour gagner la Metalware Gallery au niveau 3 et admirez le **7 jubé de Hereford**. Traversez l'Ironwork Gallery et la Sculpture Gallery, puis le Leighton Corridor, afin de rejoindre l'étincelante **8 Jewellery Gallery**. Sortez par la Stained Glass Gallery, au bout de laquelle un escalier redescend vers le niveau 1.

NOS CONSEILS

➡ Des employés du musée sont à votre disposition pour vous renseigner.

➡ Les photos sont autorisées dans la plupart des salles (hors Jewellery Gallery, *Cartons* de Raphaël et expositions).

➡ Évitez l'affluence : fermeture à 22h le vendredi !

MARTIN HESKO / SHUTTERSTOCK ©

Écritoire d'Henri VIII

Cette écritoire en noyer et chêne du XVIe siècle a été remaniée plusieurs fois. Parmi les superbes motifs décoratifs (d'origine) figure le blason d'Henri VIII, entouré des effigies de Mars et de Vénus tenant Cupidon.

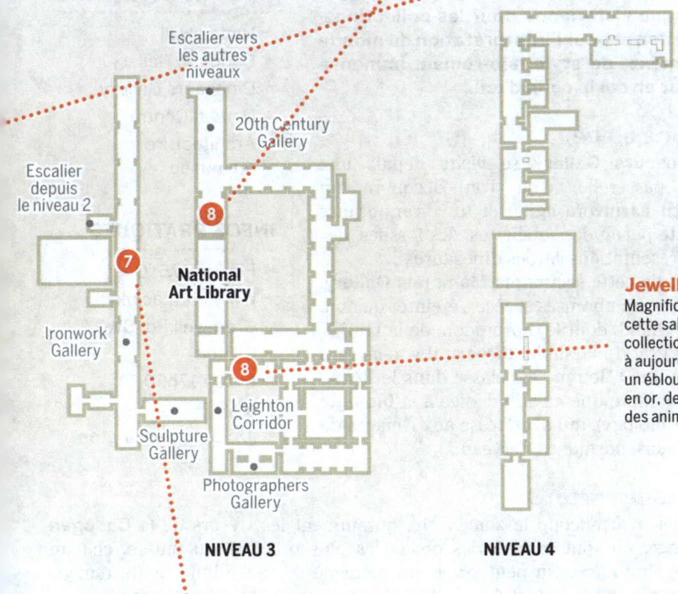

Jewellery Gallery

Magnifiquement illuminée, cette salle affiche une stupéfiante collection, de la Grèce antique à aujourd'hui, avec notamment un éblouissant plastron celtique en or, des bijoux Art nouveau et des animaux façonnés par Fabergé.

Jubé de Hereford

Ce jubé somptueux a été réalisé par George Gilbert Scott pour le chœur de la cathédrale de Hereford. Bois, fer, cuivre, laiton et *pietra dura* se marient avec grâce dans ce décor d'un poids impressionnant.

GORDON BELL/SHUTTERSTOCK ©

LES INCONTOURNABLES
NATURAL HISTORY MUSEUM

Tout, dans ce sublime temple de la science, témoigne du goût de l'époque victorienne pour les collections, pour la classification et pour l'interprétation du monde naturel. Le bâtiment de style néo-roman, immense et grandiose, vaut en soi le coup d'œil.

À NE PAS MANQUER

- Hintze Hall
- Cadogan Gallery
- Dinosaurs Gallery
- Darwin Centre
- Architecture du musée

INFOS PRATIQUES

- Plan p. 476, C4
- www.nhm.ac.uk
- Cromwell Rd, SW7
- Gratuit
- 10h-17h50
-
- U South Kensington

Blue Zone (zone bleue)

La fameuse **Dinosaurs Gallery** se visite depuis une impressionnante passerelle, d'où l'on découvre un droméosaure (petit carnivore agile) et un tyrannosaure animé. On serpente parmi des squelettes, des fossiles, des moulages et des présentations sur les dinosaures.

Autre point fort de cette section, la **Mammals Gallery**, où sont présentées de nombreuses espèces, éteintes ou non, d'animaux à sang chaud, dont le diprotodon, de la famille du wombat – plus grand marsupial disparu il y a environ 25 000 ans. Et comme l'Homme est classé dans le Règne animal, le musée compte une galerie dédiée à la **biologie humaine** (Human Biology), qui s'intéresse aux rouages de notre mécanique (sens, hormones, cerveau...).

Green Zone (zone verte)

Les adultes apprécient beaucoup la zone verte, notamment les trésors de la **Cadogan Gallery**, au 1er étage, où sont exposés les objets les plus précieux au musée, chacun ayant une histoire singulière. On peut y voir un morceau de roche lunaire, un œuf de manchot empereur recueilli pendant l'expédition du capitaine Scott, et un exemplaire de la première édition de *L'Origine des espèces* de Charles Darwin. Le **Vault** est dédié aux gemmes et aux roches rares, comme une météorite martienne ou la plus grosse émeraude du monde. Quant à la coupe d'un tronc de **séquoia géant** vieux de 1 300 ans, au 2e étage, elle est époustouflante.

En revenant au rez-de-chaussée, la **Creepy Crawlies Gallery**, passionnante, s'intéresse à toutes ces "petites bêtes" qui grouillent, qui piquent, qui volent ou qui rampent, et à leurs liens avec l'homme.

Red Zone (zone rouge)

Cette zone est consacrée à l'évolution de notre planète et aux forces qui la modèlent. Le simulateur de séismes (dans la **Volcanoes and Earthquakes Gallery**) recrée celui de Kobé en 1995 dans une épicerie (on peut en voir des images) ; la **From the Beginning Gallery** retrace l'histoire de la Terre.

Dans **Earth's Treasury**, vous en apprendrez plus sur les richesses minérales de la planète, et les formes de leur exploitation (bijoux, électronique, construction). Et vous découvrirez l'évolution de notre espèce dans la **Human Evolution Gallery**, avec notamment une reconstitution d'un visage à partir du plus ancien squelette presque complet d'*Homo Sapiens* du pays : l'homme de Cheddar, datant d'environ 10 00 ans.

On accède à la plupart des galeries de cette zone depuis l'**Earth Hall** et un escalier mécanique traversant une grande sculpture métallique de la Terre. **Sophie**, à sa base, est le stégosaure le plus complet du monde.

Orange Zone (zone orange)

Le **Centre Darwin** est le cœur battant du musée. Dans le superbe bâtiment "**cocoon**", les 2 étages supérieurs servent à expliquer les recherches effectuées au musée ; des fenêtres permettent de voir les chercheurs au travail. Pour en savoir plus, allez à l'**Attenborough Studio** assister à l'une des conférences quotidiennes des scientifiques. Projections de films toute la journée.

Hintze Hall

À l'entrée principale, ce hall central grandiose ressemble à une nef de cathédrale – logique, car elle date d'un temps où les sciences naturelles défiaient l'orthodoxie chrétienne. Grand scientifique, anatomiste et paléontologue, premier directeur du musée et inventeur du mot "dinosaure", Richard Owen (1804-1892) voyait dans ce bâtiment (1881) une "cathédrale de la nature".

Après avoir trôné pendant 81 ans dans ce qui fut le Mammals Hall, le squelette d'une gigantesque baleine bleue, nommée "Hope", a pris ses quartiers dans le Hintze Hall, à la place du célèbre moulage d'un squelette de diplodocus (surnommé "Dippy"). Le transfert lui-même constituait un projet colossal : démonter et préparer minutieusement 4,5 tonnes d'ossements et procéder au réassemblage du squelette dans une spectaculaire position de plongée.

FAITES UNE PAUSE

Plusieurs cafés corrects dans le musée permettent de faire une petite pause.

Pour profiter d'une pinte et d'une bonne cuisine de pub dans une ruelle (*mews*) typique, rendez-vous au Queen's Arms (p. 198).

Le musée réaménage ses espaces extérieurs en créant une piazza côté est et en agrandissant le Wildlife Garden (jardin sauvage), une portion de campagne anglaise dans le SW7, reproduisant divers types d'habitats, dont une prairie clôturée, un arbre occupé par un essaim d'abeilles et un étang (ne soyez pas surpris d'apercevoir de vrais moutons).

EXPOSITIONS TEMPORAIRES

Le musée accueille régulièrement des expositions temporaires (payantes). Chaque automne, celle consacrée au **Wildlife Photographer of the Year** (photographe naturaliste de l'année) est particulièrement remarquable, avec des clichés toujours stupéfiants. Programme complet sur le site Internet.

PISAPHOTOGRAPHY/SHUTTERSTOCK ©

LES INCONTOURNABLES
HYDE PARK

Ce parc de 142 ha est l'un des plus vastes de Londres. Il englobe des jardins bien entretenus, de vastes étendues sauvages et une myriade d'arbres vénérables. Hyde Park se distingue en outre par des sites de premier ordre et accueille le Winter Wonderland, de novembre à janvier, incroyable fête foraine à grande échelle, avec un marché de Noël.

Espaces verts

La moitié est du parc, recouverte de vastes pelouses, devient un grand terrain de jeu aux beaux jours où l'on vient se détendre et pique-niquer. L'ouest, plus sauvage, est planté d'arbres et de nombreuses zones d'herbes hautes. Pour plus de couleurs (et d'ombre), allez au **Rose Garden** (UHyde Park Corner ou Knightsbridge), un jardin paysager fleuri toute l'année. Plus à l'ouest, l'**Holocaust Memorial Garden** (UHyde Park Corner, Knightsbridge) est une stèle au cœur d'un bosquet commémorant le souvenir de la Shoah.

Speakers' Corner

Jadis fréquenté par Karl Marx, Lénine, George Orwell et William Morris, entre autres, le coin nord-est de Hyde Park, le fameux **Speakers' Corner** (Park Lane, W2 ; UMarble Arch) est traditionnellement réservé aux envolées rhétoriques et aux grandes déclamations. Si un sujet vous tient à cœur, vous pourrez venir haranguer la foule le dimanche, en sachant que vous risquez fort d'avoir un public clairsemé (et peu attentif).

Aujourd'hui encore, c'est le seul endroit du Royaume-Uni où des manifestants peuvent se réunir sans avoir à demander une autorisation officielle. Cette mesure fut instaurée en 1872 après de graves émeutes 17 ans auparavant, au cours desquelles 150 000 personnes s'étaient insurgées contre le Sunday Trading Bill (qui visait à interdire les activités commerciales le dimanche) et avaient subi la répression de la police embusquée à Marble

À NE PAS MANQUER

- Serpentine Galleries
- Speakers' Corner
- Fontaine du Diana, Princess of Wales Memorial
- Rose Garden

INFOS PRATIQUES

- Plan p. 476, D2
- www.royalparks.org.uk/parks/hyde-park
- 5h-minuit
- UMarble Arch, Hyde Park Corner, Knightsbridge ou Queensway

Arch. Certains historiens font aussi le lien entre Speakers' Corner et le gibet de Tyburn qui se trouvait tout près, et où les condamnés pouvaient s'adresser à la foule avant leur pendaison.

Diana, Princess of Wales Memorial Fountain

Cette **fontaine** (en retrait de West Carriage Dr, W2 ; ⌚10h-20h avr-août, 10h-19h sept, 10h-18h mars et oct, 10h-16h nov-fév ; Ⓤ Knightsbridge, ou Lancaster Gate) a été érigée en souvenir de la princesse de Galles. Sa conceptrice, Kathryn Gustafson, l'a pensée comme "une douve sans château" disposée "comme un collier" dans le coin sud-ouest de Hyde Park, près du Serpentine Bridge. Elle est composée de 545 blocs de granit de Cornouailles ; l'eau est tirée d'un aquifère calcaire à plus de 100 m de profondeur. Les visiteurs sont encouragés à jouer et à patauger dans l'eau.

Un bateau à énergie solaire (SolarShuttle) assure la navette sur le lac (p. 201), reliant la Serpentine Boathouse à la fontaine, les week-ends de mars à septembre, et tous les jours de mi-juillet à mi-août.

La Serpentine

Hyde Park est séparé de Kensington Gardens par la Serpentine, un grand lac artificiel en forme de L, jadis alimenté par la rivière Westbourne.

On peut nager (de mai à septembre) au Serpentine Lido (p. 201), où un bassin est délimité dans le lac. Il y a une pataugeoire pour les enfants.

On peut aussi louer une barque à la Serpentine Boathouse (p. 201).

Serpentine Galleries

Ces deux galeries très fréquentées composent l'un des espaces dédiés à l'art moderne et contemporain parmi les plus importants de Londres. Dans les jardins de Kensington, au sud du lac, un ancien pavillon de thé des années 1930 héberge la **Serpentine Gallery** (☎020-7402 6075 ; www.serpentinegalleries.org ; Kensington Gardens, W2 ; ⌚10h-18h mar-dim ; 📶 ; Ⓤ Lancaster Gate ou Knightsbridge) GRATUIT, la galerie d'origine (1970), dans laquelle Damien Hirst, Andreas Gursky, Louise Bourgeois, Gabriel Orozco, Tomoko Takahashi et Jeff Koons ont tous exposé.

De l'autre côté du lac, la **Serpentine Sackler Gallery**, a été ouverte en 2013 dans une ancienne poudrière de 1805, **The Magazine**, avec une extension audacieuse, toute en courbes, conçue par Zaha Hadid (1950-2016), lauréate du prix Pritzker.

Les deux galeries accueillent des expositions, des lectures et des conférences, et chaque année, l'institution commande à un architecte renommé, mais n'ayant jamais travaillé au Royaume-Uni, un pavillon d'été, ouvert de juin à octobre.

FAITES UNE PAUSE

Quand il fait beau, il est agréable de pique-niquer sur un coin d'herbe du parc. De nombreuses boutiques, aux alentours du parc, permettent de faire des emplettes, dont le fameux Food Hall (espace d'alimentation) de Harrods (p. 199).

On peut louer un transat (1/4 heure(s) 1,80/4,80 £, toute la journée 9 £). On en trouve dans tout le parc de mars à octobre, quand le temps le permet.

HISTOIRE

Henri VIII confisqua ce parc à l'Église en 1536 pour en faire une chasse royale. Plus tard, le lieu devint le théâtre de duels et d'exécutions et servit d'hippodrome. Il a accueilli l'Exposition universelle de 1851, et pendant la Seconde Guerre mondiale, il fut reconverti en un immense champ de pommes de terre. Aujourd'hui, concerts et festivals s'y déroulent régulièrement.

LES INCONTOURNABLES SCIENCE MUSEUM

Avec ses 7 niveaux d'expositions interactives, éducatives et instructives, ce musée fascine autant les adultes que les enfants.

À NE PAS MANQUER

- Galeries Exploring Space, Information Age et Making the Modern World
- Medicine Galleries
- Flight Gallery

INFOS PRATIQUES

- Plan p. 476, C4
- ☎020-7942 4000, 0333 241 4000
- www.sciencemuseum.org.uk
- Exhibition Road, SW7
- Gratuit
-
- ⏲10h-18h, dernière entrée à 17h15
-
- Ⓤ South Kensington

Niveau 0

Les galeries les plus fréquentées sont situées au rez-de-chaussée. La première, **Exploring Space**, abrite d'authentiques satellites et fusées, et une réplique à l'échelle d'Eagle, le module qui déposa Neil Armstrong et Buzz Aldrin sur la Lune en 1969.

Puis vient la galerie **Making the Modern World**, avec une ribambelle de locomotives, d'avions, de voitures, de moteurs et autres inventions révolutionnaires (pénicilline, appareil photo, etc.). On peut aussi y voir un V2 nazi, dont un panneau est ôté pour montrer son intérieur. Les enfants de moins de 8 ans iront au **Pattern Pod**, espace interactif, multi-sensoriel, amusant et éducatif, pour développer leurs compétences scientifiques.

À la **boutique**, vous trouverez lampes à lave, bébés extraterrestres, boules visqueuses ou bondissantes, boomerangs et autres trésors pour les petites mains enthousiastes.

Niveau 2

L'excellente **Information Age Gallery** montre comment les technologies de l'information et de la communication ont transformé nos vies depuis le XIXe siècle – du télégraphe au smartphone. On y trouve un télégramme envoyé du *Titanic* en train de sombrer, la première émission de radio de la BBC et un supercalculateur soviétique BESM-6 de 1965. Le **Clockmaker's Museum** déroule une incroyable collection d'horloges et les **Medicine Galleries**, inaugurées en 2019 (pour 24 millions de livres), illustrent le monde médical avec des objets tirés des collections du musée et de sir Henry Wellcome, pharmacien, entrepreneur, philanthrope et collectionneur. Quant à **Mathematics : The Winton Gallery**, conçue par le cabinet Zaha Hadid Architects, elle explore la place des mathématiques dans le monde réel, et l'**Atmosphere Gallery** rend compte du climat de la planète depuis des milliards d'années et s'attaque au problème brûlant du dérèglement climatique actuel.

Niveau 3

Les enfants plébiscitent la **Flight Gallery** (visites guidées gratuites à 13h), avec ses planeurs, ses montgolfières et ses avions, dont le *de Havilland Gipsy Moth « Jason I »*, avec lequel l'aviatrice Amy Johnson rallia l'Australie en 1930. Il y a au même étage un simulateur de vol en **3D des Red Arrows** (la patrouille acrobatique de la RAF ; 5 £) et des capsules de simulateur de vol à 360° **Fly 360°** (12 £ la capsule). Autre simulateur, **Typhoon Force** (4 £) recrée une mission en rase-mottes à bord d'un chasseur Typhoon. **Space Descent** (7 £) est une expérience en réalité virtuelle avec le double numérique de l'astronaute britannique Tim Peake. **Wonderlab: The Equinor Gallery** (adulte/enfant 10/8 £), interactif, explore les phénomènes scientifiques de façon ludique et pédagogique lors de démonstrations quotidiennes.

Sous-sol et jardin

Au sous-sol (niveau -1), The Garden est assiégé par des bambins en imperméable orange s'égayant au gré des jeux d'eau. Un espace réservé aux moins de 5 ans !

À VOIR

Knightsbridge et South Kensington

NATURAL HISTORY MUSEUM — MUSÉE
Voir p. 182.

VICTORIA & ALBERT MUSEUM — MUSÉE
Voir p. 178.

SCIENCE MUSEUM — MUSÉE
Voir p. 186.

BROMPTON ORATORY — ÉGLISE
Plan p. 476 (☎020-7808 0900 ; www.bromptonoratory.co.uk ; 215 Brompton Rd, SW7 ; ⏲6h30-20h dim-ven, 6h30-19h45 sam ; Ⓤ South Kensington). L'église du Cœur-Immaculé-de-Marie, connue également comme l'Oratoire de Londres (London Oratory) ou l'Oratoire de saint Philip Neri, est une église catholique remontant à 1884. Seule la cathédrale de Westminster (inachevée) la surpasse par la taille. Le décor intérieur de cet édifice de style baroque italien présente une profusion de marbres et de sculptures – une bonne partie des ornements date d'avant la construction et provient d'églises italiennes. Le KGB utilisait ce lieu saint comme poste restante durant la guerre froide.

ROYAL COLLEGE OF MUSIC MUSEUM — MUSÉE
Plan p. 476 (☎020-7591 4346 ; www.rcm.ac.uk/museum ; Prince Consort Rd, SW7 ; Ⓤ South Kensington). GRATUIT Cet illustre musée était fermé pour travaux et agrandissement lors de notre passage et devait rouvrir à l'été 2021. En attendant, une partie de sa collection peut être explorée en ligne sur son site Internet.

Hyde Park et Kensington Gardens

HYDE PARK — PARC
Voir p. 184.

LES INCONTOURNABLES KENSINGTON PALACE

Construit en 1605, le palais de Kensington devint la résidence royale favorite sous Guillaume et Marie d'Orange, en 1689, et il garda ce statut jusqu'à l'avènement de George III, en 1760, qui s'installa au palais de Buckingham. Aujourd'hui, Kensington est la résidence du duc et de la duchesse de Cambridge (le prince William et Kate), et d'autres membres de la famille royale.

Une bonne partie du palais est ouverte au public, notamment les appartements du roi et de la reine. Les **King's State Apartments** sont les plus luxueux – le **King's Staircase** (escalier du Roi) est orné d'un étourdissant trompe-l'œil. La **Cupola Room** (salle de la Coupole), autrefois dédiée à la musique et à la danse, arbore des sculptures dorées et un plafond peint. Plus loin, la **Drawing Room** était la salle de dessin de la Reine.

Les visiteurs peuvent également découvrir les **appartements** où Victoria (1819-1901) vit le jour et vécut jusqu'à son couronnement. L'exposition Victoria: A Royal Childhood (Victoria : une enfance royale) aborde sa vie de manière instructive.

Le site Internet donne les détails des expositions et des activités au palais, dont d'intéressantes balades familiales.

Le **Sunken Garden** (le jardin encaissé) se couvre de fleurs au printemps et en été. On y trouve le populaire Luna Cinema en plein air qui projette des films iconiques en été et à Noël.

À NE PAS MANQUER

- Cupola Room
- King's Staircase
- Appartements de la Reine
- Sunken Garden

INFOS PRATIQUES

- Plan p. 476 ; www.hrp.org.uk/kensingtonpalace
- Kensington Gardens, W8
- Tarif plein/réduit 21,50/10,70 £, tarifs réduits en semaine après 14h
- ⏲10h-18h, 10h-16h nov-fév
- Ⓤ High St Kensington

HYDE PARK'S SECRET PET CEMETERY

Bizarrerie proche de Victoria Gate, tout au nord de Hyde Park, ce petit cimetière pour quelque mille chiens, chats et autres animaux domestiques, créé en 1881, a vu enterrer son dernier occupant à poils en 1903. On ne peut découvrir ces mini-pierres tombales à la mémoire des minous et autres bâtards aux noms affectueux qu'avec les visites guidées Hidden Stories of Hyde Park (10 £) proposées par Royal Parks (www.royalparks.org.uk), le deuxième vendredi du mois. Consultez le site Internet.

ROYAL ALBERT HALL — ÉDIFICE HISTORIQUE

Plan p. 476 (☎0845 401 5034, réservations 020-7589 8212 ; www.royalalberthall.com ; Kensington Gore, SW7 ; visite adulte/enfant à partir de 14,25/7,25 £ ; ⏲visites à partir de 10h ; Ⓤ South Kensington). Inauguré en 1871 en partie grâce aux bénéfices de l'Exposition universelle de 1851 organisée par le prince Albert (époux de la reine Victoria), ce bâtiment emblématique de Londres est inspiré des amphithéâtres romains. L'édifice quasi circulaire en brique rouge, surmonté d'un dôme, est orné d'une frise de céramiques de Minton. L'été, la prestigieuse salle de concerts accueille les Proms (*Promenade Concerts*) de la BBC.

À l'origine, le bâtiment ne devait pas être une salle de concerts, mais un "palais des arts et sciences". Durant 133 ans, il a torturé les mélomanes avec son horrible acoustique. Les 85 immenses déflecteurs sonores de fibre de verre en forme de champignon furent installés en 1969, et d'importants travaux furent achevés en 2004.

Pour en savoir plus sur l'histoire de l'édifice, ses liens avec la royauté et profiter de la vue depuis la galerie, réservez une **visite guidée** (plan p. 476 ; ☎020-7589 8212 ; adulte/enfant 14,25/7,25 £ ; ⏲ttes les heures 9h30-16h30 avr-oct, 10h-16h nov-mars) des parties publiques (1 heure), instructive et possible la plupart des jours de l'année.

D'autres visites guidées sont proposées sur divers thèmes (histoire secrète, architecture, coulisses), ainsi que des visites avec *afternoon tea* ou dîner. Réserver en ligne – plutôt qu'au téléphone – offre une petite réduction. Les visites guidées des coulisses sont assez rares (une vingtaine par an).

♥ ALBERT MEMORIAL — MONUMENT

Plan p. 476 (☎visites 0300 061 2270 ; Kensington Gardens, W2 ; visite guidée 10 £ ; ⏲visite 14h le 1er ven d'un mois sur deux avr-oct ; Ⓤ Knightsbridge ou Gloucester Rd). Au sud de Kensington Gardens et face au Royal Albert Hall, ce pompeux édifice rend peu hommage au discret mari allemand de la reine Victoria, le prince Albert de Saxe-Cobourg-Gotha (1819-1861), qui avait déclaré ne pas vouloir d'un monument. Nonobstant la volonté du prince, George Gilbert Scott fut engagé pour édifier ce mémorial gothique tape-à-l'œil de 53 m. Érigée en 1876, la statue dorée de 4,25 m représente le prince, entouré de 187 personnages symbolisant l'Asie, l'Europe, l'Afrique et l'Amérique, les arts, l'industrie et les sciences.

Mélange étonnant de mosaïque, de feuille d'or, de marbre et d'emphase victorienne, le monument, restauré, est surmonté d'une croix. La statue fut peinte en noir pendant 80 ans, à l'origine – selon certains – pour la dissimuler aux zeppelins de la Grande Guerre (ce qui ne l'empêcha pas de figurer parmi les monuments ciblés par les bombardiers allemands durant la Seconde Guerre mondiale). Pour accéder à la frise du Parnasse de 64 m de long qui orne la base du monument – sculptée sur place –, il faut suivre la visite guidée (1 heure 30).

KENSINGTON GARDENS — PARC

Plan p. 476 (☎0300 061 2000 ; www.royalparks.org.uk/parks/kensington-gardens ; ⏲6h-crépuscule ; Ⓤ Queensway, Lancaster Gate). Adjacents à Hyde Park à l'ouest, ces jardins de 107 ha font officiellement partie de Kensington Palace (p. 187), situé à sa lisière ouest. C'est un magnifique ensemble de pelouses soignées, d'allées bordées d'arbres et de bassins. Ne manquez pas le plus grand, le **Round Pond,** ni les paisibles **Italian Gardens** (plan p. 476 ; ⏲6h-crépuscule ; Ⓤ Lancaster Gate) aux multiples fontaines, cadeau, dit-on, du prince Albert à la reine Victoria, et où il y a désormais un café.

Le **Diana, Princess of Wales Memorial Playground** (plan p. 476 ; ⏲10h-19h45 mai-août, 10h-18h45 avr et sept, 10h-17h45 mars et oct, 10h-16h45 fév, 10h-15h45 nov-jan ; 👪 ; Ⓤ Queensway), une aire de jeux située dans l'angle nord-ouest des jardins, fera le plaisir des enfants. Non loin, l'**Elfin Oak** (chêne aux Elfes) est une souche vieille de 900 ans sculptée d'elfes, de sorcières et autres créatures. À l'est, près du lac, s'élève la **statue**

de Peter Pan (ⓊLancaster Gate), œuvre de George Frampton, du célèbre personnage de l'écrivain écossais James Matthew Barrie. Quant au Albert Memorial, il domine la ligne d'horizon, au sud des Kensington Gardens, face au Royal Albert Hall.

WELLINGTON ARCH

MUSÉE

Plan p. 476 (www.english-heritage.org.uk/visit/places/wellington-arch ; Hyde Park Corner, W1 ; tarif plein/enfant/famille 5,70/3,40/14,80 £, avec Apsley House 13,60/8,20 £ ; ⏲10h-18h avr-sept, 10h-16h nov-mars ; ⓊHyde Park Corner). Ce grand arc de triomphe néoclassique (1826-1830) commémore les victoires britanniques durant les guerres napoléoniennes, et le vainqueur de Waterloo (1815). Dominant l'espace vert du rond-point de Hyde Park Corner, l'arc faisait autrefois face à l'entrée principale du parc. Il fut déplacé ici en 1882, lors de l'élargissement des voies. Servant anciennement de poste de police (jusqu'en 1992), ses espaces intérieurs (sur 4 niveaux) hébergent désormais un musée sur l'histoire de l'arc ; expositions temporaires et boutique. Ses plateformes (ascenseur) offrent une belle vue sur Hyde Park, Buckingham Palace et le Mall.

La statue équestre disproportionnée du duc de Wellington qui le surmontait à l'origine (aujourd'hui à Aldershot, dans le Hampshire) fut remplacée en 1912 par l'actuel quadrige. Ce char de la paix est la plus grande sculpture en bronze d'Europe. Vous pourrez voir la Household Cavalry (qui forme la garde à cheval de la reine, Queen's Life Guard) passer sous l'arc pour effectuer la relève de la garde vers 10h45, et en

LES INCONTOURNABLES
APSLEY HOUSE

Cette demeure grandiose, qui héberge le Wellington Museum, était jadis située à une adresse prestigieuse : "Number one London ". C'était la première maison que l'on voyait en entrant dans la ville par l'ouest. Nichée dans le coin sud-est de Hyde Park, l'Apsley House (1778) fut conçue par Robert Adam pour le baron Apsley à la fin du XVIIIe siècle, puis vendue au premier duc de Wellington (alias Arthur Wellesley), futur vainqueur de Napoléon à Waterloo, qui y vécut presque jusqu'à sa mort, en 1852.

En 1947, une partie de la somptueuse résidence (et sa collection d'œuvres d'art rassemblée par le duc) fut léguée à la nation, et 10 de ses pièces, tout en dorures, lustres et meubles anciens, sont ouvertes au public depuis 1952 en tant que musée (ses descendants habitent encore les étages supérieurs). On peut notamment voir le **masque mortuaire** du duc, dans la galerie au sous-sol, et une myriade d'objets lui ayant appartenu : des **collections de porcelaines et d'argenterie**, dont un **service égyptien** en porcelaine de Sèvres, cadeau de divorce de Napoléon à Joséphine (qu'elle refusa).

Au pied de l'escalier d'honneur, une colossale **sculpture** (1802-1806) en marbre de Carrare d'Antonio Canova (3,45 m de haut) représente un "Napoléon en Mars désarmé et pacificateur" aux épaules d'airain, dans son plus simple appareil, qui fut jugée "trop athlétique" par son modèle. Dans la belle **Waterloo Gallery**, qui court sur tout le côté ouest du bâtiment, sont exposés des tableaux de Velázquez, Rubens, Van Dyck, Bruegel, Murillo et Goya. Ne manquez pas le service en argent offert à Wellington par les Portugais pour commémorer sa victoire sur le "Petit Caporal".

À NE PAS MANQUER

- Fameux service égyptien
- Statue de Napoléon par Canova
- Tableaux de la Waterloo Gallery

INFOS PRATIQUES

- Plan p. 476
- ☎020-7499 5676 ; www.english-heritage.org.uk/visit/places/apsley-house/
- 149 Piccadilly, Hyde Park Corner, W1
- Tarif plein/réduit 11,30/6,80 £
- ⏲11h-17h mer-dim avr-oct, 10h-16h sam-dim nov-mars
- ⓊHyde Park Corner

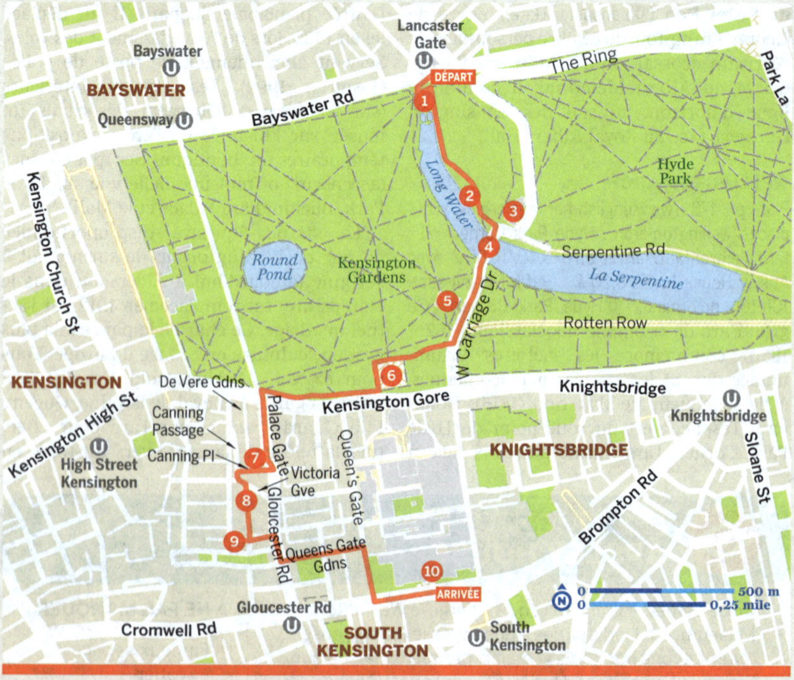

Promenade à pied
Jardins et mews

DÉPART : MÉTRO LANCASTER GATE
ARRIVÉE : NATURAL HISTORY MUSEUM
DISTANCE : 3,5 KM ; DURÉE : 1 HEURE 30

Depuis la station Lancaster Gate, allez vers le parc, prenez à gauche au niveau des 1 **Italian Gardens** (p. 188) – cadeau du prince Albert à la reine Victoria –, et suivez Long Water jusqu'à 2 **The Arch** (plan p. 476, C2 ; Hyde Park, W2 ; Ⓤ Lancaster Gate), imposante sculpture en travertin de Henry Moore. La vue sur Kensington Palace est superbe. En rejoignant la route, remarquez sur la gauche la 3 **Serpentine Sackler Gallery** (p. 185), une ancienne poudrière, et son extension dessinée par feu Zaha Hadid.

Traversez le 4 **pont** sur la Serpentine, lac qui sépare Hyde Park de Kensington Gardens, et admirez la vue. Sur votre droite dans Kensington Gardens se trouve le pavillon de la 5 **Serpentine Gallery** (p. 185), l'autre célèbre espace d'art contemporain. Dirigez-vous ensuite vers le sud et l' 6 **Albert Memorial** (p. 188), monument néogothique victorien, hommage au prince Albert. Continuez dans le parc vers l'ouest, puis sortez par Palace Gate et prenez à droite dans Canning Place ; prenez le temps d'admirer 7 **De Vere Gardens** et son alignement de superbes maisons.

Prenez à gauche dans Canning Passage et à nouveau à gauche dans Victoria Grove, une petite place avec des boutiques et des maisons ornées de glycines. Continuez sur 8 **Launceston Place**, dont les maisons couvertes de lierre sont extrêmement convoitées. Faites un crochet par 9 **Kynance Mews**, sur la droite (la voie est publique sur la moitié de sa longueur), avec ses ravissants petites maisons anciennes. Revenez sur vos pas pour visiter l'autre côté de Kynance Mews, avec des arches à chaque extrémité, qui mène dans Gloucester Road.

Suivez Gloucester Road vers le sud, puis, à gauche, longez Queen's Gate Gardens, et prenez à droite à Queen's Gate : le grandiose 10 **Natural History Museum** (p. 182) est juste en face.

revenir à 11h45 du lundi au samedi (à 9h45 et 10h45 le dimanche). Il vaut mieux arriver quelques minutes avant. La grandiose Apsley House, maison-musée Wellington et ancienne résidence du duc vainqueur de Napoléon, est à deux pas (voir p. 189).

TYBURN CONVENT — COUVENT

(020-7723 7262 ; www.tyburnconvent.org.uk ; 8 Hyde Park Pl, W2 ; Marble Arch). Un couvent fut fondé ici en 1903, non loin de la potence de Tyburn Tree. La crypte renferme les reliques de 105 martyrs, ainsi que des peintures commémorant leur vie et leur mort. Visites de la crypte tous les jours à 10h30, 15h30 et 17h30.

Une communauté fermée de religieuses bénédictines y est encore établie. Le bâtiment en brique au n°10 voisin est considéré par certains comme la plus petite maison de Londres, avec à peine un peu plus d'un mètre de largeur.

Chelsea et Belgravia

MICHELIN HOUSE — ÉDIFICE HISTORIQUE

Plan p. 476 (81 Fulham Rd, SW3 ; U South Kensington). Construit pour Michelin par l'architecte clermontois François Espinasse, entre 1905 et 1911, cet édifice brouille les frontières entre Art nouveau et Art déco, les deux annonçant l'âge de la machine tout en conservant une référence aux formes naturelles. Les vitraux représentant le Bibendum, la joviale mascotte de la firme clermontoise, sont contemporains. Les originaux furent retirés dès le début de la Seconde Guerre mondiale et entreposés à l'usine Michelin de Stoke-on-Trent, d'où ils ont disparu depuis. Le magnifique lobby est orné de céramiques figurant des automobiles du début du XXe siècle, et le bâtiment, restauré, accueille depuis 1987 une boutique Conran Shop et le Bibendum Restaurant & Oyster Bar.

NATIONAL ARMY MUSEUM — MUSÉE

Plan p. 476 (NAM ; 020-7730 0717 ; www.nam.ac.uk ; Royal Hospital Rd, SW3 ; 10h-17h30, 10h-20h le 1er mer du mois ; U Sloane Sq). GRATUIT Superbement réaménagé, après d'importants travaux, le musée national de l'Armée retrace de façon passionnante l'histoire de l'armée britannique du point de vue des hommes et des femmes qui y servent. Ses 5 salles thématiques sont à la pointe de la technologie : la **Soldier Gallery**, l'**Army Gallery**, la **Society Gallery** (qui explore les relations entre armée et société), la **Battle Gallery** (sur l'armée en guerre) et l'**Insight Gallery** (sur l'impact de l'armée britannique dans le monde). Visites guidées, conférences et ateliers gratuits. Voir le site Internet pour en savoir plus.

Play Base (5,75 £), au niveau inférieur du rez-de-chaussée, est une expérience immersive amusante pour les moins de 9 ans (parcours du combattant et possibilité de monter dans un véhicule de commandement et de liaison) ; 6 séances de 1 heure de 9h40 à 16h20. Profitez du café (10h-17h) pour une pause, une boisson ou un en-cas.

SAATCHI GALLERY — GALERIE D'ART

Plan p. 476 (www.saatchigallery.com ; Duke of York's HQ, King's Rd, SW3 ; 10h-18h ; U Sloane Sq). GRATUIT Référence mondiale pour les tendances de l'art contemporain depuis 1985, cette galerie devenue musée est désormais installée dans le grandiose bâtiment (1801) qui fut le siège originel des Duke of York Headquarters (la prestigieuse Académie militaire royale Duc d'York, désormais à Douvres). Elle accueille des expositions temporaires, souvent internationales, toujours avant-gardistes et provocatrices, touchant à divers domaines, le tout remarquablement mis en valeur dans des salles au parquet brut blanc. Excellente boutique au premier niveau. Consultez le site Internet pour connaître les expositions en cours et à venir. On y a aussi présenté des expositions historiques, telle "Toutânkhamon, le trésor du Pharaon", en 2020.

KING'S ROAD — RUE

Plan p. 476 (U Sloane Sq). Aux avant-postes de la contre-culture londonienne dans les années 1960 et 1970 (l'espion James Bond, personnage créé par Ian Fleming, est censé posséder un appartement juste à côté), King's Road est aujourd'hui surtout fréquentée par les amateurs de shopping. Les derniers punks à crête verte (véritable curiosité en soi à l'époque) ont disparu dans les années 1990. Aujourd'hui, tout ici n'est que boutiques de luxe. Même les chiens sont minces et élégamment vêtus.

Au XVIIe siècle, Charles II installa à Chelsea un nid d'amour pour sa maîtresse Nell Gwyn, une vendeuse d'oranges devenue actrice au Drury Lane Theatre. Pour rentrer à Hampton Court, il prenait un chemin fermier qui prit le nom de King's Road.

CHELSEA FLOWER SHOW

Chaque année en mai, le vaste domaine du Royal Hospital Chelsea accueille ce grandiose **festival d'horticulture** (☎020-3176 5800 ; www.rhs.org.uk/chelsea ; Royal Hospital Chelsea, Royal Hospital Rd, SW3 ; 39,75-92,75 £ ; ⏱mai ; ⓤSloane Sq), sans doute le plus connu au monde. Organisé par la Royal Horticultural Society, il attire les pouces verts du monde entier. Il faut prendre les billets au préalable (pas de vente sur place).

CHELSEA PHYSIC GARDEN — JARDIN BOTANIQUE

Plan p. 476 (☎020-7352 5646 ; www.chelseaphysicgarden.co.uk ; 66 Royal Hospital Rd, SW3 ; tarif plein/- 15 ans/famille 9,50/8,50/37 £ ; ⏱11h-18h lun-ven et dim, 11h-16h nov-fév ; ⓤSloane Sq). Voici un petit bijou de nature, créé en 1673 par l'Apothecaries' Society pour permettre aux étudiants de travailler sur les plantes médicinales et leurs propriétés curatives. Comptant parmi les plus anciens jardins botaniques d'Europe, Chelsea est émaillé de nombreuses essences et espèces : des plantes carnivores et des iris des marais y côtoient un chêne-liège du Portugal, le plus grand olivier planté en extérieur donnant des olives dans les îles britanniques, ainsi que divers arbres et arbustes rares.

ROYAL HOSPITAL CHELSEA — MUSÉE

Plan p. 476 (☎visites 020-7881 5493 ; www.chelsea-pensioners.co.uk ; Royal Hospital Rd, SW3 ; ⏱domaine 10h-17h, Great Hall 10h-12h et 14h-16h, musée 10h-16h lun-ven ; ⓤSloane Sq). GRATUIT Fondé par Charles II pour accueillir les anciens combattants, ce superbe ensemble de bâtiments (1692) fut conçu par Christopher Wren sur le modèle de l'hôtel des Invalides de Paris (1674). Depuis cette époque, l'hospice a abrité plusieurs centaines de vétérans, connus sous le nom de Chelsea Pensioners, et reconnaissables, en certaines occasions, à leur manteau bleu foncé l'hiver et à leur redingote écarlate en été.

Le **musée** retrace l'histoire de l'institution et de ses résidents, et donne aussi à voir une remarquable collection de médailles de guerre léguées par des *pensioners*. Vous pourrez jeter un coup d'œil au réfectoire de l'hôpital (Great Hall), au porche Octagon, à la chapelle et aux cours. Des visites sous la conduite d'un Chelsea Pensioner sont aussi proposées (13,50 £).

Les cendres de l'ancienne Premier ministre, Margaret Thatcher (1925-2013), reposent ici, dans le **vieux cimetière** (*old cemetery*) des jardins. Chaque année en mai, le vaste domaine sert d'écrin au Chelsea Flower Show, une foire horticole de renommée mondiale (voir ci-contre).

CARLYLE'S HOUSE — ÉDIFICE HISTORIQUE

Plan p. 476 (☎020-7352 7087 ; www.nationaltrust.org.uk/carlyles-house ; 24 Cheyne Row, SW3 ; tarif plein/enfant/famille 8/4/20 £ ; ⏱11h-16h30 mer-dim mars-oct ; ⓤSloane Sq). Thomas Carlyle, éminent écrivain et historien écossais de l'époque victorienne, habita dans cette maison de 1834 à sa mort, en 1881. Lorsqu'il emménagea, cette partie de Londres était encore en pleine campagne. La demeure de style Queen Anne, construite en 1708, fut conservée telle qu'elle était en 1895, époque à laquelle elle devint l'un des premiers salons littéraires de Londres. Lorsque Carlyle y résidait, des hôtes comme le poète Alfred Tennyson, Charles Dickens ou même Chopin le fréquentaient.

CHELSEA OLD CHURCH — ÉGLISE

Plan p. 476 (☎020-7795 1019 ; www.chelsea-oldchurch.org.uk ; angle Old Church St et Embankment, SW3 ; ⏱14h-16h mar-jeu ; ⓤSouth Kensington, Sloane Sq). Devant cette jolie église de brique rose, une statue en bronze représente Thomas More (1477-1535), qui était très attaché à la paroisse. En grande partie reconstruite après un bombardement en 1941, Chelsea Old Church se distingue notamment par la présence d'une centaine de plaques commémoratives, apposées de 1433 à 1957, et deux sont dédiées à Thomas More (1532) et à Henry James (1916). À l'extrémité ouest de l'allée sud, remarquez la bibliothèque médiévale aux livres enchaînés. Il s'agit des seuls du genre visibles dans une église londonienne.

Les volumes les plus importants sont une bible "vinaigre" de 1717 (ainsi nommée en raison d'une coquille dans le chapitre 20 de l'Évangile selon saint Luc, qui fait de la "Parabole de la vigne" une "Parabole du vinaigre"), un livre des prières communes de 1723 et une copie de 1683 du livre des homélies. Ne manquez pas les fragments de vitraux flamands du XVIIe siècle, d'une clarté exceptionnelle, qui témoignent d'une remarquable maîtrise artistique.

OÙ SE RESTAURER

Certaines des meilleures tables de Londres sont cachées dans les hôtels les plus huppés ou les très chics *mews* des quartiers de Chelsea, Belgravia et Knightsbridge, où fleurissent aussi des adresses pour tous les budgets. Le quartier chic et cosmopolite de South Kensington est depuis longtemps connu pour ses tables dédiées à une cuisine pan-européenne.

Knightsbridge et South Kensington

COMPTOIR LIBANAIS
LIBANAIS £

Plan p. 476 (020-7225 5006 ; www.comptoirlibanais.com ; 1-5 Exhibition Rd, SW7 ; plats à partir de 9,95 £ ; 8h30-minuit lun-sam, 8h30-22h30 dim ; ; South Kensington). Après avoir parcouru les musées de South Kensington, faites une pause dans ce joli restaurant coloré, à service rapide, juste à côté de la station de métro. Au programme : mezzes, pains garnis, tajines, *mana'esh* (pains plats), salades et de bons petits-déjeuners. Quand il fait beau, les tables en terrasse sont prises d'assaut. Pas de réservations ; préparez-vous à jouer des coudes.

Le menu "Feast", avec mezzes à partager, plat et dessert, est à 26,95 £/pers (minimum 2 pers).

V&A CAFÉ
CAFÉ £

Plan p. 476 (020-7581 2159 ; www.vam.ac.uk/info/va-cafe ; Victoria & Albert Museum, Cromwell Rd, SW7 ; plats 7,45-13,50 £ ; 10h-17h10 sam-jeu, 10h-21h15 ven ; ; South Kensington). C'est un plaisir de faire une pause dans le cadre d'époque (1868), grandiose, du V&A Café (plats chauds ou froids), le plus ancien café-restaurant de musée. Les salles (Rooms) Morris, Gamble et Poynter, exemple remarquable du style néoclassique victorien, portent le nom de leurs célèbres concepteurs. Un(e) pianiste(e) joue souvent pour accompagner thé et gâteaux.

CAMBIO DE TERCIO
ESPAGNOL ££

Plan p. 476 (020-7244 8970 ; www.cambiodetercio.co.uk ; 163 Old Brompton Rd, SW5 ; repas 2/3 plats à partir de 19/23,50 £, tapas à partir de 6,50 £, plats à partir de 26 £ ; 12h-14h30 et 18h30-23h ; Gloucester Rd). Institution espagnole de South Kensington depuis plus de 25 ans, ce restaurant primé a tout bon avec ses tapas raffinées et ses menus fixes abordables au déjeuner. La paëlla du déjeuner (mangetout, crevettes, artichauts et poulet) à 19 £/pers (2 pers min) est délicieuse, et le choix de vins espagnols est épatant. Terminez avec un chocolat chaud et des churros.

ZUMA
JAPONAIS £££

Plan p. 476 (020-7584 1010 ; www.zumarestaurant.com ; 5 Raphael St, SW7 ; plats 12-54 £ ; restaurant 12h-15h30 et 18h-23h lun-sam, jusqu'à 22h30 dim, bar 12h-23h45 lun-sam, 12h-23h30 dim ; ; Knightsbridge). Version moderne de l'*izakaya* ("lieu où l'on boit du saké") japonais traditionnel, où cuisine et boissons vont de pair, le Zuma ne manque pas de style. Les plats *robata* (grillés au charbon de bois) tiennent la vedette ; accompagnez-les de l'une des 40 sortes de sakés proposées. Réservation recommandée, même si l'on peut toujours entrer et s'asseoir aux comptoirs de *robata* et de sushis.

DINNER BY HESTON BLUMENTHAL
BRITANNIQUE MODERNE £££

Plan p. 476 (020-7201 3833 ; www.dinnerbyheston.com ; Mandarin Oriental Hyde Park, 66 Knightsbridge, SW1 ; menu fixe 3 plats 48 £, plats 44-52 £ ; 12h-14h15 et 18h-21h30 dim-mer, 12h-14h30 et 18h-22h jeu-sam ; ; Knightsbridge). Le somptueux Dinner (deux étoiles au Michelin) parachève un tour de force gastronomique en proposant aux gourmets un voyage dans l'histoire culinaire britannique (avec ce qu'il faut de modernité). Les dates de création des plats sont indiquées afin de les mettre en contexte. Le bouillon d'agneau (vers 1730) est une explosion de saveurs et le cabillaud au cidre (vers 1940), un délice absolu. Le décor est mémorable : cuisine aux murs de verre, fenêtres donnant sur le parc, mécanisme d'horloge suspendu au plafond… Réservation impérative.

Dans une salle privée du XVIe siècle de style Tudor, 12 convives peuvent se réunir autour d'une extravagante table ovale en sapele et bois de rose.

Hyde Park et Kensington Gardens

222
VÉGÉTALIEN £

Plan p. 492 (020-7381 2322 ; www.222vegan.com ; 222 North End Rd, W14 ; buffet 11,50 £, plats 10,50-12 £ ; 12h-15h30 et 17h30-22h30 ; ; West Brompton ou West Kensington). Fameux restaurant végétalien de North End Road,

1. Greenwich Park (p. 294) 2. Kew Gardens (p. 320)
3. Richmond Park (p. 322) 4. Hyde Park (p. 184)

2

AVELLA/SHUTTERSTOCK ©

4

Parcs et jardins

Il suffit de se pencher sur un plan de Londres pour être frappé par la quantité d'espaces verts. La capitale, parmi les plus vertes de la planète, possède un patrimoine arboré exceptionnel, souvent hérité d'anciennes forêts de chasse royales. Ses parcs sont autant de lieux où la nature tient l'urbanisation à l'écart. Entretenus et faciles d'accès, ils sont un régal en toute saison.

Hyde Park

Sans doute le plus connu et le plus facile d'accès des parcs londoniens, Hyde Park étonne par la variété de sa végétation. La Serpentine (lac artificiel de 11 ha) marque la frontière avec un autre grand parc, Kensington Gardens.

Greenwich Park

Délicieusement vallonné et coupé par le fameux méridien de Greenwich, Greenwich Park offre, depuis ses hauteurs, un point de vue unique. Plus ancien parc royal clos de Londres, connu pour sa harde de cerfs et de biches, il abrite plusieurs des hauts lieux de Greenwich, dont l'Observatoire royal.

Victoria Park

Nommé d'après sa royale bienfaitrice et réhabilité ces dernières années, Victoria Park est l'un des parcs les plus agréables de l'Est londonien. En été, il accueille concerts et événements.

Richmond Park

Grandiose étendue de verdure vallonnée (près de 1 000 ha), ponctuée d'étangs, de bosquets et de bois. Le parc royal de Richmond, dans le sud-ouest de Londres, est connu pour ses sublimes panoramas et sa population de cerfs, de biches et de daims. Pour une réelle immersion dans la nature, à l'écart de l'agitation urbaine.

Kew Gardens

Les amateurs d'architecture, d'exploration et de nature seront à la fête aux Kews Gardens (plus de 120 ha). Les enfants adorent la passerelle dans la canopée, les aires de jeux géniales et le Children's Garden (2019).

GASTRONOMIE À PRIX DOUX

Quartiers chics et huppés, Chelsea et Kensington comptent certains des meilleurs restaurants de Londres (et des plus chers). Pour en profiter sans vous ruiner, optez pour les menus fixes du déjeuner, d'un excellent rapport qualité/prix (2-3 plats pour moins de 30 £).

prisé pour son buffet à volonté du déjeuner et sa carte du dîner. Les plats réchauffent le cœur et l'âme : risotto à la courge et aux pignons, spaghettis aux *polpette* (boulettes quinoa-épinards), seitan stroganoff ou burger asperges-petit-pois, et "cheesecake" végétalien aux myrtilles et à la vanille en guise de pudding. Réservez.

KENSINGTON PALACE PAVILION BRITANNIQUE ££

Plan p. 476 (020-3166 6114 ; www.kensingtonpalacepavilion.co.uk ; Kensington Gardens, W8 ; afternoon tea 34 £ ; 10h-18h ; ; High St Kensington). Remplaçant du restaurant de l'Orangery pendant ses travaux s'étalant jusqu'en 2021, le Kensington Palace Pavilion est moins grandiose. Vous y trouverez la même délicieuse carte de petits-déjeuners, de déjeuners légers et le somptueux *afternoon tea*. Les sandwichs, scones et gâteaux, superbement présentés en pyramides, sont parfaits pour se requinquer après la visite du Kensington Palace (p. 187).

Pour le summum du chic, prenez le Royal Afternoon Tea (88 £). Une version *afternoon tea* enfant (16 £) est aussi disponible.

LAUNCESTON PLACE BRITANNIQUE MODERNE £££

Plan p. 476 (020-7937 6912 ; www.launcestonplace-restaurant.co.uk ; 1a Launceston Pl, W8 ; plats 22-34 £, menu 2/3 plats déj 25/29 £, menu 2/3 plats dîner 55-65 £ ; 12h-14h30 mar-sam, 12h-15h30 dim et 18h-22h lun-sam, 18h30-21h dim ; ; Gloucester Rd ou High St Kensington). Niché dans une jolie rue de Kensington bordée de maisons édouardiennes, ce beau restaurant étoilé au Michelin est le comble du chic. La cuisine du chef londonien Ben Murphy est à classer au panthéon des plaisirs gastronomiques, et la carte des vins est elle aussi primée. Les audacieux essaieront le menu dégustation (8 plats, 85 £ ; avec versions végétarienne et végane).

Chelsea et Belgravia

WULF & LAMB VÉGÉTALIEN £

Plan p. 476 (020-3948 5999 ; www.wulfandlamb.com ; 243 Pavilion Rd, SW1 ; plats à partir de 11,95 £ ; 8h-22h lun-sam, 9h-21h dim ; ; Sloane Sq). La jolie petite Pavilion Road, en retrait de Sloane Square, a été récemment réhabilitée pour créer un mini-village de commerces indépendants et d'artisans. Bien en vue parmi les fromagers, les bouchers, les cavistes et les cafés, le Wulf & Lamb est un restaurant végétalien au cadre élégant. Pas d'espèces.

Des gâteaux aux vins, tout est végétalien. Plat signature de la maison, le Wulf burger (seitan dans un pain brioché toasté), accompagné de brocolis grillés et de shiitaké, est un choix sûr. À déguster à l'étage, dans la salle lumineuse au design branché, ou dans le jardin-patio quand il fait beau.

RABBIT BRITANNIQUE MODERNE ££

Plan p. 476 (020-3750 0172 ; www.rabbit-restaurant.com ; 172 King's Rd, SW3 ; plats 6-20 £ ; 12h-minuit mar-sam, 12h-17h dim, 18h-23h lun ; ; Sloane Sq). Il était une fois trois frères qui grandirent dans une ferme. Le premier devint fermier, le deuxième boucher, le troisième restaurateur. Ils unirent leurs talents pour créer le Rabbit, qui apporte une bouffée d'air frais dans le Chelsea huppé. Le cadre est agréablement rustique chic, et la cuisine britannique, à base de produits de saison, est d'une savoureuse inventivité.

Aiguisez votre appétit avec une "bouchée" (mini-éclair aux champignons et à la Marmite, par exemple) de pur plaisir, mais l'une ne suffira pas. Puis, choisissez plusieurs des petites assiettes proposées (choix végétariens/végétaliens), deux ou trois suffisent. La carte des boissons est à la hauteur, avec des vins du vignoble familial, dans le Sussex, et des bières et cidres artisanaux. La cuisine ferme à 22h30.

MEDLAR EUROPÉEN MODERNE £££

Plan p. 476 (020-7349 1900 ; www.medlarrestaurant.co.uk ; 438 King's Rd, SW10 ; plats déj/dîner 35/55 £ ; 12h-15h et 18h30-22h30 lun-ven,

18h-22h30 sam, 18h-21h30 dim ; ; Fulham Broadway ou Sloane Sq). Avec son cadre à la fois moderne et décontracté, aux tonalités vert et gris, le Medlar s'est imposé dans King's Road. Ici, pas de choix à la carte ni de prétention exagérée, mais une cuisine européenne moderne et à prix fixe, à la savoureuse assurance. La carte, qui change avec les saisons, met l'accent sur les produits locaux et les volailles comme le pigeon ou la pintade, le tout superbement présenté.

FIVE FIELDS BRITANNIQUE MODERNE £££

Plan p. 476 (020-7838 1082 ; www.fivefields-restaurant.com ; 8-9 Blacklands Tce, SW3 ; menu 3 plats 85 £, menu dégustation 75-95 £ ; 12h-14h jeu-sam, 18h30-22h mar-sam ; ; Sloane Sq). Difficile de résister à la gastronomie britannique inventive (à prix fixes) de ce restaurant à succès de Chelsea, détenteur d'une étoile au Michelin. Service impeccable et cadre clair et attrayant. Réservez bien en amont pour obtenir une table. Les jeunes enfants (- 12 ans) ne sont pas admis.

GORDON RAMSAY FRANÇAIS £££

Plan p. 476 (www.gordonramsayrestaurants.com/restaurant-gordon-ramsay ; 020-7352 4441 ; 68 Royal Hospital Rd, SW3 ; déj/dîner 3 plats 70/130 £ ; 12h-14h15 et 18h30-21h45 lun-ven ; ; Sloane Sq). Lieu vénéré des amoureux de gastronomie, le restaurant de Gordon Ramsey est l'un des meilleurs du Royaume-Uni, et, des 3 établissements londoniens à avoir décroché 3 étoiles au *Guide Michelin*, c'est celui qui les détient depuis le plus longtemps (2001). Le menu prestige de 7 plats (160 £) confine à la perfection ; tout comme le menu végétarien de 3 plats (130 £, 160 £ en version Prestige) Tenue correcte exigée (renseignez-vous) ; réservez le plus tôt possible.

Des masterclass sont proposées avec le chef de cuisine Matt Abé.

Victoria et Pimlico

MARKET HALL VICTORIA INTERNATIONAL £

Plan p. 476 (www.markethalls.co.uk/market/victoria ; 191 Victoria St, SW1 ; plats à partir de 5 £ ; 7h-23h lun-ven, 9h-23h sam, 9h-22h dim, toit-terrasse à partir de 12h ; ; Victoria). Superbe marché couvert, sur 3 niveaux, avec verrière, bruissant d'animation. Il comprend 11 espaces restaurants ouverts (tenus pas des chefs de renom) et 3 bars (un sur le toit-terrasse). Au choix, *baozi* chinois (Baoziinn), kebabs (Fanny's Kebabs), fish and chips (Kerbisher & Malt), traiteur juif (Monty's Deli), cuisine végétalienne (Cookdaily) et autres délices... Bon appétit !

Les grandes tables communes sont majoritaires, il faut jouer des coudes. Le Market Hall Victoria est juste en face de la sortie de Victoria Station, après les arrêts de bus.

PIMLICO FRESH CAFÉ £

Plan p. 476 (020-7932 0030 ; 86 Wilton Rd, SW1 ; plats à partir de 3,50 £ ; 7h30-19h30 lun-ven, 9h-18h sam-dim ; Victoria). Un café très pimpant, de deux salles, parfait pour un petit-déjeuner (pain perdu, porridge au miel, à la banane et au sirop d'érable ou yaourt ; 3,50 £), un déjeuner (quiches et soupes maison, toasts variés) ou un simple *latte* accompagné d'une part de gâteau.

KAZAN TURC ££

Plan p. 476 (020-7233 7100 ; www.kazan-restaurant.com ; 93-94 Wilton Rd, SW1 ; plats 6,50-22,50 £, menus prix fixe 15-35 £ ; 12h-22h15 lun-sam, 12h-21h15 dim ; Victoria). Le Kazan est apprécié pour ses menus de mezzes turcs, ses chiches-kebabs et son *kulbasti* (filet d'agneau grillé frotté au romarin). Les saveurs sont riches et sans faux pas, le service est attentif et l'ambiance ottomane séduisante, sans en faire trop. Produits de la mer et plats végétariens disponibles jusqu'à 18h30. Le menu d'avant-théâtre (15 £) comprend une assiette dégustation de mezzes et un plat. Réservation conseillée.

A WONG CHINOIS ££

Plan p. 476 (020-7828 8931 ; www.awong.co.uk ; 70 Wilton Rd, SW1 ; dim sum à partir de 2,50 £/pièce, plats 11-35 £, menu "Taste of China" 100 £ ; 12h-14h30 et 17h30-22h mar-sam ; Victoria). Ambiance détendue et agréable, cuisine ouverte et plats de haut vol pour le A Wong (pour Andrew Wong), étoilé au Michelin. Les dim sums sont les stars au déjeuner, et les spécialités, pleines de saveur, des différentes régions de Chine, sont tout aussi délicieuses : raviolis *xiaolongbao* de Shanghai, *roujiamo* (burger d'effiloché d'agneau dans un petit pain) du Shaanxi, *doufuhua* (fleur de tofu de Chengdu), aubergines épicées du Sichuan, canard laqué (Pékin) et autres, superbement réinterprétés.

OÙ PRENDRE UN VERRE ET FAIRE LA FÊTE

Les pubs de Kensington, de Chelsea et de Belgravia ne sont ni les plus anciens ni les plus pittoresques de Londres, mais nombre d'entre eux allient charme et caractère, dans un cadre agréable.

K BAR — BAR À COCKTAILS

Plan p. 476 (☎020-7589 6300 ; www.townhousekensington.com/k-bar ; Town House, 109-113 Queen's Gate, SW7 ; cocktails 10 £ ; 16h-minuit lun-jeu, 16h-1h ven, 12h-1h sam, 12h-23h dim ; wi-fi ; U South Kensington). Dans un quartier où le choix est habituellement pauvre, le K Bar est une présence rassurante. Un bar d'hôtel, certes, mais plein de panache, avec son comptoir aux panneaux de cuir et de marbre vert, ses cuivres rutilants, ses cloisons en chêne et ses lustres. La clientèle, aisée, s'y sent bien. Les cocktails sont aussi stylés que l'atmosphère.

ANGLESEA ARMS — PUB

Plan p. 476 (☎020-7373 7960 ; www.angleseaarms.com ; 15 Selwood Tce, SW7 ; 11h-23h lun-sam, 11h-22h30 dim ; U South Kensington). Patiné par le temps et par des générations de clients (dont Charles Dickens, qui logeait dans cette rue, et D. H. Lawrence), ce pub vieille école propose une sélection d'une trentaine de bières et de gins. Terrasse très fréquentée à la belle saison. Le célèbre braqueur Bruce Reynolds, cerveau de l'attaque du train postal Glasgow-Londres en 1963, était un habitué.

La salle du fond, tout en boiseries, fait un cadre élégant pour un repas. Au menu : lotte rôtie, cuissot de chevreuil, burger végétalien et autres plats de pub haut de gamme (plats 13-20 £), servis à partir de 12h. Le *Sunday roast* (à partir de 16 £) a aussi du succès. Personnel sympathique et serviable, lieu très plaisant.

COFFEE BAR — CAFÉ

Plan p. 476 (www.harrods.com ; Harrods, 87-135 Brompton Rd, SW1 ; 10h-21h lun-sam, 11h30-18h dim ; wi-fi ; U Knightsbridge). Après avoir arpenté les rayons de Harrods, faites une pause au bar Art déco curviligne du magasin, dans le Roastery and Bake Hall, devant un excellent café. Le soir venu, on y sert Negroni et Expresso Martini à l'expresso glacé. Temps limité à 45 minutes.

TOMTOM COFFEE HOUSE — CAFÉ

Plan p. 476 (☎020-7730 1771 ; www.tomtomcoffee.co.uk ; 114 Ebury St, SW1 ; plats à partir de 7 £ ; 8h-18h lun-ven, 9h-18h sam-dim ; wi-fi ; U Victoria). La réputation du Tomtom repose sur sa sélection de délicieux cafés, magnifiquement présentés, des expressos au café filtre, et une grande variété de grains. À emporter, à savourer en salle, ou sur la petite terrasse.

QUEEN'S ARMS — PUB

Plan p. 476 (www.thequeensarmskensington.co.uk ; 30 Queen's Gate Mews, SW7 ; 12h-23h ; U Gloucester Rd). Un pub épatant, à la façade bleue, dans une adorable ruelle pavée à deux pas du Royal Albert Hall et de l'animation de Queen's Gate. Il jouit d'un cadre chaleureux, d'un personnel accueillant et d'un choix royal de ales (y compris de microbières brassées localement) et de cidres à la pression. Aux beaux jours, les clients sortent boire dans la ruelle (où c'est autorisé).

DRAYTON ARMS — PUB

Plan p. 476 (☎020-7835 2301 ; www.thedraytonarmssw5.co.uk ; 153 Old Brompton Rd, SW5 ; 11h-23h lun, 11h-23h30 mar-mer, 11h-1h jeu-ven, 10h-minuit sam, 10h-23h dim ; U Gloucester Rd). Un grand pub victorien de quartier beau à l'intérieur comme à l'extérieur, avec ses détails Art nouveau, ses œuvres d'art contemporain, un plafond à caissons et un *beer garden* chauffé. Clientèle éclectique. Bon choix de vins et de bières. Le pub se double d'un Studio Théâtre (billets à partir de 5 £) ; représentations tous les soirs à 19h30, et matinées le week-end.

OÙ SORTIR

Ce n'est pas le quartier des clubs branchés, mais quelques lieux remarquables permettent d'écouter de la musique classique et du jazz, notamment.

606 CLUB — BLUES, JAZZ

(☎020-7352 5953 ; www.606club.co.uk ; 90 Lots Rd, SW10 ; à partir de 10 £ ; portes 19h dim-jeu, 20h ven-sam, plus 12h30 dim ; U Imperial Wharf). Autrefois au n°606 de King's Road, ce club de jazz et restaurant en sous-sol est un incontournable des amateurs de jazz, depuis les années 1980. Il accueille surtout des musiciens britanniques. On ne sert de l'alcool qu'aux clients qui y dînent, et il est recommandé de réserver sa table.

L'entrée est libre, mais un "supplément musique" de 10 £ (dim midi), 12 £ (lun-jeu, et dim soir) ou 14 £ (ven-sam) sera ajouté à votre addition en fin de soirée. Le 606 Club est parfois ouvert le dimanche au déjeuner.

♥ ROYAL ALBERT HALL SALLE DE CONCERTS

Plan p. 476 (☎0845 401 5034, 020-7589 8212 ; www.royalalberthall.com ; Kensington Gore, SW7 ; ⓊSouth Kensington). Cette splendide salle victorienne de forme ovale (5 000 places) accueille, entre autres, des concerts de musique classique et de rock. Elle est aussi connue pour les Proms (*Promenade Concerts*) de la BBC chaque été. On peut réserver sa place, mais de mi-juillet à mi-septembre, des places debout à 5 £ sont vendues 1 heure avant le lever de rideau. Sinon, la vente et le retrait des billets se font à la porte n°12, du côté sud du bâtiment.

♥ THE PHEASANTRY MUSIQUE LIVE

Plan p. 476 (☎020-7439 4962 ; www.pizzaexpresslive.com/venues/chelsea-the-pheasantry ; 152 King's Rd, SW3 ; à partir de 10 £ ; ⏲11h30-23h ; ⓊSloane Sq ou South Kensington). Le long de King's Road, dans une jolie demeure classée du XIXe siècle, le Pheasantry (actuellement géré par Pizza Express) a abrité par le passé une école de ballet, un bar bohème et un club (où chanta Lou Reed). Les 3 niveaux de la maison sont dévolus au restaurant, et un ravissant jardin à l'avant permet de manger dehors, mais les amateurs viennent surtout pour les soirées cabaret et jazz au sous-sol.

Les spectacles commencent généralement à 20h ou 20h30 ; réservez en ligne.

CADOGAN HALL SALLE DE CONCERTS

Plan p. 476 (☎020-7730 4500 ; www.cadoganhall.com ; 5 Sloane Tce, SW1 ; billets à partir de 10 £ ; ⓊSloane Sq). Résidence du Royal Philharmonic Orchestra, le Cadogan Hall (950 places) est une des grandes salles de concerts de musique classique à Londres. Au programme : rock, jazz ou ballets.

ROYAL COURT THEATRE THÉÂTRE

Plan p. 476 (☎020-7565 5000 ; www.royalcourttheatre.com ; Sloane Sq, SW1 ; billets 12-38 £ ; ⓊSloane Sq). Aussi apprécié pour ses mises en scène contemporaines que pour ses représentations classiques, le Royal Court fait partie des théâtres les plus progressistes de Londres. Depuis plus de 60 ans, il contribue à la découverte d'auteurs dramatiques britanniques de tout premier plan. Le Jerwood Theatre Downstairs est l'auditorium principal ; le Jerwood Theatre Upstairs est beaucoup plus petit. Le lundi, tous les billets sont à 12 £.

Une heure avant chaque représentation au Jerwood Downstairs, un nombre restreint de places debout (visibilité réduite) est mis en vente pour seulement 10 pence. Contactez le théâtre pour vérifier la disponibilité, et contactez-le aussi si vous voulez fouler ses planches : des visites des coulisses sont parfois proposées.

CINÉ LUMIÈRE CINÉMA

Plan p. 476 (☎020-7871 3515 ; www.institut-francais.org.uk ; 17 Queensberry Pl, SW7 ; South Kensington). Ce cinéma dépend de l'Institut français de South Kensington. Les cinéphiles adorent sa salle Art déco (300 places) – programmation thématique variée (dont le London Spanish Film Festival ; www.londonspanishfilmfestival.com), et projection de films français et internationaux, classiques ou récents, sous-titrés en anglais.

SHOPPING

Mannequins, célébrités et autres personnes fortunées fréquentent ce quartier qui allie élégance, raffinement, opulence et magasins de légende... Même les charity shops de King's Road ont des airs de boutiques de mode. Vous y dénicherez aussi de jolies boutiques spécialisées et de charmantes librairies.

♥ HARRODS GRAND MAGASIN

Plan p. 476 (☎020-7730 1234 ; www.harrods.com ; 87-135 Brompton Rd, SW1 ; ⏲10h-21h lun-sam, 11h30-18h dim ; ⓊKnightsbridge). Curiosité architecturale en soi, ce temple de l'opulence et de l'extravagance (90 000 m², 330 départements) est toujours bondé. Un incontournable que l'on dépense de l'argent ou non. Ce qu'on y trouve est ahurissant (de même que certains prix !). Nombre de visiteurs ne dépassent pas le rez-de-chaussée, où les sacs de créateurs, la parfumerie et l'épicerie offrent largement de quoi s'occuper. Kitsch ultime : le monumental escalator égyptien (1998) permet d'accéder aux étages, avec ses murs sculptés, ses balcons intérieurs et ses statues de pharaons.

L'espace alimentaire (Food Hall) permet de composer de délicieux pique-niques, étonnamment abordables, à savourer à proximité, dans Hyde Park.

JOHN SANDOE BOOKS — LIVRES

Plan p. 476 (020-7589 9473 ; www.johnsandoe.com ; 10 Blacklands Tce, SW3 ; 9h30-18h30 lun-sam, 11h-17h dim ; Sloane Sq). Cette librairie pleine de cachet occupe 3 niveaux d'un édifice du XVIIIe siècle. S'y côtoient les joyaux littéraires classiques et des trouvailles, depuis plus de 60 ans, et sa clientèle fidèle ne jure que par elle. Les vendeurs érudits prodiguent volontiers des conseils.

PYLONES — CADEAUX ET SOUVENIRS

Plan p. 476 (020-7828 0004 ; www.pylones.com ; SU 20, Victoria Place Shopping Centre, 115 Buckingham Palace Rd, SW1 ; 8h-20h lun-ven, 9h-19h sam, 10h30-18h30 dim ; Victoria). Explosion de couleurs et exubérance inventive française, Pylones est toujours une bouffée d'air frais, malgré son emplacement, en haut d'une galerie marchande de Victoria Station. Difficile de ne pas craquer pour ses objets poétiques et colorés.

PETER HARRINGTON — LIVRES

Plan p. 476 (020-7591 0220 ; www.peterharrington.co.uk ; 100 Fulham Rd, W3 ; 10h-18h lun-sam ; South Kensington). Sur 3 étages, des livres rares et précieux, une collection pléthorique de premières éditions, des gravures d'art moderne signées (Andy Warhol, Picasso, MC Escher, Damien Hirst) et plus encore. Vous y dénicherez peut-être une première édition signée J.K. Rowling de *Harry Potter and the Philosopher's Stone* (20 000 £) ou une première publication de *The Magic Finger* de Roald Dahl (300 £).

PICKETT — CADEAUX

Plan p. 476 (020-7823 5638 ; www.pickett.co.uk ; angle Sloane St et Sloane Tce, SW1 ; 9h30-19h lun-mar et jeu-ven, 10h-19h mer, 11h30-18h sam ; Sloane Sq). Pickett exerce un pouvoir d'attraction comparable à une confiserie pour un gourmand, grace à ses articles de maroquinerie jolis et colorés, fabriqués artisanalement en Grande-Bretagne. Sacs à main au fini impeccable, jeux de backgammon ou nécessaires de toilette pour homme sont parmi les produits phares.

Dans les boutiques Homme et Femme (côte à côte), les pochettes pour femmes commencent à 345 £ environ ; les sacs pour hommes valent de 295 £ à plus de 1 000 £. Tous les achats sont joliment emballés.

HARVEY NICHOLS — GRAND MAGASIN

Plan p. 476 (020-7235 5000 ; www.harveynichols.com ; 109-125 Knightsbridge, SW1 ; 10h-20h lun-sam, 11h30-18h dim ; Knightsbridge). Un temple de la haute couture, où trouver des sacs Chloé et Balenciaga, un excellent choix de denims et un vaste rayon parfumerie avec des marques exclusives et de beaux bijoux. Le rayon Foodmarket et Wine Shop est extraordinaire, tout comme le restaurant, le Fifth Floor Café (au 5e étage). Le dimanche, pas d'achat avant 12h (ouverture à 11h30), comme la loi le prescrit aux grands magasins britanniques.

JO LOVES — COSMÉTIQUES

Plan p. 476 (020-7730 8611 ; www.joloves.com ; 42 Elizabeth St, SW1 ; 10h-18h lun-mer et ven-sam, 10h-19h jeu, 12h-17h dim ; Victoria). La célèbre parfumeuse britannique Jo Malone a ouvert Jo Loves en 2013, dans une rue où elle a travaillé étant jeune comme fleuriste. La vitrine est toujours superbe, et la boutique pleine de bougies, parfums et produits de bain de la créatrice, aux senteurs délicates : celle du pamplemousse est la plus appréciée. Les produits sont joliment emballés dans des boîtes signature de couleur crème nouées d'un ruban.

THE CONRAN SHOP — DESIGN

Plan p. 476 (020-7589 7401 ; www.conranshop.co.uk ; Michelin House, 81 Fulham Rd, SW3 ; 10h-18h lun-mar et ven, 10h-19h mer-jeu, 10h-18h30 sam, 12h-18h dim ; South Kensington). Si le Conran Shop des origines fut ouvert en 1973 par sir Terence Coran (1931-2020) – qui a créé Habitat en 1964 – sur Fulham Road, il a déménagé 14 ans plus tard au n°81. C'est une mine de jolis objets design, des radios aux lunettes de soleil, en passant par les accessoires pour la cuisine et la salle de bains, les jouets, les livres pour enfants et les cartes de vœux. Un régal pour les yeux. Prenez le temps d'admirer la fameuse Michelin House (de 1911 ; voir p. 191), le bel édifice Art nouveau/Art déco, où est installé le magasin depuis 1987.

CHURCH'S — CHAUSSURES

Plan p. 476 (020-7589 9136 ; www.church-footwear.com ; 143 Brompton Rd, SW3 ; 10h-18h30 lun-sam, 12h-18h dim ; Knightsbridge). Depuis 1873, Church's est synonyme d'artisanat de haute qualité, avec des chaussures qui devraient durer toute votre vie (si vous en prenez soin). Désormais propriété de Prada, la marque a tout fait pour suivre la mode. Tous les styles, du classique à l'avant-garde, ont droit de cité : Richelieu, oxfords, mocassins, baskets, sandales, etc.

V&A SHOP ARTISANAT

Plan p. 476 (www.vam.ac.uk/info/shopping-at-the-va ; Victoria & Albert Museum, Cromwell Rd, SW7 ; 10h-17h30 sam-jeu, 10h-21h30 ven ; South Kensington). Avant de visiter le V&A, passez par la boutique du rez-de-chaussée, face à l'entrée de Cromwell Road. Les cadeaux, livres, objets, gadgets, tissus et reproductions sont axés sur le design et inspirés par les expositions et les œuvres iconiques du musée. L'espace est conçu comme une exposition, et tous les produits, sélectionnés avec soin et créés exclusivement pour la boutique. De beaux bijoux sont réalisés par des joailliers indépendants.

Il existe d'autres boutiques dans le musée, dont une remarquable librairie.

PENHALIGON'S COSMÉTIQUES ET ACCESSOIRES

Plan p. 476 (020-7823 9733 ; www.penhaligons.com ; 25 King's Rd, SW3 ; 10h-19h lun-sam, 11h30-18h dim ; Sloane Sq). En franchissant la porte de cette ravissante boutique du célèbre parfumeur royal Penhaligon (établi en 1870), on croirait pénétrer dans un jardin de jacinthes, de roses et de pivoines. Les flacons de parfums, magnifiques, et avec leur petit nœud emblématique, font de très beaux cadeaux. Autre enseigne du magasin chez Harrods, au rez-de-chaussée.

PETER JONES GRAND MAGASIN

Plan p. 476 (020-7730 3434 ; www.johnlewis.com/our-shops/peter-jones ; Sloane Sq, SW1 ; 9h30-20h lun-ven, 9h30-19h sam, 12h-18h dim ; Sloane Sq). Ce grand magasin haut de gamme occupe un bâtiment classé des années 1930, qui court sur tout un pâté de maisons. La vaisselle, l'ameublement et les cadeaux sont les points forts, mais il y a aussi tous les rayons habituels, accessoires et cosmétiques compris.

LA PAGE LIBRAIRIE FRANÇAISE

(020-7589 5991 ; www.librairielapage.com ; 7 Harrington Rd, SW7 ; 8h15-18h30 lun-ven, 9h-18h30 sam, 11h-17h dim ; South Kensington). À courte distance de la station de métro, une excellente librairie française, avec aussi un rayon papeterie et fournitures scolaires.

THE EUROPEAN BOOKSHOP LIBRAIRIE

Plan p. 476 (020-7734 5259 ; www.europeanbookshop.com ; 123 Gloucester Road, SW7 ; 9h30-18h30 lun-ven, 10h-18h30 sam, 12h-17h dim ; Gloucester Rd). La Librairie européenne possède un riche département français, notamment pour les enfants.

SPORTS ET ACTIVITÉS

WINTER WONDERLAND ÉVÉNEMENT SAISONNIER

Plan p. 476 (www.hydeparkwinterwonderland.com ; Hyde Park, W1 ; 10h-22h mi-nov à déb jan ; Hyde Park Corner). Les mois d'hiver, Hyde Park n'est que festivités hivernales, avec spectacles, patinage, cirque, et plus encore.

PURE GYM SALLE DE SPORT

Plan p. 476 (www.puregym.com ; South Kensington Estate, 63-81 Pelham St, SW7 ; South Kensington). Cette enseigne compte plus de 60 salles de sport à Londres.

WILL TO WIN (HYDE PARK TENNIS & SPORTS CENTRE) TENNIS

Plan p. 476 (020-7262 3474 ; www.willtowin.co.uk/hyde-park-centreinfo ; South Carriage Dr, Hyde Park, W2 ; tennis adulte 16-17 £/heure, enfant 11,50-16 £/heure ; 7h-21h ; Knightsbridge). Un centre sportif englobant 6 courts de tennis extérieurs en dur (éclairés), un terrain de *lawn bowling* (à partir de 8 £ par pers et par heure), un parcours 9 trous de *putting* (6 £) et un espace extérieur de fitness, ainsi qu'un café. Les tarifs des cours de tennis grimpent après 17h.

SERPENTINE SOLARSHUTTLE BOAT BATEAU

Plan p. 476 (020-7262 1989 ; www.solarshuttle.co.uk ; adulte/enfant 5/3 £). Un joli petit bateau à énergie solaire (SolarShuttle) fait la navette sur le lac entre la Serpentine Boathouse et la fontaine du Diana Princess of Wales Memorial (p. 185), week-end et jours fériés de mars à septembre, et tous les jours de mi-juillet à fin août à partir de 12h, toutes les demi-heures environ.

SERPENTINE BOATHOUSE BATEAU

Plan p. 476 (020-7724 4069 ; adulte/enfant 8,50/6 £ les 30 min, 10,50/7,50 £ l'heure ; 10h30-18h fin mars-oct ; Hyde Park Corner, Knightsbridge). Location de barques.

SERPENTINE LIDO NATATION

Plan p. 476 (020-7706 3422 ; Hyde Park, W2 ; adulte/enfant 4,80/1,80 £, 4,10/1,10 £ après 16h, famille 4 pers 12 £, 9 £ après 16h ; 10h-18h juin à déb sept ; Hyde Park Corner, Knightsbridge). La Serpentine est sans doute le meilleur lieu de baignade de Londres ; son fabuleux lido ouvre l'été. Location de transat : 3,50 £/jour.

Clerkenwell, Shoreditch et Spitalfields

CLERKENWELL | OLD STREET | SPITALFIELDS | SHOREDITCH ET HOXTON | HOXTON | SHOREDITCH | HOXTON

Notre sélection

❶ Pour profiter de la **vie nocturne de Shoreditch** (p. 216), enfilez votre tenue la plus extravagante et sortez siroter un cocktail et faire la fête dans un club comme le Fabric.

❷ Les **marchés de Spitalfields** (p. 219) sont de hauts lieux colorés et multiculturels à découvrir par un dimanche ensoleillé.

❸ Une séance de **shopping vintage** (p. 220) dans une boutique spécialisée de Brick Lane, tel Atika, à la recherche d'un vinyle rare, d'une robe sixties ou d'une affiche Art déco.

❹ Le **Museum of the Home** (p. 204) est un musée où l'on remonte le temps au fil d'intérieurs d'époque, reconstitués.

❺ Le quartier unique de **Brick Lane** (p. 220), témoin de la longue histoire migratoire de Londres.

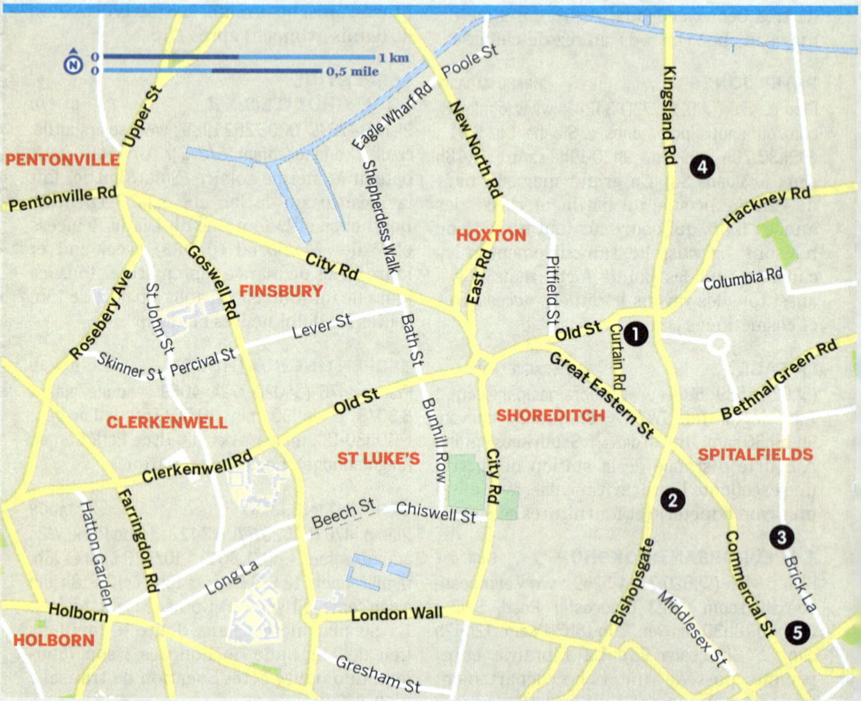

Pour un plan plus détaillé, reportez-vous p. 478

Découvrir Clerkenwell, Shoreditch et Spitalfields

Après une journée passée à explorer les boutiques, magasins vintage, étals et cafés, vous pourrez, le soir venu, découvrir d'excellents restaurants. Puis, il sera temps de profiter des bars décalés et autres lieux pour noctambules.

Shoreditch se déchaîne complètement le vendredi et le samedi soir, et de nombreux établissements restent ouverts jusqu'à l'aube. Il y a de quoi s'amuser aussi à Spitalfields, même si l'animation est un cran en-dessous. En comparaison, Clerkenwell paraît vraiment calme.

Et pour se remettre des excès de la veille, quoi de mieux qu'une promenade dominicale sur les marchés de Spitalfields ? Oubliez Clerkenwell qui reste étrangement assoupi le dimanche.

Vivre comme un Londonien

Des soirées pas comme les autres Mêlez-vous aux branchés londoniens chez DreamBags JaguarShoes (p. 217) ; allez voir un groupe de jazz en sirotant un cocktail comme pendant la Prohibition au Nightjar (p. 215) ; ou lancez-vous dans les jams karaoké hip-hop du Queen of Hoxton (p. 216) avant de prendre un verre en plein air sur le toit-terrasse.

Faire la tournée des cafés Les excellents cafés ne manquent pas. Offrez-vous un grand crème ou un double expresso au Shoreditch Grind (p. 216), ou à l'Ozone Coffee Roaster (p. 210).

Le "Pho Mile" Trouvez votre restaurant vietnamien préféré dans Kingsland Rd/Old St, ou adoptez l'un des nôtres (p. 212).

Depuis/vers Clerkenwell, Shoreditch et Spitalfields

Métro Pour Clerkenwell, descendez à Farringdon ou Barbican, sur les lignes Circle, Hammersmith & City et Metropolitan. Ces lignes, ainsi que la Central Line, passent aussi par Liverpool Street, station de métro la plus proche de Spitalfields. Old Street, sur la branche de Bank de la Northern Line, est le meilleur arrêt pour accéder à la lisière ouest de Hoxton et Shoreditch.

Train Shoreditch High Street et Hoxton sont les gares les plus proches de Spitalfields et des secteurs est de Shoreditch et Hoxton.

Bus Clerkenwell et Old Street sont reliés à Oxford Street par le bus 55, et à Waterloo par le bus 243. Sur son trajet de Victoria à Islington, le bus 38 remonte Rosebery Avenue et longe Exmouth Market. Les lignes 8 et 242 remontent toutes deux Shoreditch High Street.

Bons plans Lonely Planet

Envie de faire la fête tard dans la nuit ? Le Fabric (p. 214), le **XOYO** (p. 216), le Cargo (p. 217) et le Horse & Groom (p. 217) restent ouverts jusqu'à 3h au moins le week-end. La boulangerie Brick Lane Beigel Bake (p. 213) sert des bagels toute la nuit. Et on peut prendre un petit-déjeuner au Fox & Anchor (p. 214), un pub qui ouvre dès 7h (8h30 le week-end).

Le top des restaurants

- Clove Club (p. 212)
- Hawksmoor (p. 213)
- Smoking Goat (p. 210)
- Gate (p. 209)

Voir détails p. 208

Le top des sorties

- Nightjar (p. 215)
- Cocktail Trading Co (p. 218)
- Fox & Anchor (p. 214)
- Discount Suit Company (p. 217)
- Zetter Townhouse Cocktail Lounge (p. 214)

Voir détails p. 214

Le top du shopping

- Sunday UpMarket (p. 219)
- Old Spitalfields Market (p. 219)
- Aida (p. 219)
- Libreria (p. 220)
- Rough Trade East (p. 219)

Voir détails p. 219

À VOIR

Si les quartiers de Clerkenwell, Shoreditch et Spitalfields comptent peu de sites incontournables, ils n'en sont pas moins chargés d'histoire. Vous y trouverez certains des plus vieux édifices de Londres, ainsi que des témoignages émouvants de la longue succession de vagues de peuplement de la capitale. Mais, s'il renvoie au passé, ce secteur est aussi le cœur de l'industrie créative londonienne, et il semble qu'il pourrait s'y écrire le prochain chapitre de l'histoire de la ville.

Clerkenwell

Situé immédiatement au nord du Londres antique, ce quartier accueillit, au fil des siècles, aussi bien des moines que des révolutionnaires. Le puits ("*well*") dont il tire son nom fut mentionné pour la première fois dans des textes du XIIe siècle. Mais il ne fut redécouvert qu'en 1924, à la faveur de travaux de construction. On l'aperçoit depuis la fenêtre d'un bâtiment érigé dans les années 1980 au **n°14 Farringdon Lane**.

Oliver Cromwell eut une maison ici, et l'on raconte que Lénine et Staline se seraient rencontrés dans un pub de Clerkenwell Green. Charles Dickens prit pour décor de son célèbre roman *Oliver Twist* les *rookeries* (taudis) victoriens de Clerkenwell, en situant l'antre de Fagin dans Saffron Hill (une ruelle parallèle à Farringdon Road). C'est d'ailleurs à Clerkenwell Green qu'Oliver fait, dans ce même livre, ses premières armes de voleur à la tire.

Pour en finir avec le problème des taudis (qui étaient bien réels), les autorités firent démolir le milieu de Clerkenwell Road, où étaient regroupés les pires d'entre eux. De fait, le secteur est aujourd'hui bien plus salubre, voire cossu par endroits. Le coin le plus animé, **Exmouth Market**, compte une belle enfilade de restaurants et de bars.

ST JOHN'S GATE — ÉDIFICE HISTORIQUE

Plan p. 478 (www.museumstjohn.org.uk ; St John's Lane, EC1 ; 10h-17h, fermé dim oct-juin ; Farringdon). GRATUIT Cette remarquable porte Tudor date de 1504. Au XIIe siècle, les Chevaliers hospitaliers (ordre militaire qui s'occupait entre autres des malades) installèrent un prieuré sur ce site. À l'intérieur, un petit musée (où sont notamment exposées

LES INCONTOURNABLES MUSEUM OF THE HOME

Ce musée, qui devrait rouvrir au printemps 2021 après une longue période de restauration, est entièrement consacré aux intérieurs des maisons bourgeoises.

Bâtis en 1714 pour accueillir des indigents, ces beaux hospices (*almshouses*) couverts de lierre ont été transformés en une suite de salons allant de 1630 à l'ère victorienne. Une extension achevée en 1998 présente plusieurs intérieurs du XXe siècle (un appartement des années 1930, un salon de banlieue des années 1960 et un appartement-loft des années 1990), ainsi qu'une galerie d'expositions temporaires, une boutique et un café.

Le **jardin** à l'arrière est aussi organisé par époques, et reflète l'exploration par le musée de la Vie domestique à travers les siècles. Mentionnons le remarquable **jardin d'herbes aromatiques** clos, planté de 170 espèces de plantes. Devant, les pelouses sont un lieu de détente.

Un des hospices a été entièrement restauré et remeublé pour montrer comment vivaient leurs occupants aux XVIIIe et XIXe siècles. L'attention portée au détail est digne d'éloges, jusqu'au journal d'époque laissé ouvert sur la table du petit-déjeuner.

À NE PAS MANQUER

- Salles d'époque
- Jardin médicinal et jardins d'époque
- Intérieur des hospices

INFOS PRATIQUES

- Plan p. 478, G2
- 020-7739 9893
- www.museumofthehome.org.uk
- 136 Kingsland Rd, E2
- entrée libre
- 10h-17h mar-dim
- Hoxton

des armures) retrace l'histoire de l'ordre, et de son renouveau dans la Grande-Bretagne du XIXe siècle sous la forme de l'ordre de Saint-Jean, organisme chrétien à l'origine de la St John Ambulance, une importante organisation qui a notamment pour mission de former aux gestes de premier secours.

La porte fut construite pour rehausser l'entrée du prieuré. Si la plupart des bâtiments furent détruits après la décision d'Henri VIII de fermer les monastères du pays, entre 1536 et 1540, la porte subsista et connut par la suite un destin original. Durant le règne de la reine Anne, le père du peintre William Hogarth y ouvrit sans grand succès un café où l'on parlait latin. Après sa restauration au XIXe siècle, elle abrita l'Old Jerusalem Tavern, lieu de rencontre d'artistes et d'écrivains, parmi lesquels figurait Charles Dickens.

Tâchez de faire coïncider votre venue avec l'une des **visites guidées** (1 heure 20 ; 11h et 14h30 mardi, vendredi et samedi) très complètes de la porte et du prieuré. On vous conduira à l'étage dans la somptueuse salle capitulaire (1902) et la chambre du conseil (1504), où l'ordre tient encore des réunions. Les dons sont toujours bienvenus.

ST JOHN'S PRIORY CHURCH

ÉGLISE

Plan p. 478 (www.museumstjohn.org.uk ; St John's Sq, EC1 ; visites 11h et 14h30 mar, ven et sam ; Farringdon). C'est l'une des plus anciennes églises de Londres. Le lieu tout entier, jadis intégré au St John's Priory (prieuré), est aujourd'hui associé à l'ordre de Saint-Jean. Le jardin, ceint d'un mur et planté d'herbes médicinales et de fleurs, fut aménagé à la mémoire des membres de l'ordre tombés lors des guerres mondiales. L'église ne peut être admirée qu'à la faveur d'une visite guidée comprenant aussi la St John's Gate.

Si l'église carrée, au niveau de la rue, n'a rien de médiéval, un trésor réside dessous : la crypte, plongée dans la pénombre, n'est autre que la nef de l'église d'origine. Construite dans les années 1380 dans le style normand, il s'agit de l'un des plus anciens édifices de Londres. À l'intérieur, on peut voir une robuste statue en albâtre à l'effigie d'un chevalier castillan (1575), et le gisant abîmé du dernier prieur, sir William Weston. Celui-ci est représenté décharné et enveloppé d'un linceul, en manière de rappel au spectateur de sa propre mortalité.

DÉCOUVRIR LE QUARTIER GRATUITEMENT

De nombreux sites peuvent se découvrir sans bourse délier : la Charterhouse, St John's Gate (pour ces deux lieux, l'entrée est gratuite sans la visite guidée), les églises et, bien sûr, l'incontournable promenade dominicale sur les marchés de Brick Lane et de Spitalfields.

La nef touchait autrefois un grand chœur circulaire, qui fut démoli à la suite de la dissolution du prieuré. À l'extérieur, sur la place, est tracé le contour de l'édifice tel qu'il était à l'époque Tudor.

CHARTERHOUSE

ÉDIFICE HISTORIQUE

Plan p. 478 (020-7253 9503 ; www.thecharterhouse.org ; Charterhouse Sq, EC1 ; 11h-17h20 mar-dim ; Barbican). GRATUIT Monastère, demeure Tudor, et fondation caritative depuis 1611, la Charterhouse a joué un rôle discret mais important dans l'histoire de Londres. Les visiteurs accèdent librement au petit musée, à la chapelle et à la cour principale. Le reste du bâtiment ne peut se découvrir que lors des excellentes visites guidées (1 heure ; 15 £), qui ont lieu 2 à 3 fois par jour et permettent de voir la plupart des pièces et cours historiques, ainsi que le cloître.

Bien que le monastère de Chartreux ait été fondé en 1371, l'histoire du site remonte à 1348, lorsque le terrain fut utilisé comme lieu de sépulture durant la grande épidémie de peste noire. Certaines des dépouilles ont récemment été mises au jour à l'occasion des travaux du Crossrail, une ligne de métro en construction, et un squelette est exposé au musée.

En 1537, le monastère fut dissous et l'édifice confisqué par le roi Henri VIII. Le prieur et 15 moines furent exécutés. Ils sont considérés comme les premiers martyrs catholiques de la Réforme en Angleterre ; trois d'entre eux furent canonisés.

Le roi vendit la propriété en 1545 à sir Edward North, qui en fit sa demeure londonienne, démolissant au passage l'église d'origine et la majeure partie du cloître. En 1611, elle fut rachetée par Thomas Sutton, alors le "roturier le plus riche d'Angleterre". Dans son testament, Sutton ordonna que l'on en fît une école pour garçons et un hospice pour "gentlemen démunis". Environ 40 pensionnaires (appelés "frères") vivent encore ici ; des femmes ont été admises pour la première fois en 2017. La Charterhouse School (l'école), déplacée dans le Surrey en 1872, est, de nos jours encore, très prospère.

Parmi les personnalités importantes associées à la Charterhouse, citons Élisabeth Ire et Jacques Ier, qui y séjournèrent chacun avant leur couronnement. L'écrivain William Makepeace Thackeray, John Wesley, le fondateur de l'Église méthodiste et Robert Baden-Powell, initiateur du mouvement scout, furent des élèves de l'école. Quant aux compositeurs Purcell et Haendel, ils ont joué sur l'orgue de la chapelle.

ST ETHELDREDA'S — ÉGLISE

Plan p. 478 (☎020-7405 1061 ; www.stetheldreda.com ; 14 Ely Pl, EC1 ; ⏲8h-17h lun-sam, 8h-12h30 dim ; Ⓤ Chancery Lane). GRATUIT Ce splendide havre de paix est la plus ancienne église catholique romaine du Royaume-Uni – elle date du règne d'Édouard Ier. La chapelle des évêques du diocèse d'Ely à Londres a été édifiée entre le milieu du XIIIe siècle et 1570, et porte le nom d'une princesse d'Est-Anglie, reine du Fenland et de Northumbrie du VIIe siècle, sainte Etheldrède d'Ely. L'église échappa au Grand Incendie de Londres grâce à un changement soudain de la direction du vent.

L'église fut bombardée par la Luftwaffe pendant la Seconde Guerre mondiale ; une bombe traversa le toit et détruisit ce qui restait des vitraux d'origine ; la belle et grande fenêtre à l'est date de 1952.

MARX MEMORIAL LIBRARY — BIBLIOTHÈQUE

Plan p. 478 (☎020-7253 1485 ; www.marx-memorial-library.org ; 37a Clerkenwell Green, EC1 ; visites guidées 5 £ ; ⏲visites 11h mar et jeu ; Ⓤ Farringdon). Construit en 1738 pour accueillir une école pour enfants gallois pauvres, ce bâtiment modeste est un rappel intéressant de l'histoire radicale de Clerkenwell. En 1902 et 1903, durant son exil en Europe, Lénine publia ici 17 numéros du journal bolchevique de langue russe *Iskra* ("L'Étincelle"). En 1933, 50 ans après la mort de Karl Marx et tandis que les nazis se livraient à des autodafés, on décida que le bâtiment serait transformé en bibliothèque pour rendre hommage au fondateur du communisme.

LES INCONTOURNABLES
DENNIS SEVERS' HOUSE

Cette drôle de maison remplie d'un véritable bric-à-brac doit son nom à l'artiste américain excentrique, aujourd'hui décédé, qui en entreprit la restauration, transformant le lieu en une sorte de "nature morte". Severs vécut sur place, jusqu'à sa mort en 1999, à la manière des habitants du XVIIIe siècle.

On pénètre ici dans un décor georgien, tel que l'aurait laissé une famille de tisserands huguenots, lesquels s'établirent en nombre dans le quartier de Spitalfields au XVIIIe siècle. On peut voir des restes de repas et des lits défaits, sentir les odeurs provenant de la cuisine et entendre le parquet craquer, comme si les occupants venaient tout juste de quitter les lieux.

De la cave aux chambres à coucher, cet intérieur illustre à la fois les fonctions originelles de chaque pièce et les aléas de l'histoire du quartier. Le sort de la famille est de plus en plus sombre à mesure que l'on grimpe dans les étages, pour finir dans un quasi-dénuement au niveau supérieur.

La scénarisation n'est pas toujours facile à suivre, mais l'atmosphère très évocatrice rend l'expérience unique.

Les séances nocturnes sont éclairées uniquement à la bougie et à la lampe à pétrole. Réservez en ligne bien à l'avance. Visite de 45 minutes environ.

À NE PAS MANQUER

- Visites *Silent Night*
- Le chat de la maison !
- Tableau de Hogarth

INFOS PRATIQUES

- Plan p. 478, G6
- ☎020-7247 4013
- www.dennisseversshouse.co.uk
- 18 Folgate St, E1
- Jour/nuit 10/15 £
- ⏲12h-14h et 17h-21h lun, 17h-21h mer et ven, 12h-16h dim
- Ⓤ Liverpool St

Des exemplaires de l'*Iskra* sont conservés dans la bibliothèque, ainsi que des ouvrages socialistes, des affiches datant de la guerre civile d'Espagne et les vestiges issus de diverses grèves ouvrières. Les visites guidées donnent à découvrir la pièce où Lénine travaillait, et la cave du XVe siècle.

Si la présence d'un mémorial en l'honneur de Marx à Clerkenwell peut surprendre, il y a plus étonnant encore : de 1942 à 1951, un buste de Lénine trônait sur Holford Square, dans le quartier voisin de Finsbury, face à son ancienne résidence. Plusieurs fois vandalisé, le buste fut ensuite transféré à l'hôtel de ville d'Islington, où il resta exposé jusqu'en 1996, avant d'être finalement confié à un musée.

Old Street

BUNHILL FIELDS — CIMETIÈRE

Plan p. 478 (entrées sur Bunhill Row et City Rd, EC1 ; 8h-coucher du soleil lun-ven, à partir de 9h30 sam-dim ; Old St). Ce cimetière situé à l'extérieur de l'enceinte historique est un lieu de sépulture depuis plus de 1 000 ans (le nom "Bunhill" viendrait du surnom plutôt macabre du lieu, "Bone Hill", "la colline aux ossements"). Vous pourrez y voir les tombes de géants de la littérature comme Daniel Defoe, John Bunyan ou William Blake. Très agréable pour une promenade, c'est l'un des rares espaces verts à subsister dans cette zone très construite.

WESLEY'S CHAPEL — ÉGLISE

Plan p. 478 (020-7253 2262 ; www.wesleyschapel.org.uk ; 49 City Rd, EC1 ; 10h-16h lun-sam ; Old St). Érigée en 1778, cette église accueillante était le lieu de travail et de culte de John Wesley, le fondateur de l'Église méthodiste. Vous en apprendrez davantage sur lui au **Museum of Methodism** aménagé au rez-de-chaussée, ainsi que dans sa maison (à l'avant). Sa sépulture est derrière l'église.

Shoreditch et Hoxton

Hoxditch ? Shoho ? Appellations souvent interchangeables pour les Londoniens, Hoxton et Shoreditch désignent la zone qui s'étend au nord et à l'est du rond-point du métro Old Street. Le nom de Shoreditch désigne un secteur qui s'est développé au nord de la vieille ville, au croisement de deux importantes artères romaines : Kingsland Road et Old Street. Shoreditch était le nom d'une paroisse incluant le village de Hoxton. Aujourd'hui, on tient généralement Hoxton pour la partie située au nord d'Old Street, jusqu'à Kingsland Road, tandis que Shoreditch est la partie sud qui s'étend jusqu'à Brick Lane, à l'est.

POSTAL MUSEUM & MAIL RAIL — MUSÉE

(0300 0300 700 ; www.postalmuseum.org ; 15-20 Phoenix Pl, WC1 ; adulte/enfant 17/10 £ ; 10h-17h ; ; Farringdon). Voilà un métro qui n'existe pas sur les plans officiels. Bâti en 1927 pour éviter les bouchons, le Post Office Railway était un chemin de fer souterrain par lequel transitaient quotidiennement quelque 4 millions de courriers, et ce jusqu'à sa fermeture en 2003. Rénové et ouvert au public en 2017, Mail Rail transporte aujourd'hui, dans des trains inspirés des originaux, des visiteurs ravis, le long de voies méconnues courant sous le plus grand centre de tri.

Si le train est l'attraction principale, le Postal Museum, de l'autre côté de la rue, n'est pas moins intéressant. Y est retracée, dans tout ce que sa mise en place a eu de complexe, l'histoire du système postal britannique.

Note aux claustrophobes : Mail Rail était conçu pour transporter du courrier, et non des gens. Or, si les wagons sont assez larges pour une personne, les employés essaient parfois d'en faire tenir deux par siège.

ST MARY'S SECRET GARDEN — JARDIN

Plan p. 478 (020-7739 2965 ; www.st maryssecretgarden.org.uk ; 50 Pearson St, E2 ; 9h-17h lun-ven, 10h-13h sam ; Hoxton). GRATUIT Cette charmante poche de nature a pour improbable écrin les HLM de Hackney. Entretenu par les gens du quartier, le jardin invite à une expérience interactive d'horticulture et d'écothérapie, mais on peut aussi, tout simplement, le visiter pour en goûter le calme. On y trouve de mini-écosystèmes tels que prairie fleurie, jardin médicinal, étang, et plusieurs ruches.

Spitalfields

Concentré autour de son célèbre marché et de sa grandiose église paroissiale, Spitalfields est de longue date l'un des quartiers les plus cosmopolites de la capitale. Au fil du temps, des vagues d'immigrants s'y sont établis : huguenots (qui avaient fui la France après la révocation de l'édit de Nantes, en 1685), juifs, Irlandais et, plus récemment, Indiens et Bangladais.

Une balade dans Brick Lane se prête à découvrir les hauts lieux, les couleurs et les parfums du Londres bangladais. Mais pour se faire une idée de ce à quoi ressemblait le quartier à l'époque georgienne, arpentez Princelet Street, Fournier Street, Elder Street et Wilkes Street : c'est dans ces rues que s'établirent les huguenots, qui apportèrent leur connaissance du filage de la soie. La vie était, ici, rythmée par le cliquetis des métiers à tisser installés dans les greniers des grandes demeures qui bordent les rues. Spitalfields devint célèbre pour la qualité de sa soie, dont on confectionna la robe portée par la reine Victoria lors de son couronnement.

CHRIST CHURCH SPITALFIELDS — ÉGLISE

Plan p. 478 (020-7377 2440 ; www.ccspitalfields.org ; Commercial St, E1 ; 10h-16h lun-ven, 13h-16h dim ; Liverpool St). Ce magnifique édifice de style baroque anglais fut conçu par Nicholas Hawksmoor, élève de sir Christopher Wren, et achevé en 1729. Son haut clocher repose sur un portique caractérisé par ses 4 colonnes de style toscan. Derrière la façade massive, on découvre un vaste intérieur où domine le blanc, avec des colonnes corinthiennes et de grands lustres en laiton.

OLD TRUMAN BREWERY — ÉDIFICE HISTORIQUE

Plan p. 478 (020-7770 6000 ; www.trumanbrewery.com ; 91 Brick Lane, E1 ; Shoreditch High St). La Black Eagle Brewery de Truman, fondée ici au XVIIe siècle, devint, dès les années 1850, la plus grande brasserie du monde. Elle occupait un ensemble de cours et de bâtiments en brique de part et d'autre de Brick Lane, qui réunit aujourd'hui des marchés branchés, des boutiques de mode éphémères, des friperies, des cafés et des bars. Le dimanche est le meilleur moment pour s'y rendre, lorsque les étals sont montés pour le marché. La bière n'est plus brassée sur place, mais il s'en consomme beaucoup...

Après des décennies de déclin, la Truman Brewery a fermé ses portes en 1989. Elle survit nominalement, puisque la marque, ressuscitée en 2010, occupe de nouveaux locaux dans le quartier de Hackney Wick, un peu plus au nord-est.

Plusieurs édifices sont classés, dont la Director's House (maison du Directeur ; des années 1740), au 91 Brick Lane, l'ancienne Vat House (vers 1800), située en face, et l'Engineer's House (maison de l'ingénieur ; des années 1830), au 150 Brick Lane.

OÙ SE RESTAURER

En plus de nombreux cafés et restaurants sensationnels, le quartier compte des marchés d'alimentation très fréquentés, dont l'offre est riche et variée. Pour déjeuner en semaine, rendez-vous à Exmouth Market et à Whitecross Street Market. Le dimanche, privilégiez Brick Lane et les rues alentour. À Hoxton, Kingsland Road et Old Street sont réputées pour leurs restaurants vietnamiens abordables.

Clerkenwell

BREDDOS TACOS — MEXICAIN £

Plan p. 478 (020-3535 8301 ; www.breddostacos.com ; 82 Goswell Rd, EC1 ; tacos à partir de 5 £, plats 7,50-17 £ ; 12h-15h et 17h-23h lun-ven, 12h-23h30 sam ; ; Old St, Farringdon). Breddos a démarré son activité dans un parking d'East London en 2011 avant de s'établir à Clerkenwell. C'est une des meilleures cuisines mexicaines de Londres. Emmenez des amis et prenez tous les tacos, servis par deux, de la carte (il y en a 8 à 10 sortes). Les garnitures savoureuses changent, mais poitrine de porc confite, guacamole (végétarien), *queso fresco* et œufs devraient en être.

PANZO — PIZZERIA £

Plan p. 478 (www.panzopizza.com ; 50 Exmouth Market, EC1 ; pizza 8-9 £ ; 12h-22h30 mar-jeu, 12h-23h30 ven-sam, 12h-21h30 dim-lun ; ; Farringdon). Avec leur forme ovale et leurs garnitures généreuses, les pizzas de Panzo sont appétissantes en diable. La pâte, cuite deux fois, est élaborée avec un mélange de farines de riz, de soja et de blé ; le résultat est inhabituel, mais délicieux.

POLPO — VÉNITIEN ££

Plan p. 478 (020-7250 0034 ; www.polpo.co.uk ; 3 Cowcross St, EC1 ; plats 3-11 £ ; 12h-23h lun-sam ; ; Farringdon). Cette version londonienne d'un *bacàri* (petit bar) vénitien propose des assiettes à partager de *pasta*, viande ou *pizzette* (petites pizzas), et de bons choix végétariens. Les Londoniens reviennent pour les boulettes, délicieuses. Les portions servies sont plus généreuses que les *cicchetti* (en-cas) trouvés à Venise, mais moins qu'un plat principal. Choisissez en conséquence.

Londres compte 4 autres restaurants Polpo.

THE GATE VÉGÉTARIEN ££

Plan p. 478 (☎020-7833 0401 ; www.thegate-restaurants.com ; 370 St John St, EC1 ; plats 14-16 £ ; 12h-22h lun-sam, 12h-21h30 dim ; ; ; Angel). Le Gate s'attache à sublimer la cuisine végétarienne. Loin des garnitures de légumes insipides, le restaurant propose un tourbillon de saveurs glanées parmi les traditions culinaires asiatique, juive et moyen-orientale. La salle, raffinée, s'accorde bien avec le quartier : murs blancs, tables et chaises en bois sombre.

ST JOHN BRITANNIQUE ££

Plan p. 478 (☎020-7251 0848 ; www.stjohnrestaurant.com ; 26 St John St, EC1 ; plats 17-26,50 £ ; 12h-15h et 18h-23h lun-ven, 18h-23h sam, 12h30-16h dim ; Farringdon). Proche du marché à la viande de Londres, St John fait la part belle aux abats. Avec ses murs de brique chaulés, son haut plafond et son mobilier en bois simple, c'est sans doute l'un des restaurants étoilés au Michelin les moins ostentatoires. Le menu change quotidiennement, mais inclut généralement la salade à la moelle persillée, la grande spécialité maison.

MORITO TAPAS ££

Plan p. 478 (☎020-7278 7007 ; www.morito.co.uk ; 32 Exmouth Market, EC1 ; plats 7-10 £ ; 8h-16h et 17h-23h lun-ven, 9h-12h et 17h-23h sam, 9h-16h dim ; ; Farringdon). Souvent bondé, ce minuscule bar à tapas est merveilleusement authentique et sert d'excellents plats. On s'installe au bar, près de la fenêtre, ou à l'une des petites tables en salle ou en terrasse ; il est possible de réserver au déjeuner, mais pas au dîner – les couples s'installent généralement au bar.

CARAVAN INTERNATIONAL ££

Plan p. 478 (☎020-7833 8115 ; www.caravanrestaurants.co.uk ; 11-13 Exmouth Market, EC1 ; plats 18,50-20 £, brunch 12-15 £ ; 8h-22h30 lun-ven, 9h-22h30 sam, 9h-16h dim ; ; Farringdon). Dans ce restaurant à l'ambiance détendue, on peut manger ou boire un verre tout au long de la journée. Le Caravan affiche un grand choix de plats aux saveurs du monde entier. Le café, torréfié au sous-sol, est délicieux. Par temps ensoleillé, des tables sont disposées sur les terrasses donnant sur Exmouth Market.

THE MODERN PANTRY FUSION ££

Plan p. 478 (☎020-7553 9210 ; www.themodernpantry.co.uk ; 47-48 St John's Sq, EC1 ; plats 17-22 £, petit-déj 5-12 £ ; 8h-22h lun-ven, 9h-22h30 sam, 10h-22h dim ; ; Farringdon). Ce restaurant établi dans une maison de 3 étages au cœur de Clerkenwell est très prisé. Le mariage des ingrédients est subtil et inattendu : onglet de bœuf mariné à la sauce miso, côte de porc marinée à l'ail et au piment d'Alep. Le petit-déjeuner est excellent également, mais les portions sont plutôt petites.

EAGLE GASTROPUB ££

Plan p. 478 (☎020-7837 1353 ; www.theeagle-farringdon.co.uk ; 159 Farringdon Rd, EC1 ; plats 11-21 £ ; 12h30-15h et 18h30-22h30 lun-ven, 12h30-15h30 sam-dim ; Farringdon). Le premier *gastropub* de Londres a changé de propriétaires mais reste une excellente adresse, en particulier pour le déjeuner, lorsque l'établissement est relativement calme. La carte fusionne les influences britannique et méditerranéenne, et l'atmosphère est animée. Le menu est inscrit sur des ardoises accrochées au-dessus du bar, derrière lequel on voit le chef s'affairer.

DANS LE NOIR EUROPÉEN £££

Plan p. 478 (☎020-7253 1100 ; www.london.danslenoir.com ; 30-31 Clerkenwell Green, EC1 ; menu 2/3 plats 48/55 £ ; 18h-minuit mar-ven, 12h-minuit sam, 13h-minuit dim, 18h-22h lun ; ; Farringdon). La salle à manger est ici semblable à n'importe quelle autre, à la différence que l'on n'y voit rien. Choisissez votre menu dans l'entrée, encore éclairée (rouge pour la viande, bleu pour le poisson, vert pour les végétariens/végétaliens), puis un sympathique serveur, déficient visuel, vous emmènera à la queue-leu-leu jusqu'à votre table, dans le noir complet.

Old Street

LOOK MUM NO HANDS CAFÉ £

Plan p. 478 (☎020-7253 1025 ; www.lookmumnohands.com ; 49 Old St, EC1 ; plats 5-13 £ ; 7h30-22h lun-ven, 8h30-22h sam, 9h-22h dim ; ; Barbican). Ce café-atelier de réparation de vélos est prisé des cyclistes. Mais il attire aussi une clientèle bien plus éclectique, qui vient pour les excellentes tartes maison et salades, servies dans une salle claire donnant sur Old Street. *Toasties* (sandwichs grillés) et hamburgers figurent toujours au menu, ainsi que des gâteaux et un choix fabuleux de cafés. Quelques tables sont dressées pour manger dehors. Des antivols sont prêtés sur demande pour les vélos.

Shoreditch

OZONE COFFEE ROASTERS CAFÉ £

Plan p. 478 (020-7490 1039 ; www.ozonecoffee.co.uk ; 11 Leonard St, EC2 ; plats 8-15 £ ; 7h-22h lun-ven, 8h30-17h30 sam-dim ; ; Old St). En journée, ce café est fréquenté par des clients du monde de l'art penchés sur leurs ordinateurs et des experts des nouvelles technologies tenant des réunions de travail improvisées sur les banquettes des alcôves. Le café est la raison d'être du lieu (à chaque préparation – *latte*, expresso, café filtre, café pressé, etc. – correspond un mélange ou une origine spécifique), mais on peut aussi commander du vin de Nouvelle-Zélande pour accompagner un risotto ou un poisson du jour.

SMOKING GOAT THAÏLANDAIS ££

Plan p. 478 (www.smokinggoatbar.com ; 64 Shoreditch High St, E1 ; plats 4-29 £ ; 12h-15h et 17h30-23h lun-jeu, 17h30-1h ven-sam, 17h30-23h dim ; Shoreditch High St). Renouvelée au gré des tendances du moment, la carte thaïlandaise moderne du Smoking Goat est excellente. Cadre industriel-chic, avec une cuisine ouverte entourée de murs de brique nue, d'immenses verrières et des planchers d'origine. Les plats sont épicés, et les cocktails de la carte, exquis. Ne manquez pas le poulet fumé aux 5 épices.

ANDINA PÉRUVIEN ££

Plan p. 478 (020-7920 6499 ; www.andinalondon.com ; 1 Redchurch St, E2 ; plats 7-16 £ ; 11h-23h lun-ven, 10h-23h sam-dim ; ; Shoreditch High St). Cet établissement joyeux, aménagé sur deux niveaux à l'angle de la (tendance) Redchurch Street, sert une cuisine de rue péruvienne de qualité. C'est le bon endroit pour goûter au *bistec rio negro* (bœuf mariné aux bananes plantains), au *ceviche* piquant, aux *tamales*

Promenade à pied **Spitalfields et Shoreditch**

DÉPART : MÉTRO LIVERPOOL STREET
ARRIVÉE : MÉTRO OLD STREET
DISTANCE : 2,8 KM ; DURÉE : 1 HEURE 30

Cet itinéraire mène au cœur du quartier historique et cosmopolite de Spitalfields, et va jusqu'à celui, ultratendance, de Shoreditch. Les lieux sont très animés le dimanche, jour de marché, ce qui ralentit la balade. Les autres jours, vous pourrez vous arrêter dans des bars et boutiques.

En sortant du métro, traversez la rue animée de Bishopsgate, tournez à gauche, puis à droite dans 1 **Middlesex Street**. C'est l'ancienne Petticoat ("jupon") Lane, appelée ainsi en référence aux sous-vêtements en dentelles qu'on y vendait. Les autorités, trouvant ce nom trop osé, rebaptisèrent la rue en 1830, en... Middlesex ! Les habitants de l'East End se montrèrent moins prudes, et le marché dominical qui s'y tient depuis plus de 400 ans a conservé son nom.

Prenez à gauche dans Widegate Street et poursuivez dans l'étroite 2 **Artillery Passage**, une jolie ruelle, jalonnée de devantures historiques et de tavernes. De là, tournez à gauche puis à droite pour déboucher dans Gun Street et, tout au bout de la rue, à l' 3 **Old Spitalfields Market** (p. 219).

Entrez dans le marché et tournez à droite dans l'allée couverte bordée de boutiques de souvenirs et de restaurants élégants. On est loin des étals de fruits et légumes qui ont fait la réputation du marché jusqu'en 1991, année ou un "New Spitalfields" ouvrit à Leyton. Continuez au milieu des stands d'artisanat et de vêtements, puis sortez du marché dans Commercial Street.

De l'autre côté de la rue, on trouve le pub 4 **Ten Bells** (p. 218) – tristement célèbre pour avoir été l'un des lieux où Jack l'Éventreur aurait repéré ses victimes – et l'imposante église 5 **Christ Church** (p. 208). Entre les deux, Fournier Street est une rue georgienne bien préservée. Remarquez la numérotation excentrique (11½ Fournier St), et ouvrez l'œil : peut-être

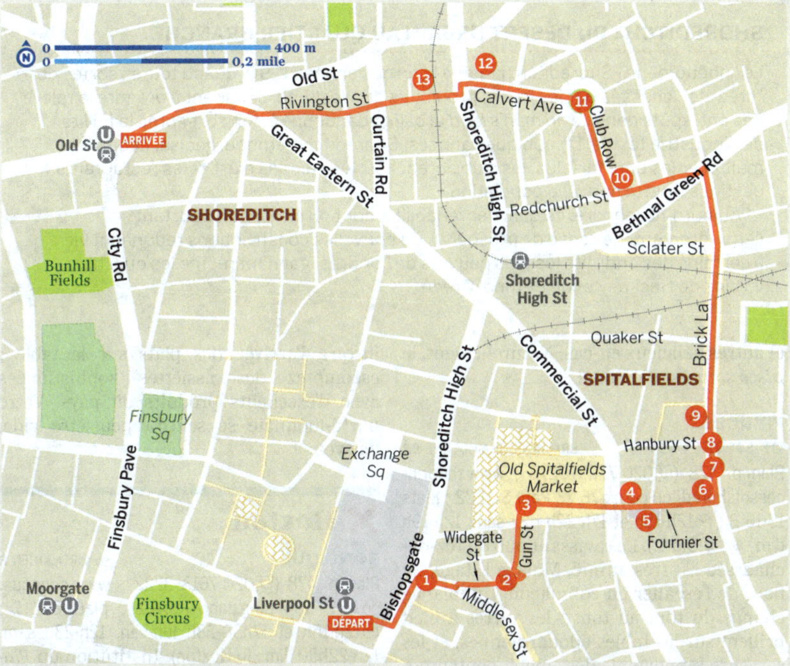

croiserez-vous les artistes Tracey Emin ou Gilbert & George, qui habitent là. Le dernier édifice sur la gauche est la **6 Brick Lane Great Mosque**.

Prenez ensuite à gauche dans l'animation bigarrée de **7 Brick Lane**, une artère étroite, au cœur de "Banglatown", fief d'une communauté bangladaise prospère. En passant devant les *curry houses* (restaurants de currys), attendez-vous à être sollicité par les rabatteurs – sachez que la plupart des restaurants sont très moyens.

Faites halte à l'angle de **8 Hanbury Street** pour admirer les graffitis, puis allez jusqu'à la **9 Old Truman Brewery** (p. 208). Vers le nord, les boutiques de vêtements, les boulangeries juives traditionnelles, les cafés et les bars donnent un tout autre visage à Brick Lane.

Plus haut, aux feux de signalisation, traversez Bethnal Green Road, tournez à gauche, puis à droite dans Redchurch Street : là, bien d'autres boutiques vous attendent. En prenant à droite dans Club Row, repérez la sculpture rouge et noir intitulée **10 Portal**, et dédiée à feu le fils de l'artiste CityZen Kane.

Le Club Row s'achève à l'**11 Arnold Circus**, un rond-point au centre duquel un tertre est coiffé d'un kiosque. Jusqu'en 1891, c'était le cœur de l'ensemble le plus insalubre de Londres, l'Old Nichol Rookery. Lorsqu'il fut démoli, près de 6 000 personnes perdirent leur logement, et beaucoup durent en trouver un tout aussi pauvre plus à l'est. Les gravats des 730 maisons sont sous le kiosque.

Empruntez la troisième rue sur la gauche (Calvert Avenue) et dépassez **12 St Leonard's Church** (vers 1740), de style palladien, pour rejoindre Shoreditch High Street. Tournez à gauche et traversez la rue vers Rivington Street.

Juste après le pont ferroviaire, repérez la porte en fer forgé sur la droite menant au **13 Cargo** (p. 217). À l'intérieur, protégé par du Plexiglas, un graffiti de Banksy représente un vigile tenant un caniche en laisse. Banksy n'est que l'un des nombreux artistes de rue accomplis ayant laissé leur trace à Shoreditch, comme vous le constaterez dans Rivington Street.

Au bout de Rivington Street, tournez à droite dans Great Eastern Street, puis engagez-vous à gauche dans Old Street. Cette rue embouteillée, qui remonterait à l'époque romaine, reste un axe majeur. Vous y verrez bientôt les arches caractéristiques du métro Old Street.

SHOREDITCH : DU DÉSERT URBAIN AU QUARTIER BRANCHÉ

Le "phénomène" Shoreditch naquit à la fin des années 1990, quand toutes sortes de "créatifs", chassés par les loyers prohibitifs du West End, se mirent à prendre la relève des entrepôts dans ce *no man's land* urbain, abandonné à son sort après la faillite de l'industrie textile. En quelques années, Shoreditch s'embourgeoisa, et on vit se multiplier les bars farfelus, les clubs branchés, les galeries d'art et les restaurants destinés à cette nouvelle population.

Aujourd'hui encore, ce quartier réhabilité, dont on annonçait pourtant l'effondrement, ne cesse de prospérer. De nouvelles constructions redonnent vie à certains des endroits les plus pauvres de Londres, gagnant même les quartiers voisins de Hackney et de Bethnal Green.

et autres délicieux en-cas. Naturellement, le *pisco sour* est sublime !

PRINCESS OF SHOREDITCH BRITANNIQUE MODERNE ££

Plan p. 478 (☎020-7729 9270 ; www.theprincessofshoreditch.com ; 76-78 Paul St, EC2 ; plats 13-16 £ ; ⏰12h-15h et 17h-22h mer-sam, 12h-19h dim ; 📶 ; Ⓤ Old St). Le ravissant pub du rez-de-chaussée est très animé. Mais, à l'étage, en haut de l'escalier en colimaçon, l'ambiance change du tout au tout : les verres à pied brillent sur les tables édouardiennes, et les serveurs apportent des mets contemporains très inventifs, privilégiant les produits britanniques haut de gamme.

ALBION BRITANNIQUE ££

Plan p. 478 (☎020-7729 1051 ; boundary.london/albion ; 2-4 Boundary St, E2 ; plats 8-20 £ ; ⏰8h-23h ; 📶👪 ; Ⓤ Shoreditch High St). Les voyageurs voulant à tout prix goûter la cuisine de cette chère *"Old Blighty"* (vieille Angleterre) – le côté gras et bourratif en moins – iront dans ce café savamment rétro pour savourer des saucisses-purée, une tourte au gibier, un *Welsh rarebit* (sorte de toast au fromage fondu), des rognons à la diable, des petits-déjeuners anglais et, bien sûr, des *fish and chips*, le tout d'excellente qualité.

♥ **CLOVE CLUB** GASTRONOMIQUE £££

Plan p. 478 (☎020-7729 6496 ; www.thecloveclub.com ; Shoreditch Town Hall, 380 Old St, EC1 ; déj 65 £, dîner 95-145 £ ; ⏰12h-13h45 mar-sam, 18h-22h30 lun-sam ; ✍ ; Ⓤ Old St). À l'origine humble *supper club* (restaurant chez un particulier) dans un appartement londonien, le Clove Club est devenu cet impressionnant établissement étoilé au Michelin, nommé parmi les meilleurs du monde en 2017. Le menu reste un mystère jusqu'à l'arrivée des plats sur la table ; escomptez des assiettes sophistiquées avec d'excellents produits du pays. Votre porte-monnaie se sentira peut-être vide, pas vous !

Hoxton

SÔNG QUÊ VIETNAMIEN £

Plan p. 478 (☎020-7613 3222 ; www.songque.co.uk ; 134 Kingsland Rd, E2 ; plats 8-11 £ ; ⏰12h-15h et 17h30-23h lun-ven, 12h-23h sam, 12h-22h30 dim ; Ⓤ Hoxton). Institution du *Pho Mile* de Kingsland Rd, ce restaurant sans chichis vert hôpital, rassasie familles vietnamiennes et amateurs londoniens depuis près de 20 ans. La cuisine est parfaite et d'un très bon rapport qualité/prix. Choisissez parmi les deux douzaines de délicieux *phở* et autres plats présentés sur la carte.

GREEN PAPAYA VIETNAMIEN, CHINOIS £

Plan p. 478 (☎020-7729 3657 ; www.green-papaya.com ; 97 Kingsland Rd, E2 ; plats 7-10 £ ; ⏰12h-23h mar-sam, 12h-22h30 dim ; Ⓤ Hoxton). La concurrence est rude le long du *Pho Mile* de Hoxton, mais si vous n'arrivez pas à choisir, Green Papaya offre le meilleur de deux mondes, avec à la carte des plats roboratifs vietnamien et Xi'annais. Le poulpe croustillant est un favori dans le quartier, et la tentation est forte de renoncer au *phở* pour les nouilles Xi'annaises roulées à la main.

MEATMISSION BURGERS £

Plan p. 478 (☎020-7739 8212 ; www.meatliquor.com/restaurant/meatmission ; 15 Hoxton Market, N1 ; burgers 6-10 £ ; ⏰12h-minuit lun-sam, 12h-23h dim ; Ⓤ Old St). Ce temple du burger a pris ses quartiers dans l'ancienne Mission chrétienne de Hoxton Market – on y trouve même des vitraux et un mémorial de guerre.

Le service se fait sur de grandes feuilles de papier cuisson argenté géant, sous l'œil attentif de la Providence, peint au plafond. Le "Dead Hippie" est sans doute l'un des meilleurs burgers de Londres.

Spitalfields

BOILER HOUSE FOOD HALL MARCHÉ £

Plan p. 478 (www.theboilerhouse.org/conscious-market ; Old Truman Brewery, 152 Brick Lane, E1 ; plats 5-12 £ ; 11h-18h sam-dim ; ; Shoreditch High St). Plus de 50 stands de cuisine végétarienne et de commerces éthiques s'installent, le week-end, sous le haut plafond de la chaufferie de l'Old Truman Brewery. Grignotez "ailerons" de chou-fleur, hot-dogs végétaliens, sandwichs au seitan grillé ou "tofish" & chips.

BEIGEL BAKE BOULANGERIE £

Plan p. 478 (071 729 0616 ; 159 Brick Lane, E1 ; bagels garnis 1-5 £ ; 24h/24 ; Shoreditch High St). Ce vestige de l'East End juif sert, à toute heure, des bagels maison incroyablement bon marché (garnis de saumon fumé, de *cream cheese*, de corned-beef et de cornichons, plus quelques autres garnitures). Il y a invariablement la queue, mais le service est rapide, quoique brusque.

GUNPOWDER INDIEN £

Plan p. 478 (020-7426 0542 ; www.gunpowderlondon.com ; 11 White's Row, E1 ; plats 5-15 £ ; 12h-15h et 17h30-22h30 lun-sam ; ; Liverpool St ou Aldgate East). En pénétrant dans ce minuscule restaurant indien, on est saisi par les arômes délicieux des épices et de l'encens. La cuisine est inspirée de recettes familiales : les petites assiettes sont conçues pour être partagées. Chacune dévoile des saveurs exquises (et parfois brûlantes !).

SOM SAA THAÏLANDAIS ££

Plan p. 478 (020-7324 7790 ; www.somsaa.com ; 43a Commercial St, E1 ; plats 8-19 £ ; 18h-22h30 lun, 12h-14h30 et 18h-22h30 mar-sam ; Aldgate East). Som Saa est si prisé qu'il a levé 700 000 £ de financement participatif pour ouvrir son premier restaurant permanent, dans cet ancien entrepôt de tissus. La carte s'est élargie, mais reste centrée sur les authentiques currys, grillades, salades et plats sautés. Faites comme vos voisins et prenez le plat vedette, le *nahm dtok pla thort* (bar entier frit).

POPPIE'S FISH AND CHIPS ££

Plan p. 478 (020-7247 0892 ; www.poppiesfishandchips.co.uk ; 6-8 Hanbury St, E1 ; plats 12-17 £ ; 11h-23h lun-sam, 11h-22h30 dim ; Liverpool St). Reconstitution parfaite d'un *chippy* (restaurant de *fish and chips*) typique de l'East End des années 1950 (décoration d'époque, tabliers et filets à cheveux pour les serveuses), le Poppie's sert, outre les fameux poissons, des plats londoniens d'autrefois, comme les anguilles en gelée et la purée de petits pois, et des desserts très gourmands que les enfants adorent (*sticky toffee pudding*, tourte aux pommes avec de la glace). Carte des vins.

GALVIN LA CHAPELLE FRANÇAIS £££

Plan p. 478 (020-7299 0400 ; www.galvinrestaurants.com ; 35 Spital Sq, E1 ; plats 32-43 £ ; 12h-14h30 et 18h-22h30 lun-sam, jusqu'à 21h30 dim ; ; Liverpool St). L'ambiance est à un raffinement suprême dans cette somptueuse salle de restaurant victorienne, aux serveurs en nœud papillon et gilet, accueillant des clients très fortunés. La carte étoilée au Michelin affiche une cuisine française traditionnelle agrémentée de nombreuses touches contemporaines. Un menu d'un bon rapport qualité/prix est servi en début de soirée.

HAWKSMOOR SPITALFIELDS BRITANNIQUE £££

Plan p. 478 (020-7426 4850 ; www.thehawksmoor.com ; 157a Commercial St, E1 ; plats 15-60 £ ; 12h-15h et 17h-22h30 lun-ven, 12h-22h30 sam, 12h-21h dim ; ; Shoreditch High St). Il est facile de passer devant le Hawksmoor sans le voir, avec son enseigne discrète et ses briques noires. Pour les amateurs de viande, l'adresse vaut pourtant le détour. Le décor est raffiné : bois sombre et rideaux de velours. Un cadre parfait pour se régaler de ce qui se fait de mieux en boucherie anglaise ! Les *Sunday roasts* (rôtis du dimanche, 22 £) sont légendaires, mais Hawksmoor propose surtout l'un des meilleurs steaks de Londres.

WRIGHT BROTHERS POISSON, FRUITS DE MER £££

Plan p. 478 (020-7324 7730 ; thewrightbrothers.co.uk ; 8a Lamb St, E1 ; plats 19-65 £ ; 12h-22h30 lun-sam, 12h-21h dim ; Liverpool St). Chez les frères Wright, l'huître est à l'honneur : l'enseigne gère l'élevage du duché de Cornouailles, propriété du prince Charles. Ce bar chic sert donc des huîtres toutes fraîches, ainsi que des plats de poisson délicatement élaborés et des cocktails exquis, le tout en lisière du marché de Spitalfields.

OÙ PRENDRE UN VERRE ET FAIRE LA FÊTE

Shoreditch est le quartier phare de la vie nocturne londonienne : des dizaines de bars, de clubs et de pubs ouvrent leurs portes presque chaque soir (jusqu'à l'aube le week-end) et l'ambiance peut devenir assez survoltée. Clerkenwell, plus tranquille, joue la carte des jolis pubs historiques et des bons bars à cocktails. Spitalfields se situe entre ces deux extrêmes, avec une clientèle de professionnels de la City en semaine et d'amateurs de marchés le week-end.

Clerkenwell

ZETTER TOWNHOUSE COCKTAIL LOUNGE — BAR À COCKTAILS

Plan p. 478 (☎020-7324 4545 ; www.thezettertownhouse.com ; 49-50 St John's Sq, EC1 ; ⊙7h-minuit dim-mer, 7h-1h jeu-sam ; 📶 ; Ⓤ Farringdon). Derrière une porte quelconque sur St John's Square, ce bar en rez-de-chaussée affiche une décoration insolite : sièges en peluche, têtes d'animaux empaillés et pléthore de lampes. La carte des cocktails est inspirée de l'histoire des distilleries du quartier. Ingrédients maison et recettes d'autrefois, comme la liqueur d'ortie.

JERUSALEM TAVERN — PUB

Plan p. 478 (☎020-7490 4281 ; www.stpetersbrewery.co.uk ; 55 Britton St, EC1 ; ⊙12h-23h lun-ven ; Ⓤ Farringdon). Dans un bâtiment de 1720, ce petit pub plein de cachet avec ses boiseries, sa porcelaine de Delft et ses peintures éraflées est le seul endroit de Londres où on trouvera les excellentes bières de St Peter's Brewery (Suffolk). Attention : les places sont limitées et le lieu est très prisé. Venez tôt pour obtenir les "chaires" surélevées, mais vous serez plus probablement relégué dans la rue pour cause de trop-plein.

YE OLDE MITRE — PUB

Plan p. 478 (www.yeoldemitreholborn.co.uk ; 1 Ely Ct, EC1 ; ⊙11h-23h lun-ven ; 📶 ; Ⓤ Farringdon). Ce pub historique et chaleureux, riche d'une longue carte de bières, est dissimulé dans une ruelle en retrait de Hatton Garden. Il occupe un bâtiment de 1546, construit pour les domestiques d'Ely Palace, résidence londonienne des évêques du diocèse d'Ely. Pas de musique ici, juste le faible murmure des conversations. On raconte que la reine Élisabeth Ire aurait dansé autour du cerisier qui se dressait près du bar.

FABRIC — CLUB

Plan p. 478 (☎020-7336 8898 ; www.fabriclondon.com ; 77a Charterhouse Street, EC1 ; ⊙23h-7h ven, 23h-8h sam, 23h-5h30 dim ; Ⓤ Farringdon). Roi des fins de nuits londoniennes, le Fabric est une immense caverne souterraine aménagée dans d'anciennes chambres froides. Chaque salle a sa propre sono, que vous ressentirez vraiment dans la Room One : la piste "bodysonic" est reliée à 450 caissons émettant des basses fréquences à tel point que les muscles vibrent même sans bouger.

Après sa fermeture temporaire en 2016 en raison de décès liés à la drogue, le club opère une sélection très stricte à l'entrée (il faut avoir plus de 19 ans et présenter des documents d'identité officiels) et applique une tolérance zéro en matière de consommation de stupéfiants.

Hélas ! il y a un minimum de 15 £ si vous payez vos consommations par carte. Prenez des espèces.

CAFÉ KICK — BAR

Plan p. 478 (☎020-7837 8077 ; www.cafekick.co.uk ; 43 Exmouth Market, EC1 ; ⊙11h-23h lun-jeu, 11h-minuit ven-sam, 12h-22h30 dim ; Ⓤ Farringdon ou Angel). Bar sobrement décoré dont l'ambiance évoque les bars d'Europe continentale. L'action se concentre sur les quelques baby-foot. Vous pourrez suivre de nombreux sports sur l'un des nombreux écrans de TV.

BOUNCE — BAR

Plan p. 478 (www.bouncepingpong.com/farringdon ; 121 Holborn, EC1 ; à partir de 6 £/pers ; ⊙17h-23h lun-mar, 17h-minuit mer, 17h-1h jeu, 12h-1h ven-sam, 12h-23h dim ; Ⓤ Chancery Lane). Ce bar à cocktails en sous-sol de Holborn, décoré dans le style des années 1950, serait situé exactement à l'endroit où fut inventé le tennis de table. Parmi ses 17 tables de ping-pong, regroupées à une extrémité de la salle, l'une servit lors des Jeux olympiques de 2012. Un restaurant italien occupe l'autre extrémité.

FOX & ANCHOR — PUB

Plan p. 478 (☎020-7250 1300 ; www.foxandanchor.com ; 115 Charterhouse St, EC1 ; ⊙7h-23h lun-ven, 8h30-23h sam, 11h-23h dim ; ; Barbican). Derrière sa superbe façade Art nouveau de 1898, le Fox & Anchor est un splendide pub victorien traditionnel. C'est aussi l'un des derniers pubs de marché de Londres à pouvoir servir de l'alcool avant 11h. Tirant profit de sa proximité avec le Smithfield Market, il sert une cuisine qui fait la part belle à la viande. Les plus affamés choisiront le très copieux City Boy Breakfast (19,50 £).

VINOTECA BAR À VINS

Plan p. 478 (020-7253 8786 ; www.vinoteca.co.uk ; 7 St John St, EC1 ; 12h-23h lun-sam ; ; Farringdon). Avec son décor en chêne sobre et élégant, son immense carte des vins et son service agréable (sans oublier sa bonne cuisine), cette adresse attire les cols blancs de la City et les créatifs du quartier. La nourriture est bonne, et tous les vins servis ici sont également vendus dans la boutique.

Old Street

NIGHTJAR BAR À COCKTAILS

Plan p. 478 (020-7253 4101 ; www.barnightjar.com ; 129 City Rd, EC1V ; concerts 5-8 £ ; 18h-1h dim-mer, 18h-2h jeu, 18h-3h ven-sam ; Old St). Derrière une porte quelconque à bouton doré, juste au nord de l'ancien rond-point d'Old Street, voici un "vrai" bar clandestin, primé, avec une carte en 4 parties retraçant l'évolution des cocktails. Banquettes en cuir, box aux parois de brique et vitrines Art déco garnies d'alcools millésimés forment le cadre idéal pour les groupes de jazz et de blues qui montent sur scène chaque soir à 21h30.

La carte est longue, avec des cocktails pour tous les goûts. Mais, si vous rêvez d'autre chose, les mixologues experts vous concocteront un cocktail à votre goût. Très fort, le "barrel-aged zombie", avec 4 types de rhum, absinthe, cognac, jus d'ananas frais et une tranche de gâteau imbibée, vous fera vite tituber – mais la cuisine de rue asiatique servie jusqu'à 23h devrait vous requinquer. Service à table uniquement, tenue élégante et réservation.

GIBSON BAR À COCKTAILS

Plan p. 478 (020-7608 2774 ; www.thegibsonbar.london ; 44 Old St, EC1 ; 17h-1h lun-jeu, 17h-2h ven-sam, 13h-22h30 dim ; Old St). Gibson est une aventure en soi. La carte des cocktails suit le calendrier mois par mois, et c'est vous qui choisissez votre saison. Huile de chanvre et gelée de cannabis pour oublier février, peut-être, peau d'ananas flambée ou mezcal fumé et bonbon pétillant pour réchauffer votre été ?

Les contenants sont aussi beaux et loufoques que le contenu. Le lieu est tout petit : réservez votre table.

Hoxton

GLORY GAY ET LESBIEN

Plan p. 478 (020-7684 0794 ; www.theglory.co ; 281 Kingsland Rd E2 ; 17h-minuit lun-jeu, 17h-2h ven-sam, 13h-23h dim ; Haggerston). Un personnel charmant a repris ce pub d'angle chaleureux et l'a transformé en l'un des cabarets gays les plus emblématiques de Londres. Commandez un cocktail Twink in Pink ou un Schlong Island Iced Tea et attendez-vous à une bonne dose de folie. Ouvert à tous les genres.

HAPPINESS FORGETS BAR À COCKTAILS

Plan p. 478 (www.happinessforgets.com ; 8-9 Hoxton Sq, N1 ; 17h-23h ; ; Old St). Ce bar tamisé en sous-sol propose des cocktails à prix doux dans un cadre intimiste et décontracté, aux serveurs arborant chemise blanche et bretelles colorées. On s'y attarde volontiers. Mieux vaut réserver. Repérez le Petit Pois Bistro dans la rue et descendez l'escalier.

BRIDGE BAR

Plan p. 478 (020-3489 2216 ; 15 Kingsland Rd, E2 ; 12h-2h30 ; Hoxton). S'il ne paie pas de mine de l'extérieur, ce café-bar, inspiré de la Méditerranée orientale, évoque, à l'intérieur, une grotte d'Ali Baba. L'étage est délicieusement décadent. On y tient salon en sirotant une boisson corsée (café ou alcool fort), accompagnée d'un baklava.

RED LION PUB

Plan p. 478 (www.redlionhoxton.co.uk ; 41 Hoxton St, N1 ; 12h-23h ; ; Old St). Juste suffisamment éloigné de Hoxton Square pour échapper aux foules du week-end, le Red Lion baigne dans une ambiance de pub de quartier. Mais Hoxton reste Hoxton, et la clientèle locale est tout sauf prévisible. L'établissement est aménagé sur 4 niveaux et son principal atout est son toit-terrasse.

Shoreditch

MIKKELLER BAR LONDON BIÈRE ARTISANALE
Plan p. 478 (www.mikkeller.com ; 2-4 Hackney Rd, E2 ; ⏲12h-22h30 lun-jeu, 12h-23h30 ven-sam, 12h-10 dim ; Ⓤ Shoreditch High St ou Old St). Quand bien même la célèbre microbrasserie danoise est réputée pour ses collaborations, celle-ci se distingue du lot. Mikkeller a en effet croisé le musicien Rick Astley sur un projet précédent, et ils se sont unis pour ouvrir le premier bar Mikkeller du pays. Au décor scandinave-chic, s'ajoutent les paroles de chansons d'Astley, gravées sur les plaques dorées des tables et du bar.

QUEEN OF HOXTON BAR
Plan p. 478 (☎020-7422 0958 ; www.queenofhoxton.com ; 1 Curtain Rd, EC2 ; ⏲16h-minuit lun-mer, 16h-2h jeu-sam ; 📶 ; Ⓤ Liverpool St). Ce bar au style industriel chic, équipé d'une salle de jeux, propose une programmation musicale variée au sous-sol (hip-hop, karaoké ou improvisations d'ukulélé). Le grand toit-terrasse, joliment décoré de fleurs et de guirlandes, compte même un wigwam ! La vue sur la ville est exceptionnelle.

BLACK ROCK BAR
Plan p. 478 (☎020-7247 4580 ; www.blackrock.bar ; 9 Christopher St, EC2 ; ⏲17h-minuit lun-mer, 17h-1h jeu, 17h-2h ven-sam ; Ⓤ Moorgate ou Liverpool St). Le whisky ne pousse pas sur les arbres mais, au Black Rock, il mûrit *dans* un arbre. Le clou de ce petit bar est un tronçon de chêne presque bicentenaire long de 5 m. Coupé dans le sens de la longueur, il a été creusé de sorte à y faire couler deux rigoles de whisky qui effectue sa maturation à même le bois. On le tire ensuite par les robinets fichés au bout du tronc.

SHOREDITCH GRIND CAFÉ
Plan p. 478 (☎020-7490 7490 ; www.grind.co.uk ; 213 Old St, EC1 ; ⏲7h-23h lun-jeu, 7h-1h ven-sam, 9h-19h dim ; 📶 ; Ⓤ Old St). Dans un beau petit bâtiment rond, ce café branché sert un très bon café, des petits-déjeuners (jusqu'à 17h, et toute la journée le week-end), puis, le soir venu, des pizzas rustiques et des cocktails. Prenez place à la fenêtre et regardez passer les *hipsters*.

BALLIE BALLERSON BAR
Plan p. 478 (☎020-3950 2424 ; www.ballieballerson.com ; 97-113 Curtain Rd, EC2 ; entrée à partir de 6 £, cocktails à partir de 9 £ ; ⏲18h-23h mar-mer, 18h-minuit jeu, 18h-2h ven, 12h-2h sam, 14h30-23h dim ; Ⓤ Shoreditch High St). Comme son nom l'indique, le Ballie Ballerson a pour thème les balles. Et l'alcool, servi sous forme de cocktails. Revenons aux balles... Deux fosses géantes sont remplies de balles, plus d'un million dit-on (on veut bien le croire) ; quant à la fosse "VIP", elle contient des balles dorées.

XOYO CLUB
Plan p. 478 (☎020-7608 2878 ; www.xoyo.co.uk ; 32-37 Cowper St, EC2 ; ⏲21h30-tard ven-sam ; Ⓤ Old St). Cette salle en sous-sol minimaliste de Shoreditch allie soirées concerts et club. Les DJ résidents y jouent en rotation des sets indé, hip-hop, électro, drum and bass et dubstep. Des billets sont parfois en vente à l'entrée, mais mieux vaut consulter le programme des concerts en ligne et réserver.

SHOREDITCH SKY TERRACE BAR
Plan p. 478 (☎020-3310 5555 ; www.shoreditch.courthouse-hotel.com ; 335-337 Old St, EC1 ; ⏲16h-minuit mai-oct ; 📶 ; Ⓤ Old St). Situé sur le toit du Courthouse Hotel, un édifice classé du centre de Shoreditch, ce bar jouit d'une vue fabuleuse sur Londres. En semaine, c'est l'endroit idéal pour un rendez-vous galant – l'ambiance est animée, mais les tables sont suffisamment espacées pour préserver l'intimité. Le bar se mue en lieu de fête le week-end, animé par des DJ.

BAR KICK BAR
Plan p. 478 (☎020-7739 8700 ; www.barkicklondon.com ; 127 Shoreditch High St, E1 ; ⏲11h-23h lun-mer, 11h-minuit jeu-sam, 11h-22h30 dim ; 📶 ; Ⓤ Shoreditch High St). Son ambiance animée fait du Bar Kick un endroit agréable où suivre les grands matchs de football. Le rez-de-chaussée, décoré de drapeaux, compte 4 baby-foot. En bas, on trouve des canapés en cuir et des tables. Quelques tables sont aussi disposées sur le trottoir. Généreux happy hours de 16h à 19h.

OLD STREET RECORDS BAR
Plan p. 478 (☎020-3006 5911 ; www.oldstreetrecords.com ; 350-354 Old St, EC1 ; ⏲8h-1h lun-mer, 8h-2h jeu-sam, 8h-17h dim ; Ⓤ Old St). Ce bar musical spacieux au cœur de Shoreditch est devenu une institution locale. Des concerts jazz, soul, funk ou rock ont lieu 6 soirs par semaine. Délicieuses pizzas maison. Happy hour de 17h à 20h.

OLD BLUE LAST PUB

Plan p. 478 (www.theoldbluelast.com ; 38 Great Eastern St, EC2 ; 12h-minuit dim-jeu, 12h-1h ven-sam ; ; Old St). Ce vieux pub, qui séduit les jeunes branchés, doit son succès au magazine *Vice*, bible de la branchitude et propriétaire des lieux. Il organise des soirées parmi les meilleures de Shoreditch, et de nombreux concerts.

CALLOOH CALLAY BAR À COCKTAILS

Plan p. 478 (020-7739 4781 ; www.callooh-callaybar.com ; 65 Rivington St, EC2 ; 18h-1h ; Old St, Shoreditch High St). Tirant son inspiration de *Jabberwocky*, le poème loufoque de Lewis Carroll, le décor excentrique de ce bar élégant et cosy n'étonnera pas. Les très bons cocktails l'ont fait classer 4 fois parmi les "50 meilleurs bars du monde". Ici, *Through the Looking Glass* (*De l'autre côté du miroir*) n'est pas qu'un roman de l'auteur d'Alice ; essayez et vous verrez.

Sympathisez avec le personnel, ou demandez votre carte de membre (gratuite) pour accéder au club privé à l'étage, **JubJub**.

DREAM BAGS JAGUARSHOES BAR, DJ

Plan p. 478 (020-7683 0912 ; www.jaguarshoes.com ; 32-36 Kingsland Rd, E2 ; 12h-1h lun-sam, 12h-minuit dim ; ; Hoxton). Ce bar porte le nom des deux anciennes boutiques (de sacs et de chaussures) dont il occupe aujourd'hui les locaux (comme l'attestent les enseignes, gardées en place). La salle au rez-de-chaussée est équipée de tables en Formica et décorée d'œuvres d'art. Les DJ se mettent aux platines le week-end dans un espace plus grand, au sous-sol.

BOOK CLUB BAR

Plan p. 478 (www.wearetbc.com ; 100-106 Leonard St ; 8h30-minuit lun-mer, 8h30-2h jeu, 8h30-3h ven, 10h-3h sam, 10h-minuit dim ; Old St). Un ancien entrepôt victorien où l'ambiance est à la création. Book Club accueille DJ et événements originaux (peintures corporelles sensibles aux UV, rencontres minute (*speed dating*), "histoires pour s'endormir à la fin du monde" ou "club des films nuls") pour accompagner alcool, ping-pong et billard débridés. On y sert à manger toute la journée. Bar au sous-sol.

BREWDOG SHOREDITCH BIÈRE ARTISANALE

Plan p. 478 (020-7729 8476 ; www.brewdog.com/bars/uk/shoreditch ; 51 Bethnal Green Rd, E1 ; 12h-minuit lun-jeu et dim, 12h-2h ven-sam ; ; Shoreditch High St). Ce petit bar est un paradis pour amateurs de bière artisanale, avec les productions classiques de BrewDog à la pression comme Punk IPA et Dead Pony Club, plus quelques bières expérimentales de la maison et des invitées du monde entier. Pour qui souhaite autre chose, il y a des bières en bouteille au frais. Prenez place dans un des box du sous-sol, luxueux et peu connus.

CARGO CLUB

Plan p. 478 (www.cargo-london.com ; 83 Rivington St, EC2 ; 12h-1h dim-mer, 12h-3h jeu-ven, 12h-minuit sam ; Shoreditch High St). Cargo a connu des jours meilleurs mais la foule est toujours au rendez-vous plusieurs fois par semaine. Sous ses voûtes de chemin de fer en brique, on trouve une piste de danse et un bar. La terrasse extérieure est ornée de deux pochoirs de Banksy. Gardez à l'esprit que les consommations peuvent être hors de prix, et l'entrée chère quand il y a du monde.

HORSE & GROOM PUB, CLUB

Plan p. 478 (www.thehorseandgroom.net ; 28 Curtain Rd, EC2 ; 11h30-23h lun-mer, 11h30-2h jeu, 11h30-4h ven, 18h-4h sam ; Shoreditch High St). Surnommé le "disco pub", cette adresse décontractée compte deux salles pour des soirées hédonistes au son de la house, du funk, de la soul et, bien sûr, du disco. En matière de divertissement, le lieu a une longue histoire : des archéologues ont découvert, sous les toilettes des dames, les vestiges du théâtre où Shakespeare a donné la première de *Roméo et Juliette* et d'*Henri V*.

Spitalfields

DISCOUNT SUIT COMPANY BAR À COCKTAILS

Plan p. 478 (020-7247 8755 ; www.discountsuitcompany.co.uk ; 29a Wentworth St, E1 ; 17h-minuit lun-jeu, 14h-1h ven-sam, 17h-23h dim ; Aldgate East). Caché comme une couture invisible, le Discount Suit Company est l'un des meilleurs bars "clandestins" de Londres, mais vous verrez le week-end que ce lieu minuscule n'a rien de secret. On crée derrière le bar, ancienne réserve de la boutique de costumes du dessus, des cocktails excellents et abordables, une rareté dans le quartier. Personnel charmant et mixologues portés à innover complètent le tableau.

Cherchez les enseignes "City Wear" à l'angle de Wentworth St et Bell Lane.

MAYOR OF SCAREDY CAT TOWN — BAR

Plan p. 478 (www.themayorofscaredycattown.com ; 12-16 Artillery Lane, E1 ; 17h-minuit lun-jeu, 15h-minuit ven, 12h-minuit sam, 12h-22h30 dim ; Liverpool St). L'impertinence rafraîchissante de ce repaire au décor de brique et de bois, dissimulé au sous-sol, change des bars à cocktails élégants qui se prennent un peu trop au sérieux. On entre par la porte de frigo rétro, située dans le café Breakfast Club. Donnez le mot de passe (demandez à voir le maire de "Scaredy Cat Town", qui signifie "la ville des chats échaudés") et on vous laissera passer. Cocktails entre 9 et 11 £.

♥ COCKTAIL TRADING CO — BAR À COCKTAILS

Plan p. 478 (020-7427 6097 ; www.thecocktailtradingco.co.uk ; 68 Bethnal Green Rd, E1 ; 17h-23h30 lun-mer, 17h-minuit jeu-ven, 14h-minuit sam, 14h-22h30 dim ; Shoreditch High St). Dans un quartier connu pour sa culture avant-gardiste et rebelle, ce délicieux bar se distingue par son élégance et ses cocktails élaborés avec un art consommé – tant du point de vue des saveurs que de la présentation : bouteilles dans des enveloppes, glaçons aussi gros qu'un Rubik's Cube, timbales colorées... Côté déco, l'intérieur fait penser à un *gentlemen's club* de l'ère coloniale, en plus chaleureux.

NUDE ESPRESSO — CAFÉ

Plan p. 478 (www.nudeespresso.com ; 26 Hanbury St, E1 ; 8h-17h lun-ven, 9h30-17h sam-dim ; Shoreditch High St). Dans ce lieu simple et confortable, on sert de très bons cafés – les grains sont torréfiés en face. Outre les options usuelles, on y propose, en rotation, des cafés d'appellation, des infusions lentes et des mélanges à base d'expresso. Ajoutez-y un dessert ou un brunch complet (jusqu'à 14h30 en semaine, 15h le week-end) pour recharger vos batteries après une séance de lèche-vitrines sur Brick Lane.

GOLDEN HEART — PUB

Plan p. 478 (110 Commercial St, E1 ; 11h-minuit dim-mer, 11h-2h jeu-sam ; Shoreditch High St). Une clientèle résolument bohème afflue dans ce pub traditionnel de Spitalfields. Ce chaleureux établissement est connu pour être le rendez-vous de la crème du monde artistique londonien, mais nous avons surtout aimé discuter avec Sandra, la célèbre propriétaire, qui parle avec tout le monde.

TEN BELLS — PUB

Plan p. 478 (www.tenbells.com ; 84 Commercial St, E1 ; 12h-minuit dim-mer, 12h-1h jeu-sam ; ; Shoreditch High St). Ce célèbre pub victorien doté de grandes fenêtres et de beaux carreaux de céramique est une adresse idéale pour déguster une bière après avoir exploré Spitalfields Market. C'est un établissement notoirement associé à Jack l'Éventreur, puisqu'il fut fréquenté par sa dernière victime, qui n'en sortit que pour connaître une fin atroce. Carte de gins ; *pork scratchings* (grattons croustillants) et tourte du jour offerts.

93 FEET EAST — BAR

Plan p. 478 (www.93feeteast.co.uk ; 150 Brick Lane, E1 ; 18h-23h jeu, 18h-1h ven-sam, 15h-22h30 dim ; Shoreditch High St). Associé à l'ensemble de l'Old Truman Brewery (p. 208), cet établissement comporte une cour, deux grandes salles et une terrasse prise d'assaut par la clientèle branchée les après-midi ensoleillés. DJ et nombreux concerts.

☆ OÙ SORTIR

SADLER'S WELLS — DANSE

Plan p. 478 (020-7863 8000 ; www.sadlerswells.com ; Rosebery Ave, EC1 ; Angel). Toute moderne et clinquante qu'elle soit, cette salle fut fondée en 1683. Il s'agit de la scène de danse contemporaine et de ballets la plus éclectique de Londres, et l'on peut y voir toutes sortes de danses expérimentales du monde entier. Le Lilian Baylis Studio accueille des productions plus modestes.

RICH MIX — CENTRE CULTUREL

Plan p. 478 (020-7613 7498 ; www.richmix.org.uk ; 35-47 Bethnal Green Rd, E1 ; 9h-23h lun-ven, 10h-23h sam-dim ; Shoreditch High St). Fondé en 2006 dans une usine textile reconvertie, ce centre culturel sans but lucratif comprend 3 salles de cinéma, un bar et un théâtre. Les projections vont du film grand public au festival de films obscurs. Quant aux spectacles, ils ne sont pas moins éclectiques, entre *spoken word*, concerts ou comiques. Le centre est ouvert tous les jours de l'année, sauf à Noël.

CAFÉ 1001 MUSIQUE, SPECTACLES

Plan p. 478 (020-7247 6166 ; www.cafe1001.co.uk ; 91 Brick Lane, E1 ; 6h-minuit ; ; Liverpool St). Vaste café très prisé proposant des grillades et des pâtisseries, avec un lounge où s'attarder en journée. Le soir, des événements variés sont programmés sur deux scènes (DJ, concerts, soirées amateurs, *spoken word*, etc.). Bondé le week-end.

SHOPPING

Le secteur est idéal pour dénicher des articles signés de jeunes talents prometteurs, que ce soit dans les excellentes boutiques ou sur les étals des marchés. On y trouve aussi de nombreux magasins d'articles vintage. Nombre d'enseignes se concentrent dans Brick Lane et aux alentours, en particulier dans Cheshire Street, dans Hanbury Street et à l'Old Truman Brewery. Clerkenwell est surtout réputé pour ses bijoux et pour le travail de ses artisans.

SUNDAY UPMARKET MARCHÉ

Plan p. 478 (020-7770 6028 ; www.sundayupmarket.co.uk ; Old Truman Brewery, 91 Brick Lane, E1 ; 11h-17h30 sam, 10h-18h dim ; Shoreditch High St). Les samedis et dimanches, le Sunday UpMarket investit les beaux bâtiments de brique de l'Old Truman Brewery (p. 208), des deux côtés de Brick Lane, entre Hanbury Street et Buxton Street. Chineurs, *fashionistas* et gastronomes y passeront des heures : c'est un lieu animé où s'occuper, le week-end, même s'il peut être terriblement bondé.

On trouvera de quoi très bien manger dans le bâtiment à baies vitrées à l'angle de Brick Lane et Hanbury St, au-dessus d'un grand marché du vintage. Brocante et accessoires de mode sont aux Tea Rooms (p. 220) et au Backyard Market (p. 220). Cerise sur le gâteau, si vous avez encore faim : le Boiler House Food Hall (p. 213).

INSPITALFIELDS CADEAUX ET SOUVENIRS

Plan p. 478 (020-7247 2477 ; www.inspitalfields.co.uk ; Old Spitalfields Market, 13 Lamb St, E1 ; 10h-19h ; Aldgate East ou Liverpool St). C'est ici qu'on trouvera le crâne de T-rex ou le papier cadeau imprimé d'avocats dont on ignorait avoir besoin. On est ici partagé entre l'amusement et la fascination. Il s'y vend par ailleurs des souvenirs de Londres plutôt de bon goût.

AIDA MODE ET ACCESSOIRES

Plan p. 478 (020-7739 2011 ; www.aidashoreditch.co.uk ; 133 Shoreditch High St, E1 ; 10h30-19h lun-sam, 12h-18h dim ; Shoreditch High St). Murs de brique, mobilier minimaliste en bois et métal et plantes en pot, pour la touche de vert, participent du plaisir que l'on a à fouiner dans cette boutique. Marques indépendantes sous toutes leurs formes – vêtements pour femmes, pour hommes, chaussures et accessoires – plus objets de maison, livres, parfums et produits de beauté se découvrent encore mieux avec un café, jus de fruits ou *latte* (essayez celui à la rose) pris au **café** de la boutique.

ROUGH TRADE EAST MUSIQUE

Plan p. 478 (020-7392 7788 ; www.roughtrade.com ; Old Truman Brewery, 91 Brick Lane, E1 ; 9h-21h lun-jeu, 9h-20h ven, 10h-20h sam, 11h-19h dim ; Shoreditch High St). Bien qu'il n'ait plus de lien direct avec le label légendaire Rough Trade (qui a notamment travaillé avec des artistes comme The Smiths, The Libertines ou The Strokes), ce gigantesque magasin de disques reste le meilleur pour la musique indé, soul, électro et alternative. En plus d'une impressionnante collection de CD et de vinyles, il possède un café et accueille concerts et séances de dédicace.

OLD SPITALFIELDS MARKET MARCHÉ

Plan p. 478 (www.oldspitalfieldsmarket.com ; Commercial St, E1 ; 10h-20h lun-ven, 10h-18h sam, 10h-17h dim ; Liverpool St, Shoreditch High St ou Aldgate East). L'un des meilleurs marchés de Londres, ouvert depuis 1638. Très animé le dimanche ; le jeudi est le jour des antiquités, les caisses de vinyles occupent les lieux un vendredi sur deux. Le marché a relevé son niveau gastronomique avec **Kitchens**, 10 stands d'alimentation qui offrent une solution autre que les restaurants de chaînes, souvent sans intérêt, des abords du marché.

De grands noms de la cuisine de rue d'East London s'y sont installés : ne manquez pas les *bao* de **Yum Bun**, les sandwichs au pastrami de **Monty's Deli** ou les *shengjianbao* (soupe aux raviolis frits) de **Dumpling Shack**.

UN DIMANCHE AU MARCHÉ

Le dimanche, les marchés sont légion dans l'East End. Pour les passer en revue, commencez, par exemple, par le marché aux fleurs de Columbia Road (p. 225) dans East London, avant de vous rendre, via Brick Lane et son Sunday UpMarket (p. 219) au sud, en direction de l'Old Spitalfields Market (p. 219).

BRICK LANE VINTAGE MARKET — VINTAGE

Plan p. 478 (020-7770 6028 ; www.vintage-market.co.uk ; Old Truman Brewery, 85 Brick Lane, E1 ; 11h-18h lun-sam, 10h-18h dim ; Shoreditch High St). En sous-sol, ce bazar de la mode est un océan de vêtements vintage, des années 1920 à 1990, avec quelques stands de vinyles dans un coin. Les stands sont loués et tenus séparément : n'oubliez pas de payer vos emplettes avant de passer au suivant. Le week-end, il faut parfois jouer des coudes.

PAM PAM — CHAUSSURES

Plan p. 478 (020-3601 7860 ; www.pampamlondon.com ; 129 Bethnal Green Rd, E2 ; 11h-18h30 lun-mer et ven, 11h-19h jeu, 12h-17h dim ; Shoreditch High St). Cette boutique tenue par des femmes est la première du pays à avoir proposé des modèles de baskets haut de gamme, uniquement féminins. En plus des éditions limitées et des sorties particulières (annoncées sur leurs réseaux sociaux @ pampamlondon), on y trouvera vêtements, accessoires, bijoux, produits de beautés et petits objets de maison faits par des créateurs indépendants, d'ici ou d'ailleurs.

♥ LIBRERIA — LIVRES

Plan p. 478 (www.libreria.io ; 65 Hanbury St, E1 ; 10h-18h mar-mer, 10h-20h jeu-sam, 11h-18h dim ; Aldgate East). De vénérables lampes de lecture dépareillées éclairent les rayonnages allant du sol au plafond dans cette délicieuse librairie indépendante. Les livres sont rangés par thèmes : “bougeotte”, “enchantement pour les désenchantés”, ou “mères, saintes et putains”, entre autres. D'astucieux miroirs renforcent la magie labyrinthique de ce lieu dont le mobilier des années 1950 invite au repos et à la contemplation.

Libreria s'investit à tel point pour le support papier que les téléphones portables y sont bannis – sauf pour une rapide photo. C'est aussi un lieu culturel, avec beaucoup de conférences, lectures, rencontres et ateliers (il y a un duplicopieur au sous-sol, si vous avez envie d'imprimer). Détails sur le site Internet.

ATIKA — MODE ET ACCESSOIRES

Plan p. 478 (020-7377 0730 ; www.atikalondon.co.uk ; 55-59 Hanbury St, E1 ; 11h-19h lun-sam, 12h-18h dim ; Aldgate East). Atika est un des plus grands magasins de vêtements vintage de Londres, avec un choix de plus de 20 000 pièces pour femmes et hommes couvrant les 40 dernières années. Cela va des marques grand public aux kimonos japonais du milieu du siècle et aux vêtements de travail américains. Les labels qui montent ont aussi droit de cité.

BACKYARD MARKET — MARCHÉ

Plan p. 478 (020-7770 6028 ; www.backyardmarket.co.uk ; Old Truman Brewery, 146 Brick Lane, E1 ; 11h-18h sam, 10h-17h dim ; Shoreditch High St). Passez devant les stands d'alimentation enfumés et les vastes Tea Rooms pour trouver Backyard Market, qui se cache au grand jour. Stands de vêtements, bijoux et tirages uniques se succèdent autour de cette vaste section d'entrepôt en brique, qui fait partie de l'Old Truman Brewery (p. 208). Il est en général moins bondé et moins chaotique que les autres marchés du week-end de Brick Lane.

TATTY DEVINE — BIJOUX ET ACCESSOIRES

Plan p. 478 (020-7739 9191 ; www.tattydevine.com ; 236 Brick Lane, E2 ; 10h-18h lun-ven, 11h-18h sam, 10h-17h dim ; Shoreditch High St). Harriet Vine et Rosie Wolfenden dessinent les astucieux bijoux en acrylique découpés au laser et vendus dans ce petit espace. Leurs créations originales s'inspirent de la flore et de la faune. Il y a aussi des crânes évoquant le Jour des morts latino, des bouteilles de gin et des éclairs scintillants. Superbes également, les colliers sont personnalisables (sur commande en une demi-heure). Tout est fait main, au Royaume-Uni.

Un autre magasin Tatty Divine est situé dans Monmouth St, à Covent Garden.

TEA ROOMS — MARCHÉ

Plan p. 478 (020-7770 6028 ; www.bricklane-tearooms.co.uk ; Old Truman Brewery, 146 Brick Lane, E1 ; 11h-18h sam, 10h-17h dim ; Shoreditch High St). Que vous cherchiez des cartes rétro, des béchers de chimie transformés en terrarium, des verres vintage ou des oiseaux empaillés, ce dédale de stands fera votre bonheur. Il y a un agréable café, **Long & Short Coffee Roastery**, au fond, si vous avez besoin d'un remontant après une longue séance de lèche-vitrines à Brick Lane.

COLLECTIF MODE, ACCESSOIRES

Plan p. 478 (☎020-7650 7777 ; www.collectif.co.uk ; 58 Commercial St, E1 ; ⏲10h-18h ; Ⓤ Aldgate East). Si vous aimez les silhouettes féminines des années 1940 ou le look pin-up des années 1950, les robes, chemises, manteaux et accessoires d'inspiration vintage de Collectif vous raviront, avec leurs superbes motifs colorés ou à pois.

BOXPARK CENTRE COMMERCIAL

Plan p. 478 (www.boxpark.co.uk/shoreditch ; 2-10 Bethnal Green Rd, E1 ; ⏲8h-23h lun-sam, 10h-22h dim ; 📶 ; Ⓤ Shoreditch High St). Premier centre commercial temporaire au monde, Boxpark est une enclave de boutiques et de cuisines de rue faits de conteneurs maritimes transformés. Mode, design et cadeaux occupent le rez-de-chaussée ; restaurants et bars sont à l'étage, ainsi qu'une terrasse. Les horaires varient : les commerces doivent fermer à 18h le dimanche, mais bars et restaurants restent ouverts plus tard.

MR START MODE

Plan p. 478 (mr-start.com ; 40 Rivington St, EC2 ; ⏲10h30-18h30 lun-mer et ven, 10h30-19h jeu, 11h-18h sam, 12h-17h dim ; Ⓤ Old St). Le créateur de mode Philip Start présente ici un vestiaire masculin à la fois informel et d'un grand raffinement. Tenues décontractées et costumes sont proposés dans des matières superbes : cachemire, mérinos, soie et les plus beaux cotons.

BRICK LANE MARKET MARCHÉ

Plan p. 478 (☎020-7364 1717 ; www.visitbricklane.org ; Brick Lane, E1 ; ⏲10h-17h dim ; Ⓤ Shoreditch High St). Chaque dimanche, la section de Brick Lane entre Buxton St et Bethnal Green Rd est fermée à la circulation pour laisser place aux stands. Raviolis frits et smoothies de fruits frais voisinent avec appareils photo anciens, produits de beauté végans, vieux bibelots et vêtements d'occasion. Les musiciens et autres artistes de rue donnent au quartier une ambiance de festival.

LABOUR & WAIT ARTICLES POUR LA MAISON

Plan p. 478 (www.labourandwait.co.uk ; 85 Redchurch St, E2 ; ⏲11h-18h30 lun-ven, 11h-18h sam-dim ; Ⓤ Shoreditch High St). Des articles pour la maison simples et fonctionnels, à l'élégance classique. Labour & Wait est spécialisé dans les objets fabriqués à l'ancienne par des artisans indépendants : savons à barbe, timbales d'écolier, cafetières en émail, couvertures en laine d'agneau, plumeaux ou brosses d'éviers.

ACTIVITÉS

♥ SHOREDITCH STREET ART TOURS VISITE À PIED

Plan p. 478 (☎07834 088533 ; www.shoreditchstreetarttours.co.uk ; départ des circuits depuis Goat Statue, Brushfield St, E1 ; visite adulte/-16 ans 15/10 £ ; ⏲en général 10h ou 13h30 ven-dim ; Ⓤ Liverpool St). Les murs de Brick Lane et Shoreditch ont rang de galerie de street art toujours renouvelée. Des célébrités comme Banksy ou Eine, ainsi que des artistes moins connus, y ont laissé libre cours à leur créativité. Dave, guide passionné et blasé par son travail à la City, passait autrefois ses pauses déjeuner à arpenter ces rues. Il explique aujourd'hui ces œuvres magnifiques à une assistance ravie.

La réservation se fait en ligne, mais on paie (espèces uniquement) au départ de la visite.

East London et les Docklands

WAPPING | WHITECHAPEL | BETHNAL GREEN | DALSTON | HACKNEY | BOW ET MILE END | LIMEHOUSE | ISLE OF DOGS | ROYAL VICTORIA DOCKS | LOWER LEA VALLEY | DE BEAUVOIR TOWN

Notre sélection

❶ Le parfum des roses sur le **Columbia Road Flower Market** (p. 225), dans le tohu-bohu des appels des marchands ambulants.

❷ Se promener le long du Regent's Canal jusqu'à **Broadway Market** (p. 242), y acheter un repas, puis s'adonner à une séance de lèche-vitrines et s'installer dans un pub.

❸ La **Whitechapel Gallery** (p. 226), réputée pour ses expositions d'avant-garde et la promotion de nouveaux talents.

❹ Découvrir le passé maritime de la ville au **Museum of London Docklands** (p. 230), parmi les tours de l'Isle of Dogs.

❺ Le **Trinity Buoy Wharf** (p. 229), seul phare de Londres, qui est aussi le plus petit musée de la ville, dans ce centre d'arts au bord de l'eau.

Pour des plans plus détaillés, reportez-vous p. 482 et p. 484

Découvrir East London

East London ne compte pas de sites touristiques d'importance, et ses principaux pôles d'attraction sont plutôt éparpillés. L'Est londonien englobe le cœur du vieil East End (Whitechapel, Bethnal Green, Stepney, Mile End, Bow) et la majeure partie du secteur historique des Docklands (Wapping, Limehouse, Isle of Dogs, Royal Victoria Docks), ainsi que des quartiers "bruts" mais tendance au nord, Hackney et Dalston, et Stratford, plus à l'est.

Le mieux consiste à choisir vos lieux de prédilection, puis de passer du temps à explorer leurs alentours, avant de reprendre les transports publics pour vous déplacer jusqu'au au site suivant. Prévoyez de visiter Bethnal Green le dimanche, jour du marché aux fleurs. Visez une journée ensoleillée pour la découverte du Queen Elizabeth Olympic Park.

Vivre comme un Londonien

Pique-niques Les samedis ensoleillés, les Londoniens de l'est sont nombreux à faire leurs emplettes au Broadway Market (p. 242) avant de pique-niquer aux London Fields (p. 227) et d'aller barboter au Lido.

Galerie d'art Dépourvue de collection permanente, la Whitechapel Gallery (p. 226), qui offre une entrée libre, renouvelle régulièrement ses expositions.

Tout-en-un Les créatifs y campent avec leurs ordinateurs, retrouvent leurs amis, achètent des disques ou des fleurs, et se font même pomponner : c'est au Mare Street Market (p. 234).

Depuis/vers l'East End et les Docklands

Métro Trois lignes traversent l'East End : la Central Line (stations Bethnal Green, Mile End et Stratford) et les lignes conjointes District Line et Hammersmith & City Line (Whitechapel, Mile End).

Train Le réseau ferroviaire joue un rôle plus important dans l'Est londonien que dans le reste de la capitale, avec 3 lignes principales et des arrêts à Wapping, Whitechapel, Bethnal Green, London Fields, Dalston, Hackney, Hackney Wick et Stratford.

DLR Au départ de Tower Gateway ou de Bank, la ligne du métro aérien Docklands Light Railway (DLR) permet d'accéder à Limehouse et à l'Isle of Dogs, ainsi qu'à la gare de Stratford.

Bus Le bus 277 (Highbury Corner-Isle of Dogs) se révèle pratique pour visiter Victoria Park.

Bons plans Lonely Planet

C'est au fil des canaux et de la Tamise que l'on s'imprègne le mieux de l'atmosphère d'East London. Suivez à pied ou à vélo Regent's Canal, depuis le sud du Broadway Market, et jusqu'à Limehouse. Au niveau de Victoria Park, partez vers l'est pour rejoindre Hackney Wick et l'Olympic Park par le Hertford Union Canal. On peut aussi prendre le Thames Path (sentier qui longe la Tamise) entre le Limehouse Basin et les St Katharine Docks.

Le top des restaurants

- Silo (p. 235)
- Berber & Q (p. 233)
- Barge East (p. 235)
- Temple of Seitan (p. 234)
- Bistrotheque (p. 233)

Voir détails p. 231

Le top des pubs, bars et cafés

- Netil360 (p. 239)
- High Water (p. 238)
- Satan's Whiskers (p. 237)
- Cat & Mutton (p. 240)
- Dove (p. 240)

Voir détails p. 237

Le top des sites historiques

- Museum of London Docklands (p. 230)
- Sutton House (p. 226)
- Ragged School Museum (p. 228)
- Hackney Museum (p. 227)
- House Mill (p. 230)

Voir détails p. 224

VAUT LE DÉTOUR

CABLE STREET

Cable Street est une large voie qui marque la limite entre Wapping et Whitechapel. Elle doit son nom aux cordes de chanvre que l'on y enroulait avant de les charger sur les bateaux. La rue est connue notamment pour la bataille qui s'y déroula en 1936. Elle opposa les "chemises noires" d'Oswald Mosley – chef des militants de la British Union of Fascists qui avaient décidé de défiler dans ce quartier à forte population juive, au prétexte du quatrième anniversaire de la formation – à des centaines d'habitants de l'East End, d'origines et de métiers divers (membres de la communauté de plus de 100 000 juifs, communistes, dockers, syndicalistes ou autres), solidairement unis contre eux (même s'il existait dans l'East End, de façon localisée, quelques soutiens à ce mouvement fasciste). Au n°236 de la rue, le mur ouest de l'ancien hôtel de ville, le St George's Town Hall, est orné de représentations de ces émeutes.

L'église qui se dresse derrière, St George-in-the-East, fut construite en 1729 par Nicholas Hawksmoor. Elle fut endommagée lors du Blitz, qui n'en laissa que la tour et les murs extérieurs ; le chœur actuel est de construction moderne.

À VOIR

Wapping

Le quartier était autrefois un repaire de marchands d'esclaves, de marins en bordée et de prostituées. Ses imposants entrepôts, bâtis au début du XIXe siècle, évoquent aujourd'hui encore ce passé interlope.

Au bord de la Tamise, en contrebas d'un escalier (Wapping New Stairs) à proximité de la police maritime, l'Execution Dock était un lieu de supplice : les pirates condamnés y étaient pendus, puis on enchaînait leur cadavre à un gibet où il était laissé durant 3 cycles de marées. Le Captain Kidd Pub (p. 237), voisin, entretient la mémoire du pirate du même nom, qui subit ce traitement en 1701.

ST KATHARINE DOCKS — PORT

Plan p. 482 (☎020-7264 5287 ; www.skdocks.co.uk ; 50 St Katharine's Way, E1 ; Ⓤ Tower Hill). À l'ombre du Tower Bridge, cette partie des Docklands, autrefois florissante, fut aménagée en 1828 par un ingénieur d'exception, Thomas Telford. Dramatique corollaire, le projet s'accompagna de la destruction de quelque 1 250 logements déclarés insalubres, et valut à 11 300 personnes de se retrouver à la rue. Lourdement bombardés durant la Seconde Guerre mondiale, les docks furent finalement abandonnés en 1968. Depuis les années 1980, on y trouve une marina pour yachts de luxe, entourée de cafés, de restaurants et de boutiques un brin trop léchées.

Il s'agit d'un bon point de départ pour une promenade sur le sentier Thames Path, jusqu'à Wapping et Limehouse.

ST GEORGE-IN-THE-EAST — ÉGLISE

Plan p. 482 (☎020-7481 1345 ; www.stgeorgeintheeast.org ; 16 Cannon St Rd, E1 ; Ⓤ DLR Shadwell). Érigée par Nicholas Hawksmoor en 1729, cette église a été fortement endommagée pendant le Blitz. Il ne reste plus que son enveloppe extérieure, qui abrite un intérieur moderne plus petit.

FRESQUE DE CABLE STREET — FRESQUE

Plan p. 482 (236 Cable St, E1 ; Ⓤ DLR Shadwell). Peinte sur le mur latéral de l'ancien St George's Town Hall (une mairie devenue bibliothèque), cette vaste fresque commémore les émeutes qui prirent place ici en octobre 1936, lorsque le fasciste britannique Oswald Mosley, à la tête d'une troupe de ses "chemises noires", se rendit dans le quartier pour intimider la population juive locale. Lui et ses partisans furent repoussés par l'ensemble des résidents, juifs et non-juifs.

Whitechapel

WHITECHAPEL ROAD — RUE

Plan p. 482 (E1 ; Ⓤ Whitechapel). La principale artère de l'East End bourdonne des langues de plusieurs continents. Dans ses boutiques et sur les étals de ses marchés, on trouve aussi bien des en-cas indiens que des tissus nigérians ou des bijoux turcs.

Les innombrables communautés du quartier se côtoient ici, avec plus ou moins de facilité. C'est un secteur chaotique, mais plein de vie.

TRINITY GREEN ALMSHOUSES — ÉDIFICE HISTORIQUE

Plan p. 482 (Mile End Rd, E1 ; ⓤWhitechapel). Construit en 1695 pour loger les marins blessés ou à la retraite, cet hospice (*almshouse*) déroule deux rangées de maisons perpendiculaires à la rue et se faisant face, séparées par une pelouse et une chapelle centrale dotée d'une tour de l'horloge.

BLIND BEGGAR — ÉDIFICE HISTORIQUE

Plan p. 482 (337 Whitechapel Rd, E1 ; ⓤWhitechapel). William Booth, fondateur de l'Armée du Salut, fit son premier sermon de rue devant ce pub, en 1865. C'est aussi là que Ronnie, l'un des notoires jumeaux Kray, abattit, en 1966, George Cornell, un rival dans la guerre des gangs visant à contrôler le crime organisé dans l'East End. Condamné à perpétuité, le meurtrier mourut en 1995.

STATUE DE WILLIAM BOOTH — MONUMENT

Plan p. 482 (Mile End Rd, E1 ; ⓤWhitechapel). La statue du fondateur de l'Armée du Salut se dresse près du lieu où il fit son premier prêche de rue.

TOWER HOUSE — ÉDIFICE REMARQUABLE

Plan p. 482 (81 Fieldgate St, E1 ; ⓤWhitechapel). Cette énorme bâtisse, transformée en immeuble d'appartements, abrita jadis une auberge, puis un asile de nuit pour les miséreux. Joseph Staline et les écrivains Jack London et George Orwell y ont logé. Ce dernier en décrivit d'ailleurs le fonctionnement dans son ouvrage *Dans la dèche à Paris et à Londres* (1933).

EAST LONDON MOSQUE — MOSQUÉE

Plan p. 482 (☎020-7650 3000 ; www.eastlondonmosque.org.uk ; 46-92 Whitechapel Rd, E1 ; ⌚10h-23h ; ⓤWhitechapel). Cette vaste mosquée surmontée d'un dôme s'orne aussi d'un grand minaret et de deux plus petits, chacun couronné d'un croissant de lune. L'extérieur en brique est relativement sobre, à l'exception de quelques carreaux bleus utilisés en accent. Hormis à y venir pour prier, les visites doivent être réservées en ligne.

Bethnal Green

♥ COLUMBIA ROAD FLOWER MARKET — MARCHÉ AUX FLEURS

Plan p. 482 (www.columbiaroad.info ; Columbia Rd, E2 ; ⌚8h-15h dim ; ⓤHoxton). Débordant de vie et de couleurs, ce marché aux fleurs hebdomadaire vend des fleurs coupées, des plantes en pots, des bulbes et des graines. C'est un lieu sans pareil pour entendre le vrai bagout cockney des marchands ambulants, avec des sorties du style : "*We got flowers cheap enough for ya muvver-in-law's grave*" ("On a des fleurs si peu chères qu'elles conviendraient à la tombe de vot' belle-mère")... Tâchez d'arriver tôt pour éviter la foule, ou à la fermeture pour acheter à bas prix un beau bouquet de fleurs invendues.

HACKNEY CITY FARM — FERME URBAINE

Plan p. 482 (www.hackneycityfarm.co.uk ; 1a Goldsmiths Row, E2 ; ⌚10h-16h30 mar-dim ; ⓤHoxton). GRATUIT Difficile d'imaginer paysage moins bucolique que Hackney Road : raison de plus d'y amener la campagne aux enfants ! Les bambins trouveront ici de nombreux animaux à caresser et pourront, après un bon lavage de mains, rejoindre le café pour des glaces maison.

Dalston

RIDLEY ROAD MARKET — MARCHÉ

Plan p. 482 (www.hackney.gov.uk/ridley-road-market ; Ridley Rd, E8 ; ⌚9h30-17h lun-sam ; ⓤDalston Kingsland). Cher à des Londoniens de toutes origines, ce marché se distingue surtout par ses fruits et légumes exotiques, ses poissons entiers et ses tissus colorés. On y trouve aussi bibelots en plastique, vêtements bon marché et bâtons d'encens.

DALSTON EASTERN CURVE GARDENS — JARDIN

Plan p. 482 (www.dalstongarden.org ; 13 Dalston Lane, E8 ; ⌚11h-19h dim-jeu, 11h-22h ven-sam ; ⓤDalston Junction). GRATUIT Ce jardin illustre le mouvement de régénération de Dalston par ses résidents : il s'agit d'un projet mené, avec succès, par la communauté et pour la communauté. On y trouve un café sans prétention, et des ateliers et animations y sont régulièrement organisés (du jardinage à la musique acoustique). C'est un bel espace vert dans un quartier par ailleurs très urbanisé.

Le jardin s'étend sur le site d'une ligne ferroviaire abandonnée ; d'anciennes traverses ont servi à construire une promenade piétonne et à créer des plates-bandes surélevées dans le potager. Malheureusement, l'avenir du lieu est menacé, en raison d'un projet de réaménagement d'un centre commercial voisin.

Hackney

SUTTON HOUSE ÉDIFICE HISTORIQUE

Plan p. 482 (NT ; ☎020-8986 2264 ; www.nationaltrust.org.uk/sutton-house ; 2-4 Homerton High St, E9 ; adulte/enfant 8/4 £ ; ⏲12h-17h mer-dim fév-juil et sept-déc, tlj août, fermé jan ; Ⓤ Hackney Central). On pourrait aisément passer devant cette maison en brique rouge d'aspect assez ordinaire sans réaliser son grand âge. Baptisé Bryk Place à l'origine, ce manoir fut bâti en 1535 par un éminent courtisan d'Henri VIII, sir Ralph Sadleir, quand Hackney n'était encore qu'un village. Les pièces les plus notables sont le Linenfold Parlour, un salon dont les lambris en chêne, d'époque Tudor, sont sculptés de cannelures évoquant des tentures stylisées ; la Great Chamber, lambrissée elle aussi ; le bureau victorien ; et le salon georgien.

Abandonnée et investie par des squatteurs dans les années 1980, la Sutton House fut sauvée de la destruction par le National Trust, qui intervint pour la restaurer et en assurer la préservation – conservant même certaines œuvres des squatteurs à l'étage. La maison accueille aussi des cours de langue et de musicothérapie dispensés par des associations locales.

VIKTOR WYND MUSEUM OF CURIOSITIES, FINE ART & NATURAL HISTORY MUSÉE

Plan p. 482 (☎020-7998 3617 ; www.thelasttuesdaysociety.org ; 11 Mare St, E8 ; 8 £ ; ⏲12h-23h mer-sam, 12h-22h dim ; Ⓤ Bethnal Green). Musée ? Projet artistique ? Bar à cocktails ? Difficile à dire. Inspirée des cabinets de curiosités de l'époque victorienne, la collection à dessein excentrique de Wynd comprend notamment des oiseaux empaillés, des organes génitaux en bocaux, des agneaux bicéphales, des

LES INCONTOURNABLES
WHITECHAPEL GALLERY

Grande favorite des étudiants en art et des amateurs d'avant-garde, cette galerie innovante, dépourvue de collection permanente, organise des expositions temporaires d'art contemporain (certaines nécessitent un billet). Installée dans un bâtiment Art nouveau depuis 1901, elle a doublé sa surface en 2009, en gagnant sur la bibliothèque voisine, et compte désormais 10 espaces d'exposition.

Fondée par le philanthrope victorien Canon (chanoine) Samuel Barnett, avec pour vœu d'introduire l'art au cœur de l'Est londonien, la galerie s'est fait connaître en recevant des grands noms et des artistes émergents. Elle a notamment organisé les premières expositions au Royaume-Uni de Pablo Picasso (*Guernica* y fut présenté en 1939), Jackson Pollock, Mark Rothko, Frida Kahlo et Nan Goldin. Les artistes britanniques David Hockney et Gilbert & George ont débuté ici.

Les expositions, aux thèmes ambitieux, changent tous les deux mois ; la galerie accueille souvent des concerts, des lectures de poésie, des débats et des projections de films le jeudi soir. Elle coparainne aussi plusieurs prix, dont le Max Mara Art Prize, qui récompense les artistes femmes basées au Royaume-Uni, et le Jarman Award, décerné à des artistes travaillant avec l'image en mouvement.

À NE PAS MANQUER

- Frise de feuilles dorées de Rachel Whiteread sur la façade Art nouveau
- Librairie

INFOS PRATIQUES

- Plan p. 482, B5
- ☎020-7522 7888
- www.whitechapelgallery.org
- 77-82 Whitechapel High St, E1
- Gratuit
- ⏲11h-18h mar-mer et ven-dim, 11h-21h jeu
- Wi-Fi
- Ⓤ Aldgate East

têtes réduites, une clé du jardin d'Éden, des os de dodo, des excréments de célébrités, et le crâne doré d'un hippopotame ayant appartenu à Pablo Escobar. Subjective et ne laissant pas insensible, c'est une tentative admirable et souvent instructive de révéler une nature aussi merveilleuse qu'horrifiante. La collection serait "une vision incohérente du monde soumise au prisme du merveilleux" – interprétez cela à votre guise.

Le musée (ouvert seulement aux plus de 21 ans), organise aussi des expositions temporaires, des conférences et des ateliers de taxidermie. Vous pourrez vous remettre de vos émotions au bar (p. 240) situé à l'étage.

ST AUGUSTINE'S TOWER — ÉGLISE

Plan p. 482 (☎020-8986 0029 ; www.hhbt.org.uk ; Mare St, E8 ; Ⓤ Hackney Central). Cette tour du XIIIe siècle, vestige d'une église démolie en 1798, se dresse en bordure des beaux jardins de St John's Churchyard. C'est le plus vieil édifice de Hackney. Les visiteurs pourront en gravir les 135 marches à l'occasion d'ouvertures occasionnelles. Consultez le site Internet.

HACKNEY MUSEUM — MUSÉE

Plan p. 482 (☎020-8356 3500 ; www.hackney.gov.uk/museum ; 1 Reading Lane, E8 ; ⏲9h30-17h30 mar-mer et ven-sam, 9h30-20h jeu ; Ⓤ Hackney Central). GRATUIT Cet intéressant petit musée, dont la diversité fait écho à celle de la population du quartier, présente des objets ayant trait aux habitants de Hackney, d'hier et d'aujourd'hui. S'il présente surtout des articles du quotidien, quelques objets sortent du lot, comme une pirogue anglo-saxonne vieille de 1 000 ans et une pièce du "trésor de Hackney". Découvert en 2007 et constitué de 160 pièces d'or, celui-ci avait été caché par une famille juive allemande, réfugiée dans le quartier après avoir fui les nazis, mais qui périt dans le Blitz.

LONDON FIELDS — PARC

Plan p. 482 (Richmond Rd, E8 ; Ⓤ London Fields). Ruban vert au cœur d'un quartier de plus en plus branché, les London Fields sont fréquentés par des habitants des alentours, qui s'y retrouvent après avoir musardé au Broadway Market (p. 242). Ce parc compte deux aires de jeux, un bon pub et une piscine extérieure, le London Fields Lido (p. 243).

Bow et Mile End

VICTORIA PARK — PARC

Plan p. 482 (www.towerhamlets.gov.uk/victoriapark ; Grove Rd, E3 ; ⏲7h-coucher du soleil ; Ⓤ Hackney Wick). Cette étendue verdoyante de 86 ha, surnommée le "Regent's Park de l'East End", comprend des lacs d'agrément, des monuments, des courts de tennis, des parterres fleuris et d'immenses pelouses. Victoria Park fut le premier parc public créé dans l'East End, en 1845, à la suite d'une pétition réunissant quelque 30 000 signatures et qui fut présentée à la reine Victoria par un député local. Le lieu se fit rapidement une réputation de "parc du peuple", en raison des nombreux meetings qui s'y tinrent.

Les week-ends d'été, il est plein de familles venues pique-niquer, de gens du quartier en balade, de cyclistes, joggeurs et skateboardeurs. Cuisines de rue, glaciers ambulants et festivals de musique occasionnels participent de l'affluence. Le canal de Hertford Union longe sa limite sud jusqu'à Hackney Wick.

MILE END PARK — PARC

Plan p. 482 (www.towerhamlets.gov.uk/mileendpark ; Ⓤ Mile End). Ce parc de 36 ha forme une étroite coulée verte entre Burdett Road, Grove Road et le Regent's Canal. Superbement réaménagé en 2000, il intègre une piste de karting, un skatepark, une zone écologique, un stade et un mur d'escalade. Sa pièce maîtresse, le "pont vert" (Green Bridge) de l'architecte Piers Gough, couvert de plantes, enjambe la bruyante Mile End Road pour relier les sections nord et sud du parc.

TOWER HAMLETS CEMETERY PARK — CIMETIÈRE

Plan p. 482 (☎020-8983 1277 ; www.fothcp.org ; Southern Grove, E3 ; Ⓤ Mile End). Ouvert en 1841, ce cimetière de 13 ha fut le dernier de la série des "Magnificent Seven", nom donné aux cimetières créés dans ce qui était alors la banlieue – dont Highgate et Abney Park – sur décret du Parlement pour faire face à la rapide augmentation de la population londonienne. Quelque 270 000 Londoniens y furent inhumés jusqu'en 1966, puis il fut transformé en parc et réserve naturelle en 2001. Aujourd'hui, le site est étrangement beau, avec ses monuments funéraires victoriens laissés à l'abandon, et drapés d'une végétation chaque jour plus dense.

RAGGED SCHOOL MUSEUM MUSÉE

Plan p. 482 (☎020-8980 6405 ; www.raggedschoolmuseum.org.uk ; 46-50 Copperfield Rd, E3 ; ⏲10h-17h mer-jeu, 14h-17h 1er dim du mois ; Ⓤ Mile End). GRATUIT Ce musée d'histoire sociale abrite la reconstitution d'une salle de classe victorienne (avec bancs et tables en bois, ardoises, craies, encriers et bouliers) et d'une cuisine de l'East End, qui intéresseront adultes et enfants. En le visitant le dimanche, vous pourrez assister à une leçon de lecture, d'écriture et d'arithmétique par une institutrice en costume d'époque, entre 14h15 et 15h30 (don demandé).

Les lieux rendent aussi hommage au docteur Thomas Barnardo, qui fonda la première école gratuite pour les enfants pauvres de l'East End, dans ce même bâtiment, en 1877. À l'époque victorienne, le mot *ragged* (qui signifie "en haillons") désignait les vêtements habituellement déchirés et sales des écoliers. L'école ferma en 1908.

Limehouse

Le quartier de Limehouse ne présente pas d'intérêt particulier, si ce n'est qu'il accueillit le premier Chinatown de Londres ; celui-ci fut fondé, à la fin du XIXe siècle, par 300 marins débarqués du sud de la Chine. Son nom apparaît également dans *Le Portrait de Dorian Gray* d'Oscar Wilde (1891), dont le personnage principal s'aventure ici en quête d'opium.

ST ANNE'S LIMEHOUSE ÉGLISE

Plan p. 482 (☎020-7987 1502 ; www.stanneslimehouse.org ; Commercial Rd, E14 ; ⏲messes uniquement ; Ⓤ DLR Westferry). La première église de l'architecte Nicholas Hawksmoor, construite entre 1714 et 1727, possède toujours l'horloge la plus haute de Londres. Jusqu'à une époque récente, le clocher, haut de 60 m, servait même de marqueur de navigation sur la Tamise. C'est pourquoi on y voit souvent flotter le pavillon blanc de la Royal Navy.

Isle of Dogs

Cette étrange masse dans une boucle de la Tamise, transformée en île par divers bassins et canaux de docks, est dominée par les tours de Canary Wharf, dont la pièce maîtresse est le gratte-ciel One Canada Square. L'avis des Londoniens est partagé quant à ce quartier d'affaires qui, bien qu'il paraisse sans âme, a fait l'objet d'une réhabilitation radicale et assez remarquable.

L'origine du mot *"dogs"* dans l'appellation de cette île fait débat. Selon certains, le nom viendrait des Chenils royaux, établis ici sous le règne d'Henri VIII. D'autres affirment qu'il s'agirait d'une déformation du mot flamand *dijk* (digues), laquelle renverrait au travail des ingénieurs flamands qui consolidèrent les berges.

MUDCHUTE PARC, FERME

Plan p. 484 (☎020-7515 5901 ; www.mudchute.org ; Pier St, E14 ; ⏲9h-17h ; 👪 ; Ⓤ DLR Mudchute). GRATUIT C'est par une allée arborée que l'on pénètre dans Mudchute Park en arrivant par East Ferry Road. On est alors surpris de découvrir des vaches et des moutons, paissant sur 13 ha d'herbe dense et verdoyante. Un spectacle surprenant, tout près des gratte-ciel de Canary Wharf ! On trouve aussi des cochons, des chèvres, des chevaux, des lamas, des alpagas, des ânes, des canards, des dindons, des poulets... Les citadins en culottes courtes adorent ! Il y a également un bon café sur place et un magasin de producteurs.

ONE CANADA SQUARE ÉDIFICE REMARQUABLE

Plan p. 482 (1 Canada Sq, E14 ; Ⓤ Canary Wharf). Haut de 235 m, le gratte-ciel de César Pelli couronné d'une pyramide a été érigé en 1991. Le Shard (p. 162) ne lui a ravi son titre de plus haute tour du Royaume-Uni qu'en 2010.

Royal Victoria Docks

EMIRATES AIR LINE TÉLÉPHÉRIQUE

Plan p. 482 (www.emiratesairline.co.uk ; 27 Western Gateway, E16 ; aller tarif plein/réduit 4,50/2,30 £, avec Oyster Card 3,50/1,70 £ ; ⏲7h-21h lun-jeu, 7h-23h ven, 8h-23h sam, 9h-21h dim ; Ⓤ Royal Victoria, Ⓤ North Greenwich). Ce téléphérique assure un trajet très rapide entre la péninsule de Greenwich et les Royal Docks. Surtout utilisé par les touristes pour sa vue extraordinaire sur le fleuve, il figure parmi les transports en commun de Londres – vous pouvez payer avec votre Oyster Card et obtenir une réduction.

Le téléphérique, capable de transporter quelque 2 400 passagers par heure d'une rive à l'autre de la Tamise et dans les deux sens, est parfois fermé par grand vent.

LES INCONTOURNABLES TRINITY BUOY WHARF

Site de l'unique phare de Londres, du plus petit musée de la ville et de la plus longue mélodie du monde, le Trinity Buoy Wharf est une enclave de superlatifs décalés qui présente de grandes sculptures et des installations artistiques immersives.

Le **phare**, de 1866, servait à former les futurs gardiens de phares et à tester de nouvelles technologies – Michael Faraday y a même mené des expériences. Son héritage perdure avec **The Faraday Effect**, musée abritant une réplique de son atelier.

Aujourd'hui, le phare accueille des expériences d'un autre ordre. Faite de 234 bols chantants tibétains, l'installation sonore **Longplayer** est une harmonie envoûtante conçue pour durer mille ans. La mélodie, qui devrait se terminer le 31 décembre 2999, sera sans doute la plus longue du monde.

La musique ne s'arrête pas là : le **Lightship 95**, bateau rouge amarré au quai, est un studio d'enregistrement qui a accueilli notamment Ed Sheeran, Lana Del Ray et George Ezra.

Les bâtiments historiques du wharf voisinent avec une "cargotecture" moderne et écoresponsable : 5 niveaux de conteneurs à bateaux abritant ateliers d'artistes et bureaux, plus l'**Orchard Cafe**, orné d'une sculpture de *black cab* émergeant d'un arbre.

À NE PAS MANQUER

- Longplayer
- The Faraday Effect
- Lightship 95
- Orchard Cafe

INFOS PRATIQUES

- Plan p. 482, H6
- ☎020-7515 7153
- www.trinitybuoywharf.com
- 64 Orchard Pl, E14
- entrée libre
- ⏲9h-17h
- Ⓤ Canning Town

BILLINGSGATE FISH MARKET MARCHÉ

Plan p. 484 (☎020-7987 1118 ; Trafalgar Way, E14 ; ⏲4h-8h30 mar-sam ; Ⓤ DLR Blackwall). Ce marché aux poissons est ouvert aux professionnels et au public, mais il faudra vous lever à l'aube pour en découvrir l'animation. Officiellement établi en 1699 dans la City, entre London Bridge et la Tour, le marché a déménagé à Poplar en 1982. Il s'y vend de nos jours dans les 25 000 tonnes de poissons et fruits de mer par an.

Lower Lea Valley

La Lower Lea Valley (partie inférieure de la vallée de la rivière Lea) fournit Londres en biens de toutes origines depuis des temps anciens. L'histoire commença avec les moulins des moines cisterciens au XIIe siècle et se poursuivit jusqu'au XIXe siècle (les produits de la Tamise étaient alors acheminés dans tout le Royaume-Uni par voie fluviale, ou ferroviaire depuis Stratford). Un long déclin s'ensuivit et le lieu fut laissé à l'abandon, jusqu'au début de la construction du parc olympique en 2008.

Le besoin de créer des infrastructures sportives de qualité pour les Jeux olympiques de 2012, qui a présidé au réaménagement de cette zone, s'est accompagné d'une volonté de faire renaître ce quartier. Plus de 30 nouveaux ponts ont été construits pour enjamber la Lea, les canaux à l'intérieur et à l'extérieur du parc ont été nettoyés et les sols décontaminés.

♥ **QUEEN ELIZABETH OLYMPIC PARK** PARC

Plan p. 482 (www.queenelizabetholympicpark.co.uk ; E20 ; Ⓤ Stratford). Cette étendue de 227 ha fut le joyau des Jeux de 2012. Elle englobe les principales installations olympiques, ainsi que des aires de jeux, des sentiers de randonnée pédestre et cycliste, des jardins et un mélange de zones humides, forêts, prairies et autres habitats naturels. L'attrait majeur du parc est le London Stadium (p. 231), aujourd'hui le stade du West Ham United FC.

Parmi les autres édifices emblématiques, citons le London Aquatics Centre (p. 243), le Lee Valley VeloPark (p. 243), l'ArcelorMittal Orbit et la Copper Box Arena (p. 241), une salle de 7 000 places assises destinée aux manifestations sportives et aux concerts. Signalons aussi **Here East**, un vaste “campus numérique” sur une superficie équivalant à 16 terrains de football. L'aménagement de l'**East Bank**, au bord de l'eau, un secteur culturel et éducatif, est en projet.

Pour une autre vision du parc, vous pourrez opter pour une découverte au fil de l'eau avec Lee & Stort Boats (p. 243).

ARCELORMITTAL ORBIT — TOUR-SCULPTURE

Plan p. 482 (☎0333 800 8099 ; www.arcelormittalorbit.com ; 3 Thornton St, E20 ; adulte/enfant 12,50/7,50 £, avec toboggan 17,50/12,50 £ ; ⌚11h-15h lun-ven, 10h-19h sam-dim ; Ⓤ Stratford). La tour-sculpture en acier torsadé du lauréat du Turner Prize Anish Kapoor, haute de 115 m (ce qui en fait la plus haute sculpture du Royaume-Uni), domine de sa silhouette le sud du parc olympique. Cette œuvre d'art dévoile une vue fantastique depuis sa plateforme d'observation à miroirs, à laquelle on accède, à 80 m d'altitude, par un ascenseur. Un spectaculaire toboggan-tunnel, le plus long (178 m) et le plus élevé au monde, dévale les flancs de la tour jusqu'au sol.

Depuis la plateforme d'observation, vous pourrez emprunter un escalier extérieur encagé pour accéder, 4 m plus bas, à un autre point de vue, avec des écrans d'interprétation et une section extérieure. Vous aurez ensuite le choix de redescendre à pied les 455 marches ou de reprendre l'ascenseur. Sinon, glissez dans le toboggan-tunnel, qui vous permettra de redescendre en 40 secondes (l'expérience - réservée aux plus de 8 ans - vaut bien le supplément de 5 £). Pour d'autres sensations fortes, une **descente en rappel** “en chute libre” (le long d'une corde suspendue dans le vide) de la tour est possible (85 £, réservation nécessaire, à partir de 15 ans).

HOUSE MILL — ÉDIFICE HISTORIQUE

Plan p. 482 (☎020-8980 4626 ; www.housemill.org.uk ; Three Mill Lane, E3 ; adulte/enfant 4 £/gratuit ; ⌚11h-16h dim mai-oct, 1er dim du mois seulement mars-avr et déc ; Ⓤ Bromley-by-Bow). C'est l'un des deux moulins restants des trois qui se dressaient jadis sur cette

LES INCONTOURNABLES
MUSEUM OF LONDON DOCKLANDS

Ce musée installé dans un entrepôt de 1802 retrace l'histoire de la ville à travers son fleuve et ses docks, en s'appuyant sur des objets et des installations multimédias. Commencez votre visite au 3e étage avec la section d'introduction **No 1 Warehouse** (L'Entrepôt n°1) et suivez la chronologie jusqu'en bas. La galerie **Trade Expansion** (Expansion du commerce) comprend la reconstitution d'un *legal quay* ("quai officiel") de la fin du XVIIIe siècle, et un gibet en fer sur lequel étaient exhibés les cadavres des pirates exécutés. La galerie la plus intéressante, mais aussi la plus dérangeante, est celle intitulée **London, Sugar & Slavery** (Londres, le sucre et l'esclavage), où est abordé le rôle de la ville dans le commerce triangulaire.

Parmi les pièces les plus frappantes du 2e étage figure **Sailortown**, un ensemble reconstitué de rues pavées, de bars et de pensions évoquant la communauté du quartier des docks au milieu du XIXe siècle. On y trouve aussi une passionnante exposition sur les docks au temps des deux guerres mondiales, ainsi que sur leur transformation controversée en quartier d'affaires dans les années 1980.

Les enfants apprécieront la galerie interactive **Mudlarks**, où ils pourront faire gîter un navire, admirer une maquette des docks et enfiler de vieux casques de scaphandriers. Plusieurs fois par an, le musée organise des expositions spéciales, généralement payantes.

À NE PAS MANQUER

- Galerie London, Sugar & Slavery
- Sailortown
- Docks pendant la guerre
- New Port New City

INFOS PRATIQUES

- Plan p. 482, A1
- ☎020-7001 9844
- www.museumoflondon.org.uk/docklands
- West India Quay, E14
- Gratuit
- ⌚10h-18h
- 📶
- Ⓤ DLR West India Quay

petite île de la rivière Lea. Le House Mill (1776) fonctionna comme moulin à marée et moulut du grain pour une distillerie voisine jusqu'en 1941. Des visites (environ 45 minutes), organisées en fonction de la demande, sont menées au fil de ses 4 étages et retracent l'histoire des industries traditionnelles de l'East End.

LONDON STADIUM STADE

Plan p. 482 (020-8522 6157 ; www.london-stadium.com ; Queen Elizabeth Olympic Park, E20 ; visite adulte/enfant 19/11 £ ; visites 10h-16h15 dim-ven, 10h-16h45 sam ; Pudding Mill Lane). Encore appelé l'Olympic Stadium par la majorité des Londoniens, ce stade est la pièce maîtresse du Queen Elizabeth Olympic Park (p. 229). Sa capacité de 80 000 places pendant les Jeux a ensuite été ajustée à la baisse pour atteindre 54 000 places. Nouveau domicile du West Ham United FC, il accueille également de l'athlétisme, d'autres grandes rencontres sportives et des concerts. Il y a des visites guidées les jours de match ; quand il n'y a pas d'événement, il existe des visites guidées multimédia (à réserver sur le site Internet).

OÙ SE RESTAURER

On découvre dans ce quartier multiculturel des cuisines de tous les horizons et d'un bon rapport qualité/prix. L'embourgeoisement du secteur est allé de pair avec l'installation de nombreux *gastropubs*, de plus de tables haut de gamme et de cafés branchés en nombre. Toutefois, on trouve encore de petits établissements à l'ancienne, où savourer une portion de *pie and mash* (tourte et purée) et de la friture sous toutes ses formes. Pour faire votre choix, laissez-vous porter par les effluves émanant des restaurants le long de Columbia Road, Broadway Market et dans les rues situées au nord de Victoria Park.

Whitechapel

TAYYABS PUNJABI £

Plan p. 482 (020-7247 6400 ; www.tayyabs.co.uk ; 83-89 Fieldgate St, E1 ; plats 7-17 £ ; 12h-23h30 ; ; Whitechapel). Ce restaurant animé sert, dans des assiettes brûlantes, des *seekh kebabs* (brochettes de viande hachée cuites au tandoor), du poisson *masala* et des entrées typiques du Punjab (Pendjab). Toutes sont succulentes, ainsi que les *dhal*, *naan* et *raïta* qui les accompagnent. Notez que l'endroit est parfois bruyant, le service inégal et il y a souvent la queue.

CAFÉ SPICE NAMASTÉ INDIEN ££

Plan p. 482 (020-7488 9242 ; www.cafespice.co.uk ; 16 Prescot St, E1 ; plats 7-27 £ ; 12h-15h et 18h15-22h30 lun-ven, 18h30-22h30 sam ; ; Tower Hill). Le chef, Cyrus Todiwala, connu pour ses émissions à la télévision britannique, a pris possession d'un ancien tribunal d'instance victorien, à 10 minutes à pied de Tower Hill, y a déployé une débauche de couleurs et l'a empli d'arômes parfumés. On se délecte ici de spécialités parsies ou de Goa. Le *dhansak* (ragoût d'agneau accompagné de riz et de lentilles) est sublime, et que dire des plats tandooris et végétariens !

Wapping

SMITH'S PRODUITS DE LA MER £££

Plan p. 482 (020-7488 3456 ; www.smithsrestaurants.com ; 22 Wapping High St, E1 ; plats 18-50 £, menu déj 2/3 plats 26,50/31,50 £, dîner 3 plats 34,50 £ ; 12h-16h et 18h-22h30 lun-sam, 12h-17h30 dim ; Tower Hill). Le cadre un brin suranné de Smith's est admirablement compensé par la vue sur la Tamise depuis les baies vitrées, et les merveilleux plats concoctés en cuisine. La carte, très fournie, est dominée par les produits de la mer, bien qu'elle affiche aussi des viandes et des mets végétariens. Gardez une petite place pour le pudding vapeur.

Bethnal Green

E PELLICCI CAFÉ £

Plan p. 482 (020-7739 4873 ; www.epellicci.co.uk ; 332 Bethnal Green Rd, E2 ; plats 2-14 £ ; 7h-16h lun-sam ; Bethnal Green). Ce petit café anglo-italien ouvert en 1900 incarne l'essence de l'East End traditionnel. Les portions sont généreuses ; la cuisine n'a rien de spécial (petits-déjeuners complets, pâtes, sandwichs), mais l'accueil chaleureux et le badinage du personnel affable et de la bande hétéroclite d'habitués du quartier méritent que l'on s'y attable.

GALLERY CAFE VÉGÉTARIEN £

Plan p. 482 (020-8980 2092 ; www.stmargaretshouse.org.uk ; 21 Old Ford Rd, E2 ; plats 6-10 £ ;

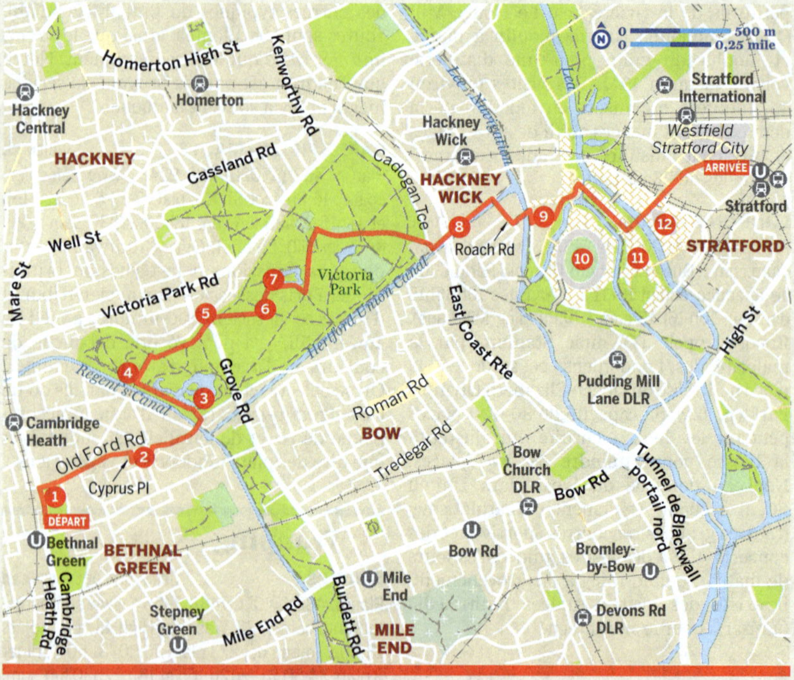

Promenade à pied
L'ancien et le nouvel East End

DÉPART : STATION DE BETHNAL GREEN
ARRIVÉE : STATION DE STRATFORD
DISTANCE : 5,7 KM ; **DURÉE :** 2 HEURES 30

Cet itinéraire donne un aperçu de l'Est londonien d'hier et d'aujourd'hui. Du métro, rejoignez le 1 **Museum of Childhood**. Juste après, prenez à droite dans Old Ford Road, marchez jusqu'à Cyprus Place et tournez à droite. Le quartier a subi les bombardements du Blitz ; des tours ont été érigées sur les décombres. Tournez à gauche dans 2 **Cyprus Street**, qui permet d'imaginer Bethnal Green à l'ère victorienne. Au bout de la rue, prenez à gauche, puis à droite pour rejoindre Old Ford Road. Par-delà Regent's Canal, s'étend 3 **Victoria Park** (p. 227). Prenez le chemin à gauche qui longe le lac jusqu'aux 4 **Dogs of Alcibiades**, des statues de chiens aboyant à la lune. Prenez à droite, puis encore à droite à l'entrée suivante. Aux grilles, traversez la route pour entrer dans la partie est du parc, près du 5 **Royal Inn** (p. 240). Tournez à droite pour admirer le 6 **Burdett-Coutts Memorial** (1862), une ancienne fontaine publique néogothique donnée par la riche philanthrope Angela Burdett-Coutts. Continuez votre balade en passant devant 7 **East Lake** pour gagner l'extrémité est du parc et sortez par St Mark's Gate. Traversez Cadogan Terrace et empruntez le 8 **sentier du canal**, ponctué de graffitis. Vous voici à Hackney Wick, aux nombreux entrepôts, fief d'une communauté d'artistes. Franchissez la passerelle métallique, continuez dans Roach Road et tournez à gauche pour accéder au 9 **Queen Elizabeth Olympic Park** (p. 229), au-delà du pont. Gardez le 10 **stade** principal sur votre droite, traversez la rivière Lea et passez par l'aire de jeux, avec les tentacules de l'11 **ArcelorMittal Orbit** (p. 230). Prenez à gauche, passez le pont et admirez les courbes du 12 **London Aquatics Centre** (p. 243). Vous pourrez alors rejoindre le métro Stratford ou longer la rivière vers le nord pour découvrir la zone humide du parc.

8h-20h ; ; Bethnal Green). Au sous-sol d'un charmant édifice georgien, ce joli café sert aux habitués des plats végétaliens et végétariens simples et délicieux, dans une atmosphère décontractée – dont le service pâtit hélas parfois. Terrasse accueillante pour les jours ensoleillés ; concerts, théâtre ou films en soirée (voir le site Internet).

CORNER ROOM BRITANNIQUE MODERNE ££

Plan p. 482 (020-7871 0460 ; www.townhall-hotel.com ; Patriot Sq, E2 ; plats 14-26 £, dîner 5 plats 39 £ ; 12h-14h30 et 18h-21h45 ; Bethnal Green). Niché au 1er étage du Town Hall Hotel, ce restaurant informel au style industriel-chic sert des plats cuisinés avec talent, aux saveurs complexes et délicates, et qui mettent en valeur les meilleurs produits de saison du pays, agrémentés d'une touche française.

BISTROTHEQUE BRITANNIQUE MODERNE ££

Plan p. 482 (020-8983 7900 ; www.bistrotheque.com ; 23-27 Wadeson St, E2 ; plats 14-31 £, dîner 3 plats commandé avant 19h 25 £ ; 18h-22h30 lun-ven, 11h-16h et 18h-22h30 sam-dim ; Bethnal Green). Cet entrepôt reconverti (et sans enseigne) est typique des bistrots londoniens contemporains haut de gamme. La cuisine et le service y sont excellents. L'un des meilleurs emplacements à Hackney pour un brunch le week-end.

BRAWN EUROPÉEN ££

Plan p. 482 (020-7729 5692 ; www.brawn.co ; 49 Columbia Rd, E2 ; plats 14-22 £ ; 18h-22h30 lun, 12h-22h30 mar-jeu, 12h-23h ven-sam ; Hoxton). Ce bistrot d'angle joue sur une ambiance à la française, mais le menu explore aussi les cuisines italienne et espagnole. Les plats, succulents, sont à base d'ingrédients de saison. Choix intéressant de vins européens au verre. Réservation conseillée.

LAXEIRO TAPAS ££

Plan p. 482 (020-7729 1147 ; www.laxeiro.co.uk ; 93 Columbia Rd, E2 ; tapas 7-17 £ ; 11h-15h et 19h-23h mar-ven, 10h-16h et 19h-23h sam, 9h-16h30 dim ; Hoxton). Les habitués apprécient ce restaurant, familial mais non dénué de style, pour son service accueillant et ses tapas authentiques – l'échine de porc au barbecue remporte tous les suffrages. Parmi les quelques plats plus ambitieux, on trouve de grosses portions de paella à partager. En été, des tables sont dressées au-dehors, dans la jolie rue.

De Beauvoir Town

BERBER & Q NORD-AFRICAIN ££

Plan p. 482 (020-7923 0829 ; www.berberandq.com ; 338 Acton Mews, E8 ; plats 13-18 £ ; 18h-23h mar-ven, 11h-15h et 18h-23h sam-dim ; Haggerston). Une alléchante odeur de barbecue vous accueille dans ce sympathique restaurant de grillades de style berbère, niché sous les arches de la voie ferrée. Le *shawarma* (kebab) d'agneau est très tendre. Autres délices piquantes : nuggets d'agneau au dukkah, crevettes rôties au confit d'ail, *kofte* (boulettes) de bœuf, et kebab de shiitake et de pleurotes avec *tahini* aux cèpes, pour les végétariens.

Dalston

CHICK 'N' SOURS POULET £

Plan p. 482 (020-3620 8728 ; www.chicknsours.co.uk ; 390 Kingsland Rd, E8 ; plats 9-11 £ ; 17h30-22h lun-jeu, 12h-22h30 ven-sam, 12h-21h dim ; Haggerston). Le menu est simple mais savoureux : du poulet frit provenant d'élevages en liberté et des *sours* (cocktails à base de spiritueux et de citron), le tout servi dans une petite cantine branchée, décorée de carreaux à motifs sur les murs, de lino imprimé au sol et d'une grande enseigne rouge au néon. Portions copieuses accompagnées d'un choix de sauces et d'extras tendance comme les pickles de pastèque. Commencez par l'aubergine piquante du Sichuan, arrosée d'un *gin sour*.

L'ATELIER CAFÉ £

Plan p. 482 (020-7254 3238 ; www.facebook.com/LatelierDalston ; 31 Stoke Newington Rd, N16 ; plats 4-9 £ ; 8h-16h lun-mar, 8h-17h mer-ven, 9h-17h sam-dim ; ; Dalston Kingsland). L'Atelier arbore un cadre kitscho-vintage, comme c'est devenu la norme dans le quartier – mobilier dépareillé, affiches rétro, fleurs sur les tables, le tout baigné de musique française et d'une odeur de café. Une bonne adresse pour prendre un petit-déjeuner à toute heure de la journée, une salade ou une tartine garnie et une boisson chaude.

MANGAL OCAKBASI TURC ££

Plan p. 482 (020-7275 8981 ; www.mangal1.com ; 10 Arcola St, E8 ; plats 8-15 £ ; 12h-minuit dim-jeu, 12h-1h ven-sam ; ; Dalston Kingsland). Mangal est l'*ocakbasi* (restaurant de

LE DÉVELOPPEMENT DE CANARY WHARF

À la vue des gratte-ciel dominant Canary Wharf, qui pourrait imaginer que, du XVIe siècle au milieu du XXe siècle, ce quartier fut le cœur du plus grand port du monde, le centre névralgique de l'Empire britannique et de son vaste commerce mondial ? Sur ces docks étaient déchargées des cargaisons venant du monde entier, fournissant du travail à une communauté ouvrière soudée. Même à la veille de la Seconde Guerre mondiale, cette communauté était encore florissante ; mais tout cela changea avec les bombardements nourris que subirent les docks pendant le Blitz.

Après la guerre, les docks endommagés n'étaient plus en mesure de répondre aux transformations technologiques et politiques de l'époque, alors même que l'Empire disparaissait. De plus, les gigantesques vraquiers et porte-conteneurs de la nouvelle génération exigeaient des ports en eau profonde et de nouvelles techniques de chargement et de déchargement. À partir du milieu des années 1960, les fermetures de docks se succédèrent, et le nombre de dockers dégringola, passant de 50 000 en 1960 à environ 3 000 en 1980.

L'actuel quartier d'affaires de Canary Wharf a été développé par la London Docklands Development Corporation, créée pendant les années 1980 par le gouvernement Thatcher afin de soulager la pression sur la City, à court d'immobilier de bureau. Cette enclave assez artificielle a connu des débuts difficiles. Les immeubles bas, semblables à des jouets, avaient du mal à trouver des locataires, le Docklands Light Railway – la principale ligne de transport – connaissait des problèmes de mise en route, et la tour emblématique du site, One Canada Square, a dû être sauvée deux fois de la banqueroute. Aujourd'hui, le quartier n'en fourmille pas moins, en semaine, de cols blancs pressés de rejoindre leur bureau dans le ciel.

grillades sur gril ouvert au charbon) turc par excellence : dans une salle enfumée à l'éclairage vif, il propose de superbes mezzes, côtelettes d'agneau et légumes grillés, cailles et brochettes variées. Il vous faudra apporter vos propres boissons alcoolisées ("Bring Your Own"). Ce restaurant est celui d'origine, mais certains trouvent que le Mangal 2, qui a ouvert tout près dans Stoke Newington Road, a plus d'ambiance.

Hackney

TEMPLE OF SEITAN VÉGÉTALIEN £

Plan p. 482 (www.templeofseitan.co.uk ; 5 Morning Lane, E9 ; plats 6-8 £ ; 12h-21h lun-sam, 12h-18h dim ; ; Hackney Central). Tel qu'il est servi dans ce petit lieu de Hackney, le seitan, une parfaite alternative à la viande, remplace très bien le poulet frit. Choisissez burgers, wraps, boulettes ou ailerons baignés de sauce. Fausse volaille essentiellement, mais aussi quelques succédanés de bœuf (comme le BBQ bacon burger). Le tout est accompagné de macaronis au fromage, couronnés par un milkshake au caramel salé.

Peu de places assises, hormis quelques tabourets en vitrine. Il y a une autre antenne plus grande à Camden au 103a Camley St, où on peut manger dehors.

CLIMPSON & SONS CAFÉ £

Plan p. 482 (www.climpsonandsons.com ; 67 Broadway Market, E8 ; plats 4-8 £ ; 7h30-17h lun-ven, 8h30-17h sam, 9h-17h dim ; London Fields). Populaire à juste titre, ce petit café meublé sommairement a adopté le nom de la boucherie qui occupait autrefois les lieux. Le café est excellent – il est torréfié par la maison –, de même que les petits-déjeuners, sandwichs, salades, tourtes et pâtisseries.

MARE STREET MARKET INTERNATIONAL £

Plan p. 482 (020-3745 2470 ; www.marestreet-market.com ; 117 Mare St, E8 ; plats 5-14 £ ; 8h-23h lun, 8h-minuit mar-jeu, 8h-1h ven, 9h-1h sam, 9h-23h dim ; London Fields). On vient de Hackney dans ce marché polyvalent où des créatifs pianotent sur leur clavier le jour et où de jeunes hipsters sirotent un cocktail le soir. Une cuisine ouverte délivre petits-déjeuners, en-cas à l'italienne, pizzas au levain et *Sunday roasts*. Une salle adjacente, qui est aussi un showroom d'antiquités, permet de manger les mêmes choses, mais à table.

Il y a aussi d'autres commerces : traiteur, bar à vins, caviste, fleuriste, disquaire, coiffeur et café, plus un espace pour activités éphémères (onglerie végane, par exemple). Horaires variables selon les commerces : consultez le site Internet.

RANDY'S WING BAR AMÉRICAIN £

Plan p. 482 (020-8555 5971 ; www.randyswing-bar.co.uk ; 28 East Bay Lane, E20 ; plats 7-10 £ ; 12h-23h lun-sam, 12h-20h dim ; ; Hackney Wick). Né d'un stand ambulant de cuisine de rue, ce restaurant concocte les mêmes saveurs que naguère, mais sous un toit en dur. Les ailes de poulet, déclinées en 6 variétés (de l'indienne à la coréenne en passant par l'américaine), sont tout naturellement les stars du menu. Trois recettes exotiques de hamburger sont aussi proposées.

GREEN PAPAYA VIETNAMIEN, CHINOIS £

Plan p. 482 (020-8985 5486 ; www.green-papaya.com ; 191 Mare St, E8 ; plats 8-14 £ ; 12h-15h et 17h-23h mar-ven, 13h-22h30 sam-dim ; ; London Fields). Ce restaurant de quartier se distingue des nombreuses cantines vietnamiennes de l'Est londonien en incorporant des plats d'agneau et de nouilles étirées à la main de la région de Xi'an (Chine centrale). La carte vietnamienne, elle, met à l'honneur les poissons et les fruits de mer.

LITTLE GEORGIA GÉORGIEN £

Plan p. 482 (020-7739 8154 ; littlegeorgia.co.uk ; 87 Goldsmith's Row, E2 ; plats déj 6-9,50 £, plats 12-15 £ ; 18h30-23h mar-ven, 11h-23h sam-dim ; Hoxton). Charmant havre caucasien dans East London, ce restaurant chaleureux offre une bonne introduction à la cuisine géorgienne. En journée, on y sert des petits-déjeuners complets et de délicieux sandwichs et salades.

BEST TURKISH KEBAB KEBAB £

(www.thebestturkishkebab.com ; 125 Stoke Newington Rd, N16 ; döner/burger d'agneau 5,50/3,50 £ ; 12h-2h ; Rectory Rd). Ce kebab sympathique et familial sert d'excellents *döner* depuis plus de 30 ans. En plus de l'agneau et du poulet, on y trouve un burger *king-size* à 3,50 £ seulement. Options végétariennes également.

BARGE EAST BRITANNIQUE ££

Plan p. 482 (020-3026 2807 ; www.bargeeast.com ; River Lea, Sweetwater Mooring, White Post Lane, E9 ; petites assiettes 7-8,50 £, plats 14-19 £ ; 17h-23h lun-jeu, 12h-23h30 ven, 10h-22h30 sam, 11h-22h30 dim ; Hackney Wick). Amarrée sur la rivière Lea à Hackney Wick, le *De Hoop* est une péniche de 100 tonnes venue de Hollande où l'on sert une cuisine de saison et de bonnes boissons, avec vue sur l'eau. Les petites assiettes de *Scotch eggs* enveloppés de *'nduja* (saucisse pimentée calabraise) à l'ail noir ou les plats d'aubergine du Sichuan à la crème de cajou s'accompagnent parfaitement de cocktails comme l'East London *iced tea*, à l'Earl Grey.

Ce bateau âgé de 114 ans constitue un joli cadre le week-end pour un brunch (2 plats et bloody mary à volonté ; 39 £) et les bons *Sunday roasts* (2/3 plats 23/29 £). Nombreuses places en plein air sur la rive. Concerts réguliers : voir programme sur le site Internet.

FORMANS BRITANNIQUE ££

Plan p. 482 (020-8525 2365 ; www.formans.co.uk/restaurant ; Stour Rd, E3 ; brunch 6-10 £, plats 15-24 £ ; 19h-23h jeu-ven, 10h-15h et 19h-23h sam, 12h-15h dim ; ; Hackney Wick). Installé au bord de l'eau, avec une vue incomparable sur la rivière Lea et sur le stade olympique, le Formans est spécialisé dans le fumage du poisson depuis 1905. Le menu comprend un délicieux choix de saumons fumés (tel le "London Cure", spécialité du lieu), d'autres poissons et fruits de mer et quelques plats de viande. Excellente carte des vins et alcools.

LARDO ITALIEN ££

Plan p. 482 (020-8985 2683 ; www.lardo.co.uk ; 197-205 Richmond Rd, E8 ; plats 9-17 £ ; 11h-22h30 lun-sam, 11h-21h30 dim ; Hackney Central). Il n'y a qu'une salle dans ce restaurant mettant à l'honneur le *lardo* : ce morceau de gras pris sur l'échine provient ici de porcs issus d'élevages sélectionnés, et a été fumé et assaisonné d'herbes aromatiques. On le retrouve en garniture de pizzas et dans les antipasti. Quelques autres plats, notamment de pâtes, complètent le menu.

SILO BRITANNIQUE £££

Plan p. 482 (020-7993 8155 ; www.silolondon.com ; Unit 7, Queen's Yard, E9 ; menu dégustation 6 plats 50 £, plats brunch 7,50-11,50 £ ; 18h-22h mar-ven, 11h-15h et 18h-22h sam, 11h-15h dim ; Hackney Wick). Le Silo de Brighton, premier restaurant zéro-déchets au monde, s'est installé à Hackney Wick. Inventif, le chef Doug McMaster transforme ingrédients mal-aimés et produits non conformes en prune de betterave avec caramel au jaune d'œuf ou en topinambours au beurre brun. Le lieu, au bord du canal, où tout est recyclé, même les abat-jour, est aussi beau que les plats de la carte toujours renouvelée.

La philosophie durable de Silo s'étend bien sûr aux boissons, avec des vins sans sulfites en biodynamie de petits producteurs et aussi ses propres fermentations (sans alcool) à partir de restes. Il en coûte 50 £ pour un dîner avec cocktails associés.

Le week-end, les plats tels que porridge de céréales au levain et caramel de miso, ou les champignons rôtis à la crème fraîche au chanvre sont d'un très bon rapport qualité/prix en sus de conférer une touche écologique aux brunchs.

Bow & Mile End

TOWPATH CAFÉ £

Plan p. 482 (020-7254 7606 ; derrière le 42-44 De Beauvoir Cres, N1 ; plats 8-11 £ ; 9h-17h mar et mer, 9h-21h30 jeu-dim ; Haggerston). Cet établissement assez informel occupe 4 petits logements sur le chemin de halage du Regent's Canal. On peut y prendre un bon café, tout en regardant barboter les canards et voir passer les péniches. On y mange très bien ; délicieux cookies et brownies, et plats qui changent tous les jours (voir le tableau noir).

EMPRESS BRITANNIQUE MODERNE ££

Plan p. 482 (020-8533 5123 ; www.empresse9.co.uk ; 130 Lauriston Rd, E9 ; plats 13-29 £ ; 18h-22h15 lun, 12h-15h et 18h-22h15 mar-sam, 12h-21h30 dim ; 277). Cet ancien pub, reconverti en restaurant haut de gamme, sert une savoureuse cuisine britannique moderne dans un cadre très agréable. Le lundi soir, l'Empress propose un menu à 11 £ (plat principal et boisson) ; superbe brunch le week-end.

Isle of Dogs

THE GUN BRITANNIQUE ££

Plan p. 484 (020-7515 5222 ; www.thegun-docklands.com ; 27 Coldharbour, E14 ; plats 14-27 £ ; 11h30-minuit ; ; Canary Wharf). Ce pub au bord de l'eau, datant du début du XVIIIe siècle, donne au bout d'une rue résidentielle épargnée par le Blitz. S'il a été considérablement enjolivé, l'histoire y reste palpable. On dit que lord Nelson rencontrait ici sa maîtresse lady Emma Hamilton dans le plus grand secret. L'excellente cuisine britannique fait la part belle à la viande, en particulier au gibier.

PLATEAU FRANÇAIS ££

Plan p. 484 (020-7715 7100 ; www.plateau-restaurant.co.uk ; L4 Canada Place, E14 ; plats 18-32 £ ; 11h30-22h30 lun-sam ; ; Canary Wharf). Logé dans un immeuble en verre, en plein centre du quartier d'affaires de Canary Wharf, le Plateau a la faveur des employés et cadres des environs, heureux, à l'heure du déjeuner, de s'échapper de leur tour pour s'installer avec vue sur le parc ou les façades vitrées des immeubles voisins, dans une chaise Tulipe d'Eero Saarinen, devant l'excellent menu. La carte comprend de savoureuses soupes, du gibier rôti et des plats de poisson parfaitement préparés.

LE COCKNEY ET SES RIMES

Traditionnellement, le terme *cockney* désignait les Londoniens bercés dès la naissance par le son des "Bow Bells" – les cloches de l'église St Mary-le-Bow (p. 148), à Cheapside. Or, peu de personnes vivent désormais dans ce qui est devenu la City, et les Cockneys sont donc les résidents de la zone plus à l'est, l'East End. Le mot est aussi souvent utilisé pour décrire quelqu'un qui parle l'*Estuary English* (dans lequel on ne prononce pas les "t" et les "h", et qui fait grand usage des coups de glotte – que l'on entend dans le son des deux "t" de "bottle", par exemple).

En fait, le cockney est avant tout connu pour son argot rimé (*rhyming slang*), que les marchands et truands des rues de Londres auraient inventé pour se parler sans être compris par la police. Selon un code établi, un nom commun ou un verbe est remplacé par deux mots avec lesquels il rime. Ainsi "*going up the apples and pears*" veut dire grimper les escaliers ("*up the stairs*", *stairs* étant ici remplacé par *apples and pears*) et "*telling porky pies*", mentir ("*telling lies*"). Au fil du temps, le deuxième mot qui faisait la rime a été abandonné.

Très peu de gens, s'il en est encore, parlent le cockney pur, mais beaucoup le comprennent. Vous le trouverez encore dans des expressions comme "*use your loaf*" (sous-entendu "*loaf of bread*", *bread* rimant avec *head*, pour dire "utilisez votre tête") ou "*ooh, me plates of meat!*" (*meat* rimant avec *feet*, pour dire "oh, mes pieds !").

OÙ PRENDRE UN VERRE ET FAIRE LA FÊTE

Les Londoniens branchés poursuivent leur inlassable migration vers l'est ; partis de Soho dans les années 1960, ils ont atteint Shoreditch dans les années 1990, et investissent désormais Dalston, Hackney et Hackney Wick. C'est Dalston qui compte la rue la plus animée, mais il existe aussi d'excellents lieux nocturnes autour des entrepôts proches de Mare Street, à Hackney, et le long des canaux de Hackney Wick. Rendez-vous à Broadway Market, Columbia Road ou Whitechapel pour découvrir des pubs historiques rajeunis.

Wapping

PROSPECT OF WHITBY — PUB

Plan p. 482 (020-7481 1095 ; www.greeneking-pubs.co.uk ; 57 Wapping Wall, E1 ; 12h-23h lun-jeu, 11h-minuit ven-sam, 12h-22h30 dim ; ; Wapping). Ouvert en 1520, le Prospect était autrefois appelé Devil's Tavern (taverne du Diable) pour sa clientèle interlope. Seul subsiste le sol d'origine en lauze. Charles Dickens et Samuel Pepys figurent au palmarès de ses illustres clients. Le pub compte une petite terrasse sur la Tamise et un restaurant à l'étage. Le feu crépite dans la cheminée en hiver et le comptoir du bar est habillé d'étain.

TOWN OF RAMSGATE — PUB

Plan p. 482 (020-7481 8000 ; www.townoframsgate.pub ; 62 Wapping High St, E1 ; 12h-23h dim-mer, 12h-minuit jeu-sam ; ; Wapping). Ce vénérable pub fut construit en 1545 sur le site d'un établissement plus ancien encore, the Hostel, qui servait déjà de la bière du temps de la guerre des Deux-Roses. Outre l'ambiance historique, on a vue sur la rivière et les portions du grill sont généreuses.

CAPTAIN KIDD — PUB

Plan p. 482 (020-7480 5759 ; 108 Wapping High St, E1 ; 12h-23h ; ; Wapping). Avec ses grandes fenêtres, son *beer garden* face au fleuve et une petite exposition rappelant la pendaison, en 1701, non loin de là, du pirate dont elle tient son nom, cette adresse au bord de l'eau est populaire. Bien qu'il occupe une bâtisse du XVIIe siècle, le pub ne date que des années 1980. Bon choix de bières artisanales Samuel Smith, brassées dans le Yorkshire.

Whitechapel

CULPEPER — PUB

Plan p. 478 (020-7247 5371 ; www.theculpeper.com ; 40 Commercial St, E1 ; 11h-minuit lun-jeu, 11h-2h ven-sam, 11h-23h dim ; Aldgate East). Dans un décor de brique apparente que viennent embellir des plantes en pot et des éclairages de style industriel, ce pub d'angle sert un bon choix de vins, de bières et de cocktails à une clientèle jeune et tendance. Point fort : la serre sur le toit, que jouxte une terrasse avec bar (l'été seulement).

Bethnal Green

♥ SATAN'S WHISKERS — BAR À COCKTAILS

Plan p. 482 (020-7739 8362 ; www.satanswhiskers.com ; 343 Cambridge Heath Rd, E2 ; 17h-minuit ; Bethnal Green). Seul un petit néon rouge marque l'entrée de ce bar à cocktails. Entre carte des boissons toujours renouvelée, box confortables, taxidermie délirante et bande-son géniale, c'est l'étape mémorable d'une tournée des bars d'East London.

CARPENTER'S ARMS — PUB

Plan p. 482 (020-7739 6342 ; www.carpentersarmsfreehouse.com ; 73 Cheshire St, E2 ; 16h-23h30 lun-jeu, 12h-minuit ven-sam, 12h-22h30 dim ; ; Shoreditch High St). Autrefois la propriété des tristement célèbres frères Kray (des gangsters, qui l'achetèrent pour leur mère âgée), ce pub, à la fois chic et chaleureux, a été magnifiquement restauré, comme en témoignent ses boiseries. Choix pléthorique de bières et de cidres à la pression ou en bouteille, à savourer en terrasse ou dans la salle à l'arrière.

ROYAL OAK — PUB

Plan p. 482 (020-7729 2220 ; www.royaloaklondon.com ; 73 Columbia Rd, E2 ; 18h30-22h lun-ven, 12h-22h sam, 12h-16h et 17h-21h dim ; Hoxton). Ce charmant pub lambrissé est particulièrement populaire le dimanche, lorsque s'installe, juste devant, le célèbre marché aux fleurs de Londres (p. 225). Il affiche un beau bar central et une honorable carte des vins. Petit jardin à l'arrière.

SAGER + WILDE — BAR À VINS

Plan p. 482 (020-8127 7330 ; www.sagerandwilde.com ; 193 Hackney Rd, E2 ; 17h-minuit lun-mer, 17h-1h jeu-ven, 12h-1h sam, 12h-minuit dim ; wifi ; Ⓤ Hoxton). Nouveau venu dans la vie nocturne de l'East End, ce bar à vins à l'élégance sobre et fort d'un beau comptoir en briques de verre sert des en-cas dans l'air du temps et d'excellents vins au verre. Quelques tables en extérieur, dans la rue.

BETHNAL GREEN WORKING MEN'S CLUB — CLUB

Plan p. 482 (☎020-7739 7170 ; www.workersplaytime.net ; 42-44 Pollard Row, E2 ; ⏲pub 18h-tard mer-sam, club horaires variables ; Ⓤ Bethnal Green). Ce club historique (créé en 1953), jadis fréquenté par les travailleurs de l'East End, a depuis ouvert ses portes à tous les oiseaux de nuit, en organisant des soirées insolites de toutes sortes : cabaret, burlesque, fiestas LGBT, soirées rétro... On s'y déhanche sur la piste de danse, dans un décor ostentatoire.

Dalston

♥ HIGH WATER — BAR À COCKTAILS

Plan p. 482 (☎020-7241 1984 ; www.highwaterlondon.com ; 23 Stoke Newington Rd, N16 ; ⏲16h30-2h lun-jeu, 15h30-3h ven-sam, 15h30-2h dim ; Ⓤ Dalston Kingsland). On peut être servi à table dans ce bar étroit aux murs de brique, mais si vous voulez lier conversation avec des inconnus, prenez place au bar. Vous pourrez ainsi demander au personnel, charmant, de vous guider dans la longue carte des cocktails, qui inclut de nombreuses concoctions originales. Votre breuvage sera alors mixé sous vos yeux.

DALSTON SUPERSTORE — GAY ET LESBIEN

Plan p. 482 (☎020-7254 2273 ; www.dalstonsuperstore.com ; 117 Kingsland High St, E8 ; ⏲17h-2h lun, 12h-2h mar-ven, 12h-3h sam, 10h-2h dim ; Ⓤ Dalston Kingsland). Bar, club ou restaurant ? Gay ou hétéro ? Le Dalston Superstore est difficile à cataloguer, et ce probablement à dessein. Quoi qu'il en soit, cet espace industriel sur 2 niveaux, ouvert toute la journée, se montre vraiment à son avantage à la nuit tombée, lors des soirées club données au sous-sol.

LOADING — BAR

(www.loading.bar ; 97 Stoke Newington Rd, N16 ; ⏲17h-minuit lun-jeu, 17h-2h ven, 11h-2h sam, 11h-23h dim ; Ⓤ Dalston Kingsland). Sur 2 niveaux, Loading est un bar avec les jeux pour thème, et des cocktails en rapport. Il y a des centaines de jeux de plateaux à essayer au rez-de-chaussée, et pléthore de consoles au sous-sol, ainsi que des jeux d'arcades rétro.

SHACKLEWELL ARMS — PUB

Plan p. 482 (☎020-7249 0810 ; www.shacklewellarms.com ; 71 Shacklewell Lane, E8 ; ⏲17h-minuit lun-jeu, 16h-3h ven-sam, 16h-minuit dim ; Ⓤ Dalston Kingsland). Le meilleur pub rock indé de Dalston est aussi grunge qu'il est possible de l'être. La clientèle se presse autour du billard et au bar du jardin, mais l'attraction principale est la salle de concerts, qui accueille des groupes presque tous les soirs.

RUBY'S — BAR À COCKTAILS

Plan p. 482 (www.rubysdalston.com ; 76 Stoke Newington Rd, N16 ; ⏲18h30-minuit mar-jeu, 18h30-2h ven-sam ; Ⓤ Dalston Kingsland). Niché au sous-sol, ce bar à cocktails au décor savamment négligé, éclairé par des lumignons, joue sur une ambiance d'époque Prohibition, bien qu'on ait davantage de chances d'y entendre du hair metal que du piano honky tonk. Les vendredis et samedis, le bar ouvre un lounge beaucoup plus vaste à côté, au son de morceaux disco entraînants. Autre atout : les cocktails à 5 £ le mardi (Ruby Tuesday).

RIDLEY ROAD MARKET BAR — BAR

Plan p. 482 (www.ridleyroadmarketbar.com ; 49 Ridley Rd, E8 ; ⏲18h-0h30 mar, 18h-2h mer, 18h-3h jeu-sam, 17h-23h dim ; Ⓤ Dalston Junction). Ce bar à thème tropical rétro joue d'une ambiance sympathique et de boissons abordables : Red Stripe (3 £) et cocktails glacés dans des gobelets en plastique (5 £) par exemple. On peut commander une pizza chez Slice Girls. La musique mélange pop, jazz et soul. Carte bancaire uniquement.

FARR'S SCHOOL OF DANCING — BAR

Plan p. 482 (☎020-7923 4553 ; www.farrsschoolofdancing.com ; 17-19 Dalston Lane, E8 ; ⏲16h-23h lun-mer, 16h-minuit jeu, 16h-1h ven, 12h-1h sam, 18h-23h dim ; wifi ; Ⓤ Dalston Junction). Aménagé dans ce qui fut, dans les années 1930, une école de danse, ce lieu, à la fois spacieux et au délabrement étudié, se distingue par son aspect brut et son grand bar central. Une clientèle décontractée vient s'amuser sur fond de tubes des années 1980.

DRAUGHTS — CAFÉ, BAR

Plan p. 482 (☎07930 936237 ; www.draughtslondon.com ; 41 Kingsland High St, E8 ; ⏲10h-23h ;

UN HÉROS DE L'EST LONDONIEN

Daniel Mendoza (1764-1836), le père de la "boxe scientifique", qui se proclamait "Mendoza le juif", fut le premier boxeur à mains nues à employer la stratégie et la vitesse sur le ring. Né dans le secteur d'Aldgate, Mendoza quitta l'école à 13 ans et prit divers emplois de portefaix ; raillé pour ses origines étrangères, il se bagarrait souvent. Il fut finalement découvert par le "gentleman boxeur" Richard Humphreys, de vingt ans son aîné, qui le prit sous son aile et commença à l'entraîner. Mendoza développa un style de boxe diamétralement opposé à la pratique de l'époque, qui consistait pour les boxeurs à combattre face à face presque sans bouger jusqu'à ce que l'un d'eux s'effondre.

Mendoza connut un grand succès sur le ring, mais finit par se disputer avec son mentor. Son combat le plus célèbre eut lieu contre ce dernier en 1788. Au moment où Mendoza s'apprêtait à donner le coup de grâce, le second de Richard Humphreys retint son bras – un moment immortalisé dans une gravure de l'époque intitulée *Foul Play* (Jeu irrégulier), exposée à la National Portrait Gallery. Mendoza se battit deux autres fois contre Humphreys, sans irrégularité, et en sortit vainqueur, aussi bien au plan pugilistique que moral.

Mendoza fut le premier sportif britannique à devenir une célébrité. Il fit fortune et perdit tout, écrivit ses mémoires et un manuel intitulé *The Art of Boxing*, se mêla aux riches et aux puissants (y compris à la royauté) et vendit des babioles et des images à son nom. Surtout, cette figure pugnace fit progresser la cause des juifs dans un pays qui ne les avait autorisés à revenir qu'un siècle plus tôt.

UHaggerston). Le tout premier café-bar à thème de Londres consacré aux jeux de société – sa collection en compte plus de 900 – vous promet un après-midi délicieusement geek. Nourriture, vin et bière sont servis toute la journée. Le personnel est là pour vous expliquer les règles et vous conseiller dans vos choix. Il faut payer 6 £ pour commencer à jouer.

DALSTON ROOF PARK BAR

Plan p. 482 (020-7275 0825 ; www.dalstonroofpark.com ; Print House, 18 Ashwin St, E8 ; 17h-22h lun, 17h-23h mar-ven, 17h-minuit sam, 15h-minuit dim ; UDalston Junction). Assis, un verre à la main, sur le gazon artificiel avec vue sur Dalston, on se surprend à regretter que Londres ne soit pas ensoleillée toute l'année.

Hackney

NETIL360 BAR

Plan p. 482 (www.netil360.com ; 1 Westgate St, E8 ; 12h-20h30 mer et dim, 12h-22h30 jeu-sam avr-déc ; ; ULondon Fields). Au sommet de la Netil House, ce café-bar très à la mode a l'atout d'une vue incroyable sur Londres. Des longues-vues en laiton permettent d'observer de plus près les employés du "Gherkin" (le "cornichon") ! Entre deux verres, vous pourrez faire une partie de croquet sur le gazon artificiel de la terrasse, ou peut-être profiter du Jacuzzi.

MARTELLO HALL BAR

Plan p. 482 (020-3889 6173 ; www.martellohall.com ; 137 Mare St, E8 ; 10h-23h lun-mer, 10h-1h jeu, 10h-3h ven-sam, 12h-minuit dim ; ; ULondon Fields). Si le Dr Jekyll revenait sous les atours de quelque hipster louche de Hackney, c'est au Martello Hall qu'il s'encanaillerait, en sirotant un gin distillé par "Nicola", nom donné à l'alambic en cuivre poli trônant derrière le bar. Un ventilateur à courroie, d'aspect *steampunk*, brasse l'air au plafond, tandis que les bouteilles de spiritueux luisent tels des élixirs à la lueur des bougies. À l'arrière, dans la cuisine ouverte, on concocte du poulet frit, des pizzas, et des brunchs avec boissons illimitées le week-end (25 £).

HOWLING HOPS BAR

Plan p. 482 (020-3583 8262 ; www.howlinghops.co.uk ; 9a Queen's Yard, White Post Lane, E9 ; 12h-23h dim-jeu, 12h-1h ven-sam ; UHackney Wick). Vous ne trouverez ni cannettes, ni bouteilles, ni tonneaux dans cette microbrasserie assortie d'un bar grunge, mais 10 réservoirs reluisants contenant des ales et des lagers brassées sur place. Elle partage ce vieil entrepôt victorien avec un restaurant colombien, Maize Blaze, et un comptoir où on sert un très bon café.

DOVE PUB

Plan p. 482 (020-7275 7617 ; www.dovepubs.com ; 24-28 Broadway Market, E8 ; 12h-23h dim-ven, 11h-23h sam ; ; London Fields). Le Dove affiche une série de salles au plancher de bois, et sert un beau choix de trappistes belges, de bière d'orge ou aux fruits. On les déguste à l'extérieur ou lové dans un siège devant un jeu de société, selon la météo. Cuisine de pub avec notamment de bonnes options végétariennes.

CRATE BREWERY MICROBRASSERIE

Plan p. 482 (020-8533 3331 ; www.cratebrewery.com ; 7 Queen's Yard, White Post Lane, E9 ; 12h-23h dim-jeu, 12h-minuit ven-sam ; ; Hackney Wick). Pas étonnant que la jeunesse branchée se presse à Hackney Wick : ces entrepôts victoriens font d'idéales brasseries artisanales. À l'intérieur, pizzas, bières et cidres en tonneaux sont servis sous des suspensions faites de vieux ressorts de lit. Le dimanche, en journée, les tables en bord de canal sont vite prises d'assaut.

PEOPLE'S PARK TAVERN PUB

Plan p. 482 (020-8533 0040 ; www.peoplesparktavern.pub ; 360 Victoria Park Rd, E9 ; 12h-minuit dim-jeu, 13h-2h ven-sam ; ; Homerton). Si vous vous promenez dans Victoria Park et qu'un rafraîchissement ou une partie de golf miniature vous tente, c'est ici qu'il faut aller. Le fabuleux *beer garden* donne directement sur Victoria Park, et le pub brasse sa propre bière sur place. Programmation hebdomadaire fournie, avec soirées humour, concerts et DJ.

CAT & MUTTON PUB

Plan p. 482 (020-7249 6555 ; www.catandmutton.com ; 76 Broadway Market, E8 ; 12h-23h lun, 12h-minuit mar-jeu, 12h-1h ven, 10h-1h sam, 12h-23h30 dim ; London Fields). Dans ce fabuleux pub georgien, les habitants de Hackney sirotent leur bière sous les trophées de chasse, les photos en noir et blanc, et un grand portrait de Karl Marx. S'il y a trop de monde en bas, vous pourrez emprunter l'escalier en colimaçon pour essayer les canapés confortables. Les week-ends sont débridés, avec des DJ qui passent leurs tubes jusque tard.

LAST TUESDAY SOCIETY CLUB

Plan p. 482 (020-7998 3617 ; www.thelasttuesdaysociety.org ; Viktor Wynd Museum of Curiosities, Fine Art & Natural History, 11 Mare St, E8 ; 12h-23h mer-sam, 12h-20h dim ; Bethnal Green). Le bar à cocktails le plus étrange de Londres, avec un *Wunderkabinett* de taxidermie, des masques tribaux et des babioles du monde entier (p. 226), et des boissons expérimentales, à commencer par une *Absinthe Hour* à 18h en semaine. Bondé le week-end : appelez pour réserver une table. Avec des événements spéciaux, allant du bal masqué (Saint-Valentin, Halloween...) aux soirées vins et fromages "Hallouminati".

ROYAL INN ON THE PARK PUB

Plan p. 482 (020-8985 3321 ; www.royalinnonthepark.com ; 111 Lauriston Rd, E9 ; 12h-23h ; ; 277). À la lisière nord de Victoria Park, cette excellente adresse, qui fut autrefois le pub de prédilection des employés de Transport for London, propose 10 bonnes bières à la pression (des ales anglaises, à la fermentation haute, ou des bières belges et tchèques). On trouve également des tables en extérieur à l'avant, et une grande cour à l'arrière.

NO 90 BAR

Plan p. 482 (020-8986 0090 ; www.number-90bar.co.uk ; 90 Wallis Rd, E9 ; 12h-23h30 mar-jeu et dim, 12h-1h ven-sam ; Hackney Wick). Logé dans un gigantesque entrepôt en brique au bord du canal, le No 90 sert des bières artisanales, du vin et des cocktails aux artistes du quartier et aux buveurs du dimanche. Des DJ animent les lieux presque tous les soirs. Concerts ponctuels.

KING EDWARD VII PUB

(020-8534 2313 ; www.kingeddies.co.uk ; 47 Broadway, E15 ; 11h-minuit lun-sam, 12h-minuit dim ; Stratford). Ce joli pub du XIXe siècle tire avantage de plusieurs belles salles distribuées autour d'un bar central. Le bar de devant et son lounge sont les plus conviviaux, et il y a un petit patio à l'arrière. "Scène ouverte" le jeudi soir – avis aux amateurs !

Limehouse

GRAPES PUB

Plan p. 482 (020-7987 4396 ; thegrapes.co.uk ; 76 Narrow St, E14 ; 12h-23h, 12h-22h30 dim ; DLR Limehouse). Grapes, qui date de 1583, est l'un des grands pubs historiques de Limehouse. Son nom apparaît dans les écrits de Samuel Pepys, Charles Dickens, Oscar Wilde, Conan Doyle et Peter Ackroyd. Le lieu est minuscule, et sa terrasse sur le fleuve plus encore (elle ne peut accueillir confortablement qu'une demi-douzaine d'amis proches), mais sa salle lambrissée chaleureuse déborde d'un charme suranné.

OLD SHIP GAY

Plan p. 482 (☎020-7791 1301 ; www.oldship.net ; 17 Barnes St, E14 ; ⏲12h-22h lun, 12h-23h mar-jeu et dim, 12h-minuit ven-sam ; Ⓤ DLR Limehouse). L'Old Ship est un petit pub de quartier typique de l'East End... abstraction faite des spectacles de drag-queens qui ont lieu le week-end, et du quiz de Saucy Sophie (Sophie l'effrontée) le mercredi.

WHITE SWAN GAY

Plan p. 482 (☎020-7780 9870 ; www.bjswhiteswan.com ; 556 Commercial Rd, E14 ; ⏲20h-2h mar-jeu, 20h-5h ven-sam, 20h-2h dim ; Ⓤ DLR Limehouse). Le White Swan est un endroit divertissant typique de l'East End, avec sa grande piste de danse, son club au sous-sol et un coin pub plus paisible. La programmation musicale met à l'honneur les classiques de clubs et la pop. Également des spectacles transformistes et des soirées où le public est invité à chanter accompagné au piano.

★ OÙ SORTIR

WILTON'S THÉÂTRE

Plan p. 482 (☎020-7702 2789 ; www.wiltons.org.uk ; 1 Graces Alley, E1 ; Ⓡ DLR Tower Gateway, Ⓤ Tower Hill). Magnifique survivant des pubs music-halls victoriens de Londres, le Wilton's affiche une programmation variée – des spectacles comiques à la musique classique, en passant par le théâtre et l'opéra. Le **Mahogany Bar** (17h-23h lun-sam) permet de s'immerger dans cette ambiance même si on n'assiste pas à un spectacle.

VORTEX JAZZ CLUB JAZZ

Plan p. 482 (☎020-7254 4097 ; www.vortexjazz.co.uk ; 11 Gillet Sq, N16 ; ⏲20h-minuit ; Ⓤ Dalston Kingsland). Le Vortex propose une affiche exceptionnelle de musiciens, chanteurs et compositeurs de jazz venus du Royaume-Uni, d'autres pays d'Europe, des États-Unis, d'Afrique et d'ailleurs. La salle est petite ; réservez si vous souhaitez voir un concert en particulier.

HACKNEY EMPIRE THÉÂTRE

Plan p. 482 (☎020-8985 2424 ; www.hackneyempire.co.uk ; 291 Mare St, E8 ; Ⓤ Hackney Central). L'un des plus beaux théâtres de Londres, ce music-hall édouardien rénové datant de 1901 affiche une programmation très diverse, du théâtre politique sans concessions aux comédies musicales, opéras et numéros d'humour. C'est ici que se jouent certains des meilleurs spectacles pour enfants à Noël.

PETITE PLAYLIST D'EAST LONDON

- *Mile End* – Pulp (1995)
- *Dagenham Dave* – Morrissey (1995)
- *Dalston* – Razorlight (2004)
- *Ill Manors* – Plan B (2012)
- *River Lea* – Adele (2015)

GENESIS CINÉMA

Plan p. 482 (☎020-7780 2000 ; www.genesiscinema.co.uk ; 93-95 Mile End Rd, E1 ; Ⓤ Stepney Green). Blottissez-vous dans un canapé sous une couverture pour voir un film dans ce merveilleux petit cinéma de 5 salles.

COPPER BOX ARENA SALLE DE CONCERTS

Plan p. 482 (☎020-8221 4900 ; copperboxarena.org.uk ; Copper St, E20 ; Ⓤ Hackney Wick). Cette enceinte sportive de 7 000 places a été le théâtre des matchs de handball des Jeux olympiques de 2012. Elle accueille aujourd'hui du badminton, ainsi que d'autres sports et des concerts.

CAFE OTO MUSIQUE LIVE

Plan p. 482 (www.cafeoto.co.uk ; 18-22 Ashwin St, E8 ; ⏲9h30-tard ; 📶 ; Ⓤ Dalston Junction). Axé sur la promotion des musiciens internationaux alternatifs et expérimentaux, le Cafe Oto est le principal rendez-vous des mélomanes de Dalston, venus écouter des sonorités électroniques, de la musique psychédélique japonaise ou de l'avant-folk. Niché dans un ancien entrepôt d'imprimerie, c'est l'une des salles de concerts les plus singulières de Londres. Quand aucun musicien n'est sur scène, le Cafe Oto fait café-bar.

DALSTON JAZZ BAR JAZZ

Plan p. 482 (☎020-7254 9728 ; www.dalstonjazzbar.co.uk ; 4 Bradbury St, N16 ; ⏲15h-1h jeu-sam ; Ⓤ Dalston Kingsland). En retrait d'une Kingsland High Street frénétique, le Dalston Jazz Bar fait aussi bar à cocktails et restaurant de quartier. Les soirées jazz (concerts et DJ) ont lieu du jeudi au samedi et commencent tard le soir.

ARCOLA THEATRE THÉÂTRE

Plan p. 482 (☎020-7503 1646 ; www.arcolatheatre.com ; 24 Ashwin St, E8 ; ⓤDalston Junction). Dalston a beau être relativement loin du West End, les amateurs d'art dramatique affluent vers ce théâtre innovant pour découvrir des productions audacieuses et éclectiques. Un événement annuel unique, le festival d'opéra **Grimeborn** présente des œuvres nouvelles ou méconnues : c'est la réponse de Dalston au festival d'opéra de **Glyndebourne** (☎01273-812321 ; www.glyndebourne.com), de renommée mondiale, qui a lieu à la même époque dans l'est du Sussex (en août).

RIO CINEMA CINÉMA

Plan p. 482 (☎020-7241 9410 ; www.riocinema.org.uk ; 107 Kingsland High St, E8 ; ⓤDalston Kingsland). Ce cinéma d'art et d'essai projette des films classiques et des sorties récentes, et accueille des festivals indépendants comme l'East End Film Festival, le London Turkish Film Festival et le Fringe! Queer Film & Arts Festival. Il organise régulièrement des rencontres avec des réalisateurs.

SHOPPING

De jolies petites boutiques pleines de fantaisie jalonnent Columbia Road et Broadway Market, bien que certaines ne soient ouvertes que le week-end. Si vous recherchez des magasins plus classiques, vous trouverez votre bonheur au centre commercial Westfield Stratford City. Un autre (avec boutiques et restaurants semblables) vous attend sous les gratte-ciel de Canary Wharf. Les spécialistes des bonnes affaires visent les magasins d'usine de Morning Lane et de Chatham Place à Hackney.

♥ **BROADWAY MARKET** MARCHÉ

Plan p. 482 (www.broadwaymarket.co.uk ; Broadway Market, E8 ; ⏲9h-17h sam ; 🚌394). Un marché a lieu ici depuis la fin du XIXe siècle, mais aujourd'hui on y trouve surtout de l'alimentation artisanale, des cadeaux faits main et des articles vestimentaires uniques. Les cafés de chaque côté de la rue (ouverts tous les jours) débordent de clients venus faire leurs courses. Faites le plein de gourmandises, puis allez pique-niquer aux London Fields (p. 227).

BEYOND RETRO VINTAGE

Plan p. 482 (☎020-7729 9001 ; www.beyondretro.com ; 92-100 Stoke Newington Rd, N16 ; ⏲10h30-19h lun-mar et sam, 10h30-20h mer-ven, 11h30-18h dim ; ⓤDalston Kingsland). Une débauche de couleurs, de volants, de plumes et de pattes d'eph' vous attend dans ce vaste magasin, riche de tous les vêtements vintage possibles et imaginables, des chapeaux aux chaussures. Il y a une **deuxième boutique à Bethnal Green** (plan p. 482 ; ☎020-7729 9001 ; www.beyondretro.com ; 110-112 Cheshire St, E2 ; ⏲11h-19h lun-sam, 11h30-18h dim ; 🚆Shoreditch High St).

♥ **ARTWORDS** LIVRES

Plan p. 482 (☎020-7923 7507 ; www.artwords.co.uk ; 20-22 Broadway Market, E8 ; ⏲9h-20h lun-ven, 10h-18h sam-dim ; 🚌394). Une charmante librairie spécialisée dans les publications d'arts visuels du pays, d'Europe, d'Amérique du Nord et d'Australie. Vous y trouvez des piles de magazines de beaux-arts contemporains, des livres de photographie, design, médias, cinéma ou philosophie créative. Très bon choix de magazines indépendants également – remportez le tout dans un de leurs jolis sacs en tissu imprimé.

TRAID MODE

Plan p. 482 (☎020-7923 1396 ; www.traid.org.uk ; 106-108 Kingsland High St, E8 ; ⏲11h-19h lun-sam, 12h-18h dim ; ⓤDalston Kingsland). Traid ne ressemble guère aux autres boutiques à vocation caritative : elle est vaste, bien éclairée, et exempte de toute odeur d'antimites. Les vêtements ne sont pas forcément vintage : il s'agit plutôt de bonnes occasions contemporaines, vendues à prix mini. On y trouve aussi des créations, confectionnées à partir de chutes de tissus.

PRINGLE OF SCOTLAND OUTLET STORE MODE

Plan p. 482 (☎020-8533 1158 ; www.pringlescotland.com ; 90 Morning Lane, E9 ; ⏲10h-18h30 lun-sam, 12h-17h dim ; ⓤHackney Central). De bonnes affaires en perspective dans cet excellent magasin d'usine qui stocke des articles de deuxième choix et des fins de séries de la ligne Pringle. Les pulls en mérinos, en cachemire et en laine d'agneau pour hommes et femmes sont de qualité.

BURBERRY OUTLET STORE MODE

Plan p. 482 (www.burberry.com ; 29-31 Chatham Pl, E9 ; ⏲10h-19h lun-sam, 11h30-18h dim ;

Ⓤ Hackney Central). Dans une petite rue, ce point de vente propose les surplus de la collection actuelle (et de la précédente) de la marque de luxe britannique. Les prix, environ 30% en deçà de ceux des grands magasins, justifient le détour.

WESTFIELD STRATFORD CITY CENTRE COMMERCIAL

(uk.westfield.com ; Westfield Ave, E20 ; ⊙10h-21h lun-ven, 9h-21h sam, 12h-18h dim ; ; Ⓤ Stratford). Ce centre commercial qui jouxte le Queen Elizabeth Olympic Park est le troisième de Grande-Bretagne par la taille – un monstre comptant plus de 250 boutiques, 70 cafés et restaurants, un cinéma de 17 salles, un bowling, un casino et un hôtel Premier Inn.

SPORTS ET ACTIVITÉS

SECRET ADVENTURES CIRCUITS ORGANISÉS

Plan p. 482 (www.secretadventures.org ; 1e Mentmore Terr, E8 ; circuits à partir de 20 £ ; ⊙10h-18h ; Ⓤ London Fields). Spécialiste des escapades dans l'East End, à Londres et ailleurs, cet organisateur de Hackney propose sorties de nuit en kayak jusqu'à Crate Brewery (p. 240), croisières sur un bateau ancien en bois vers Tower Bridge, tours en canoë d'Olympic Park (p. 229) et même des excursions en Écosse.

Si vous préférez les aventures sur la terre ferme, essayez leurs projections de films dans une vieille grange ou une chapelle, avec marshmallows grillés sur un feu de camp et grog inclus. Les options varient selon la période : consultez le site Internet.

LONDON AQUATICS CENTRE NATATION

(☎020-8536 3150 ; www.londonaquaticscentre.org ; Carpenters Rd, E20 ; tarif plein/réduit à partir de 5/3 £ ; ⊙6h-22h30 ; Ⓤ Stratford). Les lignes courbes dessinant une immense vague sur le toit du London Aquatics Centre, édifice primé dû à l'architecte Zaha Hadid, font de cette piscine le point d'orgue architectural du parc olympique (p. 229). Le bassin de compétition de 50 m est inondé de lumière naturelle sous l'énorme toit ondulé (qui repose seulement sur 3 supports) ; c'est un lieu extraordinaire pour nager. Il y a un second bassin de 50 m, un bassin de plongeon, un gymnase, une crèche et un café.

LEE VALLEY VELOPARK VÉLO

Plan p. 482 (☎0300 0030 613 ; www.visitleevalley.org.uk/velopark ; Abercrombie Rd, E20 ; découverte 1 heure 50 £, billet "pay-and-ride" à partir de 5 £, location casque et vélo adulte/enfant à partir de 12/8 £ ; ⊙9h-22h lun-ven, 8h-21h sam-dim ; ; Ⓤ Stratford International). Le magnifique vélodrome dernier cri du Queen Elizabeth Olympic Park (p. 229) est ouvert au public, qui peut soit s'y promener et observer les pros faire de la vitesse sur la piste à virages relevés, soit y pédaler. Le vélodrome et le **parc de BMX** adjacent proposent tous deux des séances de découverte. Les VTTistes et les adeptes du vélo sur route peuvent se lancer sur les pistes avec un billet "pay-and-ride".

ALFRED LE ROY CROISIÈRE

Plan p. 482 (www.alfredleroy.com ; Queen's Yard, White Post Lane, E9 ; à partir de 26 £ ; ⊙sam-dim ; Ⓤ Hackney Wick). Quand elle ne joue pas les bars flottants à son mouillage devant Crate Brewery (p. 240), cette péniche emmène ses passagers au Queen Elizabeth Olympic Park pour des croisières alcoolisées. Le samedi, elle remonte la rivière Lea en direction de Springfield Park à 12h, et redescend jusqu'au Limehouse Basin à 15h30. Réservation en ligne.

LONDON FIELDS LIDO NATATION

Plan p. 482 (www.better.org.uk/leisure-centre/london/hackney/london-fields-lido ; ☎020-7254 9038 ; London Fields West Side, E8 ; tarif plein/réduit 5/3 £ ; ⊙6h30-21h ; Ⓤ London Fields). Construite dans les années 1930, puis fermée dans les années 1980, cette piscine extérieure chauffée de 50 m a rouvert en 2006, et est bondée de nageurs et d'adeptes du bronzage en été. On peut prendre les billets en ligne également.

LEE & STORT BOATS CROISIÈRE

Plan p. 482 (☎0845 116 2012 ; www.leeandstortboats.co.uk ; Stratford Waterfront Pontoon, E20 ; tarif plein/réduit 9/5 £ ; ⊙tlj avr-sept, sam-dim mars et oct ; Ⓤ Stratford). Des circuits de 45 minutes sillonnent les cours d'eau du Queen Elizabeth Olympic Park (p. 229). Les horaires de départ sont indiqués sur des panneaux d'affichage dans le parc (généralement, 1/heure, à partir de midi pile).

Hampstead et North London

KING'S CROSS ET EUSTON | REGENT'S PARK | PRIMROSE HILL | CAMDEN TOWN | HAMPSTEAD | HIGHGATE | HIGHBURY | ISLINGTON | STOKE NEWINGTON | KENTISH TOWN

Notre sélection

❶ À **Hampstead Heath** (p. 256), vous profiterez de la vue panoramique sur Londres depuis Parliament Hill, vous ferez le plein de culture dans la splendide Kenwood House, puis vous vous poserez dans un canapé du pub Garden Gate ou dans son magnifique *beer garden*.

❷ Les images, la bande sonore, les parfums et l'énergie débordante du légendaire **Camden Market** (p. 254).

❸ Les trésors de la **British Library** (p. 246), "mémoire collective" nationale, dont les murs abritent des montagnes de savoir.

❹ Un après-midi à réfléchir sur la vie, la mort et l'art dans l'intrigant musée de la **Wellcome Collection** (p. 251).

❺ La visite de l'ultramoderne **Tottenham Hotspur Stadium** (p. 262), avec sa pelouse escamotable, qui accueille football américain ou "authentique".

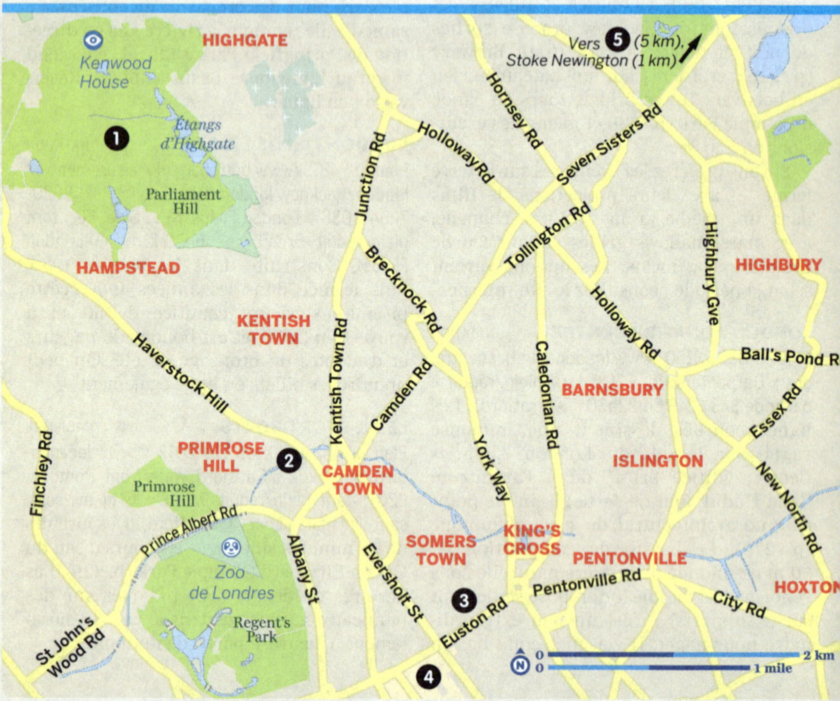

Pour des plans plus détaillés, reportez-vous p. 485, p. 486 et p. 488

Découvrir Hampstead et North London

North London est vaste, et on pourrait aisément consacrer une semaine à en explorer les parcs, en visiter les sites et profiter des *gastropubs* et de la vie nocturne. Si vous manquez de temps, des choix s'imposent.

L'énergie de Camden Market (p. 254) est communicative, et Hampstead Heath (p. 256) se prête à des balades superbes (certaines en pente) avec une belle vue sur la ville. Ces quartiers résidentiels prennent vie le week-end.

King's Cross, ancienne friche industrielle devenue quartier branché, est un lieu agréable pour un dîner en plein air, une glace ou une balade mais, emplacement central et nombreux bureaux obligent, il est plus animé en semaine. On peut y visiter deux musées et, le week-end, le ravissant bâtiment de St Pancras (p. 250).

Longer à pied Regent's Canal (p. 252) est une manière plaisante et commode de rallier des lieux tels que King's Cross, Camden et Regent's Park (p. 252).

Vivre comme un Londonien

Concerts North London est le berceau londonien du rock indé. Les fans viennent nombreux dans les bars et les salles de concerts de Camden Town et Kentish Town, écouter les étoiles montantes de la musique alternative.

Déjeuner dominical au pub Hampstead est un bon endroit pour vivre cette institution ; mais, de fait, tout North London est parsemé de bons pubs !

Baignade Les *ponds* (étangs) unisexes de Hampstead Heath (p. 273) sont ouverts toute l'année. Certains y nagent tous les jours, qu'il pleuve ou qu'il vente !

Depuis/vers Hampstead et North London

Métro North London est desservi par les lignes Northern, Piccadilly, Victoria, Jubilee et Bakerloo. Les lignes Circle, Hammersmith & City et Metropolitan marquent les arrêts à King's Cross St Pancras, Euston Square et Baker Street.

Train L'Overground traverse North London d'est en ouest, avec des arrêts pratiques à Highbury & Islington, Caledonian Road & Barnsbury, Camden Road, Kentish Town West et Hampstead Heath.

Bus De nombreuses lignes relient les quartiers entre eux et avec le centre de Londres. Les bus sont pratiques pour aller au zoo (bus 88 et 274) et dans la partie nord de Hampstead Heath (bus 210).

Bon plan Lonely Planet

Si le soleil brille, abandonnez tous vos projets et foncez dans un parc. Les espaces verts de North London sont parmi les plus grands et les plus beaux de la capitale. Prenez votre pique-nique et faites comme les Londoniens après le déjeuner : allez au pub !

Le top des restaurants

- Trullo (p. 264)
- Sambal Shiok (p. 263)
- Ottolenghi (p. 264)
- Hook Camden Town (p. 261)
- Yipin China (p. 265)

Voir détails p. 258

Le top des pubs, bars et cafés

- Holly Bush (p. 267)
- Drink, Shop & Do (p. 266)
- Garden Gate (p. 268)
- Euston Tap (p. 266)
- Bull & Gate (p. 267)

Voir détails p. 266

Le top des salles de concerts

- Green Note (p. 269)
- The Dublin Castle (p. 271)
- O2 Forum (p. 271)
- Jazz Cafe (p. 269)
- Blues Kitchen (p. 269)

Voir détails p. 269

LES INCONTOURNABLES
BRITISH LIBRARY

Avec ses terrasses de brique rouge – qui nécessitèrent 10 millions de briques et 180 000 tonnes de béton –, et, à l'avant, sa grande *piazza* ornée d'une statue d'Isaac Newton, on aime ou on déteste le bâtiment de Colin St John Wilson. À son inauguration en 1998, après 15 ans de travaux, le prince Charles la compara au "QG d'une police secrète". Qualités esthétiques mises à part, l'endroit accueille les plus précieux trésors de l'écriture. Elle est la "mémoire collective" du monde anglophone.

Fonds
La British Library, principale bibliothèque de dépôt légal du Royaume-Uni, reçoit systématiquement un exemplaire de tout ce qui est publié en Grande-Bretagne (et en Irlande). Parmi les quelque 170 millions de références figurent aussi des manuscrits, des livres, des magazines, des journaux, des cartes historiques et des enregistrements sonores.

King's Library Tower
Au milieu du bâtiment, une tour de verre de 6 niveaux (17 m) abrite la merveilleuse King's Library, la collection de 65 000 volumes du roi George III, dont le fils George IV fit don à la nation en 1823. C'est une des "*foundation collections*", à savoir celles données par (ou acquises auprès de) divers collectionneurs, comme l'architecte Hans Sloane, et qui constituèrent la base du fonds de la bibliothèque et du British Museum.

À NE PAS MANQUER

- Sir John Ritblat Treasures Gallery
- King's Library Tower
- Expositions temporaires
- Banc-sculpture *Sitting on History*

INFOS PRATIQUES

- Plan p. 486, A6
- ☎0330-333 1144
- www.bl.uk
- 96 Euston Rd, NW1
- Gratuit
- ⌚9h30-20h lun-jeu, 9h30-18h ven, 9h30-17h sam, 11h-17h dim
- Wi-Fi
- Ⓤ King's Cross St Pancras

Sir John Ritblat Treasures Gallery

Point d'orgue de la visite, la collection de cette sombre galerie couvre pratiquement 3 millénaires d'histoire, et comprend des manuscrits, des écrits religieux, des cartes, des partitions de musique, des autographes et des chroniques.

Parmi les textes rares des grandes religions figurent le **Codex Sinaiticus**, premier texte complet du Nouveau Testament écrit en grec au IVe siècle, une **bible de Gutenberg** (1455), premier livre occidental imprimé au moyen de caractères mobiles, le **Sûtra de diamant**, le plus ancien livre imprimé du monde et des textes sacrés jaïns, coraniques ou judaïques comme la **Haggadah dorée**.

Il y a aussi des documents historiques, comme deux des quatre exemplaires subsistants de la **Magna Carta** (Grande Charte ; 1215), la charte qui posa les principes de la loi dans le Royaume d'Angleterre, au cours du Moyen Âge. La littérature n'est pas en reste, avec le **premier folio de Shakespeare** (1623) et des manuscrits de célèbres auteurs britanniques comme Lewis Carroll, Jane Austen, George Eliot ou Thomas Hardy. Les amateurs de musique apprécieront les **paroles manuscrites des Beatles** (dont celles de *A Hard Day's Night*, griffonnées au dos d'une carte d'anniversaire de Julian Lennon) et des partitions originales de Bach, Haendel, Mozart et Beethoven.

Prenez les écouteurs au mur pour entendre un florilège d'extraits des archives sonores, avec notamment le tout premier enregistrement jamais réalisé, fait par Thomas Edison en 1877.

Expositions

La British Library organise régulièrement des expositions temporaires prestigieuses dans la PACCAR Exhibition Gallery, en puisant dans ses propres archives (prix d'entrée variable). Des expositions gratuites de moindre envergure sur des auteurs spécifiques, des genres ou des thèmes (le roman policier, la science-fiction, le recensement, etc.) sont également présentées dans toute la bibliothèque.

Visites guidées

Les visites guidées (adulte/enfant 10/8 £) de 1 heure présentent la John Ritblat Gallery (11h lun-sam, 11h30 dim) ou le bâtiment lui-même (14h lun-sam, 15h dim). Des visites plus spécialisées, comme celle d'un des ateliers de restauration, sont envisageables sur rendez-vous.

FAITES UNE PAUSE

Origin Coffee Roasters (p. 266), sur la *piazza* de la British Library, sert un très bon café dans un très joli cadre.

Pour manger vite, bien et bon marché, allez à Roti King (p. 258) goûter aux *roti canai* (pains plats) malaisiens, avec du curry.

Parmi les œuvres d'art qui parsèment la bibliothèque : sur la *piazza*, la statue d'Isaac Newtown d'Eduardo Paolozzi, et *Planets*, une sculpture d'Antony Gormley. À l'intérieur, des portraits réalisés par Godfrey Kneller et David Hockney, la tapisserie *If Not, Not* par RB Kitaj et la sculpture en bronze d'un livre enchaîné et ouvert servant de banc, *Sitting on History*, par Bill Woodrow.

CARTE DE LECTEUR

Des centaines d'usagers travaillent ici chaque jour. Ils accèdent aux 11 salles de lecture au moyen d'une carte de lecteur (*Reader Pass*), accordée aux personnes qui justifient du besoin d'accéder à des références particulières (recherches ou travail universitaire).

LES INCONTOURNABLES
ZSL LONDON ZOO

Fondé en 1828, le zoo de Londres est le plus ancien du monde. Le parc se donne aujourd'hui pour missions prioritaires l'éducation, la conservation et la reproduction, en choisissant d'accueillir moins d'espèces et d'accorder plus d'espace aux animaux.

Très populaire, **Land of the Lions** est un enclos de 2 500 m² recréant l'environnement du Gir Forest National Park, en Inde, là où vivent les derniers lions d'Asie en liberté. L'enclos loge quatre de ces fauves, ainsi que des entelles et des groupes de mangoustes naines.

Au **Gorilla Kingdom**, Alika (née en 2014) et Gernot (né en 2015) sont toujours amusants à voir, et offrent de nombreuses similitudes avec les humains. Les 2 petits et les 4 adultes ont un grand enclos ouvert et un espace intérieur avec balançoires de cordes et cages à poules.

Penguin Beach a également la faveur du public. Cette enceinte est au cœur d'un programme de reproduction des manchots du Cap et de Humboldt.

Rainforest Life, une portion de forêt tropicale qui abrite des paresseux, des singes et des oiseaux d'Amérique du Sud, fait partie des domaines où les animaux se promènent librement parmi les visiteurs. Il y a aussi une section sans lumière, **Night Life**, où vivent d'intrigants animaux nocturnes tels que loris, rats malgaches géants et tétras aveugles. Traversez l'enclos **In with the Lemurs**, où des lémuriens curieux et joueurs viendront tout près de vous.

S'il fait mauvais, visitez les attractions couvertes : **Butterfly Paradise**, **Reptile House** et le bâtiment **B.U.G.S.**, plein d'insectes. La **Snowden Aviary** (volière), au bord du canal, est en travaux pour accueillir des singes bondissants, les colobes noir et blanc.

À NE PAS MANQUER

- Land of the Lions
- Night Life
- Penguin Beach
- Gorilla Kingdom
- In with the Lemurs

INFOS PRATIQUES

- Plan p. 488, B4
- ☎0344-225 1826
- www.zsl.org/zsl-london-zoo
- Outer Circle, Regent's Park, NW1
- Selon la période, adulte 25-32,50 £, enfant 16-20,50 £
- ⌚10h-18h avr-août, 10h-17h mi-fév à mars, sept et oct, 10h-16h nov à mi-fév
- 👪
- 🚌88, 274

ALEX SEGRE/SHUTTERSTOCK ©

LES INCONTOURNABLES
KENWOOD HOUSE

Cette somptueuse demeure néoclassique se dresse à l'extrémité nord du parc de Hampstead Heath, parmi de beaux jardins paysagers.

La demeure du XVIIe siècle, agrandie et retouchée par l'architecte écossais Robert Adam entre 1764 et 1779, a été rénovée en 2013. Des salles ont été repeintes dans leurs couleurs d'origine. Avec ses portraits et son plafond voûté rose pastel et bleu ciel, la **Great Library** (Grande Bibliothèque) est magnifique.

Le propriétaire, Edward Cecil Guinness, 1er comte d'Iveagh, fit don de la maison et de sa collection artistique à la nation en 1927. Le **Iveagh Bequest** ("legs d'Iveagh") comprend une série de prestigieux tableaux signés Vermeer, Rembrandt (dont l'autoportrait aux deux cercles), Constable, Turner, Gainsborough, Reynolds, Hals et Van Dyck. On monte par le **grand escalier** d'Adam à la **Suffolk Collection**, avec des portraits des époques jacobéenne et Stuart. On y trouve aussi une très belle collection de miniatures, de bijoux georgiens et un assortiment plutôt ésotérique de boucles de chaussures. Des jeux et activités familiales attendent les enfants à l'**Orangerie** (rez-de-chaussée).

Le jardin, orné de sculptures de Henry Moore (*Two Piece Reclining Figure*, 1964) et Barbara Hepworth (*Monolith Empyrean*, 1953), jouit d'une belle vue. Ouverte récemment, la **Laiterie** (1795), où les dames du XVIIIe siècle prenaient le thé, est accessible le dernier dimanche du mois. L'ancienne aile des domestiques comprend maintenant le **Brew House**, un café et un snack-bar.

Une appli permet de visiter Kenwood House sans guide. Sinon, une visite guidée (50 min ; 8 £, gratuit pour les membres du National Trust) part à 14h chaque jour sauf les mardis et jeudis, où il y a des visites "spotlight"(15 min), à 11h30, 12h30 et 14h.

À NE PAS MANQUER

- Autoportrait de Rembrandt
- Grande bibliothèque
- Jardins paysagers et sculptures sur la pelouse
- Suffolk Collection
- Laiterie

INFOS PRATIQUES

- Plan p. 485, B2
- ☎020-8348 1286
- www.english-heritage.org.uk/visit/places/kenwood
- Hampstead Lane, NW3
- Gratuit
- ⏲10h-16h
- 🚌210

À VOIR

North London est une mosaïque de quartiers correspondant à d'anciens villages englobés à mesure que s'étendait Londres. Particulièrement arboré, le secteur comprend certains des plus beaux espaces verts de la capitale. Les sites d'intérêt sont plutôt éparpillés dans la moitié nord. Il vous faudra solliciter vos mollets pour explorer le quartier vallonné de Hampstead ; King's Cross est en revanche bien plus dense. En marchant le long de Regent's Canal, on gagne Regent's Park, Camden et King's Cross.

King's Cross et Euston

King's Cross a longtemps été un lieu que l'on traversait sans jamais s'y arrêter. Les rues alentour avaient rang de quartier chaud de la capitale britannique. Lorsque la British Library ouvrit ses portes ici en 1998, on trouvait régulièrement des toxicomanes dans les toilettes. C'est d'ailleurs la mauvaise réputation de l'endroit qui avait découragé les projets de rénovation de l'hôtel de St Pancras dans les années 1980 et 1990.

Mais après les travaux de la gare de St Pancras, rouverte, en 2007, comme terminal des Eurostar entre Londres et Paris ou Bruxelles, tout a commencé à changer. Aujourd'hui, la métamorphose du quartier est presque comparable à celle de Stratford après les Jeux olympiques de 2012. Le parvis de la gare de King's Cross est devenu un lieu de rendez-vous entre amis, et l'on voit des familles se promener le long des anciens dépôts ferroviaires, dans des avenues bordées d'arbres. Autrefois friche industrielle, le secteur compte désormais des dizaines de nouveaux restaurants branchés, des sièges de sociétés et de nombreux espaces verts.

BRITISH LIBRARY BIBLIOTHÈQUE

Voir p. 246.

GARE ET HÔTEL ST PANCRAS BÂTIMENT HISTORIQUE

Plan p. 486 (St Pancras Station and Hotel ; ☎020-7843 7688 ; stpancras.com ; Euston Rd, NW1 ; Ⓤ King's Cross St Pancras). Devant l'impressionnante splendeur néogothique de St Pancras (1868), on a du mal à croire que le Midland Grand Hotel de 1873, resté vide des décennies durant, faillit être démoli dans les années 1960. L'ensemble architectural, qui comprend maintenant un hôtel 5 étoiles, 67 appartements de luxe et le terminus de l'Eurostar, a recouvré sa gloire passée. La visite guidée (24 £ ; 10h30, 12h, 14h et 15h30 sam-dim) retrace l'histoire de l'édifice, depuis ses débuts en tant que terminus sud de la ligne Midlands Railway.

Conçu par George Gilbert Scott (à qui l'on doit également l'Albert Memorial à Hyde Park et le ministère des Affaires étrangères à Whitehall), le Midland Grand Hotel était, lors de son inauguration, en 1873, le plus luxueux de Londres. Tous les matériaux (pierre, acier et quelque 60 millions de briques) provenaient des Midlands – le but étant de montrer ce que cette ligne de chemin de fer pouvait permettre de transporter. L'ensemble coûta le prix astronomique de 438 000 £, soit 49 millions de livres actuelles.

Vous pourrez vous faire une idée de la démesure du décor d'origine au **George's Bar**, qui était autrefois la réception de l'hôtel. La salle à manger voisine, à présent un grand restaurant, le **Gilbert Scott Restaurant**, tenu par le chef renommé Marcus Wareing, arbore le style plus discret d'une rénovation datant de 1901. Le bâtiment était incroyablement moderne pour l'époque. On y trouvait le premier ascenseur hydraulique d'Angleterre, la première porte à tambour de Londres, et une couche de béton coupe-feu entre les étages. Ironiquement, c'est l'épaisseur de cette couche qui a provoqué son déclin et son abandon, en rendant plus difficiles les travaux qui auraient permis d'adapter l'hôtel aux nouvelles tendances (salles de bains privatives et éclairage électrique).

Après la fermeture de l'hôtel en 1935, l'immeuble hébergea ensuite les bureaux de la compagnie de chemins de fer, avant d'être abandonné en 1988. C'est seulement vers 1990, lorsqu'il fut question de transformer le lieu en terminus de l'Eurostar, que les autorités locales décidèrent de le rénover et d'y installer de nouveau un hôtel. L'Eurostar arrive à **St Pancras International** depuis 2007, et le St Pancras Renaissance Hotel London (p. 362) a ouvert ses portes en 2011.

Les visites permettent d'admirer le magnifique grand escalier et les couloirs décorés avec goût menant aux 37 chambres victoriennes d'origine. Dans la gare elle-même, des poutrelles de fer bleues en forme d'arche soutiennent la voûte de ce qui, à l'époque, était le plus vaste espace sans colonne jamais construit. Dans le hall, la statue géante de deux amoureux enlacés, par le sculpteur Paul Day, **Meeting Place**, est un ajout récent. La belle frise de son socle, sur le thème du chemin de fer, mérite d'être regardée en détail. Mentionnons également la **statue de bronze du Poète lauréat** (titre donné au poète officiel de la reine) **John Betjeman** (1906-1984), grand défenseur du patrimoine victorien, qui joua un rôle déterminant dans la préservation de la gare. Dans la billetterie d'origine non loin se trouve le **Booking Office Bar & Restaurant** (plan p. 486 ; ☎020-7841 3566 ; www.stpancraslondon.com ; ⏲6h30-1h lun-ven, 7h-1h sam, 7h-minuit dim ; ⓊKing's Cross St Pancras), au décor très fouillé.

GRANARY SQUARE PLACE

Plan p. 486 (www.kingscross.co.uk ; Stable St, N1 ; ⓊKing's Cross St Pancras). Au bord d'un coude de Regent's Canal, au nord de la gare de King's Cross, Granary Square est le centre d'un nouvel ensemble immobilier de 27 ha, qui a été créé à l'emplacement d'anciens entrepôts et d'un gigantesque silo. Son trait le plus marquant est une fontaine composée de 1 080 jets d'eau qui dansent. Au printemps et en été, elle se transforme en une plage urbaine bondée.

Le grand entrepôt de brique de 1852 dessiné par Lewis Cubitt, sur le devant de la place, comprend de très bons restaurants. C'est aussi le campus principal de la **Central St Martins University of the Arts London** (www.arts.ac.uk/colleges/central-saint-martins). Tout près à l'est, la façade ondulée tout en verre de **Kings Place**, achevée en 2008, vaut le coup d'œil. Le bâtiment abrite une salle de concerts, des restaurants, des galeries marchandes et les bureaux du quotidien *The Guardian*

LES INCONTOURNABLES
WELLCOME COLLECTION

La Wellcome Collection explore les liens complexes entre médecine, science, vie et art. Interactive et variée, elle est exposée dans un bâtiment moderne et lumineux, et inclut des interviews de chercheurs, de médecins et de patients, ainsi que des œuvres d'art anciennes et contemporaines représentant la médecine, des modèles d'organes humains, etc.

Le cœur de la collection permanente est constitué par les objets du monde entier rassemblés par sir Henry Wellcome et disposés dans la galerie **Medicine Man**. Wellcome (1853-1936), pharmacien, entrepreneur et collectionneur, était fasciné par la médecine et amassa plus d'un million d'objets de différentes civilisations relatifs à la vie, la naissance, la mort et la maladie, allant des pénis votifs (contre l'impuissance ?) et des têtes réduites à la lame d'une guillotine ou à la brosse à dents de Napoléon.

La nouvelle galerie **Being Human**, avec des présentations interactives et des œuvres provocatrices, nous interroge sur ce que signifie être humain au XXIe siècle, et aborde les espoirs et craintes suscités par les dernières avancées de la médecine.

Le musée accueille aussi de remarquables expositions temporaires gratuites sur les frontières de la médecine moderne. Ne manquez pas la superbe **Reading Room**, composée de sa propre collection originale.

À NE PAS MANQUER

- Galerie Medicine Man, constituée d'objets de la collection personnelle de Henry Wellcome
- Expositions temporaires
- Reading Room et sa collection d'œuvres

INFOS PRATIQUES

- Plan p. 488, F6
- ☎020-7611 2222
- www.wellcomecollection.org
- 183 Euston Rd, NW1
- Gratuit
- ⏲10h-18h mar-mer et ven-dim, 10h-21h jeu
- ⓊEuston Sq ou Euston

et de l'*Observer*. L'excellente galerie House of Illustration est au n°2.

GASHOLDER PARK PARC

Plan p. 486 (kingscross.co.uk/gasholder-park ; Ⓤ King's Cross St Pancras). Prodige de réhabilitation, cet espace vert urbain au bord de Regent's Canal contribue à l'impressionnant renouveau de King's Cross. La construction en fonte servait de structure au Gasholder n°8, le plus grand gazomètre du secteur (initialement situé de l'autre côté du canal). Rénové avec soin et enrichi d'une pelouse centrale, de jolis bancs et d'une pergola miroitante, il s'est métamorphosé en un magnifique parc miniature.

GARE DE KING'S CROSS BÂTIMENT HISTORIQUE

Plan p. 486 (King's Cross Station ; www.kingscross.co.uk/kings-cross-station ; Euston Rd ; Ⓤ King's Cross St Pancras). Ses lignes épurées et la sobriété de ses voûtes jumelles pourraient facilement laisser penser que la gare de King's Cross est plus moderne que sa voisine, St Pancras. Pourtant, elle fut en réalité inaugurée 10 ans plus tôt, en 1852. Construite sur des plans de Lewis Cubitt avec la brique jaune caractéristique de Londres, elle se démarque du goût des architectes victoriens pour le spectaculaire.

Elle a été rénovée en 2012, et son nouveau hall des départs, superbe, se distingue par son toit, supporté par un treillis de poutrelles métalliques. Les extensions peu heureuses ont été retirées de la façade pour la mettre en valeur. Le vaste parvis est orné d'une **sculpture de Henry Moore**, intitulée *Large Spindle Piece* (1974).

Bien sûr, surtout pour les plus jeunes, la gare de King's Cross est avant tout la gare desservant l'école des sorciers de Poudlard. Il faut un billet de train pour se rendre sur les quais : le portail magique du **quai 9¾** a donc été déplacé à un emplacement plus pratique, dans le nouveau hall des départs. Un panneau est installé à demeure, ainsi qu'un chariot chargé d'un coffre et d'une cage à hiboux qui disparaît à demi dans le mur. On peut se faire prendre en photo par des sorciers à l'incontournable Harry Potter Shop (p. 273), voisine.

HOUSE OF ILLUSTRATION MUSÉE

Plan p. 486 (☎020-3696 2020 ; www.houseofillustration.org.uk ; 2 Granary Sq, N1 ; adulte/enfant 8/4 £ ; ⏲10h-18h mar-dim ; Ⓤ King's Cross St Pancras). Ce lieu géré par une association caritative a été fondé par sir Quentin Blake, célèbre illustrateur, notamment, des livres de Roald Dahl : c'est l'unique musée du Royaume-Uni exclusivement consacré à l'illustration et au graphisme. Il propose des expositions toujours renouvelées sur tout ce qui se rapporte à l'illustration – bandes dessinées, livres, publicités, dessins scientifiques...

LONDON CANAL MUSEUM MUSÉE

Plan p. 486 (☎020-7713 0836 ; www.canalmuseum.org.uk ; 12-13 New Wharf Rd, N1 ; adulte/enfant 5/2,50 £ ; ⏲10h-16h30 mar-dim et lun fériés ; Ⓤ King's Cross St Pancras). Ce petit musée sur le Regent's Canal (ci-dessous) retrace l'histoire des familles qui vivaient et travaillaient autour de l'important et ancien réseau fluvial du pays. Dans les écuries, à l'étage, une exposition est consacrée à l'histoire du transport fluvial en Grande-Bretagne, incluant le réaménagement de la rivière Lea pour les Jeux olympiques de 2012. Le musée occupe un entrepôt de 1857, où l'on conservait autrefois la glace dans deux grands puits.

Le commerce de la glace florissait dans le Londres victorien, en ces temps d'avant la réfrigération. On en importa 35 000 tonnes de Norvège pour la seule année 1899 : la glace arrivait en ville par le Regent's Canal Dock, puis était acheminée via le canal. À l'arrière, on accède à un quai où sont amarrées des péniches (*narrow boats*). Prenez au musée une copie de *The East End Canal Tales* par Carolyn Clark, et découvrez l'histoire du canal et de ses industries, avec des personnages hauts en couleur qui y ont vécu et travaillé. Bon voyage !

Regent's Park

ZSL LONDON ZOO ZOO

Voir p. 248.

♥ REGENT'S CANAL CANAL

Plan p. 488 (canalrivertrust.org.uk/enjoy-the-waterways/canal-and-river-network/regents-canal). Pour échapper à la foule et avoir un aperçu pittoresque de North London, suivez le canal qui jouait autrefois un rôle vital dans le transport des marchandises vers la capitale. Le chemin de halage est également un très bon raccourci pour traverser North London, à pied ou à vélo. Cette promenade tranquille

PROMENADE LE LONG DE REGENT'S CANAL

Les canaux de Londres, naguère vitaux pour le commerce, sont aujourd'hui des terrains de balade appréciés des Londoniens, à l'écart de la foule et des voitures. Le chemin de halage du Regent's Canal se révèle de surcroît un agréable raccourci pour traverser North London.

On peut ainsi aller à pied de Little Venice à Camden Town en moins d'une heure, en passant devant Regent's Park, ZSL London Zoo (p. 248), de belles villas dessinées par l'architecte John Nash et de vieux bâtiments industriels réhabilités. Comptez 25-30 minutes de Little Venice à Regent's Park, et 15-20 minutes de Regent's Park à Camden Town. Il y a, en chemin, de nombreuses sorties bien signalées.

Si vous voulez continuer, l'intéressant London Canal Museum (page ci-contre) de King's Cross vous permettra d'en savoir plus sur l'histoire du canal. Un peu plus loin, vous tomberez sur l'Islington Tunnel, long de 878 m, qui vous obligera à reprendre les rues pendant un moment. Après avoir retrouvé le chemin près de Colebrooke Row, vous pourrez suivre l'eau jusqu'à la Tamise, à Limehouse Basin, ou obliquer à Victoria Park (p. 227) le long de Hertford Union Canal et aller jusqu'au Queen Elizabeth Olympic Park (p. 229).

est très appréciée des Londoniens. Au total, cette voie fluviale s'étire sur 14 km, de Little Venice, où elle rejoint le Grand Union Canal, jusqu'à la Tamise (à Limehouse).

REGENT'S PARK PARC

Plan p. 488 (www.royalparks.org.uk/parks/the-regents-park ; ⌚5h-crépuscule ; Ⓤ Regent's Park ou Baker St). Le plus grand et le plus travaillé des parcs royaux du centre de Londres, Regent's Park est aussi un des plus beaux espaces verts de la capitale. Parmi ses nombreux atouts figurent le zoo (p. 248), Regent's Canal, un lac d'agrément et des terrains où les Londoniens viennent jouer au football, au rugby ou au volley. **Queen Mary's Gardens**, dans la partie sud, sont des jardins superbes, surtout en juin quand les roses sont en fleur. L'été, un théâtre en plein air accueille des représentations (p. 271).

Le prince régent, futur George IV, demanda à l'architecte John Nash (à qui l'on doit également la palais de Buckingham, Marble Arch et le Royal Pavilion de Brighton) de dessiner le parc, sur un ancien terrain de chasse royal. Le projet original, grandiose, comprenait un palais royal et des résidences pour l'aristocratie. Si une petite partie seulement a vu le jour, on peut se faire une idée de ce que Nash aurait pu accomplir en voyant les bâtiments construits le long de l'Outer Circle.

ABBEY ROAD STUDIOS BÂTIMENT HISTORIQUE

(☎020-7266 7000 ; www.abbeyroad.com ; 3 Abbey Rd, NW8 ; Ⓤ St John's Wood). Les fans des Beatles ne peuvent visiter Londres sans un pèlerinage à ce fameux studio d'enregistrement du quartier de St John's Wood. Les studios eux-mêmes ne se visitent pas, et vous devrez vous contenter d'admirer des décennies de graffitis laissés par les inconditionnels sur la barrière, à l'extérieur. Les automobilistes des environs ont l'habitude des groupes de touristes qui posent en file indienne sur le passage piéton pour recréer la pochette du chef-d'œuvre des Fab Four de 1969, *Abbey Road*. En 2010, le passage mythique a été classé au Patrimoine national.

LORD'S STADE

(☎020-7616 8500 ; apps.lords.org/lords/tours-and-museum ; St John's Wood Rd, NW8 ; visites guidées adulte/enfant 25/16 £ ; ⌚4-6 visites guidées par jour toute l'année ; 📶 ; Ⓤ St John's Wood). Ce temple du cricket ravira les amateurs de ce sport anglais par excellence : réservez pour assister aux matchs internationaux (p. 271), et ne vous privez pas des visites guidées (1 heure 40 ; réservation en ligne), passionnantes et ponctuées d'anecdotes, qui incluent le terrain et les installations.

Le circuit comprend notamment la Long Room, où les membres du club assistent aux matchs entourés des portraits de grandes vedettes du jeu, et le musée qui réunit de nombreux souvenirs et attirera les fans, jeunes ou moins jeunes. C'est ici que réside la célèbre petite urne contenant les *Ashes* ("cendres"), trophée le plus disputé du cricket. Les jours de matchs importants, il n'y a pas de visites guidées. Les horaires des visites sont variables (consultez le site Internet), mais elles partent en général de 10h à 15h d'avril à octobre et à 10h, 11h, 12h et 14h le reste de l'année.

LONDON CENTRAL MOSQUE MOSQUÉE

Plan p. 488 (☎020-7725 2213, 020-7725 2152 ; www.iccuk.org ; 146 Park Rd, NW8 ; Ⓤ St John's Wood). Achevée en 1977, cette immense mosquée blanche surmontée d'un dôme doré et d'un minaret peut accueillir plus de 5 000 fidèles. Pourvu que vous ôtiez vos chaussures et soyez habillé décemment (les femmes doivent se couvrir les cheveux), vous pourrez y entrer. L'intérieur est dépouillé.

Primrose Hill

De nombreux Londoniens rêveraient de vivre dans ce minuscule quartier niché entre les environs opulents de Regent's Park et l'esprit plus alternatif de Camden... mais il est hors de prix. Avec ses petites boutiques indépendantes, ses bons restaurants et ses pubs engageants, Primrose Hill a quelque chose d'une ambiance de village.

PRIMROSE HILL PARC

Plan p. 488 (Ⓤ Chalk Farm). Les week-ends d'été, le parc de Primrose Hill est envahi de promeneurs, qui viennent y pique-niquer et profiter de la vue extraordinaire sur la ville. Les jours de semaine, on y croise surtout des personnes qui promènent leur chien ou des nounous. C'est alors un bon endroit pour une balade tranquille ou une pause sandwich.

Camden Town

JEWISH MUSEUM LONDON MUSÉE

Plan p. 488 (☎020-7284 7384 ; www.jewishmuseum.org.uk ; 129-131 Albert St, Raymond Burton House, NW1 ; adulte/enfant/famille 7,50/3,50/18 £ ; ⏲10h-17h sam-jeu, 10h-14h ven ; Ⓤ Camden Town). Un musée intéressant sur 4 niveaux avec des expositions permanentes consacrées au judaïsme, à ses croyances et ses rituels, à l'histoire des juifs en Grande-Bretagne depuis l'époque normande, et à l'Holocauste. On ne

LES INCONTOURNABLES CAMDEN MARKET

Bien qu'il ait cessé depuis longtemps d'être à la pointe de la mode (ou peut-être pour cette raison), le marché de Camden attire chaque année plusieurs millions de visiteurs et se classe en tête du palmarès des sites touristiques de Londres. Les stands d'artisanat, qui étaient regroupés à l'origine autour de Camden Lock (une écluse sur Regent's Canal), s'étendent sur toute la distance séparant les stations de métro Camden Town et Chalk Farm, au nord.

Le marché se divise en deux zones principales – **Camden Lock Market** (p. 272), sur Regent's Canal, et **Stables Market** (p. 272) plus à l'ouest –, qui semblent ne faire qu'un vaste ensemble lorsque la foule est au rendez-vous. On y trouve un peu de tout : des vêtements (de qualité inégale) en abondance, des sacs, des bijoux, de l'artisanat, des bougies, de l'encens et une myriade d'objets décoratifs. Quelques rues voisines comme **Inverness Street**, au sud du canal, sont bordées de stands de T-shirts, chapeaux et bijoux en plastique.

Les nombreux stands d'alimentation de **West Yard** (p. 261), à Camden Lock Market, servent des cuisines du monde entier. Vous pourrez déjeuner sur les grandes tables communes ou au bord du canal.

À NE PAS MANQUER

- Stables Market
- Camden Lock Market
- Statue d'Amy Winehouse
- Déjeuner aux stands de West Yard

INFOS PRATIQUES

- Plan p. 488, D3
- www.camdenmarket.com
- Camden High St, NW1
- ⏲10h-tard
- Ⓤ Camden Town ou Chalk Farm

manquera pas le *mikveh* (ou mikvé, bassin d'ablutions), découvert à Milk Street, dans la City, en 2001. Il date de l'époque médiévale, précédant l'expulsion (1290) des juifs d'Angleterre pour plus de 4 siècles.

À voir également, dans la section historique : la recréation d'une rue juive de l'East End, avec ateliers de confection et d'ébénisterie. Une galerie au 3e niveau accueille des expositions temporaires. Notez que le café du rez-de-chaussée n'est pas casher.

VAGINA MUSEUM MUSÉE

Plan p. 488 (☎020-3715 8943 ; www.vaginamuseum.co.uk ; Units 17 & 18, Chalk Farm Rd, Stables Market, NW1 ; ⏲10h-18h lun-sam, 11h-18h dim). GRATUIT Cette exposition unique au monde (si l'on excepte son pendant masculin, à Reykjavik) n'a rien de lascif : il s'agit d'éduquer et d'aborder sans artifice ce "sujet tabou".

Hampstead

Hampstead est le quartier le plus huppé – et le plus vert – de North London. Longtemps associé aux intellectuels et aux artistes, c'est désormais un endroit où seuls des banquiers ou des oligarques étrangers ont les moyens d'acheter.

KENWOOD HOUSE ÉDIFICE HISTORIQUE

Voir p. 249.

FENTON HOUSE ÉDIFICE HISTORIQUE

Plan p. 485 (☎020-7435 3471 ; www.nationaltrust.org.uk/fenton-house ; Hampstead Grove, NW3 ; adulte/enfant/famille 9/4,50/23,75 £, avec le 2 Willow Road adulte/enfant 14,50/7,25 £ ; ⏲11h-17h mer-dim mi-mars à oct ; UHampstead). Cette demeure de marchand, bâtie en 1686, est l'une des plus vieilles de Hampstead. On y trouve une belle collection de porcelaines et d'instruments à clavier, dont un clavecin du début du XVIIe siècle sur lequel joua Haendel, et que l'on entend encore les mercredis à 14h30. On peut également y voir des tapisseries brodées du XVIIe siècle et des meubles georgiens originaux. Il y a un joli jardin clos avec des roses et un verger vieux de 300 ans, à l'arrière.

S'il fait beau, montez au dernier étage admirer le panorama sur Londres depuis le balcon.

N°2 WILLOW ROAD ÉDIFICE REMARQUABLE

Plan p. 485 (☎020-7435 6166 ; www.nationaltrust.org.uk/2-willow-road ; 2 Willow Rd, NW3 ; adulte/enfant 8,50/4,25 £, avec Fenton House 14,50/7,25 £ ; ⏲11h-17h mer-dim mars-oct ; UHampstead Heath). Les amateurs d'architecture moderne seront intéressés par cet édifice moderniste, partie centrale d'un bâtiment constitué de 3 habitations, conçu par Ernö Goldfinger en 1939. Beaucoup trouveront qu'elle ressemble à l'architecture typique de l'Angleterre des années 1950. De fait, c'est le cas : le 2 Willow Rd était précurseur.

L'intérieur, avec son espace de stockage astucieux et une collection d'œuvres de Henry Moore, Max Ernst et Bridget Riley, est très intéressant et accessible à tous. L'entrée se fait dans le cadre d'une visite guidée (11h, 12h, 13h et 14h) jusqu'à 15h. Passé cette heure, les visites libres sont autorisées.

KEATS HOUSE MUSÉE

Plan p. 485 (☎020-7332 3868 ; www.cityoflondon.gov.uk/keats ; 10 Keats Grove, NW3 ; adulte/enfant 7,50 £/gratuit ; ⏲11h-17h mer-dim ; UHampstead Heath). Cette élégante demeure de style Régence a hébergé John Keats, l'enfant prodige de la poésie romantique, de 1818 à 1820. Keats y rencontra sa fiancée, Fanny Brawne, qui vivait dans la maison voisine, et y écrivit nombre de ses textes les plus connus, dont *Ode à un rossignol* (1819). La maison est meublée avec parcimonie mais élégance, et le musée relate à merveille la vie brève mais intense du poète.

Un film biographique de 10 minutes est projeté au rez-de-chaussée. Là, ainsi qu'à l'étage, il est possible, dans la plupart des 9 pièces de la demeure, d'écouter des enregistrements de certains poèmes de Keats et d'extraits de la correspondance qu'il entretenait avec Fanny Brawne. Au sous-sol, on trouve la cave à vins et la cuisine de Mme Brawne.

FREUD MUSEUM MUSÉE

(☎020 7435 2002 ; www.freud.org.uk ; 20 Maresfield Gardens, NW3 ; adulte/enfant 10 £/gratuit ; ⏲12h-17h mer-dim ; UFinchley Rd). C'est dans cette maison que Sigmund Freud vécut sa dernière année, après avoir fui Vienne occupée par les nazis en 1938. Située dans une rue résidentielle calme et arborée, la maison abrite le bureau et la bibliothèque du psychiatre, son célèbre divan couvert

LES INCONTOURNABLES
HAMPSTEAD HEATH

Avec ses bois et ses prairies ondoyantes, le vaste Hampstead Heath paraît à mille lieues de la City. Il n'est pourtant qu'à quelques kilomètres de Trafalgar Square. Ses 320 ha, en majorité des arbres, des collines et des champs, abritent près de 180 espèces d'oiseaux, 25 espèces de papillons, des couleuvres, des chauves-souris et une flore très riche.

C'est un lieu de balade magnifique, notamment vers **Parliament Hill**, du sommet de laquelle on jouit d'un beau panorama sur Londres, qui est très plate. Les gens aiment venir y faire du cerf-volant. On peut aussi monter la colline jusqu'à **Kenwood House** (p. 249), majestueuse demeure du XVIIIe siècle (qui accueille une belle collection d'art, voir p. 249) et ses jardins paysagers, ou s'égarer dans **West Heath**. La signalétique est sommaire, mais se perdre dans le Heath fait partie du charme de la promenade.

Autre curiosité : les étangs ouverts à la natation. L'un est réservé aux femmes, un autre aux hommes, et il y a un **étang mixte** (p. 273), moins à l'écart.

Et après cette bonne dose de grand air et/ou de culture, joignez-vous aux Londoniens, en vous attablant dans l'un des excellents pubs du quartier.

À NE PAS MANQUER

- La vue depuis Parliament Hill
- Nager dans un des étangs du Heath
- Kenwood House

INFOS PRATIQUES

- Plan p. 485, B3
- www.cityoflondon.gov.uk/things-to-do/green-spaces/hampstead-heath
- Ⓤ Hampstead Heath ou Gospel Oak

d'un tapis, ses livres, ses statuettes de divinités et autres antiquités qu'il avait apportées d'Autriche. À l'étage, une salle est consacrée à sa fille Anna : elle-même psychanalyste illustre, elle vécut dans la maison jusqu'à sa mort en 1982.

Highgate

HIGHGATE WOOD PARC

Plan p. 485 (www.cityoflondon.gov.uk/things-to-do/green-spaces/highgate-wood ; Archway Rd, N10 ; ⏲7h30-crépuscule ; ⓊHighgate). Avec plus de 28 ha d'une forêt ancienne, ce parc est un magnifique lieu de promenade en toute saison. On y a dénombré 70 espèces d'oiseaux, 7 espèces de chauves-souris, et une foule d'insectes et de plantes. En son centre, une grande clairière compte des terrains de sport, une aire de jeux assez fréquentée et un café.

Highbury

ARSENAL EMIRATES STADIUM STADE

Plan p. 486 (☎020-7619 5000 ; www.arsenal.com/tours ; Hornsey Rd, N5 ; visite libre adulte/enfant 25/16 £, visite guidée 40/20 £ ; ⏲10h-17h lun-ven, 9h30-18h sam, 10h-16h dim ; ⓊHolloway Rd). Arsenal joue dans ce stade depuis 2006. Malgré ses 60 200 places, tous les matchs se jouent à guichets fermés. Les billets sont extrêmement difficiles à obtenir, mais les fans pourront entrer pour une visite.

La visite libre avec un audioguide (en 10 langues, dont le français) est très divertissante. Pour 40 £, vous pourrez la faire en compagnie d'un joueur parmi 3 anciens du club. Les deux options vous permettent de tout voir, de l'entrée des sportifs aux loges, comme la Directors' Box, où les pontes des affaires viennent suivre les matchs. Vous entrerez sur le terrain en passant par le "tunnel", prendrez place sur le banc des remplaçants, et visiterez même les vestiaires feng-shui, avec leurs espaces de balnéo et physiothérapie.

Les visites donnent accès à un musée petit mais complet sur l'histoire du club et de ses 100 millions de fans à travers le monde. Les visites partent et arrivent dans l'énorme boutique du stade, débordant de produits dérivés siglés Arsenal.

Islington

Bordée de restaurants et de boutiques, l'Upper St d'Islington est généralement présentée comme le foyer du *champagne socialism* (équivalent de notre gauche caviar), en partie à cause de ses liens avec le New Labour des années 1990, lorsque les Blair y vivaient. La gentrification du quartier est palpable, avec ses boutiques de design, ses grands restaurants et l'activité de ses théâtres. Toutefois, il reste assez de pubs bruyants et de petites salles de concerts pour que le quartier garde un peu de piment.

Il y a moins de 200 ans, Islington était encore un village paisible entouré de terres agricoles, sur la rive de la paresseuse New River (aujourd'hui souterraine). Avant 1855, Upper Street était une véritable autoroute à bétail : 50 000 bovins et 500 000 ovins y circulaient chaque année. Mais à la fin du XIXe siècle, l'endroit n'avait plus rien de rural.

Islington est très lié à la littérature. George Orwell vivait au 27 Canonbury Sq quand il publia *La Ferme des animaux* en 1945. Le dramaturge Joe Orton (1933-1967) vivait au 25 Noel Rd depuis 7 ans quand son amant, Kenneth Halliwell, le tua avant de se suicider.

ESTORICK COLLECTION OF MODERN ITALIAN ART — MUSÉE

Plan p. 486 (www.estorickcollection.com ; 39A Canonbury Sq, entrée depuis Canonbury Rd, N1 ; adulte/enfant 7,50 £/gratuit ; ⏲11h-18h mer-sam, 12h-17h dim, jusqu'à 21h 1er jeu du mois ; Ⓤ Highbury & Islington). Aménagé dans une maison georgienne classée, l'Estorick est le seul musée du pays consacré à l'art italien. Il met l'accent sur le *futurismo* (futurisme), mouvement né au début du XXe siècle en Italie en miroir des progrès technologiques. Les peintures, dessins, eaux-fortes et sculptures ont été rassemblés par l'auteur et marchand d'art américain Eric Estorick et son épouse, Salome Dessau. Le fonds comprend des

LES INCONTOURNABLES HIGHGATE CEMETERY

Urnes voilées, obélisques, anges endormis et sépultures envahies d'herbes folles : Highgate est une merveille gothique, un site victorien extravagant qui s'étend sur 20 ha – les amateurs de polars se souviendront que Fred Vargas y situe certains épisodes de son roman *Un lieu incertain* (2008). La partie est abrite les tombes de Karl Marx et de Mary Ann Evans (plus connue sous son nom de plume, George Eliot). Mais plus intéressant est le West Cemetery (cimetière ouest), envahi par la végétation, où un labyrinthe de chemins tortueux conduit au Circle of Lebanon – des tombes disposées le long d'une allée circulaire, dominées par un majestueux cèdre du Liban.

L'entrée au **West Cemetery** se fait uniquement dans le cadre d'une visite guidée ; il est impératif de réserver en semaine. Les guides vous expliqueront les différents symboles et vous indiqueront les tombes de défunts célèbres. Les visites (tarif plein/réduit 8/4 £) de l'**East Cemetery** (cimetière est) se font à 14h certains samedis.

Highgate est toujours utilisé. La dernière célébrité à y avoir été inhumée est le chanteur George Michael (1963-2016), qui repose dans la section interdite au public. C'est également ici qu'on enterra le dissident russe naturalisé britannique, Alexander Litvinenko, mort en 2006 d'un empoisonnement au polonium 210, attribué à des agents russes.

À NE PAS MANQUER

- Tombe de Karl Marx
- Visite du West Cemetery
- Circle of Lebanon

INFOS PRATIQUES

- Plan p. 485, D2
- ☎020-8340 1834
- highgatecemetery.org
- Swain's Lane, N6
- East Cemetery adulte/enfant 4 £/gratuit
- East Cemetery ⏲10h-17h mars-oct, 10h-16h nov-fév
- West Cemetery visite guidée uniquement
- Ⓤ Archway

œuvres de grands artistes comme Giacomo Balla, Umberto Boccioni, Gino Severini, Amedeo Modigliani et Carlo Carrà.

CANONBURY SQUARE PLACE

Plan p. 486 (Canonbury Rd, N1 ; 8h-crépuscule ; Highbury & Islington). Les écrivains Evelyn Waugh et George Orwell ont habité cette jolie petite place agrémentée d'un jardin central, à quelques pas de l'animation d'Upper Street. Orwell s'installa ici avec sa famille après la destruction de son domicile de St John's Wood durant le Blitz. Sa maison, au n°27b, est signalée par une plaque commémorative ; celle de Waugh, au n°17, n'est pas indiquée. Une pause dans le jardin central se prête à savourer l'atmosphère et à lire les dédicaces des bancs.

À quelques pas à l'est, devant le n°29 sur Canonbury Place, la **Canonbury Tower**, une propriété privée, est tout ce qui reste d'un ancien manoir de 1509, connu pour avoir accueilli sir Francis Bacon et la reine Élisabeth Ire. Non signalée, elle n'est pas ouverte au public.

OÙ SE RESTAURER

North London compte de vraies pépites : pubs historiques, cafés élégants, stands de cuisine de rue ou restaurants du monde entier. C'est un très bon quartier pour les végétariens, avec d'excellents établissements 100% veggie, et beaucoup d'autres offrant un beau choix de plats sans viande.

King's Cross et Euston

ROTI KING MALAIS £

Plan p. 488 (020-7387 2518 ; rotiking.has.restaurant ; 40 Doric Way, NW1 ; plats 5-7,50 £ ; 12h-15h et 17h-22h30 lun-ven, 12h-22h30 sam ; ; Euston). Le néon indiquant ce restaurant en sous-sol, grand comme un mouchoir de poche, ne paie pas de mine, mais fiez-vous à la queue, ce restaurant carrelé de blanc sert une cuisine authentique et bon marché. Sa spécialité est le *roti canai* (5 à 6,50 £), un pain plat friable typique de Malaisie, servi avec des bols de currys parfumés ou fourré de garnitures roboratives.

BAR PEPITO TAPAS £

Plan p. 486 (020-7841 7331 ; camino.uk.com/restaurant/bar-pepito ; 3 Varnishers Yard, The Regent's Quarter, N1 ; tapas 2,50-15 £ ; 17h-minuit lun-ven, 18h-minuit sam ; King's Cross St Pancras). Xérès et tapas, telles sont les spécialités de cette minuscule bodega andalouse. Le personnel saura vous conseiller et accorder de façon experte vins et mets (jambon de premier choix, sélection de fromages). Pour faire un tour complet de la question, optez pour le menu dégustation, qui comprend différentes variétés de xérès accompagnées d'en-cas.

EKACHAI ASIE DU SUD-EST £

Plan p. 486 (020-7278 9385 ; www.ekachai.co.uk/locations/kings-cross ; 66 York Way, N1 ; plats 8,95-10,25 £ ; 12h-22h ; ; King's Cross St Pancras). Ekachai ne fera pas trembler les meilleures cuisines de Bangkok (ou de Singapour), mais si vous avez une envie de riz ou de nouilles à King's Cross, sa carte couvrant toute l'Asie du Sud-Est est la meilleure option bon marché. Du *nasi goreng* indonésien aux currys verts thaïlandais, du *laksa* malaisien à la soupe de nouilles au bœuf de Hong Kong, tout un pan du monde s'ouvre à vous.

TERRACE CAFE & RESTAURANT BRITANNIQUE MODERNE £

Plan p. 486 (0330-333 1144 ; www.bl.uk/visit/eat-drink-shop ; 1er ét, British Library, 96 Euston Rd, NW1 ; plats 5-10 £ ; 9h30-17h lun-ven, 9h30-16h sam-dim ; ; King's Cross St Pancras). Ici, une cafétéria en self-service voisine avec une section restaurant au service classique, plus chère (plats 11,95-18,95 £). L'une et l'autre proposent les mêmes spécialités, chaudes ou froides : optez pour le bar à salades bien garni, les tourtes, *pasta* ou curry du jour. Les tables ont une jolie vue sur l'imposante King's Library, et on peut profiter, par beau temps, d'une superbe terrasse.

ADDIS ÉTHIOPIEN £

Plan p. 486 (020-7278 0679 ; www.addisrestaurant.co.uk ; 40-42 Caledonian Rd, N1 ; plats 10-16 £ ; 17h-23h lun-ven, 12h-23h sam-dim ; ; King's Cross St Pancras). Cet établissement très animé sert de bons plats éthiopiens relevés comme l'*ayeb be gomen* (*cottage cheese* mélangé à des épinards et à des épices), le *fuul musalah* (fèves concassées sautées au beurre clarifié, avec feta et falafel) et le plus dépaysant *dulet* (agneau

VAUT LE DÉTOUR

WILLIAM MORRIS GALLERY

Si vous vous intéressez aux objets de l'époque victorienne et au mouvement Arts and Crafts, dirigez-vous vers ce sensationnel petit **musée** (020-8496 4390 ; www.wmgallery.org.uk ; Lloyd Park, Forest Rd, E17 ; 10h-17h mar-dim ; Walthamstow Central) GRATUIT, situé à Walthamstow (nord-est de Londres). Il s'agit de l'ancienne demeure familiale de William Morris (1834-1896), fondateur de l'emblématique agence de décoration d'intérieur Morris & Co, connue dans le monde entier pour ses motifs de papier peint.

Dans un beau manoir georgien, l'exposition accorde une place de choix aux expérimentations artistiques de Morris dans une multitude de domaines, avec un formidable atelier expliquant ses procédés de production, et une reconstitution très évocatrice du lieu où il réalisait ses créations. L'ensemble dresse un portrait complet de l'artiste, qui couvre également ses écrits (de son vivant, il était plus connu pour son œuvre littéraire que pour ses dessins) et son militantisme.

Morris était révolté par les conséquences de l'industrialisation, et se préoccupait, entre autres, des procédés de fabrication et de la qualité, des conditions de vie des personnes et de l'environnement. Il devint socialiste dans les années 1880, et mena une lutte sans répit contre le capitalisme.

La force de ce lieu réside dans sa beauté et son interactivité, qui séduira les enfants. Ces derniers adoreront également le ravissant parc à l'arrière et ses aires de jeux. Le 1er étage accueille des expositions temporaires. La **boutique** vend de beaux objets design inspirés de l'œuvre de Morris. Un **salon de thé**, dans la serre, se prête à une pause autour d'un en-cas.

Depuis la station de métro Walthamstow Central, tournez à droite (à l'est) sur Selbourne Road, puis prenez la première rue à gauche, Hoe Street. Après 600 m vers le nord, tournez à gauche dans Gaywood Road. Le musée est en face, au bout de la rue.

et abats d'agneau cuits aux épices). Cette cuisine se déguste sur un pain souple et rond, au goût légèrement acide, appelé *injera*.

Concerts de musique éthiopienne le dimanche à partir de 18h30.

DIWANA BHEL POORI HOUSE — INDIEN £

Plan p. 488 (020-7387 5556 ; www.diwanabph.com ; 121-123 Drummond St, NW1 ; plats 6,50-11,25 £ ; 12h-23h30 lun-sam, 12h-22h30 dim ; ; Euston). Le Diwana, l'un des meilleurs restaurants indiens végétariens de Londres, est spécialisé dans le *bhel poori* de Bombay (un plat acidulé à la fois tendre et croustillant, 3,95 £) et les *dosa* (crêpes de riz croustillantes et fourrées, 7,95 £). Si vous dînez seul, le *thali* (repas complet composé de plusieurs petits plats disposés sur un plateau, 6,95-11,25 £) est une bonne formule. Des plats du jour sont également proposés. Le buffet à volonté (7,50 £) au déjeuner est remarquable.

REAL FOOD MARKET — MARCHÉ £

Plan p. 486 (www.realfoodfestival.co.uk/real-food-markets/kings-cross-market ; King's Cross Sq, N1 ; plats 4-12 £ ; 12h-19h mer-ven ; ; King's Cross St Pancras). Ce marché animé, face à King's Cross Station, réunit une vingtaine de stands gastronomiques 3 fois par semaine. On y vend de tout : délicieux fromages, charcuterie, haddock fumé et pain artisanal, ainsi que des plats à emporter (wraps, currys, gâteaux succulents, etc.).

♥ RUBY VIOLET — GLACES £

Plan p. 486 (020-7609 0444 ; www.rubyviolet.co.uk ; Midlands Goods Shed, 3 Wharf Rd, N1 ; 1 boule 3 £ ; 11h-19h lun-mar, 11h-22h mer-dim ; ; King's Cross St Pancras). La qualité des glaces est ici un cran au-dessus de la moyenne : parfums originaux (*masala chai*, framboise et patate douce), avec garnitures et sauces chaudes maison. Et il y a un *Pudding Club* les vendredis et samedis soir, proposant des mini-Alaska ou des fondants au chocolat chaud, à déguster sur place ou près de la fontaine de Granary Sq (p. 251).

CARAVAN — INTERNATIONAL ££

Plan p. 486 (020-7101 7661 ; www.caravanrestaurants.co.uk ; 1 Granary Sq, N1 ; petites

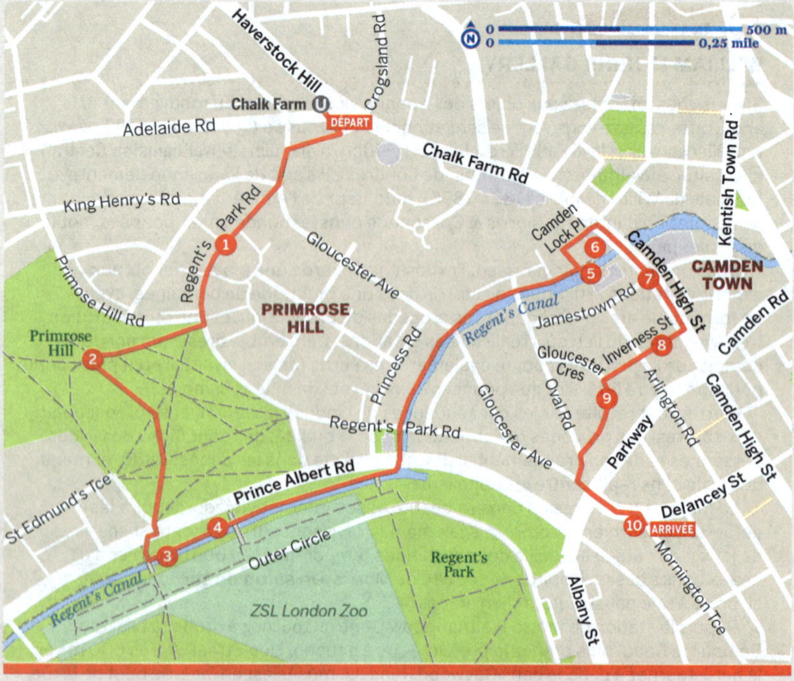

Promenade à pied
Un aperçu du Nord

DÉPART : MÉTRO CHALK FARM
ARRIVÉE : PUB L'EDINBORO CASTLE
DISTANCE : 4 KM **; DURÉE :** 2 HEURES

Cet itinéraire passe par les quartiers les plus intéressants de North London, dont Primrose Hill (fief des célébrités) et la tumultueuse Camden Town (territoire des groupes de demain, peuplé des derniers authentiques punks londoniens). En sortant du métro Chalk Farm, traversez la rue et montez. Tournez à gauche au pont de chemin de fer et longez le trottoir sud, bordé des boutiques de 1 **Regent's Park Road**. Des célébrités vivent dans ce quartier huppé.

À 2 **Primrose Hill** (p. 254), rejoignez les hauteurs du parc pour profiter de la vue sur le centre de Londres. Par beau temps, le parc est plein de gens qui prennent le soleil, pique-niquent ou jouent au football.

Descendez par la droite et traversez le parc en direction de Primrose Hill Lodge. Traversez la rue, gagnez le chemin de halage de 3 **Regent's Canal**, et tournez à gauche. Vous passerez devant le Snowden Aviary, la volière du 4 **London Zoo** (p. 248), de jolis embarcations, de belles demeures et des sites industriels réhabilités.

Continuez jusqu'à 5 **Camden Lock**, prenez à gauche et entrez dans le 6 **Camden Lock Market** (p. 272). Avec son ambiance et ses tendances originales, son *ethnic art* et ses dizaines de stands de nourriture, c'est un lieu plein de vie, surtout le week-end. Quittez-le par 7 **Camden High Street** – notez les Doc Martens géantes, les anges et les dragons sur les façades des boutiques –, puis tournez à droite dans 8 **Inverness Street**, avec ses bars et son petit marché de T-shirts et casquettes.

À 9 **Gloucester Crescent**, tournez à gauche. Passez devant les belles maisons georgiennes puis prenez à gauche dans Oval Road, traversez Parkway pour rejoindre Delancey Street, et continuez tout droit jusqu'au pub 10 **Edinboro Castle** (p. 267), où se termine notre balade. Le métro Camden Town est à 5 minutes à pied.

assiettes 7,50-9 £, plats 17,50-19 £ ; 8h-22h30 lun-ven, 10h-22h30 sam, 10h-16h dim ; ; King's Cross St Pancras). Dans le vaste Granary Building, le premier locataire du nouveau King's Cross (2012) est un grand espace industriel-chic proposant une cuisine fusion du monde entier. Vous pourrez prendre plusieurs petites assiettes à partager, dans le style tapas, ou des plats classiques. Les places assises en extérieur sur Granary Square sont particulièrement prisées aux beaux jours. Les cocktails, eux, sont appréciés par tous les temps.

Primrose Hill

QUEEN'S GASTROPUB ££

Plan p. 488 (020-7586 0408 ; www.thequeens-primrosehill.co.uk ; 49 Regent's Park Rd, NW1 ; plats 12-22 £ ; 12h-22h lun-sam, 12h-21h dim ; ; Chalk Farm). Ce joli pub du chic Primrose Hill sert d'excellents classiques britanniques de saison : fish & chips, tourtes et burgers. Mais il y a un bon choix végétarien, et la carte des bières et vins est honorable. On dit que Jude Law y vient parfois prendre un verre.

Camden Town

HOOK CAMDEN TOWN FISH AND CHIPS £

Plan p. 488 (020-7482 0475 ; www.hookrestaurants.com ; 63-65 Parkway, NW1 ; plats 11-17 £ ; 12h-15h et 17h30-21h lun, jusqu'à 22h mar-jeu, jusqu'à 22h30 ven-sam, jusqu'à 21h dim ; ; Camden Town). Non content de travailler exclusivement avec de petites poissonneries durables et des fournisseurs locaux, Hook prépare également toutes ses sauces maison et emballe son poisson dans du papier recyclé. De la plus grande fraîcheur, incroyablement savoureux, le poisson est servi dans du *panko* (chapelure japonaise) ou en tempura, avec des frites salées aux algues. Le tout s'accompagne de bière artisanale, de vin ou d'un cocktail. Très bon menu enfant.

WEST YARD MARKET MARCHÉ £

Plan p. 486 (www.camdenmarket.com/food-drink ; Camden Lock Market, Camden Lock Pl, NW1 ; plats 7-12 £ ; 12h-17h ; ; Camden Town). Il y a pléthore de cuisines de rue dans le West Yard du Camden Lock Market, avec un choix en regard : français, argentin, japonais, caribéen... La qualité est souvent là, et à des prix abordables. Vous pourrez vous installer aux grandes tables collectives ou le long du canal.

CHIN CHIN LABS GLACES £

Plan p. 486 (07885 604284 ; www.chinchin-labs.com ; 49-50 Camden Lock Pl, NW1 ; glace à partir de 4,95 £ ; 12h-19h ; Camden Town). Le sommet de la chimie culinaire ! Les chefs congèlent instantanément leurs préparations à l'aide d'azote liquide, et les parfums sont régulièrement renouvelés, en fonction des saisons (fève tonka, chocolat Valrhona, caramel au beurre salé, feuilles de pandan...). Les dizaines de sauces et coulis sont tout aussi inventifs. Goûtez au "sandwich à la glace" (5,65 £) : de la glace calée dans d'excellents brownies ou cookies.

Chin Chin Labs se trouve en face du Shaka Zulu, dans le Camden Lock Market.

NAMAASTE KITCHEN INDIEN ££

Plan p. 488 (020-7485 5977 ; www.namaastekitchen.co.uk ; 64 Parkway, NW1 ; plats 9,95-22,95 £ ; 12h-23h30 lun-sam, 12h-23h dim ; ; Camden Town). S'il y a bien une chose à ne pas manquer chez Namaaste, ce sont les différents kebabs (grillades) – la viande et le poisson grillés sont tendres et goûteux à souhait. La corbeille de pain, garnie de *missi roti* (pain épicé), sort également de l'ordinaire.

YORK & ALBANY BRITANNIQUE MODERNE ££

Plan p. 488 (020-7592 1227 ; www.gordonramsayrestaurants.com/york-and-albany ; 127-129 Parkway, NW1 ; plats 15,50-28 £, 2/3 plats 19/23 £ ; 7h-minuit lun-sam, 7h-23h dim ; ; Camden Town). Propriété (entre autres adresses) du chef Gordon Ramsay, cet hôtel-brasserie animé sert des classiques britanniques dans une salle lumineuse : petit-déjeuner (11-15 £), déjeuner, thé et dîner, 7 jours sur 7. Il propose également de délicieuses pizzas cuites au feu de bois au Ramsay's Street Pizza voisin, et des formules viande/boisson la plupart des soirs de la semaine.

POPPIE'S FISH & CHIPS ££

Plan p. 488 (020-7267 0440 ; www.poppiesfishandchips.co.uk ; 30 Hawley Cres, NW1 ; plats 6,90-21,95 £ ; 11h-23h dim-jeu, 11h-minuit sam-dim ; Camden Town). La plus vaste des 3 branches de ce *chippie* à la mode sert de bons poissons (une demi-douzaine, au choix) pour 110 dîneurs au

VAUT LE DÉTOUR

TOTTENHAM HOTSPUR STADIUM

Le **stade de Tottenham** (020-3929 1882 ; www.tottenhamhotspur.com/the-stadium ; 748 High Rd, N17 ; adulte/enfant 30/15 £ ; 10h-18h lun-sam, 10h30-16h30 dim ; ; White Hart Lane, Seven Sisters, puis bus 149 ou 259), de 62 300 places, ultramoderne avec une pelouse escamotable accueillant des matchs de football américain ou "authentique", a été inauguré en avril 2019 pour remplacer le stade de White Hart Lane (lequel datait de 1899). Il a coûté plus de 850 millions de livres. Même sans être fan des Spurs ou même d'un des deux footballs, on peut avoir envie de visiter cette potentielle huitième merveille du monde.

La visite Tottenham Experience (1 heure 30), qui part toutes les 30 minutes, est guidée par de jeunes supporteurs très enthousiastes, qui font revivre l'histoire du stade et du club. Elle commence à la boutique (évidemment bien fournie) et passe par le West Atrium au niveau 9, avec sa capsule-témoin (à ouvrir en 2068) et un écran géant de 69 millions de LED. Puis, elle mène au salon Stratus West, qui jouit d'une vue stupéfiante sur le terrain, les tribunes et 4 écrans géants. Elle passe ensuite par la Loge exclusive du niveau 4 où les VIP regardent les matches, puis dans le célèbre tunnel où trône la formule "Come on You Spurs" ("Allez les Spurs !"), qui mène au banc des remplaçants. Vous verrez aussi les vestiaires (celui des Spurs est le plus luxueux) et la salle des casiers de la NFL, aux équipements surdimensionnés. La visite comprend aussi les tribunes de presse et les salles de conférences. Parmi les nouveautés, citons un musée high-tech sur l'histoire du club, et une *Skywalk*, qui permet de monter 50 m au-dessus de la tribune sud, juste au pied de la mascotte du club, un jeune coq.

maximum, sur deux niveaux, juste en face du très fréquenté Camden Market. Le cadre est plaisant, avec son mobilier des années 1940 recyclé ou transformé.

SHAKA ZULU — SUD-AFRICAIN ££

Plan p. 488 (020-3376 9911 ; www.shakazulu.com ; Camden Lock Market, Chalk Farm Rd, NW1 ; plats 14,50-26 £ ; 12h-15h et 17h-minuit dim-jeu, 12h-2h ven-sam ; Camden Town). Cet immense restaurant sud-africain occupe deux niveaux du Camden Lock Market. La cuisine fait bien évidemment la part belle à l'Afrique du Sud. Si vous êtes aventureux, vous pourrez essayer des viandes de buffle ou de phacochère. La longue liste des cocktails vaut aussi le coup d'œil, et le choix de vins sud-africains est large.

Hampstead

STAG — GASTROPUB £

Plan p. 485 (020-7722 2646 ; www.thestagnw3.com ; 67 Fleet Rd, NW3 ; plats 9-17,50 £ ; 12h-23h lun-jeu, 12h-minuit ven-sam, 12h-22h30 dim ; Hampstead Heath). Si les bières artisanales du Stag, à Belsize Park, sont excellentes, c'est sa délicieuse cuisine qui fait sa renommée dans North London, et notamment son *Sunday roast* ("rôti du dimanche") et sa tourte au bœuf et à la bière. En été, les barbecues dans le jardin sont aussi très populaires. Seuls inconvénients, le service parfois lent et l'accueil, pas très chaleureux.

WOODLANDS — INDIEN £

Plan p. 485 (020-7794 3080 ; www.woodlandsrestaurant.co.uk ; 102 Heath St, NW3 ; plats 5-13 £, thali 19 £ ; 18h-22h45 mar-jeu, 12h-15h et 18h-23h ven-dim ; ; Hampstead). N'espérez pas une décoration avant-gardiste ou un service parfait, mais cette table d'Inde du Sud est idéale pour un repas végétarien abordable à Hampstead. Les végans et les personnes qui suivent un régime sans gluten ou sans produits laitiers y trouveront leur bonheur. Essayez l'un des 4 *dosas* au menu (9 £).

GINGER & WHITE — CAFÉ £

Plan p. 485 (020-7431 9098 ; www.gingerandwhite.com ; 4a-5a Perrins Ct, NW3 ; plats 7,75-10,25 £ ; 7h30-17h30 lun-ven, 8h30-17h30 sam-dim ; ; Hampstead). Un café excellent, une nourriture simple mais délicieuse, des locaux spacieux et lumineux : cette charmante adresse, installée dans une ruelle calme, est une institution de Hampstead. Selon l'heure, elle est fréquentée par de jeunes mamans, des travailleurs indépendants avec leur ordinateur ou des habitués appelant les membres du personnel par leur prénom.

LA CAGE IMAGINAIRE FRANÇAIS ££

Plan p. 485 (☎020-7794 6674 ; www.la-cage-imaginaire.co.uk ; 16 Flask Walk, NW3 ; menu fixe 2/3 plats 15,95/19,95 £, dîner 22,95/25,95 £ ; ⌚12h-23h ; Ⓤ Hampstead). Un restaurant délicieux et très abordable pour Hampstead, avec de solides spécialités telles que la soupe à l'oignon ou les cuisses de grenouilles en entrée, puis des plats comme le coq au vin ou le bœuf bourguignon, et la tatin aux pommes ou aux prunes en dessert. Bon accueil, service charmant.

WELLS TAVERN GASTROPUB ££

Plan p. 485 (☎020-7794 3785 ; www.thewellshampstead.co.uk ; 30 Well Walk, NW3 ; plats 12,50-19,50 £ ; ⌚12h-15h et 18h-22h lun-ven, 12h-16h et 19h-22h sam-dim ; 📶 ; Ⓤ Hampstead). Dans ce *gastropub* prisé, la façade traditionnelle cache un décor plus moderne. La carte affiche des plats typiquement britanniques : saucisses du Cumberland, purée et sauce aux oignons, ou simple rôti de porc avec sa garniture. Le week-end, il faut se battre pour trouver une place – réservez ! Les tables en extérieur sont particulièrement agréables.

GAUCHO ARGENTIN £££

Plan p. 485 (☎020-7431 8222 ; www.gauchorestaurants.com/restaurants/hampstead ; 64 Heath St, NW3 ; plats 16,50-49,50 £, menu déj 2/3 plats 22-28 £ ; ⌚12h-23h dim-mer, 12h-minuit jeu-sam ; Ⓤ Hampstead). Voilà un excellent restaurant de steaks. Cette chaîne argentine possède une demi-douzaine d'adresses à Londres, et celle-ci présente l'avantage d'être moins bondée que les autres, vu sa taille. Le site est agrémenté d'une terrasse en extérieur. Menu spécial *asado* (grillade) proposé. Les garnitures et les sauces sont toujours en supplément.

Islington

SAMBAL SHIOK MALAISIEN £

Plan p. 486 (☎020-7619 9888 ; www.sambalshiok.co.uk ; 71 Holloway Rd, N7 ; plats 6,90-13,80 £ ; ⌚17h30-22h mar-ven, 11h30-15h15 et 17h30-22h sam ; Ⓤ Holloway Rd). Plat de nouilles à la noix de coco très parfumé, la *laksa* est meilleure quand les produits sont frais, et c'est le cas dans ce petit lieu de Holloway Rd, à 15 minutes à pied de la station de métro. Sans réservation, préparez-vous à faire la queue.

OI VITA PIZZAS £

(☎020-3302 8700 ; oivita.london ; 67 Newington Green Rd, N1 ; pizzas 7,45-15,95 £ ; ⌚17h-22h30 lun-jeu, 17h-23h ven, 12h-23h sam, 12h-22h30 dim ; Ⓤ Canonbury). Cette jolie petite pizzéria est tenue par deux Italiens, Nicola aux fourneaux et Matteo au service, qui importent la plupart des produits d'Italie. Les pizzas sont cuites dans un grand four à bois en pierre. Le dessert signature : boulettes frites arrosées de Nutella et de sauce au chocolat blanc (5,45 £).

LE MERCURY FRANÇAIS £

Plan p. 486 (☎020-7354 4088 ; www.lemercury.co.uk ; 140a Upper St, N1 ; plats 11,95-13,95 £ ; ⌚12h-minuit lun-jeu, 12h-0h30 ven-sam, 12h-23h30 dim ; Ⓤ Highbury & Islington et Angel). Excellente et très bien située, cette table française bon marché associe une atmosphère romantique (chandelles, petites tables et plantes vertes) à des plats succulents aux prix imbattables. Réservez.

PIEBURY CORNER BRITANNIQUE £

Plan p. 486 (☎020-7688 2987 ; www.pieburycorner.com ; 3 Caledonian Rd, N1 ; tourtes 3-6 £ ; ⌚11h-23h lun-ven, 12h-23h sam, 12h-18h dim ; Ⓤ King's Cross St Pancras). Si vous

OÙ MANGER VÉGÉTARIEN À NORTH LONDON ?

North London est le quartier idéal pour déguster des plats végétariens inventifs, nourrissants, délicieux, et pour tous les goûts. Voici quelques-unes des meilleures adresses. Addis et Good Egg ne sont pas des restaurants végétariens stricto sensu, mais les riches traditions végétariennes des cuisines éthiopienne et israélienne sont bien représentées avec 8 plats sur la carte de chacun de ces 2 établissements.

Woodlands (page ci-contre)

Rasa N16 (p. 266)

Addis (p. 258)

Good Egg (p. 265)

vous demandez pourquoi on parle tant des tourtes anglaises, ce petit restaurant tout simple est le meilleur endroit pour y goûter. Choisissez les classiques steak-rognons, poulet-champignons ou, plus rare, la tourte joue de bœuf-chevreuil-champignons. Vous pourrez les accompagner, pour 5 £, des incontournables purée onctueuse et pois écrasés à la menthe et le tableau sera complet.

CHILANGO — MEXICAIN £

Plan p. 486 (☎020-7704 2123 ; www.chilango.co.uk ; 27 Upper St, N1 ; burritos et tacos 6,95-8,95 £ ; ⏲11h-22h lun-mer, 11h-23h jeu-sam, 12h-22h dim ; ✎ ; ⓊAngel). Le bon rapport qualité/prix et les saveurs mexicaines du Chilango font mouche. Les burritos sont généreusement garnis, avec les ingrédients de votre choix : viande (poulet, porc ou bœuf), crevettes, haricots, salade, riz, sauce... Les végétariens trouveront de quoi se régaler également. Sur place (dans un intérieur lumineux et coloré sur 2 niveaux) ou à emporter.

♥ OTTOLENGHI — MÉDITERRANÉEN ££

Plan p. 486 (☎020-7288 1454 ; www.ottolenghi.co.uk ; 287 Upper St, N1 ; petit-déj 5,90-12,50 £, plats déj/dîner à partir de 16,50/10 £ ; ⏲8h-22h30 lun-sam, 9h-19h dim ; ✎ ; ⓊHighbury & Islington). Des montagnes de meringues et de pâtisseries vous invitent à pousser la porte de cet établissement et, à l'intérieur, un somptueux étalage de salades fraîches vous attend. Repas légers et délicieux, décor tout de blanc, avec d'intéressantes touches méditerranéennes. Au déjeuner, les grandes assiettes incluent deux salades.

♥ DUKE OF CAMBRIDGE — GASTROPUB ££

Plan p. 486 (☎020-7359 3066 ; www.dukeorganic.co.uk ; 30 St Peter's St, N1 ; plats 15-23,50 £ ; ⏲12h-15h et 17h30-21h30 lun-mer, jusqu'à 22h jeu-ven, 12h-22h sam, 12h-21h30 dim ; ✎ ; ⓊAngel). 🍃 Niché dans une petite rue peu passante d'Islington, le premier pub certifié bio du Royaume-Uni est idéal pour échapper à la foule. Fabuleux choix de bières et d'ales à la pression, excellente carte des vins (biodynamiques), et intéressante carte bio aux influences méditerranéennes. Il y a une jolie verrière au fond.

♥ TRULLO — ITALIEN ££

Plan p. 486 (☎020-7226 2733 ; www.trullorestaurant.com ; 300-302 St Paul's Rd, N1 ; plats 16,50-24 £ ; ⏲12h30-14h45 et 18h-22h15 lun-sam, 12h30-21h15 dim ; ⓊHighbury & Islington). Chez Trullo, la *pasta* faite main tous les jours (pappardelle, fettuccine) est délicieuse, mais on vient surtout ici pour les succulentes grillades (côtes de porc, agneau ou poisson). La carte des vins, tous italiens, est courte mais bien choisie. L'établissement étant parfois bondé, il est nécessaire de réserver longtemps à l'avance. Service irréprochable.

OLDROYD — MÉDITERRANÉEN ££

Plan p. 486 (☎020-8617 9010 ; www.oldroydlondon.com ; 344 Upper St, N1 ; plats 14-21 £ ; ⏲12h30-14h45 et 18h-22h lun-jeu, 12h30-22h sam, 12h30-21h dim). 🍃 Ce petit restaurant d'Upper St, à Islington, sert l'une des cuisines méditerranéennes les plus savoureuses de Londres. Le choix est aussi limité que les places : un plat de viande, un de poisson et deux végétariens (mais il y a aussi 5 ou 6 entrées). Tables sur 2 niveaux. En semaine, le déjeuner est bon marché (10 £).

SMOKEHOUSE — BARBECUE ££

Plan p. 486 (☎020-7354 1144 ; www.smokehouseislington.co.uk ; 63-69 Canonbury Rd, N1 ; plats 15-20 £ ; ⏲18h-22h lun-jeu, 18h-22h30 ven, 12h-16h et 18h-22h30 sam, 12h-21h dim ; 📶 ; ⓊHighbury & Islington). Dans un élégant décor de bois sombre et de murs chaulés, le "Fumoir", un joli bistrot lumineux, présente une carte internationale de plats de viandes au goût fumé : le grillage, rôtissage ou fumage se fait uniquement sur place. Les produits sont soigneusement choisis et subtilement associés, et la carte des bières est particulièrement fournie.

IBERIA — GÉORGIEN ££

Plan p. 486 (☎020-7700 7750 ; www.iberiarestaurant.co.uk ; 294-296 Caledonian Rd, N1 ; plats 8,70-16,50 £ ; ⏲18h-23h mar-ven, 13h-23h sam, 13h-21h dim ; ⓊCaledonian Rd & Barnsbury). Dans un secteur de restaurants ethniques quelconques, Iberia sort du lot par son cadre agréable, son service sympathique et sa très bonne cuisine traditionnelle géorgienne. Attendez-vous à de la viande et à un mélange robuste de saveurs russes et orientales ! Prenez le classique *khachapuri* (7,90 £), pain plat fourré au fromage, et les délicieux *khinkali* (14,60 £), raviolis de porc et de bœuf.

VAUT LE DÉTOUR

ALEXANDRA PALACE ET ALEXANDRA PARK

En réponse au Crystal Palace de North London – déplacé de Hyde Park à South London en 1852 –, l'**Alexandra Palace** (☎020-8365 2121 ; www.alexandrapalace.com ; Alexandra Palace Way, N22 ; ⏰9h-17h, variables selon l'événement ; 🚉Alexandra Palace, ⓊWood Green) fut construit en 1873. Il brûla, hélas, entièrement 16 jours seulement après son inauguration. Encouragés par les chiffres de fréquentation, les investisseurs décidèrent de le reconstruire et il rouvrit ainsi à peine deux ans plus tard. Des prisonniers de guerre allemands y furent détenus pendant la Première Guerre mondiale et, en 1936, c'est là que fut enregistrée la première émission télévisée du monde – une émission de variétés, *Here's Looking at You*. Le palais fut victime d'un nouvel incendie en 1980. Reconstruit une fois encore, il rouvrit en 1988. L'East Court theatre (1875), avec sa machinerie victorienne, a rouvert en 2018 après 80 ans d'abandon.

Aujourd'hui, le Great Hall et le Palm Court de l'"Ally Pally" servent de lieux de conférences et d'expositions. Il y a aussi une patinoire couverte ouverte toute l'année, un pub-restaurant avec terrasse, des aires de jeux et un lac où on peut ramer. Il accueille parfois des soirées clubbing et des concerts.

Le parc qui l'englobe s'étend sur plus de 196 ha. Les habitants y viennent pour admirer la vue dégagée sur Londres et pour le marché fermier du dimanche (10h-15h).

Lors de la Bonfire Night, on y tire des feux d'artifice qui sont parmi les plus spectaculaires de la ville. De la station de métro Wood Green, prenez le bus W3, direct jusqu'au palais.

KIPFERL AUTRICHIEN ££

Plan p. 486 (☎020-7704 1555 ; www.kipferl.co.uk ; 20 Camden Passage, N1 ; plats 10,50-19,50 £ ; ⏰11h-22h mar-jeu, 9h-23h ven-sam, jusqu'à 21h dim ; ⓊAngel). Mi-café, mi-restaurant, et tout ce qu'il y a de plus autrichien, le Kipferl prépare une cuisine roborative classique : escalopes viennoises (15,50 £), *käsespatzle* (pâtes aux œufs et au fromage, 14,50 £) ou boulettes aux épinards (13,50 £). Vous pourrez aussi y venir simplement pour prendre un café, à choisir sur la carte typique des cafés viennois, et craquer pour un gâteau (Sachertorte, Apfelstrudel...).

YIPIN CHINA CHINOIS ££

Plan p. 486 (☎020-7354 3388 ; yipinchina.co.uk ; 72 Liverpool Rd, N1 ; plats 8-22 £ ; ⏰12h-23h ; 🖉 ; ⓊAngel). Yipin, un des plus authentiques restaurants chinois de Londres (comme en témoigne sa clientèle), a pour spécialité la cuisine du Hunan, épicée et parfumée, mais sert également des plats cantonais ou sichuanais, piquants. Le menu détaillé en images facilite (un peu) le choix.

PRAWN ON THE LAWN PRODUITS DE LA MER £££

Plan p. 486 (☎020-3302 8668 ; www.prawnonthelawn.com ; 292-294 St Paul's Rd, N1 ; petites assiettes 7,50-10 £, plateaux 22-39 £ ; ⏰12h-22h mar-sam, 12h-16h dim ; ⓊHighbury et Islington). Cet établissement carrelé de noir et de blanc vend crustacés et poissons frais tout à la fois en tant que poissonnerie et comme restaurant. Consultez l'ardoise toujours renouvelée, avec des plats tels que la salade au crabe de Padstow, les crevettes à la sichunaise, la *taramasalata*, et un ragoût de la mer similaire au *brodetto* italien. Observez les produits qui passent de leur lit de glace à la cuisine ouverte.

Stoke Newington

GOOD EGG JUIF £

(☎020-7682 2120 ; thegoodeggn16.com ; 93 Stoke Newington Church St, N16 ; plats 9,50-15,50 £ ; ⏰9h-17h lun, 9h-23h mar-ven, 10h-23h sam-dim ; 🖉👪 ; 🚌73). 🍃 Surfant sur une tendance du moment, à savoir la rencontre des cuisines d'Europe et du Levant, ce restaurant, ouvert en continu, a plusieurs fonctions, qu'il remplit à merveille : café familial, table tendance avec plats à partager, et meilleur endroit de Stoke Newington pour un brunch (6,50-13,50 £). Files d'attente fréquentes, notamment le week-end.

RASA N16 INDIEN £

(☎020-7249 0344 ; rasarestaurants.com/rasa-n16 ; 55 Stoke Newington Church St, N16 ; plats 5,50-7,95 £ ; ⏰18h-22h45 lun-jeu, 18h-23h30 ven, 12h-15h et 18h-23h30 sam, 12h-14h45 et 18h-22h45 dim ; ; 73). Rose vif, proposant une cuisine d'Inde du Sud végétarienne, c'est le restaurant le plus connu, et le plus visible, de Stoke Newington. Le service est sympathique, l'ambiance paisible, les prix raisonnables et la cuisine kéralaise excellente. Le Keralan Feast (végétarien/végétalien 19,99/22,50 £) de plusieurs plats est réservé aux affamés.

OÙ PRENDRE UN VERRE ET FAIRE LA FÊTE

Camden Town est l'un des quartiers du nord de Londres les plus courus en matière de sorties, avec plus de bars, de pubs et de musique qu'on ne saurait l'espérer. Les pentes de Hampstead sont un paradis pour les inconditionnels des vieux pubs, et Islington est connu pour ses pubs-théâtres et ses bars à vins et à cocktails secrets. Quant à King's Cross, le quartier ne cesse d'attirer de nouveaux arrivants, dont beaucoup s'installent dans d'anciens bâtiments victoriens, au nord de la gare.

King's Cross et Euston

♥ DRINK, SHOP & DO BAR

Plan p. 486 (☎020-7278 4335 ; www.drinkshopdo.co.uk ; 9 Caledonian Rd, N1 ; ⏰10h30-minuit lun-jeu, 10h30-2h ven-sam, 10h30-18h dim ; ; Ⓤ King's Cross St Pancras). Ce singulier petit point de vente occupe d'anciens bains victoriens. Comme son nom l'indique, il sert à beaucoup de choses : bar, café, centre d'activités et même discothèque (au sous-sol). L'idée est qu'on y trouve toujours de quoi prendre un verre, écouter de la musique et s'occuper (qu'il s'agisse de construction de robots en Lego, de danse ou autre...).

EUSTON TAP BAR

Plan p. 488 (☎020-3137 8837 ; www.eustontap.com ; 190 Euston Rd, NW1 ; ⏰12h-23h30 lun-jeu, 12h-minuit ven-sam, 12h-22h dim ; Ⓤ Euston). Ce bistrot pour amateurs de bières artisanales se niche dans un imposant bâtiment en pierre proche d'Euston Station. Les clients font leur choix parmi 15 *cask ales* (en fût), 28 *keg beers* (pression) et 150 bières à la bouteille. Prenez un siège dehors, montez à l'étage par le petit escalier en colimaçon ou achetez une bouteille à emporter.

CHAPEL DOWN GIN WORKS BAR À VINS

Plan p. 486 (☎020-3928 0815 ; www.chapeldownginworks.com ; Goods Way, N1 ; ⏰12h-23h30 lun-sam, 12h-21h dim). Le vignoble le plus célèbre du pays, Chapel Down, dans le Kent, s'est mis à la distillerie, et quoi de mieux que le gin pour débuter ? Ici, le Bacchus est tiré de peaux de raisins de pinot noir ; il y a aussi de la vodka de chardonnay. Goûtez-les (8 £/shot) ou essayez un des 18 vins (pétillants, rosés, blancs ou rouges) de ce bar/restaurant branché de “new” King's Cross.

Pour manger un morceau : planches de fromages et de charcuteries (15 £).

CAMINO BAR

Plan p. 486 (☎020-7841 7330 ; camino.uk.com/restaurant/kings-cross ; 3 Varnishers Yard, The Regent's Quarter, N1 ; ⏰12h-minuit lun-jeu, 12h-1h ven-sam, 12h-23h dim ; ; Ⓤ King's Cross St Pancras). Cette adresse a la faveur des Espagnols de Londres. Les boissons sont typiquement ibériques : cava (vin pétillant), bière pression Estrella et longue liste de vins. Des DJ s'installent aux platines du jeudi au dimanche. L'été, la cour est pleine de fêtards.

ORIGIN COFFEE ROASTERS CAFÉ

Plan p. 486 (☎020-7387 8684 ; www.origincoffee.uk ; 96 Euston Rd, British Library, NW1 ; ⏰7h30-18h lun-jeu, 7h30-17h30 ven, 9h-16h sam, 10h-16h dim ; Ⓤ King's Cross St Pancras). Filiale du torréfacteur Origin (qui met l'accent sur la provenance et la préparation), ce petit café, proche de l'entrée de la British Library, a pour atouts son design et, surtout, son breuvage emblématique. Les variétés mises en avant changent régulièrement. Bon choix de breuvages à base d'expresso et de cafés filtre.

♥ BIG CHILL BAR

Plan p. 486 (☎020-7427 2540 ; bigchillbar.com ; 257-259 Pentonville Rd, N1 ; ⏰11h-minuit dim-mer, 11h-1h jeu, 11h-3h ven-sam ; ; Ⓤ King's Cross St Pancras). Très animé le week-end, ce grand bar dispose d'une vaste et superbe terrasse sur le toit. Musique variée, avec concerts ou DJ. Sono de premier ordre ; entrée généralement libre sauf le dernier samedi du mois.

EGG LDN

CLUB

Plan p. 486 (020-7871 7111 ; www.egglondon.co.uk ; 200 York Way, N7 ; 22h30-5h mar-jeu, 22h30-6h ven, 22h30-7h sam ; Caledonian Rd & Bansbury ou King's Cross St Pancras). Aménagé dans un ancien entrepôt de l'époque victorienne, l'Egg est un bel espace, avec deux grandes salles en béton brut, une mezzanine en bois, un jardin et un toit-terrasse. Spécialiste de la house et de la techno, il attire des DJ connus, surtout le samedi soir. Les samedis et dimanches soir, il propose une navette gratuite à partir de 23h, au départ du 68 York Way, devant King's Cross Station.

Camden Town

EDINBORO CASTLE

PUB

Plan p. 488 (020-7255 9651 ; www.edinborocastlepub.co.uk ; 57 Mornington Tce, NW1 ; 12h-23h lun-sam, 12h-22h30 dim ; ; Camden Town). Vaste, décontracté et joyeux, l'Edinboro tire avantage d'un bon bar et d'une carte complète. Mais son atout principal est son énorme *beer garden* avec barbecue, éclairé par des guirlandes durant les longues soirées d'été. Des parasols chauffants font leur apparition en hiver.

LOCK TAVERN

PUB

Plan p. 488 (020-7482 7163 ; www.lock-tavern.com ; 35 Chalk Farm Rd, NW1 ; 12h-minuit dim-jeu, 12h-1h ven-sam ; Chalk Farm). Ce bâtiment noir est une institution de Camden. Outre son intérieur confortable, il a l'attrait d'un *beer garden* qui s'ouvre sur l'arrière et d'une superbe terrasse, avec une bonne vue sur le ballet des chalands du marché. La bière coule à flots. Le week-end, groupes et DJ viennent élever le niveau sonore. On vous encouragera à danser. Entrée toujours gratuite.

TAPPING THE ADMIRAL

PUB

Plan p. 488 (020-7267 6118 ; www.tappingtheadmiral.co.uk ; 77 Castle Rd, NW1 ; 12h-23h dim-mar, 12h-minuit mer-sam, 12h-22h30 dim ; ; Camden Town ou Kentish Town West). Ce bar primé confortable, éclectique et au thème nautique sert un bon choix de *real ale* à une clientèle composée surtout d'habitués. Demandez au personnel de vous expliquer le nom du pub. Petit indice : l'amiral concerné veille sur Trafalgar Sq.

BREWDOG CAMDEN

BIÈRE ARTISANALE

Plan p. 488 (020-7284 4626 ; www.brewdog.com/uk/bars/uk/brewdog-camden ; 113 Bayham St, NW1 ; 12h-23h30 lun-jeu, 12h-minuit ven-sam, 12h-22h30 dim ; ; Camden Town). Un pub qui a du chien, avec beaucoup de bières artisanales, et une vingtaine de bières différentes à la pression. La brasserie écossaise BrewDog ne joue pas l'exclusivité, et la moitié des bières du bar viennent de petits producteurs du monde entier. Épongez le tout avec un burger ou des ailes de poulet (9,50-11 £).

Kentish Town

BULL & GATE

PUB

Plan p. 485 (020-3437 0905 ; www.bullandgatenw5.co.uk ; 389 Kentish Town Rd, NW5 ; 11h-23h lun-mer, 11h-minuit jeu-ven, 10h-minuit sam, 12h-22h30 dim ; ; Kentish Town). Autrefois l'une des meilleures adresses où voir se produire des talents sans label, mais prometteurs, cette légendaire salle de concerts à l'ancienne s'est transformée en un élégant *gastropub* avec piano-bar. À l'étage, le Boulogne Bar affiche un luxe évoquant celui d'un club de gentlemen à l'ancienne. Cocktails excellents et clientèle chic (pour Kentish Town).

Hampstead

HOLLY BUSH

PUB

Plan p. 485 (020-7435 2892 ; hollybushhampstead.co.uk ; 22 Holly Mount, NW3 ; 12h-23h lun-sam, 12h-22h30 dim ; ; Hampstead). Le très bel intérieur ancien de ce beau pub georgien classé, son emplacement tranquille en haut de la colline et sa cheminée vous donneront sûrement envie de vous attarder. Situé au-dessus de Heath Street, l'établissement est accessible par les Holly Bush Steps.

SPANIARD'S INN

PUB

Plan p. 485 (020-8731 8406 ; www.thespaniardshampstead.co.uk ; Spaniards Rd, NW3 ; 12h-23h lun-sam, 12h-22h30 dim ; ; 210).

Dick Turpin, dandy et bandit de grand chemin au XVIIIe siècle, fréquentait cette merveilleuse taverne fondée en 1585. D'autres personnages plus illustres encore, tels les poètes romantiques Keats et Byron ou le peintre et graveur Sir Joshua Reynolds ont également succombé à son charme. Elle est même citée dans les *Aventures de M. Pickwick* de Charles Dickens et le *Dracula* de Bram Stoker.

Le grand jardin, divin, est bondé le week-end.

GARDEN GATE PUB

Plan p. 485 (☎020-7435 4938 ; www.thegardengatehampstead.co.uk ; 14 South End Rd, NW3 ; 🕒12h-23h lun-jeu, 12h-minuit ven, 10h-minuit sam, 12h-22h30 dim ; 📶 ; Ⓤ Hampstead Heath). Ce cottage du XIXe siècle est un petit bijou niché à l'extrémité sud de Hampstead Heath. Le *beer garden* est magnifique, et l'intérieur très confortable, avec ses tables en bois sombre, ses chaises rembourrées et ses canapés d'un autre âge. On y sert du *Pimm's and lemonade* en été et du vin chaud en hiver : parfait après une bonne balade ! Cuisine de qualité également (plats 11-20 £).

Highgate

FLASK PUB

Plan p. 485 (☎020-8348 7346 ; www.theflaskhighgate.com ; 77 Highgate West Hill, N6 ; 🕒11h30-23h lun-jeu, 12h-23h sam, jusqu'à 22h30 dim ; 📶 ; Ⓤ Highgate). Un pub de village en pleine ville... Les charmants coins et recoins, le vieux bar circulaire et l'engageant *beer garden* font de ce pub de 1663 un lieu de choix pour prendre une pinte à la faveur d'une promenade de Hampstead Heath au Highgate Cemetery. En hiver, on profite de la flambée et du *Sunday roast* de la maison (15-18,50 £).

Islington

69 COLEBROOKE ROW BAR À COCKTAILS

Plan p. 486 (☎07540 528 593 ; www.69colebrookerow.com ; 69 Colebrooke Row, N1 ; 🕒17h-minuit dim-mer, 17h-1h jeu, 17h-2h ven-sam ; Ⓤ Angel). Également connu comme le "bar sans nom" (*the bar with no name*), ce petit établissement ne paie peut-être pas de mine, mais il est extrêmement renommé pour ses cocktails (11 £). Sa carte des boissons, qui change souvent, est pleine de saveurs et de mélanges audacieux – elle a aussi de quoi satisfaire les palais plus conservateurs. Les places sont difficiles à trouver lorsque l'ambiance bat son plein : pensez à réserver.

Propose des *masterclass* de cocktails (50 £, 2 heures) à partir de 14h le week-end.

THE CASTLE PUB

Plan p. 486 (☎020-7713 1858 ; www.thecastleislington.co.uk ; 54 Pentonville Rd, N1 ; 🕒11h-23h lun-jeu, 11h-minuit ven-sam, 11h-22h30 dim ; 📶 ; Ⓤ Angel). Un joli pub de charme – si la chose existe – à la formule gagnante : cadre plaisant (plancher, papier peint original, mobilier confortable et grandes cartes aux murs), bonne cuisine de *gastropub* (plats 12,50-16,50 £), bières artisanales variées et formidable toit-terrasse.

CRAFT BEER CO BIÈRE ARTISANALE

Plan p. 486 (☎020-7278 0318 ; www.thecraftbeerco.com/Islington ; 55 White Lion St, N1 ; 🕒16h-23h lun-mer, 16h-minuit jeu, 12h-1h ven-sam, 12h-22h30 dim ; 📶 ; Ⓤ Angel). C'est l'un des 8 pubs Craft Beer Co de Londres. Charmant, il surfe sur la mode de la bière artisanale et va jusqu'à proposer à ses clients une carte quotidienne de 2 douzaines de bières du monde entier, à la pression, et bien plus encore en bouteilles et canettes.

Sa carte de burgers (9-25 £) permet de prolonger la soirée.

BULL PUB

Plan p. 486 (☎020-7354 9174 ; www.thebullislington.co.uk ; 100 Upper St, N1 ; 🕒12h-23h dim-mar, 12h-minuit mer-jeu, 12h-1h ven-sam ; 📶 ; Ⓤ Angel). L'un des pubs les plus animés d'Islington, avec DJ en soirée le week-end et diffusion d'événements sportifs, Bull propose un large choix de pressions, de *real ales*, de bières fruitées ou au froment et de cidres, ainsi qu'une belle carte des vins. La mezzanine est en général plus tranquille que la salle du bas – les soirs de week-end, vous aurez toutefois du mal à trouver une table.

Stoke Newington

AULD SHILLELAGH PUB

(☎020-7249 5951 ; www.theauldshillelagh.com ; 105 Stoke Newington Church St, N16 ; 🕒11hminuit dim-jeu, 11h-1h ven-sam ; 73). Quitte à nous faire quelques ennemis, disons-le tout net : c'est le meilleur pub irlandais de Londres. Le service est efficace, la Guinness est bonne et les concerts sont fréquents et variés (de la musique traditionnelle au rap – certains groupes fusionnent le tout). C'est aussi une bonne adresse pour regarder un match de rugby ou de football, et pour profiter du *beer garden* à l'arrière.

☆ OÙ SORTIR

North London est le temple du rock indé, et maints groupes devenus célèbres ont fait leurs armes dans les bars du quartier. De fait, Camden High St est devenue le Walk of Fame du rock, dont la première des 400 plaques de granit prévues a été consacrée aux Who. Vous trouverez à coup sûr un concert tous les soirs de la semaine. Plusieurs salles accueillent des concerts en première partie de soirée (souvent vers 19h-20h), suivis de clubbing à partir de minuit.

♥ GREEN NOTE — CONCERTS

Plan p. 488 (☎020-7485 9899 ; www.green-note.co.uk ; 106 Parkway, NW1 ; ⊙19h-23h dim-jeu, 19h-minuit ven-sam ; Ⓤ Camden Town). Camden est le foyer du punk, mais aussi du Green Note, un des meilleurs endroits à Londres pour écouter de la folk et de la world music, avec des concerts donnés presque tous les soirs. Le cadre est intime : murs de brique nue, micros installés dans un coin devant un rideau rouge. Les billets sont souvent à moins de 10 £ (12 £ sur place).

On voit s'y produire des artistes folk britanniques et irlandais, des groupes bluegrass et traditionnels, ainsi que des musiciens venus du monde entier. Côté consommations : bières, vins, en-cas végétariens et tapas.

JAZZ CAFE — MUSIQUE LIVE

Plan p. 488 (☎020-7485 6834 ; www.thejazzcafelondon.com ; 5 Parkway, NW1 ; ⊙19h-23h dim-jeu, 19h-3h ven-sam ; Ⓤ Camden Town). Malgré son nom de “Jazz Cafe”, le jazz ne constitue qu'une part de la palette qu'offre cet espace plutôt intimiste, au format club. On y entend également du funk, du hip-hop, du R&B, de la soul et du groove original. De grands noms s'y produisent régulièrement à 19h. Les soirées club du vendredi (world music) et du samedi (soul, disco et house) commencent à 22h30.

♥ KING'S HEAD THEATRE — THÉÂTRE

Plan p. 486 (☎020-7226 4443 ; www.kingsheadtheatre.com ; 115 Upper St, N1 ; Ⓤ Angel). Ce pub-théâtre incontournable programme de nouvelles pièces et comédies musicales, ainsi que des morceaux revisités – la musique classique et l'opéra n'étant pas en reste. Un de nos théâtres préférés pour le *off*-West End.

ALMEIDA — THÉÂTRE

Plan p. 486 (☎020-7359 4404 ; www.almeida.co.uk ; Almeida St, N1 ; billets 10-42,50 £ ; Ⓤ Highbury & Islington). Ce théâtre somptueux, dans un bâtiment victorien classé, fait la part belle aux talents prometteurs. Pour certaines représentations, des billets à 5 £ (2 par personne) sont proposés aux moins de 26 ans.

BLUES KITCHEN — CONCERTS

Plan p. 488 (☎020-7387 5277 ; www.theblueskitchen.com ; 111-113 Camden High St, NW1 ; ⊙12h-minuit lun-mar, 12h-1h mer-jeu, 12h-2h ven, 12h-3h sam, 10h-1h dim ; Ⓤ Camden Town). La recette du succès du Blues Kitchen est simple : des *blues bands* épatants dans un bar extraordinaire, une entrée gratuite (en général), d'excellents plats et boissons. Grâce à cette formule magique, le bar attire les foules. Concert – tous styles – chaque soir (souvent à partir de 21h45), et jam-sessions (blues) à partir de 20h30 le dimanche.

♥ BOOGALOO — CABARET

Plan p. 485 (☎020-8340 2928 ; www.theboogaloo.co.uk ; 312 Archway Rd, N6 ; ⊙17h-minuit lun-mer, 12h30-1h jeu, 12h30-2h ven, 10h30-2h sam, 10h30-minuit dim ; ; Ⓤ Highgate). Boogaloo s'autoproclame “le meilleur jukebox de Londres” ! Composées par des célébrités du monde de la musique, ses playlists incluent les 10 chansons préférées de Nick Cave, Sinead O'Connor ou encore Kate Moss, pour ne citer qu'eux. Il y en a toute une série sur lesquelles se trémousser, ainsi que des cours de danse, de la musique live, des soirées quiz et des spectacles comiques.

EMBARQUEMENT POUR POUDLARD

Warner Bros Studio Tour : the Making of Harry Potter (www.wbstudiotour.co.uk ; Studio Tour Dr, Leavesden, WD25 ; tarif adulte/enfant/fam de 4 pers 47/38/150 £ ; ⌚variables, voir site ; Watford Junction, puis navette aller/aller-retour 2/2,50 £). Cette visite du studio de tournage des films de Harry Potter vaut largement son prix élevé, que vous soyez simple amateur ou fan éperdu. Il faut réserver (bien à l'avance) une tranche horaire, puis compter au moins 3 heures 30 pour la visite. L'entrée par une énorme porte dans le véritable décor de la Grande Salle de Poudlard est le premier d'une longue série d'ébahissements.

De là, vous pourrez explorer à votre guise le reste des plateaux, dont un grand hangar où se trouvent presque tous les intérieurs les plus familiers (le bureau de Dumbledore, la salle commune de Gryffondor, la cabane de Hagrid) ; un autre avec le quai 9¾ et le *Poudlard Express* ; et une section en plein air avec le décor extérieur de Privet Drive, le Magicobus violet à double impériale et une boutique qui vend des en-cas et de la Bièraubeurre (très sucrée, mais à goûter). Un peu partout, des écrans vidéo s'animent pour expliquer différents aspects de la production. L'attention portée aux détails est impressionnante : il y a même une section consacrée à la conception graphique des accessoires comme les boîtes de céréales de la cuisine des Weasley !

Autres points forts : l'atelier d'animatronique ("bonjour monsieur l'Hippogriffe !") et la balade dans le Chemin de Traverse. Mais le plaisir le plus magique est pour la fin : une maquette géante à couper le souffle de Poudlard, qui a servi aux prises de vues en extérieur. Puis, vient le plus gros défi pour les parents et les vrais fans : une extraordinaire boutique de souvenirs pleine d'accessoires de sorcellerie – uniformes de chaque maison de Poudlard, copies des baguettes magiques personnalisées des personnages de la série, etc.

Si vous venez en voiture, vous trouverez un grand parking gratuit sur place, et toutes les indications voulues sur le site Internet. Sinon, prenez un train d'Euston Station à Watford Junction (10,20 £, 20 min), puis la navette (aller-retour 2,50 £, 10 min).

FEST CAMDEN — CONCERTS

Plan p. 488 (020-7428 4922 ; www.festcamden.com ; Chalk Farm Rd, NW1 ; ⌚12h-23h dim-mer, 12h2h30 jeu-sam ; Chalk Farm). Dans l'ancien hôpital pour chevaux du Camden Stables Market, cet espace accueille maintenant divers types d'événements, soirées cinéma ou club, cabaret ou comique.

♥ SCALA — MUSIQUE LIVE

Plan p. 486 (020-7833 2022 ; www.scala.co.uk ; 275 Pentonville Rd, N1 ; entrée 10-35 £ ; King's Cross St Pancras). Cinéma avant-gardiste de l'âge d'or à son inauguration en 1920, le Scala est tombé dans le ghetto du cinéma porno dans les années 1970, pour renaître comme club et salle de concerts au début du millénaire. C'est aujourd'hui un excellent endroit pour assister à un concert intimiste. Son bon *dancefloor* accueille des soirées variées.

♥ CECIL SHARP HOUSE — MUSIQUE TRADITIONNELLE

Plan p. 488 (020-7485 2206 ; www.cecilsharphouse.org ; 2 Regent's Park Rd, NW1 ; ⌚9h-23h ; Camden Town). Siège de l'English Folk Dance and Song Society, le Cecil Sharp House perpétue toutes sortes de traditions folkloriques. Les spectacles et formations incluent musique britannique traditionnelle et danses – *céilidh*, Morris, ou en sabots –, le tout dans le cadre, orné de fresques, du Kennedy Hall. Les cours sont aussi conviviaux qu'amusants ; débutants bienvenus.

ANGEL COMEDY — COMEDY CLUB

Plan p. 486 (www.angelcomedy.co.uk ; 2 Camden Passage, N1 ; ⌚spectacles en général à 20h dim-jeu, 19h et 21h15 ven-sam ; Angel). Un spectacle gratuit a lieu chaque soir dans ce petit club, à l'étage du pub le Camden Head. Le lundi, c'est soirée impro ; les autres soirs, tout est possible – débutant ou star peaufinant un nouveau spectacle.

Consultez le programme sur le site Internet. Dons bienvenus.

ELECTRIC BALLROOM SALLE DE CONCERTS
Plan p. 488 (☎020-7485 9007 ; www.electricballroom.co.uk ; 184 Camden High St, NW1 ; ⏲entrée 5-15 £ ; ⓊCamden Town). De nombreux grands groupes et musiciens ont joué entre les murs de cette salle historique de 1938 – de Blur à Paul McCartney, en passant par les Clash et U2. Soirées club toujours différentes le vendredi. Le samedi, dans deux salles, les soirées Electric Luv sont très prisées, avec des tubes de club et de R&B.

LORD'S SPORT
(☎020-7616 8500 ; www.lords.org ; St John's Wood Rd, NW8 ; 📶 ; ⓊSt John's Wood). Le Lord's (p. 253) est un véritable lieu de pèlerinage pour les passionnés de cricket. Siège du Marylebone Cricket Club, il accueille des matchs internationaux (dont des test-matchs) et des finales des tournois britanniques. Pour assister à des matchs internationaux, il faut généralement s'y prendre des mois à l'avance, mais il est assez facile de se procurer des places pour les rencontres régionales (*county cricket*).

REGENT'S PARK OPEN AIR THEATRE THÉÂTRE
Plan p. 488 (☎0333 400 3562 ; www.openairtheatre.org ; Queen Mary's Gardens, Regent's Park, NW1 ; ⏲mai-sept ; ♿ ; ⓊBaker St). Véritable institution estivale de Londres, cet auditorium en plein air de 1 250 places présente quelques productions par an, en général des pièces de théâtre renommées, de nouvelles pièces, des comédies musicales et généralement un spectacle destiné aux familles.

ROUNDHOUSE SALLE DE CONCERTS
Plan p. 488 (☎0300 678 9222 ; www.roundhouse.org.uk ; Chalk Farm Rd, NW1 ; ⓊChalk Farm). Ce bâtiment classé en rotonde (1847), ancien dépôt ferroviaire, est devenu un centre d'arts dans les années 1960, et a accueilli des groupes de légende, avant de tomber dans l'oubli en 1983. Sa résurrection au XXIe siècle en tant que haut lieu de la création fait un tabac, et on y voit maintenant toutes sortes de spectacles – groupes célèbres, danseurs, cirques, comiques, slam, séances d'improvisation...

UNION CHAPEL SALLE DE CONCERTS
Plan p. 486 (☎020-7226 1686, 020-7359 4019 ; www.unionchapel.org.uk ; 19 Compton Tce, N1 ; ⓊHighbury & Islington). Cette église de 1877, conçue par James Cubitt, est toujours en activité, et se transforme en une singulière salle de concerts entre les offices. Elle accueille même une soirée comédie Live at the Chapel (20 £) chaque mois, à 18h30 le samedi. Elle propose également le Daylight Music : des concerts gratuits (don suggéré de 5 £) les samedis, de 12h à 14h.

THE DUBLIN CASTLE CONCERTS
Plan p. 488 (☎07949 575 149 ; www.thedublincastle.com ; 94 Parkway, NW1 ; ⏲13h-minuit lun-mer, 12h-2h jeu-dim ; ⓊCamden Town). Des groupes punks ou alternatifs se produisent presque chaque soir à partir de 19h15 dans ce pub chaleureusement grunge (entrée 5-8 £, en général). Des DJ succèdent aux groupes les vendredis, samedis et dimanches soir.

HAMPSTEAD THEATRE THÉÂTRE
(☎020-7722 9301 ; www.hampsteadtheatre.com ; Eton Ave, NW3 ; ⓊSwiss Cottage). Ce théâtre réputé pour ses pièces novatrices accueille des metteurs en scène prometteurs. Il fut l'un des premiers à soutenir le futur prix Nobel de littérature Harold Pinter : une preuve, s'il en faut, de discernement.

O2 FORUM SALLE DE CONCERTS
Plan p. 485 (☎020-3362 4110 ; academymusicgroup.com/o2forumkentishtown ; 9-17 Highgate Rd, NW5 ; places à partir de 24 £ ; ⓊKentish Town). On trouve aisément le chemin du O2 Forum (ex-Town & Country Club) en se repérant, depuis la station de métro, à l'enfilade des vendeurs de billets à la sauvette. Cet ancien cinéma Art déco (1934) est spacieux, mais suffisamment confidentiel pour des groupes ou des humoristes qui commencent à être connus – ou pour des grands noms un peu sur le retour.

SHOPPING

À Camden Town, shopping rime avec Doc Martens et vêtements d'occasion, à dénicher parmi les stands du célèbre marché. On trouve à Islington de superbes boutiques d'antiquités, de vêtements vintage de qualité et d'objets design.

♥ STABLES MARKET
MARCHÉ

Plan p. 488 (www.camdenmarket.com ; Chalk Farm Rd, NW1 ; ⏲10h-tard ; Ⓤ Chalk Farm). Reliées au Camden Lock Market, les Stables débordent d'antiquités, d'objets d'Asie, de tapis, de mobilier rétro et de vêtements *streetwear*. Ces anciennes écuries logeaient jusqu'à 800 chevaux, qui tiraient les péniches sur Regent's Canal. Outre le shopping, on viendra voir la statue de bronze de la regrettée Amy Winehouse (1983-2011), qui habitait le quartier.

♥ ANNIE'S VINTAGE COSTUMES & TEXTILES
VINTAGE

Plan p. 486 (☎07968 037993 ; www.anniesvintageclothing.co.uk ; 12 Camden Passage, N1 ; ⏲10h-18h ; Ⓤ Angel). Un magasin rétro enchanteur, avec des robes et des tenues divines, à la Greta Garbo. Maints créateurs sont venus chercher l'inspiration dans cette boutique haut de gamme. Peut-être en croiserez-vous !

♥ CAMDEN LOCK MARKET
MARCHÉ

Plan p. 488 (www.camdenmarket.com ; Camden Lock Pl, NW1 ; ⏲10h-tard ; Ⓤ Camden Town). Tout près de l'écluse, on trouvera, dans cette section de Camden Market, diverses cuisines de rue (dans West Yard, p. 261), et plusieurs jolis bars avec vue sur le canal. Des boutiques vendent aussi artisanat, céramiques et vêtements.

♥ CAMDEN PASSAGE MARKET
ANTIQUITÉS

Plan p. 486 (www.camdenpassageislington.co.uk ; Camden Passage, N1 ; ⏲9h-18h mer et sam ; Ⓤ Angel). À ne pas confondre avec Camden Market (p. 254), Camden Passage est une belle ruelle pavée d'Islington bordée de magasins d'antiquités, de boutiques de vêtements vintage et de cafés. On y trouve 3 zones de marché plus ou moins distinctes. Les principaux jours de marché sont le mercredi et le samedi, mais certains ouvrent également les jeudis, vendredis et dimanches. Les magasins ouvrent toute la semaine.

MARY'S LIVING & GIVING SHOP
VÊTEMENTS

Plan p. 486 (☎020-7226 8840 ; www.savethechildren.org.uk/shop/marys-living-and-giving-shops/Islington ; 138 Upper St ; ⏲10h-18h lun-sam, 12h-16h dim). Il ne s'agit pas ici d'une *charity shop* lambda : cette boutique est très bien agencée et la qualité des vêtements est excellente. Comptez de 60 à 80 £ pour des robes et vestes de créateur, et de 7 à 10 £ pour des hauts de grande marque.

EXCLUSIVO
MODE ET ACCESSOIRES

Plan p. 485 (☎020-7431 8618 ; 2 Flask Walk, NW3 ; ⏲12h30-18h ; Ⓤ Hampstead). Si vous avez toujours rêvé d'acheter une paire de Manolo Blahnik, des sneakers Stella McCartney ou une robe Pucci, mais que vous avez reculé en voyant le prix, venez chez Exclusivo. Cette petite boutique est spécialisée dans les vêtements et accessoires de marque, de seconde main, et bien que les prix restent élevés, ils n'ont rien à voir avec ceux pratiqués au départ.

SAMPLER
VIN

Plan p. 486 (☎020-7226 9500 ; www.thesampler.co.uk ; 266 Upper St, N1 ; ⏲11h30-21h lun-sam, 11h30-19h dim ; Ⓤ Highbury & Islington). Chez ce formidable caviste, parmi les plus courus de Londres, on peut déguster jusqu'à 80 crus différents avant d'acheter. Pour ce faire, il suffit de charger une carte à utiliser aux machines (de 50 p à 50 £ pour une dégustation). Les vins sont présentés par variétés de raisin. Personnel aimable et connaisseur.

C'est le meilleur endroit de Londres pour le champagne. Vend aussi bières et alcools.

GILL WING GIFTS
CADEAUX

Plan p. 486 (☎020-7359 7697 ; www.gillwinggifts.com ; 194-195 Upper St, N1 ; ⏲9h-18h lun-sam, 10h-18h dim ; Ⓤ Highbury & Islington). Cette marque occupe plusieurs magasins d'Upper St, dont Gill Wing Cookshop (articles de cuisine) au n°190 et Gill Wing Jewellery (bijoux) au n°182, mais notre préférée est cette boutique de cadeaux. La vitrine haute en couleur, remplie de verres, de cartes, de jouets et d'autres babioles, est parfaitement irrésistible.

HOUSMANS
LIVRES

Plan p. 486 (☎020-7837 4473 ; www.housmans.com ; 5 Caledonian Rd, N1 ; ⏲10h-18h30 lun-sam, 12h-18h dim ; Ⓤ King's Cross St Pancras). Si vous cherchez des ouvrages progressistes, gauchistes, pacifistes, féministes, socialistes, communistes ou LGBTQ+

difficiles à trouver, venez dans cette librairie associative !

HARRY POTTER SHOP AT PLATFORM 9¾ CADEAUX

Plan p. 486 (☎020-3427 4200 ; www.harrypotterplatform934.com ; King's Cross Station, N1 ; ⏲8h-22h lun-sam, 9h-22h dim ; Ⓤ King's Cross St Pancras). La Pottermania ne retombe pas et le Chemin de Traverse est impossible à trouver : si vos apprenti(e)s sorciers et sorcières sont venus à Londres pour chercher leur propre baguette magique, faites "transplaner" directement la famille à la gare de King's Cross. Ce petit magasin lambrissé a aussi en stock des pulls aux couleurs des quatre maisons de Poudlard (Gryffondor est à l'honneur) et d'autres produits dérivés – ainsi, bien sûr, que les livres de la saga.

TWENTYTWENTYONE CADEAUX

Plan p. 486 (☎020-7288 1996 ; www.twentytwentyone.com ; 274-275 Upper St, N1 ; ⏲10h-18h lun-sam, 11h-17h dim ; Ⓤ Highbury et Islington). Voici un bel endroit pour dénicher des cadeaux originaux ou des articles de maison de qualité (dont beaucoup au design nord-européen). Un porte-brosse de toilettes par Alex Mowat à 465 £, ça vous dit ?

SPORTS ET ACTIVITÉS

♥ HAMPSTEAD HEATH PONDS NATATION

Plan p. 485 (www.cityoflondon.gov.uk/things-to-do/green-spaces/hampstead-heath/activities-at-hampstead-heath ; Hampstead Heath, NW5 ; tarif plein/réduit 4/1 £ ; ⏲à partir de 7h, heure de fermeture selon la saison ; Ⓤ Hampstead Heath). Au cœur du magnifique Heath, les trois bassins (hommes, femmes et mixte) de natation de Hampstead permettent de se rafraîchir dans une eau d'étang brunâtre – ne vous laissez pas rebuter par son aspect, sa qualité est testée quotidiennement selon des critères très stricts.

Les *ponds* (étangs) sont surveillés par un maître-nageur. Les bassins pour hommes ou femmes sont ouverts toute l'année. Les horaires d'ouverture varient selon la saison, ouvrant en général à 7h, et fermant à 14h30 l'hiver, et jusqu'à 20h45 au milieu de l'été. Le bassin réservé aux hommes est un lieu de rencontre gay populaire, et la pelouse qui l'entoure est un endroit idéal pour prendre un bain de soleil – quand l'occasion se présente. Il y a également une zone naturiste dans l'enceinte des vestiaires. Le bassin mixte est fermé en hiver. C'est le moins isolé des trois et il peut être bondé en été.

Notting Hill et West London

NOTTING HILL ET WESTBOURNE GROVE | EARL'S COURT ET WEST BROMPTON | MAIDA VALE | SHEPHERD'S BUSH | HAMMERSMITH | HOLLAND PARK

Notre sélection

❶ Un samedi après-midi à chiner dans l'éclectique **Portobello Road Market** (p. 278) avec ses étals de cuisine de rue, d'antiquités, de livres, de vêtements vintage ou encore de vinyles – puis à se reposer dans un café des environs.

❷ Le fabuleux et photogénique **Design Museum** (p. 277), où l'on réalise l'importance du design dans la vie quotidienne.

❸ Une **croisière** (p. 278) paisible sur Regent's Canal de Little Venice à Camden.

❹ **Windsor Castle** (p. 284), taverne classique de Campden Hill Road à l'intérieur chaleureux, et dotée d'un jardin.

❺ S'installer, verre à la main, sur l'un des lits doubles du premier rang, à l'**Electric Cinema** (p. 286), une des plus vieilles salles du Royaume-Uni.

Pour des plans plus détaillés, reportez-vous p. 490, p. 492 et p. 494

Découvrir Notting Hill et West London

C'est avant tout le marché aux puces de Portobello Road, les restaurants d'exception et les nombreux hôtels de choix émaillant West London qui attirent les visiteurs dans le quartier.

Le secteur est plutôt pauvre en activités touristiques, mais si vous disposez d'un peu de temps, consacrez au moins une demi-journée au Design Museum et à Portobello Road Market, et une autre à une promenade le long de Grand Union Canal vers Little Venice. Profitez aussi des pubs au bord de l'eau.

Si vous séjournez sur place, vous trouverez d'excellents restaurants et lieux de divertissement qui vous éviteront de devoir rejoindre le West End (même si on peut aisément s'y rendre à pied). Côté cuisine, Notting Hill concentre une multitude de restaurants renommés, mais il suffit de s'aventurer un peu plus loin pour débusquer de petits bijoux à Hammersmith et Shepherd's Bush.

En matière de vie nocturne, l'effervescence se concentre à Notting Hill et Shepherd's Bush. La plupart des quartiers de West London s'assoupissent sitôt fermés les pubs, à 23h.

Vivre comme un Londonien

Marchés de fruits et légumes Maints résidents de Notting Hill font leur marché à Portobello Road (p. 278). Le Shepherd's Bush Market (p. 289) est moins touristique.

Promenade au bord de l'eau Le week-end, les familles apprécient les sorties à Little Venice (p. 278) sur les chemins de halage qui longent le canal.

Classiques londoniens Le Cockney's Pie and Mash (p. 282) régale une clientèle populaire de *pie, mash and liquor* (sauce au persil).

Depuis/vers Notting Hill et West London

Métro La Central Line, qui traverse Londres d'est en ouest, dessert Queensway (Bayswater), Notting Hill Gate et Shepherd's Bush. Pour Paddington, Westbourne Grove et la lisière ouest de Shepherd's Bush, vous devrez emprunter la très lente Hammersmith & City Line. Earl's Court et Hammersmith sont sur la Piccadilly Line – nettement plus rapide !

Vélo Les Santander Cycles (p. 427) sont pratiques pour aller d'un quartier à l'autre ; on en trouve un peu partout dans West London.

Bons plans Lonely Planet

Pour profiter pleinement du marché de Portobello Road, promenez-vous (p. 281) entre les stations de métro Notting Hill Gate et Ladbroke Road. La foule s'écoule plutôt dans le sens Notting Hill-Ladbroke Grove.

Le top des restaurants

- Dishoom (p. 283)
- Flat Three (p. 283)
- Gate (p. 284)
- Snaps + Rye (p. 282)

Voir détails p. 280

Le top des pubs, bars et cafés

- Troubadour (p. 285)
- Windsor Castle (p. 284)
- Paradise by Way of Kensal Green (p. 285)
- Scarsdale Tavern (p. 285)
- Dove (p. 286)

Voir détails p. 284

Le top des salles de spectacles

- Bush Theatre (p. 286)
- Electric Cinema (p. 286)
- Riverside Studios (p. 287)
- Opera Holland Park (p. 287)
- Puppet Theatre Barge (p. 286)

Voir détails p. 286

À VOIR

Secteur vaste à la faible densité, mais bien desservi par les transports en commun, West London compte plusieurs petits musées intéressants, ainsi que le superbe musée du Design. Le Portobello Road Market est l'attrait majeur de Notting Hill.

Notting Hill et Westbourne Grove

MUSEUM OF BRANDS — MUSÉE

Plan p. 490 (020-7243 9611 ; www.museumofbrands.com ; 111-117 Lancaster Rd, W11 ; adulte/enfant/famille 9/5/24 £ ; 10h-18h lun-sam, 11h-17h dim ; Ladbroke Grove). Cet ambitieux autel à la nostalgie est l'œuvre de Robert Opie, historien de la consommation, qui collectionne depuis sa jeunesse objets-souvenirs et emballages. Conçu comme un tunnel temporel allant de l'ère victorienne à nos jours, on y voit des boîtes de Monopoly, les premières apparitions de Mickey Mouse et de Disney, une version primitive du Cluedo, du shampooing en poudre Teazie-Weazie, des radios et des téléviseurs, et des bibelots consacrés aux icônes de la pop-culture, tels les Fab Four (Beatles), Mork et Mindy, Star Wars, Star Trek, Buzz l'Éclair, Pokémon, Simpsons, etc.

Un billet adulte annuel coûte 17 £. Il y a aussi un café et une bonne boutique, à l'arrière. Le site Internet détaille les expositions, conférences et *masterclasses* proposées au musée.

Kensington High Street

HOLLAND PARK — PARC

Plan p. 492 (Ilchester Pl, W8 ; 7h30-crépuscule ; ; High St Kensington ou Holland Park). Ce magnifique parc est formé d'une grande surface boisée au nord, de vastes pelouses autour de **Holland House**, de terrains de sport au sud et de quelques jolis jardins, comme le paisible **Kyoto Garden**. Des paons s'y pavanent au grand plaisir des visiteurs, et une aire de jeux attend les enfants. Holland House (largement ravagée par les bombardements de la Luftwaffe en 1940) accueille le festival Opera Holland Park (p. 287) en été.

LEIGHTON HOUSE — DEMEURE

Plan p. 492 (www.leightonhouse.co.uk ; lun-ven 020-7602 3316, sam-dim 020-7471 9160 ; 12 Holland Park Rd, W14 ; adulte 9 £, enfant - 12 ans gratuit ; 10h-17h30 mer-lun ; High St Kensington). Conçue en 1866 par George Aitchison dans une rue tranquille juste à l'ouest de Holland Park, Leighton House a été la demeure de lord Frederic Leighton (1830-1896), peintre du mouvement anglais de l'Esthétisme. Le rez-de-chaussée est décoré dans un style orientaliste, à l'image de l'**Arab Hall**, merveille ajoutée en 1879, tapissé de carreaux de céramique bleu et vert provenant de Damas, en Syrie, et d'Iznik, en Turquie.

Sous la coupole dorée, une fontaine émet un doux murmure. Même les moucharabiehs garnissant les fenêtres et la galerie viennent de Damas. Au premier, l'atmosphère byzantine se reflète dans les carreaux de céramique chinoise de la cheminée et le paon empaillé au pied de l'escalier. La maison renferme également de remarquables toiles préraphaélites de Burne-Jones, Watts, Millais et lord Leighton lui-même. Le site Internet affiche le programme des soirées publiques : musique, conférences ou ateliers.

Au moment de notre passage, Leighton House, fermée pour travaux, devait rouvrir pour l'automne 2021.

18 STAFFORD TERRACE — DEMEURE

Plan p. 492 (www.rbkc.gov.uk/subsites/museums/18staffordterrace1.aspx ; lun-ven 020-7602 3316, sam-dim 020-7938 1295 ; 18 Stafford Tce, W8 ; tarif plein/réduit 9 £/gratuit, visites 12 £/gratuit ; visites guidées 11h, visite libre 14h-17h30 mer et sam-dim mi-sept à mi-juin ; High St Kensington). Anciennement connu sous le nom de Linley Sambourne House, le 18 Stafford Terrace, niché derrière Kensington High Street, fut la demeure du dessinateur de *Punch* (célèbre magazine satirique) et photographe amateur Linley Sambourne et de sa femme Marion, de 1875 à 1914. Les visiteurs pourront découvrir une maison confortable, caractéristique d'une famille bourgeoise de l'époque victorienne, avec boiseries sombres, tapis turcs et vitraux. Neuf pièces sont ouvertes à la visite, uniquement dans le cadre des parcours guidés en matinée (en costume le samedi ; adulte/enfant 20 £/gratuit) de 1 heure 15, ou de visites libres avec audioguides l'après-midi.

Les visites guidées en costume (certains soirs en octobre-novembre, adulte/enfant 20 £/gratuit), avec des acteurs dans le rôle d'occupants de la maison, ajoutent au cachet de l'ensemble.

ST MARY ABBOTS ÉGLISE

Plan p. 492 (020-7937 5136 ; www.smaw8.org ; Kensington Church St, W8 ; High St Kensington). L'église St Mary Abbots, conçue par l'architecte sir George Gilbert Scott en 1872, a été construite sur le site d'une église du XIIIe siècle. Cette ravissante église est aujourd'hui connue pour arborer la plus haute flèche de Londres (85 m de hauteur). C'est un havre de paix, à l'intérieur aussi vaste qu'accueillant. L'édifice a été gravement endommagé par les bombes incendiaires de la Luftwaffe en 1944, mais le bâtiment principal a survécu (on a faussement dit qu'un chef d'abri-anti-aérien joua de l'orgue pour empêcher que ses tuyaux ne se remplissent d'eau pendant que les pompiers arrosaient les flammes). Elle fait actuellement l'objet d'une restauration ambitieuse.

Earl's Court et West Brompton

BROMPTON CEMETERY CIMETIÈRE

Plan p. 492 (020-7352 1201 ; www.royalparks.org.uk/parks/brompton-cemetery ; Old Brompton Rd, SW5 ; visite 6 £ ; 7h-crépuscule ; West Brompton ou Fulham Broadway). Ce cimetière du XIXe siècle, le seul à être détenu par la Couronne, couvre 16 ha. Il a pour plus célèbre résidente Emmeline Pankhurst (1858-1928), leader des suffragettes britanniques. La célèbre auteure pour enfants Beatrix Potter, qui passa son enfance dans les environs, aurait puisé ici son inspiration, en tirant des noms de certains défunts ceux des personnages de ses livres. Ainsi, retrouve-t-on un George Nutkins, un M. McGregor, un Jeremiah Fisher, un Tommy Brock – et même un Peter Rabbet ! L'architecture de la chapelle et des colonnades évoque celle de Saint-Pierre de Rome.

Les **visites guidées** (don suggéré de 8 £, en espèces) de 2 heures partent de la chapelle à 14h chaque dimanche, de mai

LES INCONTOURNABLES
DESIGN MUSEUM

Après avoir quitté le bord de la Tamise pour un somptueux bâtiment près de Holland Park (moyennant 83 millions de livres), ce superbe musée est consacré à la place centrale du design dans la vie quotidienne. Son programme d'expositions tournantes en fait une étape incontournable pour les amateurs d'esthétique moderne et contemporaine. Logé dans l'ancien Commonwealth Institute (ouvert depuis 1962) réaménagé, ce lieu est en soi une ode au design, avec son intérieur tout en marbre et sapin de Douglas poli.

La plupart des expositions sont payantes (à partir de 14,50 £), de même que les conférences dans l'auditorium (à partir de 5 £). En revanche, la vaste galerie **Designer Maker User** du 2e étage est gratuite. Quelque 1 000 objets y retracent l'histoire et les codes du design moderne : ordinateurs Apple des années 1980, bouteilles d'eau, machines à écrire, disquettes, ou encore cette immense affiche publicitaire pour l'intemporelle Coccinelle Volkswagen. On peut aussi observer une imprimante 3D en pleine action.

Au 2e étage, rencontrez les **designers en résidence** si la salle est ouverte (à défaut, vous pourrez les voir travailler à travers la vitre). Notez aussi les vitraux de la boutique au rez-de-chaussée. Le rez-de-chaussée accueille un café, le 2e étage un restaurant.

À NE PAS MANQUER

- Galerie Designer Maker User
- Designers in Residence
- Vitraux de la boutique
- Architecture du musée

INFOS PRATIQUES

- Plan p. 492, E2
- 020-3862 5900
- www.designmuseum.org
- 224-238 Kensington High St, W8
- Entrée libre
- 10h-18h, 10h-20h ou 21h le 1er ven du mois
-
- High St Kensington

à août (et deux dimanches par mois en septembre-novembre et mars-avril). Venez, sans réserver. Lors de notre passage, il était question, du fait de leur popularité, de proposer des visites plus régulières des catacombes (plus d'informations sur www.brompton-cemetery.org.uk). On peut aussi découvrir celles-ci en été, à la faveur de la journée portes ouvertes annuelle. Une carte ainsi qu'une liste des résidents illustres du cimetière se trouvent sur le site Internet. Un centre d'informations est ouvert dans North Lodge East (près de l'entrée dans Old Brompton Rd), de 10h à 16h, les vendredis, samedis et dimanches.

STAMFORD BRIDGE STADE

Plan p. 492 (☎0371 811 1955 ; www.chelseafc.com ; Stamford Bridge, Fulham Rd, SW6 ; visites adulte/enfant 24/15 £ ; ⊙musée 9h30-18h30 juil-août, 9h30-17h30 avr-juin, 9h30-17h sept-mars, visites 10h-15h juil-août, 10h-16h avr-juin, 10h-15h sept-mars ; Ⓤ Fulham Broadway). Le Chelsea (alias les Blues) est l'un des clubs de football les plus riches de Londres, et pour ses fans, la pelouse du Stamford Bridge est un autre passage obligé, sans parler de l'achat d'objets siglés ou d'une visite du stade. Diverses visites guidées sont proposées, toutes donnent accès au Chelsea FC Museum. L'entrée pour le musée seulement (sans la visite) revient à 12 £ pour un adulte, 10 £ pour un enfant.

Maida Vale

LITTLE VENICE CANAL

Plan p. 490 (Ⓤ Warwick Avenue). Ce nom évocateur, né de la plume de lord Byron, lui fut certainement inspiré par les belles résidences surplombant la jonction entre Regent's Canal (p. 252) et Grand Union Canal, et par les péniches étroites (*narrow boats*) et colorées qui y voguent. Ces canaux remontent au début du XIXe siècle, quand le gouvernement décida de développer, dans le pays, de nouveaux réseaux de transport.

LES INCONTOURNABLES PORTOBELLO ROAD MARKET

Ce marché accueille des primeurs et des stands de cuisine de rue, mais aussi d'antiquités, de vêtements et de babioles diverses. Les boutiques le long de Portobello Road sont ouvertes tous les jours et les stands de fruits et légumes (d'Elgin Crescent à Talbot Road) ne ferment que le dimanche, mais c'est le samedi que l'endroit est le plus animé, quand les antiquaires déballent leurs trésors (de Chepstow Villas à Elgin Crescent) – il faut alors y jouer des coudes. Le samedi est aussi le plus grand jour du marché de la mode (Westway à Portobello Road et jusqu'à Ladbroke Road), bien que nombre de stands soient aussi ouverts le vendredi et le dimanche.

Parmi les stands de vêtements vintage et "de première main" de Westway, on trouve aussi des accessoires, des chaussures, des bijoux et des CD. **Portobello Green Arcade** (p. 288) est associée aux créations originales de stylistes et de bijoutiers. En face, l'**Acklam Village Market** (p. 282) est très populaire avec ses cuisines de rue du monde entier et de très bons concerts.

Du côté nord de Portobello Rd, Golborne Rd est connue pour ses boutiques de meubles vintage, de vêtements, ses traiteurs, sa pâtisserie portugaise et divers cafés branchés.

Certains vendeurs du Portobello Road Market n'acceptent pas les cartes bancaires, emportez des espèces.

À NE PAS MANQUER

- Mode
- Créateurs de Portobello Green Arcade
- Étals de fruits et légumes
- Antiquités

INFOS PRATIQUES

- Plan p. 490, B4
- www.portobellomarket.org
- Portobello Rd W10
- ⊙9h-18h lun-mer, 9h-13h jeu, 9h-19h ven-sam
- Ⓤ Notting Hill Gate ou Ladbroke Grove

CARNAVAL DE NOTTING HILL

Chaque année, pendant 3 jours, le dernier week-end d'août, Notting Hill vibre aux rythmes du calypso, du ska, du reggae et de la soca, à l'occasion du Notting Hill Carnival. Lancé en 1964 par la communauté afro-caribéenne afin de célébrer sa culture et ses traditions, il est devenu le plus grand festival de rue en Europe (plus de 2 millions de visiteurs) et l'un des événements les plus attendus de l'année à Londres.

Le carnaval met en avant 5 éléments principaux : la "mas" (de mascarade) ou grand défilé en costumes ; le "pan" (terme créole pour *steel band*, ensemble de percussions métalliques) ; la musique calypso ; les *sound systems* statiques (du reggae au drum and bass) ; et les *sound systems* mobiles. La "mas", qui en marque l'apogée, se déroule habituellement le lundi. Le site www.nhcarnival.org détaille la programmation musicale et les événements. Le défilé se termine vers 21h, mais la fête continue très tard dans les bars, les restaurants et les maisons du quartier.

La cuisine est aussi la reine du carnaval – avec une multitude de stands vendant des spécialités des Caraïbes –, sublimée par la participation de chefs médiatiques comme Levi Roots.

GRAND UNION CANAL CANAL

Plan p. 490 (Warwick Ave). Aménagé au début du XIXe siècle, Grand Union Canal mène à Birmingham (on peut le longer à vélo presque d'un bout à l'autre) : les péniches halées par les chevaux servaient autrefois à transporter de gros volumes de marchandises comme du charbon, du grain ou de la glace (cette dernière était importée par bateau de Norvège, puis transportée sur le canal). Little Venice est un point d'amarrage important pour les péniches (beaucoup sont des habitations permanentes), dont la présence est un élément essentiel de l'esprit du lieu.

Shepherd's Bush

KENSAL GREEN CEMETERY CIMETIÈRE

(020-8969 0152 ; www.kensalgreencemetery.com ; Harrow Rd, W10 ; visites 7 £ ; 9h-17h lun-sam, 10h-17h dim, jusqu'à 18h dim l'été ; Kensal Green). Pendant des années, ce cimetière gothique fut la nécropole la plus en vue d'Angleterre. Il reçut ses premiers occupants en 1833, et est la dernière demeure de maints personnages illustres, tels que Charles Babbage, Isambard Kingdom Brunel, Wilkie Collins, Anthony Trollope, William Makepeace Thackeray, Baden Powell et le bien nommé Dr Albert Isaiah Coffin (*coffin* signifie "cercueil"). Le cimetière reste un lieu de sépulture très demandé : un bon emplacement aujourd'hui coûte 22 000 £ (plus les frais d'enterrement).

On dit que Kensal Green fut aménagé sur le modèle du Père-Lachaise à Paris. Il se distingue par son architecture de style néogrec, ses portes en voûte et ses tombes surchargées d'ornements qui témoignent d'une folie des grandeurs caractéristique du XIXe siècle. Des **visites guidées** (7 £) de 2 heures sont proposées le dimanche à 14h de mars à octobre (1er et 3e dimanche du mois le reste de l'année) par l'association Friends of Kensal Green Cemetery (www.kensalgreen.co.uk) ; certaines visites incluent les catacombes, situées sous la chapelle anglicane (mais lors de notre passage, elles étaient fermées en raison de la restauration de la chapelle). Les 29 ha du cimetière s'étendent le long de Grand Union Canal, et il est agréable de se promener au bord de l'eau, en particulier lorsque le soleil est au rendez-vous.

Hammersmith

FULHAM PALACE ÉDIFICE HISTORIQUE

(www.fulhampalace.org ; Bishop's Ave, SW6 ; musée et palais 10h30-17h, 10h30-16h en hiver, jardins lever du jour-crépuscule tlj ; Putney Bridge). GRATUIT À deux pas de la Tamise, ce qui fut la résidence d'été des évêques de Londres de 704 à 1975 tient d'un ravissant mélange de styles architecturaux dans un joli cadre de jardins. Les plus longues douves d'Angleterre enserraient le palais jusqu'en 1924, date de leur comblement. La portion la plus ancienne du palais à nous être parvenue est la petite porte Tudor en briques rouges. Le bâtiment principal, lui, date du milieu du XVIIe siècle et a été réagencé au XIXe siècle.

Les aquarellistes aiment s'installer, aux jours ensoleillés, dans la ravissante cour. À l'arrière, le **Drawing Room Café** (www.fulhampalace.org/visit/cafe ; plats à partir de 5 £, afternoon tea à partir de 5 £ ; 9h30-17h avr-oct, 9h30-16h nov-mars), récemment rénové et donnant sur la pelouse, est un lieu tout indiqué pour un *carrot cake* et un café. Il comprend aussi un joli **jardin clos** (de 10h15 à 16h15 en été, jusqu'à 15h45 en hiver) et, indépendante de la maison principale, une **chapelle** de style néo-Tudor conçue par William Butterfield en 1866.

Aménagé dans les salles encadrant la cour Tudor, le nouveau **musée** du palais est gratuit. Il retrace l'histoire du lieu et la vie de certains des évêques de Londres ayant résidé ici. Un parcours familial, gratuit, aidera les enfants à faire la visite.

Les **visites guidées historiques** (6 £, enfants gratuit, 1 heure 30, 4-5 visites/mois) passent en général par le grand salon, la chapelle victorienne, la salle de l'évêque Sherlock et la salle à manger de l'évêque Howley. Il y a aussi des **promenades dans le jardin** (6 £, 1 heure 15), dont les dates et les horaires sont indiqués sur le site Internet. C'est également sur la pelouse que s'installe le **Luna Cinema**, un ciné-club de plein air qui projette des films dans des sites célèbres, à Londres et dans le reste du pays ; des soirées jazz et du théâtre en plein air se tiennent aussi durant l'été.

Le terrain environnant, qui totalisait autrefois près de 15 ha et se réduit aujourd'hui à un peu plus de 5 ha seulement, forme le **Bishop's Park**, un joli parc avec une ravissante promenade le long du fleuve, des aires de jeux, des fontaines et un café.

WILLIAM MORRIS SOCIETY MUSÉE

Plan p. 492 (020-8741 3735 ; www.williammorrissociety.org ; 26 Upper Mall, W6 ; 14h-17h jeu et sam ; Ravenscourt Park). GRATUIT Ce petit musée au bord de l'eau, qui occupe la remise à calèches et la cave de Kelmscott House (ancienne résidence de William Morris), accueille des expositions consacrées à William Morris, personnage clé du mouvement Arts & Crafts. Il comprend une boutique au rez-de-chaussée (la cheminée y est l'œuvre de Morris) et possède une presse d'imprimerie toujours opérationnelle (démonstrations le samedi). Une intéressante balade au bord de l'eau, conçue par la WMS sur le thème de l'Arts & Crafts et parfaite pour une belle journée à Hammersmith, est disponible en téléchargement.

On peut voir de petits films sur Morris et sa maison et visiter une petite partie du jardin, mais le reste de la maison et du jardin sont fermés presque toute l'année. Il y a parfois des conférences sur William Morris et des expositions dans la remise à calèches ; billets et détails sur le site Internet.

OÙ SE RESTAURER

West London compte d'excellentes tables, affichant pour la plupart (mais pas toutes) des tarifs abordables. On y trouvera de tout : cuisines de rue internationales (Acklam Village Market), pie and mash, fish and chips, fast food japonais ou délices danois, cuisine grecque végétarienne, plats végétaliens ou restaurants gastronomiques étoilés au Michelin.

Notting Hill et Westbourne Grove

FISH HOUSE FISH AND CHIPS £

Plan p. 490 (020-7229 2626 ; www.deepbluerestaurants.com ; 29 Pembridge Rd, W11 ; plats 6,50-9 £ ; 11h30-22h ; ; Notting Hill Gate). Ce *chippie* bien situé, carrelé de blanc, se prête à une agréable pause lors d'une visite de Portobello Market. Au programme : poisson frais, panure croustillante et frites goûteuses. On peut s'asseoir en étage, sur deux niveaux, ou devant la vitrine. Le poisson est issu de la pêche durable.

HONEST BURGERS BURGERS £

Plan p. 490 (020-7229 4978 ; www.honestburgers.co.uk ; 189 Portobello Rd, W11 ; plats à partir de 9 £ ; 11h-23h lun-sam, 11h-22h dim ; ; Ladbroke Grove). À Portobello, dans cette succursale de Brixton, une chaîne à succès à la bonne franquette, on se régale, assis, de burgers, à accompagner d'une portion d'irrésistibles frites salées au romarin. Les végétariens trouveront leur bonheur avec le beignet de courgette et de maïs accompagné de frites ou le burger sans viande avec gouda fumé, frites et mayonnaise (le tout végétalien).

ARANCINA ITALIEN £

Plan p. 490 (020-7221 7776 ; www.arancina.co.uk ; 19 Pembridge Rd, W11 ; plats 3,30-23 £ ; 8h-23h lun-sam, 9h-23h dim ; Notting Hill

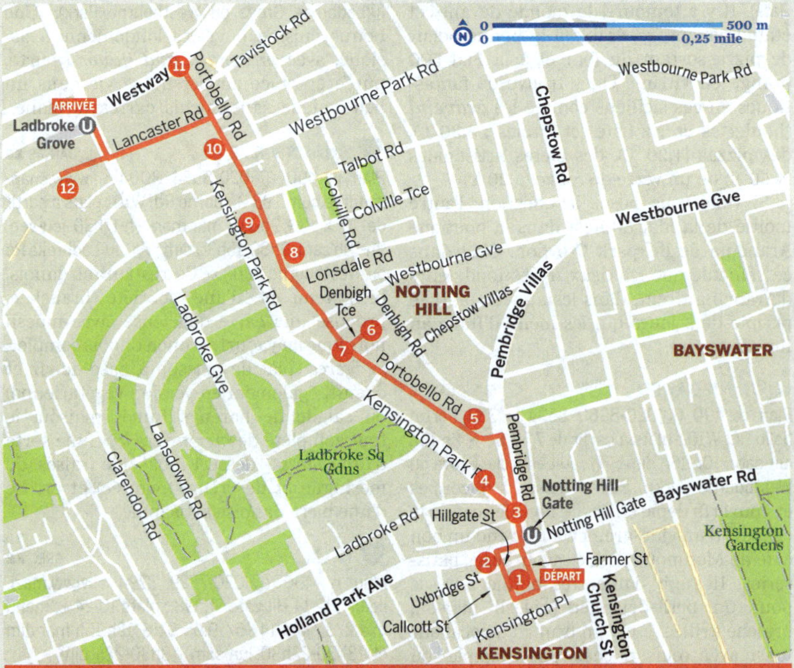

Promenade à pied Notting Hill

DÉPART : STATION DE NOTTING HILL GATE
ARRIVÉE : STATION DE LADBROKE GROVE
DISTANCE : 2,4 KM ; **DURÉE :** 2 HEURES

Le quartier de Notting Hill mérite avant tout une visite pour le Portobello Road Market. Au métro Notting Hill Gate, prenez la sortie sud, puis tournez à gauche dans Farmer Street pour rejoindre 1 **Hillgate Village** et ses façades colorées ; Callcott Street mérite une photo. Refermez la boucle en passant devant le cinéma 2 **Coronet**, qui apparaît dans la comédie romantique *Coup de foudre à Notting Hill*. Tournez à droite, et traversez aux feux au niveau du carrefour avec Pembridge Road. C'est ici que se dressait le poste de péage (*tollgate*), auquel Notting Hill Gate doit son nom.

Au croisement de Pembridge Road et Kensington Park Road, on trouvait jadis l'entrée d'un 3 **hippodrome** qui disparut dans les années 1840, mais dont on devine la forme. Notez le 4 **Cabmen's Shelter** victorien, vert vif, dans Kensington Park Rd, devenu un café. Tournez dans Portobello Road. Une plaque bleue au-dessus du 5 **n°22** est dédiée à George Orwell, qui y vécut. Continuez sur Portobello Road et admirez la 6 **Denbigh Terrace**, aux maisons pastel. Au bout de Portobello Road, s'élève le clocher de 7 **St Peter's Church**, à l'ouest.

Continuez sur Portobello Road et remarquez la 8 **boutique** appelée "Notting Hill" au n°142 sur votre droite, il s'agit de la librairie de William Thacker (Hugh Grant) dans la célèbre comédie romantique. Jetez ensuite un coup d'œil à l'intérieur de l' 9 **Electric Cinema** (p. 284), à l'architecture néoclassique. Plus bas, la porte bleue au 10 **280 Westbourne Park Road**, qui mène chez William Thacker (du film précité), attire encore les fans.

11 **Portobello Green Arcade** (p. 286) abrite des boutiques de mode. Revenez sur vos pas dans Portobello Road et engagez-vous dans Lancaster Road à l'ouest pour visiter le 12 **Museum of Brands** (p. 274). La station de métro Ladbroke Grove est toute proche, au nord.

Gate). Il y a toujours du monde devant cet établissement, repérable à la bonne odeur de pizza sortant du four et à la Fiat 500 orange en vitrine. On y trouve de fantastiques en-cas siciliens comme les *arancini* (boulettes de riz frites et farcies ; 3,30 £), des pizzas (4,20 £), des bières artisanales (4,50 £) ou un verre de rouge (5,20 £).

Si vous vous posez la question, l'autre moitié de la Fiat 500 est dans la boutique Arancina de Boxpark Croydon. C'est dans ce véhicule que les deux frères fondateurs d'Arancina firent, dans les années 1990, le périple de 5 jours qui les mena d'Italie au Royaume-Uni.

LOWRY & BAKER — CAFÉ £

Plan p. 490 (020-8960 8534 ; 339 Portobello Rd, W10 ; plats à partir de 7,50 £ ; 8h-16h lun-sam, 10h-16h dim ; ; Ladbroke Grove ou Westbourne Park). Entre tasses, soucoupes et couverts dépareillés, ce douillet café a le charme d'un vide-grenier. On y vend un bon café de Monmouth et de savoureuses pâtisseries. Il s'agit d'une très bonne adresse pour un petit-déjeuner (muesli maison, brioche grillée, etc.), un brunch (avocat sur toast avec œufs pochés, par exemple) ou simplement pour se détendre après avoir déambulé dans le Portobello Market.

URBAN SOCIAL — CAFÉ £

Plan p. 490 (020-7243 9031 ; Whiteleys, W2 ; gaufres/crêpes 5/8 £ ; 9h-22h ; Bayswater). Ce café épatant a insufflé de l'énergie au centre commercial de Bayswater, un brin fatigué. On y vend du café artisanal (très bon expresso), des gaufres, de délicieuses crêpes, des salades et du jus de fruits frais.

ACKLAM VILLAGE MARKET — MARCHÉ £

Plan p. 490 (www.acklamvillage.com ; 4-8 Acklam Rd, W10 ; 11h-19h30 sam fév-mars et nov-déc, sam-dim avr-oct ; Ladbroke Grove). Installé dans Westway, à l'extrémité nord de Portobello Road, cet odorant marché de cuisine de rue se prête à goûter de la cuisine de rue bio du monde entier (Palestine, Pérou, Afrique, Chine, Mexique, Grèce, Maroc, Pologne, Portugal...) dans une ambiance animée. Un bar y sert des bières artisanales et des cocktails, en plus d'accueillir des musiciens (Acklam Live).

COCKNEY'S PIE AND MASH — TOURTES £

Plan p. 490 (020-8960 9409 ; www.facebook.com/cockneyspiemashW10 ; 314 Portobello Rd, W10 ; pie and mash 3,50 £ ; 11h30-17h mar-sam ; Ladbroke Grove ou Westbourne Park). Une bonne cuisine ouvrière londonienne classique, avec *pie, mash and liquor* (tourte, purée et sauce au persil), servie dans un lieu typique, sans chichis, carrelé de blanc.

♥ SNAPS + RYE — DANOIS ££

Plan p. 490 (020-8964 3004 ; www.snapsandrye.com ; 93 Golborne Rd, W10 ; plats à partir de 10 £ ; 9h-17h mar-mer, 9h-17h30 jeu-ven, 9h-18h sam, 9h30-15h30 dim ; ; Ladbroke Rd ou Westbourne Park). Ce restaurant danois, bien tenu et d'une sobriété branchée, propose une carte délicieuse, avec muesli nordique au yaourt, brunch danois complet, *kedgeree* (plat de poisson à base de riz et d'œufs, également en version végétarienne) ou salade de harengs fumés maison, le tout complété de *meringues kys* (une sorte d'*Eton mess* – dessert à base de fraises, de meringue et de crème fouettée) et arrosé d'une bière danoise artisanale.

♥ MAZI — GREC ££

Plan p. 490 (020-7229 3794 ; www.mazi.co.uk ; 12-14 Hillgate St, W8 ; plats 10-24 £, menu fixe 2/3 plats 14,95/19,95 £ ; 12h-15h mar-dim et 18h30-22h30 lun-sam, 18h30-22h dim ; ; Notting Hill Gate). À l'écart dans la jolie Hillgate St, Mazi sert une cuisine grecque moderne. La carte, gaie et de saison, invite au partage (*mazi* signifie "ensemble"). La salle est claire et propre, avec un petit jardin à l'arrière (ouvert d'avril à septembre). Carte de vins grecs (uniquement), plus des cocktails à 10 £. L'établissement est petit, mais populaire ; réservez.

La fricassée d'épaule d'agneau effilochée à la sauce *avgolemono* (œuf et citron) ou le poulpe grillé à la salade de pommes de terre aux herbes et à la tapenade sont de très bons choix.

FARMACY — VÉGÉTALIEN ££

Plan p. 490 (020-7221 0705 ; www.farmacylondon.com ; 74 Westbourne Grove, W2 ; 15-16,50 £ ; 9h-17h et 18h-22h lun-ven, 9h-16h et 18h-22h sam, 9h-16h et 18h-21h30 dim ; ; X Bayswater). Plutôt cher et très tendance, Farmacy sert une cuisine végétalienne "détox" à base de produits complets, bio et sans gluten. Au petit-déjeuner (lundi-vendredi, brunch le week-end), on a le choix entre "omelettes" et crêpes de pois chiches, toast au levain à l'avocat ou müesli de blé noir aux fruits et au lait d'amande. Le midi, noix, betterave et burger de champignons ou lasagnes sans viande sont à la carte.

On peut aussi prendre de grands "earth bowls" bio, de sarrasin épicé et chou rouge braisé, courge, rémoulade de carotte et céleri, choux de Bruxelles rôtis et canneberges au vinaigre ; ou riz au guacamole, *frijoles*, "crème" aigre, courge, chips de maïs et sauce au *jalapeño*. Les produits viennent du jardin de Farmacy, dans le Kent, et sont livrés au restaurant en van électrique.

Kensington High Street

DISHOOM INDIEN ££

Plan p. 492 (020-7420 9325 ; www.dishoom.com/kensington ; 4 Derry St, W8 ; 8h-23h lun-ven, 9h-23h sam-dim ; ; High St Kensington). Dishoom ne se résume pas à son seul cadre Art déco (superbe), mais il prépare aussi une des meilleures cuisines indiennes de Londres. Le service, dans cette nouvelle annexe de Kensington, est lui aussi excellent, même s'il y a parfois de l'attente le soir (pas de réservations pour moins de 6 personnes après 18h).

DIRTY BONES AMÉRICAIN ££

Plan p. 492 (020-3019 9061 ; www.dirty-bones.com ; 20 Kensington Church St, W8 ; plats 9-18 £ ; 17h-minuit lun-jeu, 17h-1h ven, 11h-1h sam, 11h-23h dim ; High St Kensington). Aménagé dans un sous-sol à l'éclairage tamisé, Dirty Bones tient à la fois d'un bar à cocktails rétro, avec flipper et autres objets d'époque, d'un *lounge* et d'un restaurant. À la carte, de solides plats de viande américains (hot-dogs, steak "flat iron", *ribs* et poulet frit croustillant), tempérés de quelques options végétaliennes et autres créations originales (cheeseburger aux *gyoza*).

Mentionnons également les bons cocktails, les groupes *live* tous les jeudis (à partir de 20h), et les DJ les vendredis et samedis (à partir de 21h).

Holland Park

FLAT THREE INTERNATIONAL ££

Plan p. 492 (020-7792 8987 ; www.flatthree.london ; 120-122 Holland Park Ave, W11 ; 18-36 £, menu 5 plats 59 £ ; 12h-14h30 ven-sam, 18h-21h30 mar-sam ; ; Holland Park). Avec de forts accents japonais, coréen et scandinave, ce joli restaurant en sous-sol de Holland Park joue d'inventivité. Juliana et son équipe ont créé une cuisine délectable, mise en valeur par le cadre, naturel et simple. Les végétaliens y trouveront également leur bonheur. Le menu de 5 plats est excellent ; de superbes cocktails complètent le tableau.

Au nombre des découvertes : pain plat de *mochi* aux œufs de plie et beurre fermenté ; culotte d'agneau de pré salé et noix de cajou fumée, porridge de riz coréen, oreilles de judas et pleurotes.

Shepherd's Bush

POTLI INDIEN £

Plan p. 492 (020-8741 4328 ; www.potli.co.uk ; 319-321 King St, W6 ; sem formule 1/2 plats 7,95/10,95 £, week-end formule 3 plats 14,95 £, plats 8-15 £ ; 12h-14h30 et 18h-22h15 lun-jeu, 12h-15h et 17h30-22h30 ven-sam, 12h-22h dim ; ; Stamford Brook ou Ravenscourt Park). Orné de curiosités rapportées du "marché aux voleurs" de Bombay, Potli propose une cuisine à la façon des bazars du sous-continent, avec conserves de légumes maison et mélanges d'épices. En bas, la cuisine ouverte et le service aimable sont un plus, mais c'est la séduisante carte, aux saveurs indiennes savamment assemblées, qui attire les foules.

MR FALAFEL MOYEN-ORIENTAL £

Plan p. 492 (07307 635548 ; www.mrfalafel.co.uk ; units T4–T5, New Shepherd's Bush Market, W12 ; falafels à partir de 4,75 £ ; 11h-18h lun-sam ; ; Shepherd's Bush Market). Ce café, simple et populaire, est le bon endroit pour les wraps de falafels, cuits à point. Il y a le choix en garnitures : avocat, halloumi, *makdoos* (aubergines au vinaigre), *ful medames* (haricots écrasés au cumin, à l'ail et au jus de citron), olives, feta ou pommes de terre épicées. Sinon prenez le classique wrap au falafel avec houmous et aubergine frite.

PRINCESS VICTORIA GASTROPUB ££

Plan p. 492 (020-8749 4466 ; www.princessvictoria.co.uk ; 217 Uxbridge Rd, W12 ; plats 12-22,50 £ ; 11h-23h lun-jeu, 11h-minuit ven-sam, 11h-22h30 dim ; ; 207, 607, Shepherd's Bush Market). Imposant, cet ancien *gin palace* (taverne à gins) victorien présente un intérieur magnifiquement restauré et spacieux, avec éclairage zénithal et éléments d'époque en décor. La carte est une ode à la gastronomie, celle des vins n'est pas moins honorable et, à l'arrière, le jardin de plantes aromatiques forme un cadre de choix pour un cocktail (à base de gin).

Il y a scène ouverte le mardi, à partir de 20h, avec une consommation offerte. Notez que le pub loue, à l'étage, 5 jolies chambres remises à neuf.

Hammersmith et Chiswick

GATE VÉGÉTARIEN ££

Plan p. 492 (☎020-7833 0401 ; thegaterestaurants.com ; 51 Queen Caroline St, W6 ; plats 14-17 £ ; ⊙12h-14h30 lun-ven, 12h-15h sam-dim, 18h-22h30 tlj ; ; ⓤHammersmith). Avec 4 branches en ville, ce joli restaurant mise sur une carte variée (*gyoza de* shiitake au gingembre, gâteau de risotto aux champignons sauvages, cheeseburger de betterave, curry rouge au tofu), de très bons brunchs du week-end, un personnel accueillant et une ambiance détendue. L'ensemble vaut bien le détour et de faire fi du piètre emplacement (derrière le Hammersmith Apollo, près de l'autopont de Hammersmith). Réservation indispensable.

RIVER CAFE ITALIEN £££

Plan p. 492 (☎020-7386 4200 ; www.rivercafe.co.uk ; Thames Wharf, Rainville Rd W6 ; plats à partir de 38 £ ; ⊙12h30-14h30 et 18h30-21h lun-sam, 12h-15h dim ; ; ⓤHammersmith). Dans ce coûteux établissement étoilé au *Guide Michelin*, la cuisine, simple et pointue, met l'accent sur la qualité des ingrédients de saison, choisis avec une exigence implacable. Le menu change chaque jour. Il est indispensable de réserver, car le restaurant a la faveur des riches gastronomes locaux.

OÙ PRENDRE UN VERRE ET FAIRE LA FÊTE

Il y a tout à West London, qu'il s'agisse de vieilles auberges au bord de l'eau, des pubs classiques de Kensington, de micro-brasseries au choix pléthorique, de bistrots discrets, de bars à cocktails tendance ou de pubs en bord de canal. La tournée justifierait à elle seule de venir dans le quartier.

Notting Hill et Westbourne Grove

WINDSOR CASTLE PUB

Plan p. 492 (☎020-7243 8797 ; www.thewindsorcastlekensington.co.uk ; 114 Campden Hill Rd, W11 ; ⊙12h-23h lun-sam, 12h-22h30 dim ; ; ⓤNotting Hill Gate). Cette taverne classique en haut de Campden Hill Rd est pleine de recoins – et de charme. On y trouve un bon choix de bières, une solide carte de gastropub, un intérieur ancien compartimenté, un délicieux *beer garden* (l'été), des habitués affables (toute l'année) et, l'hiver venu, un feu crépitant. On pouvait naguère voir d'ici le château de Windsor, d'où le nom de l'établissement.

PERGOLA OLYMPIA BAR

Plan p. 492 (☎07940 501 343 ; www.pergolalondon.com/pergola-olympia ; niveau 5, Rooftop, Olympia Car Park, Olympia Way, W14 ; ⊙17h-23h mer-ven, 12h-23h sam). Sur le toit du parking d'Olympia London, partie de la rénovation coûteuse d'Olympia, le vaste Pergola (cartes bancaires uniquement) opte pour le rustique-chic avec suspensions plantées, lierre et brique, et une belle vue à travers un mur de verre. Trois restaurants servent des plats roboratifs : Mamalan (*baozi* chinois), Wildcard (burgers, poulet) et Salt Shed (steaks et frites).

NOTTING HILL ARTS CLUB CLUB

Plan p. 490 (www.nottinghillartsclub.com ; 21 Notting Hill Gate, W11 ; à partir de 4 £ ; ⊙horaires variables ; ; ⓤNotting Hill Gate). Londres ne serait pas Londres sans des endroits comme le NHAC, où se mêlent soirées club underground et rétro, avec tantôt de grands noms de la pop. Le petit sous-sol accueille des concerts (19h-22h en général) et des soirées club (22h-2h) les vendredis, samedis, et parfois en semaine.

UNION TAVERN PUB

Plan p. 490 (☎020-7286 1886 ; www.union-tavern.co.uk ; 45 Woodfield Rd W9 ; ⊙12h-23h lun-jeu, 12h-minuit ven-sam, 12h-22h30 dim ; ; ⓤWestbourne Park). Une cuisine gastronomique moderne, un bon choix de bières artisanales londoniennes, un cachet rustique et un emplacement splendide avec terrasse au bord de Grand Union Canal font de ce pub de Fuller's un endroit fabuleux où s'attarder à l'aller ou au retour du marché de Portobello Road.

PORTOBELLO STAR BAR À COCKTAILS

Plan p. 490 (☎020-7229 8220 ; www.portobellostarbar.co.uk ; 171 Portobello Rd, W11 ; cocktails à partir de 6 £ ; ⌚16h-23h30 lun-mer, 12h-23h30 jeu, 11h-0h30 ven, 10h-0h30 sam, 11h-23h30 dim ; 📶 ; ⓤLadbroke Grove). Gins et cocktails sont à la carte de cet ancien pub réaménagé en un bar à cocktails étroit et sélect. Concerts tous les jeudis à partir de 19h30, DJ les vendredis et samedis soir. L'établissement gère aussi le Ginstitute (p. 290), en haut de la rue.

Kensington High Street

SCARSDALE TAVERN PUB

Plan p. 492 (☎020-7937 1811 ; www.scarsdaletavern.co.uk ; 23a Edwardes Sq, W8 ; ⌚12h-23h lun-sam, 12h-22h30 dim ; 📶 ; ⓤHigh St Kensington). Donnant sur Edwardes Square, ce pub de Fuller's est un endroit agréable pour une pinte d'ale, et l'on y sert des plats très corrects. Par temps chaud, les clients bavardent volontiers devant l'établissement.

Earl's Court et West Brompton

♥ **TROUBADOUR** BAR

Plan p. 492 (☎020-7341 6333 ; www.troubadourlondon.com ; 263-267 Old Brompton Rd, SW5 ; ⌚café 9h-minuit, club 20h-0h30 ou 2h lun-sam, jusqu'à 23h30 dim ; 📶 ; ⓤEarl's Court). Comparable dans son esprit bohème à la célèbre librairie parisienne Shakespeare and Company, ce bar/café/club excentrique et hors du temps séduit les foules depuis 1954. Adele, Ed Sheeran, Joni Mitchell, Jimi Hendrix et Bob Dylan se sont produits ici, et le bar accueille généralement des concerts (notamment jazz et folk) au sous-sol le soir. Une longue carte des vins, des *Sunday roasts* et un agréable jardin à l'arrière complètent le tableau.

ATLAS PUB

Plan p. 492 (☎020-7385 9129 ; www.theatlaspub.co.uk ; 16 Seagrave Rd, SW6 ; ⌚12h-23h lun-sam, 12h-22h30 dim ; 📶 ; ⓤWest Brompton). Derrière la façade fleurie de ce pub victorien aux jolies boiseries, on devine une ambiance conviviale et volubile. L'Atlas attire une clientèle locale ou de passage, séduite par son menu méditerranéen, sa ravissante cour et son large choix de bières (à la pression et en bouteille), de vins et de gins.

Maida Vale

WATERWAY BAR

Plan p. 490 (☎020-7266 3557 ; www.thewaterway.co.uk ; 54 Formosa St W9 ; ⌚10h30-23h lun-ven, 10h-23h sam, 10h-22h30 dim ; 📶 ; ⓤWarwick Ave). Ne venez pas ici pour le choix de bières ni pour la cuisine, très onéreuse : ce pub, situé juste au bord de Grand Union Canal dans Little Venice, vaut surtout pour son emplacement. Difficile d'imaginer meilleur endroit pour passer un après-midi le week-end ! Enfants bienvenus jusqu'à 21h30.

Shepherd's Bush

PARADISE BY WAY OF KENSAL GREEN BAR

(☎020-8969 0098 ; www.theparadise.co.uk ; 19 Kilburn Lane, W10 ; soirées club avant/après 23h 7/10 £ ; ⌚16h-minuit lun-mer, 16h-1h jeu, 16h-1h30 ven, 12h-1h30 sam, 12h-23h30 dim ; 📶 ; ⓤKensal Green). Statues, peintures religieuses, austères portraits à l'huile, lambris et rideaux opaques : ce vaste bar-discothèque au charme gothique décalé est une excellente adresse. Très bonne carte. Les soirées Paradise Presents (hip-hop et R&B) le vendredi et Blondie 2 Biggie (hip-hop, pop et disco) le samedi sont mémorables.

BREW DOG BIÈRE ARTISANALE

Plan p. 492 (☎020-8749 8094 ; www.brewdog.com ; 15 Goldhawk Rd, W12 ; ⌚12h-minuit lun et ven, 12h-23h mar et jeu, 11h-minuit sam, 12h-22h30 dim ; 📶 ; ⓤShepherd's Bush ou Goldhawk Rd). Spécialiste de la bière artisanale, BrewDog en sert plus de 40 à la pression (de sa brasserie en Écosse, mais aussi des bières spéciales d'un peu partout), comme la capiteuse BrewDog vs Fierce : Very Big Moose (12%). Quiconque devra conduire se cantonnera à la Punk AF sans alcool (0,5%) ; d'autres pourront viser au milieu avec la Dead Pony Club (3,8%).

Le choix de bières et de cidres en bouteille est vaste. Côté cuisine, on mise sur le burger et les ailerons de poulet.

LIBRARY BAR BAR

Plan p. 492 (www.bushtheatre.co.uk ; 7 Uxbridge Rd ; ⌚10h-23h lun-sam ; 📶 ; ⓤShepherd's Bush Market). Ce spacieux café-bar-bibliothèque, au plancher à lattes de bois nu, abrite des rayonnages libres d'accès généreusement garnis en livres de poche. Une très bonne adresse pour prendre un petit-déjeuner, boire un cocktail ou une bière artisanale, ou s'offrir un en-cas avant d'aller au théâtre. Le jardin-terrasse est tentant, surtout lorsque le soleil est au rendez-vous.

Hammersmith

DOVE PUB

Plan p. 492 (020-8748 9474 ; www.dove-hammersmith.co.uk ; 19 Upper Mall, W6 ; 11h-23h lun-sam, 12h-22h30 dim ; ; Hammersmith ou Ravenscourt Park). Ce petit bijou du XVIIe siècle, durement touché par les inondations de 1928, joue de son charme historique et de sa superbe vue sur la Tamise. C'est ici que le poète écossais James Thompson aurait écrit les paroles du chant patriotique *Rule Britannia* au XVIIIe siècle. Graham Greene était un habitué, tout comme Ernest Hemingway et Dylan Thomas. Quant à William Morris, il habitait à deux pas.

À droite, près de l'entrée, se trouve ce qui était autrefois le plus petit bar de Londres. Par beau temps, la terrasse est très appréciable (et très appréciée le jour de la Boat Race, célèbre course d'aviron qui oppose Oxford et Cambridge). En hiver, on peut se réchauffer au coin du feu.

OÙ SORTIR

Entre théâtre, concerts, opéra, spectacles comiques et cinémas d'art et d'essai, difficile de s'ennuyer à West London.

BUSH THEATRE THÉÂTRE

Plan p. 492 (020-8743 5050 ; www.bushtheatre.co.uk ; 7 Uxbridge Rd, W12 ; 10h-23h lun-sam ; Shepherd's Bush). Installé dans l'ancienne Passmore Edwards Public Library, ce théâtre de West London est réputé pour encourager de nouveaux auteurs. Il doit, depuis 1972, son succès à d'excellentes pièces de Jonathan Harvey, Conor McPherson, Stephen Poliakoff, Caroline Horton, Tanya Ronder et autres plumes. Le Holloway Theatre est la plus grande salle ; le Studio avec 70 places, est plus petit. Il y a aussi un très bon café-bar (p. 285).

Les billets sont à 20 £ pour le Holloway Theatre, à 10 £ pour le Studio, mais un petit nombre de billets à 10 £ pour le Holloway sont en vente, sans réservation, le matin de chaque représentation.

ELECTRIC CINEMA CINÉMA

Plan p. 490 (020-7908 9696 ; www.electriccinema.co.uk ; 191 Portobello Rd, W11 ; billets 17,50-45 £, enfant 10 £ ; Ladbroke Grove ou Notting Hill Gate). Au nombre des plus anciens du Royaume-Uni (il a ouvert en 1911), ce cinéma est équipé de luxueux fauteuils en cuir, de repose-pieds et de tablettes pour boissons et nourriture. Il y a même 6 "lits" doubles au premier rang ! Tarif réduit le lundi.

PUPPET THEATRE BARGE THÉÂTRE DE MARIONNETTES

Plan p. 490 (020-7249 6876 ; www.puppetbarge.com ; face au 35 Blomfield Rd, W9 ; adulte/enfant 13/9 £ ; oct à mi-juil ; Warwick Avenue). Ce charmant théâtre de marionnettes occupe depuis près de 40 ans une péniche amarrée dans le joli quartier de Little Venice. Il s'y donne régulièrement des spectacles, le week-end et en période de vacances scolaires. Assister à un spectacle tient d'une expérience intime et magique.

De mi-juillet à octobre, la péniche déménage sur la Tamise à Richmond, dans Southwest London.

ELECTRIC CINEMA WHITE CITY CINÉMA

(020-7908 9696 ; www.electriccinema.co.uk ; 2 Television Centre, 101 Wood Lane, W12 ; billets adulte/enfant 20/10 £ ; Wood Lane ou White City). Installé dans les anciens locaux de la BBC, ce cinéma joue de son style, avec fauteuils en mohair, tablettes équipées de lampes, et repose-pied. Descendez l'escalier en colimaçon depuis l'élégant bar/restaurant Allis jusqu'au foyer chic dans les tons caramel, chocolat et crème, où un autre bar et 3 salles vous attendent. Les fauteuils confortables sont à 20 £.

Les enfants paient moitié prix, et les billets sont moins chers le lundi.

EVENTIM APOLLO SPECTACLES

Plan p. 492 (0844 249 1000, billetterie 020-8563 3800 ; www.eventimapollo.com ; 45 Queen Caroline St, W6 ; 10-65 £ ; ; Hammersmith). De premier plan à Londres, cette salle de spectacles des années 1930, d'une capacité de 3 655 places (naguère l'Hammersmith Apollo) a accueilli aussi bien des géants de la musique, tels que Sting, Kate Bush et Paul Weller, que des humoristes ou des scientifiques de renom, à l'exemple du physicien Brian Cox.

OPERA HOLLAND PARK OPÉRA

Plan p. 492 (www.operahollandpark.com ; ☎renseignements 020-3846 6222, billets 0300 999 1000 ; Holland Park W8 ; billets 20-80 £ ; Ⓤ High St Kensington ou Holland Park). Installez-vous sous cet immense chapiteau de 1 000 places, érigé chaque été durant 9 semaines au milieu de Holland Park (p. 276). La programmation, qui mêle grands noms et œuvres moins connues, attire un public varié. En règle générale, 4 ou 5 opéras sont donnés chaque année. Pas de *dress code*. Les spectacles finissent à 22h30.

O2 SHEPHERD'S BUSH EMPIRE SALLE DE CONCERTS

Plan p. 492 (☎020-8354 3300 ; www.academymusicgroup.com/o2shepherdsbushempire ; Shepherd's Bush Green, W12 ; billets 15-40 £ ; 📶 ; Ⓤ Shepherd's Bush). Cette célèbre salle de taille intermédiaire (2 000 places debout) voit se produire toutes sortes de groupes de renom. Dans ce qui fut construit comme music-hall en 1903, le sol n'est pas incliné, et vous ne verrez donc peut-être pas très bien depuis les places d'orchestre du fond si vous n'êtes pas grand (mieux vaut payer plus cher pour une place de balcon, ou arriver tôt pour être devant).

RIVERSIDE STUDIOS ARTS DU SPECTACLE

Plan p. 492 (☎020-8237 1000 ; www.riversidestudios.co.uk ; 101 Queen Caroline St, W6 ; Ⓤ Hammersmith). Rouvert après 5 ans de travaux, le nouveau Riverside compte 2 théâtres, 2 salles de cinéma, un studio TV ultramoderne, une brasserie, un café et un bar. Le Riverside présente des spectacles variés (cirque, théâtre, comédie...), ainsi qu'un cinéma d'art et d'essai. La restructuration l'a rendu plus accessible au public. Il comprend une nouvelle passerelle au bord de l'eau.

LYRIC HAMMERSMITH THÉÂTRE

Plan p. 492 (☎020-8741 6850 ; www.lyric.co.uk ; King St, Lyric Sq, W6 ; billets 15-40 £ ; Ⓤ Hammersmith). Doté d'une nouvelle aile depuis quelques années, et après la rénovation, en 2018, de son auditorium victorien conçu par Frank Matcham, le Lyric bouscule les classiques, avec des mises en scène innovantes allant du théâtre le plus cérébral au plus populaire.

SHOPPING

Vous aurez amplement de quoi faire avec les vinyles, les vêtements vintage et les boutiques spécialisées autour de Portobello Rd et de son célèbre marché. Kensington Church St compte de très bons antiquaires et d'excellentes *charity shops* (boutiques solidaires). Et si vous cherchez un grand centre commercial, direction Westfield.

PORTOBELLO ROAD MARKET MARCHÉ

Voir p. 278.

♥ **JAPAN HOUSE** DESIGN

Plan p. 492 (☎020-3972 7100 ; www.japanhouselondon.uk ; 101-111 Kensington High St, W8 ; ⏲10h-20h lun-sam, 12h-18h dim ; Ⓤ High St Kensington). Cet avant-poste culturel célèbre l'art, le design, la culture, la technologie, la gastronomie et l'artisanat japonais, dans un très bel espace de Kensington High St. La boutique du rez-de-chaussée est pleine d'articles de cuisine très bien conçus, le sous-sol est, quant à lui, une belle galerie avec expositions, installations créatives et films d'art et d'essai nippons.

CHINESE TEA COMPANY THÉ

Plan p. 490 (☎020-8960 0096 ; www.the-chinese-tea-company.com ; 14 Portobello Green Arcade, 281 Portobello Rd, W10 ; ⏲11h-18h lun-sam ; Ⓤ Ladbroke Grove). Une minuscule boutique spécialisée de Portobello Green Arcade, dont le propriétaire, Juyan – originaire du Zhejiang, dans le sud-est de la Chine –, prodigue volontiers des conseils en matière de thé de Chine (*chá*). Qu'il s'agisse de *Pu'er*, de *Tieguanyin*, de jasmin, de thé rouge du Moganshan ou de *long jing* du pic du Lion, le choix est large. Dégustations privées (de 25 à 30 £).

L'enseigne organise même des voyages en Chine, centrés sur le thé.

ROYAL TRINITY HOSPICE VÊTEMENTS

Plan p. 492 (☎020-7361 1530 ; www.royaltrinityhospice.london/kensington ; 31 Kensington Church St, W8 ; ⏲10h-18h lun-sam, 11h-17h dim ; Ⓤ High St Kensington). Pour des marques de créateurs et des vêtements et accessoires pour homme, nous conseillons vivement de fouiner dans cette *charity shop* (friperie solidaire) bien fournie de Kensington Church Street. Son stock se renouvelle souvent grâce à des arrivages fréquents.

LUTYENS & RUBINSTEIN LIVRES

Plan p. 490 (☎020-7229 1010 ; www.lutyens-rubinstein.co.uk ; 21 Kensington Park Rd, W11 ; ⏲10h-18h lun et sam, 10h-18h30 mar-ven, 11h-17h dim ; Ⓤ Ladbroke Grove). Fantastique librairie, Lutyens & Rubinstein est petite (rez-de-chaussée, petite mezzanine et sous-sol), mais très riche. Fondée par une agence littéraire, elle privilégie "l'excellence dans l'écriture" et choisit son stock sur la base des recommandations des clients et des lecteurs. Ici, pas de piles de best-sellers, de bac à soldes ni de promos "un livre acheté, un offert".

FOUND AND VISION VINTAGE

Plan p. 490 (☎020-8964 5656 ; www.foundandvision.com ; 318 Portobello Rd, W10 ; ⏲10h30-18h tlj sauf dim ; Ⓤ Ladbroke Grove). Formidables costumes des années 1970, robes en tricot Adolfo, chemisiers griffés Vivienne Westwood, pull-overs Missoni, hauts Versace et bien plus encore : son choix vintage pléthorique fait de cet établissement branché (son nom joue sur le tube à base de synthétiseur de David Bowie, tiré de l'album *Low* de 1977) un eldorado pour les fouineurs.

DAUNT BOOKS LIVRES

Plan p. 492 (☎020-7727 7022 ; www.dauntbooks.co.uk ; 112-114 Holland Park Ave, W11 ; ⏲9h-19h30 lun-sam, 11h-18h dim ; Ⓤ Holland Park). Avec son plancher en bois clair et ses charmants employés, Daunt Books est une institution du monde du livre à Londres. La principale boutique est dans Marylebone High St, mais cette annexe est pleine de qualités. Points forts : le voyage et la vaste section enfants, au fond. Lectures de contes pour enfants chaque mercredi à 11h.

NOTTING HILL BOOKSHOP LIVRES

Plan p. 490 (☎020-7229 5260 ; www.thenottinghillbookshop.co.uk ; 13 Blenheim Cres, W11 ; ⏲9h-19h lun-sam, 10h-18h dim ; Ⓤ Ladbroke Grove). Plutôt petite, cette jolie librairie généraliste (qui a inspiré celle de la comédie romantique *Coup de foudre à Notting Hill*, avec Hugh Grant et Julia Roberts) voit encore un flot régulier de pèlerins (de tous âges) prendre la pose pour des photos devant sa vitrine. Les guides de voyages y occupent toujours une place de choix, mais les romans ont gagné du terrain, et il y a un rayon enfants assez fourni dans le fond.

PORTOBELLO GREEN ARCADE VÊTEMENTS

Plan p. 490 (281 Portobello Rd, W10 ; ⏲9h-18h lun-sam, 11h-18h dim ; Ⓤ Ladbroke Grove). Portobello Green Arcade accueille des boutiques de vêtements d'avant-garde, des bijouteries, des vendeurs de vinyles vintage et de petits magasins spécialisés comme **Adam** (☎020-8960 6944 ; www.adamoflondon.com ; 11 Portobello Green Arcade ; ⏲10h-17h30 mar-sam, 12h-17h dim) ou la Chinese Tea Company (p. 287).

CERAMICA BLUE ARTICLES POUR LA MAISON

Plan p. 490 (☎020-7727 0288 ; www.ceramicablue.co.uk ; 10 Blenheim Cres, W11 ; ⏲10h-18h30 lun-sam, 11h-17h dim ; @ ; Ⓤ Ladbroke Grove). Cette charmante boutique vend de beaux articles de cuisine, originaux et colorés, en provenance de plus d'une dizaine de pays. Mentionnons entre autres des tasses à thé japonaises, des plats de service décorés de dessins ethniques sud-africains, des candélabres d'Italie, de magnifiques nappes de Provence, des verres de Turquie décorés à la main, des terres cuites d'Espagne peintes, des assiettes en verre coloré d'Allemagne, des assiettes chinoises faites de sciure de bambou, des torchons originaux et bien plus encore.

WESTFIELD CENTRE COMMERCIAL

Plan p. 492 (☎020-3371 2300 ; uk.westfield.com/london ; Ariel Way, W12 ; ⏲10h-22h lun-sam, 12h-18h dim ; Ⓤ Wood Lane). Ce temple de la vente au détail, qui compte un homologue gigantesque à Stratford (un autre doit ouvrir à Croydon), est, depuis son agrandissement en 2018, le plus grand centre commercial d'Europe. Outre quelque 450 boutiques, il compte une multitude de restaurants (des chaînes uniquement), des bars, un cinéma et des activités pour les enfants. Il accueille régulièrement des défilés de mode, des dédicaces de livres et d'autres événements.

ROUGH TRADE WEST MUSIQUE

Plan p. 490 (☎020-7229 8541 ; www.roughtrade.com ; 130 Talbot Rd, W11 ; ⏲10h-18h30 lun-sam, 11h-17h dim ; Ⓤ Ladbroke Grove). Ancien siège du label post-punk éponyme, cette petite boutique propose vinyles vintage et alternatifs, et organise d'occasionnels concerts. Au sous-sol, un bon choix de biographies musicales et de livres.

MUSIC & VIDEO EXCHANGE MUSIQUE

Plan p. 490 (☎020-7243 8573 ; www.mgeshops.com ; 38 Notting Hill Gate, W11 ; ⏲10h-20h ;

Ⓤ Notting Hill Gate). Paradis des accros au vinyle, l'ancien Record & Tape Exchange existait déjà 3 ans avant la mort de Jimi Hendrix (survenue non loin de là à Landsdowne Cres). Si vous cherchez l'album *Supernature* de Goldfrapp en gatefold (2005) ou un pressage de 1968 d'*Electric Ladyland* du groupe The Jimi Hendrix Experience, les employés pourront vous orienter. Sinon, faites comme tout le monde, fouillez dans les bacs de vinyles, CD et DVD.

Le stock bouge beaucoup, et le prix des articles baisse avec le temps. Rock et pop sont au rez-de-chaussée, classique et *easy listening* au sous-sol, soul, funk et reggae à l'étage, et chaque niveau a droit à sa bande-son.

RETRO WOMAN CLOTHING EXCHANGE VINTAGE

Plan p. 490 (☎020-7565 5572 ; www.mgeshops.com ; 20 Pembridge Rd W11 ; ⏲10h-20h ; Ⓤ Notting Hill Gate). Plus fripe que vintage, mais très prisé, Retro Woman possède un immense stock de vêtements et d'accessoires de créateurs renommés, avec aussi un vaste choix de chaussures et – du propre aveu du magasin – des "monstruosités en nylon" des années 1970. Il y a toujours de nouveaux arrivages, et les prix baissent avec le temps. Il existe une succursale pour homme (Retro Man Clothing Exchange), au n°34 Pembridge Road.

SHEPHERD'S BUSH MARKET MARCHÉ

Plan p. 492 (www.myshepherdsbushmarket.com ; ⏲10h-18h lun-sam ; Ⓤ Shepherd's Bush ou Goldhawk Rd). Depuis 1914, ce marché de fruits et légumes s'étend sous la ligne Hammersmith & City et la Circle Line, entre les stations Goldhawk Road et Shepherd's Bush. Il est prisé des Africains et des Afro-Caribéens : mangues, fruits de la passion, gombos, bananes plantains, patates douces… s'empilent sur les étals.

HONEST JON'S MUSIQUE

Plan p. 490 (☎020-8969 9822 ; www.honestjons.com ; 278 Portobello Rd, W10 ; ⏲10h-18h lun-sam, 11h-17h dim ; Ⓤ Ladbroke Grove). Le magasin vend de vieux vinyles (reggae, jazz, funk, soul, dance et blues) aux puristes de Notting Hill depuis 1974. Nombreux CD. La liste complète des titres proposés, arrivages et raretés inclus, figure sur le site Internet.

BISCUITEERS ALIMENTATION

Plan p. 490 (☎020-7727 8096 ; www.biscuiteers.com ; 194 Kensington Park Rd, W11 ; ⏲10h-18h lun-sam, 11h-17h dim ; Ⓤ Notting Hill Gate). Ce pittoresque café de Notting Hill est spécialisé dans les friandises glacées à la main, des biscuits aux cupcakes en passant par les chocolats. Vous pourrez vous essayer à l'art de la décoration au glaçage en vous inscrivant à un cours donné sur place.

RELLIK VINTAGE

Plan p. 490 (☎020-8962 0089 ; www.relliklondon.co.uk ; 8 Golborne Rd, W10 ; ⏲10h-18h mar-sam ; Ⓤ Westbourne Park). Au pied de la tristement célèbre Trellick Tower, une tour de béton brut, le Rellik est une friperie pour *fashionistas*. Elle a en magasin essentiellement des vêtements et accessoires féminins vintage des années 1950 aux années 1990, parmi lesquels on tombe parfois sur un manteau Yves Saint Laurent, un ensemble Chloé ou une robe Ossie Clark.

SPORTS ET ACTIVITÉS

♥ **KIDZANIA** AMUSEMENT PARC D'ATTRACTIONS

(www.kidzania.co.uk ; Westfield, Ariel Way, W12 ; enfant/adulte à partir de 20/16 £, pass annuel enfant 129 £ ; ⏲horaires variables ; 📶👪 ; Ⓤ Shepherd's Bush, White City). "Ville couverte tenue par des enfants", selon le slogan, Kidzania amuse les petits et participe à leur éveil. Les enfants de 4 à 14 ans pourront s'y essayer à diverses activités de grands (chirurgien, policier, pilote, pompier, etc.). Les moins de 7 ans doivent être accompagnés d'un adulte.

♥ **LONDON WATERBUS COMPANY** CROISIÈRE

Plan p. 490 (☎07917 265114 ; www.londonwaterbus.com ; Browning's Pool, Warwick Cres, W2 ; croisière tarif plein/réduit aller 12/9 £ ; ⏲ttes les heures 10h-17h avr-oct, sam-dim uniquement et moins fréquents reste de l'année ; Ⓤ Warwick Ave ou Camden Town). Ces péniches couvertes effectuent des croisières de 50 minutes sur Regent's Canal, de Little Venice à Camden Lock, en passant par Regent's Park et en s'arrêtant au zoo de Londres. Départs moins fréquents en basse saison ; consultez le site. Des billets aller simple (adulte/enfant 32/25 £ depuis Little Venice,

30/22 £ depuis Camden Lock), incluant l'entrée au London Zoo, permettent aux passagers de débarquer dans l'enceinte du zoo. Vente des billets à bord.

GINSTITUTE DISTILLERIE

Plan p. 490 (☎020-3034 2234 ; www.theginstitute.com ; 186 Portobello Rd, W11 ; adulte 120 £ ; ⏲sessions séances 19h lun-jeu, 12h, 14h, 17h et 19h ven, 11h, 13h, 15h, 17h et 19h sam, 13h et 16h dim ; ; Ⓤ Notting Hill Gate). Ginstitute propose une découverte interactive du gin. Vous y apprendrez en 3 heures tout sur l'histoire (édifiante à maints titres) de la boisson en Grande-Bretagne et sur sa production. La formule inclut un cocktail, une conférence sur le gin, une bouteille de gin Portobello Road n°171 (70 cl) et une bouteille de 70 cl de votre propre création à base de gin.

Également à la carte, une *masterclass* (60 £, à 20h30 les jeudis, vendredis et samedis) vous apprendra à faire le parfait cocktail de gin (5 sortes). Les billets à 90 £ incluent un menu de 5 plats avec cocktails, vins et alcools assortis.

ROBERSON WINE VIGNERON

Plan p. 492 (☎020-7381 7871 ; www.londoncru.co.uk ; 21-27 Seagrave Rd, SW6 ; visites 15 £ ; ⏲9h-17h lun-ven ; Ⓤ West Brompton). Roberson Wine, un des rares vignerons de Londres, se cache dans une rue quelconque de Fulham. L'entreprise n'utilise que des raisins de vignes anglaises, transformés en vin dans des fûts de fermentation dernier cri. On peut en déguster dans quelques restaurants haut de gamme de Londres ou les acheter ici. Visites guidées sur rendez-vous.

QUEENS ICE & BOWL PATINOIRE

Plan p. 490 (☎020-7229 0172 ; www.queensiceandbowl.co.uk ; 17 Queensway, W2 ; tarif plein/réduit 12/11 £, location patins 2,50 £ ; ⏲10h-18h45 et 20h-22h45 ; Ⓤ Queensway). Londres ne manque pas de patinoires en plein air durant les mois d'hiver, mais celle de Queensway est ouverte toute l'année. Appréciée des débutants et des patineurs de tous âges, la piste a accueilli plusieurs générations de jeunes et d'adultes. Il y a un bowling plaisant juste à côté (10h-23h, la partie 10,50/8,50 £ par adulte/enfant, réductions en cas de réservation en ligne).

Chaque séance dure 2 heures ; les prix baissent un peu aux heures creuses (lundi-vendredi 10h-17h, hors vacances scolaires). Des cours de patinage sont proposés. Karting sur glace et "bière-pong" également au programme.

PORCHESTER SPA SPA

Plan p. 490 (☎020-7313 3858 ; www.porchesterspatreatments.co.uk ; Porchester Centre, Queensway W2 ; 28,90 £ ; ⏲10h-22h ; Ⓤ Bayswater ou Royal Oak). Dans un splendide immeuble Art déco, ce spa est géré par le Westminster Council. N'attendez rien de sophistiqué, toutefois l'établissement est doté d'une piscine de 30 m, d'un sauna finlandais en bois, de 2 salles de vapeur, de 3 hammams et d'un immense bassin ; il propose un choix de soins à prix raisonnables, dont des massages.

Les mardis, jeudis et vendredis et dimanches de 10h à 16h sont réservés aux femmes, tandis que seuls les hommes sont acceptés les lundis, mercredis et samedis. Les couples mixtes sont les bienvenus de dimanche de 16h à 20h.

Greenwich

Notre sélection

❶ Les plafonds baroques du **Painted Hall** (p. 295), la "Chapelle Sixtine" britannique, récemment restauré.

❷ Le **National Maritime Museum** (p. 296), pour voir l'uniforme de Nelson et s'informer sur la longue histoire maritime britannique.

❸ Le **Royal Observatory** (p. 293) pour être sur deux hémisphères à la fois, résoudre le problème de la longitude et explorer le cosmos.

❹ Escalader la colline de **Greenwich Park** (p. 294) pour avoir la célèbre vue sur Canary Wharf, avant d'explorer les 74 ha du premier parc royal clôturé de Londres.

❺ Sortir des sentiers battus à **Deptford** (p. 298), entre marchés, brasseries, bars à bières artisanales et autres repaires branchés.

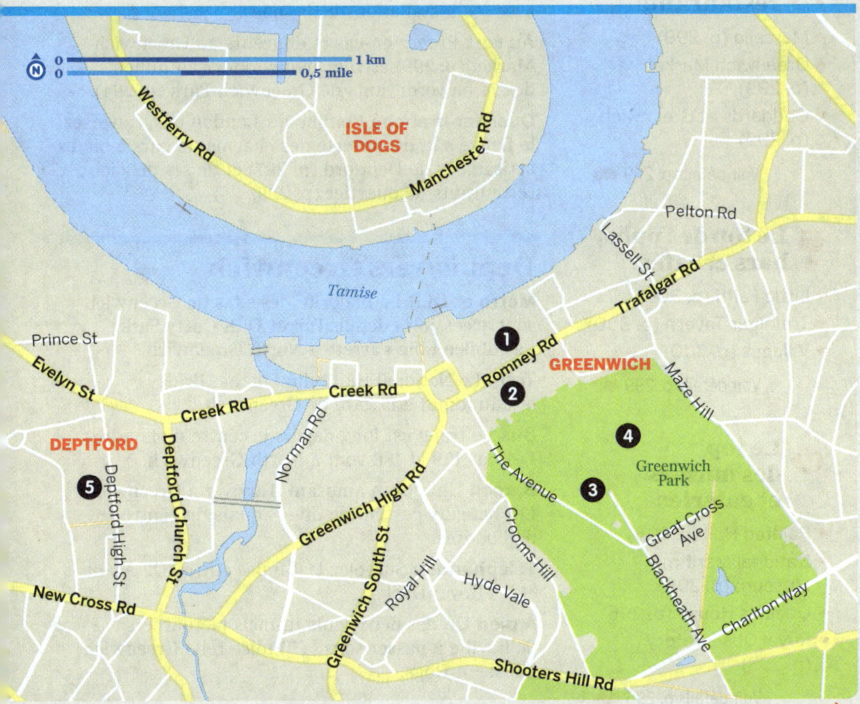

Pour un plan plus détaillé, reportez-vous p. 497

Bons plans Lonely Planet

Greenwich est entièrement tourné vers la Tamise : arrivez donc par l'eau, d'en dessous ou d'au-dessus. Les bateaux Thames Clippers accostent à Greenwich Pier, le téléphérique Emirates Air Line (p. 228) passe 90 m au-dessus du fleuve avant d'arriver à North Greenwich, et un ancien tunnel piétonnier, ouvert en 1902, passe sous sa surface. Peut-être trouverez-vous la vue sur Greenwich que Canaletto peignit dans sa toile *Greenwich Hospital from the North Bank of the Thames* ("Hôpital de Greenwich depuis la rive nord de la Tamise", 1752), exposée au National Maritime Museum ?

Le top des restaurants

- Marcella (p. 299)
- Greenwich Market (p. 299)
- Goddards at Greenwich (p. 299)

Voir détails p. 299

Le top des pubs, bars et cafés

- Little Faith (p. 300)
- Trafalgar Tavern (p. 300)
- Villages (p. 300)

Voir détails p. 299

Le top des musées et galeries

- Painted Hall (p. 295)
- National Maritime Museum (p. 296)
- Queen's House (p. 296)
- Royal Observatory (p. 293)

Voir détails p. 296

Découvrir Greenwich

Si les grands sites de Greenwich appartenaient à une autre ville que Londres, cette localité deviendrait une des plus belles destinations du Royaume-Uni. De fait, classé au Patrimoine mondial, ce quartier est un incontournable.

La plupart des visiteurs ne lui consacrent qu'une journée, alors qu'il y a tant à voir et à apprendre. Les Royal Observatory, Queen's House, National Maritime Museum et Old Royal Naval College demandent chacun quelques heures. Récemment rouvert, le Painted Hall, avec ses immenses fresques, est immanquable. Heureusement, les sites les plus connus de Greenwich sont tous à distance de marche les uns des autres.

Pour un aperçu plus local de cette partie de Londres, direction Deptford, un quartier branché, ou les tours de North Greenwich. Ces deux secteurs se développent rapidement, mais de manière différente.

Vivre comme un Londonien

Balades au bord de l'eau Empruntez le Greenwich Foot Tunnel pour passer sous la Tamise (p. 297) avant de longer le fleuve, en vous arrêtant dans des pubs riverains comme Trafalgar Tavern (p. 300) ou en suivant les traces des athlètes dans North Greenwich, avec ses installations artistiques.

Au vert Prenez en-cas et douceurs au Greenwich Market (p. 299) et allez pique-niquer au milieu des 74 ha verdoyants de Greenwich Park (p. 294).

Quartier branché Comme les Londoniens, traversez le fleuve à la découverte des charmants bars à bières artisanales de Deptford (p. 297) et de ses délicieux restaurants de quartier (p. 299).

Depuis/vers Greenwich

Métro et DLR La majorité des sites de Greenwich sont accessibles depuis l'arrêt DLR Cutty Sark. La Jubilee Line s'arrête à North Greenwich.

Train Le National Rail relie London Bridge et Cannon St à la gare de Greenwich.

Bus Le trajet est long depuis le centre de Londres. Les bus 129 et 188 vont à North Greenwich.

Bateau Un moyen amusant d'arriver à Greenwich. Les bateaux partent de divers quais du centre de Londres.

Téléphérique Survolez la Tamise entre l'O2 Arena et les Royal Docks.

À pied Un des deux seuls tunnels piétonniers de la ville à passer sous la Tamise relie Greenwich à l'Isle of Dogs.

LES INCONTOURNABLES

ROYAL OBSERVATORY ET GREENWICH PARK

L'Observatoire royal conjugue les thèmes de la mer, des astres et du temps. Le méridien de Greenwich traverse sa cour et scinde le globe terrestre en deux hémisphères, est et ouest. L'édifice est posé au sommet du superbe Greenwich Park, avec des vues emblématiques de la Tamise et des gratte-ciel de Canary Wharf.

Royal Observatory

Le Royal Observatory fut bâti sur ordre de Charles II en 1675 pour résoudre les problèmes de longitude. En 1884, Greenwich fut désigné méridien d'origine, et le Greenwich Mean Time (GMT) devint la référence universelle de mesure du temps.

Fait inhabituel parmi les sites de Greenwich, l'Observatoire royal comprend à la fois des sections gratuites (comme les Weller Astronomy Galleries) et des sections payantes (tels les Meridian Courtyard et Flamsteed House).

Flamsteed House et Meridian Courtyard

En 1675, Charles II ordonna la construction de **Flamsteed House**, destinée à accueillir le premier Observatoire royal. Portant le nom de son premier directeur, John Flamsteed, ce bâtiment fut conçu par sir Christopher Wren sur les fondations de Greenwich Castle, à la suite de la fermeture de l'observatoire de la tour de Londres, du fait des excrétions des corbeaux dit-on. On y voit la magnifique **Octagon Room** (salle octogonale), et l'appartement où vivaient les astronomes royaux. Dans les **Time Galleries** (galeries du temps), aux étages du dessous, une explication présente la manière dont le problème du calcul de la longitude – visant à déterminer la position est-ouest d'un navire – fut résolu, au moyen d'outils astronomiques et grâce à l'invention du chronomètre marin.

À NE PAS MANQUER

- Prime meridian (méridien de référence)
- Octagon Room
- Camera Obscura
- Vue sur Canary Wharf du haut de la colline

INFOS PRATIQUES

- Plan p. 497, D3
- ☎020-8312 6565
- www.rmg.co.uk/royal-observatory
- Greenwich Park, Blackheath Ave, SE10
- Adulte/enfant 16/8 £
- ⏲10h-18h juil-août, 10h-17h sept-juin
- Greenwich ou Cutty Sark

FAITES UNE PAUSE

Vous pourrez aller au café de l'Astronomy Centre, ou bien manger un sandwich dans Greenwich Park. En contrebas, Goddards at Greenwich (p. 299) sert une *pie and mash* traditionnelle dans un cadre à l'ancienne. Sinon, prenez un en-cas au Greenwich Market (p. 299).

Pour voir les parties payantes du Royal Observatory et le Cutty Sark, réservez en ligne un billet combiné (adulte/enfant 23,65/11,85 £), pour une économie d'environ 25%. Réservez aussi en ligne les spectacles du Planetarium. Si vous n'avez de temps que pour un seul site, cherchez les promotions "deux pour le prix d'un" du Days Out Guide (www.daysoutguide.co.uk).

ORIGINE DU TEMPS

Suite à l'adoption de son méridien comme longitude zéro à l'International Meridian Conference de Washington (1884), Greenwich devint le standard des longitudes et des mesures du temps. Basé sur la rotation de la Terre, le GMT a été remplacé en 1972 par le Temps universel coordonné (UTC), tenu pour plus précis.

À l'extérieur, un rail matérialise le méridien de Greenwich dans la **Meridian Courtyard**. En l'enjambant, on passe d'un hémisphère à l'autre. Chaque jour à 13h précises, depuis 1833, la grosse boule rouge de la **Time Ball** (boule horaire) chute le long de son mât au sommet de Flamsteed House, permettant ainsi à tous, navigateurs sur la Tamise compris, de régler leur montre. Située dans un petit bâtiment en brique, la **camera obscura** est une salle où se projette l'image de la Queen's House – avec le ballet des piétons, et des bateaux sur la Tamise. Une rangée de rideaux ferme l'entrée pour bloquer la lumière ; veillez à bien les tirer derrière vous.

Astronomy Centre et Peter Harrison Planetarium

La partie sud de l'observatoire inclut les instructives **Weller Astronomy Galleries** (gratuites), où vous pourrez toucher un fragment de la météorite de Gibeon (4,5 milliards d'années, autant que le Soleil). Le Centre astronomique permet de découvrir un planétaire (ensemble mécanique figurant le système solaire – sans Uranus et Neptune, inconnues à l'époque – appelé *orrery* en anglais) de 1780 et des documentaires retraçant l'histoire de l'astronomie. Vous pourrez aussi voir la Voie lactée observée dans de multiples longueurs d'onde.

L'ultramoderne **Peter Harrison Planetarium** (plan p. 497 ; ☎020-8858 4422 ; www.rmg.co.uk/whats-on/planetarium-shows ; Greenwich Park, SE10 ; adulte/enfant 10/5 £ ; 🚻 ; 🚉Greenwich ou Ⓤ DLR Cutty Sark), unique planétarium de Londres, peut projeter la voûte céleste en entier (au moins 5 séances par jour, dont une pour les enfants, réservation conseillée).

Greenwich Park

Ce **parc** (plan p. 497 ; ☎030-0 061 2380 ; www.royalparks.org.uk/parks/greenwich-park ; King George St, SE10 ; ⏲6h-coucher du soleil ; 🚉DLR Cutty Sark, 🚉Greenwich, Maze Hill ou Ⓤ DLR Cutty Sark) de 74 ha forme un charmant havre de verdure, avec sa roseraie, ses allées, ses tombes anglo-saxonnes du VIe siècle et son panorama qui s'étend, du sommet de la colline, jusqu'à Canary Wharf. Partiellement réalisé par André Le Nôtre, c'est le plus ancien parc royal de la capitale.

Si vous ne voulez pas payer l'entrée à Meridian Courtyard, cherchez le prolongement du méridien de référence, une bande de métal, juste à l'extérieur de la grille. Vous pourrez être à cheval sur deux hémisphères en même temps, sans bourse délier.

BENEDEK/GETTY IMAGES ©

LES INCONTOURNABLES
OLD ROYAL NAVAL COLLEGE

Site de l'University of Greenwich et du Trinity Laban Conservatoire of Music and Dance, l'Old Royal Naval College, dessiné par Christopher Wren, est un chef-d'œuvre de l'architecture baroque. Son parc est ouvert au public, de même que quelques autres lieux.

Painted Hall

Réfectoire pour les marins infirmes ou retraités, achevé en 1726, le **Painted Hall** (020-8269 4799 ; adulte/enfant 12 £/gratuit ; 10h-17h) est un espace délirant couvert du sol au plafond par la plus grande peinture d'Europe, et souvent surnommé la "Chapelle Sixtine du Royaume-Uni". En 2019, une restauration à 8,5 millions de livres permit d'ôter près de 300 ans de saleté, de fumée de cigare, de mauvaises restaurations antérieures, ravivant jusqu'au plafond, haut de 18 m, ces 4 200 m² de surface peinte.

L'œuvre, monumentale, fut commandée à sir James Thornhill et achevée en 19 ans, avec trois changements de monarques. Les peintures célèbrent les prouesses navales, le commerce et la royauté britanniques, mais sur un mode relevant davantage de la propagande que de l'historicité. Un audioguide, inclus dans le prix d'entrée, révèle d'amusantes anecdotes sur les personnages et les peintures.

Une intéressante visite guidée du parc (45 minutes) est comprise avec l'entrée au Painted Hall.

Chapel of St Peter & St Paul

La décoration de la belle **chapelle de Saint-Pierre-et-Saint-Paul** (020-8269 4788 ; 10h-17h) GRATUIT, bâtie en 1742, est riche de détails en trompe l'œil et évoque le style rococo. On y distingue des motifs inspirés par la Grèce antique et l'histoire navale. La chapelle est forte d'une excellente acoustique, et accueille des déjeuners-concerts le midi (gratuit), à 13h les mardis et vendredis.

À NE PAS MANQUER

- Painted Hall
- Chapel of St Peter & St Paul
- Visite du parc

INFOS PRATIQUES

- Plan p. 497, C2
- www.ornc.org
- gratuit
- 8h-23h
- U DLR Cutty Sark

À VOIR

ROYAL OBSERVATORY — MUSÉE

Voir p. 293.

OLD ROYAL NAVAL COLLEGE — ÉDIFICE HISTORIQUE

Voir p. 295.

NATIONAL MARITIME MUSEUM — MUSÉE

Plan p. 497 (020-8312 6565 ; www.rmg.co.uk/national-maritime-museum ; Romney Rd, SE10 ; 10h-17h ; ; DLR Cutty Sark). GRATUIT Consacré à la longue et riche histoire maritime britannique, ce musée compte 3 passionnants niveaux d'expositions. Au nombre de ses pièces distinctives, mentionnons la *Bataille de Trafalgar* (1824), tableau géant peint par J. M. W. Turner ; la barge royale, longue de 19 m et fabriquée en 1732 pour le prince de Galles, et les figures de proue évocatrices du rez-de-chaussée. Les familles apprécieront les galeries des enfants, et la Grande Carte (Great Map), déployée au sol près du café, à l'étage.

Au 1er étage, **Atlantic Worlds** et **Traders** abordent respectivement le rôle du pays dans la traite des esclaves et le commerce avec l'Orient au XIXe siècle. Au 2e étage, **Nelson, Navy, Nation** s'intéresse à l'histoire de la Royal Navy de 1688 à 1815, et expose même le manteau que portait Nelson lorsqu'il fut blessé à mort à la bataille de Trafalgar (1805). Ouverte au public en 2018, l'**Exploration Wing** compte 4 galeries dédiées aux civilisations maritimes indigènes, à l'exploration européenne et à l'activité humaine : Pacific Exploration, Polar Worlds, Tudor and Stuart Seafarers et Sea Things (Exploration du Pacifique, Mondes polaires, Navigateurs des époques Tudor et Stuart, Objets de la mer).

QUEEN'S HOUSE — GALERIE

Plan p. 497 (020-8312 6565 ; www.rmg.co.uk/queens-house ; Romney Rd, SE10 ; 10h-17h ; DLR Cutty Sark). GRATUIT Dessinée par l'architecte Inigo Jones, Queen's House (la Maison de la Reine, 1616-1635) fut le premier bâtiment de style classique du pays, et est aussi intéressant, en soi, que la collection qu'il abrite. On y voit de nombreux portraits, dont plusieurs ont une connotation navale ; ne manquez pas le célèbre *Armada Portrait of Elizabeth Ire*, qui montre la reine dans une robe ornée de bijoux à col de dentelle, qui célèbre l'invasion ratée de l'Angleterre par l'Espagne en 1588. Il se trouve à l'étage, dans la **Queen's Presence Chamber** (chambre de la reine), restaurée.

Les galeries latérales partent du **Great Hall** cubique, dont le joli sol carrelé (à admirer depuis le balcon de l'étage) date de 1635. En 2016, on commanda à Richard Wright, artiste lauréat du prix Turner, un dessin à la feuille d'or au plafond : ce fut la première œuvre ajoutée ici depuis 1708, année où furent ôtés les panneaux peints originels. Au nord-ouest du hall, un superbe escalier hélicoïdal (et prétendument hanté), le **Tulip Stairs** est le premier escalier sans structure centrale d'Angleterre.

Entamé en 1616 pour Anne de Danemark, épouse de Jacques Ier, le bâtiment ne fut achevé qu'en 1635 pour servir de résidence à Charles Ier et à la reine Henriette Marie.

RANGER'S HOUSE — GALERIE

Plan p. 497 (020-8294 2548 ; www.english-heritage.org.uk/visit/places/rangers-house-the-wernher-collection ; Greenwich Park, Chesterfield Walk ; adulte/enfant 9,50/5,70 £ ; visites guidées à 11h30 et 14h dim-mer fin mars-sept ; Greenwich ou DLR Cutty Sark). À l'extrémité sud-ouest de Greenwich Park (p. 294), cette demeure georgienne de 1723 est l'ancienne résidence du gardien du parc. Elle abrite aujourd'hui une collection de 700 œuvres (peintures médiévales et Renaissance, porcelaines, argenterie, tapisseries) rassemblée par Julius Wernher, d'origine allemande, qui fit fortune dans les mines de diamants d'Afrique du Sud au XIXe siècle. La collection de bijoux de la Renaissance espagnole est une des plus belles de ce type en Europe. La visite n'est malheureusement possible qu'en été.

CUTTY SARK — VAISSEAU

Plan p. 497 (020-8312 6565 ; www.rmg.co.uk/cuttysark ; King William Walk, SE10 ; adulte/enfant 15/7,50 £ ; 10h-17h ; DLR Cutty Sark). Le majestueux trois-mâts, le dernier des grands clippers à avoir navigué entre l'Angleterre et la Chine au XIXe siècle, fut construit en Écosse en 1869 et transporta près de 45 000 tonnes de thé en seulement 7 années de service. Près d'un siècle plus tard, il fut mis en cale sèche à Greenwich et ouvert au public. Des films, des cartes interactives, des illustrations et des accessoires donnent une idée de ce à quoi pouvait ressembler la vie à bord. Réservez en ligne pour des réductions.

VAUT LE DÉTOUR

ELTHAM PALACE

Le superbe **Eltham Palace** (www.english-heritage.org.uk/visit/places/eltham-palace-and-gardens ; Court Yard, Eltham, SE9 ; adulte/enfant 15,40/9,20 £ ; ⌚10h-18h dim-ven avr-sept, 10h-17h oct-3 nov ; 🚉Eltham ou Mottingham), palais Art déco des années 1930, fut bâti par Stephen Courtauld, dont la famille fit fortune dans la rayonne (soie artificielle), et sa femme Virginia (Ginie) comme une maison de campagne où recevoir des invités. La demeure était à la pointe des techniques de son temps : téléphones, horloges électriquement synchronisées, système d'aspiration intégré et une chaudière avec assez d'eau chaude pour remplir 12 baignoires à la fois. Elle est attenante aux vestiges d'une propriété royale médiévale. Bâti à cet emplacement en 1305, ledit palais royal avait été la maison d'enfance d'Henri VIII, avant que les Tudors ne partent pour Greenwich. Peu de vestiges en subsistent hormis le **Great Medieval Hall**, restauré.

Guide multimédia en main, les visiteurs peuvent, à leur rythme, découvrir les salles du palais, depuis la cage intégrée pour le lémurien "domestique" acheté chez Harrods, jusqu'à l'impressionnant hall d'entrée en coupole lambrissé de châtaignier d'Australie verni et à la salle à manger de marbre noir, avec son plafond argenté et ses lourdes portes noires ornées d'animaux laqués.

La **Map Room**, où le couple préparait ses longs voyages, fut dévoilée après être restée 70 ans recouverte de papier peint. Superbement restaurée, elle tient d'une imagerie de l'ère coloniale. Pendant le Blitz, le sous-sol fut transformé en abri antiaérien tout confort. Les 8 ha de jardins comprennent un jardin de rocaille et une douve enjambée par un pont. Prévoyez au moins une demi-journée.

ST ALFEGE CHURCH — ÉGLISE

Plan p. 497 (☎020-8853 0687 ; www.st-alfege.org ; Greenwich Church St, SE10 ; ⌚11h-16h lun-sam, 12h-16h dim ; ⓊDLR Cutty Sark). Conçue par Nicholas Hawksmoor et consacrée en 1718, cette église paroissiale de style baroque abrite une fresque restaurée de James Thornhill, qui décora aussi le Painted Hall (p. 295) voisin et la cathédrale Saint-Paul (p. 141). L'intérieur est en grande partie lambrissé et on peut y voir un orgue datant de l'époque Tudor sur lequel aurait joué Thomas Tallis (1505-1585), célèbre compositeur et organiste enterré dans le cimetière de l'église. Henri VIII aurait été baptisé dans cette église. Des concerts gratuits de musique classique ont lieu le jeudi et le samedi à 13h05.

GREENWICH FOOT TUNNEL — TUNNEL

Plan p. 497 (Cutty Sark Gardens, SE10 ; ⌚24h/24 ; ⓊDLR Cutty Sark). Accessible de part et d'autre du fleuve par une rotonde coiffée d'une coupole de verre (avec ascenseurs et escaliers), cet étonnant tunnel piétonnier long de 370 m et carrelé de blanc, datant de 1902, permet de regagner Greenwich depuis l'Isle of Dogs en passant sous la Tamise. On peut aussi l'emprunter pour accéder au point de vue sur Greenwich depuis la rive nord. La traversée du tunnel, creusé à 15 m de profondeur, prend environ 10 minutes en marchant d'un pas moyen.

On peut voir, côté nord du tunnel, les dégâts dus aux bombes de la Seconde Guerre mondiale, réparés par un bordage d'acier et de béton. Quelque 4 000 piétons empruntent le passage chaque jour. Un autre tunnel pédestre passe sous la Tamise à Woolwich, à l'est.

PETER HARRISON PLANETARIUM — PLANÉTARIUM

Plan p. 497 (☎020-8858 4422 ; www.rmg.co.uk/whats-on/planetarium-shows ; Greenwich Park ; adulte/enfant 10/5 £ ; 👪 ; ⓊGreenwich ou Cutty Sark). La partie sud du Royal Observatory (p. 293) comprend ce planétarium dernier cri de 120 places, unique à Londres. Il est équipé d'un projecteur laser numérique. Plusieurs projections éducatives ont lieu chaque jour, dont un programme pour enfants. Mieux vaut réserver.

DEPTFORD MARKET YARD — QUARTIER

Plan p. 497 (www.deptfordmarketyard.com ; Market Yard ; 🚉Deptford). Avant de connaître un temps l'abandon, ces voûtes de chemin de fer servirent d'écuries et de garages à chariots au milieu du XIXe siècle, puis d'abris anti-aériens pendant la Seconde

Promenade à pied
Hors des sentiers battus à Deptford

DÉPART : DLR CUTTY SARK
ARRIVÉE : CREEKSIDE, DEPTFORD
DISTANCE : 3 KM ; **DURÉE :** 2 HEURES 30

Le quartier branché de Deptford, juste à l'ouest de Greenwich, était naguère tourné vers la construction navale. C'est, de nos jours, un secteur en transition.

Suivez le fleuve vers l'ouest et traversez Deptford Creek par le pont tournant. Près de la Tamise, une 1 **statue de Pierre le Grand** (plan p. 497, A2 ; Glaisher St, SE8 ; DLR Cutty Sark) rappelle le séjour du tsar à Deptford (1698), où il étudia la construction navale. Il séjourna à Londres chez le mémorialiste John Evelyn, dont la demeure subit d'importants dégâts lors de soirées arrosées. Longez le fleuve, puis prenez Deptford Green vers le sud jusqu'à la 2 **St Nicholas Church** (www.stnicholaschurchdeptford.org ; Deptford Green, SE8 ; Deptford) de la fin du XVIIe siècle. Dans son cimetière, est érigé un mémorial au dramaturge Christopher Marlowe, tué en 1593, à l'âge de 29 ans, lors d'une rixe dans une taverne de Deptford.

Au sud, de l'autre côté de Creek Rd, la charmante 3 **Albury Street** (Deptford) est bordée de bâtiments georgiens où vivaient les officiers de marine de Deptford, y compris, dit-on, lord Nelson et sa maîtresse lady Hamilton. Plus au sud, l'église baroque 4 **St Paul's Church** (Diamond Way, SE8 ; Deptford) date de 1730. Son cimetière héberge la tombe de Mydiddee, un Tahitien qui revint avec le capitaine Bligh (celui du *Bounty*) sur le *Providence* et mourut à Deptford, en 1793.

À l'ouest du cimetière, Deptford High St avec son 5 **marché** (3 jours/semaine) haut en couleur, offre une section de vêtements vintage. Prenez de quoi grignoter en longeant High St ou en allant au 6 **Deptford Market Yard** (www.deptfordmarketyard.com ; Market Yard, SE8 ; Deptford), logé sous d'anciennes voûtes de chemin de fer restaurées. Découvrez les bières de Deptford chez 7 **Villages**, puis celles de 8 **Little Faith**, plus au sud.

Guerre mondiale. S'y sont depuis installés des boutiques indépendantes, des bars à cocktails et une brasserie artisanale.

STATUE DE PIERRE LE GRAND STATUE

Plan p. 497 (Glaisher St ; Ⓤ Cutty Sark). Cet étrange groupe statuaire commémore le séjour de 4 mois que fit le tsar de Russie à Deptford, en 1698, pour en apprendre davantage sur les avancées en matière de construction navale.

ALBURY ST RUE

Plan p. 497 (Deptford). La jolie Albury Street est bordée d'édifices du début de l'époque georgienne où résidaient jadis des officiers de marine. Lord Nelson et lady Hamilton y auraient séjourné. Remarquez les boiseries sculptées encadrant les portes.

OÙ SE RESTAURER

En dehors de la cuisine de pub et des produits du marché, les bons restaurants sont plutôt rares à Greenwich. Le quartier voisin de Deptford affiche un choix plus intéressant.

GREENWICH MARKET MARCHÉ £

Plan p. 497 (www.greenwichmarket.london ; College Approach, SE10 ; 10h-17h30 ; Ⓤ DLR Cutty Sark). Greenwich Market est un des plus petits et charmants marchés couverts de Londres. Les stands changent selon les jours, mais plus de la moitié vendent de l'alimentation : cake au rhum jamaïcain artisanal, huîtres de petits producteurs, plats végétariens éthiopiens à emporter, churros fourrés brésiliens, etc. En plus de vous régaler, vous pourrez fouiner parmi les bijoux faits main, les images de Londres et les produits de beauté naturels.

GODDARDS AT GREENWICH BRITANNIQUE £

Plan p. 497 (020-8305 9612 ; www.goddardsatgreenwich.co.uk ; 22 King William Walk, SE10 ; pie and mash 4,40-8,50 £ ; 10h-19h30 dim-jeu, 10h-20h ven-sam ; Ⓤ DLR Cutty Sark). Cette institution de Greenwich, dans la famille depuis 1890, offre l'occasion de goûter à ce classique britannique qu'est le *pie and mash*. Cette tourte à la viande enrobée de pâte feuilletée, servie avec de la purée et de la sauce de viande, se décline à la viande hachée, au bœuf, aux rognons ou au poulet. Vous pourrez aussi être tenté par des anguilles en gelée ou une purée de petits pois au *liquor* (sauce verte au persil et au vinaigre).

JETTY CAFÉ £

(jetty.greenwichpeninsula.co.uk ; Olympian Way, SE10 ; plats 9,50-15,50 £ ; 10h-16h mar-dim juin-sept, jeu-dim oct-mai ; Ⓤ North Greenwich). S'avançant sur la Tamise sur une jetée désertée, voici l'un des rares endroits de North Greenwich à avoir échappé à la frénésie urbaine. L'exubérance des plantes témoigne de l'orientation durable du lieu, avec des initiatives de fermes urbaines, une armée de jardiniers bénévoles et des cours de yoga réguliers. Le café, géré par Hej Coffee, propose des grains torréfiés un peu plus en aval à Woolwich, et une excellente carte de brunchs.

MARCELLA ITALIEN ££

(020-3903 6561 ; www.marcella.london ; 165a Deptford High St, SE8 ; plats 12-16 £ ; 18h-22h lun, 12h-14h30 et 18h-22h mar-jeu, jusqu'à 22h30 ven-sam, 12h-16h dim ; ; Deptford). Ici, la *pasta*-maison, parfaite, s'accompagne de sauces qui changent selon les saisons, en combinaisons simples mais délicieuses. Entrées tout aussi goûteuses (la ricotta, également maison, est crémeuse à souhait), tout comme les généreux plats de viande et de poissons, faits pour être partagés.

PAUL RHODES BAKERY BOULANGERIE £

Plan p. 497 (37 King William Walk ; pâtisseries/sandwichs à partir de 1,80/3,50 £ ; 7h-18h ; Ⓤ Cutty Sark). Cette boulangerie de quartier est idéale pour un en-cas, une viennoiserie et un café. Elle propose notamment des sandwichs courgette, kale, houmous et tomate, ou poulet, bacon et avocat, de savoureuses tartes au citron et agrumes, des tartes au chocolat et des cheesecakes à la vanille. Service souriant et ouverture dès 7h.

OÙ PRENDRE UN VERRE ET FAIRE LA FÊTE

Ici, la tradition reste vivace, et l'on trouve maints vénérables pubs au bord de l'eau, ainsi que dans les rues en pente autour de Greenwich Park. Deptford compte de remarquables brasseries de quartier.

LITTLE FAITH MICROBRASSERIE

Plan p. 497 (020-8692 7612 ; www.littlefaithbeer.com ; 3 Creekside, SE8 ; 17h-23h mer-jeu, 17h-1h ven, 13h-1h sam, 13h-22h dim ; DLR Deptford, Deptford Bridge). Little Faith propose ses propres bières, ainsi que celles d'autres brasseries londoniennes. L'ambiance, à la fois bohème et populaire, fait partie de son charme : on peut même acheter les œuvres et objets accrochés aux murs.

VILLAGES MICROBRASSERIE

(www.villagesbrewery.com ; 21-22 Resolution Way, SE8 ; 17h-23h jeu-ven, 12h-23h sam, 14h-22h dim ; Deptford). Dans une ruelle proche de Deptford High St, cette brasserie indépendante fondée par deux frères sert dans son QG, sous des voûtes de chemin de fer, des bières légères et d'autres expérimentales. Le décor minimaliste à la suédoise invite à s'assembler autour des tables communes, dedans ou dehors.

OLD BREWERY PUB

Plan p. 497 (020-3437 2222 ; www.oldbrewerygreenwich.com ; Pepys House, Old Royal Naval College, SE10 ; 10h-23h lun-sam, 10h-22h30 dim ; ; Cutty Sark). Sur le domaine de l'Old Royal Naval College (p. 295), l'Old Brewery accueillait autrefois Greenwich Meantime, une des premières brasseries artisanales de Londres. Aujourd'hui propriété de la chaîne de pubs Young's, on y sert une bonne cuisine de pub et diverses bières, à déguster de préférence dans le grand *beer garden*.

TRAFALGAR TAVERN PUB

Plan p. 497 (020-3887 9886 ; www.trafalgartavern.co.uk ; Park Row ; 12h-23h lun-jeu, 12h-1h ven, 9h-1h sam, 12h-23h dim ; DLR Cutty Sark). Ce beau pub à lustres de cristal, décor marin et grandes baies vitrées surplombant la Tamise est imprégné d'histoire. Charles Dickens, qui l'aurait fréquenté, s'en serait inspiré pour le décor de la scène du petit-déjeuner du mariage dans *L'Ami commun*. Les Premiers ministres William Gladstone et Benjamin Disraeli venaient s'y régaler de la fameuse friture-maison.

♥ **CUTTY SARK TAVERN** PUB

Plan p. 497 (020-8858 3146 ; www.cuttysarkse10.co.uk ; 4-6 Ballast Quay ; 11h30-23h lun-sam, 12h-22h30 dim ; ; Cutty Sark ou Maze Hill). Dans une belle demeure georgienne donnant sur la Tamise, avec bow-windows et poutres en bois, cette taverne, vieille de 200 ans, est l'un des derniers pubs indépendants de Greenwich. Choisissez parmi la demi-douzaine d'ales (conditionnées en fût) à la pression et laissez-vous séduire par la terrasse au bord du fleuve et la salle à l'étage, qui offre une vue superbe. À 10 minutes à pied de la station DLR.

☆ OÙ SORTIR

THE O2 MUSIQUE LIVE

(www.theo2.co.uk ; Greenwich Peninsula ; ; North Greenwich). Deuxième salle du pays par la capacité, l'O2 accueille tous les grands noms qui passent par Londres : Beyoncé, les Rolling Stones, le boys band sud-coréen BTS et Michael McIntyre, pour n'en citer que quatre. On y propose aussi des événements sportifs, et on peut même monter sur le toit aux pointes orange (à partir de 30 £), pour une vue panoramique.

Brixton, Peckham et South London

BRIXTON | LAMBETH | DULWICH ET FOREST HILL | BERMONDSEY | PECKHAM | ELEPHANT AND CASTLE | VAUXHALL | CLAPHAM | WANDSWORTH | TOOTING

Notre sélection

❶ Découvrez l'histoire fascinante de conflits passés et présents à l'**Imperial War Museum** (p. 303).

❷ Chinez entre stands d'alimentation, cafés, boutiques de textiles d'Afrique de l'Ouest, primeurs jamaïcains et bars à bières artisanales au **Brixton Village & Market Row** (p. 303).

❸ Le **Bermondsey Beer Mile** (p. 309) propose le meilleur de la scène émergente londonienne des bières artisanales, étalé sur plus d'un mile (1,6 km) entre arches ferroviaires et zones industrielles.

❹ Flânez dans le quartier de **Shad Thames** (p. 307) au bord de l'eau, pour découvrir les docks et les anciennes fabriques.

❺ Sirotez une pinte ou profitez d'un *Sunday roast* au **Mayflower** (p. 311), au bord de la Tamise, dans le charmant quartier de Rotherhithe.

Pour des plans plus détaillés, reportez-vous p. 494 et p. 496

Bons plans Lonely Planet

Explorer South London exige un peu de préparation. Le quartier est vaste et mal desservi par les transports. Le lundi est le jour le plus calme (idéal pour se promener en toute tranquillité ; moins pour trouver un restaurant ouvert), tandis que tout South London s'anime du vendredi au dimanche.

Le top des restaurants

- Kudu (p. 307)
- Chez Bruce (p. 308)
- Taco Queen (p. 307)

Voir détails p. 305

Le top des bars et clubs

- Mayflower (p. 311)
- Shrub and Shutter (p. 310)
- Forza Wine (p. 311)
- Frank's (p. 311)
- Peckham Levels (p. 307)

Voir détails p. 308

Le top des brasseries et bières artisanales

- Brew by Numbers (p. 310)
- Fourpure (p. 310)
- Cloudwater (p. 310)
- Kernel Arch 7 Taproom (p. 310)
- Anspach & Hobday (p. 311)

Voir détails p. 310

Découvrir Brixton, Peckham et South London

Mis à part quelques musées et galeries d'art, South London compte peu de sites touristiques à proprement parler. Mais ces anciennes banlieues victoriennes arborées ont conservé une atmosphère villageoise décontractée et d'extraordinaires marchés que viennent visiter les hipsters du tout Londres. La nuit venue, Brixton, Peckham et Clapham s'animent, allant presque jusqu'à voler la vedette à Shoreditch. Ici, on est fier de vivre au sud de la Tamise, un esprit communautaire palpable dès que l'on arrive.

Le calme règne en semaine, et certains des marchés les plus réputés, comme celui de Maltby Street, ne s'animent que le week-end (en particulier le samedi). Les voies ferrées sont partout dans cette partie de Londres, et leurs arches, jadis peu fréquentables, sont désormais occupées par des brasseries, bars et restaurants branchés.

Vivre comme un Londonien

Passion bière Découvrez les meilleures brasseries artisanales de Londres sous les arches de voies ferrées du Bermondsey Beer Mile (p. 309), puis reprenez des forces avec un *Sunday roast* dans un pub de quartier.

Jusqu'à l'aube Dansez jusqu'au petit matin dans les fameux clubs d'Elephant & Castle (p. 312) ou regardez le soleil se lever en prenant un verre sur un toit-terrasse de Peckham (p. 311).

Emplettes au marché Chinez parmi les stands de mode vintage, d'accessoires faits main et d'objets de décoration excentriques du Brixton Village & Market Row et du Tooting Market (p. 313), puis posez-vous dans un café branché ou un bar à bières artisanales.

Depuis/vers Brixton, Peckham et South London

Métro Les lignes Northern et Jubilee font des incursions à South London, tout comme le DLR, mais le quartier n'est pas le mieux desservi de Londres.

Overground L'Overground fait un demi-cercle à travers South London entre Rotherhithe et Clapham, desservant au passage Croydon, New Cross et Crystal Palace.

Bus Ils sont essentiels pour explorer ces quartiers périphériques.

Train Un maillage de lignes ferroviaires tapisse South London, connecté aux lignes du centre.

Bateau Une façon originale de débarquer à Battersea.

À VOIR

Brixton

BRIXTON VILLAGE & MARKET ROW MARCHÉ

Plan p. 494 (www.wearebrixtonvillage.co.uk ; Atlantic Rd, SW9 ; 8h-23h30 mar-dim, 8h-18h lun ; Brixton). Ce marché couvert épatant, ancienne Granville Arcade des années 1930 autrefois à l'abandon, connaît depuis peu une renaissance remarquée. Plus de 130 commerçants s'y sont installés, dont les institutions de Brixton que sont **Franco Manca** (020-7738 3021 ; www.francomanca.co.uk ; 4 Market Row, SW9 ; pizzas 5-9 £ ; 12h-22h lun, 12h-23h mar-ven, 11h30-23h sam, 11h30-22h30 dim ;) et **Honest Burgers** (plan p. 494 ; 020-7733 7963 ; www.honestburgers.co.uk ; 12 Brixton Village, SW9 ; burgers 9-14,50 £ ; 11h30-16h lun, 11h30-22h30 mar-sam, 11h30-22h dim), propulsées depuis au rang de mini-chaînes présentes dans tout Londres. Un joyeux mélange de cafés, bars à bières artisanales, boutiques de textiles d'Afrique de l'Ouest et restaurants de toutes sortes, sans oublier des bouchers halals, des primeurs, des bazars, le tout saupoudré de l'ambiance afro-caribéenne historique du quartier.

BLACK CULTURAL ARCHIVES CENTRE CULTUREL, MUSÉE

Plan p. 494 (020-3757 8500 ; blackculturalarchives.org ; 1 Windrush Sq, SW2 ; 10h-18h mar-sam ; Brixton). GRATUIT Les Black Cultural Archives sont le seul centre culturel du pays à s'intéresser à l'histoire des populations d'origines africaine et caribéenne au Royaume-Uni. Consultez la programmation en ligne avant d'y aller, le centre étant essentiellement dédié à la recherche et aux réunions communautaires. Cela dit, le café, la boutique, les événements et les expositions temporaires sont ouvertes à tous.

Lambeth

BEEFEATER DISTILLERY DISTILLERIE

Plan p. 496 (020-7587 0034 ; www.beefeaterdistillery.com ; 20 Montford Pl, SE11 ; adulte/

LES INCONTOURNABLES
IMPERIAL WAR MUSEUM

Gardé par deux pièces d'artillerie navale, ce musée est logé dans l'ancien Bethlem Royal Hospital, ou Bedlam. Bien qu'il mette l'accent sur les interventions militaires des forces armées de Sa Majesté ou du Commonwealth au cours du XXe siècle, il traite aussi de la guerre au sens large. Parmi les sections phares, citons les **First World War Galleries**, à la scénographie innovante, et les **Witnesses to War**, sur le parvis et dans l'atrium, où découvrir des pièces emblématiques, tels un avion Spitfire de la bataille d'Angleterre, un impressionnant missile V2 allemand et une Land Rover de l'agence Reuters endommagée par une attaque à la roquette à Gaza en 2006. Au 1er niveau, l'exposition **Turning Points: 1934-1945**, consacrée à la Seconde Guerre mondiale, présente des objets chargés d'histoire, comme la caisse sur mesure de la bombe atomique "Little Boy", qui détruisit la ville d'Hiroshima en 1945, ou encore une malle envoyée par des parents juifs à leurs enfants réfugiés au Royaume-Uni. **Peace and Security: 1945-2014**, au 2e niveau, s'intéresse à l'époque contemporaine, tandis qu'au 3e niveau, **Curiosities of War** mêle expositions temporaires et inventions ou objets étonnants issus de différents conflits.

L'une des sections les plus poignantes du musée est la vaste **Holocaust Exhibition** (pas avant 14 ans), accessible au 4e niveau.

À NE PAS MANQUER

- First World War Galleries
- Holocaust Exhibition
- Spitfire de la bataille d'Angleterre

INFOS PRATIQUES

- Plan p. 496, C2
- 020-7416 5000
- www.iwm.org.uk
- Lambeth Road, SE1
- Gratuit
- 10h-18h
- Lambeth North

LA GÉNÉRATION WINDRUSH

À la fin de la Seconde Guerre mondiale, de nombreuses villes sont à reconstruire et le pays manque de main-d'œuvre. Le Royaume-Uni décide d'attirer les résidents de ses colonies d'Outre-Mer, en leur promettant la citoyenneté britannique et en leur offrant le transport jusqu'à la métropole à un prix dérisoire. C'est ainsi que le 22 juin 1948, 492 personnes originaires de la Jamaïque et de Trinidad-et-Tobago arrivent en Angleterre sur le *MV Empire Windrush*. L'immigration de ces travailleurs antillais se poursuivra jusqu'aux années 1970, mais ce premier transport symbolisera le multiculturalisme et la politique migratoire de la métropole britannique. On désignera par "génération Windrush" l'ensemble des immigrants caribéens venus s'installer en Grande-Bretagne jusqu'aux années 1970.

Parmi eux, beaucoup s'installent à Brixton, où les loyers sont bas et les préjugés moins prégnants. Pourtant, même encouragés par le gouvernement à venir s'installer et travailler sur le sol britannique, ces populations afro-caribéennes subissent discrimination et racisme. Les conflits s'amplifient dans les années 1950 et des émeutes éclatent. En 1958, suite à des attaques de jeunes britanniques blancs envers des personnes afro-caribéennes à Notting Hill, des membres de la communauté créent le carnaval de Notting Hill (voir p. 279), comme une réponse positive face à la violence.

Dans les années 1970, la situation dans le quartier de Brixton se détériore. Les logements insalubres, le chômage omniprésent et la pauvreté grandissante créent une situation tendue, à laquelle vient s'ajouter un fort sentiment de discrimination de la part des forces de l'ordre. Dès 1979, la chanson *Guns of Brixton* des Clash (certains membres du groupe sont originaires du quartier, notamment le bassiste Paul Simonon) dénonce les violences policières envers les populations issues de l'immigration. Deux ans plus tard, Brixton sera particulièrement marqué par les émeutes de 1981 (les *Brixton riots*) qui mettront le quartier à feu et à sang.

En 1998, un jardin public à Brixton est rebaptisé Windrush Square pour marquer le 50e anniversaire de l'arrivée des Afro-Caribéens au Royaume-Uni. Les Black Culturel Archives (voir p. 303) – seul centre culturel et musée dédié à l'histoire des populations afro-caribéennes au Royaume-Uni – créées en 1981 après les émeutes, emménagent en 2004 au 1 Windrush Square, lieu hautement symbolique. Une reconnaissance ? Pas vraiment. En 2018, éclate le scandale de la génération Windrush. Une politique de durcissement de la législation sur l'immigration menace les descendants des premiers arrivants. Nés sur le territoire britannique, ils sont pourtant menacés d'expulsion par le gouvernement de Theresa May.

Aujourd'hui, ce quartier cosmopolite, composé d'habitants du monde entier, est toujours considéré comme la "capitale" de la population jamaïcaine de Londres. Le cœur du quartier bat au Brixton Market, plus grand marché des Caraïbes en Europe (p. 313), où l'on trouve fruits et légumes exotiques, tissus waks, musique ou vêtements.

Ne manquez pas la fresque hommage à David Bowie (1947-2016), natif du quartier. Côté musique, il fut l'un des premiers *boys and girls* de Brixton : Paul Simonon et Mick Jones (The Clash) et plus récemment Adele et Jessie Ware. C'est aussi à Brixton, alias "Little Jamaïca", que les *sound systems* ont fait leur apparition en Angleterre dans les années 1970 – ce fut la bande-son des émeutes de 1981.

Enfin, le film *Babylon* de Franco Rosso (1980), interdit aux États-unis et censuré en Angleterre pendant 39 ans, est sorti en France en 2020. Décrit comme la version reggae de *La Haine*, ce film coup de poing, situé à l'ère thatchérienne dans les quartiers pauvres du sud de Londres (Brixton et Lewisham), montre la réalité du racisme au quotidien et la situation de la communauté jamaïcaine.

enfant 15 £/gratuit ; ⏲10h-18h30 lun-sam ; Ⓤ Oval). Fondée en 1863, Beefeater est la plus ancienne distillerie de gin encore en activité à Londres. Des visites guidées (1 heure 30) permettent de découvrir l'histoire du fameux breuvage, de son succès fulgurant au XVIIIe siècle à la prohibition des années 1920 et 1930, grâce à des explications interactives sur tablettes. Vient ensuite un bref exposé du processus de production, à l'ombre des gigantesques alambics de la distillerie, suivi d'une dégustation de gin tonic. Visites toutes les heures.

NEWPORT STREET GALLERY GALERIE D'ART

Plan p. 496 (☎020-3141 9320 ; www.newportstreetgallery.com ; 1 Newport St ; ⏲10h-18h mar-dim ; UVauxhall). GRATUIT La Newport Street Gallery accueille la collection privée de l'artiste Damien Hirst dans des bâtiments industriels reconvertis, où étaient autrefois confectionnés les décors des théâtres du West End. La collection comprend plus de 3 000 œuvres, de Banksy, Jeff Koons, Pablo Picasso ou encore Tracey Emin. Vérifiez en ligne si c'est ouvert, le site étant parfois fermé plusieurs semaines pour la mise en place de nouvelles installations.

Dulwich et Forest Hill

HORNIMAN MUSEUM MUSÉE

(☎020-8699 1872 ; www.horniman.ac.uk ; 100 London Rd, SE23 ; ⏲10h-17h30 ; ; UForest Hill). GRATUIT Cet édifice Art nouveau de 1901, orné d'une tour de l'horloge et de mosaïques, fut spécialement conçu pour abriter la collection de Frederick John Horniman (1835-1906), riche marchand de thé, gentleman victorien et collectionneur assidu. Le clou de la visite est la **Natural History Gallery**, avec ses animaux naturalisés dans des vitrines à l'ancienne, dont l'amusant morse tellement bourré de paille qu'il en a perdu ses rides et replis naturels.

La **World Gallery**, au rez-de-chaussée bas, donne à voir plus de 3 000 objets antiques ou modernes de civilisations du monde entier, classés par continents. La **Music Gallery**, plus grand espace d'exposition consacré à la musique du Royaume-Uni, renferme des instruments allant d'applaudisseurs égyptiens vieux de 3 500 ans à des percussions du Ghana ; des écrans tactiles permettent d'entendre leur son et de voir des vidéos de musiciens qui en jouent. Dans la section **Hands on Base**, ouverte le week-end et durant les vacances scolaires, les enfants peuvent toucher et même porter sur eux certaines pièces de la collection. Le petit **aquarium** (adulte/enfant 4,50/2,50 £), au sous-sol, fascinera les plus jeunes avec ses méduses et ses hippocampes, tandis que la **Butterfly House** (Maison des papillons ; 6 £) est une véritable forêt tropicale abritant des centaines d'insectes volants.

Le musée, installé au cœur de jardins paysagers vallonnés de 6,5 ha, avec vue sur le centre de Londres au loin, se prête à merveille à un pique-nique dominical. Des sentiers sillonnent les jardins, notamment le **Horniman Nature Trail** qui longe une voie ferrée abandonnée transformée en forêt sauvage, et l'**Animal Walk** bordée d'enclos d'alpagas, de hamsters, de lapins et autres animaux de la ferme.

DULWICH PICTURE GALLERY MUSÉE D'ART

(☎020-8693 5254 ; www.dulwichpicturegallery.org.uk ; Gallery Rd ; adulte/enfant 9 £/gratuit ; ⏲10h-17h mar-dim ; West Dulwich). La Dulwich Picture Gallery est le tout premier musée d'art public (et le plus ancien d'Angleterre) à avoir été construit spécifiquement à cet effet. Conçu par l'architecte sir John Soane et ouvert en 1817, il abrite la collection du Dulwich College voisin. Celle-ci est remarquable, avec des toiles de maîtres tels que Rembrandt, Rubens, Gainsborough, Poussin, Fragonard ou encore Canaletto, soit plus de 600 chefs-d'œuvre en tout.

La Dulwich Picture Gallery est aussi très singulière, avec une partie mausolée, où reposent les fondateurs de la collection, le peintre suisse sir Francis Bourgeois (1753-1811) et son ami français Noël Desenfans (1744-1807), marchand d'œuvres d'art, qui l'avaient constituée pour le roi de Pologne Stanislas II. Entretemps, la Pologne fut démembrée... Vous en découvrirez plus sur l'histoire du legs de cette collection au musée même. Un audioguide est inclus dans le prix du billet.

OÙ SE RESTAURER

Mieux vaut avoir un bel appétit pour profiter au maximum des délices de South London. Vous trouverez des restaurants épatants dans et aux abords des marchés en plein renouveau du quartier, notamment le Brixton Village & Market Row (p. 303), le Tooting Market (p. 313) et le Tooting Broadway Market (p. 313). La cuisine du quartier subit l'influence bienvenue de la communauté afro-caribéenne de Brixton et de celle du sous-continent indien de Tooting.

QUOI DE NEUF À BATTERSEA ?

Avec son immense **parc** (plan p. 494 ; www.wandsworth.gov.uk/batterseapark ; 8h-crépuscule ; Battersea Park) bordant la Tamise et son emblématique centrale électrique, le magnifique quartier de Battersea semble déconnecté du centre de Londres, d'autant qu'il est mal desservi par les transports publics. Pourtant, le secteur est en pleine renaissance. À l'abandon depuis des décennies, la **Battersea Power Station** (centrale électrique de Battersea ; plan p. 494 ; www.batterseapowerstation.co.uk ; 188 Kirtling St, SW8 ; Battersea Power Station, Battersea Park) se mue progressivement en appartements haut de gamme, et s'apprête à accueillir le nouveau siège londonnien d'Apple. À ses pieds s'étendra une nouvelle zone commerçante avec boutiques, bars et restaurants. Certains sont déjà ouverts, dans le secteur appelé Circus West Village ; d'autres se nichent sous des arches ferroviaires, comme ailleurs dans South London. Les bateaux de la Tamise desservent depuis 2017 le ponton de la centrale, et une nouvelle extension de la Northern Line est attendue pour l'automne 2021.

Brixton

POP BRIXTON — MARCHÉ £

Plan p. 494 (020-3879 8410 ; www.popbrixton.org ; 49 Brixton Station Rd, SW9 ; 9h-23h dim-mer, 9h-minuit jeu-sam ; ; Brixton). Initiative géniale des communautés du quartier, Pop Brixton est un village de containers maritimes reconvertis qui rassemble des bars, des restaurants, des boutiques et des stands de *street food* 100% indépendants. Vos papilles y feront le tour du monde, entre *jerk chicken* (poulet mariné) jamaïcain, *souvlaki* grec et ramen japonais. Avec aussi le Halo Burger, créateur du tout premier burger végétarien "saignant" du Royaume-Uni.

MAMA LAN — CHINOIS £

Plan p. 494 (www.mamalan.co.uk ; 18 Brixton Village, SW9 ; plats 9,45-11,95 £ ; 12h-16h lun, 12h-22h mar-dim ; Brixton). Le Mama Lan est une petite échoppe de marché proposant une authentique cuisine de rue pékinoise maison. La soupe de nouilles au bœuf de 8 heures et les raviolis frits au porc sont les vedettes de la carte.

KRICKET — INDIEN ££

Plan p. 494 (020-3826 4090 ; kricket.co.uk ; 41-43 Atlantic Rd, SW9 ; plats 6-11 £ ; 17h30-22h30 mar-jeu, 12h-22h30 ven-sam, 12h-17h dim ; Brixton). Dédié aux petites assiettes de délices indiennes, le Kricket a déménagé de Pop Brixton dans cette antre permanente nichée sous deux arches ferroviaires. Les Londoniens s'y pressent pour le KFC (Keralan Fried Chicken) et les pakoras de salicornes (beignets légers d'algues marines nappés de sauce au tamarin).

THREE LITTLE BIRDS — JAMAÏCAIN ££

Plan p. 494 (020-3910 1870 ; www.threelittlebirdsja.com ; 412 Coldharbour Lane, SW9 ; plats 5,50-10 £ ; 11h-23h mer, 11h-minuit jeu, 11h-1h ven-sam, 11h-22h dim, 18h-23h lun-mar ; Brixton). Le Three Little Birds (en hommage à Bob Marley et à sa chanson de 1977) conjugue le Brixton de jadis et d'aujourd'hui dans des assiettes à partager d'inspiration jamaïcaine. Goûtez les ailerons de poulet marinés au miel, le curry de chèvre et les beignets de morue. Gardez de la place pour les desserts au rhum, et n'oubliez pas de goûter les cocktails.

NAUGHTY PIGLETS — BISTROT ££

Plan p. 494 (020-7274 7796 ; www.naughtypiglets.co.uk ; 28 Brixton Water Lane, SW2 ; plats 8-12 £ ; 18h-21h45 lun-jeu, 12h-14h30 et 18h-21h45 ven-sam ; Brixton). Succès sans faille pour ce bistrot anglo-français cosy (le chef, Joe Sharrat, est anglais et Margaux Aubry originaire de Lyon, préside à la cave), à deux pas du centre de Brixton. À la (superbe) carte, sans cesse renouvelée : de petites assiettes créatives, à accompagner de vins bio. Parmi nos chouchous : la poire grillée avec topinambours, noisettes et bleu, et le boudin noir nappé de sauce à la pomme brûlée et couronné de couenne grillée.

Bermondsey

MALTBY STREET MARKET — MARCHÉ £

(www.maltby.st ; Ropewalk, SE1 ; 12h-14h30 ven, 10h-17h sam, 11h-16h dim ; London Bridge ou Bermondsey). Installé le long et en dessous d'arches ferroviaires partant du London Bridge, le Maltby Street Market est l'endroit idéal pour reprendre des forces après une longue journée sur le Bermondsey Beer Mile (p. 309) ou à la suite d'une session shopping dans le quartier. Les stands de *street food* du monde entier (gaufres bullées taïwanaises, *arepas* vénézuéliennes multicolores) sont situés dans la ruelle (appelée Ropewalk) partant de l'entrée principale, où trouver les restaurants et bars des arches de la voie ferrée.

ST JOHN BAKERY BOULANGERIE £
(stjohnrestaurant.com/pages/bakery ; 72 Druid St ; pâtisseries/pain à partir de 1,50/3 £ ; 9h-16h sam-dim ; London Bridge). En semaine, cette boulangerie, située sous une arche de la voie ferrée, ne fait que de la vente en gros pour les meilleurs restaurants de Londres (p. 209). Le week-end en revanche, n'importe qui peut acheter ses miches de pain moelleuses et ses légendaires beignets (*donuts*) à la confiture, saupoudrés de sucre.

Peckham

TACO QUEEN TACOS £
(twitter.com/tacoqueenldn ; 191 Rye Lane, SE15 ; tacos 3,95 £ ; 12h-15h et 18h-22h mar-sam, 12h-15h dim ; ; Peckham Rye). Une petite échoppe où s'installer autour de tables toujours pleines pour déguster des tacos parmi les meilleurs de Londres. Entre autres superbes choix végétaliens et végétariens, les tacos aux beignets d'avocats sont fameux. Si vous mangez de tout, ne manquez pas le poisson style baja surmonté de pétales de maïs et les tacos de porc *al pastor*.

PECKHAM LEVELS INTERNATIONAL £
(peckhamlevels.org ; 95a Rye Lane, SE15 ; 10h-23h lun-mer, 10h-1h jeu-sam, 10h-minuit dim ; Peckham Rye). Venez prendre un verre dans cet ancien parking en contrebas du fameux café-bar Frank's (p. 311). Cap sur le 6e niveau pour découvrir un formidable échantillon de stands de cuisine de rue et de bars, le tout dans un espace abrité avec vue sur les gratte-ciel de Londres.

KUDU AFRICAIN ££
(020-3950 0226 ; www.kuducollective.com ; 119 Queen's Rd ; plats 8,50-18 £ ; 18h-22h mer-jeu, 12h-14h30 et 18h-22h ven, 11h-14h30 et 18h-22h sam, jusqu'à 21h dim ; Queens Rd Peckham). Situé au nord-est du centre de Peckham, ce restaurant de quartier tenu en famille vaut le détour. Tout en rose pastel, briques apparentes et banquettes de velours bleu, le Kudu propose de délicieuses assiettes à partager sud-africaines aux saveurs inventives. Tout est bon : tortellinis à la tête de porc, churros au parmesan avec mayonnaise au crabe brun et, bien sûr, le pain maison, cuit en marmitte.

PROMENADE À SHAD THAMES

Pour explorer le Londres d'autrefois, cap sur Shad Thames, petit quartier situé à l'est du Tower Bridge. Jadis dans la plus grande zone industrielle de la ville, ses entrepôts de brique beige reconvertis, où étaient stockés café, thé et épices, se dressent toujours de part et d'autre d'étroites rues pavées, le tout dominé par une myriade de grues et de passerelles métalliques. Des escaliers secrets mènent à des points de vue méconnus sur la Tamise et le Tower Bridge. Pour une vue d'ensemble de cette fenêtre sur le passé industriel de la ville, empruntez le pont piétonnier surplombant **St Saviour's Dock**.

Elephant et Castle

MERCATO METROPOLITANO CUISINE DU MONDE £
Plan p. 496 (020-7403 0930 ; www.mercatometropolitano.com ; 42 Newington Causeway, SE1 ; 8h-23h lun-mer, 8h-minuit jeu-ven, 11h-minuit sam, 11h-22h dim ; Elephant & Castle). Aménagée dans une ancienne usine de papier de 4 100 m², cette aire de restauration compte plus de 40 stands et possède même sa propre microbrasserie. La cuisine italienne est à l'honneur, mais la diversité culinaire va des raviolis ouzbèques aux tacos tex-mex.

PALADAR LATINO-AMÉRICAIN ££
Plan p. 496 (020-7186 5555 ; www.paladarlondon.com ; 4-5 London Rd, SE1 ; plats 12,50-19,80 £ ; 12h-15h et 17h-22h lun-ven, 13h-22h30 sam ; Elephant & Castle). Le secteur limitrophe entre Elephant, Castle et Southwark est une sorte de trou noir gastronomique, que vient heureusement combler le Paladar avec sa délicieuse cuisine latino-américaine puisant son inspiration de Cuba à la Colombie. Formules déjeuner et pré-théâtre (2/3 plats 17,50/21,50 £) d'un excellent rapport qualité/prix.

DRAGON CASTLE CHINOIS ££

Plan p. 496 (020-7277 3388 ; www.dragoncastlelondon.com ; 100 Walworth Rd ; plats 10,80-35 £ ; 12h-23h ; ; Elephant & Castle). Une porte d'entrée cloutée rouge vif, sur laquelle veillent des dragons de pierre, marque l'entrée de ce restaurant chinois tenu en famille, l'un des meilleurs au sud de la Tamise. Les habitants du quartier se délectent du déjeuner de dim sums, mais ne manquez pas non plus le délicieux *char siu so* (beignets au porc rôti).

Vauxhall

BRUNSWICK HOUSE BRITANNIQUE ££

Plan p. 496 (020-7720 2926 ; brunswickhouse.london ; 30 Wandsworth Rd, SW8 ; plats 16-22 £ ; 9h30-minuit lun-ven, 10h-minuit sam, 10h-17h dim ; ; Vauxhall). Ce restaurant réputé occupe une jolie demeure georgienne (1758) solitaire, avec une petite rotonde à l'entrée, comme perdue devant de grands immeubles, vers un rond-point. On y sert une cuisine britannique moderne, simple et brillamment exécutée. Superbe décoration, avec des dizaines de lustres et de plantes grimpantes descendant du plafond. L'endroit se double d'un bar à vins.

Clapham

TRINITY BRITANNIQUE £££

Plan p. 494 (020-7622 1199 ; www.trinityrestaurant.co.uk ; 4 The Polygon, SW4 ; déj 3/4 plats 45/55 £, dîner 65/75 £ ; 12h30-14h30 et 18h30-22h ; ; Clapham Common). Le Trinity, la table étoilée au Michelin d'Adam Byatt, tient son nom de l'église voisine. Que vous choisissiez à la carte ou preniez un menu, la cuisine est exceptionnelle, et les végétariens trouveront au moins une entrée, un plat et un dessert à leur goût. Le bien nommé Upstairs, à l'étage, est plus décontracté – et les prix plus abordables.

Wandsworth

CHEZ BRUCE FRANÇAIS £££

(020-8672 0114 ; www.chezbruce.co.uk ; 2 Bellevue Rd, SW17 ; déj/dîner 3 plats à partir de 39,50/60 £ ; 12h-14h30 et 18h30-21h30 lun-jeu, jusqu'à 22h30 ven, 12h-15h et 18h30-22h30 sam, jusqu'à 21h30 dim ; Wandsworth Common). À l'écart des circuits touristiques, ce restaurant remarquable, en face des jolis espaces verts de Wandsworth Common, régale les gourmets depuis plus de deux décennies. Malgré son étoile au Michelin, l'atmosphère y demeure plus décontractée que chez beaucoup de ses concurrents gastronomiques. La carte est fréquemment renouvelée, mais le canard y figure souvent en bonne place.

Tooting

DOSA N CHUTNY INDIEN £

(020-8767 9200 ; www.dosanchutny.com ; 68 Tooting High St, SW17 ; plats 4,95-7,95 £ ; 11h-22h30 lun-jeu, 11h-23h ven-dim ; Tooting Broadway). En plein sur le "corridor du curry" de South London, le Dosa n Chutny est le meilleur des restaurants d'Inde du Sud à Tooting. La décoration est un cran au-dessus du banal, et c'est l'une des rares tables de Londres où se sustenter pour moins de 10 £. Le nom l'indique, il faut absolument commander un dosa – crêpe de pâte à frire croustillante et légère.

KOI RAMEN BAR JAPONAIS £

(020-8682 3888 ; www.koiramenbar.co.uk ; Tooting Market, 21-23 Tooting High St, SW17 ; ramen 7-8,50 £ ; 11h30-22h dim-jeu, 11h30-23h ven-sam ; ; Tooting Broadway). Installez-vous au comptoir de cette petite échoppe de Tooting Market pour déguster des nouilles expertement préparées. La carte ne compte que 4 choix de spécialités de *tonkotsu*, un *ramen* avec poitrine de porc en tranches et nouilles cuites à la perfection dans un épais bouillon d'os de porc mijoté à petit feu. Possibilité de remplacer la viande par du tofu.

OÙ PRENDRE UN VERRE ET FAIRE LA FÊTE

La vie nocturne de South London est aussi diversifiée que ses quartiers. Avec leurs multitudes de bars éphémères et en toits-terrasses, Brixton (alias Little Jamaïca) et Peckham (Little Lagos ou Yorubatown) n'ont rien à envier à Shoreditch ou Soho. Les amateurs de houblon seront aux anges sur le Bermondsey Beer Mile (page ci-contre), qui concentre les meilleures brasseries de Londres.

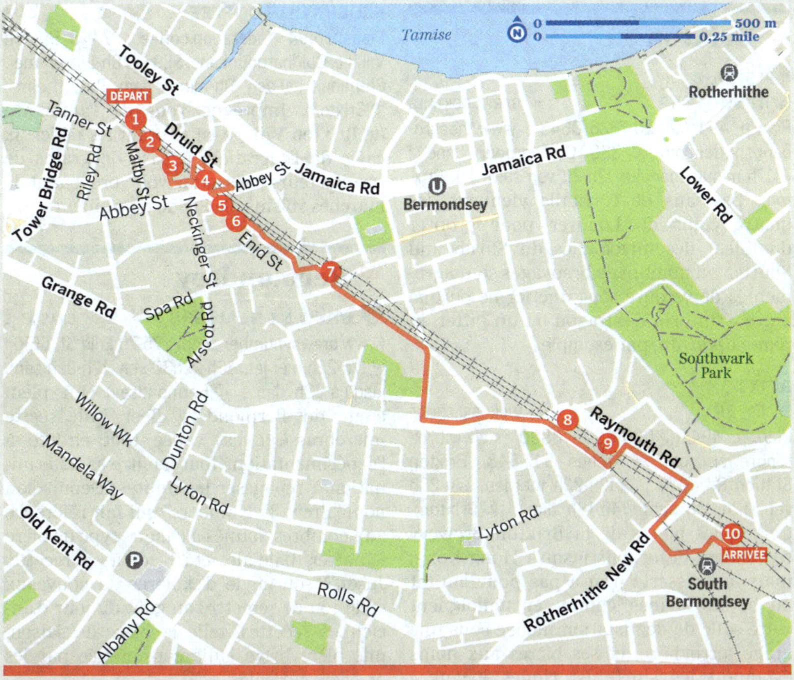

Promenade sur le **Bermondsey Beer Mile**

DÉPART : ST JOHN BAKERY
ARRIVÉE : FOURPURE
DISTANCE : 2,7 KM ; **DURÉE :** 5 HEURES

Londres vit un véritable renouveau de la bière artisanale, dont l'épicentre est Bermondsey. Une petite trentaine de brasseries et de salles de dégustation sont apparues le long d'une succession décousue d'arches ferroviaires. La plupart se consacrent avant tout à la production et n'ouvrent que le week-end.

Commencez par goûter les légendaires *donuts* de la 1 **St John Bakery** (p. 307) avant d'enchaîner par un brunch au 2 **Maltby Street Market** (p. 306). À l'autre bout du marché vous attend 3 **Hiver** (020-3198 9972 ; www.hiverbeers.com ; 56 Stanworth St, SE1 ; 11h-18h sam-dim ; Bermondsey), dont les IPA, les ales et les bières blondes sont infusées avec du miel local. Passez sous la voie ferrée pour aller déguster la *porter* aux saveurs de café et de chocolat d' 4 **Anspach & Hobday**, puis revenez vers les arches pour visiter le bar londonien de la brasserie 5 **Cloudwater**, basée à Manchester. Juste à côté se trouve la brasserie "scientifique" 6 **Brew By Numbers**, qui ne cesse d'expérimenter. Poursuivez au sud-ouest par Enid Street pour rejoindre la 7 **Kernel Arch 7 Taproom**.

Un petit kilomètre de marche à travers une zone industrielle jalonnée de garages pour taxis vous rafraîchira les idées avant d'arriver à l' 8 **Affinity** (www.affinitybrewco.com ; 7 Almond Rd, SE16 ; 17h-20h30 ven, 12h-20h30 sam, 12h-18h dim ; South Bermondsey), temple des bières houblonnées à cru, aux étiquettes colorées et aux saveurs acidulées. Ensuite, direction le 9 **Partizan** (www.partizanbrewing.co.uk ; 34 Raymouth Rd, SE16 ; 17h-23h ven, 11h-20h sam ; South Bermondsey) pour enchaîner avec des bières américaines. Enfin, traversez à nouveau les arches pour tourner à gauche et franchir les barrières de sécurité du Bermondsey Trading Estate, où vous attend, au bout d'une longue route sinueuse, la salle de dégustation rénovée du 10 **Fourpure**, avec quelque 43 bières artisanales à la pression.

Brixton

SHRUB AND SHUTTER
BAR À COCKTAILS

Plan p. 494 (020-7326 0643 ; www.theshrubandshutter.com ; 336 Coldharbour Lane ; 17h-minuit mar-jeu, 17h-2h ven-sam ; Brixton). Les fans de cocktails viennent des quatre coins de Londres pour profiter du talent des mixologues du Shrub and Shutter, où nombre de breuvages sont agrémentés de verdure sous une forme ou une autre – un brin d'estragon ou un bitter au piment *padrón,* par exemple.

BRIXTON BREWERY
MICROBRASSERIE

Plan p. 494 (020-3609 8880 ; www.brixtonbrewery.com ; Arches 547-548, Brixton Station Rd, SW9 ; 17h-22h mer-jeu, 17h-23h ven, 12h-23h sam, 14h-18h dim ; Brixton). Certes, les bières de la Brixton Brewery se vendent désormais jusqu'à Hong Kong, mais la brasserie n'en a pas pour autant oublié ses racines, comme en témoignent cette salle de dégustation nichée sous une arche ferroviaire, et ses bières aux noms évoquant les sites historiques locaux : Coldharbour Lager, Windrush Stout, Effra Ale. Les bières en éditions limitées comportent du houblon cultivé à Londres et des ingrédients provenant de Brixton Market (p. 313).

TAPROOM BY BRIXTON VILLAGE
BIÈRES ARTISANALES

Plan p. 494 (www.wearetaproom.co.uk ; 43-44 Brixton Village, Coldharbour Lane, SW9 ; 17h-23h30 mar, 12h-23h30 mer-ven, 11h-23h30 sam, 11h-23h dim ; Brixton). Vous manquez de temps pour faire la tournée des meilleures brasseries de South London ? Cap sur cette salle de dégustation dédiée aux brasseries locales comme Canopy, Brixton Brewery, Gypsy Hill ou Orbit. Vous en avez assez de la bière ? Passez aux cocktails pression.

MARKET HOUSE
BAR

Plan p. 494 (020-7095 9443 ; www.markethouse.co.uk ; 443 Coldharbour Lane, SW9 ; 15h-23h lun-mer, 15h-minuit jeu, 15h-3h ven, 13h-4h sam, 13h-23h dim ; ; Brixton). Orné de jolis papiers peints et d'antiquités, ce bar mérite amplement une escale lors d'une tournée des pubs de Brixton. En semaine, l'atmosphère est tranquille, mais le week-end des DJ mettent l'ambiance.

FEDERATION COFFEE
CAFÉ

Plan p. 494 (federation.coffee ; 77-78 Brixton Village, Coldharbour Lane, SE9 ; 8h-17h lun-mer, 8h-minuit jeu-ven, 9h-minuit sam, 9h-16h dim ; Brixton). Imprégnez-vous de l'ambiance de Brixton Village en sirotant les délicieux cafés de Federation, à base de grains de torréfacteurs triés sur le volet provenant de marchés voisins, de Suède ou d'ailleurs.

Bermondsey

BREW BY NUMBERS
BRASSERIE

(www.brewbynumbers.com ; 75-79 Enid St, SE16 ; 17h-22h mer-jeu, 16h-22h30 ven, 12h-22h sam, jusqu'à 18h dim ; Bermondsey). En plein cœur du Bermondsey Beer Mile, cette microbrasserie est vouée tout entière à l'expérimentation. Tout montre sa détermination à repousser les limites. Depuis son nom "Brew By Numbers" qui fait référence aux nombres donnés à chaque type de bière – porter, pale-ale, etc. – et à sa recette. Jusqu'à son envie d'explorer de nouveaux styles ou de remettre au goût du jour d'anciennes recettes, telle la bière de saison, une bière belge jadis consommée par les ouvriers agricoles.

CLOUDWATER
BAR

(cloudwaterbrew.co ; 73 Enid St, SE16 ; 15h-22h mer-ven, 10h-22h sam, 12h-20h dim ; Bermondsey). La salle de dégustation de la brasserie mancunienne Cloudwater, à la décoration industrielle minimaliste, sert IPA rafraîchissantes, *sours* acidulées et stouts goûtues, le tout à la pression. Également : bières d'autres brasseurs ou de collaboration.

FOURPURE
BRASSERIE

(020-3744 2141 ; www.fourpure.com ; 25 Bermondsey Trading Estate, SE16 ; 12h-20h mar, 12h-22h mer-ven, 11h-20h sam, 12h-20h dim ; South Bermondsey). La plus chic des salles de dégustation du Bermondsey Beer Mile, rénovée avant une réouverture en grande pompe en 2019. Elle compte désormais un balcon panoramique intérieur, des fauteuils suspendus, des plantes grimpantes çà et là et un immense bar ovale avec pas moins de 43 pompes à bières.

KERNEL ARCH 7 TAPROOM
BRASSERIE

(020-7231 4516 ; www.thekernelbrewery.com ; Arche 7, Dockley Rd Industrial Estate, SE16 ; 16h-22h mer-ven, 11h-20h sam, 12h-18h dim ; Bermondsey). Brasserie pionnière de ce

VAUT LE DÉTOUR

ROTHERHITHE

Lové dans un méandre de la Tamise à l'est de Bermondsey, le quartier de Rotherhithe vaut amplement le détour. Jadis un port fluvial florissant, Rotherhithe comptait encore des docks en activité jusque dans les années 1970. Un patrimoine architectural heureusement préservé, à découvrir en arpentant des rues pavées cernées d'entrepôts de brique et de vieilles grues de quai. Une escale s'impose au **Mayflower** (plan p. 482 ; ☎020-7237 4088 ; www.mayflowerpub.co.uk ; 117 Rotherhithe St, SE16 ; ⏲11h-23h lun-sam, 12h-22h30 dim ; Ⓤ Rotherhithe), pub du XVIe siècle parmi les plus beaux de Londres. Il porte le nom du fameux navire où embarquèrent en 1620, à Rotherhithe même, les Pères pélerins vers leur terre promise d'Amérique du Nord.

quartier de Londres, Kernel est sans doute à l'origine du Bermondsey Beer Mile. Fermée depuis des années, sa salle de dégustation a réouvert en novembre 2019 à cette nouvelle adresse, pour le plus grand bonheur des buveurs de Londres. La bière de table de Kernel, une American Pale Ale étonnamment houblonnée, est très appréciée.

ANSPACH & HOBDAY BRASSERIE

(☎020-86179510 ; www.anspachandhobday.com ; 118 Druid St, SE1 ; ⏲17h-22h ven, 10h30-22h sam, 13h-18h dim ; Ⓤ Bermondsey). Avant tout connue pour sa *porter* aux notes appuyées de café et de chocolat, cette brasserie est installée sous une étroite arche ferroviaire bordant le Bermondsey Beer Mile. On s'y entasse pour enchaîner les pintes entre amis, le long des cuves et autres équipements de brassage flanqués d'un bar en contreplaqué équipé de robinets.

JENSEN'S DISTILLERIE

(www.jensengin.com ; 55 Stan-worth St, SE1 ; ⏲10h30-18h sam, 11h-16h dim ; Ⓤ Bermondsey). Cette microdistillerie de gin, à l'extrémité du Maltby Street Market (p. 306), sert des gin tonics tous les week-ends dans ses locaux sous une arche ferroviaire. Jensen's produit 2 types principaux de gins : le Bermondsey Dry, variante du fameux London Dry Gin, et l'Old Tom, un gin non sucré, plus intense et opaque. La distillerie ouvre ses portes pour des visites guidées les mercredis et jeudis.

Peckham

FRANK'S BAR

(boldtendencies.com/franks-cafe ; 10e ét, 95a Rye Lane, SE15 ; ⏲17h-23h mar-mer, 14h-23h jeu-ven, 11h-23h sam-dim mi-mai à mi-sept ; Ⓡ Peckham Rye). Ouvert uniquement l'été, le Frank's attire les foules dans un espace en plein air avec vue, au sommet d'un parking à plusieurs niveaux. Commandez une bière pression ou un cocktail, puis installez-vous sur l'un des bancs autour d'une table qui, comme le bar, sont en palettes de bois. La simplicité du décor s'étend malheureusement aux toilettes.

BUSSEY BUILDING BAR

(☎020-7635 0000 ; www.clfartcafe.org ; 133 Rye Lane, SE15 ; ⏲17h-23h mar-mer, 17h-2h30 jeu, 17h-5h ven, 12h-5h sam, 12h-23h dim ; Ⓡ Peckham Rye). Aménagé dans une ancienne fabrique de battes de cricket, cet espace culturel éclectique est réparti sur plusieurs niveaux qui ne demandent qu'à être explorés. On y fait la bringue jusque tard dans la nuit, et le programme change tous les soirs : concerts, raves, théâtre, ciné-club sur le toit-terrasse en été, etc. Rye Wax, disquaire indé installé au sous-sol, organise de petits concerts.

FOUR QUARTERS BAR

(geocities.fourquartersbar.co.uk ; 187 Rye Lane, SE15 ; ⏲17h30-1h lun-mer, 17h30-1h30 jeu, 17h-2h ven, 13h-2h sam, 15h30-23h dim ; Ⓡ Peckham Rye). Les nostalgiques des années 1980 et 1990 pourront passer des heures à tester les jeux et les machines de ce bar/salle d'arcade sur 2 niveaux. Échangez des livres contre des *quarters* américains (25 ¢) pour les machines et commandez une bière artisanale à la pression. Tournois de Mario Kart certains week-ends.

FORZA WINE BAR

(☎020-7732 7500 ; www.forzawine.com ; 5e ét, 133 Rye Lane, SE15 ; ⏲12h-1h mar-sam, 12h-minuit dim ; Ⓡ Peckham Rye). Petit nouveau sur la scène des toits-terrasses de Peckham, ce bar-restaurant italien est situé au sommet d'un immeuble édouardien rénové. Ses espaces intérieurs et extérieurs attirent une clientèle nombreuse par tous les temps. Idéal pour un apéritif avec vue (la cuisine a des horaires plus restreints que le bar).

Elephant & Castle

ELEPHANT & CASTLE PUB

Plan p. 496 (EC ; 020-7403 8124 ; elephantandcastlepub.com ; 119 Newington Causeway, SE1 ; 12h-minuit dim-mer, 12h-1h jeu, 12h-2h ven-sam ; Elephant & Castle). Le quartier a bien failli perdre récemment son bar éponyme, abrégé en "EC", mais le conseil municipal a déterminé que l'établissement était essentiel à la communauté, le sauvant pour le plus grand bonheur des fêtards du quartier. Plafond à caissons en béton, baies vitrées, banquettes en velours et lampes de chevets à franges – on se croirait revenu aux années 1960. Au programme : lagers basiques et bières artisanales, et cuisine de pub.

MINISTRY OF SOUND CLUB

Plan p. 496 (020-7740 8600 ; www.ministryofsound.com ; 103 Gaunt St, SE1 ; 22h30-6h ven, 23h-6h sam ; ; Elephant & Castle). Établissement vétéran de la nuit londonienne, le Ministry of Sound compte 4 bars, 3 pistes de danse et plus de 60 enceintes crachant trance, house, électro et techno, le tout aménagé dans un ancien dépôt de bus. Pas noctambule ? Inscrivez-vous à un cours de yoga, de gym, ou à une formation de haute intensité intervalle (HIIT) dans le "premier nightclub fitness de Londres".

CORSICA STUDIOS CLUB

Plan p. 496 (020-7703 4760 ; www.corsicastudios.com ; 4/5 Elephant Rd, SE17 ; horaires variables ; ; Elephant & Castle). Niché sous deux arches ferroviaires de la station Elephant & Castle, le Corsica Studios accueille les fêtards qui ne souhaitent pas se coucher du week-end : les vendredis et samedis, l'endroit ferme à 6h du matin (et 3h en semaine) ! Côté musique, c'est le plus souvent électro, techno et house.

Vauxhall

ROYAL VAUXHALL TAVERN CLUB GAY

Plan p. 496 (RVT ; 020-7820 1222 ; www.vauxhalltavern.com ; 372 Kennington Lane, SE11 ; 19h-minuit lun-jeu, 19h-4h ven, 21h-4h sam, 16h-22h30 dim ; Vauxhall). La Royal Vauxhall Tavern est l'une des salles de spectacles et de cabaret les plus appréciées de Londres, et il s'y passe quelque chose tous les soirs de la semaine. La RVT est connue pour ses soirées "Duckie" du samedi, sorte de honky tonk rock and roll.

EAGLE CLUB GAY

Plan p. 496 (020-7793 0903 ; www.eaglelondon.com ; 349 Kennington Lane, SE11 ; 20h-2h mar-jeu, 20h-4h ven, 21h-4h sam, 20h-3h dim ; Vauxhall). Le paradis des nuits *queer* alternatives, avec chaque soir (excepté le lundi) une ambiance différente : soirée club "Carpet Burn" le vendredi, et la célèbre "Horse Meat Disco" le dimanche, animée par les 4 DJ du fameux collectif et leurs sets légendaires.

FIRE LONDON CLUB GAY

Plan p. 496 (020-3242 0040 ; www.firelondon.net ; 39 Parry St, SW8 ; 23h-10h jeu-sam ; Vauxhall). Ce club gay, qui attire aussi de nombreux hétéros, est un vaste espace bien agencé, installé sous les arches de la voie ferrée de Vauxhall. Côté son, c'est plutôt house et techno pour mettre le feu. Le magnifique jardin-terrasse est idéal pour admirer le lever du soleil. Les *gays parties* ici sont parmi les meilleures de Londres.

Clapham

TWO BREWERS CLUB GAY

Plan p. 494 (020-7819 9539 ; www.the2brewers.com ; 114 Clapham High St, SW4 ; 17h-2h dim-mer, 17h-3h jeu, 17h-4h ven-sam ; Clapham Common). Le Two Brewers demeure l'un des meilleurs clubs gays de Londres en dehors des villages de Soho et de Vauxhall. Cabaret, bingo ou karaoké presque tous les soirs, et le week-end on danse jusqu'au bout de la nuit. L'entrée est souvent payante.

OÙ SORTIR

PRINTWORKS MUSIQUE LIVE

(020-8498 4934 ; printworkslondon.co.uk ; Surrey Quays Rd, SE16 ; Canada Water). Jadis la plus grande imprimerie d'Europe de l'Ouest, cet espace post-industriel en a conservé de nombreuses machines, ainsi que la brique et le métal apparents. Programmation généralement axée sur l'électro, la techno et la house, et il y a également des expositions d'art, des dîners et autres événements.

O2 ACADEMY BRIXTON — MUSIQUE LIVE

Plan p. 494 (020-7771 3000 ; academymusicgroup.com/o2academybrixton ; 211 Stockwell Rd, SW9 ; Brixton). Soirées clubbing et concerts vous attendent dans cette ancienne salle de cinéma Art déco des années 1920, d'une capacité de presque 5 000 personnes. Le sol incliné garantit une bonne vue de la scène, à condition de vous trémousser suffisamment pour ne pas rester collé à la bière renversée sur le plancher. Cette salle légendaire de Brixton (quartier où est né David Robert Jones, dit David Bowie), anciennement Brixton Academy dans les années 1980, a accueilli les plus grands noms et les plus grands groupes de ces 30 dernières années, d'Eric Clapton à The Clash, en passant par Nirvana, The Smiths, Massiv Attack et Bob Dylan, Madonna ou Amy Winehouse.

KIA OVAL — STADE

Plan p. 496 (020-3946 0100 ; www.kiaoval.com ; Kennington Oval, SE11 ; Oval). L'Oval, où est basée l'équipe du Surrey County Cricket Club, est le cœur du cricket du sud de Londres, et le lieu d'origine des "Ashes" (célèbres rencontres annuelles Angleterre-Australie). Le stade accueille les matchs du Surrey, mais aussi des test-matchs internationaux, des rencontres des Ashes et de la Coupe du monde. La saison de cricket s'étend d'avril à septembre. Les visites du terrain sont possibles toute l'année (adulte/enfant 15/5 £).

BATTERSEA ARTS CENTRE — THÉÂTRE

Plan p. 494 (020-7223 2223 ; www.bac.org.uk ; Lavender Hill, SW11 ; ; Clapham Junction). Aménagé dans un imposant ancien hôtel de ville, le Battersea Arts Centre propose des performances scéniques inspirantes, ainsi que des sessions "Scratch", invitant le public à commenter et critiquer des spectacles en phase de mise au point. Une vraie institution du quartier, avec aire de jeux pour enfants et un café en plein air ouvert en dehors des spectacles.

SHOPPING

South London brille par ses nombreux marchés. Certains ont gardé un délicieux charme à l'ancienne, tandis que d'autres se sont adaptés à la gentrification. Pop Brixton (p. 306), où nombre de commerces sont installés dans des containers empilés, conjugue boutiques et restaurants d'exception, tout comme le Brixton Village & Market Row (p. 303).

ALADDIN SANE

À Brixton, ne manquez pas la fresque en hommage à David Bowie (1947-2016), originaire du quartier. Réalisée en 2013, cette œuvre de l'artiste australien James Cochran (alias Jimmy C.) reproduit le "Picasso de la pop" tel qu'il est représenté sur la pochette de l'album *Aladdin Sane* (1973). Le portrait est situé face à la station de métro Brixton (Victoria Line), et non loin de l'ancienne maison de l'artiste.

BRIXTON MARKET — MARCHÉ

Plan p. 494 (www.brixtonmarket.net ; Electric Ave, SW9 ; 8h-18h lun, mar et jeu-sam, 8h-15h mer ; Brixton). Le Brixton Market est une vitrine de la diversité du quartier. Poissons et fruits de Jamaïque débordent des étals, tandis que les bouchers halals vantent les mérites de leurs viandes dans leurs locaux permanents bordant Electric Avenue, et que des chineurs indécis farfouillent dans les rayons des friperies, concentrées vers le milieu de l'avenue.

TOOTING MARKET — MARCHÉ

(020-8672 4760 ; www.tootingmarket.com ; 21-23 Tooting High St, SW17 ; 8h-18h lun-jeu, 8h-22h30 ven-sam, 9h-17h dim ; Tooting Broadway). Menacé de démolition, le Tooting Market, institution de South London vieille de 90 ans, continue pourtant de gagner du terrain, la dernière extension en date étant le **Yard Market**. Les stands vont des brocanteurs d'Asie de l'Est à des revendeurs de statues africaines en passant par une clinique de médecine chinoise. Petits bars et restaurants envahissent de plus en plus d'emplacements, faisant de ce marché une destination gastronomique autant que shopping.

Un peu plus au sud-ouest s'étend le **Tooting Broadway Market** (020-8672 6613 ; www.bmtooting.co.uk ; 29 Tooting High St, SW17 ; 9h-23h lun-jeu, 9h-23h30 ven-sam, 9h-21h dim ; Tooting Broadway), avec la même ambiance et le même mélange de boutiques, de bars et de restaurants.

Richmond, Kew et Hampton Court

RICHMOND ET KEW | PUTNEY ET BARNES | CHISWICK | TWICKENHAM | WIMBLEDON | HAMPTON COURT

Notre sélection

❶ **Hampton Court Palace** (p. 316), un palais aux galeries hantées, et le fameux labyrinthe végétal où se perdre.

❷ Les magnifiques jardins botaniques royaux de **Kew Gardens** (p. 320), où flâner entre bosquets, plantes et des serres victoriennes grandioses.

❸ Loin de l'agitation urbaine, le **London Wetland Centre** (p. 324) est une réserve de marais de 42 ha dans une boucle de la Tamise, riche en espèces d'oiseaux aquatiques.

❹ Le pub historique **White Cross** (p. 329), au bord de la Tamise, est idéal pour prendre un verre, tout en gardant l'œil sur la marée pour ne pas se retrouver coupé du rivage.

❺ **Richmond Park** (p. 322), immense écrin de verdure vallonné, est le plus grand des parcs royaux londoniens et le plus sauvage, où des cerfs vivent en totale liberté.

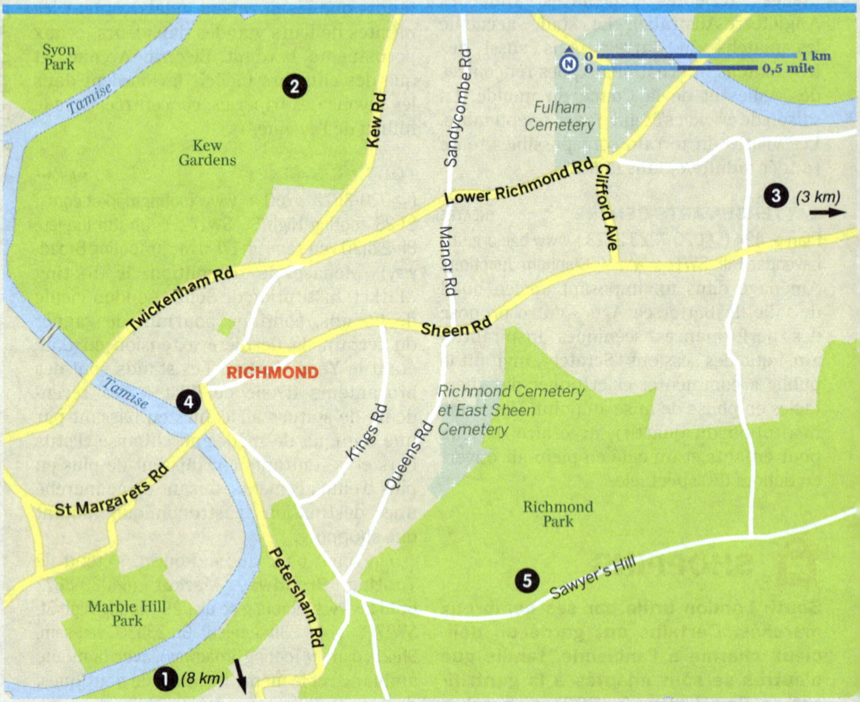

Pour un plan plus détaillé, reportez-vous p. 498

Découvrir Richmond, Kew et Hampton Court

Une facette peu connue de Londres vous attend au sud-ouest, à Richmond, Kew et Hampton Court. Là, au bord de la Tamise, la capitale semble à des années-lumière, cédant la place à de verts paysages à l'anglaise, et quelques jours ne seront pas de trop pour en apprécier les charmes. Commencez par vous rendre tôt le matin aux Kew Gardens, splendides jardins botaniques royaux où vous pourriez passer des heures. Ensuite, au sud, allez paresser au bord de la Tamise dans la belle Richmond, avec son vieux pont et son cadre champêtre. Pour plus d'espaces verts et d'étendues boisées, direction le fameux parc royal de Richmond, et Wimbledon Common. Passer la nuit dans les environs est une bonne idée (il y a d'excellents hôtels), afin de poursuivre dès le lendemain jusqu'à Hampton Court Palace, magnifique palais de style moitié Tudor, moitié baroque, que l'on dit hanté. La vie nocturne est plutôt tranquille par ici, mais la kyrielle de pubs historiques au bord de l'eau donne une vision plus indolente de la capitale, à la lisière de la Grande-Bretagne campagnarde, et les bons restaurants ne manquent pas.

Vivre comme un Londonien

Repaires Un déjeuner dans un vénérable pub au bord de la Tamise, comme le City Barge (p. 329) ou le White Cross (p. 329).

Espaces verts Tous les Londoniens font des escapades dominicales dans le Richmond Park (p. 322) et aux Kew Gardens (p. 320).

Vue sur la Tamise Mêlez-vous aux résidents qui courent au bord de l'eau, promènent leurs chiens ou prennent le soleil au gré des chemins de halage au nord et au sud du Richmond Bridge (p. 323).

Depuis/vers Richmond, Kew et Hampton Court

Train et métro Les Kew Gardens et Richmond sont situés sur la District Line et la ligne du London Overground ; on peut rejoindre la gare ferroviaire de Richmond depuis Clapham Junction. Des trains desservent la gare de Hampton Court au départ de Waterloo. East Putney, Putney Bridge, Fulham Broadway et Chiswick Park sont sur la District Line.

Bateau Plusieurs fois par jour, des bateaux partent de Westminster Pier pour Kew, et poursuivent jusqu'au Hampton Court Palace (ils s'arrêtent parfois à Richmond).

Bons plans Lonely Planet

Partez en balade sur un tronçon (6,5 km, 1 heure 30 environ) du superbe Thames Path (p. 329), entre le Putney Bridge et le Barnes Footbridge. Le paysage est exclusivement rural et, bien souvent, on n'entend que le chant des oiseaux et le murmure des eaux de la Tamise. Depuis le Barnes Footbridge, la gare ferroviaire de Chiswick est à 1,2 km au nord-ouest. Renseignements détaillés sur le site Visit Thames (www.visitthames.co.uk) de la River Thames Alliance.

Le top des restaurants

- Glasshouse (p. 328)
- Petersham Nurseries Cafe (p. 328)
- Gelateria Danieli (p. 327)
- Chez Lindsay (p. 328)
- Orange Pekoe (p. 327)

Voir détails p. 327

Le top des bars et clubs

- White Cross (p. 329)
- City Barge (p.329)
- White Hart (p. 330)
- Crooked Billet (p. 330)
- Tap on the Line (p. 329)

Voir détails p. 329

Le top des visites guidées

- Kew Explorer (p. 321)
- Hampton Court Palace (p. 316)
- Strawberry Hill (p. 325)
- Ham House (p. 322)

Voir détails p. 316

LES INCONTOURNABLES
HAMPTON COURT PALACE

Ce palais royal du XVIe siècle est le plus emblématique des palais Tudor de Londres. L'histoire y est partout palpable, des cuisines et des appartements aux jardins, agrémentés d'un labyrinthe végétal de plus de 300 ans, et d'une vigne (The Great Vine) plantée en 1768.

Histoire du palais

Le palais royal de Hampton Court fut commandité en 1515 par le cardinal Thomas Wolsey, qui le céda à Henri VIII dans l'espoir de conserver ses faveurs. Wolsey, alors chancelier du roi, avait en effet échoué dans la tâche impossible d'obtenir un divorce d'avec Catherine d'Aragon pour son monarque. Au XVIIe siècle, des travaux d'agrandissement furent confiés à sir Christopher Wren. Le palais fut ouvert au public par la reine Victoria en 1838.

Arrivée au palais

La majestueuse entrée mène à une première cour, **Base Court**, puis à une seconde, **Clock Court**, dominée par une horloge astronomique du XVIe siècle. La section **"Young Henry VIII's Story"**, qui retrace les premières années du règne d'Henri VIII, se trouve à l'étage, dans des salles aux murs lambrissés et aux portes voûtées. Notez le "graffiti" Tudor sur la cheminée. À côté de Base Court, à droite en entrant, une série de 9 tableaux d'Andrea Mantegna, *Les Triomphes de César*, décrit Jules César retournant triomphalement à Rome. Elle fut acquise par Charles Ier en 1629.

À NE PAS MANQUER

- Great Hall
- Chapelle royale
- Appartements de Guillaume III et Marie II
- Jardins et labyrinthe
- Cumberland Art Gallery
- Couronne d'Henri VIII
- Histoire de la jeunesse d'Henri VIII

INFOS PRATIQUES

- www.hrp.org.uk/hamptoncourtpalace
- Tarif plein/réduit 24/12 £
- 10h-18h avr-oct, 10h-16h30 nov-mars
-
- Hampton Court Palace, Hampton Court

Appartements d'Henri VIII

L'escalier de la porte d'Anne Boleyn mène aux appartements d'Henri VIII, avec le superbe **Great Hall**, plus vaste pièce du palais. La **Horn Room** (salle des Cornes), ornée de ramures, mène à la **Great Watching Chamber** (grande salle des Gardes), où les gardes contrôlaient l'accès aux appartements royaux. La **couronne** du roi, incrustée de pierreries (10h-17h30 lun-sam et 12h30-15h dim) est une reconstitution : l'originale fut fondue par Oliver Cromwell. Elle trône dans le **Royal Pew** (Tribune royale), qui donne sur la **Chapel Royal** (on y célèbre la messe depuis 450 ans).

Cuisines Tudor et grand cellier

Les splendides Tudor Kitchens (cuisines Tudor) datent du règne d'Henri VIII. On y préparait 2 repas par jour, pour 600 personnes. Dans le Great Wine Cellar (grande cave à vins), étaient stockés les 300 tonneaux d'ale et 300 tonneaux de vin consommés quotidiennement par la cour au XVIe siècle.

Cumberland Art Gallery

La Cumberland Suite recèle une collection époustouflante d'œuvres d'art tirées de la collection royale, dont un *Autoportrait* (1642) de Rembrandt.

Appartements de Guillaume III et Marie II

On accède aux appartements de Guillaume III par le majestueux **King's Staircase** (escalier du roi). Ne manquez pas la **King's Presence Chamber** (salle d'audience du roi) et le trône placé devant des tentures écarlates. Lors d'un incendie dévastateur, en 1986, le personnel se tenait prêt à découper au couteau le portrait de Guillaume III si cela avait été nécessaire. La **King's Great Bedchamber**, chambre à coucher du roi au lit orné de plumes d'autruche, et le **King's Closet** (au "trône" tendu de velours !) méritent le coup d'œil. Les **Chocolate Kitchens** (cuisines du chocolatier) furent créées pour Guillaume III et Marie II. Celle-ci avait ses propres appartements auxquels on accède par le **Queen's Staircase** (escalier de la reine), décoré par William Kent.

Salles georgiennes

Les Georgian Rooms accueillirent George II et la reine Caroline lors de leur dernier séjour au palais (1737). Le **Wolsey Closet** (cabinet de Wolsey), de style Tudor, avec son plafond et ses boiseries peintes du début du XVIe siècle, fut commandé par Henri VIII.

Jardins et labyrinthe

Dans les spectaculaires jardins, la **Great Vine**, plantée en 1768, est aujourd'hui la plus grande vigne au monde. Créé pour Guillaume III et Marie II, le **Kitchen Garden** (jardin potager) est splendide. Et ne manquez pas de vous perdre dans le **labyrinthe** (maze ; inclus dans le billet du palais, labyrinthe seul tarif plein/réduit/famille 4,50/3/13 £ ; ⌚10h-16h15 avr-oct, 10h-15h45 nov-mars), de 800 m de long. On y accède sans visiter le palais.

UNE PETITE FAIM ?

Il y a 3 cafés sur le domaine du palais : le **Tiltyard Cafe**, le **Privy Kitchen** et le **Fountain Court Cafe** (saison haute uniquement).

Les jardins de Hampton Court sont immenses ; prévoyez de pique-niquer sur l'herbe s'il fait beau.

Arrêtée pour adultère et détenue au palais en 1542, Catherine Howard, 5e épouse d'Henri VIII, tenta de s'évader, puis fut traînée à travers le palais. On dit que son fantôme fait entendre ses hurlements d'outre-tombe dans la Processional Gallery menant au Royal Pew. Des visites sur ce thème sont proposées ; réservez.

CROISIÈRES SUR LA TAMISE

Thames River Boats (plan p. 468 ; ☎020-7930 2062 ; www.wpsa.co.uk ; Westminster Pier, Victoria Embankment, SW1 ; Kew adulte/enfant aller simple 15/7,50 £, aller-retour 22/11 £, Hampton Court aller simple 19/9,50 £, aller-retour 27/13,50 £ ; ⌚10h-16h avr-oct ; Ⓤ Westminster) circule d'avril à octobre de Westminster Pier (centre de Londres), à Hampton Court (via Kew). Cette croisière de 35 km peut durer jusqu'à 4 heures (selon les marées).

Hampton Court Palace

UNE JOURNÉE AU PALAIS

Entre les innombrables salles à visiter et les jardins à perte de vue, il peut être difficile de savoir par où commencer à explorer Hampton Court Palace. On se repère mieux en comprenant les remaniements de ses hôtes successifs, qui ont adapté le lieu à leurs goûts et au style de leur époque.

À peine Henri VIII s'était-il emparé du palais qu'il entreprit d'agrandir l'❶ **édifice de style Tudor** : il fit construire le ❷ **Great Hall** (Grande Salle), l'exquise ❸ **Chapel Royal**, la somptueuse Great Watching Chamber (grande salle des Gardes) et les gigantesques ❹ **cuisines Tudor**. En 1540, le palais était devenu l'un des plus grandioses d'Europe. Jacques Ier introduisit peu de changements ; Charles Ier, quant à lui, ajouta un court de tennis et fit l'acquisition de magnifiques tableaux que l'on peut voir dans la ❺ **Cumberland Art Gallery**.

Après la guerre civile, le puritain Oliver Cromwell s'accorda le confort de l'ancienne

❼ Labyrinthe (*maze*)

À environ 150 m au nord du bâtiment principal

Le labyrinthe, planté de charmes et d'ifs vers 1700, s'étend sur plus de 1 500 m² dans les célèbres jardins du palais. Impossible de quitter Hampton Court sans s'y être aventuré. Il faut en moyenne 20 minutes pour en atteindre le centre !

Cuisines Tudor

Ces vastes cuisines étaient, à leur manière, la "salle des machines" du palais. Le personnel comprenait quelque 200 personnes, et il y avait 6 cheminées équipées de rôtissoires. La viande rôtie figurait toujours au menu : environ 8 200 moutons et 1 240 bœufs étaient consommés chaque année.

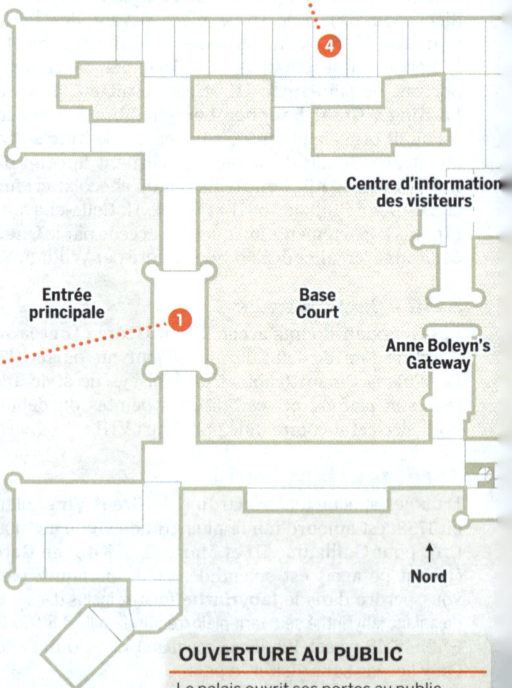

Édifice de style Tudor

Datant de 1515, le cœur du palais est l'un des plus beaux exemples d'architecture Tudor du pays. C'est le cardinal Thomas Wolsey qui fut à l'origine de la transformation de cet ancien manoir médiéval en un magnifique palais.

OUVERTURE AU PUBLIC

Le palais ouvrit ses portes au public en 1838, à l'initiative de la reine Victoria.

chambre de la reine et vendit la collection d'art de feu Charles Iᵉʳ. À la fin du XVIIᵉ siècle, Guillaume III et Marie II confièrent des travaux d'agrandissement dans le style baroque à sir Christopher Wren, qui conçut notamment les appartements de Guillaume III et le **6 King's Staircase** (escalier du roi) qui y mène. C'est aussi à l'instigation de Guillaume III que fut planté le célèbre **7 labyrinthe** (*maze*).

BONS PLANS

- Recueillez anecdotes et renseignements auprès d'un gardien en tunique rouge.
- Joignez-vous à une visite thématique avec un historien en costume ou passez la nuit au palais à l'occasion d'un "Dusk 'til Dawn Sleepover".
- Procurez-vous un audioguide au centre d'information des visiteurs.

Great Hall

Pièce emblématique du palais, sa grande salle à manger possède la plus belle charpente à blochets d'Angleterre, ainsi que des tapisseries flamandes du XVIᵉ siècle illustrant la vie d'Abraham et quelques magnifiques vitraux.

Chapel Royal

Le plafond voûté bleu et or était à l'origine destiné à la Christ Church d'Oxford ; le retable de chêne du XVIIIᵉ siècle est l'œuvre du sculpteur Grinling Gibbons. Parmi les livres exposés figure une 1ʳᵉ édition de 1611 de la *King James Bible* (bible du roi Jacques), imprimée par Robert Barker.

King's Staircase

L'escalier du roi, peint par Antonio Verrio, constitue un prélude de circonstance aux appartements de Guillaume III. Il rend un grandiloquent hommage au roi, représenté s'élevant au-dessus d'une cohorte d'empereurs romains.

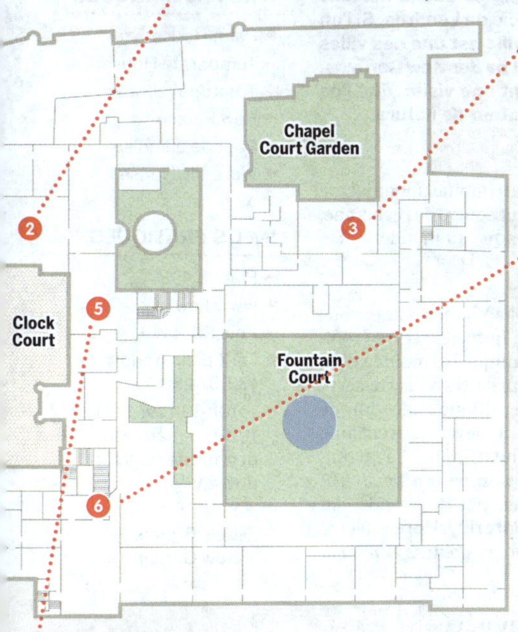

Cumberland Art Gallery

L'ancienne Cumberland Suite, conçue par William Kent, a été restaurée afin d'y exposer des œuvres exceptionnelles, choisies parmi les plus belles de la collection royale.

LES INCONTOURNABLES
KEW GARDENS

Un patchwork de jardins privés, plantés de 2,5 millions d'arbres, couvre 24% de la superficie de Londres. Si l'on ajoute à cela les parcs publics, la ville est une des villes les plus vertes de la planète. Les 121 ha des Kew Gardens, créés en 1759, méritent absolument une visite, que l'on soit un passionné ou un simple amateur de nature.

Collection botanique

Ces jardins, classés en 2003 au Patrimoine mondial de l'Unesco, sont également un important centre de recherche, doté de la plus riche collection botanique au monde.

Palm House (palmeraie)

Si vous arrivez en métro et entrez par Victoria Gate, vous parviendrez immédiatement à cette immense serre tropicale de 1848. Superbe structure métallique surmontée d'un dôme et habillée de 16 000 panneaux de verre, cette serre chaude et humide renferme une magnifique collection de plantes tropicales ; des passerelles surélevées offrent une vue imprenable sur la végétation luxuriante. La gigantesque cycadale du Jurassique *Encephalartos altensteinii* (1775) est la plus ancienne plante en pot du monde. Au nord-ouest de la serre, la petite **Waterlily House** (serre des Nénuphars) abrite des nénuphars géants *Victoria cruziana*.

À NE PAS MANQUER

- Palm House
- Temperate House
- Treetop Walkway
- Kew Palace
- Pagode chinoise
- Waterlily House

INFOS PRATIQUES

- Plan p. 498, C2
- www.kew.org
- Kew Rd, TW9
- Tarif plein/réduit 13,50/4,50 £
- 10h-19h avr-sept, 10h-18h mars et oct, ferme plus tôt nov-fév
- Kew Pier, Kew Bridge, Kew Gardens

Temperate House (serre tempérée)

Datant de 1863, la magnifique Temperate House, située dans le secteur sud-est des Kew Gardens (au nord de la pagode) est la plus grande serre victorienne encore existante, avec une superficie de quelque 5 000 m². Cette "cathédrale de verre" a rouvert ses portes en 2018 après 5 années de travaux de restauration.

Princess of Wales Conservatory

Cette serre abrite des plantes issues de 10 zones climatiques, du désert à la forêt tropicale : plantes-cailloux (dont l'aspect de galets repoussent les prédateurs), nénuphars géants, plantes carnivores, cactées, orchidées…

Treetop Walkway

Dans l'arboretum, ce parcours est très apprécié, notamment des plus jeunes. Une passerelle mène sous terre, puis à 18 m de haut, dans la canopée.

Arboretum

L'arboretum couvre les deux tiers des jardins et contient plus de 14 000 arbres souvent regroupés par genre, des eucalyptus aux séquoias géants en passant par de très vieux sophoras du Japon.

Kew Palace

Au nord-ouest des jardins, le **Kew Palace** (www.hrp.org.uk/kewpalace ; Kew Gardens, TW9 ; ⌚10h30-17h30 avr-sept ; ⛴Kew Pier, 🅁Kew Bridge, 🅄Kew Gardens), un palais en brique rouge de 1631, est la plus petite des résidences royales. George III et sa famille s'y plaisaient beaucoup ; son épouse Charlotte y mourut en 1818. Ne manquez pas les **Kitchen Gardens** (jardin potager) et **Royal Kitchens** (cuisines royales) juste à côté.

Pagode chinoise

Cette pagode octogonale de 49,5 m de haut, conçue en 1762 par William Chambers (architecte de Somerset House), est l'un des emblèmes de Kew Gardens. Au cours de la Seconde Guerre mondiale, elle échappa aux bombes de la Luftwaffe, et fut secrètement utilisée par le ministère de la Défense. La pagode, récemment restaurée, est une explosion de couleurs ornée de 80 dragons rugissants et dorés. Voir aussi p. 322.

Autres sites

Plusieurs longues allées (**Cedar Vista**, **Syon Vista** et **Pagoda Vista**) plantées d'arbres sillonnent le jardin. L'idyllique **Queen Charlotte's Cottage** (⌚11h-16h sam-dim avr-sept)., coiffé de chaume, au sud-ouest des jardins, était très apprécié de George III et de son épouse ; au printemps, les superbes tapis de jacinthes des bois qui l'entourent attirent les foules. Les **Great Broad Walk Borders**, longues de 320 m, sont les plus longues bordures d'herbacées du Royaume-Uni. La **Marianne North Gallery** donne à voir 833 tableaux de botanique de Marianne North (1830-1890), naturaliste et illustratrice, infatigable voyageuse, qui parcourut en solo les continents de 1871 à 1885, le pinceau en alerte, pour croquer arbres et plantes. Les enfants apprécient les balades interactives dans le vaste **Children's Garden**.

UNE PETITE FAIM ?

Tap on the Line (p. 329), à la station Kew Gardens, est l'endroit idéal pour une pinte ou un déjeuner.

Dans l'enceinte du jardin, l'**Orangery** a un café-restaurant.

Les Kew Gardens bénéficient de leur propre force de police – le Kew Constabulary.

PLANIFIER SA VISITE

Les visiteurs viennent surtout en métro ou en train ; d'avril à octobre, les bateaux de Thames River Boats (p. 317) assurent la liaison depuis Westminster. Les bambins s'ébattront dans les Treehouse Towers ou à Climbers and Creepers (jardin botanique interactif). L'été est la saison des concerts et du Luna Cinema (www.thelunacinema.com), avec ses projections de films en plein air à Kew.

PETIT TRAIN

Le **Kew Explorer** (☎020-8332 5648 ; www.kew.org/kew-gardens/whats-on/kew-explorer-land-train ; circuits adulte/enfant 5/2 £ ; ⌚10h30-15h30) permet d'avoir un bon aperçu des jardins.

À VOIR

Au sud-ouest de Londres, Richmond, Wimbledon et Kew sont propices à la découverte de sites remarquables, côté campagne anglaise. Entre les Kew Gardens et leurs serres victoriennes, les marais du London Wetland Centre, le parc royal de Richmond et le palais de Hampton Court, vous tomberez ici sous le charme de la Tamise et de ses abords, que vous soyez simple touriste, amateur de botanique, d'histoire, de tennis, randonneur ou fou d'architecture, le tout en échappant à la pollution du centre de la capitale.

Richmond et Kew

KEW GARDENS — JARDINS BOTANIQUES

Voir p. 320.

GREAT PAGODA — ÉDIFICE NOTABLE

(Kew Gardens, TW9). Cette pagode octogonale de 49,5 m de haut, conçue en 1762 par William Chambers (architecte de Somerset House), est l'un des emblèmes des Kew Gardens. Au cours de la Seconde Guerre mondiale, elle échappa de peu aux bombes de la Luftwaffe, et fut secrètement utilisée par le ministère de la Défense pour tester la trajectoire des bombes (on fit des trous dans le plancher de chaque étage !). En 2018, des travaux de restauration permirent d'accéder au sommet (vue superbe) et redonnèrent à la pagode ses couleurs d'origine et les 80 dragons qui l'ornaient – mystérieusement disparus dans les années 1780 pour ne jamais refaire surface.

L'édifice ne diffère des pagodes traditionnelles chinoises (*tǎ*) que par le fait qu'il a un nombre d'étages pair (10), alors qu'en Chine ce nombre est toujours impair. Chambers fit également ériger une mosquée non loin, mais il n'en restait plus trace dès 1785, un sort que connut également un édifice de style mauresque, également de Chambers, détruit en 1820.

RICHMOND PARK — PARC

Plan p. 498 (☎0300 061 2200 ; www.royalparks.org.uk/parks/richmond-park ; 7h-crépuscule ; Richmond). D'une superficie de près de 1 000 ha (il s'agit du plus grand parc urbain d'Europe), le parc royal de Richmond est un immense écrin de verdure vallonné, ponctué de bois, d'étangs et de collines, avec aussi des jardins classiques et des chênes centenaires. La vue sur le centre de Londres, à une vingtaine de kilomètres de là, est exceptionnelle. Il est facile d'éviter les quelques routes qui parcourent ces étendues sauvages, et de profiter d'une promenade paisible ou d'un pique-nique en famille, même en été lorsque les berges de la Tamise à Richmond peuvent être prises d'assaut. En venant de Richmond, entrez par Richmond Gate ou par Petersham Road.

Ancienne zone de chasse royale, classée réserve naturelle, le parc est également connu pour sa faune, et sa grande population de cerfs, de biches et de daims (plus de 600), qui s'y ébattent en liberté. En apercevoir au détour d'un bosquet fait partie de la magie de Richmond, mais attention, ces animaux sont farouches en période de rut (septembre-octobre) et lorsque les biches mettent bas (mai-juillet) : gardez alors vos distances (plus de 50 m). Richmond séduit aussi les amateurs d'ornithologie, grâce à la diversité de ses habitats, alliant jardins soignés, bois et étangs. Les amateurs de fleurs ne manqueront pas l'**Isabella Plantation**, surtout en avril et mai, lorsque les rhododendrons, les azalées et les camélias sont en fleurs. Ce jardin boisé de 16 ha a été créé après la Seconde Guerre mondiale.

Pembroke Lodge (plan p. 498 ; www.pembrokelodge.co.uk ; 9h-17h30 avr-oct, 9h-crépuscule nov-mars), la maison d'enfance de Bertrand Russell (1872-1970), grand philosophe britannique, prix Nobel de littérature (1950), et scientifique, est située dans un splendide jardin de 13 ha et offre une belle vue sur le centre de Londres depuis la terrasse à l'arrière. Dans le salon de thé georgien, on peut déguster toute l'année (sauf à Noël) des scones accompagnés de *clotted cream* (crème fraîche épaisse), de 9h à 17h30 (ou jusqu'à 30 min avant la fermeture du parc).

Le panorama depuis le haut de **Richmond Hill** inspire les peintres et les poètes depuis des siècles, et son charme agit toujours. Cette vue exceptionnelle (on aperçoit la cathédrale Saint-Paul à 16 km de là) est protégée par une loi du Parlement.

HAM HOUSE — ÉDIFICE HISTORIQUE

Plan p. 498 (☎020-8940 1950 ; www.nationaltrust.org.uk/ham-house-and-garden ; Ham St, Ham, TW10 ; tarif plein/réduit/famille 13/7/33 £ ; demeure 12h-16h, jardins 10h-17h ; 371, Richmond, Richmond). Construite en 1610 et baptisée la "Hampton Court miniature", la Ham House, maison en brique rouge

LA TAMISE À RICHMOND

Les rives de la Tamise, du Twickenham Bridge (1933) à Petersham et Ham, plus au sud, sont particulièrement séduisantes. L'animation se concentre autour du Richmond Bridge, aujourd'hui le plus vieux pont de Londres encore existant (1777), qui ne fut élargi pour laisser passer les véhicules qu'en 1937. Juste avant le pont, sur l'un des plus jolis tronçons de la Tamise, la minuscule **Corporation Island** a été colonisée par des perruches redevenues sauvages. La balade jusqu'à Petersham, superbe, attire les promeneurs lorsque le soleil est de la partie. Pour plus de tranquillité, mieux vaut couper à travers les bucoliques Petersham Meadows – où paissent des vaches – pour rejoindre Richmond Park. À proximité du Richmond Bridge, plusieurs prestataires, dont Richmond Bridge Boathouses (p. 330), louent des embarcations à rames.

Alternative : marcher vers le nord depuis le Twickenham Bridge, le long d'Old Deer Park, passer devant la paire d'obélisques en pierre et prendre la passerelle de **Richmond Lock** (plan p. 498 ; Richmond ou St Margarets, Richmond), une écluse de 1894.

tenue pour hantée, fut la demeure du premier comte de Dysart. Enfant, l'intéressé avait été le "souffre-douleur" (*whipping boy*) de Charles Ier, prenant les rossées à la place du jeune prince lorsque ce dernier commettait une incartade. L'intérieur est meublé avec faste ; le grand escalier est un exemple magnifique de travail du bois de style Stuart. Admirez les plafonds peints par Antonio Verrio (1639-1707), la miniature d'Élisabeth Ire réalisée par Nicholas Hilliard (1547-1619) et les œuvres de John Constable et Joshua Reynolds. Le parc descend en pente douce jusqu'à la Tamise ; les visiteurs peuvent explorer de ravissants jardins à la française du XVIIe siècle.

RICHMOND GREEN PARC

Plan p. 498 (Richmond, Richmond). À courte distance à pied à l'ouest du Quadrant (la rue à la sortie du métro de Richmond) s'étendent les pelouses de Richmond Green, bordées de belles demeures et de vénérables pubs. Des tournois de chevalerie s'y tenaient au Moyen Âge, et l'endroit est plein de charme par beau temps. En traversant Richmond Green en diagonale, on parvient aux quelques vestiges de **Richmond Palace**, édifié en 1501 – et dont il ne reste que l'entrée principale et le corps de garde de brique rouge de style Tudor. À la lisière nord-est de Richmond Green, en face du Richmond Theatre (p. 330), se trouve Little Green, des étendues plus petites de pelouses.

RICHMOND BRIDGE PONT

Plan p. 498 (Richmond, Richmond). Cet ouvrage d'art à 5 arches, construit en 1777, est le plus ancien pont encore debout sur la Tamise ; ce n'est qu'en 1937 qu'il fut élargi pour les besoins de la circulation routière. Selon le Richmond Bridge Act de 1772, toute personne commettant un acte de vandalisme à l'encontre du pont serait condamnée à la "déportation vers l'une des colonies de Sa Majesté en Amérique pour une période de 7 ans".

PETERSHAM MEADOWS PARC

Plan p. 498 (Richmond, Richmond). Autrefois intégrées au domaine de Ham House, les prairies de Petersham Meadows – où paissent encore des vaches – ont tout de bucolique. Un lieu de promenade idéal, surtout si vous n'avez pas le temps de découvrir par ailleurs les paysages de l'Angleterre rurale.

GREAT BROAD WALK BORDERS JARDIN

(Kew Gardens, TW9). Filant vers le nord sur 320 m depuis la Palm House des Kew Gardens, ce jardin magnifiquement entretenu est le plus long double parterre de plantes vivaces du Royaume-Uni. L'été, les 30 000 plantes du jardin se parent d'une extraordinaire diversité de couleurs.

Putney et Barnes

PUTNEY & BARNES VILLAGES

(Barnes ou Putney). Dénommé "Putelei" dans le Domesday Book de 1086 (recueil cadastral établi sous Guillaume le Conquérant), le faubourg de Putney est surtout connu pour être le point de départ de "The Boat Race", la fameuse **course d'aviron annuelle** (www.theboatrace.org ; fin mars/déb avr) qui oppose, depuis 1829, les *blues*

LES INCONTOURNABLES LONDON WETLAND CENTRE

Créé en 2000 à partir de 4 réservoirs victoriens désaffectés nichés dans une boucle de la Tamise, le London Wetland Centre, qui s'étend sur 42 ha, est l'une des plus grandes réserves naturelles marécageuses en Europe situées à l'intérieur des terres. Le site attire quelque 180 espèces d'oiseaux, ainsi que des grenouilles, des papillons, des libellules, des lézards et une colonie florissante de campagnols amphibies.

Depuis le centre des visiteurs et l'observatoire surplombant la zone humide, sentiers et passerelles en planches guident les visiteurs à travers les roselières, les marécages et les habitats aquatiques. Les nombreux oiseaux résidents, permanents ou de passage, incluent canards, cygnes noirs, cygnes de Bewick, oies, nettes rousses, hirondelles de rivage, foulques, mais aussi butors, hérons et martins-pêcheurs, plus rares. Ne manquez pas la **Peacock Tower** (tour du Paon), un poste d'observation à 3 niveaux situé sur la rive est du lac principal. D'autres observatoires sont disséminés dans la réserve, comme le **Headley Discovery Hide**, à l'ouest. À courte distance au nord de l'entrée, les **loutres** à pelage lisse sont nourries à 11h et 14h (lun-ven). D'excellentes **visites** gratuites ont lieu à 11h30 et 14h30 tous les jours, sous la conduite d'employés du parc enthousiastes et bien informés.

À NE PAS MANQUER

- Peacock Tower
- Headley Discovery Hide
- Repas des loutres
- Visites guidées quotidiennes

INFOS PRATIQUES

- ☎020-8409 4400
- www.wwt.org.uk/wetland-centres/london
- Queen Elizabeth's Walk, SW13
- Tarif plein/réduit/famille 13/8/36 £
- ⏲9h30-17h30 mars-oct, 9h30-16h30 nov-fév
- Ⓡ Barnes, Ⓤ Hammersmith

(les bleus) d'Oxford à ceux de Cambridge. Barnes, moins connu, se rapproche davantage d'un village. La plus agréable façon d'arriver à Putney consiste à suivre les panneaux depuis la station de métro Putney Bridge jusqu'au pont piétonnier (parallèle au pont ferroviaire qui franchit le fleuve). Vous pourrez ainsi admirer les magnifiques maisons bordant la Tamise et leurs jardins, tout en évitant au maximum la peu attrayante High Street.

Chiswick

CHISWICK HOUSE ÉDIFICE HISTORIQUE

(☎020-8995 0508 ; www.chgt.org.uk ; Burlington Lane, Chiswick Park, W4 ; tarif plein/réduit 7,80/5 £, jardins gratuits ; ⏲jardins 7h-crépuscule, villa 10h-18h dim-mer avr-sept, 10h-17h dim-mer oct ; 📶 ; Ⓡ Chiswick, Ⓤ Turnham Green). Cette villa néopalladienne, surmontée d'un dôme octogonal et précédée d'un portique à colonnes, est l'œuvre de Richard Boyle (1694-1753), troisième comte de Burlington. Ce célèbre architecte la conçut au retour de son grand voyage en Italie, dans un élan d'enthousiasme pour l'Antiquité romaine. L'intérieur fastueux est presque écrasant. La coupole à caissons de l'Upper Tribune (hall central) a été laissée sans dorure, et 8 gigantesques peintures ornent les murs.

Admirez le splendide plafond de la **Blue Velvet Room**, peint par William Kent, et les sculptures représentant le dieu païen de la végétation, l'Homme vert, sur les cheminées en marbre de la **Green Velvet Room**.

Lord Burlington dessina aussi les 26 ha de jardins entourant la maison, qui forment aujourd'hui **Chiswick Park**. Très remaniés depuis leur création, ils ont ensuite été entièrement restaurés en 2010. Les sphinx de pierre, près des cèdres du Liban (un sphinx en plomb se trouve dans la Lower Tribune, à l'intérieur de la villa), plairont aux enfants.

Le domaine de Chiswick House est également agrémenté d'une serre splendide du XIXe siècle, et d'un portail conçu par Inigo Jones. Vous pourrez profiter de l'excellent café. Téléchargez un guide audio depuis le site Internet.

La demeure est située à environ 1,6 km au sud-ouest de la station de métro Turnham Green, et à 750 m au nord-est de la gare ferroviaire de Chiswick.

HOGARTH'S HOUSE ÉDIFICE HISTORIQUE, MUSÉE

(☎020-8994 6757 ; hogarthshouse.org ; Hogarth Lane, W4 ; ⏰12h-17h mar-dim ; Ⓤ Turnham Green). GRATUIT Le peintre et satiriste William Hogarth (1697-1764) vécut dans cette jolie maison de campagne en brique, de 1749 à sa mort, en 1764. Transformée en musée, elle abrite nombre de ses caricatures et gravures. On peut notamment voir ses fameuses estampes : la sinistre *Gin Lane* (dépeignant les méfaits de la consommation du gin), en contraste avec la plus optimiste *Beer Street* (sur les mérites de boire de la bière), la série du *Mariage à la mode* et des reproductions de *La Carrière d'un roué* et des *Quatre Âges de la cruauté*.

ÉGLISE ORTHODOXE RUSSE ÉGLISE

(www.russianchurchlondon.org/en ; 57 Harvard Rd, W4 ; Ⓤ Gunnersbury). Le bulbe bleu constellé d'étoiles de cette église russe orthodoxe domine une paisible rue résidentielle de Chiswick, comme un rappel quelque peu irréel de la richesse de la mosaïque culturelle de Londres. La cathédrale de la Dormition de la Mère de Dieu et des martyrs royaux – de son nom complet – a ouvert en 1999 et des offices s'y déroulent régulièrement, dont l'un traduit en anglais le dimanche.

Twickenham

MARBLE HILL HOUSE ÉDIFICE HISTORIQUE

Plan p. 498 (☎020-8892 5115 ; www.english-heritage.org.uk/visit/places/marble-hill-house ; Richmond Rd, TW1 ; tarif plein/réduit/famille 8/5/20 £ ; ⏰parc 6h30-crépuscule ; 📶 ; 🚉St Margaret's ou Richmond, Ⓤ Richmond). Cette majestueuse demeure de style palladien du XVIIIe siècle est un nid d'amour, construit à l'origine pour la maîtresse de George II, Henrietta Howard, et occupé plus tard par Maria Fitzherbert, l'épouse secrète de George IV. Le poète Alexander Pope participa à la conception du parc, qui s'étend jusqu'à la Tamise. Fermée pour cause de restauration lors de la rédaction de ce guide, la Marble Hill House devrait rouvrir au public en accès libre 5 jours par semaine, en 2021. On pouvait néanmoins visiter les jardins.

STRAWBERRY HILL ÉDIFICE HISTORIQUE

(☎020-8744 1241 ; www.strawberryhillhouse.org.uk ; 268 Waldegrave Rd, TW1 ; tarif plein/réduit 12,50 £/gratuit ; ⏰maison 11h-16h30 dim-mer mars-oct, 12h-16h dim-lun nov-fév, jardin 10h-17h30 tlj ; 🚉Strawberry Hill, Ⓤ Richmond). Avec ses façades blanches immaculées surmontées de créneaux et ses tourelles gothiques, cette villa-château est une extravagante création du XVIIIe siècle, conçue par l'historien de l'art Horace Walpole (1717-1797), également écrivain et homme politique. La beauté de ce singulier bâtiment d'inspiration gothique (entièrement restauré), émaillé de vitraux sophistiqués, atteint son paroxysme dans la galerie au sublime plafond en papier mâché. La visite au crépuscule (25 £) est féerique. Dernière entrée 1 heure avant la fermeture.

Rendez-vous à la **Cloister Coffee House** (9h-16h dim-mer) pour déguster un gâteau fait maison, une quiche ou un *afternoon tea* (à partir de 5 £). Ne manquez pas d'explorer le jardin. Comptez entre 5 et 10 minutes à pied depuis la gare de Strawberry Hill, ou prenez le bus R68 au départ du métro Richmond.

WORLD RUGBY MUSEUM MUSÉE

(☎020-8892 8877 ; www.worldrugbymuseum.com ; Twickenham Stadium, 200 Whitton Rd, Twickenham, TW1 ; adulte/enfant 12,50/7,50 £ ; visite guidée adulte/enfant/famille 20/12/50 £ ; ⏰10h-19h mar-sam, 11h-17h dim ; 🚉Twickenham, Ⓤ Hounslow East). Le musée du **stade de Twickenham** (www.englandrugby.com/twickenham ; visite guidée adulte/enfant 25/15 £) abrite quelque 41 000 objets en lien avec le rugby – soit la collection la plus importante du monde en son genre. Entre autres expositions et événements interactifs : un atelier d'initiation au métier de détective destiné aux étudiants, ou encore des vidéos sur l'histoire du rugby. Des visites guidées du stade, comprenant l'entrée au musée, ont lieu tous les jours (sauf le lundi et les jours de match) ; consultez le site Internet pour connaître les horaires. Prenez le bus 281 depuis la station de métro Hounslow East.

Wimbledon

WIMBLEDON COMMON PARC

(☎020-8788 7655 ; www.wpcc.org.uk ; 🚌Wimbledon, 🚉Wimbledon, Ⓤ Wimbledon). Wimbledon Common, qui succède immédiatement à Putney Heath, s'étend sur une impressionnante superficie (460 ha) au sud-ouest de

Londres. Soit une merveilleuse étendue de landes et de forêts propice à la marche (meilleur moyen d'explorer les lieux) et aux pique-niques. Ne manquez pas le moulin à vent (*windmill* ; ci-contre), datant de 1817. Au sud de Wimbledon Common, **Caesar's Camp**, curieusement nommé, est ce qu'il reste d'un ouvrage en terre de forme presque circulaire attestant d'une occupation des lieux au Vᵉ siècle av. J.-C. Prenez le bus 93 depuis la station de Wimbledon (métro, tramway, train).

WIMBLEDON LAWN TENNIS MUSEUM

MUSÉE

(☎020-8946 6131 ; www.wimbledon.com/museum ; Gate 4, Church Rd, SW19 ; tarif plein/réduit 13/8 £, musée et visite guidée 25/15 £ ; ⏲10h-17h, dernière entrée 16h30 ; 🚋Wimbledon, 🚆Wimbledon, Ⓤ Wimbledon, Southfields). Ce musée épatant retrace l'histoire du tennis dans ses moindres détails, depuis le jeu de paume – son ancêtre français – jusqu'aux services supersoniques des champions d'aujourd'hui. La présentation est très moderne, avec une multitude de séquences vidéo et un hologramme de John McEnroe dans les vestiaires de Wimbledon. Et, en star et en prime, la **vue à 360 degrés** sur le Centre Court (court central) depuis une cabine d'observation. Pendant les championnats, en juin/juillet, seules les personnes titulaires d'un billet pour le tournoi peuvent visiter le musée.

Les faits et chiffres captivants sont légion : en 1881, les vêtements des joueuses pesaient jusqu'à 4,9 kg ! Des audioguides sont disponibles. Il y a aussi un café et une boutique. Les visites (1 heure 30) comprennent le court central, le court n°1 et d'autres secteurs. Elles incluent l'accès au musée (réservation recommandée, en ligne ou par téléphone).

Comptez 15 minutes de marche depuis le métro Southfields ou prenez le bus 493 ; vous pouvez aussi prendre ce bus depuis la station de métro/tramway/train de Wimbledon.

BUDDHAPADIPA TEMPLE

TEMPLE BOUDDHIQUE

(☎020-8946 1357 ; www.watbuddhapadipa.org ; 14 Calonne Rd, SW19 ; ⏲9h30-18h ; 🚋Wimbledon, 🚆Wimbledon, Ⓤ Wimbledon). GRATUIT Au cœur d'un terrain arboré de 1,5 ha près de Wimbledon, ce temple bouddhique thaïlandais (bouddhisme theravada) est ouvert à tous. Outre la quiétude contemplative, un esprit de communauté se dégage des lieux, où les visiteurs sont invités à échanger autour d'un café. Le *wat* (temple) comprend un *bot* (chapelle consacrée) décoré de scènes traditionnelles par deux grands artistes thaïlandais (pensez à ôter vos chaussures avant d'y pénétrer). Prenez le bus 93 depuis la station de métro/tramway/train de Wimbledon.

WIMBLEDON WINDMILL

ÉDIFICE REMARQUABLE

(www.wimbledonwindmill.org.uk ; Windmill Rd, SW19 ; ⏲14h-17h sam, 11h-17h dim fin mars-oct ; Ⓟ ; 🚋Wimbledon, 🚆Wimbledon). Le Wimbledon Windmill est l'un des derniers moulins à vent de Londres à avoir survécu. Ce beau moulin à jupe (sa tour, de forme octogonale, est évasée vers le bas, et a des flancs bardés de bois) date de 1817 et cessa de fonctionner

BILLETS POUR WIMBLEDON

Depuis 1877, les amateurs de sport du monde entier ont, en juin-juillet, le regard rivé sur la paisible banlieue sud de Wimbledon. Pour le **tournoi de Wimbledon** (☎020-8944 1066 ; www.wimbledon.com ; Church Rd, SW19 ; entrée courts 8-25 £, billets 33-225 £), la majorité des billets pour les courts centraux sont attribués par tirage au sort. Les inscriptions au tirage, qui ouvrent au mois de décembre de l'année précédant le tournoi pour les visiteurs étrangers (et dès la fin août pour les résidents du Royaume-Uni), se terminent fin décembre. S'inscrire n'est pas la garantie d'obtenir une place. Un certain nombre de billets pour les courts centraux, les courts secondaires, ainsi que des billets d'entrée au domaine (permettant d'accéder aux places non utilisées ou aux places debout sur les courts 3 à 18) sont disponibles si vous faites la queue le jour même. Pour obtenir une place pour les courts centraux, mieux vaut arriver tôt la veille et camper sur place. Consultez le site Internet pour plus de renseignements.

Les porteurs de *Debentures tickets* peuvent acheter des billets réservés pour le court central et le court n°1, à l'avance ou pendant le tournoi, sur le site Internet www.wimbledondebentureholders.com.

VAUT LE DÉTOUR

SYON HOUSE

Juste en face des Kew Gardens, sur l'autre rive de la Tamise, le domaine de **Syon House** (plan p. 498 ; ☎020-8560 0882 ; www.syonpark.co.uk ; Syon Park, Brentford, TW7 ; adulte/enfant 14/7 £, jardins 8/5 £ ; ⏱manoir 11h-17h mer-jeu et dim mi-mars à oct, jardins et serre 10h30-17h tlj mi-mars à oct ; ⓤGunnersbury) était à l'origine une abbaye médiévale, dont le nom vient du mont Sion, une des collines de Jérusalem. En 1542, Henri VIII décida de dissoudre la communauté de religieuses de l'ordre de Sainte-Brigitte qui y vivait, et de transformer l'abbaye en une superbe demeure. En 1547, Dieu se serait, dit-on, vengé du roi à sa mort : lorsque son cercueil en plomb fut déposé pour la nuit à Syon, en route pour Windsor, lieu de l'enterrement, son corps gonflé explosa, provoquant l'ouverture du cercueil, et attirant les chiens du domaine…

Le manoir où le duc de Northumberland proclama lady Jane Grey reine d'Angleterre (son règne ne dura que 9 jours), en 1553, fut remanié au XVIIIe siècle dans le style néoclassique par l'architecte et décorateur écossais Robert Adam (1728-1792). De nombreux meubles et lambris de chêne d'époque, qui reflètent le "style Adam", y sont encore visibles. À l'intérieur, des caractéristiques de décoration sont attribuées à chaque sexe : rose et parme pour la galerie des dames, et imitations de sculptures romaines dans la salle à manger des hommes. Le domaine de Syon House appartient aujourd'hui encore au duc de Northumberland. Ses résidents les plus célèbres ont compté le grand chef de guerre mohawk Thayendanegea (Joseph Brant) et Thomas Percy, qui participa à la conspiration des Poudres.

Les 16 ha de jardins de la propriété, qui englobent un lac et le magnifique Great Conservatory (Grande Serre ; 1826) surmonté d'un dôme – dont s'inspirera Joseph Paxton pour concevoir le Crystal Palace – ont été aménagés par le paysagiste anglais Capability Brown. Le parc de Syon possède plusieurs équipements destinés aux jeunes visiteurs, notamment une aire de jeux. L'accès est d'ailleurs gratuit pour les enfants durant les vacances scolaires et les jours fériés.

en 1864. Y sont exposées des maquettes retraçant l'histoire des moulins à vent. Juste à côté, les **Windmill Tearooms** sont parfaits pour une pause thé, café ou repas.

Hampton Court

HAMPTON COURT PALACE PALAIS

Voir p. 316.

OÙ SE RESTAURER

***Gastropubs* au bord de la Tamise, menus étoilés au Michelin, glaciers, salons de thé pour un *afternoon tea*, sans oublier le classique *fish and chips* : ces faubourgs résidentiels ne manquent pas de bons établissements. La jolie ville de Richmond, notamment, est une destination gourmande très prisée.**

♥ ORANGE PEKOE SALON DE THÉ £

(☎020-8876 6070 ; www.orangepekoeteas.com ; 3 White Hart Lane, SW13 ; thé et scones 9 £ ; ⏱7h30-17h lun-ven, 9h-17h sam-dim ; 🚉Barnes Bridge). Ce charmant établissement de Barnes est un paradis pour les amateurs de thé. Le "sommelier en thé" sait répondre aux questions les plus pointues. Le café aussi est délicieux, tout comme les petits-déjeuners et les gâteaux, et on y sert d'exquis *cream teas* (thé accompagné de scones, avec *clotted cream* et confiture de fraises). Quant à l'*afternoon tea* traditionnel, présenté dans les règles de l'art, il vous sera difficile de ne pas y succomber ! Réservation conseillée.

♥ GELATERIA DANIELI GLACIER £

Plan p. 498 (☎020-8439 9807 ; www.gelateriadanieli.com ; 16 Brewers Lane, TW9 ; glaces à partir de 3 £ ; ⏱10h-19h lun-sam, 11h-19h dim, ouverture plus tardive en été ; 🚉Richmond, ⓤRichmond). Nichée dans la ravissante Brewers Lane, petite ruelle pavée donnant sur Richmond Green, cette minuscule *gelateria* est un régal. Les glaces artisanales se déclinent en une vingtaine de parfums exquis : *Bakewell tart*, pistache, noix, tiramisu, pignons de pin, chocolat… Elles sont servies dans de petites coupelles ou dans des cornets chocolat-noisette. Également des milk-shakes (5 £) et du café.

RICHMOND HILL BAKERY BOULANGERIE £

Plan p. 498 (54 Friars Stile Rd ; pâtisseries à partir de 2 £ ; 8h-18h ; ; Richmond, Richmond). Cette boulangerie, qui fait aussi café, occupe un emplacement agréable dans Friars Stile Road. Les promeneurs de Richmond Park viennent s'y approvisionner en cafés, thés, tartelettes aux fraises, quiches, croissants et gâteaux. S'il y a du soleil, essayez d'obtenir une table à l'extérieur ou près d'une baie vitrée. Commandez votre café en caisse et allez le chercher à l'arrière. Chiens acceptés.

PIER 1 FISH AND CHIPS £

Plan p. 498 (020-8332 2778 ; www.pier1richmond.com ; 11-13 Petersham Rd, TW10 ; plats à partir de 10 £ ; 11h30-23h lun-sam, 11h30-22h dim ; ; Richmond, Richmond). L'ambiance de ce restaurant de *fish and chips* est plus raffinée que celle des *chippies* habituels, et le poisson, de très belle taille (frit ou grillé) est succulent. Il est servi avec des frites, de la sauce tartare et une petite portion de purée de petits pois, le tout pour 14 £. Vous pourrez aussi opter pour le steak, les lasagnes aux légumes ou une tourte à la viande et merlot.

Le menu enfants (7,45 £) comprend un plat principal plus petit avec des frites, une boisson et une glace.

CHEZ LINDSAY FRANÇAIS ££

Plan p. 498 (020-8948 7473 ; www.chez-lindsay.co.uk ; 11 Hill Rise, TW10 ; plats à partir de 20 £, menu déj 2/3 plats 14/17 £ ; 12h-23h lun-sam, 12h-22h dim ; Richmond, Richmond). Ce restaurant est un petit coin de Bretagne au pied de Richmond Hill, avec vue sur la Tamise. Les produits de la mer sont à l'honneur, ainsi que les galettes (à partir de 4,25 £), aux nombreuses garnitures. À déguster avec un grand choix de cidres bretons (bruts).

Menus à prix fixe proposés au déjeuner du lundi au vendredi.

MA GOA INDIEN ££

(020-8780 1767 ; www.magoaputney.co.uk ; 244 Upper Richmond Rd, SW15 ; plats 11-16 £ ; 18h30-22h30 mar-jeu, 18h30-23h ven-sam, 17h-21h30 dim ; ; Putney, Putney Bridge). Cet établissement familial est spécialisé dans la subtile cuisine d'influence portugaise de Goa. Entre autres plats fameux figurent : l'*achari raan* (ragoût d'agneau épicé aux tomates), le *murgh makhni* (poulet cuit au feu de bois, puis mariné dans une sauce massala crémeuse) et d'excellents plats de la mer. Plats végétariens également.

PETERSHAM NURSERIES CAFE EUROPÉEN MODERNE £££

Plan p. 498 (020-8332 8665 ; www.petershamnurseries.com ; Church Lane, en retrait de Petersham Rd, TW10 ; plats 24-30 £ ; café 12h-17h mar-dim ; Richmond, Richmond, 65). Dans une serre située derrière les pépinières de Petersham, sur un site magnifique, ce café primé semble tout droit sorti du roman *Le Jardin secret* (*The Secret Garden*, 1911), de Frances H. Burnett. L'excellente cuisine est préparée avec des légumes bio cultivés sur place et des produits adhérant aux principes du mouvement *Slow Food*. Parmi les plats de saison, vous pourrez trouver de la lotte au barbecue, des côtes de porc à la sauge ou un tajine végétarien. Réservez absolument.

Il y a aussi un **salon de thé** (9h-17h, 11h-17h dim), idéal pour prendre un café, un thé et des gâteaux pendant la journée, ou encore pour le déjeuner – sélection de soupes, salades, tourtes et plats de pâtes. Suite à l'inquiétude des riverains et des élus face à la circulation automobile engendrée par la fréquentation du lieu, les clients sont désormais priés de s'y rendre à pied par le joli chemin de halage depuis Richmond, ou d'utiliser les transports publics.

GLASSHOUSE EUROPÉEN MODERNE £££

Plan p. 498 (020-8940 6777 ; www.glasshouserestaurant.co.uk ; 14 Station Pde, TW9 ; déj/dîner 3 plats à partir de 40/57,50 £ ; 12h-14h30 et 18h30-21h30 mar-jeu, 12h-14h30 et 18h30-22h30 ven-sam, 12h30-16h dim ; ; Kew Gardens). Distingué par une étoile au Michelin, ce fabuleux restaurant permet de terminer en beauté une journée aux Kew Gardens. Les murs de verre laissent entrevoir un intérieur tamisé, où les mets divinement préparés ont la vedette. Élaboré par le chef Gregory Wellman, le menu de saison combine plats traditionnels anglais et innovations culinaires européennes.

La carte est sans cesse renouvelée selon les produits d'exception dénichés par le chef le jour même. Ambiance détendue, service affable et efficace.

BALADES LE LONG DE LA TAMISE

Le **Thames Path National Trail**, sentier de grande randonnée long de 296 km, relie la source du fleuve, située à Thames Head, près de Kemble (région des Cotswolds), à la barrière de la Tamise (Thames Barrier), en aval de Londres près de Greenwhich. C'est un périple superbe, en particulier dans sa partie la plus en amont, mais seuls les randonneurs aguerris l'accomplissent dans sa totalité (environ 2 semaines de marche). Nombreux sont ceux qui ne parcourent que l'une des sections du sentier, comme les 26 km qui séparent Battersea de la barrière de la Tamise (environ 6 heures 30 de marche). Vous pouvez aussi faire une ravissante promenade au bord de la Tamise, entre Putney et Barnes (6,5 km) notamment, ou entre Twickenham Bridge et Ham via Petersham (2,4 km) – un tronçon qui réserve de sublimes paysages.

OÙ PRENDRE UN VERRE ET FAIRE LA FÊTE

On ne pense pas forcément à Richmond pour venir prendre un verre, mais une collection de pubs parmi les plus pittoresques et anciens de la capitale y sont pourtant situés, de part et d'autre de la Tamise. À marée haute, les eaux du fleuve frôlent certains établissements, les rendant parfois inaccessibles.

CITY BARGE — PUB

(020-8994 2148 ; www.metropolitanpubcompany.com/our-pubs/the-city-barge ; 27 Strand on the Green, W4 ; 12h-23h lun-jeu, 12h-minuit ven, 10h-minuit sam, 10h-22h30 dim ; ; Gunnersbury). Situé dans l'un des jolis cottages mitoyens faisant face à Oliver's Island (petite île boisée où Cromwell se serait réfugié), cet excellent pub de Chiswick a vue sur les eaux boueuses de la Tamise. C'est l'un des plus vieux pubs de Londres, dont la lignée remonte au XIVe siècle. L'endroit est charmant, avec 3 cheminées, et les buveurs s'installent dehors par beau temps ; la lourde porte en acier est fermée chaque fois que le fleuve inonde, à marée haute, le chemin de halage. Carte de *gastropub*, côté cuisine.

Dès le Moyen Âge, il y avait un pub ici, le Navigators Arms, qui survécut jusqu'à la Seconde Guerre mondiale. Frappé par la Luftwaffe, il a été restauré depuis. Les clichés accrochés au mur près du bar rappellent qu'une scène du film *Help!* (1965), avec les Beatles, a été tournée ici.

WHITE CROSS — PUB

Plan p. 498 (020-8940 6844 ; www.thewhitecrossrichmond.com ; Water Lane, TW9 ; 10h-23h lun-sam, 10h-22h30 dim ; ; Richmond). Emplacement au bord de l'eau, appétissante cuisine et bonnes bières : un trio gagnant pour ce pub installé sur le site d'un ancien monastère. Le Waterman's Arms, qui datait de 1748, fut reconstruit en 1838. Détail insolite : une minuscule cheminée encore fonctionnelle se trouve sous la fenêtre à droite en entrant.

Le pub possède deux entrées, l'une pour les périodes de marée haute, l'autre pour la marée basse. Lorsque la Tamise est à son plus haut niveau, le sentier de la Cholmondeley Walk qui longe le fleuve est inondé, et le pub est alors inaccessible, à moins d'être prêt à mettre les pieds dans l'eau (bottes fournies). Il est déjà arrivé que des bateaux doivent récupérer des fêtards éméchés. Dehors, une ardoise indique les horaires de la marée haute et son amplitude (le site Internet également).

TAP ON THE LINE — PUB

Plan p. 498 (020-8332 1162 ; www.tapontheline.co.uk ; Station Approach, TW9 ; 8h-23h lun-ven, 9h-23h sam, 10h-22h30 dim ; ; Kew Gardens). Situé sur le quai extérieur de la station de métro de Kew Gardens (cas unique à Londres), ce pub victorien en brique ocre a été restauré avec soin, et mérite la visite. Sa terrasse verdoyante et les guirlandes lumineuses ornant la cour de l'entrée en font un endroit charmant pour déjeuner. Concerts le dimanche à partir de 19h.

WHITE SWAN — PUB

Plan p. 498 (020-8744 2951 ; www.whiteswantwickenham.co.uk ; Riverside, TW1 ; 11h-23h mar-sam, 11h-22h30 dim-lun ; ; Twickenham). Situation imbattable pour ce pub traditionnel de Twickenham qui surplombe les eaux de la Tamise, dans une rue au charme champêtre typiquement anglais. Il y a un feu de cheminée l'hiver, et une terrasse au bord de la Tamise aux beaux jours. Clientèle d'habitués hauts en couleur, et choix de bières épatant. Consultez les horaires des marées affichés à l'entrée pour vérifier si vous pourrez dîner dans le jardin pavé, léché par les eaux à marée haute !

CROOKED BILLET PUB

(020-8946 4942 ; www.thecrookedbilletwimbledon.com ; 14-15 Crooked Billet, SW19 ; 11h-23h lun-jeu, 11h-minuit ven-sam, 11h-22h30 dim ; ; Wimbledon, Wimbledon). Ce pub historique a énormément de cachet, avec son sol dallé et ses feux de cheminée. L'été, les clients se détendent sur la pelouse en face. Cuisine maison, ales primées et bières de saison. Le pub Hand in Hand, juste à côté, est agréable aussi, mais bondé le week-end.

WHITE HART PUB

(020-8876 5177 ; www.whitehartbarnes.co.uk ; The Terrace, SW13 ; 11h-23h lun-jeu, 11h-minuit ven-sam, 12h-minuit dim ; ; Barnes Bridge). La vaste salle traditionnelle du rez-de-chaussée est accueillante mais, par beau temps, les tables au bord de l'eau ou au balcon de l'étage, avec vue sur la Tamise, sont irrésistibles. Le White Hart était autrefois occupé par une loge maçonnique. Le jour de la **Boat Race** (p. 323), les spectateurs envahissent le pub et assistent à la course d'aviron, aux premières loges, une bière à la main.

OÙ SORTIR

RICHMOND THEATRE THÉÂTRE

Plan p. 498 (0844 871 7651 ; www.atgtickets.com/venues/richmond-theatre ; Little Green, TW9 ; Richmond, Richmond). Ce théâtre a ouvert en 1899 dans un magnifique édifice victorien dû à l'architecte Frank Matcham, en face du Little Green (près de Richmond Green). Sa programmation est variée : pièces à succès, opéras, ballets, comédies musicales, concerts et humour.

SHOPPING

Plus réputée pour ses sites à visiter que pour ses boutiques, Richmond possède néanmoins un bon choix de magasins propre à satisfaire les amateurs de lèche-vitrines en tout genre.

Richmond High Street est bordée de magasins de chaîne, mais on trouve des boutiques indépendantes alentour. En allant ou en revenant de Richmond Green par Brewers Lane, vous découvrirez une enclave de rues pavées jalonnées de bijouteries.

TEDDINGTON CHEESE GASTRONOMIE

Plan p. 498 (020-8977 6868 ; www.teddingtoncheese.co.uk ; 74 Hill Rise, TW10 ; 10h-18h mer-sam, 11h-18h dim ; Richmond, Richmond). En montant ou en descendant Richmond Hill, faites étape dans cette petite fromagerie débordant de plus de 130 variétés britanniques et internationales. Le fromager pourra vous conseiller, que vous soyez intéressé par le *garrotxa* de Catalogne, le vacherin fribourgeois de Suisse ou le *capria* de Worcester.

THE OPEN BOOK LIBRAIRIE

Plan p. 498 (020-8940 1802 ; theopenbook0.wixsite.com/theopenbook-richmond ; 10 King St, TW9 ; 9h30-18h lun-sam, 11h-18h dim ; Richmond, Richmond). La charmante librairie de Helena Richardson, toujours dans la course malgré la présence de l'immense Waterstones à proximité, est un des hauts lieux de la lecture à Richmond. Choix de livres incroyable dans un espace assez réduit, où fureter à loisir et trouver des pépites. Si vous recherchez un ouvrage spécifique, Helena connaît son stock sur le bout des doigts.

TOKO BIJOUX

(020-8332 6620 ; www.tokojewellery.co.uk ; 18 Brewers Lane, TW9 ; 10h-18h lun-sam, 12h-17h dim ; Richmond). Cette petite bijouterie de Brewers Lane propose une collection de colliers, bagues, bracelets et boucles d'oreilles en argent, or et pierres semi-précieuses.

SPORTS ET ACTIVITÉS

RICHMOND BRIDGE BOAT HIRE BATEAU

Plan p. 498 (020-8948 8270 ; www.richmondboathire.co.uk ; Richmond Bridge ; adulte/enfant 10/5 £ par heure ; Richmond, Richmond). Location de canots de tailles diverses (dont un pour 12 personnes), pour voguer le long de la Tamise. Le tarif à la journée est de 18 £ par adulte et de 9 £ par enfant.

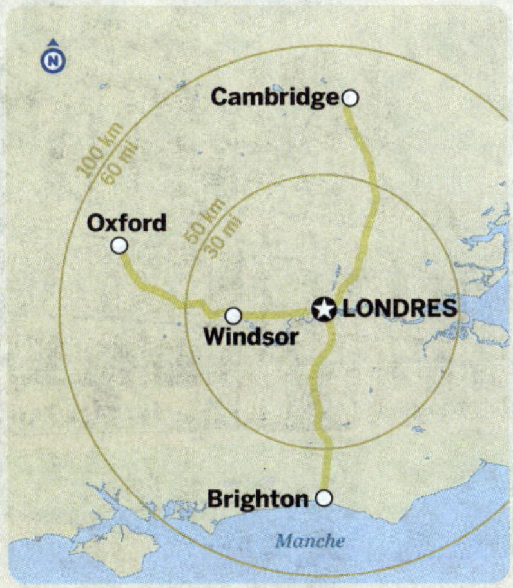
Cambridge
100 km
60 mi
Oxford
50 km
30 mi
LONDRES
Windsor
Brighton
Manche

Excursions

KIEVVICTOR/SHUTTERSTOCK ©

LES INCONTOURNABLES
CHÂTEAU DE WINDSOR

Windsor Castle n'est pas seulement la plus grande forteresse du monde, c'est le château le plus longtemps occupé sans interruption. Imposante masse de remparts et de tours, il veille sur Windsor, à 40 km à l'est de Londres. La Couronne l'occupe depuis plus de 9 siècles, et c'est toujours la résidence officielle préférée de la reine.

Histoire

L'histoire de Windsor Castle remonte à 1071, quand Guillaume le Conquérant ordonna la construction d'un fort de bois et de terre (motte castrale), en haut d'une colline. Un siècle plus tard, son arrière-petit-fils Henry II le fit remplacer par une tour de pierre ronde. Édouard III y ajouta un palais gothique, Elizabeth Ire la robuste North Terrace, et Charles II rénova les State Apartments dans le style baroque, pour créer un "Versailles anglais". George III y ajouta tourelles et créneaux pour lui redonner un air médiéval, et George IV inséra un palais moderne dans l'ancien ensemble. Après mille ans de reconstruction, le château de 951 salles affiche donc une grande diversité architecturale, de la brique à colombages à la maçonnerie gothique.

Inner Hall

Créé par George IV vers 1820 pour accueillir chefs d'État et invités officiels, ce hall fut fermé par la reine Victoria en 1866 – son entrée scellée par un mur de pierre – et servit d'espace de stockage pendant 150 ans. Rouvert au public en 2019, il a été restauré en ôtant les couches de peintures qui cachaient les délicats bossages du plafond Régence, créés par Francis Bernasconi. Il relie l'entrée des visiteurs,

À NE PAS MANQUER

- Grand Vestibule
- St George's Hall
- St George's Chapel
- Queen Mary's Dolls' House
- Relève de la garde

INFOS PRATIQUES

- 0303 123 7304
- www.royalcollection.org.uk
- Castle Hill, Windsor
- Adulte/enfant 23,50/13,50 £
- 10h-17h15 mars-oct, 10h-16h15 nov-fév
-
- bus 702 depuis la gare routière de Victoria
- London Waterloo jusqu'à Windsor et Eton Riverside
- London Paddington jusqu'à Windsor et Eton Central via Slough

sur **North Terrace**, au **State Entrance Hall**, côté sud, d'où l'on jouit d'une vue dégagée sur **Long Walk**. Mentionnons également des vestiges de pierre qui auraient fait partie des bâtiments construits par Henry Ier vers 1110.

State Apartments (appartements d'État)

Dans la partie haute, Upper Ward, les State Apartments sont un vibrant témoignage de siècles de styles et d'histoire. Une vingtaine de pièces sont ouvertes au public. Les épées croisées, armures et bannières du **Grand Staircase** (grand escalier) en annoncent la couleur.

En haut, une statue de la reine Victoria assise veille sur le **Grand Vestibule**, orné de présents et de trophées de l'Empire britannique. Citons notamment une tête de tigre grandeur nature en or avec des dents en cristal, provenant du trône de Tipu, sultan de Mysore, et la balle de mousquet qui tua Nelson. Plus loin, la **Waterloo Chamber** célèbre la bataille de 1815 et s'orne de portraits de généraux et de diplomates triomphants.

Deux itinéraires autoguidés – le "cérémonial" et l'"historique" – passent par le splendide **St George's Hall**, siège de l'ordre des 24 Chevaliers de la Jarretière, qui sert encore lors de grands banquets. Au plafond décoré, refait après le terrible incendie de 1992 (le feu prit dans le **Lantern Lobby** adjacent), figurent les écus des chevaliers passés et présents. Ceux vierges représentent les chevaliers "dégradés", exclus de l'ordre, pour la plupart des souverains étrangers ayant déclaré la guerre à la Grande-Bretagne.

Au-delà de la **Grand Reception Room**, où la reine reçoit ses visites d'État, 10 salles sont appelées **King's Rooms** et **Queen's Rooms**. Créées en grande partie par Charles II, elles débordent de meubles luxueux, de tapisseries, de plafonds peints et de boiseries sculptées, et de tableaux de Hans Holbein, Bruegel, Rembrandt, Peter Paul Rubens, Van Dyck ou Gainsborough. La **Queen's Guard Chamber**, ornée de pistolets et d'épées, est ponctuée de statues et bustes de chefs militaires, dont sir Winston Churchill.

Queen Mary's Dolls' House

Cette incroyable maison de poupées, à gauche en entrant dans les State Apartments, fut conçue par sir Edwin Lutyens pour la reine Mary, épouse de George V, et achevée en 1924. Les petits détails sont stupéfiants : eau courante, électricité, éclairage, bijoux de la Couronne miniatures, vins millésimés dans la cave et livres miniatures uniques d'Arthur Conan Doyle et de Rudyard Kipling.

RÉSIDENCE ROYALE

Windsor est l'une des résidences principales de la reine, et utilisée pour les événements officiels. L'étendard royal (et non l'Union Jack) flotte au-dessus de la Round Tower lorsque la reine est présente.

En 1992, un incendie faillit dévaster les appartements d'État. Les dégâts, bien qu'importants, ont heureusement été limités et une restauration de 5 ans a rendu aux lieux leur splendeur.

UNE PETITE FAIM ?

À deux pas du château, **A La Russe** (☎01753-833009 ; www.alarusse.co.uk ; 6 High St, Windsor ; plats 13-23 £, menu déj 2/3 plats 12,50/16,50 £ ; ⏲18h-21h30 lun, 12h-14h30 et 18h-21h30 mar-sam) sert une excellente cuisine française.

Le **Two Brewers** (☎01753-855426 ; www.twobrewerswindsor.co.uk ; 34 Park St, Windsor ; plats 15-26 £ ; ⏲11h30-23h lun-jeu, 11h30-23h30 ven-sam, 12h-22h30 dim) est une adresse agréable pour se détendre, à l'extérieur parmi les fleurs, en été, ou près de la cheminée en hiver.

St George's Chapel

Après avoir traversé la partie centrale (Middle Ward) vers l'ouest et passé la fameuse **Round Tower**, réplique à l'identique de l'ancien donjon normand de 1170, on pénètre dans la partie basse (Lower Ward). La chapelle Saint-Georges fut commencée sous Édouard IV en 1475 et achevée en 1528. Les voûtes en éventail de la nef et les immenses vitraux "à grille" illustrent à la perfection le gothique perpendiculaire. Aujourd'hui familière à tous depuis le mariage du prince Harry avec Meghan Markle en mai 2018, c'est aussi un mausolée royal accueillant les tombes de 10 monarques. Henry VIII et Charles Ier reposent sous le magnifique chœur (*the Quire*), le père et la mère de la reine (le roi George VI et la reine Elizabeth, dite *Queen Mum*) dans une chapelle latérale.

La chapelle Saint-Georges est fermée le dimanche et à partir de 16h, mais il est possible d'assister aux **vêpres chantées** à 17h15 tous les jours sauf le mercredi.

Albert Memorial Chapel

Construite en 1240 par Henri III et dédiée à Édouard le Confesseur, cette petite chapelle richement décorée, adjacente à la chapelle Saint-Georges, était le lieu de culte de l'ordre de la Jarretière, jusqu'à ce que la chapelle Saint-Georges ne soit bâtie à côté et prenne cette fonction. Après la mort du prince Albert à Windsor, en 1861, la reine Victoria ordonna cette rénovation en hommage à son époux. On lui doit notamment la magnifique voûte, dont les carreaux de mosaïque dorés sont l'œuvre d'artisans vénitiens.

Windsor Great Park

Le splendide **parc** (01753-860222 ; www.windsorgreatpark.co.uk ; Windsor ; lever-coucher du soleil) GRATUIT, qui s'étend au sud du château, couvre 2 000 ha. Promenade bordée d'arbres sur 4,5 km, le **Long Walk** mène de la porte King George IV à une statue équestre de George III, la *Copper Horse Statue*, qui s'élève sur Snow Hill, point culminant du parc. Quelque 6,5 km plus au sud, on découvre le **Savill Garden** (Wick Lane, Englefield Green ; adulte/enfant 12/6 £ ; 9h30-18h mars-oct, 9h30-16h30 nov-fév ; P), qui ne manque pas de charme. Quittez Windsor par l'A308 et suivez les panneaux marron.

Relève de la garde

Pleine de pompe et d'apparat, la Relève de la garde a lieu en général à 11h les mardis, jeudis et samedis, lorsque le temps le permet. Si les troupes défilent dans les rues de Windsor, la véritable relève se déroule dans Lower Ward ou, quand la reine est ici officiellement en résidence, dans le Quadrangle (cour carrée) d'Upper Ward.

HARRY POTTER STUDIO TOUR

RICHARTPHOTOS/SHUTTERSTOCK ©

Que vous ayez pris le train en route ou que vous soyez inconditionnel de Harry, cette visite autoguidée des studios est magique. Décors, costumes, et présentations des coulisses, des robots et des effets visuels sont répartis en deux immenses hangars plus une partie en extérieur, et il faut au moins 3 heures pour bien en profiter. Les présentations interactives permettent de s'essayer au maniement de la baguette ou de chevaucher un balai. Les événements saisonniers à thème, comme "Dark Arts" en automne ou "Hogwarts in the Snow" en hiver ajoutent à la féerie.

Entrée au World of Harry Potter

On est saisi d'emblée en entrant dans le complexe par la gigantesque maquette du **Pansedefer ukrainien**, le dragon du film de 2011 *Harry Potter et les reliques de la mort – 2e partie*, suspendue au plafond du Studio Tour Hub. On y trouvera aussi le **Hub Café**, le **Chocolate Frog Café** et un **Food Hall**, plus un comptoir où prendre un guide digital optionnel (4,95 £) et un passeport d'activité pour recueillir des tampons tout au long de la visite.

À l'entrée, un couloir courbe orné de citations de J.K. Rowling fait passer devant le **Placard sous l'escalier**, puis dans une salle d'attente où l'on entend le règlement de la maison et des témoignages de fans en vidéo. On passe ensuite dans un petit cinéma opérant une courte projection, avant de franchir les portes géantes menant dans le véritable décor de l'immense Grande Salle de Poudlard – le premier d'une série de moments mémorables.

À NE PAS MANQUER

- Quai 9¾ et Poudlard Express
- Forêt Interdite
- Bureau de Dumbledore
- Bièraubeurre
- Salle commune de Gryffondor
- Chemin de Traverse
- Gringotts, la banque des sorciers

RENSEIGNEMENTS

- ☎0345 084 0900
- www.wbstudiotour.co.uk
- Studio Tour Dr, Leavesden
- adulte/enfant 47/38 £
- ⌚8h30-22h, horaires variables oct-mai
- P

FORÊT INTERDITE

Si vous n'êtes pas effrayé par le noir, vous aimerez ce décor lugubre. Éclairs et robots animés abondent, tels **Buck** l'hippogriffe et **Aragog**, une araignée de 1 tonne, dont les 5,50 m, pattes comprises, terrifiaient réellement Rupert Grint, arachnophobe, qui jouait le personnage de Ron Weasley.

Dans le Backlot, sont exposés des véhicules vus au fil de la série, comme le Magicobus à 3 étages, la Ford Anglia des Weasley et la moto de Sirius Black, pilotée par Hagrid. On y trouve aussi le Pont de Poudlard et le décor du 4 Privet Drive.

MAQUETTE DU CHÂTEAU DE POUDLARD

La dernière partie de la visite présente une fantastique **maquette de Poudlard** au 1/24e, illuminée, qui servait aux prises extérieures. Dans un paysage inspiré des Highlands d'Écosse, elle fut soigneusement construite à la main par 86 personnes et contient plus de 2500 fibres optiques lumineuses, de vraies plantes et du vrai gravier pour représenter arbres et pierres.

La Grande Salle

Cadre de scènes importantes comme le Bal de Noël ou la Bataille de Poudlard, la Grande Salle présente un grand festin sur deux longues tables, avec des étudiants en costume de chaque maison, le **pupitre de Dumbledore** et le **compteur des points de maison**, avec des milliers de perles de verre.

Intérieurs familiers

Un grand hangar abrite les décors intérieurs les plus familiers, comme le **dortoir des garçons de Gryffondor** et leur confortable **salle commune**. Dans le **bureau de Dumbledore**, les étagères sont pleines de vieux microscopes, de cartes du ciel et autres objets d'astronomie, et la scintillante **armoire à souvenirs** renferme plus de 800 flacons étiquetés à la main.

Quai 9¾ et Poudlard Express

Avant d'incarner le Poudlard Express, la locomotive à vapeur 5972 Olton Hall a bel et bien servi à transporter des passagers, de 1937 à 1963. Si la plupart des scènes se déroulant sur le quai 9¾ furent tournées à King's Cross Station, à Londres, on en a recréé une partie, en studio, voie et train compris, pour *Harry Potter et les reliques de la mort – 2e partie*.

Gringotts, la banque des sorciers

Flanquée d'imposantes colonnes de marbre, cette salle de banque de 5 000 m² tenue par des gobelins est éclairée par des lustres somptueux. Les guichets sont équipés d'encriers, de plumes, de registres et de tas de **gallions**, **mornilles** et **noises** – plus de 210 000 pièces furent ainsi créées rien que pour les deux derniers films. Le **coffre des Lestrange** contient 38 000 pièces de trésor en caoutchouc, y compris des masques de mangemorts, et 7 010 coupes de Helga Poufsouffle. Au-delà du coffre, il y a un autre décor de la salle – restez assez longtemps pour l'apparition surprise.

Balade au Chemin de Traverse

Le décor du Chemin de Traverse, inspiré par Dickens, pavé et défiant la gravité, aligne des devantures comme celles de la **banque Gringotts**, de la **boutique de baguettes magiques d'Ollivander**, avec ses piles de boîtes à baguettes poussiéreuses, plus les balais du **magasin d'accessoires de Quidditch**, les bébés boursouflets de la **Ménagerie magique**, et les robes de sorciers de **Madame Guipure**. Se détachant du reste, en orange vif, les 3 niveaux du **Weasley's Wizard Wheezes** (farces pour sorciers facétieux) ont été conçus comme un magasin de farces et attrapes du XVIIIe siècle.

Oxford

Explorer

Avec ses bâtiments de pierre blonde et son cadre splendide, en bord de rivière, la ville universitaire d'Oxford allie au charme intemporel d'un lieu de savoir cette force propre aux idées nouvelles.

Le meilleur...

Site Christ Church (ci-dessous)

Restaurant Vaults & Garden (p. 340)

Bar Turf Tavern (p. 341)

Depuis/vers Oxford

Bus Des bus relient la gare Victoria de Londres à la **gare routière** (Gloucester Green ; 9-15 £ ; 1 heure 45 à 2 heures), en plein centre d'Oxford.

Train La principale gare ferroviaire est à 10 minutes à pied à l'ouest du centre-ville. Depuis London Marylebone (6-22 £) et London Paddington (13-39 £), le trajet en train dure 1 heure 15. La gare d'Oxford Parkway est moins bien située, à 6,5 km au nord du centre. Elle accueille des trains pour London Marylebone (7-26 £, 1 heure).

Renseignements

Indicatif téléphonique ☎01865

Situation 52 miles (83 km) au nord-ouest de Londres.

À VOIR

CHRIST CHURCH UNIVERSITÉ

(☎01865-276492 ; www.chch.ox.ac.uk ; St Aldate's ; adulte/enfant 15/14 £ ; ⏲10h-17h lun-sam, 14h-17h dim). Fort de son héritage intellectuel et de sa beauté architecturale, Christ Church doit aussi à la saga *Harry Potter* une part de son surcroît récent de visiteurs. Le lieu fut en effet une des inspirations du Poudlard des romans et des films. Il est un des plus grands collèges d'Oxford – voire le plus grand si on y inclut son parc – et comprend une impressionnante cour carrée, une superbe galerie d'art et même une cathédrale. Fondé en 1525 par le cardinal Wolsey, il fut notamment la résidence de Lewis Carroll, dont les pique-niques avec la fille du doyen d'alors lui inspirèrent *Les Aventures d'Alice au Pays des merveilles*.

L'entrée principale de Christ Church, Tom Gate, se trouve juste sous l'imposante **Tom Tower** (XVIIe siècle), dont la partie supérieure fut dessinée par sir Christopher Wren, ancien étudiant de ces lieux. Passez-y à 21h05 (Oxford est à 5 minutes à l'ouest de Greenwich) pour entendre les 101 carillons de sa cloche de 6 tonnes, **Great Tom**, en rappel au couvre-feu imposé aux premiers étudiants du collège.

Les visiteurs doivent néanmoins entrer par St Aldate's plus au sud et traverser les jardins jusqu'à Meadow Gate (il peut y avoir des files d'attente). De là, la visite autoguidée mène au **Great Hall** Renaissance, le stupéfiant réfectoire du collège, avec sa charpente à blochets et ses portraits d'anciens élèves, dont Lewis Carroll et une douzaine de Premiers ministres. Il est souvent fermé aux visiteurs pendant le repas, entre 12h et 14h. Visite sur réservation.

Le Great Hall vous semblera peut-être familier car il a été reproduit en studio pour être le réfectoire de Poudlard, des films de *Harry Potter*. L'escalier aux voûtes en éventail de l'entrée apparaît dans *Harry Potter à l'école des sorciers* : le professeur McGonagall y accueille Harry.

La visite longe ensuite un des côtés de **Tom Quad** – la plus grande et belle cour carrée d'Oxford, dominée par la Tom Tower, et dont le bassin est orné d'une statue de Mercure – et arrive à **Christ Church Cathedral** (☎01865-276150 ; www.chch.ox.ac.uk/cathedral ; St Aldate's ; ⏲10h-17h lun-sam, 14h-17h dim) GRATUIT. La cathédrale s'élève sur le site où fut bâti, au VIIIe siècle, le sanctuaire de St Frideswide (sainte Frithuswith), sainte patronne d'Oxford. Elle fut bâtie comme église prieurale au XIIe siècle, et devint la chapelle du collège que fonda le Cardinal Wolsey en 1525, sous le nom de Cardinal College.

Longtemps un des plus riches collèges d'Oxford, Christ Church a accumulé une exceptionnelle collection artistique. Présentée dans la petite **Christ Church Picture Gallery** (☎01865-276172 ; www.chch.ox.ac.uk/gallery ; Oriel Sq ; adulte/enfant 4/2 £ ; ⏲10h30-17h lun-sam, 14h-17h dim juil-sept, horaires réduits oct-juin), annexe construite dans les années 1960, elle comprend des peintures et dessins du Tintoret, de Michel-Ange et autres maîtres de la Renaissance.

Oxford

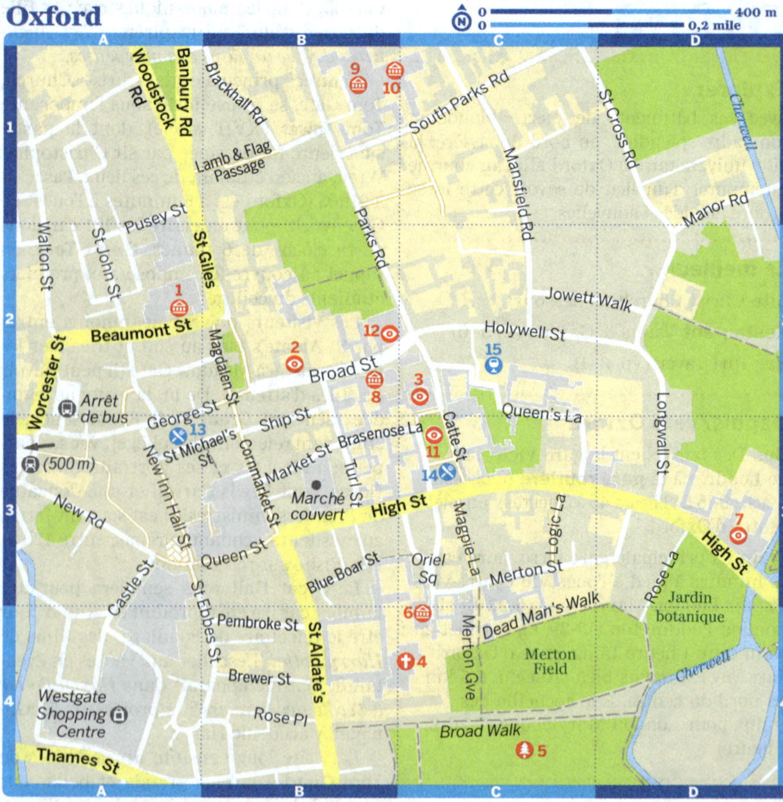

Oxford

À voir

1 Ashmolean Museum A2
2 Balliol College B2
3 Bodleian Library C2
Christ Church .... (voir 4)
4 Christ Church Cathedral C4
5 Christ Church Meadow C4
6 Christ Church Picture Gallery C4
7 Magdalen College D3
8 Museum of the History of Science B2
9 Oxford University Museum of Natural History B1
10 Pitt Rivers Museum B1
11 Radcliffe Camera C3
12 Weston Library B2

Où se restaurer

13 The Handle Bar A3
14 Vaults & Garden C3

Où prendre un verre et faire la fête

15 Turf Tavern C2

S'étendant au sud et à l'est du collège, et accessible gratuitement, **Christ Church Meadow** (www.chch.ox.ac.uk ; St Aldate's ; ⌚lever-coucher du soleil) GRATUIT est un grand espace vert bordé par la rivière Cherwell et la Tamise (sur la partie de son cours également nommée Isis), qui se prête à la flânerie. Tâchez d'apercevoir le troupeau de vaches *longhorn* appartenant au collège.

BODLEIAN LIBRARY BIBLIOTHÈQUE
(☎01865-287400 ; www.bodleian.ox.ac.uk/bodley ; Catte St ; ⌚9h-17h lun-sam, 11h-17h dim). Souverains, Premiers ministres, prix Nobel,

et des sommités comme Oscar Wilde, C.S. Lewis et J.R.R. Tolkien ont étudié dans la bibliothèque Bodléienne, superbe survivance du Moyen Âge. Une fois entré dans sa cour centrale du XVIIe siècle, admirez-en les vieux bâtiments. Le Blackwell Hall et les salles d'exposition de la Weston Library se visitent gratuitement, mais les restrictions dues à la Covid-19 en limitent l'accès, depuis sa réouverture, aux seuls étudiants et personnels.

Toutes les visites, dont les deux plus prisées, dites "mini" (30 min, 6 £) et "standard" (1 heure, 9 £), partent de **Divinity School**, une salle médiévale richement décorée, la plus ancienne de l'université. Le chantier de ce superbe exemple du gothique anglais débuta vers 1423 et s'acheva une soixantaine d'années plus tard. Étudiez-en le plafond à voûtes en éventail et vous verrez les initiales des bienfaiteurs (dont Thomas Kemp qui y figure 84 fois) qui y contribuèrent, ainsi que 3 "Hommes verts" (ou "Hommes feuillus", un célèbre motif ornemental). La Divinity School est l'infirmerie de Poudlard des films *Harry Potter*.

Chaque visite comprend aussi le niveau supérieur, datant de 1488. Les visiteurs ne peuvent toutefois ni entrer dans la belle salle médiévale, ni parcourir les ouvrages anciens, mais seulement les admirer depuis l'extension du XVIIe siècle adjacente. On reconnaîtra la bibliothèque de Poudlard des films *Harry Potter*.

La visite standard passe en plus par deux grandes salles tout au bout de Divinity School : **Convocation House**, où le Parlement anglais s'est réuni 3 fois, une fois sous Charles Ier et deux fois sous Charles II, et **Chancellor's Court**, où furent jugés Oscar Wilde et le poète romantique Percy Bysshe Shelley (respectivement pour dettes – contractées en tant qu'étudiant – et encouragement à l'athéisme).

Moins fréquentes, les visites "extended" demeurent l'unique moyen d'accès public à la Radcliffe Camera (p. 340) voisine, où se trouve une partie de la collection de la Bodleian Library.

Consultez les horaires en ligne ou au bureau d'information ; les billets pour chaque visite se vendent jusqu'à 2 semaines à l'avance. Notez aussi que certains "trésors de la Bodleian" sont exposés à la **Weston Library** (☎01865-287400 ; www.bodleian.ox.ac.uk/weston ; Broad St ; ⏲10h-17h lun-sam, 11h-17h dim) GRATUIT voisine.

♥ PITT RIVERS MUSEUM — MUSÉE

(☎01865-270927 ; www.prm.ox.ac.uk ; South Parks Rd ; ⏲10h-16h30 mar-dim, 12h-16h30 lun ; ♿). GRATUIT Pour passer un après-midi dans une immense salle pleine d'objets excentriques et surprenants, direction le Pitt Rivers Museum. Niché derrière le **musée d'histoire naturelle d'Oxford** (☎01865-272950 ; www.oum.ox.ac.uk ; Parks Rd ; ⏲10h-17h ; 📶♿) GRATUIT, il a été bâti autour d'une collection anthropologique amassée par le général victorien auquel il doit son nom. En plus d'en ménager le contenu, l'éclairage tamisé des vitrines et des allées confère à l'endroit un air de mystère. Les objets ne sont pas classés selon les cultures dont ils proviennent, mais par thèmes, comme le tabac, les armes, l'art corporel ou le traitement des ennemis morts (une exposition particulièrement macabre).

En explorant ses 3 niveaux à balcons, peut-être tomberez-vous sur des reçus de temples mésopotamiens, des masques de théâtre nô ou un casque de guerre en peau de poisson porc-épic. Il y a même toute une vitrine de lamellophones (instruments à lames pincées).

♥ ASHMOLEAN MUSEUM — MUSÉE

(☎01865-278000 ; www.ashmolean.org ; Beaumont St ; ⏲10h-17h mar-dim, 10h-20h dernier ven du mois ; ♿). GRATUIT L'un des plus anciens musées de Grande-Bretagne à avoir ouvert ses portes au public, le splendide Ashmolean d'Oxford n'est surpassé que par le British Museum de Londres. Il fut fondé en 1683, lorsque Elias Ashmole présenta à l'université d'Oxford une collection de "raretés" amassées par John Tradescant, jardinier de Charles Ier, qui avait beaucoup voyagé. On passe aisément la journée à explorer ce splendide bâtiment néoclassique, et des prospectus spécialement conçus guideront les enfants vers certaines vitrines.

Chaque galerie, vaste et claire, de ses 4 niveaux semble recéler son lot de trésors, qu'il s'agisse d'une fresque du palais de Knossos, d'œuvres d'art de la Renaissance italienne ou du Japon, de tableaux de Goya, Van Gogh et Turner, voire du célèbre joyau d'Alfred, un superbe bijou anglo-saxon du IXe siècle attribué à Alfred le Grand, et dont on suppose qu'il s'agissait du manche d'un pointeur de lecture. Le musée est intimement lié à la ville d'Oxford et à son histoire. Réservation obligatoire.

♥ MAGDALEN COLLEGE — UNIVERSITÉ

01865-276000 ; www.magd.ox.ac.uk ; High St ; adulte/enfant 7/6 £ ; ⊙10h-19h fin juin-fin sept, 13h-crépuscule le reste de l'année). Situé sur un domaine privé de 40 ha (avec pelouses, bois, sentiers le long de la rivière et parc à daims), Magdalen (prononcer "maudeline"), fondé en 1458, est un des plus riches et des plus beaux collèges d'Oxford. Derrière son élégante entrée victorienne se cache une chapelle médiévale avec un clocher du XVe siècle. De là, rejoignez le superbe **cloître** (XVe siècle), dont les grotesques (figures sculptées) auraient pu inspirer à C. S. Lewis les statues de pierre du *Monde de Narnia*.

Derrière le cloître, **Addison's Walk** est une belle balade en boucle d'environ 1,5 km autour de **Water Meadow**, une île en triangle dans la rivière Cherwell, réputée pour ses belles fleurs sauvages. On peut prolonger la balade en allant jusqu'à **Angel and Greyhound Meadow** – le bel espace vert visible depuis Magdalen Bridge –, **Bat Willow Meadow**, plus petite où se trouve la sculpture en forme d'arbre appelée *Y*, par Mark Wallinger, et **Fellows' Garden**, plus secret, un peu en amont.

Les daims de Magdalen passent en général l'hiver et le printemps au **Deer Park**, au nord des principaux bâtiments du collège, et l'été dans les prairies du bord de l'eau.

Parmi les anciens étudiants célèbres du Magdalen College, on trouve les écrivains C.S. Lewis, John Betjeman, Seamus Heaney et Oscar Wilde, auxquels s'ajoutent entre autres Édouard VIII, T.E. Lawrence, dit "d'Arabie", Dudley Moore et le cardinal Thomas Wolsey.

Le collège compte aussi une belle chorale qui, lors des fêtes annuelles du **May Day** (1er mai), chante l'*Hymnus Eucharisticus* à 6h du haut du clocher (44 m).

L'entrée au Magdalen College est sur réservation.

RADCLIFFE CAMERA — BIBLIOTHÈQUE

(☎01865-287400 ; www.bodleian.ox.ac.uk ; Radcliffe Sq ; visite 15 £ ; ⊙visites 9h15 mer et sam, 11h15 et 13h15 dim). Sans doute l'édifice le plus photographié d'Oxford, cette splendide bibliothèque de couleur ocre doré inondée de lumière fut construite entre 1737 et 1749 dans le plus pur style palladien, en rotonde à colonnes. Appelée à l'origine "Radcliffe Library", elle est surmontée par le troisième plus grand dôme de Grande-Bretagne. Elle n'est une "*camera*" (salle, en latin) que depuis 1860, lorsqu'elle perdit son indépendance pour devenir une salle de lecture de la Bodleian Library. Elle l'est toujours. Les non-membres doivent obligatoirement s'inscrire à la visite guidée la plus complète (*extended*, 1 heure 30) de la Bodleian Library (p. 338) pour voir l'intérieur.

BALLIOL COLLEGE — UNIVERSITÉ

(☎01865-277777 ; www.balliol.ox.ac.uk ; Broad St ; adulte/enfant 3/1 £ ; ⊙10h-17h, 10h-crépuscule l'hiver). Datant sa fondation de 1263 "environ", Balliol College revendique être le plus ancien collège d'Oxford, mais ses bâtiments actuels datent pour l'essentiel du XIXe siècle. Les traces de brûlures des immenses portes gothiques en bois entre ses cours intérieure et extérieure dateraient, dit-on, du bûcher auquel furent condamnés 3 évêques protestants (dits "Martyrs d'Oxford"), dont l'archevêque de Canterbury Thomas Cranmer, en 1555, sous le règne de Marie Tudor. Parmi les anciens étudiants connus, figurent 4 Premiers ministres britanniques, dont Boris Johnson, ainsi que les écrivains Gerard Manley Hopkins et Aldous Huxley.

MUSEUM OF THE HISTORY OF SCIENCE — MUSÉE

(☎01865-277293 ; www.mhs.ox.ac.uk ; Broad St ; ⊙12h-17h mar-dim). GRATUIT Les étudiants en science seront fascinés par ce musée, avec ses astrolabes, ses planétaires et divers appareils électriques anciens, entre autres instruments. Il occupe le joli bâtiment du XVIIe siècle où était logé l'Ashmolean Museum d'origine. On y trouve aussi bien des appareils photo ayant appartenu à Lewis Carroll ou à Lawrence d'Arabie, qu'un récepteur sans fil de Marconi (1896), ou le tableau qu'Einstein couvrit d'équations lorsque, en 1931, il vint donner 3 conférences sur la relativité.

OÙ SE RESTAURER ET PRENDRE UN VERRE

♥ VAULTS & GARDEN — CAFÉ £

(☎01865-279112 ; www.thevaultsandgarden.com ; University Church of St Mary the Virgin, Radcliffe Sq ; plats 9-10,50 £ ; ⊙9h-18h ; 📶✎). Un très bel endroit pour déjeuner, installé sous les voûtes du XIVe siècle de l'Old Congregation House de University

Church et s'étend jusque dans un jardin face à la Radcliffe Camera. Venez tôt et faites la queue au comptoir pour choisir plats du jour complets et bio tels que soupe de carotte et muscade, curry de poulet *panang* ou épaule d'agneau rôtie aux groseilles. Petit-déjeuner et *afternoon tea* (les scones !) sont tout aussi bons.

HANDLE BAR CAFE CAFÉ £

(☎01865-251315 ; www.handlebaroxford.co.uk ; Bike Zone, 28-31 St Michael's St ; plats 8-13 £ ; ⌚8h-18h lun-mar, 8h-23h mer-ven, 9h-23h sam, 9h-17h dim ; 📶🌿). À l'étage d'un magasin de cycles, ce café sympathique est plein de vélos et vélocipèdes, accrochés au plafond ou aux murs de brique blancs. Y affluent étudiants, employés et touristes, tous venus pour les plats sains et généreux : toast à l'avocat et au houmous de betterave, salade de tofu poêlé, "pots" de muësli au petit-déjeuner, plus les bons gâteaux, smoothies, thés et cafés.

En face, un café-bar à cocktails affiche la même carte.

♥ **TURF TAVERN** PUB

(☎01865-243235 ; www.turftavern-oxford.co.uk ; 4-5 Bath Pl ; ⌚11h-23h ; 📶). Au fond d'une petite allée, ce minuscule pub médiéval (qui remonte au moins à 1381) tient le haut du pavé. Oscar Wilde, Stephen Hawking, Margaret Thatcher et Bill Clinton comptèrent au nombre de ses illustres clients. Servant un excellent choix de *real ales*, l'endroit fait invariablement le plein, mais dispose aussi d'une terrasse.

Cambridge

Explorer

La richesse de son architecture, de son histoire et de ses traditions (sans parler de ses singuliers rituels) fait de Cambridge une autre ville universitaire extraordinaire. Ses *colleges* anciens très concentrés, leurs superbes "Backs" (jardins) en bord de rivière, et les prairies verdoyantes qui entourent la cité tel un écrin lui confèrent un charme paisible qui la distingue de sa rivale historique, Oxford.

Comme à Oxford ("The Other Place" comme on l'appelle ici), on peut flâner parmi les *colleges* sur les pas des nombreux Premiers ministres, poètes, écrivains et scientifiques qui y firent leurs humanités. Une ambiance studieuse imprègne Cambridge. En témoignent les cyclistes lancés à toute allure, chargés de livres, dans les ruelles pavées, les étudiants se reposant sur des pelouses bien entretenues et les grands esprits occupés à refaire le monde dans de vénérables pubs. À bord des *punts* (barques), les nouveaux venus zigzaguent tant bien que mal sur la rivière, tandis que des visiteurs déambulent en ville, se prenant à rêver à ce qu'aurait été leur vie d'étudiant dans un cadre si merveilleux.

Le meilleur...

Site King's College Chapel

Restaurant Midsummer House (p. 344)

Bar Eagle (p. 345)

Depuis/vers Cambridge

Bus 9 bus par jour au départ de London Victoria (4,70 £, 2 heures 30) vous déposeront à Parkside, juste à l'est du centre de Cambridge.

Train La gare ferroviaire est à 2,5 km au sud-est du centre. De 2 à 4 trains par heure rejoignent la gare de King's Cross, à Londres (13 £, 1 heure).

Renseignements

Indicatif téléphonique ☎01223

Situation 49 miles (78 km) au nord de Londres.

Office du tourisme (☎01223-791500 ; www.visitcambridge.org ; The Guildhall, Peas Hill ; ⌚9h30-17h lun-sam nov-mars, plus 11h-15h dim avr-oct)

À VOIR

♥ **KING'S COLLEGE CHAPEL** ÉGLISE

(☎01223-331212 ; www.kings.cam.ac.uk ; King's Pde ; tarif plein/réduit 9/6 £ ; ⌚9h30-15h15 lun-sam et 13h15-14h30 dim en période scolaire, 9h30-16h30 le reste de l'année). Cette chapelle du XVIe siècle est l'un des plus beaux exemples de gothique anglais finissant. Très élaboré, son plafond voûté en éventail de 80 m de long, le plus grand au monde, fait penser à un feu d'artifice de pierre. Le très bel intérieur, avec ses stalles en bois finement travaillées, a une acoustique idéale, et la chapelle

Cambridge

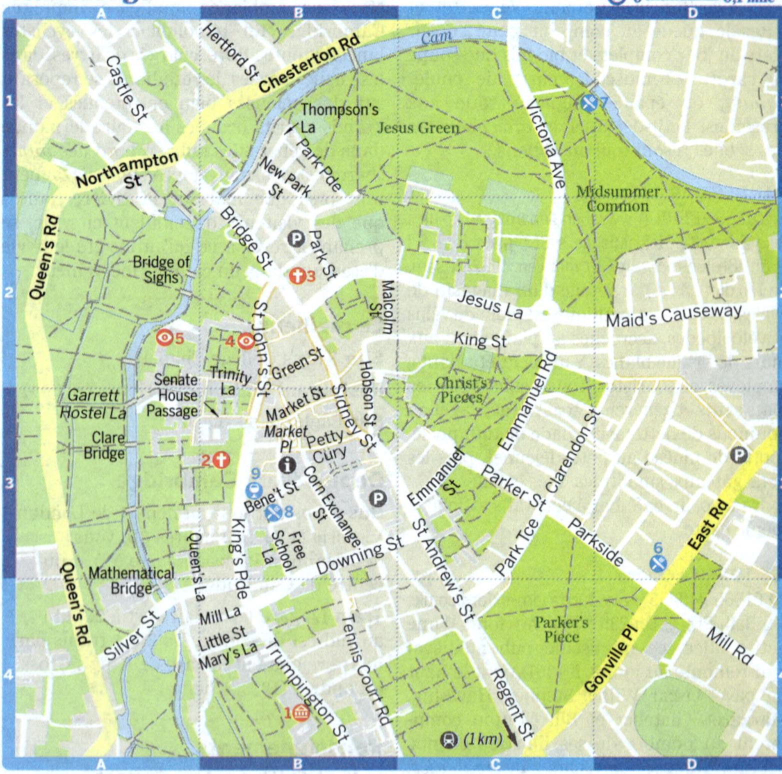

Cambridge

À voir

1 Fitzwilliam Museum B4
2 King's College Chapel B3
3 Round Church B2
4 Trinity College B2
5 Wren Library A2

Où se restaurer

6 Espresso Library D3
7 Midsummer House C1
8 Smokeworks B3

Où prendre un verre et faire la fête

9 Eagle B3

accueille un chœur de renommée mondiale. On peut venir l'écouter gratuitement durant les **vêpres chantées** (période scolaire 17h30 lun-sam, 10h30 et 15h30 dim).

Les **flèches** de King's attirent de longue date les étudiants-grimpeurs (la nuit), et les images de la chapelle ornent des milliers de cartes postales, torchons ou CD de chorales. Elle était au départ un acte de piété du roi Henry VI. Sa construction entamée en 1446 ne s'acheva que sous Henry VIII, vers 1516.

Les grands **vitraux** des flancs de la chapelle rendent celle-ci remarquablement lumineuse. D'origine, ils sont parmi les rares à avoir survécu aux ravages de la guerre civile qui, au XVIIe siècle, dévasta la région. On dit qu'Oliver Cromwell, qui connaissait leur beauté pour avoir étudié à Cambridge, ordonna qu'on les épargnât.

L'antéchapelle et le chœur sont séparés par un superbe **jubé** de bois sculpté, dessiné et réalisé par Peter Stockton pour Henry VIII. Le jubé porte les initiales du roi mêlées à celles d'Anne Boleyn. En cherchant bien, on peut voir un visage d'homme en colère (Stockton, peut-être) parmi les animaux mythiques et les fleurs symboliques. Au-dessus, le grand **orgue**, construit en 1686, a été largement remanié depuis.

Au-delà des stalles de bois sculpté du chœur, la lumière inonde le **maître-autel**, entre le chef-d'œuvre de Rubens *L'Adoration des mages* (1634) et le superbe vitrail est. À gauche de l'autel dans les chapelles latérales, une **exposition** retrace les étapes de sa construction, et les méthodes employées alors.

Notez que la chapelle (mais pas son parc) est ouverte pendant les examens (avril-juin).

Chaque veille de Noël, King's College Chapel présente un **Festival of Nine Lessons & Carols**. Il est retransmis par la BBC et par près de 300 radios américaines. On peut aussi faire la queue pour avoir une place : arrivez assez tôt (autour de 9h) et vous en décrocherez peut-être une.

TRINITY COLLEGE — COLLEGE

(01223-338400 ; www.trin.cam.ac.uk ; Trinity St ; adulte/enfant 3/1 £ ; 10h-16h30, 10h-15h30 nov-juin). Le plus vaste collège de Cambridge, Trinity, présente une extraordinaire porte d'entrée de style Tudor et une immense Great Court – une des plus grandes cours fermées au monde. Il abrite aussi la très renommée **Wren Library** (01223-338400 ; www.trin.cam.ac.uk ; Trinity St ; 12h-14h lun-ven, plus 10h30-12h30 sam en période scolaire) GRATUIT, riche de quelque 55 000 livres publiés avant 1820 et de plus de 2 500 manuscrits. Au nombre des ouvrages, citons ceux de Shakespeare, saint Jérôme, Newton et Swift, ainsi que le manuscrit original de *Winnie l'ourson*, de A. A. Milne. Ce dernier, ainsi que son fils, Christopher Robin, ont tous deux étudié à Trinity College.

En entrant dans Trinity par la porte, grand ouvrage de brique flanqué de tours crénelées, admirez la **statue** du fondateur du collège, Henri VIII, qui l'orne. S'il tient, dans sa main gauche, un globe en or, le souverain arbore, dans la droite, non le traditionnel sceptre royal, mais un pied de table, le résultat d'une blague d'étudiant, qui a été laissé en place. C'est un merveilleux avant-goût de l'un des plus vénérables collèges de Cambridge et un rappel de l'esprit d'indépendance des lieux.

Arrivé dans la **Great Court**, on est saisi tant par son architecture que par ses dimensions. À droite de l'entrée se dresse un petit arbre, planté dans les années 1950 et qui serait un rejeton du pommier rendu célèbre par sir Isaac Newton, ancien élève de Trinity. Des personnalités sont passées par les bancs de cette université, comme Francis Bacon, lord Byron, Tennyson, le prince Charles (qui, selon la légende, aurait eu de moins bons résultats que son garde du corps), au moins 9 Premiers ministres (britanniques et internationaux) et plus de 30 lauréats du prix Nobel.

L'immense **hall** présente une spectaculaire charpente à blochets et des lustres. Derrière, vous découvrirez l'élégant cloître de **Nevile's Court**. Notez que Trinity College accueille chaque année la plus grande fête de la ville (cela n'aurait pas déplu à Henri VIII), le gigantesque **May Ball**, début juin. Pour obtenir une invitation, il vous faudra délier les cordons de votre bourse et connaître quelqu'un sur place.

FITZWILLIAM MUSEUM — MUSÉE

(www.fitzmuseum.cam.ac.uk ; Trumpington St ; don requis ; 10h-17h mar-sam, 12h-17h dim). GRATUIT Tendrement surnommé le "Fitz" par les habitants, ce colossal édifice néoclassique fut l'un des premiers musées d'art ouverts au public de Grande-Bretagne. Il fut construit pour abriter les fabuleux trésors que le septième vicomte Fitzwilliam légua à son ancienne université. Vous y verrez du mobilier funéraire romain et égyptien, des œuvres d'art de nombreux grands maîtres et quelques collections plus insolites : billets de banque, autographes d'auteurs, montres et armures.

L'aspect du bâtiment semble refléter ce que l'on y expose ; ce mélange ostentatoire de styles marie mosaïques et marbres, grec et égyptien. Ses **galeries inférieures** contiennent des trésors antiques inestimables. On y admire une banquette funéraire romaine, une plaque votive en cuivre sans inscription du Yémen (vers 100-200 de notre ère), une figurine de la déesse égyptienne Bastet, des sarcophages, des animaux momifiés égyptiens et des manuscrits enluminés. Les **galeries supérieures** abritent des peintures de Léonard de Vinci, Titien, Rubens, Gainsborough, Constable, Rembrandt, Picasso, ainsi que de peintres impressionnistes. Certaines œuvres sont exceptionnelles, comme la *Vierge à l'Enfant et anges* de Giovanni del Ponte et *L'Umana Fragilita* (*La Fragilité humaine*), toile sombre et très personnelle de Salvator Rosa.

L'histoire du Fitz fut marquée par un épisode tragique : George Basevi, qui entama sa construction en 1837, mourut avant de le voir achevé. Tandis qu'il travaillait sur la cathédrale d'Ely, il recula pour contempler son œuvre, tomba et mourut. Visite guidée le samedi à 14h30 (1 heure ; 8 £).

ROUND CHURCH ÉGLISE

(☎01223-311602 ; www.christianheritage.org.uk ; Bridge St ; 3,50 £ ; ⏲11h-16h30 lun-ven, 10h-16h30 sam). Cette jolie église en rotonde est l'une des 4 seules structures de ce type en Angleterre. Elle fut bâtie par l'ordre du Saint-Sépulcre en 1130 et comprend une nef circulaire peu commune entourée d'épais piliers normands. Les visages sculptés en pierre qui coiffent les piliers évoquent l'univers du XIIe siècle. Visites guidées du lundi au samedi, à 14h15.

Située dans Bridge Street, cette chapelle était destinée aux pèlerins qui traversaient la rivière.

OÙ SE RESTAURER ET PRENDRE UN VERRE

ESPRESSO LIBRARY CAFÉ £

(☎01223-367333 ; www.espressolibrary.com ; 210 East Rd ; plats 7,50-11 £ ; ⏲7h30-17h lun-sam, 8h30-17h dim ; 📶✍). Baigné de musique douce, ce café de style industriel-chic est apprécié des étudiants. Outre son succulent café, son succès repose sur sa cuisine saine, à l'exemple des omelettes aux patates douces et épinards, ou des petits pains briochés aux champignons portobello.

SMOKEWORKS BARBECUE ££

(www.smokeworks.co.uk ; 2 Free School Lane ; plats 11-20 £ ; ⏲11h30-22h lun-jeu, 11h30-22h30 ven-sam, 11h30-21h30 dim ; 📶). Ce restaurant sombre au décor industriel doit la faveur d'une clientèle de carnivores avisés à ses travers de porc et de bœuf, ses ailes de poulet et son merveilleux effiloché de porc. Viandes fondantes assurées ! Service accueillant et rapide. Les milk-shakes au caramel au beurre salé sont servis dans des verres géants.

♥ **MIDSUMMER HOUSE** BRITANNIQUE MODERNE £££

(☎01223-369299 ; www.midsummerhouse.co.uk ; Midsummer Common ; 3/8 plats 55/145 £ ; ⏲12h-13h30 et 18h30-21h15 mer-sam ; ✍). Aux fourneaux de la meilleure table de la région (deux étoiles au Michelin), le chef Daniel Clifford propose des recettes qui se distinguent par la profondeur des saveurs et un savoir-faire exceptionnel. Savourez la morue des Cornouailles pochée au babeurre, vanille et beurre blanc au champagne, ou le pigeon d'Anjou rôti à la purée

PUNT : DE L'ART DE BIEN MENER SA BARQUE

Glisser le long des jardins (*backs*) dans un *punt* que l'on manie soi-même est une expérience plaisante... une fois qu'on a pris le coup de main. Heureusement, il existe une option plus relaxante, qui est de louer un *punt* avec les services d'un "chauffeur".

La location d'un *punt* coûte environ 24-30 £ l'heure ; les balades avec chauffeur coûtent environ 18-24 £ par pers les 45 min. Comptez au moins 30 £ par pers l'aller pour Grantchester (1 heure 30).

Le *punting* semble être un jeu d'enfant, mais n'a en réalité rien d'une mince affaire. Voici quelques conseils pour éviter de zigzaguer affreusement sur la rivière, de perdre votre perche... ou de tomber à l'eau.

- Tenez-vous debout à l'arrière du *punt*, sortez la perche de l'eau le long d'un des côtés.
- Faites coulisser la perche entre vos mains pour qu'elle touche le fond de l'eau.
- Inclinez la perche vers l'avant (la direction dans laquelle vous voulez diriger le *punt*) et appuyez dessus pour propulser le *punt*.
- Dégagez la perche du fond de l'eau et laissez-la flotter dans le sillage du *punt*. Vous pourrez ce faisant l'utiliser comme gouvernail.
- Si vous n'êtes toujours pas tombé à ce stade... sortez la perche de l'eau, replacez-la en position verticale et recommencez cette série de gestes.
- Tenez toujours fermement votre perche, surtout en passant sous le Clare Bridge, car les étudiants s'amusent parfois à les attraper.

de chou braisé et champignons croustillants, avant la pyramide de sésame et chocolat blanc, avec un sorbet de goyave, noix de coco, piment et ail.

Chose rare, le menu de 8 plats est disponible en version végétarienne, végétalienne et pesco-végétarienne.

EAGLE PUB

(☎01223-505020 ; www.eagle-cambridge.co.uk ; Benet St ; ⏰11h-23h dim-jeu, 11h-minuit ven-sam ; 📶👪). Le pub le plus célèbre de Cambridge a accueilli plus d'un illustre professeur, dont les prix Nobel Crick et Watson, qui annoncèrent ici le fruit de leurs recherches sur l'ADN (comme le rappelle la plaque bleue près de la porte). Immense établissement lambrissé du XVe siècle, l'Eagle comprend plusieurs salles chaleureuses. Le plafond de l'une est couvert de signatures de pilotes de la Seconde Guerre mondiale.

La cuisine (plats 10-15 £, service continu) est également bonne, avec quelques options pensées pour les enfants.

Brighton

Explorer

Qu'il s'agisse de raves sur la plage, de romans de Graham Greene, d'affrontements entre mods et rockers, de week-end coquins pour M. et Mme Toulemonde, ou de la plus importante scène gay du pays : cette ville côtière évoque nombre d'images aux Britanniques. Mais une chose est sûre : avec son ambiance bohème et hédoniste, c'est à Brighton que les froides côtes anglaises se réchauffent le plus.

C'est la ville la plus haute en couleur et extravagante du pays. Ici, le burlesque croise le design contemporain, les bières artisanales voisinent au bar avec les "sex on the beach", les machos admirent les travestis. La cité a réélu le premier député du Green Party du pays, et selon le recensement de 2001, on y trouve la plus forte population de chevaliers Jedi du Royaume.

Le site touristique le plus important est le Royal Pavilion, palais de fête du XIXe siècle bâti pour le prince-régent, tenu pour l'initiateur du penchant local pour l'extravagance.

Le meilleur...

Site Royal Pavilion

Restaurant Terre à Terre (p. 347)

Bar Black Dove (p. 347)

Depuis/vers Brighton

Bus Des bus relient Brighton et London Victoria au moins toutes les 2 heures (à partir de 9 £, 2 heures 30).

Train 3 trains par heure au départ de London Victoria (25,30 £, 1 heure), et 2 trains par heure de London St Pancras (19,10 £, 1 heure 15). Les trains vers Londres s'arrêtent à Gatwick Airport (8,50 £, 25-35 min, jusqu'à 5/heure).

Renseignements

Indicatif téléphonique ☎01273

Situation 57 miles (91 km) au sud de Londres.

Office du tourisme (☎01273-290337 ; www.visitbrighton.com)

À VOIR

♥ **ROYAL PAVILION** PALAIS

(☎03000 290900 ; www.brightonmuseums.org.uk/royalpavilion ; Royal Pavilion Gardens ; adulte/enfant 15/9 £ ; ⏰9h30-17h45 avr-sept, 10h-17h15 oct-mars ; 📶). Le Royal Pavilion est le site incontournable de la ville. Ce lieu de fête et palais du prince George, devenu ensuite prince-régent puis roi George IV, est un des plus opulents du pays, et c'est sans doute le plus bel exemple de "chinoiserie" du XIXe siècle de toute l'Europe. Peu convaincue, la reine Victoria le décrivit comme un "étrange, bizarre pavillon chinois", mais pour qui visite Brighton, c'est une part immanquable de l'histoire du Sussex.

Tout le palais stupéfie, mais certaines salles se distinguent. Celle des banquets ornée de dragons doit ainsi être la plus mémorable. D'autres dragons et serpents se lovent dans la salle de musique, dont le plafond est fait de 26 000 écailles dorées, et la cuisine était alors dernier cri, avec ses tournebroches automatiques et ses tables chauffantes. Le prince Albert fit ensuite enlever tout le mobilier, dont une partie a été restituée par l'actuelle souveraine.

Brighton

Brighton

À voir

1	Brighton Museum & Art Gallery	C2
2	Brighton Pier	C3
3	i360 Tower	A3
4	Royal Pavilion	C2
5	West Pier	A3

Où se restaurer

6	English's of Brighton	C3
7	Isaac At	C1
8	Terre à Terre	C3

Où prendre un verre et faire la fête

9	Black Dove	D3

I360 TOWER — TOUR

(03337 720360 ; www.britishairwaysi360.com ; Lower King's Rd ; adulte/enfant 17/8 £ ; 10h-19h30 dim-jeu, 10h-21h30 ven-sam). La dernière attraction de Brighton a ouvert en 2016 à l'endroit où l'ancienne West Pier rejoignait la terre ferme. La tour la plus élancée du monde est une colonne brute haute de 162 m de béton armé, qui se dresse comme un phallus futuriste (on est à Brighton...) sur le front de mer, et embroche un immense "beignet" de verre emportant ses "passagers" à 138 m de haut, pour un incroyable panorama sur la côte du Sussex.

La tour i360, plus haute tour d'observation mobile au monde, offre une vue spectaculaire – bien plus belle que ne l'est en soi la tour, qui tranche avec, non loin, l'architecture de Regency Sq. Un restaurant chic et des bars sont réunis à son pied. Le projet est d'utiliser les bénéfices de l'i360, "jetée verticale" du XXIe siècle, pour rebâtir West Pier (à l'horizontale).

BRIGHTON PIER — ÉDIFICE REMARQUABLE

(www.brightonpier.co.uk ; Madeira Dr). C'est sur cette grandiose jetée (*pier*) édouardienne qu'on découvre le côté plus vulgaire de Brighton, entre manèges à soulever l'estomac, arcades de jeux bruyantes, barbe à papa et *Brighton rock* (sucre d'orge). Un peu à l'ouest, on distingue les tristes vestiges de **West Pier** (www.westpier.co.uk), squelette de métal qui attire les vols d'étourneaux au coucher du soleil.

BRIGHTON MUSEUM & ART GALLERY — MUSÉE, GALERIE

(www.brightonmuseums.org.uk ; Royal Pavilion Gardens ; adulte/enfant 6/3 £ ; 10h-17h mar-dim). Dans les écuries rénovées du Royal Pavilion, ce musée-galerie présente une étincelante série d'œuvres et de designs du XXe siècle,

STONEHENGE

Le cercle de monolithes de **Stonehenge** (☎0370 333 1181 ; www.english-heritage.org.uk ; près d'Amesbury ; tarif plein/réduit 21/13 £, avec réservation à l'avance 19/11 £ ; ⏲9h-20h juin-août, 9h30-19h avr-mai et sept, 9h30-17h oct-mars ; P) est l'une des grandes énigmes archéologiques de Grande-Bretagne. Les théories sur sa fonction sont innombrables, du site sacrificiel au calendrier astronomique, et pourtant nul ne sait réellement ce qui a poussé ses bâtisseurs préhistoriques à consacrer tant de temps et d'efforts à sa construction. Toutefois, des découvertes archéologiques récentes donnent à penser que ce secteur aurait accueilli des rituels collectifs des centaines d'années déjà avant la création du cercle.

Un réaménagement ultramoderne du site a conduit à l'ouverture d'un impressionnant centre d'information. Une route qui traversait les lieux a été rendue à la prairie. Cela a eu pour effet de restituer à ce trésor archéologique toute sa majesté et son mystère.

Un sentier entoure le cercle formé par les imposantes pierres. Bien qu'il ne soit pas permis de pénétrer dans le cercle, à moins de se joindre à une visite guidée **Stone Circle Access** (☎0370 333 0605 ; www.english-heritage.org.uk ; tarif plein/réduit 47/28 £), vivement recommandée, on peut le voir d'assez près. L'entrée se fait sur créneaux horaires – réservez votre billet longtemps à l'avance.

Des trains relient la gare de Waterloo à celle de Salisbury (25 £, 1 heure 30, ttes les 30 min), à 9 miles (14 km) de Stonehenge. Les bus de **Stonehenge Tour** (☎01202-338420 ; www.thestonehengetour.info ; adulte/enfant 31,50/21 £) partent de la gare de Salisbury (ttes les 30 min de juin à août, ttes les heures de sept à mai ; 16 £).

dont un canapé rouge par Salvador Dalí imitant les lèvres de Mae West. Également une passionnante galerie d'art du monde entier, une belle collection d'objets égyptiens et une présentation multimédia “images de Brighton”, avec plusieurs narrations et une maquette de l'ancienne West Pier.

OÙ SE RESTAURER ET PRENDRE UN VERRE

♥ TERRE À TERRE VÉGÉTARIEN **££**

(☎01273-729051 ; www.terreaterre.co.uk ; 71 East St ; plats à partir de 17 £ ; ⏲12h-22h mar-dim ; 🖉 👪). Emmenez vos papilles autour du monde sans la moindre viande. Ce restaurant végétarien propose des plats inventifs et pleins de saveur, soigneusement exécutés et servis dans une ambiance décontractée et sympathique. Pour les non-habitués, il y a quelques clins d'œil aux classiques non-végétariens, dont un halloumi pané avec frites, et des pains vapeur du Sichuan. *L'afternoon tea* quotidien se décline aussi en végétalien.

ENGLISH'S OF BRIGHTON PRODUITS DE LA MER **££**

(☎01273-327980 ; www.englishs.co.uk ; 29-31 East St ; plats 15-34 £ ; ⏲12h-22h). Institution vieille de 75 ans, fréquentée par des célébrités, ce paradis fait la part belle aux produits de la mer, des huîtres de l'Essex au homard local et à la sole de Douvres. Il occupe d'anciennes maisons de pêcheurs transformées, avec, à l'intérieur, une touche d'élégance édouardienne et, dehors, des tables sur une place piétonne.

ISAAC AT BRITANNIQUE **£££**

(☎07765 934740 ; www.isaac-at.com ; 2 Gloucester St ; menu fixe 40 £, menu dégustation 60 £ ; ⏲18h30-22h30 mar-ven, 12h30-14h30 et 18h30-22h30 sam). 🍃 À un angle de rue, ce restaurant gastronomique intime est tenu par une équipe jeune et réduite, mais de grand talent. Les produits sont locaux, même les vins ; les kilomètres parcourus par chaque ingrédient sont notés sur la carte. Il s'agit probablement du plus chaleureux des grands restaurants de la région. Cuisine fraîche, intelligente et de premier ordre.

BLACK DOVE PUB

(www.blackdovebrighton.com ; 74 St James's St ; ⏲16h-tard). Un pub éclectique au mobilier rustique-chic, avec de grands ventilateurs au plafond, un bar bien garni d'alcools inhabituels et une arrière-salle originale, en sous-sol. Le soir venu, des musiciens et DJ locaux fournissent la bande-son aux clients, qui s'étalent jusque sur le trottoir quand il fait bon.

Où se loger

Se loger à Londres peut se révéler très onéreux, et il est presque toujours indispensable de réserver bien en amont. Les auberges de jeunesse correctes ne manquent pas, mais elles ne sont pas aussi bon marché qu'on pourrait l'espérer. Les hôtels, eux, vont des établissements de chaîne sans prétention aux enseignes les plus luxueuses. Les B&B sont souvent d'un meilleur rapport qualité/prix et ont généralement plus de charme que les hôtels.

Hôtels

Londres compte de beaux hôtels, qui constituent une expérience à part entière. Le niveau de confort des hôtels haut de gamme se reflète dans les prix. On trouve aussi bien des lieux insolites et originaux que des hôtels traditionnels. Les chaînes hôtelières de catégorie moyenne allient un bon emplacement et un confort correct. Une nouvelle tendance voit se multiplier les hôtels de style, aux chambres minuscules mais bien conçues, avec de grands espaces communs ; leurs tarifs, raisonnables à la base, grimpent pour les réservations de dernière minute. La demande dépassant l'offre – en particulier dans la catégorie petits budgets –, réservez tôt, surtout durant les vacances scolaires et en été.

B&B

Les *bed and breakfast* se classent en général un cran en deçà des hôtels mais ils ont souvent autant de charme qu'un boutique-hôtel, et le service est plus personnalisé. Beaucoup sont bien situés et il y en a une collection dans les quartiers de Paddington, South Kensington, Victoria, Pimlico et Bloomsbury.

Auberges de jeunesse

C'est le choix le plus économique et le plus propice aux rencontres, mais il faut les choisir avec soin, car la qualité varie d'une auberge à l'autre. Les plus festives promettent un séjour sympathique, mais ne se prêtent pas à une bonne nuit de sommeil. Outre des dortoirs, la plupart comptent aussi des chambres à lits jumeaux et des doubles, certaines avec sdb privative. Ces chambres individuelles se révèlent, au même tarif, souvent meilleures que celles des hôtels pour petits budgets. Et il y a quelques trésors dans des cadres historiques.

Appartements

Si on passe une semaine ou plus à Londres, il peut être intéressant de louer un appartement ou un studio, la plupart avec cuisine et lave-linge. Les tarifs les plus bas sont comparables à ceux des B&B. Dans la catégorie supérieure, certains logements confinent au luxe.

Tarifs et réservations

Dans les hôtels de luxe, comptez plus de 350 £ pour une chambre double, mais à partir de 200 £ pour un confort comparable dans des hôtels moins prestigieux de catégorie supérieure. En dessous, la qualité réduit considérablement, à de notables exceptions près. Pour dépenser moins de 100 £, optez pour la catégorie économique. Cela dit, restez à l'affût des offres spéciales "week-end", donnant accès à des chambres de standing à moindre coût. Les prix baissent souvent l'hiver. Réserver en ligne permet de bénéficier de meilleurs tarifs. Les membres du réseau Hostelling International (HI) obtiennent une réduction dans les auberges affiliées YHA.

Services de réservation

Visit London (www.visitlondon.com). Portail officiel du tourisme de la ville.

London Town (www.londontown.com). Offres de dernière minute sur les boutiques-hôtels et les B&B.

London Bed & Breakfast (www.londonbb.com). B&B dans des résidences privées.

La sélection de Lonely Planet

CitizenM Tower of London (p. 355). Déco design à prix raisonnables et jolie vue.

Hoxton Shoreditch (p. 359). Coquet, bien placé et bon marché.

Hazlitt's (p. 354). Un cadre georgien en plein cœur de Soho.

St Ermin's Hotel (p. 352). De nid d'espions à hôtel de luxe.

40 Winks (p. 361). Deux chambres superbes dans l'East End historique.

Meilleures adresses par prix

£

Qbic (p. 360). De petites chambres bien conçues, à prix doux en réservant tôt.

London House Hotel (p. 362). Édifice de style Régence et bon rapport qualité/prix.

YHA London Oxford Street (p. 351). Auberge de jeunesse centrale avec d'excellents équipements.

££

CitizenM Tower of London (p. 355). Des chambres petites mais superbement aménagées, certaines avec vue mémorable.

Hoxton Shoreditch (p. 359). Fantastique rapport qualité/prix, au regard de l'emplacement et de la décoration.

Twenty Nevern Square (p. 364). Élégance, style et prix doux.

£££

Brown's Hotel (p. 355). Grand luxe dans le plus vieil hôtel de Londres.

St Ermin's Hotel (p. 352). Emplacement de choix pour cet hôtel chargé d'histoire.

Hazlitt's (p. 354). Élégance surannée. Très bien placé.

Meilleures adresses par catégorie

Auberges de jeunesse

Clink78 (p. 361). Excellente adresse au cadre singulier.

Safestay Holland Park (p. 362). Une nouvelle venue dans un bâtiment jacobéen à Holland Park.

St Christopher's Village (p. 356). Une grande auberge de jeunesse festive, rénovée récemment.

Sohostel (p. 351). Emplacement imbattable, lumière et convivialité.

Park Villa (p. 360). Nouvelle auberge de jeunesse pleine de cachet dans le vieil East End.

Hôtels historiques

Hazlitt's (p. 354). Un cadre de 1718 et tout le confort moderne.

The Ned (p. 356). Ancienne banque devenue hôtel 5 étoiles.

Brown's Hotel (p. 355). Plus ancien hôtel de la capitale, toujours aussi coté.

Rookery (p. 360). Architecture georgienne d'époque à Clerkenwell.

Great Northern Hotel (p. 362). Le premier hôtel ferroviaire au monde.

B&B

Kennington B&B (p. 365). Chambres élégantes dans une maison georgienne.

40 Winks (p. 361). Décoration recherchée et mobilier atypique.

Barclay House (p. 363). Un sans-faute !

Aster House (p. 358). Un lieu exceptionnel et des propriétaires charmants.

Windermere Hotel (p. 357). Hôtel tenu en famille dans une maison mitoyenne victorienne.

L'ESSENTIEL

Fourchettes de prix

Pour une nuit dans une double standard (avec sdb)

£	moins de 100 £
££	100-200 £
£££	plus de 200 £

Réservations

- Pour obtenir les meilleurs prix, réservez tôt, surtout pour le week-end ou les vacances.
- Les tarifs chutent généralement le week-end dans les hôtels d'affaires de la City.
- La plupart des hôtels s'aligneront sur les tarifs des sites de réservation si vous les appelez directement. De plus, ils accordent parfois quelques extras, comme le petit-déjeuner gratuit ou une heure de départ plus tardive.

Taxes

Les chambres d'hôtel sont soumises à une TVA à 20% (presque toujours incluse dans le tarif affiché).

Arrivée et départ

L'arrivée est fixée à 14h, mais la plupart des établissements permettent d'arriver avant ou de déposer ses bagages ; le départ se fait entre 10h et 12h.

Petit-déjeuner

Il peut être compris. Il s'agit souvent d'un petit-déjeuner continental : le petit-déjeuner à l'anglaise fait en général l'objet d'un supplément.

Choisir son quartier

QUARTIERS	AVANTAGES	INCONVÉNIENTS
Le West End	Proche des principaux sites et bien desservi par les transports. Grand choix d'hôtels (toutes catégories) ; bons restaurants.	Trépidant, très touristique, cher.
La City	Proximité des sites comme la cathédrale Saint-Paul et la Tour de Londres ; bon réseau de transports, situation centrale. Hôtels de qualité, certains avantageux le week end.	Quartier d'affaires ; déserté le week-end et cher en semaine.
South Bank	Proximité de la Tate Modern, du London Eye et de Southbank Centre ; moins cher que le West End, excellents pubs et belle vue.	Beaucoup d'hôtels de chaînes ; choix restreint.
Kensington et Hyde Park	Proximité des musées de South Kensington et des hauts lieux de shopping ; bon choix d'hébergements ; quartiers chics et bien desservis.	Assez chers ; vie nocturne limitée.
Clerkenwell, Shoreditch et Spitalfields	Quartiers branchés ; excellents bars et riche scène nocturne ; beaux boutiques-hôtels.	Peu de sites touristiques.
East London	Marchés et ambiance cosmopolite ; excellents restaurants, pubs traditionnels.	Options d'hébergement limitées ; certains secteurs peu sûrs la nuit.
North London	Quartiers très verts, vie nocturne vibrante, enclaves aux allures de village, excellents boutiques-hôtels et auberges de jeunesse, bons *gastropubs*. Calme durant la semaine.	Excentré, éloigné des principaux sites touristiques.
West London	Parfait pour le shopping, les marchés et les pubs. Fabuleux boutiques-hôtels, bon réseau de transport.	Onéreux, peu de sites.
Greenwich et South London	Les plus beaux boutiques-hôtels ; escapades dans la verdure ; proches des principaux sites de Greenwich.	Sites éparpillés au-delà de Greenwich, transports restreints.
Richmond, Kew et Hampton Court	Élégants hôtels au bord de la Tamise ; enclaves quasi rurales. Tranquillité et fantastiques pubs au bord de l'eau.	Sites dispersés ; longs trajets depuis/vers le centre de Londres.

Le West End

SOHOSTEL AUBERGE DE JEUNESSE £

Plan p. 460 (020-8821 5154 ; www.sohostel.co.uk ; 91 Dean St, W1 ; dort/lits jum 25/80 £ ; ; Tottenham Court Rd). Au cœur de Soho, une auberge de jeunesse aux couleurs vives et à l'ambiance conviviale. Les dortoirs (4 à 18 lits) sont spacieux et propres ; les chambres doubles et triples se répartissent dans 5 sections de couleurs différentes. Les parties communes comprennent un bar en toit-terrasse – déco hawaïenne et bières artisanales locales –, ainsi qu'une vaste salle de jeux au sous-sol.

YHA LONDON OXFORD STREET AUBERGE DE JEUNESSE £

Plan p. 460 (020-7734 1618 ; www.yha.org.uk/hostel/london-oxford-street ; 14 Noel St, W1 ; dort 18-36 £, d 50-90 £ ; ; Oxford Circus). La plus centrale des 7 auberges YHA londoniennes est aussi l'une des plus "intimes", avec seulement 104 lits dans 36 chambres, et d'agréables espaces communs (Wi-Fi gratuit) : cuisine fuchsia, salon lumineux et stylé. Dortoirs de 2 solides lits superposés, chambres doubles et avec lits jumeaux. La boutique de l'auberge vend du café et de la bière.

L'équipe de l'auberge propose tous les jours des circuits pédestres à 9h30.

GENERATOR LONDON AUBERGE DE JEUNESSE £

Plan p. 464 (020-7388 7666 ; staygenerator.com/hostels/London ; 37 Tavistock Pl, WC1 ; dort/ch à partir de 11/61 £ ; ; Russell Sq). Cette immense auberge de jeunesse (plus de 850 lits) du centre de Londres se distingue par son décor industriel, ses néons bleus, sa musique techno – et ses tarifs doux. Tables de billard dans The bar, ouvert jusqu'à 3h, et soirées à thème régulières. Dortoirs de 4 à 13 lits, et chambres doubles et triples.

Il n'y a pas de cuisine, mais le petit-déjeuner est inclus et vous pourrez dîner à bon prix à la cantine jusqu'à 22h30. Les espaces communs sont ravissants, notamment la grande salle TV, avec ses fauteuils de cinéma.

HOXTON HOLBORN HÔTEL ££

Plan p. 458 (020-7661 3000 ; thehoxton.com/london/holborn/hotels ; 199-206 High Holborn, WC1 ; ch 90-300 £ ; ; Holborn). Cette filiale récemment agrandie de la chaîne hôtelière Hoxton mise sur l'élégance à prix abordable, avec ses 220 chambres très diverses en taille et en confort. Au bas de l'échelle, on trouve la catégorie Shoebox ("boîte à chaussures", 12 m²) à 90 £, puis celle dite Snug and Cosy ("chaleureuse et cosy") et, dans l'offre supérieure, la Biggy ("grande"), avec ses lits *king size*. Remarquez le papier peint, qui évoque Dickens.

Dans le lobby (plans et journaux à disposition), le Hubbard & Bell est un café, bar et grill convivial.

FIELDING HOTEL BOUTIQUE-HÔTEL ££

Plan p. 458 (020-7836 8305 ; www.thefieldinghotel.co.uk ; 4 Broad Ct, Bow St, WC2 ; s/d/qua à partir de 120/180/200 £ ; ; Covent Garden). Niché dans une allée piétonne au cœur de Covent Garden, ce joli hôtel de 25 chambres tire son nom du romancier Henry Fielding, qui vivait non loin. Le niveau de standard est élevé, avec des douches à l'italienne superbes et des chambres certes petites, mais magnifiquement agencées et climatisées. Pas de petit-déjeuner sur place, mais le quartier ne manque pas de cafés.

RIDGEMOUNT HOTEL B&B ££

Plan p. 464 (020-7636 1141 ; www.ridgemounthotel.co.uk ; 65-67 Gower St, WC1 ; s/d/tr/qua 81/122/156/176 £, sans sdb 66/102/138/152 £ ; ; Goodge St). Un hôtel familial à l'ancienne, où profiter d'un accueil chaleureux et d'une considération de chaque instant – de plus en plus rare à Londres. Environ la moitié des 32 chambres, sans fioritures, disposent d'une salle de bains (les autres n'ont qu'un lavabo). Également : plusieurs chambres triples et quadruples, ainsi qu'une laverie.

Pas d'ascenseur, mais un joli petit jardin à l'arrière.

GEORGE HOTEL B&B ££

Plan p. 464 (020-7387 8777 ; www.georgehotels.co.uk ; 58-60 Cartwright Gardens, WC1 ; s/lits jum/tr à partir de 110/160/185 £, sans sdb 70/90/160 £ ; ; Russell Sq). Occupant 3 immeubles de 1810, le George est très plaisant, quoiqu'un peu désuet. Il n'y a pas d'ascenseur, et peu de climatisation, mais chacune des 40 chambres est équipée d'un ventilateur. Les voyageurs en solo pourront opter pour la n°26 ou la n°103 avec vue sur le square arboré à l'avant.

MIMI'S HOTEL SOHO
BOUTIQUE-HÔTEL ££

Plan p. 460 (☎020-8017 9100 ; mimishotelsoho.com ; 56-57 Frith St, W1 ; ch 100-250 £ ; P ❄ 📶 ; U Tottenham Court Rd). En plein centre de Londres, cet hôtel ne manque pas d'atouts : excellent bar dans le lobby, feu de cheminée, plancher en chêne recyclé et un ascenseur tout en dorures digne de la Trump Tower. Mais que les chambres sont petites. Certaines, sans fenêtre, ne font que 7 m² ! Il y a 58 chambres réparties sur 6 niveaux, plus 7 appartements non loin, dans Greek Street.

Outre les minuscules chambres "Tiny" et "Mini", il y a les "Cosy" de 14 m² et les "Lux" de 22 m². Rien d'impressionnant, mais vous êtes au centre de Londres.

JESMOND HOTEL
B&B ££

Plan p. 464 (☎020-7636 3199 ; www.jesmondhotel.org.uk ; 63 Gower St, WC1 ; s/d/tr/qua 80/105/140/160 £ ; @ 📶 👪 ; U Goodge St). Dans un édifice georgien de Bloomsbury, un hôtel-B&B apprécié, tenu par une famille. Les 15 chambres (dont 4 avec salle de bains partagée) sont simples, propres et gaies, et les tarifs sont attractifs. Joli petit jardin à l'arrière, service de blanchisserie et copieux petits-déjeuners. Très central.

La chambre n°2, au rez-de-chaussée, donne sur la rue et peut loger 5 personnes.

MORGAN HOTEL
B&B ££

Plan p. 464 (☎020-7636 3735 ; www.morganhotel.co.uk ; 24 Bloomsbury St, WC1 ; s/d/tr/ste à partir de 120/145/165/215 £ ; ❄ 📶 ; U Tottenham Court Rd). À deux pas du British Museum, cet hôtel de 21 chambres est aménagé dans une jolie maison mitoyenne georgienne du XVIIIe siècle. Service efficace, petits-déjeuners copieux et excellent rapport qualité/prix pour le centre de Londres. La décoration des chambres est un peu surannée, mais tout est propre. Pas d'ascenseur ; réfléchissez avant de louer une chambre au dernier étage. Réception au sous-sol.

Les spacieuses suites valent le coup, même si elles ne sont pas climatisées.

AROSFA HOTEL
B&B ££

Plan p. 464 (☎020-7636 2115 ; www.arosfalondon.com ; 83 Gower St, WC1 ; s/d/lits jum/tr/f à partir de 100/140/145/165/210 £ ; @ 📶 ; U Goodge St). La décoration moderne du lounge ne s'étend pas jusqu'aux 17 petites chambres, la plupart avec douches aux airs de bungalows. Le B&B, sis dans l'ancienne demeure de l'artiste préraphaélite John Everett Millais, a été entièrement rénové. Il y a une poignée de chambres familiales, et la n°4 donne sur un charmant petit jardin à l'arrière.

HARLINGFORD HOTEL
HÔTEL ££

Plan p. 464 (☎020-7387 1551 ; www.harlingfordhotel.com ; 61-63 Cartwright Gardens, WC1 ; s/d/tr avec petit-déj 105/145/160 £ ; @ 📶 👪 ; U Russell Sq). Cet élégant hôtel (39 chambres) de Bloomsbury, dans un bel immeuble georgien, affiche un décor moderne dans les tons bleus et mauves, et des salles de bains carrelées de vert. Il s'agit sans doute du meilleur établissement de cette rue où la concurrence ne manque pas. L'accueil est toujours aimable et les tarifs sont imbattables, mais il y a beaucoup d'escaliers et pas d'ascenseur. La chambre n°10 donne sur une cour paisible, la n°12 sur le jardin principal.

♥ ST ERMIN'S HOTEL
HÔTEL DE LUXE £££

Plan p. 468 (☎020-7222 7888 ; www.sterminshotel.co.uk ; 2 Caxton St, SW1 ; ch 250-300 £ ; ❄ 📶 👪 ; U St James's Park). Notre hôtel préféré du West End, au cœur de Westminster, propose 331 chambres ultra-confortables et à la riche histoire. Dans les années 1930, son bar, le Caxton, était au cœur des intrigues d'espionnage (le siège du MI6 n'est pas loin). Une cloche spéciale signale les commandes de repas des députés du Parlement, rejoint par un tunnel secret !

Les chambres supérieures, comme la 227, sont un peu exiguës. Optez plutôt pour la deluxe 456, donnant sur Broadway. Joli jardin en toit-terrasse, agrémenté d'un potager et de ruches, et une cour à l'avant, verdoyante à souhait.

THE ACADEMY
BOUTIQUE-HÔTEL £££

Plan p. 464 (☎020-7631 4115 ; www.theacademyhotel.co.uk ; 21 Gower St, WC1 ; s/d/ste à partir de 190/250/290 £ ; ❄ 📶 ; U Goodge St). Ce bel établissement très *british* occupe 5 maisons georgiennes à Bloomsbury. Meubles chics, équipements dernier cri et couettes en duvet naturel équipent les 50 chambres, récemment relookées. Une serre domine un jardin arboré à l'arrière, sur lequel donne la petite chambre 42. Douillette salle du petit-déjeuner. Pas d'ascenseur.

♥ ZETTER TOWNHOUSE MARYLEBONE
BOUTIQUE-HÔTEL £££

Plan p. 466 (☎020-7324 4577 ; www.thezettertownhouse.com/marylebone ; 28-30 Seymour St,

W1 ; d à partir de 275 £, studio 300-580 £ ; @ ; Marble Arch). Nous avons toujours apprécié la chaîne hôtelière Zetter, et ce boutique-hôtel récent, fort de 24 chambres, ne nous a pas déçus. Les chambres confortables donnant à l'arrière, au rez-de-chaussée et à l'étage, sont décorées dans des tons noirs et bordeaux, et certaines Superior sont équipées de lits à baldaquin. Quant au Lear's Loft, c'est une suite à laquelle on accède par un escalier séparé.

Ne manquez pas le Seymour's Parlour, sorte de lounge/bibliothèque baptisé du nom d'un "méchant" oncle imaginaire, qui allie décoration surannée, kitsch et bonne humeur.

THE BEAUMONT HÔTEL DE LUXE £££

Plan p. 466 (020-7499 1001 ; www.thebeaumont.com ; Brown Hart Gardens, W1 ; d/studio/ste à partir de 550/865/1 475 £ ; Bond St). Sis dans un immeuble à la grande façade blanche de 1926 classée, le Beaumont est un luxueux hôtel de 73 chambres à la riche décoration de style Art déco. Sorte d'extension architecturale de l'hôtel, en façade, la sculpture monumentale en acier d'Antony Gormley, baptisée *Room* (qui englobe la partie d'une suite à l'intérieur en chêne sculpté, à 1 260 £ la nuit), en est aussi un élément phare. Toutes les chambres (la 104 offre une vue fabuleuse) et les suites sont de petits bijoux de style Art déco.

Ne manquez pas le confortable Magritte Bar (p. 124), à côté du lobby, orné d'affiches et de tableaux des années 1920 et 1930. Transports dans le quartier inclus dans le prix des chambres.

ROSEWOOD LONDON HÔTEL DE LUXE £££

Plan p. 458 (020-7781 8888 ; www.rosewoodhotels.com/en/london ; 252 High Holborn, WC1 ; d/ste à partir de 440/1 100 £ ; P @ ; Holborn). L'ancien Pearl Assurance Building, grandiose immeuble édouardien de 1914, a été magnifiquement transformé en l'un des fleurons de l'hôtellerie londonienne. Dues au décorateur d'intérieur Tony Chi, ses 262 chambres et 45 suites jouent sur un délicat mélange de styles ancien et moderne. Au Rosewood, les traditions britanniques se manifestent par touches, aussi bien au bar qu'au restaurant, dans le lobby et jusque dans les uniformes du personnel d'étage.

Nous avons adoré la statue de chien de l'artiste suédoise Agnetha Sjögren qui trône dans le lobby, les oiseaux en cage sur les paliers et les petits coqs en métal ornant les portes des chambres. La Manor House Suite dispose d'une entrée séparée sur la rue, de son propre code postal, d'une salle à manger immense et d'une incroyable baignoire circulaire en marbre.

HAYMARKET HOTEL BOUTIQUE-HÔTEL £££

Plan p. 458 (020-7470 4000 ; www.firmdalehotels.com/hotels/london/haymarket-hotel ; 1 Suffolk Pl, en retrait de Haymarket, SW1 ; ch/ste à partir de 335/505 £ ; Piccadilly Circus). Orné des lignes et de couleurs emblématiques du duo d'hôteliers/designers Tim et Kit Kemp, le somptueux Haymarket est aménagé dans un édifice ancien reconverti, conçu par John Nash. Les 50 chambres, toutes différentes, sont ornées de papier peint à la main Gournay et d'une palette de couleurs fuchsia-vert. La n°206 a une fenêtre de chaque côté. L'hôtel a aussi une superbe piscine de 18 m, un ravissant lobby/bibliothèque et des œuvres d'art originales. Notez les amusantes silhouettes de chiens sur les chaises du restaurant et les tabourets du Brumus Bar, lequel tient son nom de l'ancien chien du propriétaire.

RITZ LONDON HÔTEL DE LUXE £££

Plan p. 468 (020-7493 8181 ; www.theritzlondon.com ; 150 Piccadilly, W1 ; ch/ste à partir de 650/1 500 £ ; P @ ; Green Park). Ouvert par César Ritz en 1906 (après le Ritz de Paris, en 1898), ce luxueux hôtel de 136 chambres, qui donne sur Green Park, serait la "seconde demeure de la famille royale" (de fait, il est voisin du palais). Toutes les chambres arborent un intérieur de style Louis XVI et des meubles anciens. Divers codes vestimentaires, très habillé ou décontracté chic (chemise et cravate), sont de mise dans les différentes parties et dépendances de l'hôtel. Pour un cocktail dans un somptueux cadre Art déco, installez-vous au Rivoli Bar (p. 119).

COVENT GARDEN HOTEL BOUTIQUE-HÔTEL £££

Plan p. 458 (020-7806 1000 ; www.firmdalehotels.com/hotels/london/covent-garden-hotel ; 10 Monmouth St, WC2 ; d/ste à partir de 360/550 £ ; @ ; Covent Garden). Un superbe boutique-hôtel de 58 chambres, installé dans un ancien hôpital français. L'élégance pleine de discrétion s'exprime dans le mobilier ancien, les somptueux tissus et nombre de détails originaux. Un excellent bar-restaurant est situé juste à côté du lobby, et il y a deux splendides salons-lounges avec cheminées au 1er étage, qui sont un bonheur en hiver.

Les chambres du rez-de-chaussée (comme les n°3, 5 et 8) sont plus spacieuses et hautes de plafond. Jolies touches asiatiques dans la n°4.

ME LONDON HÔTEL £££

Plan p. 458 (020-7395 3400 ; www.mebymelia.com/hotels/me-london ; 336-337 The Strand ; d 285-375 £, ste à partir de 525 £ ; P ; Temple, Covent Garden). Conçu par Foster and Partners, à la jonction du Strand et d'Aldwych, le ME London est tout en sophistication et chic décontracté. Les 157 chambres, à l'élégance informelle, sont d'un confort ultramoderne et ont d'incroyables baies vitrées. La n°310, en angle, en a deux. Au 10e niveau, le Radio Rooftop Bar (p. 123) se double d'une terrasse qui préside à l'une des plus belles vues de la ville.

Les chambres des 8e et 9e niveaux ont un balcon. Les spectacles de lumières dans l'atrium du 1er niveau sont merveilleux.

HARD ROCK HOTEL HÔTEL £££

Plan p. 466 (0800 330 8089, 020-3808 0431 ; www.hardrockhotels.com/london ; Great Cumberland Pl, W1 ; s/d/ste à partir de 250/300/400 £ ; ; Marble Arch). Libérez le rockeur qui sommeille en vous dans cet hôtel de 900 chambres relooké (anciennement le célèbre Cumberland) et 100% dédié au rock 'n' roll. Sans surprise, il appartient à la chaîne de restaurants du même nom, et possède un immense lobby orné d'objets liés au rock, dont le piano de Freddie Mercury, une guitare de Jimi Hendrix, une robe portée par Taylor Swift et un blouson de Madonna.

Si tout cela vous donne envie de gratter un peu, des guitares avec casques d'écoute sont disponibles !

GRAZING GOAT HÔTEL £££

Plan p. 466 (020-7724 7243 ; www.thegrazinggoat.co.uk ; 6 New Quebec St, W1 ; d 210-250 £ ; ; Marble Arch). Niché dans une jolie petite rue jalonnée de boutiques et de cafés, à deux pas d'Oxford Street, ce pub-restaurant haut de gamme fait aussi hôtel, avec 8 chambres élégantes au décor campagnard contemporain, tout en lambris aux tons vert d'eau. Toutes ont des lits *king size*, des radios vintage et des stations pour iPod. Les Superior, plus spacieuses, sont équipées d'un lit plus large, d'une baignoire et d'un ventilateur.

NADLER SOHO BOUTIQUE-HÔTEL £££

Plan p. 460 (020-3697 3697 ; www.nadlerhotels.com/the-nadler-soho ; 10 Carlisle St, W1 ; s/d/tr 180/190/400 £ ; ; Tottenham Court Rd). Au cœur de Soho, cet hôtel de 78 chambres mêle élégamment le noir, le brun et le crème. Il compte un large choix de chambres, toutes dotées d'une minicuisine (micro-ondes et réfrigérateur). Le service est efficace et les clients peuvent bénéficier de réductions dans une bonne vingtaine de bars et restaurants du quartier.

Selene, la sculpture de Hew Locke, au-dessus de l'entrée, représente le sommeil.

W LONDON LEICESTER SQUARE HÔTEL DE LUXE £££

Plan p. 460 (020-7758 1000 ; www.marriott.co.uk/hotels/travel/lonhw-w-london-leicester-square ; 10 Wardour St, W1 ; ch à partir de 300 £ ; ; Leicester Sq). Boules à facettes indiquant les numéros d'étages, murs et mobilier tout en courbes, coussins ornés de cartoons ou bureaux à doubles vasques-lavabos dans l'entrée des 192 chambres. Le tout dans des tons blancs rehaussés de rouge et or. Le W, hôtel loufoque qui n'oublie pas pour autant d'être sophistiqué, plaira aux amateurs de nouvelles tendances.

Le spa de l'hôtel, baptisé Away, vaut le détour, tout comme le bar rotatif donnant sur Leicester Square, orné de la plus grande boule à facettes du monde. Comme le dit le néon de l'hôtel : "*Normal gets you nowhere*" ("La normalité ne mène nulle part").

HAZLITT'S HÔTEL HISTORIQUE £££

Plan p. 460 (020-7434 1771 ; www.hazlittshotel.com ; 6 Frith St, W1 ; s/d/ste à partir de 200/230/600 £ ; ; Tottenham Court Rd). Cette perle de Soho, construite en 1718 et constituée de 4 maisons georgiennes mitoyennes, fut jadis la demeure du grand critique littéraire William Hazlitt (1778-1830). Ses 30 chambres, aux meubles d'époque, séduisent par la richesse de leur décoration, entre murs lambrissés, lits à baldaquin en acajou, bureaux anciens, tapis orientaux et cheminées.

CLARIDGE'S HÔTEL DE LUXE £££

Plan p. 466 (020-7629 8860 ; www.claridges.co.uk ; Brook St, W1 ; ch/ste à partir de 450/780 £ ; ; Bond St). On ne présente plus ce cinq-étoiles iconique réputé pour son magnifique décor Art déco (rehaussé notamment de meubles des années 1930 rescapés du paquebot *Normandie*). De ses 203 chambres et suites, certaines, conçues par David Linley, neveu de la reine d'Angleterre, ont un look plus moderne. Le résultat : des couleurs douces et un mobilier au design classique et élégant.

SOHO HOTEL HÔTEL £££

Plan p. 460 (020-7559 3000 ; 4 Richmond Mews, W1 ; www.firmdalehotels.com/hotels/london/the-soho-hotel ; ch/ste à partir de 380/585 £ ; ; Oxford Circus). Difficile de faire plus branché que le Soho Hotel, œuvre de l'ultra-chic duo Tim et Kit Kemp, avec 94 chambres à la décoration individualisée, toutes très lumineuses avec leurs baies vitrées. Les couleurs sont douces et originales, et l'attention au design est partout, jusqu'à la grande sculpture de chat noir de Fernando Botero à l'entrée.

45 PARK LANE BOUTIQUE-HÔTEL £££

Plan p. 466 (020-7493 4545 ; www.dorchestercollection.com/en/london/45-park-lane ; 45 Park Lane, W1 ; ch 600-900 £ ; ; Hyde Park Corner). Appartenant à la très haut de gamme Dorchester Collection, ce luxueux hôtel peut déjà compter sur son adresse aussi prestigieuse qu'évocatrice pour attirer les foules aux portefeuilles bien garnis. Réparties sur 9 niveaux, les 46 chambres et suites, plus le penthouse, donnent sur Hyde Park et sont dotées d'immenses lits et de salles de bains en marbre. L'hôtel accueille aussi des expositions d'art.

BROWN'S HOTEL HÔTEL HISTORIQUE £££

Plan p. 468 (020-7493 6020 ; www.roccofortehotels.com/hotels-and-resorts/browns-hotel ; 30 Albemarle St, W1 ; ch/ste à partir de 500/2 000 £ ; ; Green Park). Créé en 1837 à partir de 11 maisons, ce somptueux cinq-étoiles est le plus vieil hôtel de Londres. Sir Rocco Forte et son groupe hôtelier président aujourd'hui à sa destinée et ses 115 chambres ont été décorées par sa sœur, l'architecte d'intérieur Olga Polizzi. Beaucoup comportent des antiquités et des œuvres originales. La traditionnelle **English Tea Room** a conservé ses lambris édouardiens en chêne et ses cheminées. Le **Donovan Bar** s'enorgueillit d'un somptueux vitrail du XIXe siècle.

La City

LONDON ST PAUL'S YHA AUBERGE DE JEUNESSE £

Plan p. 470 (020-7236 4965 ; www.yha.org.uk ; 36 Carter Lane, EC4 ; dort/d à partir de 20/70 £ ; ; St Paul's). Installée dans l'ancien pensionnat des choristes de la cathédrale Saint-Paul, cette auberge de jeunesse de 213 lits se distingue par de beaux éléments d'époque, en particulier une frise en latin sur la façade. Pas de cuisine, pas d'ascenseur et pas des salles de bains dans les chambres, mais un salon confortable, un café servant de l'alcool et des lits tout neufs, avec ports USB.

CITIZENM TOWER OF LONDON HÔTEL DESIGN ££

Plan p. 470 (020-3519 4830 ; www.citizenm.com/destinations/london/tower-of-london-hotel ; 40 Trinity Sq, EC3 ; ch à partir de 170 £ ; ; Tower Hill). Le rez-de-chaussée ressemble au salon d'un hipster fortuné, avec bibliothèques bien garnies, art excentrique aux murs comme les *Reigning Queens* de Warhol, et babioles de la marque de gin Beefeater. Les 370 petites chambres sont très bien conçues et une tablette permet de contrôler les rideaux, la TV et même la lumière de la douche. L'extraordinaire vue sur la Tour de Londres mérite bien les 20 £ supplémentaires, même si elle est encore plus spectaculaire depuis le bar loft du 7e niveau.

APEX LONDON WALL HÔTEL ££

Plan p. 470 (020-7562 3030 ; www.apexhotels.co.uk ; 7-9 Copthall Ave, EC2 ; ch à partir de 152 £ ; ; Bank). Étant donné son emplacement au cœur de la City, il n'est pas surprenant de trouver à cette adresse une ambiance plus proche de l'hôtel d'affaires que dans les deux autres hôtels Apex de Londres. Mais le personnel est adorable, les 89 chambres rénovées sont ultra-confortables, il y a une salle de sport, les prix sont cassés le week-end et vous pourrez même "voler" un canard de bain.

La chambre 226 donne sur l'arrière du bâtiment, mais elle est immense. Certaines chambres ont une baignoire.

MOTEL ONE LONDON TOWER HILL HÔTEL ££

Plan p. 470 (020-7481 6420 ; www.motel-one.com ; 24-26 Minories, EC3 ; s/d à partir 99/114 £ ; ; Aldgate). Cet hôtel d'une chaîne allemande pouvant (à peu près) convenir aux budgets limités est bienvenu dans ce quartier, à deux pas de la Tour de Londres. Les 290 petites chambres, bien équipées, se distinguent par un design contemporain élégant. La n°311 a deux fenêtres et des vues de la City. Si vous vous sentez un peu à l'étroit dans la vôtre, direction le grand lounge-bar, au rez-de-chaussée.

SOUTH PLACE HÔTEL £££

Plan p. 470 (020-3503 0000 ; www.southplacehotel.com ; 3 South Pl, EC2 ; d/ste à partir de 232/740 £ ; ; Moorgate). Un hôtel tendance dont chaque détail a été étudié avec soin, depuis les œuvres d'art du lobby jusqu'au décor sur le thème de l'espionnage (un réseau soviétique avait autrefois été localisé dans le quartier), en passant par le restaurant de poissons étoilé au Michelin, l'**Angler** (plan p. 470 ; 020-3215 1260 ; www.anglerrestaurant.com ; L7, 3 South Pl, EC2 ; plats 32-38 £ ; 12h-14h et 18h-22h lun-sam, 18h-22h dim), et les 80 chambres, superbement aménagées. Le minibar, en sus de produits britanniques, contient même des kits pour les soirées arrosées et/ou coquines.

THE NED HÔTEL HISTORIQUE £££

Plan p. 470 (020-3828 2100 ; www.thened.com ; 27 Poultry, EC2 ; ch 230-400 £ ;). Ce magnifique hôtel a fait sa mue dans un édifice de 1924 signé sir Edwin "Ned" Lutyens, qui abritait jusqu'à récemment la Midland Bank, pour se transformer en un pavillon de 250 chambres réparties sur 9 niveaux. Optez pour une chambre "Cosy" (il y a une dizaine de types de chambres), donnant sur Queen Victoria Street. Le majestueux lobby de l'ancienne banque ne compte pas moins de 7 restaurants et accueille de la musique live tous les jours.

Le sous-sol est une merveille, avec spa, sauna, hammam et une immense piscine. Ne manquez pas le lounge des Vaults, avec son bar comptant 3 000 coffres de l'époque de la banque.

CHEVAL THREE QUAYS APPARTEMENTS £££

Plan p. 470 (020-3725 5333 ; www.chevalresidences.com ; 40 Lower Thames St, EC3 ; app à partir de 300 £ ; ; Tower Hill). Au pied de la Tour de Londres, 97 appartements spacieux, modernes et confortables – cuisines équipées et lave-linge. Ceux qui donnent au sud (au nombre de 76) ont de petits balcons où il fait bon siroter un gin en regardant la Tamise. Également une salle de sport.

South Bank

ST CHRISTOPHER'S VILLAGE LONDON BRIDGE AUBERGE DE JEUNESSE £

Plan p. 472 (020-7939 9710 ; www.st-christophers.co.uk ; 161-165 Borough High St, SE1 ; dort/ch avec petit-déj à partir de 10,50/60 £ ; ; London Bridge). Une auberge de jeunesse festive de 349 lits, très bien conçue : salles de bains modernes, lits en alcôves avec rideaux, lampes de chevet, prises électriques (britanniques et européennes) et ports USB, sans compter les superbes parties communes. Les dortoirs comptent entre 4 et 33 lits (certains ont des séries de 3 lits superposés). Petit-déjeuner et linge de lit compris. La section réservée aux femmes (dortoirs jusqu'à 14 lits), baptisée Oasis, rencontre un franc succès.

Le Belushi's, le pub du rez-de-chaussée, est très apprécié, de même que l'espace détente en toit-terrasse (3e niveau).

WALRUS AUBERGE DE JEUNESSE £

Plan p. 472 (020-7928 4368 ; www.thewalrusbarandhostel.com ; 172 Westminster Bridge Rd, SE1 ; dort/d avec petit-déj à partir de 15/60 £ ; ; Waterloo). Cette petite auberge de 68 lits s'emploie (avec succès !) à créer une atmosphère chaleureuse. Les couloirs et les escaliers sont un peu vieillots, mais les dortoirs (4-22 lits) et les salles de bains sont impeccables. Le bruit de la rue et de la voie ferrée est un moins.

CITIZENM LONDON BANKSIDE BOUTIQUE-HÔTEL ££

Plan p. 472 (020-3519 1680 ; www.citizenm.com/destinations/london/london-bankside-hotel ; 20 Lavington St, SE1 ; ch 109-325 £ ; ; Southwark). "Moins de manières, plus de confort" : telle pourrait être la devise de ce CitizenM. L'hôtel s'est débarrassé de tout le superflu – ni service en chambre ni réception –, pour miser sur la literie (lits extra-larges et matelas de qualité) et la technologie de pointe (tablettes tactiles pour tout contrôler dans les chambres, même la porte).

HOXTON SOUTHWARK HÔTEL ££

Plan p. 472 (020-7903 3000 ; thehoxton.com/london/southwark ; Blackfriars Rd, SE1 ; ch 140-300 £ ;). Cet hôtel, troisième et dernier-né de la chaîne Hoxton, compte 192 chambres au style rétro (radios vintage, téléphones à cadrans) ornées de fabuleuses œuvres d'art, jusque dans leurs moindres recoins. Comme ses prédécesseurs, ce Hoxton offre élégance et prix doux dans des chambres qui varient énormément en termes de taille et de confort. Essayez d'obtenir la douillette 419 ou la 408, encore plus vaste et donnant sur un cimetière.

Il y a toujours du monde au bar du lobby, mais c'est surtout le Seabird, bar-restaurant du toit-terrasse, qui fait la différence, avec un panorama imbattable.

SHANGRI-LA HOTEL AT THE SHARD HÔTEL £££

Plan p. 472 (☎020-7234 8000 ; www.shangri-la.com/london/shangrila ; 31 St Thomas St, SE1 ; d/ste à partir de 500/1 000 £ ; ; ⓤLondon Bridge). La vue depuis les 202 chambres de cet hôtel, qui occupe les étages 34 à 52 du Shard, est à couper le souffle. Toutes ont d'immenses baies vitrées et des salles de bains panoramiques (le bain y devient une expérience inoubliable). Mentionnons aussi le Skypool – la piscine de l'hôtel –, le bar et les restaurants. Le décor mêle joliment influences chinoises et confort moderne.

Kensington et Hyde Park

MEININGER AUBERGE DE JEUNESSE £

Plan p. 476 (☎020-3318 1407 ; www.meininger-hostels.com ; Baden Powell House, 65-67 Queen's Gate, SW7 ; dort/s/lits jum à partir de 16/60/72 £ ; ; ⓤGloucester Rd, South Kensington). Aménagée dans un immeuble de 1959 en face du Natural History Museum, une auberge de jeunesse pour "voyageurs urbains", tenue par des Allemands. Ses 48 chambres, la plupart des dortoirs de 4 à 12 lits dotés de douches en alcôves, sont impeccables, et il y a quelques chambres privatives. Le lieu est sûr et les installations communes, dont un bar et un grand toit-terrasse au 2e étage, sont agréables.

ASTOR HYDE PARK AUBERGE DE JEUNESSE £

Plan p. 476 (☎020-7581 0103 ; www.astorhostels.com ; 191 Queen's Gate, SW7 ; dort/d à partir de 15/60 £ ; ; ⓤGloucester Rd, High St Kensington). Des murs lambrissés, des bow-windows à petits carreaux, une atmosphère très XIXe siècle (dans ce qui fut jadis un hôpital) et une adresse prestigieuse, tout près du Royal Albert Hall. L'auberge compte 150 lits répartis dans des chambres sur 5 niveaux (pas d'ascenseur), dont des dortoirs de 4 à 15 lits, ainsi qu'une belle cuisine/salle à manger et un vaste salon commun. Réservé aux plus de 18 ans.

Le petit-déjeuner à volonté coûte 1 £.

CHERRY COURT HOTEL B&B £

Plan p. 476 (☎020-7828 2840 ; www.cherrycourthotel.co.uk ; 23 Hugh St, SW1 ; s/d/tr/f 65/75/110/135 £ ; ; ⓤVictoria). Cet hôtel, dans une maison victorienne sur 5 niveaux (sans ascenseur), abrite une dizaine de petites chambres propres, aux tons vifs et aux prix très attractifs pour le quartier. L'accueil chaleureux de la famille Patel est un vrai plus, tout comme le panier du petit-déjeuner (fruit frais, barre de céréales et jus de fruits), pratique, à prendre sur place ou à emporter.

La chambre n°1, au rez-de-chaussée, a un lit double et un lit simple.

LUNA SIMONE HOTEL B&B ££

Plan p. 476 (☎020-7834 5897 ; www.lunasimonehotel.com ; 47-49 Belgrave Rd, SW1 ; s/d/tr/qua à partir de 85/100/165/190 £ ; ; ⓤPimlico). Excellent choix parmi les hébergements de Belgrave Road que cet hôtel familial central et très accueillant. Les 36 petites chambres ont des douches propres, des fenêtres à double vitrage et un mobilier en bois clair sans prétention. La n°7 a des lits jumeaux et un balcon donnant sur la rue, tandis que la n°8, plus petite, donne sur l'arrière.

Consigne à bagages gratuite et *English breakfast* compris, mais pas d'ascenseur.

WINDERMERE HOTEL B&B ££

Plan p. 476 (☎020-7834 5163 ; www.windermere-hotel.co.uk ; 142-144 Warwick Way, SW1 ; s/d/lits jum à partir de 145/175/185 £ ; ; ⓤVictoria). Le Windermere est installé dans une jolie maison victorienne d'un blanc éclatant, avec ascenseur. Ses 19 petites chambres lumineuses (douche ou salle de bains), à la décoration personnalisée, ont été rénovées récemment. Le service est irréprochable dans cet hôtel de gestion familiale, et le petit-déjeuner à l'anglaise inclus dans les tarifs, se prend au **Pimlico Grid**, le restaurant-brasserie de l'établissement.

♥ **LIME TREE HOTEL** BOUTIQUE-HÔTEL £££

Plan p. 476 (☎020-7730 8191 ; www.limetreehotel.co.uk ; 135-137 Ebury St, SW1 ; s/d/tr petit-déj inclus à partir de 120/195/250 £ ; ; ⓤVictoria). Une maison georgienne sert de cadre à ce bel hôtel de 28 chambres, qui n'est que

LOGEMENTS ÉTUDIANTS

Pendant les vacances universitaires (de mi-mars à fin avril, de fin juin à septembre, et de mi-décembre à mi-janvier), les résidences étudiantes sont ouvertes aux visiteurs – un type d'hébergement pratique, propre et peu coûteux. Parmi elles, **LSE Vacations** (☎020-7955 7676 ; www.lsevacations.co.uk ;) possède 8 résidences, dont la **Bankside House** (plan p. 472 ; ☎020-7107 5750 ; www.lsevacations.co.uk/Accommodation/Bankside-House/Bankside-House.aspx ; 24 Sumner St, SE1 ; s/lits jum/tr/qua avec petit-déj à partir de 68/89/119/133 £ ; fin juin-sept ; ; Southwark) et la **High Holborn Residence** (plan p. 458 ; ☎020-7107 5737 ; www.lsevacations.co.uk/Accommodation/High-Holborn/High-Holborn.aspx ; 178 High Holborn, WC1 ; s/d à partir de 50/90 £ ; ; Holborn). Six résidences sont gérées par **King's Venues** (☎020-7848 1700 ; www.kingsvenues.com), notamment les **Great Dover Street Apartments** (☎020-7407 0068 ; www.kingsvenues.com ; 165 Great Dover St, SE1 ; s à partir de 55 £ ; juil-août ; ; Borough), à l'emplacement central, et les **Stamford Street Apartments** (plan p. 472 ; ☎020-7848 4664 ; www.kingsvenues.com ; 127 Stamford St, SE1 ; s avec petit-déj 57 £ ; juil-août ; ; Waterloo).

confort, décor *british* et élégance discrète. Les chambres sont chacune décorées différemment, et la plupart ont cheminée, fenêtre à guillotine et beau parquet en bois. Un ravissant jardin à l'arrière permet de profiter des derniers rayons du soleil (pique-niques encouragés les soirs d'été). Le tarif inclut un copieux petit-déjeuner anglais. Pas d'ascenseur. Tenu en famille depuis plus de 30 ans.

♥ NUMBER SIXTEEN — BOUTIQUE-HÔTEL £££

Plan p. 476 (☎020-7589 5232 ; www.firmdalehotels.com/hotels/london/number-sixteen ; 16 Sumner Pl, SW7 ; s/d à partir de 200/300 £ ; ; South Kensington). Avec son intérieur rehaussé de touches de couleurs vives, ses œuvres d'art et son design raffiné et joyeux, le Number Sixteen est superbe. Les 41 chambres sont toutes différentes, et il y a un salon cosy, une bibliothèque et un bar en libre-service (*honesty bar*). Les autres atouts de l'établissement sont le jardin tout en longueur, avec son étang peuplé de carpes koï, et la serre où vous prendrez le petit-déjeuner.

ASTER HOUSE — B&B £££

Plan p. 476 (☎020-7581 5888 ; www.asterhouse.com ; 3 Sumner Pl, SW7 ; s/d à partir de 180/240 £ ; ; South Kensington). Son emplacement et l'accueil charmant des hôtes sont les principaux atouts de ce B&B, dans une jolie maison victorienne (1850) de South Kensington. On petit-déjeune dans la verdoyante "Orangerie" (une serre), et le cadre est cosy et confortable sans en faire trop. On se sent ici comme à la maison. Petit-déjeuner buffet continental compris.

Il y a 13 chambres ; la n°5 donne sur le joli jardin à l'arrière, et la n°17 sur une rue paisible.

ARTIST RESIDENCE — BOUTIQUE-HÔTEL £££

Plan p. 476 (☎020-3019 8610 ; www.artistresidencelondon.co.uk ; 52 Cambridge St, SW1 ; ch/ste à partir de 185/540 £ ; ; Pimlico ou Victoria). Loin d'être bon marché, cet hôtel résolument "boutique" de Pimlico pousse très loin le concept du *shabby chic* ("chic élimé"), bohème et élégant : chaque pièce de mobilier et de décoration a été choisie et travaillée séparément, des murs de brique nue aux planchers de récupération, du mobilier vintage aux réfrigérateurs rétro. Les 10 chambres ont des douches à grand jet, "façon pluie". Si vous préférez une baignoire (sur pieds), réservez une suite.

La chambre n°5 donne sur l'arrière de l'hôtel, et la vedette est sans conteste la Club Suite (chambre n°4). Pas d'ascenseur.

AMPERSAND HOTEL — HÔTEL DESIGN £££

Plan p. 476 (☎020-7589 5895 ; www.ampersandhotel.com ; 10 Harrington Rd, SW7 ; s/d à partir de 170/216 £ ; ; South Kensington). Une atmosphère décontractée et pétillante vous attend à l'Ampersand, où un personnel souriant vous accueille en jean-gilet-cravate, plutôt qu'avec les sempiternels costumes sombres impersonnels. Les parties communes sont colorées et spacieuses, et les 111 belles chambres sont décorées de motifs muraux en clins d'œil aux musées de South Kensington.

Le studio deluxe (n°117) a deux grandes fenêtres donnant sur la rue, et salle de bains et toilettes sont séparées.

THE GORE HÔTEL £££

Plan p. 476 (☎020-7584 6601 ; www.gorehotel.com ; 190 Queen's Gate, SW7 ; ch à partir de 220 £ ; P ❄ 📶 👪 ; Ⓤ Gloucester Rd). Accueil aimable par un personnel stylé, lustres scintillants, murs tapissés de portraits et boiseries à n'en plus finir : ce très bel hôtel de 50 chambres joue sur son charme anglais à l'ancienne (il a ouvert en 1892). Les suites sont particulièrement luxueuses (les admirateurs de Judy Garland pourront dormir dans son lit – expédié par bateau depuis les États-Unis).

BLAKES HÔTEL £££

Plan p. 476 (☎020-7370 6701 ; www.blakeshotels.com ; 33 Roland Gardens, SW7 ; d à partir de 500 £ ; ❄ @ 📶 👪 🐾 ; Ⓤ Gloucester Rd, South Kensington). Cet hôtel composé de 5 maisons victoriennes a été décoré de manière très originale par Anouska Hempel. Les 45 chambres sont élégamment aménagées dans le style extravagant qui caractérise cette décoratrice d'intérieur : lits à baldaquin (avec ou sans ciel de lit), riches étoffes, touches asiatiques et meubles anciens.

Clerkenwell, Shoreditch et Spitalfields

DICTIONARY AUBERGE DE JEUNESSE £

Plan p. 478 (☎020-7613 2784 ; www.thedictionaryhostel.com ; 10-20 Kingsland Rd, E2 ; dort/lits jum avec petit-déj à partir de 20/90 £ ; 📶 ; Ⓤ Shoreditch High St). Tout en noir, blanc et jaune, cette auberge de jeunesse de 150 lits mise moins sur la propreté que sur son emplacement, au cœur de la vie nocturne trépidante de Shoreditch. On est un peu à l'étroit dans les dortoirs de 4 à 12 lits superposés en métal rouge, dotés de cages fermées pour les bagages, mais lorsqu'ils n'ont pas de douches celles-ci sont sur le même palier. L'endroit est souvent bruyant.

Il y a un dortoir de 8 lits réservé aux femmes au 5e niveau et une belle cuisine au sous-sol. Réductions de 20% sur les consos du bar adjacent.

♥ HOXTON SHOREDITCH HÔTEL ££

Plan p. 478 (☎020-7550 1000 ; thehoxton.com/london/shoreditch/hotels ; 81 Great Eastern St, EC2 ; ch 109-260 £ ; ❄ 📶 ; Ⓤ Old St). Au cœur du Shoreditch branché, cet hôtel a un système de réservations qui rappelle celui des compagnies aériennes low cost : réservez très en amont, et vous ne paierez peut-être que 109 £ ! Les 210 petites chambres rénovées sont pleines de style, avec TV à écran plat, bureau, réfrigérateur (eau et lait), et panier déposé à votre porte pour le petit-déjeuner (jus d'orange, muesli, yaourt et banane).

♥ CITIZENM LONDON SHOREDITCH HÔTEL DESIGN ££

Plan p. 478 (www.citizenm.com/destinations/london/london-shoreditch-hotel ; 6 Holywell Lane, EC2 ; ch 119-300 £ ; ❄ @ 📶 ; Ⓤ Shoreditch High St). La combinaison gagnante du citizenM, mêlant intérieur somptueux et luxe raisonné (oui aux lits *king size* et aux chambres high-tech ; non aux chocolats sur l'oreiller et au room service), convient bien à Shoreditch. Les tarifs des 216 chambres n'ont rien d'exagéré, et l'espace convivial qui fait office de lounge, bar et réception, au rez-de-chaussée (ouvert 24h/24), semble toujours agréablement animé.

MALMAISON HÔTEL D'AFFAIRES £££

Plan p. 478 (☎020-3750 9402 ; www.malmaison.com ; 18-21 Charterhouse Sq, EC1M ; ch 109-400 £ ; P ❄ 📶 🐾 ; Ⓤ Farringdon). Donnant sur un grand square arboré de Clerkenwell, cet hôtel stylé de 97 chambres occupe un ancien foyer d'infirmières reconverti. L'intérieur a été redécoré dans un style années 1970 chic et discret. Le bar à cocktails dans le lobby est un îlot de décontraction et le restaurant, en sous-sol mais très lumineux, est délicieux. Prix très variables ; réductions le week-end (voir le site Internet).

FOX & ANCHOR BOUTIQUE-HÔTEL ££

Plan p. 478 (☎020-7250 1300 ; www.foxandanchor.com ; 115 Charterhouse St, EC1 ; ch/ste à partir de 139/199 £ ; 📶 ; Ⓤ Farringdon, Barbican). Un charmant petit hôtel de caractère, situé au-dessus d'un *gastropub* fameux. Ses 6 chambres, de petite taille, sont somptueuses et toutes décorées différemment (plusieurs ont une baignoire en zinc). Meilleure du lot, la Market Suite dispose d'un immense lit et d'une terrasse privative sur le toit.

ACE HOTEL HÔTEL DESIGN ££

Plan p. 478 (☎020-7613 9800 ; www.acehotel.com/london ; 100 Shoreditch High St, E1 ; ch 175-600 £ ; ❄ 📶 👪 🐾 ; Ⓤ Shoreditch High St). Cet hôtel de 258 chambres, qui dépend d'une petite chaîne américaine tendance, se targue de combiner atmosphère décontractée et standards élevés. Nous avons apprécié les guitares, les platines et la collection de vinyles des chambres "deluxe", ainsi que les bols de nouilles instantanées et le thé Yorkshire du minibar. L'Ace dispose aussi d'un sauna et d'une salle de sport, et il y a 4 vélos gracieusement mis à la disposition des clients.

La chambre 121 a vue sur la rue, la 134 dispose d'une baignoire. Le restaurant de l'hôtel (le Hoi Polloi), le café (le Bulldog Edition) et le bar en sous-sol (le Miranda) méritent à eux seuls une visite, tandis que l'accueillant lobby permet de s'installer et de profiter du Wi-Fi accessible à tous.

♥ THE ROOKERY LUXE CLASSIQUE £££

Plan p. 478 (☎020-7336 0931 ; www.rookeryhotel.com ; 12 Peter's Lane, Cowcross St, EC1 ; d/ste à partir de 249/650 £ ; ; Farringdon). Un trésor caché que cet hôtel aménagé dans une enfilade de maisons du XVIIIe siècle (1764 exactement), magnifiquement restaurées. D'où un dédale charmant d'une trentaine de chambres, tout en mobilier ancien, panneaux lambrissés importés d'Irlande, tentures et textiles superbes, cheminées d'époque, salles de bains victoriennes et œuvres d'art, choisies avec soin par le propriétaire. Parmi les autres atouts de ce glorieux Rookery : son petit jardin clos et sa bibliothèque, agrémentée d'un bar en libre-service et d'une cheminée pour réchauffer les soirées.

THE ZETTER HOTEL BOUTIQUE-HÔTEL £££

(☎020-7324 4444 ; www.thezetter.com ; St John's Sq, 86-88 Clerkenwell Rd, EC1 ; d à partir de 210 £, studio 300-438 £ ; ; Farringdon). Le Zetter est un temple du minimalisme branché, relevé d'une pointe de kitsch et de couleur, trônant dans l'artère principale de Clerkenwell. Aménagé avec des matériaux durables, dans un ancien immeuble de bureaux victorien désaffecté, il compte 59 chambres relativement grandes pour le quartier. Les studios sur le toit, avec terrasse et vue superbe sur la ville, sont encore plus attrayants. À chaque étage, une machine à café et cappuccino est mise à disposition des hôtes.

East London

PARK VILLA AUBERGE DE JEUNESSE £

Plan p. 482 (☎020-8980 1439 ; www.parkvilla.co.uk ; 51 Grove Rd, E3 ; dort/d à partir de 21/57 £ ; ; Mile End). Ouvert en 2014, le Park Villa (42 lits) se veut une "auberge de jeunesse design dans le vieux quartier de l'East End". Si nous restons circonspects face à cette accroche, la villa – une demeure georgienne à 3 niveaux reconvertie – est impeccable, confortable et à 2 minutes de la station Mile End du métro. Il y a des dortoirs de 4 à 8 lits en bois massif, ainsi que 3 chambres privatives (lits jumeaux).

La fresque murale sur l'histoire de l'East End, dans le lobby, vaut le détour. Petit-déjeuner, parking et serviettes de toilette sont en supplément (3/10/1 £).

WOMBAT'S LONDON AUBERGE DE JEUNESSE £

Plan p. 482 (☎020-7680 7600 ; www.wombats-hostels.com/london ; 7 Dock St, E1 ; dort/d à partir de 17/90 £ ; ; Tower Hill). Point de chute idéal pour explorer l'East End, cette grande auberge de jeunesse de 700 lits propose, dans un cadre historique, un hébergement lumineux et sans prétention pour les petits budgets. L'immense bar aux plafonds voûtés en brique est agréable, et la terrasse, avec ses hamacs, invite à se détendre les soirs d'été.

EAST LONDON HOTEL HÔTEL £

Plan p. 482 (☎020-3146 1960 ; www.theeastlondonhotel.com ; 309-317 Cambridge Heath Rd, E2 ; d 85-93 £ ; Bethnal Green). Excellent choix pour les petits budgets que cet hôtel de 161 chambres, à proximité des bars et restaurants branchés de Shoreditch (et à 15 minutes du centre de Londres en métro). Les petites chambres, parfois sans fenêtres (comme la n°111), toutefois très bien conçues et éclairées, n'invitent pas à s'attarder, mais pour ça il y a le café-bar Due East du rez-de-chaussée.

Le service est un peu tatillon, mais le personnel fait bien son travail, avec le sourire en prime.

QBIC HÔTEL DESIGN £

Plan p. 482 (☎020-3021 3300 ; qbichotels.com/london-city ; 42 Adler St, E1 ; ch 54-100 £ ; ; Aldgate East). Une ambiance moderne et dynamique règne dans cet hôtel pimpant et éco-friendly, rythmé d'enseignes en néon, d'œuvres d'art et de textiles colorés, avec en prime un billard dans le lobby. Les 171 chambres sont insonorisées, et la literie et les douches sont de qualité. Les tarifs varient énormément en fonction de la date de réservation, et les chambres les moins chères n'ont pas de fenêtre.

CHAÎNES SANS FIORITURES

Il y a à Londres plusieurs chaînes d'hôtels économiques aux chambres propres et confortables, quoique sans grand charme, proposées à des tarifs très raisonnables.

Days Hotels (www.wyndhamhotels.com). Seulement deux établissements dans le centre de Londres.

easyHotel (www.easyhotel.com). Chambres fonctionnelles (certaines sans fenêtre) dans un décor orange. Sept adresses dans Londres, dont près des aéroports de Luton et de Heathrow.

Express by Holiday Inn (www.hiexpress.com). L'une des chaînes les plus haut de gamme de cette liste, avec 20 enseignes à Londres.

Premier Inn (www.premierinn.com). Excellente chaîne locale avec 40 établissements et des normes généralement élevées ; gère également la chaîne **Hub** (www.hubhotels.co.uk) composée de chambres encore plus petites.

Travelodge (www.travelodge.co.uk). Des dizaines d'adresses dans tout Londres ; chambres fonctionnelles mais parfois peu d'espaces communs.

AVO HÔTEL £

Plan p. 482 (☎020-3490 5061 ; www.avohotel.com ; 82 Dalston Lane, E8 ; ch à partir de 69 £ ; ; Dalston Junction). Perché au-dessus d'un restaurant indien de la très animée Dalston Lane, un trésor de petit hôtel géré en famille. Il ne compte que 6 chambres, avec mobilier en bois de manguier, salles de bains noir et gris resplendissantes, matelas à mémoire de forme, stations iPod et produits de toilette Elemis. Un calme relatif est garanti par les fenêtres à double vitrage.

La chambre du rez-de-chaussée possède une kitchenette. Pas d'ascenseur.

40 WINKS B&B ££

Plan p. 482 (☎020-7790 0259 ; www.40winks.org ; 109 Mile End Rd, E1 ; s/d/ste 115/185/280 £ ; ; Stepney Green). Cette ravissante petite maison de Stepney Green, vieille de 3 siècles, a un charme fou. Il n'y a que 2 chambres (une double et une simple compacte), avec salle de bains partagée, que l'on peut louer ensemble pour former une suite spacieuse, et leur décoration originale est due à l'œil expert du propriétaire, un décorateur reconnu.

North London

CLINK78 AUBERGE DE JEUNESSE £

Plan p. 486 (☎020-7183 9400 ; www.clinkhostels.com/london/clink78 ; 78 King's Cross Rd, WC1 ; dort/ch à partir de 16/65 £ ; ; King's Cross St Pancras). Épatante auberge de plus de 500 lits, qui occupe un ancien tribunal du XIXe siècle, où Charles Dickens travailla et où des membres du groupe The Clash firent une apparition en 1978. Les dortoirs (4-16 lits), dont certains réservés aux femmes, ont des lits superposés et des espaces de rangement. Également : grande cuisine doublée d'une vaste salle à manger, et un bar (le Clash) animé au sous-sol.

Certaines parties du bâtiment sont classées, notamment 6 anciennes cellules transformées en chambres et 2 salles de tribunal lambrissées, devenues salle de cinéma et salle informatique. DAB dans le lobby. Les draps sont fournis, mais le petit-déjeuner (toasts et confitures, céréales, jus de fruits, thé et café) coûte 4 £ (3 £ en ligne).

LONDON ST PANCRAS YHA AUBERGE DE JEUNESSE £

Plan p. 486 (☎020-7388 9998 ; www.yha.org.uk ; 79-81 Euston Rd, NW1 ; dort/lits jum à partir de 16/80 £ ; ; King's Cross St Pancras). Auberge de jeunesse de 190 lits, répartis sur 8 niveaux, entre dortoirs modernes de 4 à 6 lits (presque tous ont leur propre salle de bains) et quelques chambres privatives (dont 4 doubles avec salle de bains). L'inconvénient est le bruit montant d'Euston Road, mais c'est le prix à payer pour être proche de tout. Petit café-bar, mais pas de cuisine.

MEGARO BOUTIQUE-HÔTEL £££

Plan p. 486 (☎020-7843 2222 ; www.themegaro.co.uk ; 1 Belgrove St, WC1 ; d/f à partir de 120/195 £ ; ; King's Cross St Pancras). Le Megaro, qui a récemment changé de direction, propose 49 chambres spacieuses, bien décorées et dotées de touches de confort plaisantes (machines à expresso, lait frais, douches à effet de pluie). Service impeccable et excellent bar-restaurant sur place. La rue est un peu bruyante : si vous avez le sommeil léger, demandez à être en hauteur (chambre n°603) ou à donner sur l'arrière (n°310).

THE GYLE BOUTIQUE-HÔTEL ££

Plan p. 486 (020-3301 0333 ; www.thegyle.co.uk ; 16-18 Argyle Sq, WC1 ; d/ste à partir de 159/220 £ ; ; King's Cross St Pancras). On se croirait à la campagne dans ce joli hôtel aménagé dans une maison mitoyenne georgienne donnant sur la verdure d'Argyle Square, pourtant situé à deux pas des gares de King's Cross et Saint-Pancras. L'excentricité est le maître mot des parties communes, comme dans le bar lounge lumineux au plafond et aux murs tapissés de feutrine verte texturée. Archie, le terrier écossais, semble être partout à la fois... Est-il réel ? Est-ce un esprit ?

GREAT NORTHERN HOTEL HÔTEL HISTORIQUE £££

Plan p. 486 (020-3388 0800 ; www.gnhlondon.com ; King's Cross Station, Pancras Rd, N1 ; ch à partir de 180 £ ; ; King's Cross St Pancras). Premier grand hôtel ferroviaire du monde (et le plus ancien de Londres), le "GNH" est un bijou ouvert en 1854 par la Great Northern Railway Company. Il a été conçu par Lewis Cubitt, l'architecte de la gare de Kings Cross, et sa magnifique façade incurvée suit le tracé de la rue de l'époque. Par son classicisme, il évoque aujourd'hui le luxe, la magie et le charme des anciens wagons-lits, au gré de ses espaces communs et de sa petite centaine de chambres. Tout y est fait avec art, jusque dans les moindres détails. En plus des deux bars animés et d'un restaurant remarquable, il y a à chaque étage un "office", où l'on peut se servir en boissons, chaudes ou fraîches, et en en-cas.

Il y a 3 catégories de chambres, chacune avec sa propre personnalité : les petites Couchette, les Wainscot, avec leurs lambris d'acajou, et les lumineuses Cubitt avec vue sur la gare de King's Cross. Accès gratuit à la salle de sports voisine, dotée d'une grande piscine.

YORK & ALBANY BOUTIQUE-HÔTEL £££

Plan p. 488 (020-7387 5700 ; www.gordonramsayrestaurants.com/york-and-albany ; 127-129 Parkway, NW1 ; d/ste avec petit-déj à partir de 175/305 £ ; ; Camden Town). Propriété du très médiatique chef Gordon Ramsay, le luxueux York & Albany est tout en charme georgien. Ici, 9 chambres seulement, la plupart avec cheminée, meubles anciens, grandes fenêtres, belle salle de bains (chauffage par le sol) et draps en coton égyptien. Mention spéciale pour le lit à baldaquin et la salle de bains de la chambre 5.

ST PANCRAS RENAISSANCE HOTEL LONDON HÔTEL DE LUXE £££

Plan p. 486 (020-7841 3540 ; www.stpancrasrenaissance.co.uk ; Euston Rd, NW1 ; d à partir de 250 £ ; P ; King's Cross St Pancras). Anciennement le Midland Grand Hotel, merveille gothique victorienne de brique rouge de 1873 signée sir George Gilbert Scott, le St Pancras Renaissance compte 245 chambres. Seules 38 d'entre elles sont dans l'édifice d'origine, et seule une, baptisée du nom de l'architecte, a été restaurée dans le style victorien d'époque. Les autres chambres, plus quelconques, occupent l'extension à l'arrière.

West London

SAFESTAY HOLLAND PARK AUBERGE DE JEUNESSE £

Plan p. 492 (020-7870 9626 ; www.safestay.com/london-kensington-holland-park ; Holland Walk, W8 ; dort/ch à partir de 11/70 £ ; ; High St Kensington, Holland Park). Dans un cadre historique, un trésor d'auberge de plus de 300 lits (ex-auberge YHA ultraconnue), conviviale et bien tenue. Décor audacieux aux tons fuschia de mise, dortoirs (4 à 21 lits), chambres doubles à lits superposés, et Wi-Fi gratuit à la réception. Le tout dans la magnifique aile est de la Holland House, manoir jacobéen (Renaissance anglaise) datant de 1605, au milieu de la verdure du Holland Park (p. 276).

Il y a un grand bar-restaurant très confortable au rez-de-chaussée (plats à partir de 6 £), ainsi qu'une salle de billard et un jardin.

LONDON HOUSE HOTEL HÔTEL £

Plan p. 490 (020-7243 1810 ; www.londonhousehotels.com ; 81 Kensington Gardens Sq, W2 ; d 80-160 £ ; ; Bayswater). Bel hôtel, d'un bon rapport qualité/prix, installé dans un majestueux immeuble de style Regency qui donne sur Kensington

Gardens Square. Les 103 petites chambres sont propres et joliment meublées. L'emplacement est paisible et les meilleures chambres ont vue sur le grand square arboré et ses pelouses.

YHA EARL'S COURT AUBERGE DE JEUNESSE £

Plan p. 492 (☎0345 371 9114 ; www.yha.org.uk/hostel/london-earls-court ; 38 Bolton Gardens, SW5 ; dort/d/lits jum/qua à partir de 17/59/69/119 £ ; ; Ⓤ Earl's Court). Agréable auberge (186 lits) dans une belle demeure ancienne, située dans une rue paisible et arborée d'Earl's Court. Vous aurez le choix entre de grands dortoirs propres (4 à 10 lits superposés en métal) et des chambres privatives. Le personnel est serviable ; les parties communes sont spacieuses et les sanitaires, bien tenus. Carrelage d'origine dans le lobby – c'est l'un des rares ornements d'époque conservés.

POINT A HOTEL HÔTEL £

Plan p. 490 (☎020-7258 3140 ; www.pointahotels.com ; 41 Praed St, W2 ; ch 70-150 £ ; ; Ⓤ Paddington). Hôtel de 137 chambres aux tarifs imbattables, à condition de réserver bien en amont. Propreté impeccable, personnel efficace (quoique zélé à l'excès parfois). Vous devrez quitter la chambre à 11h, à moins de payer un supplément de 20 £ vous permettant de traîner jusqu'à 14h. Autres extras proposés, tel le ménage quotidien dans la chambre ou la possibilité de prendre la chambre plus tôt (à partir de 12h). La chaîne compte 6 autres adresses à Londres.

ST JAMES BACKPACKERS HOSTEL AUBERGE DE JEUNESSE £

Plan p. 492 (☎07450 645573 ; www.saint-james-hostel.co.uk ; 21 Longridge Rd, SW5 ; dort/d 20/70 £ ; P @ ; Ⓤ Earl's Court). En activité depuis près de 50 ans, cette auberge de jeunesse du quartier d'Earl's Court est l'une des plus anciennes de Londres. Gestion privée familiale et accueil chaleureux la caractérisent. Il y a des chambres privatives, des dortoirs de 4 à 8 lits (dont un réservé aux femmes) et une cuisine commune.

GARDEN COURT HOTEL HÔTEL £

Plan p. 490 (☎020-7229 2553 ; www.gardencourthotel.co.uk ; 30-31 Kensington Gardens Sq, W2 ; s/d/tr/qua à partir de 40/50/65/75 £ ; ; Ⓤ Bayswater). Un hôtel de 40 chambres combinant prix attractifs et emplacement idéal. Le décor est simple, avec papier peint aux murs et mobilier classique. Les tarifs peuvent chuter jusqu'à 40 £ la nuit en saison creuse. Les 3 petites chambres simples les moins chères partagent une douche sur le palier.

NEW LINDEN HOTEL BOUTIQUE-HÔTEL ££

Plan p. 490 (☎020-7221 4321 ; www.newlinden.co.uk ; 59 Leinster Sq, W2 ; s/d à partir de 90/128 £ ; ; Ⓤ Bayswater). Situé entre Westbourne Grove et Notting Hill, un bel hôtel à l'ambiance zen – une statue de bouddha dans le lobby donne le ton. Certaines des 50 chambres sont un peu exiguës (comme la n°108 avec son petit balcon) du fait de l'agencement georgien de la maison, mais l'on ne s'y sent pas à l'étroit tant elles sont douillettes. Personnel charmant.

Prenez le temps d'admirer la jolie porte en bois menant au salon. Il y a un ascenseur.

♥ **MAIN HOUSE** GUESTHOUSE ££

Plan p. 490 (☎020-7221 9691 ; www.themainhouse.co.uk ; 6 Colville Rd, W11 ; ste 130-150 £ ; ; Ⓤ Ladbroke Grove, Notting Hill Gate, Westbourne Park). Les 4 superbes suites de cette belle maison mitoyenne victorienne en font une adresse de choix. Claires et spacieuses, les chambres disposent de grandes salles de bains. Thé et café à volonté. Le summum est la suite supérieure, qui occupe tout le dernier étage. Il n'y a pas d'enseigne : cherchez les grandes lettres "SIX". Séjour de 3 nuitées au minimum.

♥ **BARCLAY HOUSE** B&B ££

Plan p. 492 (☎077-6742 0943 ; www.barclayhouselondon.com ; 21 Barclay Rd, SW6 ; s/d à partir de 125/140 £ ; ; Ⓤ Fulham Broadway). Une charmante maison victorienne, avec 3 chambres seulement, modernes et confortables, qui ont tout pour elles : douches signées Philippe Starck, mobilier en noyer, fenêtres à guillotine (double vitrage), chauffage par le sol et petites attentions (cintres antidérapants, tiroirs remplis de kits de couture et de plans de la ville). Les accueillants propriétaires, mélomanes, connaissent Londres comme leur poche et savent instiller et maintenir une ambiance chaleureuse et détendue.

STYLOTEL HÔTEL ££

Plan p. 490 (☎020-7723 1026 ; www.stylotel.com ; 160-162 Sussex Gardens, W2 ; s/d/tr/qua 85/120/140/160 £, ste à partir de 165 £ ;

P ✻ wifi famille ; U Paddington). Un décor industriel épuré – aluminium texturé au sol, verre dépoli coloré, acier inoxydable riveté, sommiers en métal – vous attend dans les 50 chambres de cet hôtel contemporain et convivial. Les "stylorooms" sont petites, mais les surfaces lisses et l'absence de moquette donnent une impression d'espace. Les "awesome stylorooms" de la nouvelle aile, plus grandes et entièrement automatisées, ont des salles de bains fabuleuses.

Encore plus vastes et élégantes, les 8 "stylosuites" sont nichées au-dessus du pub Sussex Arms voisin. Thé et café gratuits dans le lounge. La gare ferroviaire de Paddington est toute proche.

MELROSE GARDENS — B&B £

Plan p. 492 (020-7603 1817 ; www.staylondonbandb.co.uk ; 29 Melrose Gardens, W6 ; s/lits jum/d 80/105/120 £ ; wifi ; U Goldhawk Rd). Idéal pour qui aspire au calme et à la tranquillité, ce charmant B&B occupe une maison familiale victorienne typique. Su et Martin, en hôtes attentifs, vous conseilleront utilement pour votre découverte de la ville. La seule chambre avec salle de bains privative est au dernier étage, et il n'y a pas d'ascenseur.

Les deux autres chambres, une double et une simple, partagent une salle de bains et donnent sur le petit jardin.

SPACE APART HOTEL — APPARTEMENTS ££

Plan p. 490 (020-7908 1340 ; www.spaceapart-hotel-london.com ; 36-37 Kensington Gardens Sq, W2 ; app 120-220 £ ; ✻ @ wifi famille ; U Bayswater, Royal Oak). Dans un immeuble georgien reconverti, le Space Apart Hotel compte 30 studios doubles ou triples impeccables et lumineux avec coin cuisine, aux prix attractifs. L'endroit allie design élégant et emplacement idéal pour un séjour pas trop coûteux, à deux pas de l'animation de Notting Hill. Les studios ne sont pas grands – un double studio, plus spacieux, coûte 20 £ supplémentaires. Personnel très discret.

TWENTY NEVERN SQUARE — HÔTEL ££

Plan p. 492 (020-7565 9555 ; www.20nevernsquare.com ; 20 Nevern Sq, SW5 ; ch avec petit-déj à partir de 90 £ ; wifi ; U Earl's Court). Un hôtel chic, dans un bâtiment en brique de 4 étages, qui donne sur un charmant square londonien. Les 20 petites chambres, douillettes, ont chacune un style différent (la n°6 a son propre escalier) et sont rehaussées de lambris à l'asiatique, de lits en bois sculpté (certains à baldaquin), de stores vénitiens et de textiles épais. Certaines ont une baignoire, d'autres une douche. La suite n°5 possède les deux.

Le petit-déjeuner est servi dans une magnifique serre ; il y a également une petite terrasse et un ascenseur (bienvenu).

VANCOUVER STUDIOS — APPARTEMENTS ££

Plan p. 490 (020-7243 1270 ; www.vancouverstudios.co.uk ; 30 Prince's Sq, W2 ; studios 97-350 £ ; wifi famille ; U Bayswater). Une séduisante collection de studios, stylés et abordables, dans une maison mitoyenne ancienne, le tout agrémenté d'un paisible jardin clos. Si tous ont une kitchenette, ils diffèrent grandement en taille. Les studios pour une personne sont minuscules mais bien équipés, ceux à lits jumeaux (comme le n°14) ne sont pas immenses non plus ; il y a aussi 7 studios familiaux et un vaste appartement de 3 chambres pouvant loger jusqu'à 6 personnes.

LA SUITE WEST — HÔTEL DESIGN ££

Plan p. 490 (020-7313 8484 ; www.lasuitewest.com ; 41-51 Inverness Tce, W2 ; ch 129-279 £ ; ✻ @ wifi famille ; U Bayswater). Murs nus, longue cheminée minimaliste et comptoir de réception en marbre blanc : le magnifique lobby en noir et blanc du La Suite West, décoré par Anouska Hempel, laisse deviner la pureté presque obsessionnelle des 79 chambres, desservies par de longs couloirs sombres. Les lignes pures, les surfaces immaculées et les angles vifs y sont à la fois soulignés par les impeccables salles de bains et adoucis par le confort des lits, et le service chaleureux.

Les suites du rez-de-chaussée jouissent d'un jardin et d'entrées privatives.

K + K HOTEL GEORGE — BOUTIQUE-HÔTEL £££

Plan p. 492 (020-7598 8700 ; www.kkhotels.com ; 1-15 Templeton Place, SW5 ; s/d à partir de 200/230 £ ; P ✻ wifi famille animaux ; U Earl's Court). À deux pas du métro Earl's Court, ce boutique-hôtel coquet tire avantage d'un lobby lumineux et chic, et d'un immense jardin aux splendides pelouses. Les 154 petites chambres, aux tons doux, sont joliment aménagées, confortables et pourvues de jolies douches ou de baignoires. Personnel serviable ; bar élégant.

Greenwich et South London

SAFESTAY LONDON ELEPHANT & CASTLE AUBERGE DE JEUNESSE £

Plan p. 496 (020-7703 8000 ; www.safestay.com/london-elephant-castle ; 144-152 Walworth Rd, SE17 ; dort/d à partir de 15/75 £ ; ; Elephant & Castle). L'ancien QG du Labour Party, dans un bâtiment georgien du XVIIIe siècle, a été admirablement rénové et transformé en auberge de jeunesse : les parties communes sont un festival de violet, de magenta, de rayures et de néons, tandis que les 91 chambres affichent plus de sobriété. La plupart des dortoirs de 4 à 12 lits ont leur propre salle de bains, tout comme les chambres privatives pouvant loger jusqu'à 3 personnes. On fait la fête presque tous les soirs dans l'immense bar/lounge.

MITRE B&B ££

Plan p. 497 (020-8293 0037 ; www.themitregreenwich.co.uk ; 291 Greenwich High Rd, SE10 ; d 119-149 £ ; ; Cutty Sark). Dans le centre, à Greenwich, juste à côté de l'église Saint-Alfège (1718), ce pub se double d'une vingtaine de chambres et suites spacieuses, dans les étages supérieurs, aux salles de bains modernes. Les parties communes ne paient pas de mine, mais il y a un petit jardin à l'arrière et le pub est agréable – choix de bières, cuisine correcte et musique live certains soirs.

BERMONDSEY SQUARE HOTEL BOUTIQUE-HÔTEL ££

(020-7378 2450 ; www.bermondseysquarehotel.co.uk ; Bermondsey Sq, Tower Bridge Rd, SE1 ; ch/ste à partir de 107/300 £ ; ; London Bridge ou Borough). Idéal pour explorer Bermondsey, un hôtel branché de 90 chambres, spacieuses et confortables, au décor un peu impersonnel. Les chambres du 1er étage sont prolongées de vastes terrasses, tandis que les superbes suites du dernier étage, plus chères, ont de belles couleurs, des lits immenses et des balcons.

CHURCH STREET HOTEL HÔTEL ££

(020-7703 5984 ; www.churchstreethotel.com ; 29-33 Camberwell Church St, SE5 ; s/d/tr à partir de 88/128/188 £ ; ; Denmark Hill). Cet hôtel de 28 chambres se démarque par son originalité (et sa gestion quelque peu désordonnée) de l'offre hôtelière souvent quelconque de South London. Thème latino tout en couleurs et des salles de bains carrelées ultra-pimpantes. Les chambres les moins spacieuses partagent des salles de bains. Dépaysant à souhait : on est très loin des sentiers battus.

KENNINGTON B&B B&B ££

Plan p. 496 (020-7735 7669 ; stay@kenningtonbandb.com ; 103 Kennington Park Rd, SE11 ; d 120-150 £ ; ; Kennington). Un ravissant B&B, installé dans une maison du XVIIIe siècle, avec des éléments georgiens bien préservés (des cheminées aux volets d'époque et aux radiateurs en fonte). Le bon goût est sans faille dans les 7 chambres et la suite, au linge de lit splendide. Certaines chambres n'ont pas de salle de bains, mais chacune compte une douche privative. Joli jardin à l'arrière.

Richmond, Kew et Hampton Court

PETERSHAM HÔTEL ££

Plan p. 498 (020-8940 7471 ; www.petershamhotel.co.uk ; Nightingale Lane, TW10 ; s/d 120/175 £ ; ste avec vue sur la Tamise à partir de 270 £ ; ; Richmond, Richmond). Perché sur Richmond Hill et dominant les prairies qui s'étendent jusqu'à la Tamise, le Petersham (1865) n'a pas d'égal en matière de vue sur ces paysages. Vous en profiterez aussi depuis son restaurant – les grandes baies vitrées donnent sur le fleuve. Les 58 chambres de ce quatre-étoiles sont décorées dans un style classique ; celles avec vue sur la Tamise sont plus chères. Prenez le bus 65 au départ de la gare de Richmond. ou de sa station de métro.

BINGHAM RIVERHOUSE BOUTIQUE-HÔTEL £££

Plan p. 498 (020-8940 0902 ; www.binghamriverhouse.com ; 61-63 Petersham Rd, TW10 ; s/d 195/210 £ ; ; Richmond, Richmond). Juste en amont de Richmond Bridge, cette ravissante maison georgienne de 1865, au bord de la Tamise, invite à une escapade loin du centre de Londres. Ses 15 chambres ont été récemment rénovées. Celles donnant sur la Tamise, plus chères, valent le supplément. Les autres chambres, bien que pleines de charme et dotées de fenêtres à double vitrage, donnent sur la très fréquentée Petersham Road.

Comprendre Londres

Histoire

L'histoire de Londres, longue et turbulente, couvre quelque deux millénaires. La ville a connu de grandes heures (les temps de prospérité romaine, puis, plus tard, l'accession de la cité au rang de capitale d'un empire) et des moments d'infortune (terribles épidémies, Grand Incendie de 1666, bombardements durant la Seconde Guerre mondiale...). Pourtant, même à genoux, Londres a toujours su se relever, aller de l'avant et se réinventer en chemin.

Londinium

Londres, notamment la City, a été continûment habitée depuis sa fondation par les Romains. Mais ceux-ci n'ont pas eu la primeur du lieu.

Déjà, au IVe siècle av. J.-C., à l'âge du fer, les Celtes rallient la Bretagne (nom donné alors à l'île principale de l'actuelle Grande-Bretagne) et s'installent près d'un gué sur la Tamise. Le fleuve, alors deux fois plus large qu'aujourd'hui, sert probablement à cette époque de frontière entre les groupes tribaux.

La légende veut que si l'on creuse suffisamment profondément le sol de la City, on trouve une couche de gravats et de cendres rougeâtres témoignant de la violence de l'attaque de la reine Boadicée sur le Londinium romain.

Lorsque, au Ier siècle av. J.-C., les premières expéditions de César parviennent en "Bretagne", des relations commerciales sont tissées entre les deux peuples. Puis, en 43, sous la conduite de l'empereur Claude, l'armée romaine établit les bases de sa future colonie ; elle fonde le port de Londinium, d'où elle peut partir à la conquête des bastions celtes. Les Romains construisent un pont en bois sur la Tamise (non loin de l'actuel London Bridge), à partir duquel se déploie un réseau de routes régionales.

L'expansion de ce carrefour commercial est brusquement interrompue en 60 ou 61, lorsqu'une armée conduite par Boadicée, reine de la tribu voisine des Icéniens établie au nord-est des territoires sous administration romaine, se venge des soldats romains, qui l'avaient spoliée de son royaume et avaient violé ses filles. Capitale de la "Bretagne romaine", Camulodunum (Colchester, dans l'Essex) est envahie ; puis vient le tour de Londinium. Les Icéniens massacrent ses habitants et rasent la cité. Après avoir infligé plusieurs revers à ses ennemis, Boadicée finit malgré tout vaincue et périt au terme d'une sanglante équipée.

CHRONOLOGIE

55-54 av. J.-C.

Jules César fait des premières expéditions en Grande-Bretagne, sans grand résultat. Le Sénat décrète néanmoins une cérémonie d'action de grâces de 20 jours.

43

Conduits par l'empereur Claude, les Romains envahissent la Grande-Bretagne. Ils se mêlent aux tribus celtes locales et s'installent pour près de 4 siècles.

47-50

Construction du fort défensif de Londinium. Le nom reprend celui d'une place forte celte (comme il était coutume de le faire au temps des Romains), bien que cela ne soit pas avéré.

Entre 80 et 90, les Romains reconstruisent Londinium autour de Cornhill, le point le plus élevé au nord du pont. Environ un siècle plus tard, ils entourent la cité d'un mur défensif de 2,70 m d'épaisseur et 6 m de hauteur, renforcé par des tours. Le nom des portes d'origine – Aldgate, Ludgate, Newgate et Bishopsgate – se retrouve encore aujourd'hui dans celui de certains sites londoniens. À cette époque, Londinium, devenu un carrefour économique et commercial, n'est pas encore une colonie romaine à part entière. C'est toutefois une ville imposante, dotée d'une énorme basilique où avaient lieu les cérémonies officielles, d'un amphithéâtre, d'un forum et d'un palais pour le gouverneur.

Au milieu du IIIe siècle, Londinium compte quelque 30 000 habitants et temples d'origines diverses. Lorsque l'empereur Constantin se convertit en 312, le christianisme est peu à peu adopté dans l'Empire, dont il devient l'unique religion officielle 8 décennies plus tard.

Au IVe siècle, affaiblie par les attaques toujours plus fréquentes des Pictes et des Scots au nord, et des Saxons (tribus germaniques du nord du Rhin) à l'est et au sud-est, la présence romaine d'Outre-Manche décline. En 410, lorsque l'empereur Honorius, assiégé, leur interrompt son soutien militaire, les Romains abandonnent la Bretagne ; l'ancienne colonie peuplée d'une poignée d'habitants sombre dans l'oubli.

Fourmillant de détails fascinants et de pépites historiques, Hidden London (hidden-london.com, en anglais) met en lumière les curiosités méconnues des quartiers et des endroits secrets de la capitale.

Lundenwic

Ce qu'il advint de Londinium après le départ des Romains continue d'alimenter les débats. Bien qu'il n'existe pas la moindre mention écrite de la cité entre 457 et 604, la plupart des spécialistes estiment qu'il y eut une certaine continuité romano-britannique, alors même que des colons saxons fondaient des fermes et de petits villages dans la région.

Lundenwic ("village de Londres") voit le jour à l'ouest des remparts de Londinium (près des actuels Aldwych et Charing Cross) sous la forme d'un comptoir de commerce saxon. Au début du VIIe siècle, les Saxons sont convertis au christianisme par Augustin de Canterbury, émissaire du pape. Lundenwic devient un épiscopat et la première cathédrale Saint-Paul est bâtie sur Ludgate Hill.

Le carrefour commercial se développe, au point d'attirer l'attention des Vikings du Danemark, qui l'attaquent en 842, puis l'incendient entièrement 9 ans plus tard. Sous le règne d'Alfred le Grand, roi de Wessex, la population saxonne se rebelle et chasse les Danois en 886.

Florissante et bien organisée, la cité saxonne est divisée en 20 sections gouvernées par un *alderman*, et où s'établissent des marchands allemands et des négociants en vin français. Mais les attaques vikings auront finalement raison du pouvoir faiblissant des Saxons. En 1016, les Londoniens cèdent le trône d'Angleterre au prince danois Knud.

122

L'empereur Hadrien se rend à Londinium, où plusieurs édifices administratifs sont érigés. C'est l'apogée du Londres romain, qui compte des temples, des bains publics, une forteresse et un port.

190-225

Le mur de Londres est construit autour de Londinium pour le défendre des envahisseurs, qui ont franchi le mur d'Hadrien. Haut de 5 m, il enclôt une superficie de 132 ha.

CHRISDORNEY/SHUTTERSTOCK ©

Le mur de Londres (p. 387)

Vers 600

La place de commerce saxonne de Lundenwic – littéralement "ville de commerce de Londres" – se forme à l'ouest du site romain de Londinium.

La mort du brutal Hardeknud, le fils de Knud, en 1042, fait revenir la couronne à un Saxon, Édouard le Confesseur, ainsi surnommé pour sa piété, qui fonde le palais et l'abbaye de Westminster. Le transfert de la cour d'Édouard à Westminster amorce une séparation géographique des fonctions de la ville, laquelle perdure aujourd'hui : tandis que le port (ou la City) est le centre du négoce à Londres, Westminster devient le siège de la justice et du pouvoir.

Les Normands

L'an 1066 marque la véritable naissance de l'Angleterre en tant qu'État-nation unifié. À la mort d'Édouard le Confesseur en janvier, une querelle pour la succession au trône d'Angleterre sonne le glas des souverains saxons. Désigné comme son héritier par Édouard sur son lit de mort, Harold Godwinson, comte de Wessex, se heurte à Guillaume de Normandie, lui aussi convaincu que le défunt roi lui avait promis le trône. Parti de son duché de Normandie à la tête d'une vaste armée, Guillaume passe la Manche, remporte le 14 octobre la bataille de Hastings (un combat mis en images par la fameuse tapisserie de Bayeux), où périt son rival, et entre dans Londres pour réclamer son dû. Guillaume "le Conquérant" est couronné roi d'Angleterre à l'abbaye de Westminster le 25 décembre 1066. La domination normande est alors absolue.

Guillaume se méfie de la "nombreuse et féroce populace" de Londres. Pour intimider ses nouveaux sujets, et pour se protéger lui-même, il fait ériger 10 châteaux à moins d'un jour de marche de la capitale, dont la White Tower, au cœur de l'actuelle Tour de Londres, et un fort rudimentaire à Windsor. Il ménage à dessein les marchands prospères en confirmant l'indépendance de la City et impose des taxes en contrepartie. Londres, qui compte environ 18 000 habitants, devient bientôt la principale ville d'Angleterre.

Un quart de siècle après la conquête normande, la grande tornade d'octobre 1091 s'abat sur Londres, détruisant la majeure partie de l'église d'origine de St Mary-le-Bow, le London Bridge en bois et d'innombrables maisons.

Le Londres médiéval

Après la mort du dernier roi normand, Étienne d'Angleterre, en 1154, Henri II inaugure 2 siècles de domination de la dynastie des Plantagenêts. Ses successeurs accordent volontiers son indépendance à la City, pourvu que ses marchands continuent de financer guerres et projets de construction. Ainsi, lorsque son fils Richard Ier (dit Richard Cœur de Lion), un souverain qui n'aura passé que 6 mois en Angleterre, a besoin de fonds pour sa croisade en Terre sainte, il accorde à la City le statut de commune autonome en échange de liquidités.

Fondée sur l'argent et le commerce, Londres défend farouchement son indépendance. Jean sans Terre, frère et successeur de Richard, l'apprend

604

La première cathédrale chrétienne, dédiée à saint Paul, est érigée sur Ludgate Hill, sur le site de l'actuelle cathédrale Saint-Paul. Incendiée en 675, elle sera reconstruite en pierre 10 ans plus tard.

842

Les Vikings attaquent et incendient Londres. La lutte entre les royaumes de Wessex et de Danemark pour le contrôle de la Tamise fait rage.

886

Alfred le Grand, premier roi de toute l'Angleterre, reconquiert Londres au profit des Saxons et crée une nouvelle implantation dans l'enceinte des murs romains.

1016

Les Danois reviennent à Londres ; Knud est couronné roi d'Angleterre, inaugurant 20 années de paix relative.

à ses dépens. En 1215, Jean est forcé de conférer davantage de pouvoirs aux puissants barons du royaume et de réduire les taxes exorbitantes qu'il exige de la ville. Le maire de la City devenu influent (le premier maire de la City, Henry Fitz-Ailwin, est entré en fonctions à peine 25 ans auparavant) fait partie de ceux qui incitent alors le roi à signer la *Magna Carta (*Grande Charte), qui a pour effet de réduire le pouvoir royal.

Au XIVe siècle, les incendies constituent une menace permanente pour les maisons londoniennes exiguës, serrées dans les rues étroites de cette ville en pleine expansion. Mais les maladies causées par le manque d'hygiène et l'eau polluée tirée de la Tamise représentent un danger encore bien plus grand. En 1348, des rats présents dans des bateaux venus d'Europe importent la peste noire. En l'espace d'un an et demi, une épidémie de peste bubonique emporte près de la moitié de la population de la ville (qui compte alors quelque 70 000 habitants).

Le milieu des manœuvres est particulièrement touché et la colère gronde, engendrant violences et émeutes. En 1381, le jeune Richard II, ignorant les revendications de son peuple, tente d'imposer un autre impôt local à tous les habitants du royaume, 4 ans après un premier. Des dizaines de milliers de paysans du Kent et de l'Essex, menés par l'ancien soldat Wat Tyler et le prêtre Jack Straw, entrent dans Londres pour protester. L'archevêque de Canterbury, Simon Sudbury, est traîné à la Tour de Londres pour y être décapité, et de nombreux ministres sont tués ; plusieurs édifices sont rasés avant que la révolte paysanne ne retombe, et voie ses meneurs exécutés.

Tout au long du XVe siècle, Londres continue de s'enrichir et de gagner en importance, sous l'influence des maisons de Lancastre et d'York. Toutefois, les querelles de succession de ces deux branches des Plantagenêts conduisent à la dramatique guerre des Deux-Roses.

En 1483, Édouard V, de la maison d'York, âgé de 12 ans, entame un règne qui ne durera que deux mois, avant de disparaître à tout jamais, avec son jeune frère, dans la Tour de Londres. Une hypothèse est que Richard III, leur oncle, qui deviendra roi, les aurait fait assassiner – même si cela n'a jamais été prouvé, Shakespeare le désigne comme étant bien l'auteur de ce forfait. (En 1674, des ouvriers découvriront un coffre contenant les squelettes de deux enfants près de la White Tower, qui seront alors identifiés comme les ossements des deux princes et enterrés à Innocents' Corner, dans l'abbaye de Westminster.)

Richard III reste peu de temps sur le trône : en 1485, il est tué à la bataille de Bosworth Field par Henri Tudor (Henri VII), premier monarque de sa dynastie. (Ses ossements, mis au jour sous un parking du centre de Leicester en septembre 2012, ont été enterrés en grande pompe dans la cathédrale de la ville en mars 2015.)

Le premier London Bridge en pierre est construit en 1209, mais il est si souvent bondé que la plupart des Londoniens préfèrent traverser la Tamise sur leur *wherry* (petite barque). Le pont actuel date de 1972.

1066

Après sa victoire sur le roi Harold à la bataille de Hastings, Guillaume le Conquérant est couronné à l'abbaye de Westminster.

1078

Guillaume le Conquérant fait bâtir 10 châteaux à moins d'un jour de marche de Londres, d'abord en terre et en bois, puis en pierre – notamment la White Tower et Windsor.

1097

Fils de Guillaume le Conquérant, Guillaume II le Roux entame la construction du vaste Westminster Hall, qui sera achevée deux ans plus tard.

1170

Quatre chevaliers d'Henri II assassinent l'archevêque de Canterbury, Thomas Becket, né dans Ironmongers Lane et surnommé Thomas de Londres.

Londres sous les Tudors

Bien que n'ayant régné que 120 ans et 3 générations, les Tudors sont la dynastie anglaise la plus célèbre. Durant leur règne, on découvre l'Amérique, le commerce mondial connaît un développement formidable et Londres devient l'une des villes les plus importantes d'Europe.

Fils et successeur d'Henri VII, Henri VIII est, de loin, le plus mégalomane du clan. Grand amateur de palais, il fait construire ceux de Whitehall et de St James, puis pousse son Grand Chancelier, le cardinal Thomas Wolsey, à lui faire cadeau de Hampton Court.

La vie d'Henri VIII est dominée par sa volonté d'avoir un héritier mâle, laquelle entraîne indirectement sa rupture avec l'Église catholique en 1534, après le refus du pape d'annuler son mariage avec Catherine d'Aragon (en 25 ans de mariage, elle ne lui aura donné qu'une fille). Tournant le dos à Rome, Henri se proclame chef suprême de l'Église d'Angleterre et épouse Anne Boleyn (deuxième de 6 épouses). Il dissout les monastères à Londres, confisque les biens des ordres religieux, et annihile toute culture ecclésiastique. De nombreux édifices religieux disparaîtront. Aujourd'hui, leur souvenir est évoqué par certains noms de lieux, comme Whitefriars (où résidaient les Carmes, à la bure blanche), Blackfriars (lieu de résidence des Dominicains, à la bure brun foncé) et Greyfriars (où vivaient les Franciscains, à la bure grise).

En dépit de sa fâcheuse tendance à recourir au billot (il fait décapiter durant son règne 2 de ses 6 épouses, ainsi que Thomas More – successeur de Wolsey au poste de Grand Chancelier –, son fidèle Thomas Cromwell, 32 figures de premier plan et jusqu'à 72 000 autres personnes) et à persécuter ses opposants, catholiques ou protestants, Henri VIII reste un monarque populaire jusqu'à sa mort, en 1547. Sous le règne de Marie Ire, fille d'Henri et de Catherine d'Aragon, l'Angleterre assiste à un bref retour au catholicisme pendant lequel la reine autorise le massacre par le feu de 200 protestants à Smithfield, ce qui lui vaut le surnom de *Bloody Mary* ("Marie la Sanglante"). Lorsque Élisabeth Ire, fille d'Henri VIII et d'Anne Boleyn, monte sur le trône, le catholicisme est sur le déclin ; ceux qui osent suggérer le contraire sont envoyés à la potence de Tyburn, non loin de l'actuel site de Marble Arch.

Le Londres élisabéthain

On considère aujourd'hui encore les 45 années de règne d'Élisabeth Ire comme un âge d'or dans l'histoire anglaise, pour Londres comme pour le reste du pays. Pendant ces 4 décennies, la littérature atteint des sommets jamais dépassés. La tolérance religieuse devient la norme, même si les catholiques et certains protestants restent persécutés. Avec l'inauguration du Royal Exchange par la reine, en 1570, Londres devient

HULTON ARCHIVE/GETTY IMAGES ©

1215

Le roi Jean sans Terre signe la *Magna Carta* ("Grande Charte"), qui garantit des droits et des libertés à la noblesse et au clergé et pose les fondements du droit anglais.

1290

Le roi Édouard Ier promulgue un édit ordonnant l'expulsion de tous les juifs d'Angleterre. Cette décision restera en vigueur pendant 360 ans.

1348

Arrivés en Angleterre par des bateaux venus du continent, des rats introduisent la peste noire. L'épidémie va emporter la moitié des 70 000 Londoniens et frapper plusieurs fois jusqu'en 1375.

la principale place commerciale de la planète ; et après sa victoire sur l'Armada espagnole, en 1588, la Grande-Bretagne s'impose comme une grande puissance navale.

Sur les plans économique et territorial, Londres est en expansion. À la fin du XVIe siècle, la population compte près de 200 000 âmes. Le premier plan urbain est publié en 1558. John Stow édite en 1598 le premier ouvrage d'histoire locale, *A Survey of London*.

Plein âge d'or du théâtre anglais, l'époque élisabéthaine est celle des salles combles. Le peuple se précipite au Rose (construit en 1587), au Swan (1596) et au Globe (1599) pour voir les œuvres de William Shakespeare, de Christopher Marlowe et de Ben Jonson. Ces nouveaux théâtres ont néanmoins été édifiés à Southwark, quartier de tavernes et de maisons closes (sous couvert de bains publics), en dehors de la juridiction de la City, qui désapprouve et interdit ce type de spectacle.

En 1603, Élisabeth meurt sans héritier ; son cousin au second degré accède au trône sous le nom de Jacques Ier d'Angleterre. Fils de Marie Stuart (à ne pas confondre avec la demi-sœur d'Élisabeth, Marie Ire), qu'Élisabeth a laissé condamner à mort pour avoir comploté contre elle, ce monarque tarde à améliorer les conditions de vie des catholiques, provoquant leur colère. Il échappe à une tentative d'assassinat lorsque est déjoué le complot mené par Guy Fawkes et ses complices visant à faire sauter le Parlement, le 5 novembre 1605. Depuis, la découverte de ce plan audacieux est célébrée chaque année par des feux de joie et d'artifice.

En 1567, pour financer la construction de navires et développer les ports anglais, Élisabeth Ire organise la première loterie nationale du monde, avec pour premier prix la somme considérable de 5 000 £ (2,6 millions de livres aujourd'hui). Les billets coûtent 10 shillings ; le tirage au sort a lieu près de l'ancienne cathédrale Saint-Paul.

Les guerres civiles et la Restauration

Charles Ier, fils de Jacques Ier, accède au trône en 1625. Son intransigeance et sa foi absolue en la monarchie de droit divin font éclater le conflit entre la Couronne et un Parlement qui s'affirme sans cesse, et avec une City qui ne supporte plus de payer des impôts exorbitants. Charles précipite la situation en tentant de faire arrêter 5 opposants, membres du Parlement, qui se réfugient à la City. En 1642, éclate une guerre civile.

Les puritains (protestants les plus rigides) et les marchands de la City, de plus en plus puissants, soutiennent Oliver Cromwell, le leader des parlementaristes (appelés *Roundheads*, ou "têtes rondes") qui combattent les troupes royalistes (les *Cavaliers*). Londres soutient fermement les *Roundheads* ; Charles Ier est vaincu en 1646, mais une deuxième guerre civile (1648-1649), puis une troisième (1649-1651) continueront de semer la discorde dans cette nation jadis stable et prospère.

Le 30 janvier 1649, Charles Ier est décapité pour haute trahison devant la Banqueting House à Whitehall (il porte deux chemises ce matin-là pour éviter de trembler de froid et de passer pour un lâche).

1455

Début d'un conflit de plus de 30 ans entre les deux branches de la dynastie des Plantagenêts, les Lancastres et les Yorks – appelé guerre des Deux-Roses.

1476

Un éminent marchand originaire du Kent, William Caxton, installe ses presses à Westminster. Il édite plus de 90 volumes.

1558

La première carte détaillée de Londres est créée par le géomètre et cartographe Ralph Agas ; un âge d'or de paix, d'arts et de littérature débute avec la reine Élisabeth Ire.

1599

Le théâtre du Globe ouvre à Southwark, ainsi que d'autres scènes telles le Rose et le Swan. On jouera au Globe la plupart des pièces de Shakespeare d'après 1599, dont *Macbeth* et *Hamlet*.

Cromwell fait alors du pays une quasi-république qu'il dirige pendant les 11 années qui suivent, tandis que Charles II, fils du roi défunt, lutte pour restaurer la monarchie. Cromwell interdit le théâtre, la danse, Noël et, plus généralement, tout ce qui peut constituer une distraction.

Après la mort de Cromwell, en 1658, le Parlement décide que, finalement, la monarchie avait du bon. Il refuse de reconnaître l'autorité de Richard, le fils de Cromwell, et rappelle Charles II de son exil en 1660.

Livres d'histoire

Histoire de Londres, Rémy Bethmont (Tallandier, 2011)

Une autre histoire de Londres, de Boris Johnson (Robert Laffont, 2013)

Londres, la ville-monde, de Marie-Claude Esposito et Philippe Chassaigne (Vendemiaire, 2013)

Winston Churchill, le pouvoir de l'imagination, de François Kersaudy (Tallandier, 2021)

Londres, une biographie, de Peter Ackroyd (Philippe Rey, 2016)

La peste et le feu

Populeuse et sale, la ville est régulièrement frappée par la peste bubonique depuis le XIVe siècle. Mais la Grande Peste de 1665, qui surprend les Londoniens par son ampleur, éclipse les épidémies précédentes.

Tandis que la peste se propage, les familles affectées sont contraintes de se barricader chez elles pendant 40 jours, jusqu'à ce que la personne touchée ait guéri ou succombé. Les rues, autrefois bondées, se vident. Les églises et les marchés ferment ; un silence inquiétant s'abat sur la ville. Le maire, peu avisé, pense que les chiens et les chats colportent la maladie, et ordonne leur éradication. Ce faisant, il débarrasse de ses prédateurs naturels le véritable vecteur de la peste, le rat. En seulement 8 mois, 100 000 personnes trouvent la mort. On rassemble leurs cadavres pour les jeter dans de vastes "fosses à pesteux".

En novembre 1665, l'épidémie commence à s'apaiser. Mais à peine un an plus tard, un autre désastre frappe les Londoniens. Leur ville, qui compte une grande proportion de bâtiments en bois couverts de chaume, est ravagée par un terrible incendie. Le feu se déclare le 2 septembre 1666 dans une boulangerie de Pudding Lane, au cœur de la City, près du London Bridge.

Au début, l'incendie n'est pas pris au sérieux ; le maire évoque un feu "que même une femme pourrait éteindre en pissant dessus" et retourne se coucher. Mais la chaleur, inhabituelle pour un mois de septembre, et les vents qui se lèvent nourrissent les flammes. Le feu, qui fait rage pendant 4 jours, détruit 80% des bâtiments. Seules 8 personnes périssent (selon le décompte officiel), mais la partie médiévale de Londres est réduite à néant. Le feu s'arrête finalement à Pye Corner, dans Smithfield, juste à la limite de Londres, non sans avoir détruit 89 églises, y compris la cathédrale Saint-Paul, et plus de 13 000 maisons. Des dizaines de milliers de personnes sont à la rue.

Le Londres de Wren

Ce désastre laisse un terrain vierge à sir Christopher Wren, qui rebâtit 51 églises magnifiques. Mais les plans du génial architecte pour reconstruire l'ensemble de la ville – essentiellement selon un

1605

Le complot catholique visant à tuer Jacques Ier en faisant sauter la Chambre des lords est déjoué. Huit des conspirateurs, dont Guy Fawkes, sont exécutés en 1606.

1613

Le Globe disparaît dans un incendie. Il est rebâti l'année suivante, avant d'être fermé par les puritains, puis démoli en 1642.

1649

Le roi Charles Ier est exécuté à Whitehall au plus fort des guerres civiles anglaises, opposant pendant 9 ans les forces royalistes et parlementaires.

1661

Le corps de Cromwell est exhumé de l'abbaye de Westminster 3 ans après sa mort et "exécuté" *post mortem* par pendaison.

quadrillage orthogonal – sont jugés trop onéreux par beaucoup. Très vite, l'ancienne trame des rues, tissée au fil des siècles depuis l'époque romaine, réapparaît. De nouvelles lois imposent toutefois l'édification de constructions en brique et en pierre pour remplacer les maisons en bois à encorbellement et toit de chaume, ainsi que l'élargissement de nombreuses voies. Par ailleurs, l'incendie accélère la migration des classes aisées de la City vers l'actuel West End.

En 1677, le monument dessiné par Wren pour commémorer le Grand Incendie est érigé tout près du point d'embrasement. Cette colonne de 62 m de haut, symbolisant la restauration et la résurrection qui suivirent la catastrophe, est restée un temps la plus haute construction londonienne, visible de n'importe quel point de la capitale.

Après la révocation de l'édit de Nantes en 1685, qui met fin à la liberté de culte en France, l'afflux de huguenots (protestants) à Londres se transforme en exode de masse, avec l'arrivée de quelque 30 000 réfugiés. Artisans pour la plupart, beaucoup se tournent vers la fabrication de produits de luxe tels que la soie et l'argenterie, et s'installent près de Spitalfields et de Clerkenwell, deux quartiers où arrivent plus tard des immigrés irlandais, juifs et italiens. Londres devient rapidement l'une des villes les plus cosmopolites au monde.

En 1688, la Glorieuse (car pacifique) Révolution porte Guillaume III, dit Guillaume d'Orange, sur le trône, après la fuite du catholique Jacques II vers la France. Le roi Guillaume III et la reine Marie II, qui régnaient conjointement, quittent le palais de Whitehall pour s'installer dans celui de Kensington Gardens. Pour financer la guerre contre la France, ils créent, en 1694, la Banque d'Angleterre.

À l'aube du XVIIIe siècle, forte de 600 000 habitants, la ville de Londres est la plus grande d'Europe ; sa croissance se poursuit sans entrave. Avec l'afflux de travailleurs étrangers, elle s'étend vers l'est et le sud ; les nantis s'installent dans les quartiers nord et ouest, plus salubres.

Le plus grand triomphe de la "Grande Reconstruction" est la cathédrale Saint-Paul de Wren, inaugurée en 1711 sous le règne de la dernière souveraine de la maison Stuart, la reine Anne. Ce joyau de l'architecture baroque est l'un des bâtiments emblématiques de Londres.

Un somptueux panorama de la ville s'offre à qui grimpe les 528 marches (pas d'ascenseur) menant à la Golden Gallery, perchée à 85 m de haut sur le triple dôme imbriqué de la cathédrale Saint-Paul. Chef-d'œuvre de sir Christopher Wren et sanctuaire le plus emblématique de Londres, Saint-Paul a été magnifiquement restauré pour son tricentenaire en 2010.

Le Londres georgien

Anne Stuart meurt en 1714 sans héritier (malgré 17 grossesses). Si on lui retrouve bien quelque 50 parents catholiques plus légitimes, on recherche alors un successeur protestant, la loi de 1701 interdisant le trône aux catholiques. C'est finalement George de Hanovre, l'arrière-petit-fils de Jacques Ier, qui est l'heureux élu. Tout juste arrivé d'Allemagne, il se fait couronner roi d'Angleterre, sans même connaître l'anglais.

1665
La Grande Peste sévit à Londres, tuant un quart d'une population comptant alors environ 460 000 personnes.

1666
Le Grand Incendie de Londres fait rage pendant 4 jours, détruisant la ville médiévale, 13 200 maisons et 89 églises, notamment la cathédrale Saint-Paul.

1702
Le *Daily Courant*, premier quotidien de l'histoire de Londres (constitué d'une seule page), est publié par Elizabeth Mallet dans Fleet Street.

1707
Première réunion, à Londres, du Parlement du royaume de Grande-Bretagne après l'adoption de l'Acte d'union réunissant l'Écosse et l'Angleterre sous un même Parlement.

Sous George Ier, le Parlement est dominé par le parti Whig de Robert Walpole. *First Lord of the Treasury* (Premier Lord au Trésor), Walpole devient le premier Premier ministre de l'histoire anglaise. On lui cède le 10 Downing Street – restée la résidence officielle du Premier ministre.

Tandis que Londres s'étend à une vitesse phénoménale, des mesures sont prises pour rendre la ville plus facile d'accès. Le mur romain ceignant la City est abattu, et Westminster Bridge est inauguré en 1750 ; il s'agit du deuxième pont qui enjambe la Tamise, après le London Bridge.

Le Londres georgien connaît une grande créativité artistique, surtout dans les domaines de la musique et de l'architecture. Compositeur à la cour, Georg Friedrich Haendel y écrit sa *Water Music* ("Musique sur l'eau") en 1717 et *Le Messie* en 1741 ; en 1755, Samuel Johnson élabore le premier dictionnaire de la langue anglaise. William Hogarth, Thomas Gainsborough et Joshua Reynolds produisent de belles gravures et peintures, et bon nombre des plus élégantes demeures, rues et places londoniennes sont érigées ou conçues par les architectes John Soane, Robert Smirke, son élève, et le fécond John Nash.

Alors que se creuse le fossé entre riches et pauvres, la criminalité augmente. Le roi George II lui-même se fait dérober "sa bourse, sa montre et ses menus objets" pendant une promenade à Kensington Gardens. C'est le Londres de Hogarth, où les plus fortunés habitent de magnifiques demeures dans les beaux quartiers et se réunissent dans d'élégants cafés, quand les plus démunis croupissent dans des taudis où ils tentent d'oublier leur misère à grand renfort de gin bon marché. Afin d'enrayer la criminalité, deux magistrats, dont l'écrivain Henry Fielding et son demi-frère John, décident en 1749 de créer un groupe de volontaires, les Bow Street Runners, les prédécesseurs de la Metropolitan Police Force (fondée en 1829).

En 1780, le Parlement propose d'abroger la loi interdisant aux catholiques d'accéder à la propriété par l'achat ou l'héritage. En protestation, lord George Gordon, membre du Parlement, organise une manifestation qui tourne à l'émeute. Trente mille personnes s'attaquent aux ouvriers irlandais et brûlent les prisons, les *Papish dens* ("repaires des papistes" ou chapelles) et plusieurs tribunaux. Pas moins de 700 personnes périssent durant ces 5 jours d'émeutes.

Alors que George III, qui restera connu comme le roi ayant perdu les colonies américaines, sombre dans la démence vers la fin du XVIIIe siècle, son fils, le prince régent et futur George IV, installe une cour bien plus à la mode à Carlton House, dans Pall Mall. À cette époque, la population de Londres explose et frise le million.

1711

La cathédrale Saint-Paul, chef-d'œuvre de sir Christopher Wren, est officiellement achevée, 35 ans après le début des travaux.

LUKASZ PAJOR/SHUTTERSTOCK ©

Cathédrale Saint-Paul (p. 141)

1812

Naissance à Portsmouth de Charles Dickens, qui deviendra le plus grand romancier de l'ère victorienne. Ses œuvres dépeignent la misère du Londres de l'époque.

1829

La première ligne de bus régulière, "l'omnibus" à cheval, est inaugurée : elle va de Paddington à Bank ; le billet coûte 1 shilling.

ALBERT ET LA PREMIÈRE EXPOSITION UNIVERSELLE

Hymne aux inventions technologiques du monde entier, la première Exposition universelle, organisée en 1851 par le prince Albert, l'époux allemand de la reine Victoria, eut lieu à Hyde Park, dans une gigantesque serre de fer et de verre, un "palais de cristal" (le Crystal Palace) dessiné par le jardinier et architecte Joseph Paxton. Quelque 2 millions de personnes vinrent des quatre coins de la Grande-Bretagne et du monde entier pour admirer les pièces exposées – plus de 100 000 au total, sur une surface d'exposition de 7,5 ha. Cette exposition connut un immense succès, et le prince Albert veilla à ce que les bénéfices (186 000 £, soit près de 18 millions de livres aujourd'hui) soient réinvestis dans des lieux d'exposition, qui devinrent par la suite le Victoria & Albert Museum, le Natural History Museum et le Science Museum. Dix ans après l'Exposition universelle, le prince Albert succomba à la typhoïde. La reine Victoria porta le deuil jusqu'à sa mort, 40 ans plus tard.

Le Londres victorien

En 1837, Victoria, la nièce de George IV, accède au trône à l'âge de 18 ans. Durant son long règne (près de 64 ans), Londres devient le centre névralgique du plus vaste et du plus riche empire que le monde ait connu, couvrant le quart de la surface du globe et réunissant plus de 500 millions de personnes.

De nouveaux docks sont construits dans East London pour tirer profit du commerce florissant avec les colonies britanniques et un réseau de chemins de fer commence à s'étendre autour de Londres. Le premier métropolitain du monde, qui relie Paddington et Farringdon Road, est mis en service en 1863 ; face à son succès, d'autres lignes sont rapidement inaugurées. Certains des monuments phares de Londres sont érigés à cette époque, notamment la tour de l'horloge du Parlement (actuelle Elizabeth Tower, ou Big Ben ; 1859), le Royal Albert Hall (1871) et le Tower Bridge (1894).

Mais Londres ploie sous le fardeau de son immense superficie. En 1858, elle est confrontée à la "Grande Puanteur" (*Great Stink*). L'explosion démographique dépasse les capacités des installations sanitaires, au point que les eaux usées s'infiltrent dans le plancher des maisons des riches marchands et que, pour atténuer la puanteur au palais de Westminster, on doit asperger les rideaux de chlorure de chaux. Vers la fin des années 1850, le brillant ingénieur Joseph Bazalgette trouve la solution pour assainir la ville : construire plus de 2 000 km de canalisations, destinées à évacuer les eaux d'égout en dehors de la ville.

À la même époque, les arts et les sciences sont florissants. Charles Dickens, grand chroniqueur de cette période, écrit *Oliver Twist* en 1837

La pollution due aux véhicules n'est pas un problème récent ! À la fin du XIXe siècle, 1 000 tonnes de crottin de cheval jonchaient chaque jour les rues de Londres. Les *crossing sweepers* (balayeurs de carrefour), souvent de jeunes garçons, gagnaient un maigre pécule en dégageant un passage permettant aux piétons de traverser.

1838

Le couronnement de la reine Victoria à l'abbaye de Westminster inaugure une nouvelle ère pour Londres, qui devient le centre économique du monde.

1843

Achèvement du tunnel sous la Tamise de Marc Isambard Brunel, qui relie Rotherhithe au sud, à Wapping au nord. C'est le premier tunnel construit sous une voie navigable.

1851

Imaginée par le prince Albert, époux de la reine Victoria, l'Exposition universelle est inaugurée au Crystal Palace, palais de verre et d'acier construit pour l'occasion à Hyde Park.

1884

Le *Greenwich Mean Time* (GMT) entre en vigueur, faisant de l'observatoire de Greenwich la référence des horloges du monde entier.

et d'autres ouvrages explorant les thèmes de la pauvreté, du désespoir et de la misère de la classe ouvrière. En 1859, c'est à Londres que Charles Darwin publie sa fameuse *Origine des espèces*, dans laquelle il élabore sa théorie de l'évolution, qui fera date dans l'histoire de la pensée.

Le règne de Victoria est aussi marqué par la présence d'éminents Premiers ministres, comme William Gladstone (4 mandats entre 1868 et 1894) et Benjamin Disraeli (en 1868, puis de 1874 à 1880). En outre, avec la création du London County Council (LCC) en 1889, la capitale se dote de son premier gouvernement local directement élu.

Tout au long du XIXe siècle, Londres voit affluer des vagues d'immigrants irlandais, juifs, chinois et indiens ; sa population passe de 1 à 6 millions. Les plus défavorisés vivent entassés dans des taudis au cœur de la ville, alors que les riches se font bâtir des demeures cossues dans des quartiers aérés et verts.

Souvent perçue comme une femme austère et sans humour, la reine Victoria était en réalité intelligente, progressiste et passionnée. Si son époux, le prince consort Albert, mourut prématurément en 1861, sans doute de la typhoïde, elle vécut assez longtemps pour célébrer son jubilé de diamant, en 1897. Elle s'éteignit 4 ans plus tard, à l'âge de 81 ans. Son règne est considéré comme l'apogée de l'Empire britannique

Pour prendre la mesure de la Première Guerre mondiale et de la dévastation indescriptible qu'elle a causée, découvrez la présentation interactive des First World War Galleries (www.iwm.org.uk/exhibitions/iwm-london/first-world-war-galleries, en anglais) de l'Imperial War Museum.

De l'Empire à la guerre mondiale

Le fils de Victoria, le bon vivant prince de Galles, lui succède en 1901 sous le nom d'Édouard VII, à près de 60 ans. Les premiers autobus à impériale (*double-decker buses*) motorisés font leur apparition en 1904, sur l'itinéraire Peckham-Oxford Circus ; ils remplacent leurs prédécesseurs tractés par des chevaux, introduits en 1829. La construction d'hôtels de luxe, comme le Ritz en 1906, et de grands magasins, tel Selfridges en 1909, ajoute une touche de glamour à cette Belle Époque londonienne. Les premiers Jeux olympiques londoniens se déroulent au White City Stadium en 1908.

La Grande Guerre éclate en août 1914. Les Zeppelins larguent leurs premières bombes près de Guildhall un an plus tard, tuant 39 personnes. Quelque 670 Londoniens périssent sous les bombardements (soit la moitié du nombre de civils tués dans le pays) ; 2 000 autres sont blessés.

L'entre-deux-guerres

Après 1918, la population continue à croître pour atteindre près de 7,5 millions d'habitants en 1921. Tandis que l'on s'affaire à nettoyer les bas quartiers et à construire de nouveaux lotissements, les banlieues gagnent du terrain sur la campagne environnante, notamment à l'ouest.

1888

Un tueur de prostituées sadique sème la terreur dans l'East End. Le mythe de Jack l'Éventreur prend forme et réveille les démons enfouis de la société victorienne.

1901

La reine Victoria meurt au terme d'un règne de 63 ans, 7 mois et 2 jours, qui restera le plus long de l'histoire britannique... jusqu'à ce qu'Élisabeth II batte ce record en 2015.

1908

Londres accueille ses premiers Jeux olympiques au White City Stadium, aujourd'hui démoli. Vingt-deux équipes y participant, pour un budget total de 15 000 £.

1926

Pendant 9 jours, une grève générale paralyse Londres. Elle aura finalement peu d'impact sur l'activité des syndicats ou les relations entre employeurs et employés.

Le nombre de chômeurs augmente et, en mai 1926, un conflit salarial dans l'industrie houillère dégénère en une grève générale de 9 jours, pendant laquelle la vie à Londres semble suspendue. L'armée intervient pour restaurer l'ordre et rétablir les transports. Cet événement marquera le début de plus d'un demi-siècle de conflits sociaux.

La crise économique n'empêche pas le développement d'une élite intellectuelle. Le Bloomsbury Group se forme ainsi dans les années 1920, qui compte parmi ses membres les écrivains Virginia Woolf et E. M. Forster, ou encore l'économiste John Maynard Keynes. Au cours de la décennie suivante, les regards se tournent plus à l'ouest, vers Fitzrovia, où George Orwell et Dylan Thomas trinquent avec leurs contemporains à la Fitzroy Tavern, dans Charlotte Street. Le cinéma, la télévision et la radio font leur apparition. En 1922, la BBC diffuse sa première émission radio depuis le toit de la Marconi House, sur le Strand. Quatorze ans plus tard, c'est au tour de la télévision d'émettre son premier programme depuis l'Alexandra Palace.

La monarchie est ébranlée lorsque, en 1936, Édouard VIII abdique pour épouser une Américaine deux fois divorcée. Son frère cadet lui succède sous le nom de George VI. La même année, Oswald Mosley tente d'organiser, sous la bannière de la British Union of Fascists, une marche brune antisémite à travers l'East End, mais s'en trouve empêché par une foule d'un demi-million de personnes. L'échauffourée restera dans les mémoires sous le nom de "bataille de Cable Street".

La nuit du 29 décembre 1940 fut appelée le "Second Grand incendie de Londres" : 136 bombardiers allemands lâchèrent plus de 24 000 bombes explosives et 100 000 bombes incendiaires sur la ville en quelques heures, déclenchant 1 500 foyers d'incendie depuis la City jusqu'à Islington.

La Seconde Guerre mondiale et le Blitz

Dans les années 1930, le Premier ministre Neville Chamberlain mène une politique de conciliation (*appeasement*) à l'égard d'Adolf Hitler dans l'espoir d'éviter le conflit, mais le 1er septembre 1939, l'Allemagne envahit la Pologne ; la Grande-Bretagne lui déclare la guerre, en respect d'un traité d'assistance mutuelle signé avec Varsovie quelques jours plus tôt. C'est le début de la Seconde Guerre mondiale.

La première année de la guerre se déroule pour Londres dans une attente anxieuse. Bien que plus de 600 000 femmes et enfants aient été évacués et que la bataille d'Angleterre fasse rage, essentiellement autour des bases anglaises de la Royal Air Force, aucune bombe ne vient troubler le *black-out* de la capitale. Cette drôle de guerre s'achève le 7 septembre 1940, lorsque des avions de la Luftwaffe larguent des centaines de bombes sur l'East End, faisant 430 morts et 1 600 blessés.

Le Blitz (de l'allemand *Blitzkrieg*, "guerre éclair"), qui dure 57 nuits, se poursuit ensuite de manière plus sporadique jusqu'à la mi-mai 1941. Des stations du *Tube* (métro) se transforment en immenses abris souterrains ; un jour, pourtant, une bombe pénètre par l'escalator dans la station

1936

L'"année des 3 rois" : George VI accède au trône après la mort de son père, George V, et l'abdication de son frère Édouard VIII, qui préfère à la Couronne Wallis Simpson, une Américaine divorcée.

1940-1941

Londres est dévastée par le Blitz. Des sites majeurs, notamment la cathédrale Saint-Paul et la Tour de Londres en sortent néanmoins presque indemnes.

1945

Big Ben est à nouveau illuminé en avril ; l'éclairage de Londres est rétabli, après le black-out (total puis partiel) observé pendant le conflit. La victoire des Alliés est proclamée le 8 mai.

1951

George VI ouvre le Festival of Britain, qui marque le centenaire de l'Exposition universelle et vise à remonter le moral des Britanniques après les épreuves de la guerre.

Vous vous rendrez compte des ravages causés par le Blitz à Londres en visitant le site Internet du projet Bomb Sight (bombsight.org, en anglais), qui pour la première fois a établi la carte des bombes recensées entre octobre 1940 et juin 1941.

de Bank et explose sur la plateforme, tuant plus de 100 personnes. La plupart des Londoniens répondent avec flegme et courage. Suscitant le respect de la nation, le roi et la reine refusent de quitter Londres durant les bombardements (leurs filles, Élisabeth et Margaret, restent à Windsor). Buckingham Palace est directement touché par une bombe lors d'un raid en début de campagne, amenant la reine consort (mère défunte de l'actuelle souveraine) à prononcer ces mots : "Je suis contente. Je peux maintenant regarder les gens de l'East End en face." Winston Churchill, Premier ministre depuis 1940, dirige une grande partie des opérations militaires depuis les Cabinet War Rooms, dans les sous-sols de Whitehall. C'est de là qu'il prononce ses éloquents discours de guerre.

En juin 1944, des bombes V-I (connues sous le nom de "bombes volantes") sont lâchées au-dessus des quartiers est. Au moment de la capitulation de l'Allemagne nazie en mai 1945, un tiers de l'East End et l'ensemble de la City ne sont plus qu'un champ de ruines : près de 30 000 Londoniens ont perdu la vie et 50 000 autres sont blessés.

L'après-guerre et les années 1960

Une fois l'euphorie de la victoire en Europe retombée, la nation prend conscience de l'effroyable bilan de la guerre et de la nécessité de reconstruire. Une période d'austérité commence, marquée par le rationnement des produits de base et la construction, sur les sites bombardés de Pimlico et de l'East End, de hautes tours d'habitation pour pallier la pénurie chronique de logements. Pour redonner le moral à la population, Londres accueille les Jeux olympiques de 1948 (surnommés les "Jeux de l'austérité") et organise le premier Festival of Britain en 1951.

Le ciel londonien s'assombrit au sens propre le 6 décembre 1952, quand arrive le *Great Smog*. Un mélange létal de brume, de fumée et de pollution toxique s'installe sur la ville ; et dans les semaines qui suivent 4 000 personnes meurent d'infection respiratoire (on pense aujourd'hui que le *Great Smog* a tué quelque 12 000 personnes dans les semaines et les mois qui suivirent). En réaction, le *Clean Air Act* de 1956 instaure au cœur de Londres des zones où seuls les combustibles non fumigènes peuvent être utilisés.

La reine Élisabeth II est couronnée en 1953, après le décès de son père bien-aimé le roi George VI l'année précédente. Le rationnement de la plupart des denrées prend fin en 1954 ; il aura duré 14 ans.

Des immigrants du monde entier, issus notamment des anciennes colonies, affluent dans les années d'après-guerre à Londres, qui manque alors cruellement de main-d'œuvre. Mais, comme le montrent les émeutes racistes de Notting Hill en 1958, ces étrangers, bien qu'encouragés à venir, ne sont pas toujours bien accueillis.

1952

Envahie par un smog épais qui la pollue (contribuant à la mort de milliers de personnes), Londres reste en suspens 4 jours durant en décembre.

1953

Le couronnement d'Élisabeth II est retransmis dans le monde entier grâce à la télédiffusion.

1956

Les premiers Routemasters, les fameux bus rouges à impériale, font leur apparition à Londres. Ils deviennent immédiatement un emblème de la capitale.

Une timide reprise économique se fait sentir à la fin des années 1950. Le Premier ministre Harold Macmillan n'affirme-t-il pas que l'Angleterre "ne s'est jamais aussi bien portée" ? La Mini Cooper (1959) et la mini-jupe accèdent au rang d'emblèmes britanniques, et la Jaguar type E lancée en 1961 enflamme les esprits. Dans les années 1960, l'énergie créative refoulée pendant la période d'après-guerre éclate au grand jour. C'est l'époque du Swinging London. La ville devient l'épicentre de la mode et de la musique, insufflant couleur et vitalité.

Les normes sociales subissent une révolution. L'arrivée de la pilule contraceptive, la décriminalisation de l'homosexualité et l'introduction des drogues telles que la marijuana et le LSD par le mouvement hippie instillent un climat libéral et permissif inédit. Du milieu des années 1960 jusqu'à la fin de cette décennie, la musique pop est souvent associée à la consommation de drogues, à l'activisme politique et à un esprit de contre-culture. Les enregistrements des Beatles à Abbey Road et le concert gratuit des Rolling Stones, donné devant 250 000 personnes à Hyde Park, marquent des moments forts de cette période.

Carnaby Street et King's Road sont alors les endroits les plus branchés au monde ; les icônes de la culture pop (Twiggy, David Bailey, Marianne Faithfull, Christine Keeler...) deviennent celles d'une ère nouvelle.

Le site Internet d'East London History (www.eastlondonhistory.co.uk, en anglais) est une mine d'informations sur l'histoire de l'East End et de ses personnalités.

Pour vous documenter sur l'histoire sociale, la musique et la culture du XXe siècle, consultez *Another Nickel in the Machine* (www.nickelinthemachine.com, en anglais), un blog très instructif qui touche à tout, des suffragettes à David Bowie, en passant par le retour de Charlie Chaplin dans sa ville natale.

Le Londres punk

Dans les années 1970, un rude climat économique replonge Londres dans le marasme. Jadis florissants, les docks londoniens ne se relèveront pas de la perte de l'Empire britannique, du manque d'aménagements pour des porte-conteneurs modernes et de l'absence de dialogue constructif entre patronat et syndicat. Ils disparaissent définitivement entre 1968 et 1981. Le trafic maritime déménage à Tilbury, à 40 km à l'est. Totalement laissés à l'abandon, les Docklands renaîtront 10 ans plus tard grâce aux promoteurs immobiliers. En 1973, une bombe explose devant le tribunal de l'Old Bailey : l'Armée républicaine irlandaise (IRA), en lutte pour une Irlande réunifiée, entame une campagne d'attentats sur le territoire.

La musique, dominée par le courant glam-rock, devient plus stéréotypée – ce qui n'empêche pas l'épanouissement de légendes londoniennes comme Marc Bolan et David Bowie. Mais la stagnation économique et le cynisme ambiant contribuent aussi à faire naître une nouvelle esthétique : le punk. Véhément, abrasif et porté majoritairement par des Blancs des classes populaires, le mouvement transforme d'un coup la scène musicale et la mode. Les ados troquent leurs jeans pattes d'éph pour des pantalons cigarettes noirs et les cheveux longs pour des crêtes iroquoises. La fin des années 1970 est une période exaltante, ou

1959

Après les émeutes qui ont opposé en 1958 communautés blanche et afro-caribéenne, on lance un carnaval caribéen (futur Notting Hill Carnival) pour apaiser les tensions raciales.

1966

L'Angleterre remporte la finale de la Coupe du monde de football à Wembley contre l'Allemagne – probablement le plus grand jour de l'histoire du sport britannique.

1979

Margaret Thatcher devient Premier ministre. Ses mesures, marquées par une volonté de modernisation et une politique sociale ultralibérale, modifieront le pays.

1981

Brixton connaît les plus graves émeutes raciales de l'histoire de Londres.

du moins exaltée, pour la jeunesse londonienne, les punks ouvrant la voie à la *new wave* et aux "nouveaux romantiques", tandis que la culture *Mod* (pour *modernists*) fait son grand retour en force.

En contre-pied de la frénésie ambiante, la torpeur gagne le corps politique britannique. Le mandat du Premier ministre travailliste James Callaghan (1976-1979), considéré comme faible face aux syndicats tout-puissants, est marqué par les grèves paralysantes de la fin des années 1970, notamment lors du "Winter of Discontent" de 1978-1979, période qui voit Leicester Square transformé en décharge du fait du blocage des éboueurs.

Les années Thatcher

En 1979, Margaret Thatcher, leader du Parti conservateur, devient la première femme à accéder au poste de Premier ministre du Royaume-Uni. Au pouvoir durant toutes les années 1980, la "Dame de fer" met en place un programme de privatisations sans précédent. Elle est considérée comme le dirigeant britannique le plus important de l'après-guerre. Tandis que ses détracteurs lui reprochent sa vision de la justice sociale et l'immense fossé qui s'est creusé entre les riches et les pauvres sous son mandat, ses défenseurs affirment qu'elle a modernisé un système alourdi par les syndicats et que ses choix politiques ont permis d'importantes créations de richesses.

La Dame de fer (2011), de Phyllida Lloyd, est un intéressant biopic consacré à Margaret Thatcher, interprétée par Meryl Streep. Il retrace la vie et la carrière de l'ancien Premier ministre, de la fille d'épicier d'une grande habileté politique à la veuve éplorée atteinte de démence sénile. Thatcher mourut deux ans après la sortie du film.

Dans un premier temps, la politique monétariste thatchérienne fait exploser les chiffres du chômage. Au lendemain des émeutes de Brixton en 1981, une enquête dans ce quartier de Londres révèle que 55% des jeunes hommes noirs sont sans emploi. Les tensions sont de plus en plus vives entre le Greater London Council (GLC ; Conseil du Grand Londres), dirigé par Ken Livingstone, et Margaret Thatcher. "Ken le Rouge" fait déployer sur le County Hall (siège du GLC, situé en face du palais de Westminster, de l'autre côté de la Tamise) une banderole géante affichant le nombre de chômeurs dans la capitale et intimant au Premier ministre de réagir. En 1986, Thatcher répond en abolissant le GLC, faisant de Londres la seule capitale européenne sans gouvernement local unifié.

Si les conditions de vie des plus démunis se dégradent en raison des attaques répétées du thatchérisme contre l'État-providence, la situation est favorable pour le milieu des affaires. Surfant sur une vague de confiance alimentée en partie par la dérégulation boursière de 1986, Londres connaît une croissance économique phénoménale. Les promoteurs immobiliers parviennent à défigurer Londres presque autant que l'avait fait la Luftwaffe, même si certaines réalisations, tel l'immeuble de la Lloyd's of London, se distinguent par leur beauté.

1990

La réforme des impôts locaux que veut instaurer Margaret Thatcher provoque des manifestations, qui dégénèrent en émeutes sur Trafalgar Square. Démission de la Dame de fer.

1997

Les travaillistes gagnent les élections, après presque 20 ans dans l'opposition. Le New Labour de Tony Blair décroche 179 sièges à la Chambre des communes.

2000

Ken Livingstone, un indépendant, est élu maire de Londres 14 ans après que Margaret Thatcher a dissous son Conseil du Grand Londres (Greater London Council, GLC).

2003

Mise en place de la *congestion charge* de Ken Livingstone dans le centre de Londres, système de péage qui conduit à une diminution de la circulation de 10% en 10 ans.

Mais tout comme les précédents booms, celui des années 1980 est fragile. Alors que le chômage augmente à nouveau, que le marché immobilier s'effondre, les Londoniens se retrouvant propriétaires de maisons qui valent beaucoup moins que leur prix d'achat, le gouvernement Thatcher décide d'introduire un nouvel impôt local (*poll tax*). Des manifestations éclatent dans tout le pays et culminent avec la marche de 1990 sur Trafalgar Square, s'achevant par une émeute. La même année, la Dame de fer est contrainte de démissionner, faute d'avoir obtenu le vote de confiance du Parlement. Ainsi s'achève une époque cruciale de l'histoire moderne du Royaume-Uni. Le successeur de Margaret Thatcher, John Major, ancien chancelier de l'Échiquier (ministre des Finances), instaure un gouvernement plus collégial.

En 1992, les Britanniques élisent pour la quatrième fois consécutive une majorité conservatrice. Peu après, l'économie périclite. Un attentat à la bombe perpétré par l'IRA frappe la City ; il sera suivi d'un second 4 ans plus tard, dans les Docklands. C'en est fait des conservateurs. Le Parti travailliste (Labour Party) revient sur le devant de la scène avec un nouveau visage.

Tony Blair et les travaillistes

Rêvant de reprendre le pouvoir après 2 décennies dans l'opposition, les travaillistes choisissent pour candidat le télégénique Tony Blair. Les élections générales de mai 1997 marquent leur retour triomphal. Rebaptisé "New Labour", le Parti travailliste, délesté d'une grande partie de son idéologie socialiste, soutient désormais l'économie de marché, les privatisations et l'intégration européenne.

Londres réclame un gouvernement local. Les travaillistes créent la London Assembly et le poste de maire. L'ancien dirigeant du GLC, Ken Livingstone, se présente comme candidat indépendant ; il rafle la majorité des suffrages. Livingstone impose avec succès une "taxe d'embouteillage" (*congestion charge*), système de péage visant à réduire la circulation automobile dans le centre de Londres, et s'attaque à la modernisation des transports publics, particulièrement vétustes.

Londres fait un retour remarqué sur la scène mondiale, qui culmine en juillet 2005 avec le succès de sa candidature aux Jeux olympiques de 2012. La joie est de courte durée : le lendemain, 4 bombes déposées par des islamistes dans les transports en commun font 52 victimes. Après la terreur, puis la colère, les Londoniens adoptent une attitude de défi face aux attentats. Mais 2 semaines plus tard, 4 bombes artisanales sont découvertes dans le métro. Le lendemain, Jean-Charles de Menezes, un innocent électricien brésilien, est abattu par erreur par la police, qui dit l'avoir confondu avec un suspect.

Le Millennium Dome, sur la péninsule de Greenwich, n'a guère impressionné lors de son inauguration en 2000. Conçue par Richard Rogers, l'immense salle surnommée par dérision *Millennium Tent* a finalement trouvé le succès après 2007, en se faisant une nouvelle vie sous le nom de O2. C'est aujourd'hui l'une des salles de spectacle les plus renommées au monde.

2005

Le 7 juillet, après l'annonce de l'attribution à Londres des JO de 2012, des attentats-suicides perpétrés par des terroristes islamistes font 52 morts dans les transports londoniens.

2008

Député conservateur célèbre pour ses gaffes et ses bons mots, Boris Johnson arrache la mairie de Londres à Ken Livingstone.

2010

Le Parti travailliste est battu. Conservateurs et démocrates libéraux forment un gouvernement de coalition, avec David Cameron comme Premier ministre.

2012

Boris Johnson remporte de justesse un second mandat à la mairie de Londres devant Ken Livingstone. Londres accueille les Jeux olympiques et paralympiques.

L'ère Boris Johnson

En 2008, la campagne de Ken Livingstone pour un troisième mandat est compromise lorsque le Parti conservateur choisit pour candidat Boris Johnson, député franc-tireur et personnalité de la télévision. Encore plus populiste que Livingstone, Boris Johnson, éduqué à Eton et dépeint par les médias comme un éternel gaffeur, se révèle un habile politicien. Il crée la surprise en devenant le premier maire conservateur de Londres.

Avec sa tignasse blonde en bataille, ses costumes informes et son impertinence, Johnson séduit les Londoniens au fil de ses apparitions dans les médias. En désaccord avec Livingstone sur de nombreux sujets, il va néanmoins poursuivre plusieurs des projets de son prédécesseur, notamment la taxe d'embouteillage et le développement des pistes cyclables. Le nom de Boris Johnson reste associé au système de vélos en libre-service – surnommés *Boris bikes*, les vélos seront sponsorisés par Barclays, puis par la banque Santander –, bien que Livingstone en ait été l'initiateur. À partir de 2012, Johnson va aussi réintroduire sur certains itinéraires les Routemasters (bus à impériale rouges) modernisés pour remplacer les bus articulés, peu appréciés.

Le premier mandat de Boris Johnson coïncide avec la transformation de Londres en vue des Jeux de 2012. L'investissement afflue dans les secteurs délaissés de cette capitale touchée par la récession, permettant à un vaste programme de construction de voir le jour dans East London. Cette époque est aussi marquée par le transfert de pouvoir du Parti travailliste de Gordon Brown à la coalition conservateurs-libéraux démocrates menée par le Premier ministre David Cameron, également ancien élève d'Eton, et son vice-Premier ministre Nick Clegg.

2012, la grande année de Londres

L'année 2012 est pour Londres un grand millésime. En juin, le jubilé de diamant de la reine – 60e anniversaire de son accession au trône – est marqué par 4 jours fériés, qui servent de prélude à l'événement londonien de l'année : les Jeux olympiques et paralympiques, version dernier cri, au cours desquels 15 000 athlètes représentant près de 50 sports s'affrontent pour quelque 800 médailles. Les 29 jours de compétition réservent leur lot de triomphes annoncés (la Grande-Bretagne décroche 65 médailles olympiques et 120 médailles paralympiques, et se classe 3e dans les 2 manifestations) et quelques surprises (le système de transports publics de Londres n'a pas seulement fait bonne figure, il a véritablement excellé).

Pourtant, aucun événement n'aura autant marqué les esprits que la cérémonie d'ouverture orchestrée par Danny Boyle, conviant le monde à un extravagant condensé de l'histoire de Londres et du Royaume-Uni.

2013	2015	2016	2017
Le Shard, la plus haute tour d'Europe occidentale (310 m), conçue par Renzo Piano, ouvre son 72e étage au public. Les députés votent la légalisation du mariage homosexuel.	Victoire des conservateurs sur les travaillistes lors des élections générales, et abandon de la coalition gouvernementale avec les libéraux-démocrates.	Sadiq Khan, élu à Londres, est le premier maire musulman d'une capitale européenne. Les Britanniques votent à 52% pour la sortie de l'UE, surnommée "Brexit".	Le Parti conservateur gagne de justesse les élections générales, et Theresa May forme un gouvernement minoritaire ; Londres est frappée par des attentats islamistes en mars et en juin.

On y voit le footballeur David Beckham descendre la Tamise en hors-bord jusqu'au parc olympique pour y apporter la flamme, et James Bond (sous les traits de Daniel Craig) sauter d'un hélicoptère pour atterrir dans le stade olympique, en compagnie de la "reine" ! Une saynète à laquelle la souveraine a prêté son concours le temps d'une séquence filmée.

Brexit is coming

Les Anglais ont vécu deux changements de Premier ministre en moins de 10 ans (Boris Johnson a remporté l'élection générale de 2019 après avoir succédé à Theresa May, qui avait elle-même remplacé David Cameron), tandis que les Londoniens ont élu un nouveau maire, Sadiq Khan, à la place de Johnson. Dans le même temps, les gratte-ciel ont poussé comme des champignons – transformant le paysage urbain de Londres, notamment la City et South Bank –, l'augmentation des loyers a entraîné la fermeture de nombreux commerces indépendants, la capitale est jalonnée de chantiers entravant la circulation, et le prix de la pinte de bière a allègrement dépassé les 5 £. Pourtant, des commerces éphémères – boutiques de vêtements vintage ou restaurants spécialisés dans les cuisines exotiques – ne cessent d'apparaître, le West End propose de plus en plus de spectacles passionnants – produits en Grande-Bretagne ou à l'étranger –, plusieurs lignes du métro fonctionnent toute la nuit le week-end, et les musées nationaux restent gratuits pour tous.

Mais ce qui fait la une des médias depuis 2016, c'est bien le Brexit, en faveur duquel les citoyens du Royaume-Uni ont voté à 52% lors d'un référendum organisé précipitamment. Après 4 ans et demi de négociations intenses entre Londres et Bruxelles, qui ont menacé d'échouer plusieurs fois, les conditions du départ de la Grande-Bretagne de l'"Europe", après presque 50 ans dans l'Union, sont signées le 24 décembre 2020, en pleine pandémie de Covid-19. L'accord donne accès sans quotas ni taxes au marché intérieur européen, mais il délaisse totalement la City, le poumon financier du pays, et inaugure le retour des barrières douanières et administratives pour les citoyens et les entreprises britanniques. Dès janvier – certes en pleine crise sanitaire mondiale – les exportations britanniques vers l'UE avaient baissé de 41%, et les exportations européennes vers le Royaume-Uni, de 29%. Et depuis la sortie des Britanniques du marché unique européen, la City n'est plus la première place boursière d'Europe, une position qu'elle a perdue au profit d'Amsterdam.

Pays le plus endeuillé d'Europe par la pandémie de Covid-19, avec plus de 126 500 morts, le Royaume-Uni s'est lancé en décembre 2020 dans une course à la vaccination afin de sortir d'un confinement dévastateur pour son économie.

2019

Après la victoire du Parti conservateur face aux travaillistes lors des élections générales, Boris Johnson devient Premier ministre ; un attentat islamiste fait 3 morts à Londres.

2020

Londres est paralysée par la pandémie de Covid-19. Après la première vague, une deuxième vague frappe le Royaume-Uni en septembre, avec pour conséquences de nouvelles restrictions.

2021

Après une période de transition (février-décembre 2020), le Royaume-Uni quitte définitivement l'Union européenne le 1er janvier.

avril 2021

Le prince Philip, duc d'Édimbourg et époux de la reine Élisabeth II, décède le 9 avril 2021 à l'âge de 99 ans.

Architecture

À la différence d'autres villes, Londres ne s'est jamais développée conformément à une planification méthodique. La cité s'est étendue de façon plutôt empirique et a conservé des traces architecturales de chaque période de son histoire, souvent dissimulées : une parcelle de mur romain dans le hall d'un bâtiment postmoderne proche de Saint-Paul, un relais de poste datant de la Restauration anglaise niché au fond d'une cour, près de Borough High Street… Autant de surprises à découvrir.

Les fondations

La ville fut fondée dans l'enceinte de la colonie romaine fortifiée de Londinium, établie en 43 sur les rives nord de la Tamise – à l'emplacement de l'actuelle City. Peu de vestiges romains sont visibles hormis dans les musées – même si un temple de Mithra (*mithraeum*), bâti en 240, redécouvert puis déplacé en 1954, a retrouvé son site d'origine à l'extrémité est de Queen Victoria Street, sur Walbrook Square. Plusieurs sections de muraille romaine, qui ont servi de fondations pour des remparts médiévaux, sont encore visibles autour et vers le nord de la station de métro Tower Hill, ainsi qu'en dessous de la Bastion Highwalk, au sud du bien nommé mur de Londres (London Wall).

Après le départ des Romains, vers l'an 410, les Saxons, trouvant trop petit le Londinium romain, s'installèrent un peu plus en amont sur la Tamise. La rénovation de la Royal Opera House, à la fin des années 1990, permit de mettre au jour, entre autres vestiges de la colonie saxonne de Lundenwic, des maisons à clayonnage enduit de torchis. Au nord-ouest de la tour de Londres, l'église d'All Hallows-by-the-Tower, initialement saxonne, présente une voûte impressionnante et des murs du VIIe siècle.

L'arrivée de Guillaume le Conquérant, en 1066, marqua l'essor de l'architecture normande avec un premier bâtiment militaire, la White Tower, un donjon trapu au cœur de la tour de Londres. Les colonnes massives et les arches rondes de la nef de St Bartholomew-the-Great, à Smithfield, illustrent parfaitement l'architecture religieuse normande. La porte ouest et le porche délicatement sculpté de Temple Church en sont d'autres exemples remarquables, tout comme la Pyx Chamber de l'abbaye de Westminster et la crypte de St Mary-le-Bow.

Le London Festival of Architecture (www.londonfestivalofarchitecture.org) met à l'honneur tous les ans, pendant un mois, en juin, le patrimoine architectural de la capitale. Quelque 500 événements sont alors au programme : promenades, visites guidées, conférences, débats...

Le Londres médiéval

L'abbaye de Westminster, agrandie et réaménagée au XIIIe siècle par le roi bâtisseur Henri III, évoque avec splendeur l'art déployé par les maîtres maçons du Moyen Âge. La plus belle église médiévale encore visible dans la City est sans doute St Ethelburga-the-Virgin, non loin du métro Liverpool Street, qui a subi toutefois d'importantes restaurations à la suite d'un attentat à la bombe perpétré par l'IRA en 1993. Au nord-ouest de Tower Hill, St Olave's (XVe siècle) est l'une des rares églises paroissiales gothiques à subsister dans la City. La crypte copieusement restaurée de St Etheldreda, au nord de Holborn Circus, date d'environ 1250, tandis que Southwark Cathedral comprend des éléments remontant aux XIIe et XIIIe siècles.

Les édifices séculiers médiévaux sont plus rares encore. On admirera tout de même la Jewel Tower (1365), bâtie en calcaire oolithique face aux Houses of Parliament, et bien entendu la Tour de Londres, érigée pour l'essentiel au Moyen Âge. À Holborn, un bâtiment de 1378, le Staple Inn, se cache derrière une façade à colombages datant principalement de l'époque élisabéthaine, vers 1580 – mais largement modifiée au milieu du XXe siècle, après les bombardements de la seconde Guerre mondiale. Dans l'enceinte du Parlement, Westminster Hall fut construit à la fin du XIe siècle, 3 siècles avant l'ajout de son étonnante charpente à blochets – on trouve un autre exemple splendide de ce type de charpente au Middle Temple Hall (1573), ainsi que dans le St George's Hall du Windsor Castle, reconstruit après l'incendie de 1992.

Trois architectes

Le grand architecte londonien de la première moitié du XVIIe siècle, Inigo Jones (1573-1652), vécut un an et demi en Italie, où il fut conquis par l'architecture Renaissance de Palladio. Un style qui influença toute son œuvre, comme en attestent notamment la Banqueting House (1622) de Whitehall, la Queen's House (1635) de Greenwich (premier exemple d'architecture classique sur le sol anglais) et St Paul's Church à Covent Garden, plus simple – souvent oubliée, cette dernière fut dessinée par Jones vers 1630.

Le plus grand architecte à avoir imprimé sa marque sur Londres fut sir Christopher Wren (1632-1723), à qui l'on doit notamment la cathédrale Saint-Paul (1710). Wren supervisa la construction (ou reconstruction)

Christ Church Spitalfields (p. 208)

de plus de 50 églises – entre autres bâtiments –, qui furent pour la plupart érigées à l'emplacement de sanctuaires médiévaux détruits par le Grand Incendie. On lui doit aussi le Royal Hospital Chelsea (1692) et l'Old Royal Naval College, commencé en 1694 à Greenwich. Les élégants clochers, qui devaient bientôt remplacer les massives tours carrées du Moyen Âge, constituent peut-être la caractéristique la plus frappante des églises de cet architecte, astronome de formation.

Nicholas Hawksmoor (1661-1736), disciple de Wren, collabora avec lui à la construction de plusieurs églises avant de faire carrière en solo. Christ Church (1729) à Spitalfields (restaurée), St George, Bloomsbury (1731), St Anne's Limehouse (1730) et St George-in-the-East (1726), à Wapping, figurent parmi ses plus belles réalisations.

Les 4 maisons du 52-55 Newington Green, N16, sont les plus anciennes maisons mitoyennes en brique de Londres. Construites en 1658, elles ont survécu au Grand Incendie de 1666.

Le style georgien

L'un des plus illustres représentants du classicisme (ou néopalladianisme) fut l'Écossais Robert Adam (1728-1792), dont on peut admirer le style à Londres, par exemple à Kenwood House (1779) au parc de Hampstead Heath, et dans certains intérieurs d'Apsley House (1778), à Hyde Park Corner.

La renommée d'Adam fut éclipsée par l'arrivée de John Nash (1752-1835), dont la contribution au paysage architectural londonien est à l'aune de celle de Christopher Wren. Nash dessina notamment Regent's Park et les élégants *crescents* (alignements georgiens en demi-cercle) alentour. Pour doter Londres d'une "colonne vertébrale", il créa Regent Street, un axe destiné à relier Regent's Park à St James's Park, et qui entraîna la création de Trafalgar Square, et le développement du Mall et de l'extrémité ouest du Strand. Par ailleurs, Nash transforma l'ancienne Buckingham House en Buckingham Palace (1830) pour George IV.

Contemporain de Nash, John Soane (1753-1837) fut l'architecte de la Bank of England, achevée en 1833 (une grande partie fut perdue lors de la reconstruction du bâtiment par Herbert Baker, entre 1925 et 1939), ainsi que de la Dulwich Picture Gallery (1814). Robert Smirke (1780-1867) fut le bâtisseur du British Museum, achevé en 1823 et l'une des plus belles expressions du style Greek Revival (néogrec).

Le gothique revisité

Le XIXe siècle vit l'émergence d'un style néogothique très décoratif. Les représentants les plus célèbres de ce Victorian High Gothic sont George Gilbert Scott (1811-1878), Alfred Waterhouse (1830-1905) et Augustus Pugin (1812-1852). On doit notamment à Scott le très élaboré Albert Memorial (1872) de Kensington Gardens, ainsi que le Midland Grand Hotel (1873), qui héberge désormais le St Pancras Renaissance Hotel. Waterhouse dessina quant à lui le flamboyant Natural History Museum (1881), tandis que Pugin collabora à partir de 1840 avec Charles Barry (1795-1860) pour réaliser le projet des Houses of Parliament, après la destruction du palais de Westminster par un incendie en 1834. Le dernier grand édifice néogothique londonien, les Royal Courts of Justice, fut l'œuvre de George Edmund Street (1824-1881).

Charles Dickens avait baptisé l'église de St Olave "St Ghastly Grim" (St Sinistre Spectre) en raison des macabres ornementations représentant des crânes qui peuvent toujours être observées au-dessus de l'entrée.

La mise en avant du savoir-faire artisanal et des matériaux utilisés pour la construction de ces édifices aboutit à la naissance du mouvement Arts and Crafts, dont la figure de proue fut William Morris (1834-1896). Sa Green Dining Room au Victoria & Albert Museum et sa résidence de Bexleyheath, la Red House, illustrent bien ce renouveau, tout comme la William Morris Gallery de Walthamstow, la Kelmscott House (siège de la société William Morris) et l'Emery Walker's House, ces deux dernières à Hammersmith.

Flirt avec le modernisme

Peu d'édifices publics construits durant les 15 premières années du XXe siècle retiennent l'attention, en dehors de l'Admiralty Arch (1910), représentatif du style baroque édouardien d'Aston Webb (1849-1930), également concepteur du Queen Victoria Memorial (1911), en face du palais de Buckingham. Le County Hall, dessiné par Ralph Knott (1878-1929) en 1909, ne fut achevé qu'en 1922. Le monde des affaires semble alors avoir fait preuve de davantage d'imagination, comme en témoigne l'immeuble Michelin (1911) de Fulham Road, magnifique exemple d'Art nouveau (mâtiné de prémices Art déco), conçu par François Espinasse et achevé en 1911.

Dans l'entre-deux-guerres, l'architecture anglaise ne connut pas d'élan créatif notable. Elle fut toutefois marquée par l'œuvre d'Edwin 'Ned' Lutyens (1869-1944), concepteur du Cénotaphe (1920) de Whitehall, ainsi que du Midland Bank Building (1924), dans Poultry, au cœur de la City, qui abrite désormais l'hôtel-restaurant Ned. L'ancien bâtiment de la Port of London Authority (1922), conçu par Edwin Cooper, affiche le même optimisme typiquement édouardien. Le bâtiment a été transformé en un hôtel assorti d'un ensemble résidentiel.

Dessinée par l'architecte américain Harvey Wiley Corbett (1873-1954), Bush House (ancien siège du BBC World Service), à l'extrémité sud de Kingsway, fut construite entre 1923 et 1935. Elle fait désormais partie de King's College London. Les courbes noir et chrome du Daily Express Building (1932, Ellis Clarke et Owen Williams), au 120 Fleet Street, sont un magnifique exemple d'architecture moderniste, ajouté d'un vestibule Art déco. D'autres édifices typiques de ce style méritent d'être découverts : St Olaf House, un ensemble de bureaux donnant sur la Tamise conçu par H. S. Goodhart-Rendel en 1928, dans

Albert Memorial (p. 188)

Tooley Street ; et 55 Broadway (1929), un ensemble classé donnant au-dessus de la station de métro St James, conçu par Charles Holden, et la Michelin House.

L'après-guerre et la reconstruction

Les bombardements hitlériens entraînèrent les plus importantes destructions depuis le Grand Incendie de 1666. Ils eurent pour conséquence immédiate une pénurie chronique de logements, laquelle aboutit à la construction de lotissements à bas prix et de grands ensembles inesthétiques un peu partout dans les secteurs ravagés par le Blitz ; beaucoup déparent encore aujourd'hui l'horizon londonien.

Conçu par Robert Matthew (1906-1975) et J. Leslie Martin (1908-2000) pour le Festival of Britain de 1951, le Royal Festival Hall, qui fut le premier bâtiment public de style moderniste à Londres, suscita lors de son ouverture autant de louanges que de critiques. Quant au National

OPEN HOUSE LONDON

Le troisième week-end de septembre, vous aurez peut-être la chance de découvrir des bâtiments habituellement fermés au public. Sous l'égide de l'association **Open House London** (☎020-7383 2131 ; openhouselondon.open-city.org.uk ; ⏲sept), les propriétaires de plus de 800 bâtiments privés ouvrent alors leurs portes gratuitement au public. Des édifices comme le Gherkin (30 St Mary Axe), le City Hall, la Lloyd's of London, les Royal Courts of Justice et la BT Tower participent généralement à cette opération. Le programme complet (7-10 £ selon la date de la commande) est publié mi-août. L'organisation associée Open City (p. 430) propose toute l'année des circuits animés par des architectes.

Theatre voisin – la structure brutaliste de Denys Lasdun (1914-2001), commencée en 1966 et terminée 10 ans plus tard –, il compte toujours bien peu d'admirateurs.

Dans les années 1960, commencèrent à proliférer de grandes tours en verre et béton, dont le Centre Point (1967) signé Richard Seifert (1910-2001). Cette tour vilipendée figure pourtant aujourd'hui au patrimoine national (English Heritage). La BT Tower (1964) dessinée par Eric Bedford (1909-2001) est elle aussi classée.

Le secteur de la construction connut une stagnation dans les années 1970 (en dehors des routes) ; puis, entre la fin des années 1980 et le début de la décennie suivante, la récession infligea un coup d'arrêt aux opérations de développement – et de spéculation. En qualifiant alors de "furoncle abominable sur le visage d'un ami élégant et bien-aimé" une proposition d'extension moderne (jamais construite) de la National Gallery, le prince Charles, pourtant pas architecte, contribua à creuser un peu plus le fossé entre traditionalistes et modernistes.

Le postmodernisme

L'architecture contemporaine surgit dans la City et les Docklands réhabilités au milieu des années 1980. La première vit l'édification, en 1986, du bâtiment de la Lloyd's of London de sir Richard Rogers, une œuvre maîtresse où s'entremêlent conduites et tuyaux, verre et acier. Dans les Docklands, One Canada Square (1991) de César Pelli, haut de 244 m, occupe toujours la place d'honneur à Canary Wharf – on l'aperçoit depuis le centre de Londres. Néanmoins, on désigne généralement comme tout premier bâtiment postmoderniste de Londres le Number One Poultry, dans la City, un édifice doté d'une façade en calcaire jaune et rose, conçu à la fin des années 1980 par James Stirling et achevé en 1998. Revêtue d'un manteau de briques rouges, et ornée d'éléments de style asiatique, la lumineuse British Library (1998) de Colin St John Wilson a pour sa part fini par devenir un repère urbain, après un accueil mitigé.

La fin des années 1990 vit la construction de nouveaux édifices publics. Dans l'ancienne Bankside Power Station (une centrale électrique de sir Giles Gilbert Scott, 1963), les architectes Herzog et de Meuron créèrent en 1999 la Tate Modern, pour laquelle ils reçurent le prestigieux prix Pritzker. L'étonnant Millennium Bridge (2000) de sir Norman Foster et Anthony Caro, premier pont construit sur la Tamise dans le centre de Londres depuis le Tower Bridge (1894), est très populaire et fréquenté. Même le cancre de l'année 2000, le Millennium Dome de sir Richard Rogers, a retrouvé une nouvelle jeunesse sous le nom de O2 et a aujourd'hui rang de salle de spectacle majeure.

Édifié au-dessus de la station de métro St James's Park en 1929, 55 Broadway dut essuyer de nombreuses critiques à l'époque, en raison de la présence de deux sculptures de Jacob Epstein à l'extérieur, *Day* et *Night* (jour et nuit) : l'anatomie généreuse des figures fit scandale et Epstein dut raccourcir de 4 cm le pénis du personnage plus petit de la sculpture *Day*.

Construits pour durer

Au début du nouveau millénaire, des structures comme "l'œuf" de verre du City Hall (2002) ou le très populaire 30 St Mary Axe (2003), dit *The Gherkin* (le "cornichon"), insufflèrent à la ville la confiance nécessaire pour envisager d'autres chantiers passionnants.

Au milieu des années 2000, le plus vaste projet de développement urbain de l'histoire de Londres avait démarré : un parc olympique the 200 ha dans la vallée de la Lea, près de Stratford, où allaient se tenir la plupart des épreuves des Jeux olympiques et paralympiques de 2012. Mais l'architecture n'y était pas à la fête, à l'exception du stupéfiant Centre aquatique de feue Zaha Hadid, du Vélodrome primé signé Hopkins Architects et de l'*ArcelorMittal Orbit*, œuvre d'art public excentrique haute de 115 m et émaillée de plateformes d'observation, conçue par le sculpteur Anish Kapoor.

GRANDES TOURS, PETITS NOMS

Les Londoniens aiment affubler leurs nouvelles tours d'un surnom, inspiré par la forme du bâtiment. Ce sobriquet finit souvent par se substituer au nom d'origine. Voici quelques exemples :

Cheese Grater (plan p. 72). Inauguré en 2014, le Leadenhall Building, une tour de 50 étages (224 m), est surnommé la "râpe à fromage". Il se dresse face à un autre bâtiment emblématique de l'architecte Richard Rogers, le siège de la Lloyd's of London.

Gherkin (30 St Mary Axe). Haute de 180 m, l'incontournable tour en forme de cornichon (*gherkin* en anglais) a été affublée de nombreux autres surnoms : la Swiss Re Tower (d'après ses principaux propriétaires), le Cockfosters (du nom de l'architecte, Norman Foster), le "pickle exotique", le "suppositoire", etc. Sa dénomination officielle est simplement son adresse : 30 St Mary Axe.

Razor (plan p. 496 ; 8 Walworth Rd, SE1 ; Ⓤ Elephant & Castle). Le Strata SE1 Building, une tour de 43 étages et 148 m surmontée d'éoliennes, domine Elephant & Castle, dans le sud de Londres. Sa forme évoque à certains un rasoir électrique. C'est l'une des tours résidentielles les plus hautes de Londres.

Scalpel (plan p. 470 ; 52 Lime St, EC3 ; Ⓤ Bank, Aldgate). Le sobriquet de cette tour de 39 étages, achevée en 2018 dans la City, lui va si bien qu'il a été officiellement adopté en lieu et place de son nom de départ, 52 Lime St.

Shard (p. 162). D'abord baptisée London Bridge Tower, ce gratte-ciel de 95 étages, dessiné par l'architecte italien Renzo Piano, a désormais pour nom l'"éclat" (*shard*). La vue est extraordinaire depuis ses étages supérieurs.

Stealth Bomber (p. 155). Conçu par Jean Nouvel, le One New Change, qui abrite des bureaux, mais aussi un centre commercial, près de Saint-Paul, a été construit pour insuffler un nouvel élan à la City, notamment le week-end. Il doit son surnom (occasionnel) de "bombardier furtif" à son design profilé, qui évoque celui des avions furtifs américains. Il est officiellement appelé One New Change.

Vase (plan p. 472 ; 1-16 Blackfriars Rd, SE1; Ⓤ Blackfriars). Le bulbe de 52 étages du One Blackfriars est surnommé par certains "le Vase", mais d'autres lui préfèrent les sobriquets tels que "the Tummy" (la bedaine) ou "the Pregnant Tower" (la tour enceinte).

Walkie Talkie (p. 144). Le 20 Fenchurch Street, un gratte-ciel de 160 m pour 37 étages, tout en creux et saillies, évoque vaguement un talkie-walkie. Le Sky Garden, avec son café et ses restaurants couronnant le gratte-ciel, serait "le plus haut jardin public du monde".

Après un ralentissement imputable à la récession économique de 2008, un climat plus favorable permit, au début des années 2010, d'achever les chantiers en cours.

On vit ainsi surgir dans le ciel londonien en 2010 la Heron Tower, dans la City – c'était alors le 3e édifice le plus haut de Londres (230 m) –, et le fameux Strata Building (150 m), une tour au sud de la Tamise assortie de 3 éoliennes intégrées dans son toit. Le Shard (310 m) reste incomparable. Achevé en 2012, c'est le plus haut gratte-ciel du pays. Perçant le ciel de Southwark, cette pointe de verre est visible des quatre coins de Londres. Sans être aussi haut, le bombé Walkie Talkie (20 Fenchurch Street) accueille des restaurants et un café-bar bien plus agréables, dans le cadre luxuriant de son Sky Garden (jardin du ciel), aux niveaux 35 à 37.

Le redressement économique des années 2010 et l'augmentation de la population, essentiellement par le biais de l'immigration, ont engendré à Londres un boom de la construction sans précédent depuis la fin de la Seconde Guerre mondiale. Une fois achevée, la tour 1 Undershaft, surnommée "le Treillis" en raison de son squelette extérieur en croisillons, culminera à 290 m, ce qui en fera le plus haut gratte-ciel de la City et le plus haut du royaume après le Shard. Le "Scalpel" (52 Lime St), haut de 190 m, incise depuis 2018 l'horizon londonien. South London n'est plus qu'un vaste chantier, avec Vauxhall (tours de 50 étages de Vauxhall Square ; Allies & Morrison), Nine Elms (tours jumelles de One Nine Elms ; Kohn Pedersen Fox) et surtout les environs de Bankside (les 52 étages de One Blackfriars, ou "le Vase" ; SimpsonHaugh & Partners). En effet, à la fin des années 2010, Bankside Yard, où se dressaient alors les peu appréciés Sampson et Ludgate House, était en démolition pour céder la place à 9 nouveaux édifices, dont un ensemble de tours à usages multiples, la plus haute devant compter 49 étages. Et nombreux sont ceux qui tiennent le Tottenham Hotspur Stadium, achevé en 2019 et pouvant accueillir 62 300 spectateurs, comme la 8e merveille du monde.

Pour avoir une idée de l'architecture actuelle et future de Londres, visitez l'exposition permanente intitulée *New London Architecture* dans le Building Centre, un peu au nord d'Oxford Circus – ne manquez pas la maquette, constamment mise à jour.

Littérature

On peine à concilier le Londres grivois des *Contes de Canterbury* de Geoffrey Chaucer et celui, à la fois poignant et sordide, de Charles Dickens dans *Oliver Twist*, ou encore la ville ravagée par la maladie du *Journal de l'année de la peste* de Daniel Defoe et la capitale joyeusement multiethnique de Zadie Smith dans *Sourires de loup*. À la fois prise d'un mouvement incessant et singulièrement intemporelle, Londres occupe une place à part dans nombre de récits majeurs de la littérature anglophone.

Le top des sites littéraires

- *Shakespeare's Globe (p. 173 ; South Bank)*
- *Charles Dickens Museum (p. 95 ; Bloomsbury)*
- *Keats House (p. 255 ; Hampstead)*
- *Carlyle's House (p. 192 ; South Kensington)*
- *Sherlock Holmes Museum (p. 107 ; West End)*
- *British Library (p. 246 ; King's Cross et Euston)*

Le Londres littéraire avant 1900

Le Londres de Chaucer

Le premier auteur à évoquer la ville fut Geoffrey Chaucer dans *Les Contes de Canterbury*, écrits entre 1387 et 1400 : les 29 pèlerins et le narrateur en route pour Canterbury se réunissent à Tabard Inn, à Talbot Yard (Southwark), et décident d'y échanger leurs récits, à l'aller comme au retour. Cette auberge a brûlé en 1676, mais une plaque bleue en marque l'emplacement, à côté du très populaire pub George Inn (p. 170).

Le Londres de Shakespeare

Né dans le Warwickshire, William Shakespeare passa le plus clair de sa vie à Londres. Acteur et dramaturge, il monta sur les planches de plusieurs théâtres de Shoreditch et de Southwark, et rédigea ses plus grandes tragédies, dont *Hamlet, Othello, Macbeth* et *Le Roi Lear*, pour le théâtre du Globe (celui d'origine, reconstruit sous le nom de Shakespeare's Globe), sur la rive sud de la Tamise. Mais, s'il résida de nombreuses années à Londres, il situa presque toutes ses pièces dans des pays étrangers ou imaginaires. Seule *Henri IV : Parties I et II* se déroule à Londres, dans une taverne d'Eastcheap appelée Boar's Head, même si l'action dans *Les Joyeuses Commères de Windsor* ne se passe pas très loin.

Defoe et le XVIIIe siècle

Le premier véritable écrivain londonien fut peut-être Daniel Defoe, qui vécut à Londres et écrivit sur la ville au début du XVIIIe siècle. Il est surtout connu comme l'auteur de *Robinson Crusoé* (1719-1720) et de *Moll Flanders* (1722), qu'il rédigea alors qu'il habitait Stoke Newington, dans Church Street. Mais c'est son *Journal de l'année de la peste* (1722) qui contient sa peinture la plus intéressante de la vie londonienne. Le livre relate les horreurs de l'épidémie qui ravagea Londres durant l'été et l'automne 1665. Célèbre pour avoir publié, en 1755, le premier dictionnaire de la langue anglaise, Samuel Johnson affirmait en confiance : "Quiconque se lasse de Londres est las de l'existence ; car Londres recèle tout ce que la vie peut offrir."

Du Londres de Dickens au tournant du siècle

Deux grands poètes du début du XIXe siècle trouvèrent l'inspiration à Londres. Né au-dessus d'une *public house* (ou pub) de Moorgate en 1795, John Keats écrivit l'*Ode à un rossignol* (*Ode to a Nightingale*) en 1819, alors qu'il résidait près de Hampstead, et l'*Ode sur une urne grecque* (*Ode on a Grecian Urn*) après avoir, dit-on, admiré la frise du Parthénon au British Museum – ces deux poèmes ont été traduits dans le recueil bilingue intitulé *Ode à un rossignol et autres poèmes* (La Délirante, 2009). Quant à William Wordsworth, son passage à Londres en 1802 lui inspira le sonnet *Composé sur le pont de Westminster* (*Composed Upon Westminster Bridge*).

Charles Dickens est l'auteur londonien par excellence. Lorsque son père fut emprisonné pour dettes à Marshalsea, la prison de Southwark, Charles, alors âgé de 12 ans, dut se débrouiller seul dans les rues. Ces jours sombres lui fournirent la matière de ses récits. Parmi ses œuvres les plus étroitement associées à la capitale anglaise, citons *Oliver Twist* (1838), l'histoire d'une bande de jeunes voleurs de Clerkenwell dirigée par Fagin ; et *La Petite Dorrit* (*Little Dorrit* ; 1857), dont l'héroïne est née dans la prison de Marshalsea. La maison de Bloomsbury, où il écrivit *Oliver Twist* et deux autres romans, abrite désormais le Charles Dickens Museum (p. 95).

Sir Arthur Conan Doyle dépeignit une Londres très différente. Son héros, le détective Sherlock Holmes, adepte de la pipe et de la cocaïne, devint l'incarnation du flegme britannique. Des lettres adressées à ce détective légendaire – et à son ami admiratif, le Dr Watson – arrivent encore au 221b Baker Street, où l'on a ouvert un musée pour les admirateurs du fictif détective victorien (p. 107).

Le Londres de la fin du XIXe siècle est décrit dans nombre d'ouvrages. Jerome K. Jerome a écrit un passage plein d'esprit sur sa visite du labyrinthe du palais royal de Hampton Court dans *Trois hommes dans un bateau* (*Three Men in a Boat* ; 1889). Au début du XXe siècle, Joseph Conrad choisit Greenwich comme cadre pour *L'Agent secret (The Secret Agent* ; 1907), tandis que *La Guerre des mondes* de H. G. Wells (*War of the Worlds* ; 1898) inclut de merveilleuses descriptions du Londres de cette époque. Le premier roman de Somerset Maugham, *Liza de Lambeth* (*Liza of Lambeth* ; 1897), puise dans les souvenirs de l'auteur pour décrire les taudis du sud de Londres, tandis que *Servitude humaine* (*Of Human Bondage* ; 1915) dépeint la ville à la fin de l'ère victorienne.

Dans le drolatique *Le Napoléon de Notting Hill* (*The Napoleon of Notting Hill* ; 1904), le grand G. K. Chesterton décrit une Londres du futur, soudain agitée de passions longtemps oubliées.

Austère bâtisse moderniste de Malet Street, à Bloomsbury, Senate House (1937) abritait autrefois des bureaux du ministère de l'Information. George Orwell, dont l'épouse Eileen y travailla pour le service de la Censure pendant la guerre, s'en serait inspiré pour le ministère de la Vérité de son roman *1984*, classique de la dystopie publié en 1949.

On peut encore voir aujourd'hui le fameux Old Curiosity Shop, construit en 1567 (13-14 Portsmouth Street, WC2) et popularisé par un livre de Charles Dickens (*Le Magasin d'antiquités*, 1840). C'est aujourd'hui un magasin de chaussures. Son ami et biographe, John Forster, a habité non loin de là, au 57-58 Lincoln's Inn Fields.

Le Londres littéraire moderne

Les écrivains américains et Londres

Parmi les Américains qui écrivirent sur Londres à la fin du XIXe siècle, Henry James se détache du lot avec *Daisy Miller* (1878, porté à l'écran en 1974) et *Les Européens* (*The Europeans* ; 1878). *Le Peuple d'en bas* (*The People of the Abyss* ; 1903), de l'écrivain engagé Jack London,

LES PLAQUES BLEUES DE LA LITTÉRATURE

La toute première plaque bleue fut apposée en 1867 sur la maison natale du poète romantique lord Byron, au 24 Holles Street (W1), près de Cavendish Square, mais la demeure n'existe malheureusement plus aujourd'hui. Depuis, une bonne partie de ces plaques – environ un quart des 900 existantes – a distingué des écrivains et des poètes. On remarquera parmi elles les bureaux de l'éditeur Faber & Faber, au 24 Russell Square, où T. S. Eliot travailla ; et le 23 Fitzroy Road (NW1), à Primrose Hill, qui fut la résidence du poète et dramaturge irlandais W. B. Yeats (et où la poétesse américaine Sylvia Plath vécut brièvement et se suicida en 1963).

brosse un portrait sensible de la misère matérielle et morale régnant dans l'East End. Et comment oublier *Le Voyage des Innocents* (1869) de Mark Twain, récit de voyage semi-autobiographique dans lequel l'auteur tourne en dérision l'Ancien monde comme le Nouveau ? Né à Saint-Louis, T. S. Eliot s'installa à Londres en 1915, où il publia presque immédiatement le poème *La Chanson d'amour de J. Alfred Prufrock* (*The Love Song of J. Alfred Prufrock*). Puis, il s'attaqua à son épopée *La Terre vaine (The Waste Land* ; 1922), où Londres est dépeinte comme une ville irréelle. Ces deux poèmes ont été traduits en français par Pierre Leyris dans le recueil *La Terre vaine et autres poèmes* (2014).

L'entre-deux-guerres

Les années 1920 virent l'apogée du Bloomsbury Group, dont faisaient partie Virginia Woolf (*Mrs Dalloway* ; 1925) et Lytton Strachey (*Victoriens éminents,* 1918). Dans l'entre-deux-guerres, l'Américain P. G. Wodehouse rédigea la série mettant en scène Jeeves et Bertie (à partir de 1919), dans laquelle il caricatura avec un humour décapant l'aristocratie londonienne. Quentin Crisp, quant à lui, devint une icône gay dans les années 1970, après la publication de *Fonctionnaire du nu* (*The Naked Civil Servant* ; 1968), une autobiographie grivoise et pleine d'esprit relatant sa vie d'homosexuel déclaré et d'ouvrier dans le Londres conservateur des années 1920. La misère que George Orwell a connue lors de son séjour dans l'East End se retrouve dans son livre *Dans la dèche à Paris et à Londres* (*Down and Out in Paris and London*), écrit en 1933.

Plus vraie que nature, une statue de John Betjeman, scrutant le ciel d'un air interrogateur au-dessus du hall des départs de la gare internationale de St Pancras, rappelle la campagne du Poète officiel de la reine dans les années 1960 pour sauvegarder ce bastion de l'architecture néogothique victorienne.

La littérature moderne et contemporaine

Le roman de Graham Greene *La Fin d'une liaison* (*The End of the Affair* ; 1951), qui évoque un amour passionné et voué à l'échec, se déroule pendant la Seconde Guerre mondiale, à Clapham Common et dans ses environs. *La Chaleur du jour (The Heat of the Day* ; 1948), d'Elizabeth Bowen, relate de façon sensible (voire tantôt mélodramatique) la vie à Londres pendant le Blitz.

Dans *Les Blancs-Becs* (*Absolute Beginners* ; 1959), Colin MacInnes évoqua le Notting Hill bohème et cosmopolite des années 1950. Doris Lessing, prix Nobel de littérature en 2007, illustra quant à elle le paysage politique du Londres des années 1960 dans *La Cité promise* (*The Four-Gated City ;* 1969), troisième tome du cycle *Les Enfants de la violence* (*Children of Violence*). Elle réalisa également l'un des portraits les plus drôles et critiques du Londres des années 1990 dans *Nouvelles de Londres* (*London Observed* ; 1992). Nick Hornby se fit le porte-parole de toute une génération en évoquant avec nostalgie l'époque où il était un jeune supporter de football dans *Carton jaune* (*Fever Pitch* ; 1992) ou sa passion des vinyles dans *Haute Fidélité* (*High Fidelity* ; 1995).

Avant que cela ne devienne courant, Hanif Kureishi s'intéressa au Londres des minorités ethniques, et en particulier à celui des jeunes Pakistanais dans ses romans les plus connus : *Black Album* (1995) et *Le Bouddha de banlieue* (*The Buddha of Suburbia* ; 1990). Il a également signé le scénario du sensationnel *My Beautiful Laundrette*, réalisé par Stephen Frears. Romancier et dramaturge, Caryl Phillips a été acclamé pour avoir décrit l'expérience vécue par les immigrants caribéens dans *The Final Passage* (1985) ; ses romans *Cambridge* (1991) et *La Nature humaine* (*Nature of Blood* ; 1998). Timothy Mo, quant à lui, a raconté, dans *Sour Sweet* (1982), l'histoire poignante et drôle d'une famille chinoise essayant de s'adapter à la vie anglaise dans les années 1960.

La fin du XXe siècle fut une période faste pour la littérature britannique, qui vit émerger une nouvelle génération éblouissante d'auteurs : Martin Amis (*Money* et *London Fields* ; respectivement

LECTURES, DÉBATS ET ÉVÉNEMENTS

Pour apercevoir des auteurs confirmés ou en devenir, assistez au **Book Slam** (www.bookslam.com ; prix d'entrée variable), qui est généralement organisée tous les deux mois, dans différentes salles ou clubs de Londres. La manifestation, dont la liste d'invités a inclus P. J. Harvey, Nick Hornby, Hanif Kureishi, Ben Okri, Will Self et Zadie Smith, propose un mélange de lectures, de poésie, de spectacles d'humour et même de musique live. Consultez le site Internet pour connaître les dates, les tarifs et les lieux.

Le Poetry Café (p. 125), à Covent Garden, est l'un des rendez-vous préférés des amoureux de la poésie. Des auteurs confirmés y donnent des lectures, des spectacles et des ateliers d'écriture quasiment chaque jour.

La British Library (p. 246) et l'Institute of Contemporary Arts (p. 98) proposent chaque mois d'excellents débats et lectures, avec un choix éclectique d'écrivains reconnus.

Plusieurs librairies, comme Waterstones (p. 127), Foyles (p. 129) et la London Review Bookshop (p. 128), organisent régulièrement des lectures et des débats, tandis que le Southbank Centre (p. 163) accueille des auteurs majeurs. De nombreux événements sont relativement spontanés. Surveillez les colonnes de *Time Out* (disponible le mardi) ou de n'importe quel supplément dominical, ainsi que le *Guardian Guide*, distribué avec l'édition du samedi.

1984 et 1989), le francophile Julian Barnes (*Love, etc.*, *Metroland* ; respectivement 1991 et 1980), Ian McEwan (*Délire d'amour*, *Expiation* ; respectivement 1997 et 2001), Salman Rushdie (*Les Enfants de minuit*, *Les Versets sataniques* ; respectivement 1981 et 1988), A. S. Byatt (*Possession*, *Des Anges et des Insectes* ; respectivement 1990 et 1992) et Alan Hollinghurst (*La Piscine-Bibliothèque*, *The Line of Beauty* ; respectivement 1988 et 2004).

Le nouveau millénaire

L'immense succès du *Journal de Bridget Jones* (*Bridget Jones's Diary* ; 1998), de Helen Fielding, et de sa suite, *Bridget Jones, l'âge de raison* (*Bridget Jones: The Edge Of Reason* ; 2000), ainsi que, bien plus tard, *Bridget Jones : Folle de lui* (*Bridget Jones: Mad About the Boy* ; 2014), ont lancé la "*chick lit*" ("littérature de filles"), un nouveau genre devenu un phénomène mondial. Will Self, enfant terrible et observateur incisif de la société, est de longue date une coqueluche du Tout-Londres. *Grey Area* (1994) est un fabuleux recueil de nouvelles décrivant l'absurdité de la capitale, tandis que *Le Livre de Dave* (*The Book of Dave ;* 2004) raconte l'histoire hilarante d'un chauffeur de taxi londonien contemporain dont le journal est découvert, puis élevé au rang de texte sacré par les habitants de l'île de Ham (un des petits bouts de Grande-Bretagne restants après la montée des eaux).

Le prolifique Peter Ackroyd nourrit pour la ville un amour passionné : *Londres, une biographie* (*London : The Biography* ; 2000) est un vibrant hommage à la capitale, tandis que *The Clerkenwell Tales* (2003) ressuscite la vie londonienne au XIVe siècle. Plus récemment, ses *Canterbury Tales : A Retelling* (2009) ont rendu les contes intemporels de Chaucer dans un anglais moderne limpide et irrésistible. *Thames: Sacred River* (2007) est la déclaration d'amour de Peter Ackroyd à ce fleuve boueux, magique et mystérieux qu'est la Tamise. L'auteur a également consacré une biographie à William Shakespeare, entre autres personnages célèbres.

Enfin, le chantre de Hackney, Iain Sinclair, a comme Ackroyd toujours été fasciné par la capitale. Son ambitieux *London Orbital* (2002), voyage à pied le long de la M25, la gigantesque route périphérique de Londres, a été salué par la critique, tandis que *Le Secret de la chambre*

Pubs littéraires

George Inn (South Bank)

Museum Tavern (West End)

French House (West End)

Prospect of Whitby (East London)

Dove (West London)

de Rodinsky (*Rodinsky's Room* ; 1999), coécrit avec Rachel Lichtenstein, relate la véritable histoire d'un ermite mystique juif dont on ouvre la chambre dans Princelet Street, à Spitalfields, après près de vingt ans. *Hackney, That Rose-Red Empire* (2008) est une exploration d'un des quartiers autrefois les plus mal famés de Londres, de plus en plus tendance aujourd'hui.

La scène littéraire actuelle

La présence à Londres de grands éditeurs et de libraires renommés contribue à vivifier le monde littéraire. Ici, avant-garde et réseaux bien établis ont tous leur place. La découverte de nouveaux talents est souvent le fait de maisons d'édition moins importantes.

Il existe ainsi une intéressante scène littéraire alternative qui, quoique restreinte, est très active. Londres compte encore de nombreuses maisons d'éditions de petite taille, qui misent davantage sur la qualité de l'écriture et l'inventivité que sur la communication, et il n'est pas rare de voir, en semaine, des lancements de livres se dérouler dans des librairies ou dans des arrière-salles de pubs.

Côté best-sellers, les grands noms des années 1980 et 1990 que sont Martin Amis, Ian McEwan, Salman Rushdie ou Julian Barnes continuent sur leur lancée, mais de nouvelles voix ont émergé ces 20 dernières années : Monica Ali, qui célèbre l'East End dans *Sept mers et treize rivières* (*Brick Lane* ; 2003), Zadie Smith, dont le roman événement *Sourires de loup* (*White Teeth* ; 2000) était bientôt suivi de *Swing Time* (2016), sur les périgrinations de deux femmes métisses à North London ; et Elif Shafak, dont le roman *Crime d'honneur* (*Honour* ; 2011) décrit le poids de la tradition sur les immigrants turcs dans l'East London des années 1970. Premier volume d'une trilogie, *Crime unlimited* (*The long firm* ; 1999), de Jake Arnott, est un bon roman de gangsters se déroulant dans le Soho des années 1960.

Tiré d'un relatif oubli, Howard Jacobson, surnommé le "Jane Austen juif" ou le "Philip Roth anglais", a remporté le prestigieux Booker Prize en 2010 pour *La Question Finkler* (*The Finkler Question* ; 2010), une première pour un roman comique depuis 25 ans. La romancière à succès Hilary Mantel, à qui on doit une trilogie consacrée à Thomas Cromwell (2013, dont le premier tome, *Le Conseiller*, a été adapté en minisérie sous le titre *Wolf Hall*), a remporté le même prix deux ans plus tard pour le deuxième tome *Le Pouvoir* (*Bring up the Bodies* ; 2010). En 2019, le jury a exceptionnellement décidé d'accorder le prix à deux lauréates : la romancière canadienne Margaret Atwood pour *Les Testaments* (*The Testaments* ; 2019), suite très attendue de son roman dystopique *La Servante écarlate* (*The Handmaid's Tale* ; 1985), et Bernardine Evaristo, première femme noire à obtenir ce prix, pour *Fille, femme, autre* (*Girl, Woman, Other* ; 2019), qui relie entre elles les histoires d'une douzaine de femmes britanniques de couleur.

Théâtre et danse

L'histoire du théâtre londonien, l'une des plus riches du monde, continue de se tisser tous les soirs dans le West End, à South Bank et sur les scènes expérimentales. Nulle visite de Londres ne saurait être complète sans un spectacle. De fait, même une simple promenade parmi la foule qui se presse le soir autour des théâtres du West End constitue une expérience en soi ! Et quant à la danse, de nombreuses compagnies londoniennes sont mondialement réputées.

Théâtre

Période élisabéthaine

L'art dramatique à Londres est peu connu avant la période élisabéthaine qui voit l'édification de plusieurs salles, dont le bien nommé Theatre, à Shoreditch, et plus tard sur la rive sud de la Tamise. Si les dramaturges de cette époque, notamment Shakespeare, son grand rival Ben

Ci-dessus : Graham Butler dans le rôle de Christopher dans *Le Bizarre incident du chien pendant la nuit* de Mark Haddon au National Theatre (p. 173)

Jonson (*L'Alchimiste – The Alchimist, La Foire de la Saint-Barthélemy – Bartholomew Fair*) et Christopher Marlowe (*La Tragique Histoire du docteur Faust – Doctor Faustus –, Édouard II*), figurent désormais au panthéon des génies intemporels, les spectateurs d'alors allaient avant tout au théâtre pour se divertir, interpeller les acteurs, boire, voire chahuter. Au lendemain de la première guerre civile de 1642, les puritains firent d'ailleurs fermer les salles.

Comédie de la Restauration

Avec la restauration monarchique de 1660, l'ouverture du célèbre Drury Lane Theatre marqua le début d'une période particulièrement féconde, sous les auspices du libertin Charles II. Les comédies (*L'Épouse outragée – The Provoked Wife*, de John Vanbrugh) et tragédies (comme *All for Love* de John Dryden, 1677) de la "restauration théâtrale" empruntèrent aux scènes italienne et française. Dès lors, les rôles féminins ne furent plus interprétés par des hommes, mais par des femmes, telle Nell Gwyn, l'une des maîtresses de Charles II.

Si les spectacles d'avant-garde vous donnent le tournis, filez au St Martin's Theatre, où la même production de *La Souricière* (*The Mousetrap*, d'Agatha Christie) est donnée depuis 1952 ! Ou encore, allez voir les grosses productions de comédies musicales qui semblent devoir durer longtemps encore : *Phantom of the Opera*, *Le Roi Lion*, *Les Misérables*, *Wicked*, *Mamma Mia!*, etc.

Période victorienne

Malgré le succès remporté au Drury Lane par *L'Opéra des gueux* (*The Beggar's Opera*), de John Gay, en 1728, la farce *Elle s'abaisse pour vaincre* (*She Stoops to Conquer*), d'Oliver Goldsmith, en 1773, et *Les Rivaux* (*The Rivals*) et *L'École de la médisance* (*School for Scandal*), de Richard Sheridan, en 1777, le music-hall supplanta le théâtre "sérieux" durant l'ère victorienne. L'opérette comique et légère incarnée par Gilbert et Sullivan (*H. M. S. Pinafore, Les Pirates de Penzance – The Pirates of Penzance –, Le Mikado*, etc.) fit fureur. Il fallut attendre la fin du XIXe siècle pour que l'émergence de grands dramaturges comme George Bernard Shaw (*Pygmalion, The Apple Cart*) et Oscar Wilde (*Un mari idéal – An Ideal Husband –, L'Importance d'être constant – The Importance of Being Earnest*) amorce un changement profond.

Le XXe siècle

Des auteurs de comédies comme Noël Coward (*Les Amants terribles – Private Lives, Design for Living*) et des dramaturges plus austères comme Terence Rattigan (*La Version de Browning – The Browning Version*) et J. B. Priestley (*Un inspecteur vous demande – An Inspector Calls*) s'illustrèrent après la période victorienne, mais il fallut attendre les années 1950 et 1960 pour voir la production théâtrale britannique entrer dans une période aussi fertile que l'ère élisabéthaine.

Parfait résumé des bouleversements sociaux de l'époque, *La Paix du dimanche* (*Look Back in Anger*), de John Osborne, qui fut jouée au

VOIR ET REVOIR SHAKESPEARE

Les scènes londoniennes rendent largement hommage au Barde, en particulier la Royal Shakespeare Company (RSC) et la reconstitution à l'identique du Shakespeare's Globe (p. 173). La RSC monte une ou deux pièces du grand dramaturge chaque année à Londres, mais elle n'a pas de théâtre attitré dans la capitale : ses représentations sont en général créées à Stratford-upon-Avon (la ville natale de Shakespeare) et reprises plus tard à Londres.

Le Shakespeare's Globe (p. 173), à South Bank, recrée l'atmosphère d'un théâtre en plein air élisabéthain. La nouvelle salle **Sam Wanamaker Playhouse**, qui a ouvert ses portes en 2014, offre un cadre unique pour savourer les mots de Shakespeare, dans une ambiance intime (340 places), à la lumière des bougies. Le répertoire shakespearien forme l'essentiel de la programmation du Globe, mais on y voit aussi d'autres pièces, classiques ou contemporaines de temps à autre.

THÉÂTRE POUR ENFANTS

Consultez la programmation des théâtres du West End pour voir s'il se joue des spectacles pour enfants, comme *Matilda*, comédie musicale adaptée du roman de Roald Dahl, ou *School of Rock*, version scénique du film de Richard Linklater, avec une musique signée Andrew Lloyd Webber. Regardez aussi ce qui se joue au **Little Angel Theatre** (www.littleangeltheatre.com) à Islington, qui fait la part belle aux spectacles de marionnettes, et à l'**Unicorn Theatre** (www.unicorntheatre.com), à Southwark, qui monte des productions pour enfants et adolescents.

Royal Court en 1956, est considérée comme l'emblème d'une génération. Pendant la décennie suivante, une multitude de nouvelles pièces furent créées, notamment *Le Retour* (*Homecoming*), de Harold Pinter ; *Le Magot* (*Loot*), de Joe Orton ; *Sauvés* (*Saved*), d'Edward Bond ; et *Roots*, d'Arnold Wesker. C'est aussi à cette période que les plus célèbres compagnies de théâtre actuelles, dont le National Theatre, virent le jour.

Le Royal Court Theatre (p. 199), un peu éclipsé par le National Theatre, poursuit sa traditionnelle politique d'encouragement des nouveaux dramaturges. Au cours de la dernière décennie, il a ainsi permis l'éclosion d'auteurs aussi talentueux que Jez Butterworth (*Jerusalem, Ferryman*), Caryl Churchill (*Top Girls*), Ayub Khan-Din (*Fish and Chips. East Is East*), Conor McPherson (*The Weir, Shining City*), Joe Penhall (*Dumb Show*), Richard Bean (*The Heretic*), Lucy Kirkwood (*The Children*), Laura Wade (*Posh*), Bruce Norris (*Clybourne Park*) et Debbie Tucker Green (*Ear for Eye*).

Le top des théâtres londoniens

- *National Theatre (South Bank)*
- *Royal Court Theatre (Kensington et Hyde Park)*
- *Donmar Warehouse (West End)*
- *Old Vic (South Bank)*
- *Shakespeare's Globe (South Bank)*
- *Young Vic (South Bank)*

La scène actuelle

Londres, haut lieu de la création théâtrale, reste une ville remarquable pour les amateurs de spectacle vivant. Aucun autre endroit au monde, à l'exception peut-être de New York, n'offre un aussi vaste choix de représentations de qualité, d'excellentes comédies musicales ou de théâtre expérimental. On peut voir ici des vedettes de Hollywood se produire dans des salles minuscules pour un cachet dérisoire ou aller dans le West End pour assister à une comédie musicale inoubliable.

Si le West End est le "*Theatreland*" par excellence, on trouve aussi à South Bank 3 salles à la pointe de la création, dont les spectacles sont très courus : le National Theatre (p. 173), l'Old Vic et le Young Vic. Le tout nouveau Bridge Theatre (de 900 places) de l'ancien directeur du National Theatre, sir Nicholas Hytner, qui a ouvert ses portes non loin du Tower Bridge, à Borough, en 2017, pourrait bientôt rejoindre cette liste. Toujours en dehors du West End, on pourrait aussi citer l'Almeida, à Islington ; le Bush Theatre, à Shepherd's Bush ; le Hampstead Theatre ; le Theatre Royal Stratford East et la Southwark Playhouse. Beaucoup de pièces à succès *off-West End* finissent par jouer les prolongations *in-West End*.

La scène grand public du West End a retrouvé le chemin du succès, grâce entre autres au Donmar Warehouse, tandis que le théâtre d'auteur se distingue par ses productions audacieuses et controversées.

Ces dernières années, parmi les grands noms, on a pu voir Bradley Cooper dans *The Elephant Man* au Haymarket Theatre Royal ; Helen Mirren, puis Kristin Scott Thomas interprétant la reine dans *The Audience* à l'Apollo Shaftesbury ; David Suchet en… Lady Bracknell (*L'Importance d'être constant*, d'Oscar Wilde) au Vaudeville Theatre ; Imelda Staunton, donnant de la voix dans *Gypsy* au Savoy Theatre, ou pleine d'esprit dans *Qui a peur de Virginia Woolf ?* au Harold Pinter Theatre, ou encore David Tennant dans *Don Juan in Soho* au

Consultez la programmation des théâtres dans l'hebdomadaire londonien *Time Out* (parution le mardi). Même si une nouvelle pièce en vogue est annoncée complète pour plusieurs mois, il est souvent possible de se procurer des billets en passant par des listes d'attente. Consultez aussi les sites Internet des différents théâtres, les applis mobiles comme TodayTix, ou passez chez Tkts Leicester Square.

Wyndham's Theatre. Ces dernières décennies, nombre de vedettes américaines ont accepté de réduire drastiquement leurs cachets habituels pour fouler les scènes londoniennes, dont Glenn Close, Gwyneth Paltrow, Gillian Anderson, Christian Slater et Danny DeVito.

Pour peu que le fait de voir un spectacle en langue anglaise ne soit pas un obstacle, il y en a pour tous les goûts, de la satire politique aux classiques revisités. Parmi les productions récentes saluées par la critique, citons la comédie musicale pour enfants *Matilda,* l'adaptation du roman de Mark Haddon *Le Bizarre Incident du chien pendant la nuit,* la comédie musicale de David Grieg *Charlie et la chocolaterie,* mise en scène par Sam Mendes, la pièce de Conor McPherson *Girl from the North Country,* dont la musique est signée Bob Dylan, la comédie musicale "feel-good" *Everybody's Talking About Jamie,* de Tom MacRae et Dan Gillespie Sells, ou encore le dernier spectacle à succès signé J. K. Rowling, *Harry Potter et l'Enfant maudit.*

Danse

Amateur de danse contemporaine, de classique ou de mélange des genres : chacun trouvera ballet à son goût. Devenue l'une des capitales mondiales de la danse, Londres forme et attire de longue date des chorégraphes talentueux.

Sir Matthew Bourne, le plus célèbre chorégraphe de Londres, a remporté de nombreux prix pour des œuvres telles que *Play Without Words, Édouard aux mains d'argent, Dorian Gray, Oliver!, Cendrillon, Le Lac des cygnes* (avec des danseurs masculins), et un *Roméo et Juliette* interprété par 80 danseurs débutants, récompensant son immense talent pour revisiter des classiques. Autre talent basé à Londres, Wayne McGregor a notamment participé au film *Harry Potter et la coupe de feu,* en qualité de *Movement Director* ; il enseigne la chorégraphie au conservatoire de musique et de danse de Trinity Laban, à Greenwich.

The Place (p. 126), à Bloomsbury, qui héberge la très avant-gardiste Richard Alston Dance Company, est l'une des meilleures salles de danse moderne de Londres. Sadler's Wells (p. 218), où a fleuri le ballet anglais classique au XIXe siècle, continue de proposer d'excellents spectacles, dans des styles variés. Matthew Bourne, Russell Maliphant, Sidi Larbi Cherkaoui, Wayne McGregor, Crystal Pite, Nitin Sawhney, Christopher Wheeldon, Sylvie Guillem, Kate Prince et Hofesh Shechter comptent parmi ses 17 "artistes associés". **Sadler's Wells East**, nouvelle salle de 500 places, ouvrira à Stratford en 2022.

La Royal Opera House (p. 125) de Covent Garden accueille le célèbre Royal Ballet, principale compagnie de danse classique de la capitale. La troupe privilégie les classiques – *Giselle, Roméo et Juliette, La Belle au Bois Dormant* –, mais certaines productions se nourrissent d'influences contemporaines.

L'**English National Ballet** (plan p. 482 ; ☎020-7581 1245 ; www.ballet.org.uk ; 41 Hopewell Sq, E14 ; Ⓤ Canning Town), l'un des meilleurs corps de ballet au monde, est itinérant. Avec un peu de chance, vous pourrez l'applaudir sur une scène londonienne, au London Coliseum de Soho par exemple.

Toujours à la pointe de l'innovation, la **Rambert Dance Company** (plan p. 472 ; ☎020-8630 0600 ; www.rambert.org.uk ; 99 Upper Ground, SE1 ; Ⓤ Waterloo) est généralement considérée comme la plus grande troupe de danse contemporaine du Royaume-Uni.

Le Barbican (p. 155), dans la City, tient également une place importante dans le domaine de la danse expérimentale, avec notamment des productions au carrefour de la danse, du théâtre et de la musique.

Arts et mode

Londres a souvent été éclipsée par d'autres capitales dans les domaines des arts visuels et de la mode. Pourtant, au fil des siècles, maints grands artistes y ont séjourné, dont Holbein, Monet, Van Gogh et Whistler. Et aujourd'hui, dans les secteurs de l'art contemporain et de la mode, la capitale britannique figure sans conteste parmi les plus grandes. Des 1 500 galeries de Londres, les mieux établies sont concentrées à Mayfair ; pour des créations à la pointe de l'avant-garde, cap sur Hackney, dans East London, et Bermondsey, au sud de la Tamise.

Les arts

De Holbein à Turner

Le règne des Tudors marqua un tournant dans le monde artistique londonien, qui commença alors à prendre son envol. Henri VIII engagea pour peintre à la cour l'Allemand Hans Holbein le Jeune (1497-1543),

Ci-dessus : *Les Ambassadeurs* de Hans Holbein le Jeune

dont l'une des plus belles toiles, *Les Ambassadeurs* (1533), est exposée à la National Gallery. Plusieurs grands portraitistes travaillèrent également à la cour au XVIIe siècle, dont le Flamand Anton Van Dyck (1599-1641), qui peignit le *Portrait équestre de Charles Ier* (1637-1638), également à la National Gallery. Grand collectionneur, ce souverain acheta les "cartons" (1515-1516) de Raphaël (7 des 10 modèles dessinés pour les tapisseries de la chapelle Sixtine), aujourd'hui au Victoria & Albert Museum.

Des artistes britanniques commencèrent à émerger au XVIIIe siècle, à l'image du portraitiste et paysagiste Thomas Gainsborough (1727-1788) ; de William Hogarth (1697-1764), dont la série de peintures à caractère social *La Carrière d'un libertin* (*A Rake's Progress*, 1732-1734) est exposée au Sir John Soane's Museum ; et du poète, graveur et aquarelliste William Blake (1757-1827). John Constable (1776-1837) étudia et dessina inlassablement les ciels au-dessus de Hampstead Heath, autant de croquis qu'il intégra par la suite dans ses paysages. *Whistlejacket* (1762), de George Stubbs, est un célèbre portrait de pur-sang arabe représenté sur fond uni.

Aussi doué pour la peinture à l'huile que pour l'aquarelle, J. M. W. Turner (1775-1851) marqua l'apogée de l'art britannique du XIXe siècle. Usant avec imagination des couleurs et des nuances de la lumière, il sut traduire dans ses toiles le merveilleux et le sublime de la nature, autant que ses aspects inquiétants. Ses œuvres tardives, comme *Le Dernier Voyage du Téméraire* (*The Fighting Temeraire*, 1839), *Tempête de neige. Vapeur au large d'un port* (*Snow Storm. Steam-Boat off a Harbour's Mouth*, 1842), *Paix. Enterrement en mer* (*Peace. Burial at Sea*, 1842) et *Pluie, vapeur et vitesse. Le Grand Chemin de fer de l'Ouest* (*Rain, Steam, Speed. The Great Western Railway*, 1844), visibles aujourd'hui à la Tate Britain et à la National Gallery, témoignent d'un virage vers l'abstrait qui, bien que très décrié en son temps, allait plus tard inspirer Claude Monet et les autres impressionnistes.

Parmi les plus belles œuvres d'art présentes à Londres, citons *Le Dernier Voyage du Téméraire* (J. M. W. Turner, National Gallery) ; *Un Bar aux Folies Bergère* (Édouard Manet, Courtauld Gallery) ; *Les Tournesols* (Vincent Van Gogh, National Gallery) ; *La Vierge aux rochers* (Léonard de Vinci, National Gallery) ; *Trois études de figures au pied d'une crucifixion* (Francis Bacon, Tate Britain) ; *La Métamorphose de Narcisse* (Salvador Dalí, Tate Modern) ; et *Les Fresques du Seagram* (Mark Rothko, Tate Modern).

Des préraphaélites à Hockney

La confrérie préraphaélite (1848-1853) s'imposa brièvement sur la scène artistique. S'inspirant des poètes romantiques, ces artistes délaissèrent les scènes champêtres au pastel au profit de représentations, grandioses et audacieuses, de légendes médiévales et de beautés vénusiennes. Parmi les hérauts préraphaélites figuraient William Holman Hunt, John Everett Millais et Dante Gabriel Rossetti. Edward Burne-Jones et Ford Madox Brown étaient également proches de ce mouvement. Les préraphaélites sont bien représentés à la Tate Britain ; les pièces maîtresses sont notamment Le *Christ dans la maison de ses parents* (1849-1850) et *Ophélie* (*Ophelia*, 1851-1855), de Millais, ainsi que *Ecce Ancilla Domini!* (*L'Annonciation*, 1849-1850), de Rossetti, *The Lady of Shalott* (1888), de John William Waterhouse et *L'Éveil de la conscience* (1853) de William Holman Hunt. Ne manquez pas non plus *Carnation, Lily, Lily, Rose* (1885-1886) de John Singer Sargent.

Au début du XXe siècle, le cubisme et le futurisme participèrent à la naissance du vorticisme. Cet éphémère mouvement de peintres et de poètes londoniens regroupés autour de Wyndham Lewis (1882-1957) avait pour ambition de capturer le mouvement sur la toile. Les sculpteurs Henry Moore (1898-1986) et Barbara Hepworth (1903-1975) incarnèrent le modernisme dans la sculpture britannique ; certaines de leurs œuvres trônent dans le parc de Kenwood House (p. 249), à Hampstead Heath. Walter Richard Sickert (*La Hollandaise*, 1906), membre du Camden Town Group qui rassemblait des artistes postimpressionnistes, influença grandement différents courants britanniques d'avant-garde.

Carnation, Lily, Lily, Rose, de John Singer Sargent

Après la Seconde Guerre mondiale, l'art connut une nouvelle mutation. En 1945, Francis Bacon (1909-1992) causa un choc avec ses *Trois Études pour une crucifixion* (*Three Studies for Figures at the Base of a Crucifixion)*, aujourd'hui exposées à la Tate Britain. Mais les formes étranges, à la fois fascinantes et repoussantes, du peintre irlandais tourmenté trouvèrent leur public. Le *Triptyque d'août 1972* (*Triptych. August 1972*), peint après le suicide du compagnon de Bacon, George Dyer, est également conservé à la Tate Britain.

Contemporain de Bacon, Lucian Freud (1922-2011) s'illustra comme l'un des grands peintres figuratifs du XXe siècle. Dès les années 1950, et après une première période en partie surréaliste, l'artiste se consacra au portrait, prenant pour modèles amis et parents (il a également représenté la reine) et optant souvent pour le nu, dans des teintes sourdes et pâles.

Autre artiste majeur, le peintre et collagiste Peter Blake conçut notamment la pochette de l'album des Beatles *Sgt Pepper's Lonely Hearts Club Band* (1967). Le pop art, dont David Hockney (né en 1937 et toujours actif) fut le plus brillant interprète, résuma parfaitement l'esprit du Swinging London des années 1960. Hockney en acquit rapidement le statut de fer de lance, avec ses images rappelant le papier glacé des magazines. Hockney a évolué vers une pratique multiforme de l'art figuratif. Deux de ses œuvres les plus célèbres, *A Bigger Splash* (1967) et *Mr and Mrs Clark and Percy* (1970-1971), sont exposées à la Tate Britain.

Gilbert & George resteront, eux, dans les annales comme les artistes conceptuels anglais les plus représentatifs des années 1960. Encore au centre de la vie artistique britannique, le couple de Spitalfields fait désormais partie de l'establishment. Bridget Riley (*Nataraja*, 1993), est également acclamée pour son Op art coloré.

Le Britart

Malgré la richesse de ses collections artistiques, la Grande-Bretagne n'avait jamais montré la voie, dominé, ni même activement participé à une école ou à un style artistique comme l'avait fait Paris dans les années 1920 ou New York dans les années 1950. À la fin du XXe siècle, le Britart mit un terme à cette discrétion, et plaça Londres au cœur du monde des arts plastiques.

Depuis 1999, la Fourth Plinth Commission expose des œuvres d'artistes contemporains novatrices, et souvent polémiques, à Trafalgar Square. Parmi eux Antony Gormley et Marc Quinn.

Tout commença en 1988, par une exposition baptisée *Freeze*, dans un entrepôt des Docklands. Organisée par le trublion Damien Hirst, elle faisait la part belle à ses camarades fraîchement sortis du Goldsmiths College. Ce collectif influencé par les cultures pop et punk connut un succès fulgurant grâce au riche publicitaire Charles Saatchi, qui leur acheta tant d'œuvres qu'il devint le patron *de facto* de la scène artistique locale.

Le Britart était effronté et décadent, ironique, facile à comprendre et, mieux encore, rentable. Hirst présenta ainsi une vache découpée en tranches conservées dans du formol – déjà, dans l'un de ses travaux antérieurs, *A Thousand Years*, des mouches bourdonnaient autour d'une tête de bovin en putréfaction. Chris Ofili donna lui aussi dans la provocation avec *The Holy Virgin Mary*, une Madone noire fabriquée, entre autres, à partir de bouses d'éléphant, tandis que les frères Chapman, Jake et Dinos, produisirent des mannequins d'enfants aux visages surmontés d'organes génitaux. Marcus Harvey proposa un portrait de la célèbre meurtrière d'enfants Myra Hindley composé exclusivement d'empreintes de mains enfantines ; vandalisée à plusieurs reprises par le public, l'œuvre ne fit que prendre de la valeur.

LA SCÈNE ARTISTIQUE DU MOMENT

Londres ne cesse de produire de nouveaux talents dans tous les domaines de l'art, et les critiques sont constamment en alerte. Parmi les grands noms de la scène artistique contemporaine, citons :

Antony Gormley Sculpteur très connu pour son *Angel of the North*, qui se dresse du haut de ses 22 m en bordure de la route A1, près de Gateshead, dans le nord de l'Angleterre. À Londres, ne manquez pas ses *Planets* devant la British Library (p. 246), son *Quantum Cloud* au pied de l'Emirates Air Line (p. 228), dans les Docklands, et *Room* au-dessus de l'entrée du Beaumont Hotel (p. 353).

Anish Kapoor Sculpteur d'origine indienne basé à Londres depuis les années 1970 ; son ArcelorMittal Orbit (p. 230) domine le Queen Elizabeth Olympic Park. Sa sculpture *Ishi's Light* est exposée à la Tate Modern.

Marc Quinn Artiste londonien et auteur de *Self*, sculpture de sa tête composée de son propre sang congelé, que l'artiste renouvelle tous les 5 ans. Elle est la propriété de la National Portrait Gallery (p. 40).

Banksy Cet artiste de rue anonyme est devenu un phénomène international. Il est de Bristol, mais vous découvrirez bon nombre de ses œuvres les plus célèbres dans les rues de Londres.

Chantal Joffe Artiste connue pour ses portraits à grande échelle naïfs et expressionnistes de femmes et d'enfants. Nombre de ses œuvres se trouvent à la Saatchi Gallery (p. 191).

Yinka Sonibare Artiste britannico-nigérian explorant les thèmes de l'identité culturelle, du colonialisme et du post-colonialisme, connu pour ses œuvres colorées en tissu "wax" hollandais (*The Swing after Fragonard*, 2001).

Mona Hatoum Artiste palestinienne installée à Dalston, spécialiste du multimédia et de l'installation (*Present Tense*, 1996).

Les quartiers de Shoreditch, Hoxton, Spitalfields et Whitechapel, où vivaient, travaillaient et sortaient beaucoup de ces artistes, devinrent l'épicentre du mouvement. Les galeries d'art fleurirent, et l'"école" fit les gros titres pendant une dizaine d'années, au cours desquelles elle sembla reposer sur la célébrité et la provocation. Ses deux grands noms, Damien Hirst et Tracey Emin, étaient des figures médiatiques.

Certains critiques d'art ont vu dans ce phénomène le produit d'un "vide culturel" – le comparant au conte des *Habits neufs de l'empereur*, où personne n'ose dire au souverain qu'il est nu de crainte de passer pour un sot. D'autres ont encensé la fraîcheur et l'inventivité du Britart.

Le grand rendez-vous artistique de l'année en Grande-Bretagne est désormais le très controversé Turner Prize, organisé par la Tate Britain, auquel tout artiste britannique peut concourir – l'art conceptuel y prime généralement sur la peinture.

Vous trouverez une mode urbaine à Oxford Street et Westfield Stratford City ; créateurs émergents à Shoreditch et dans les boutiques de Spitalfields ; marques de luxe à Old Bond Street et Mayfair ; tailleurs pour hommes sur Savile Row et Jermyn Street ; grands magasins de luxe à Knightsbridge et Oxford Street ; mode vintage à Spitalfields et Dalston ; et bijoux à Hatton Garden.

La mode

La mode britannique – et londonienne – privilégie les créations originales et inspirées de la rue. Les valeurs sûres côtoient de nouveaux créateurs, qui compensent leur inexpérience par leur talent et leur créativité. Le résultat, passionnant, ne laisse aucun amateur de *street wear* indifférent.

Après avoir perdu, un temps, son aura et connu une décennie économiquement difficile après 2008, Londres est revenue depuis au cœur de la création, grâce à une brochette de jeunes créateurs de talent.

Le Who's Who de la mode londonienne

Parmi les stars de la mode londonienne, on compte bien sûr la grande prêtresse du mouvement punk Vivienne Westwood et le créateur pour hommes Paul Smith. Stella McCartney, avec sa mode éthique et sa renommée internationale, est partout. Victoria Beckham, ancienne Spice Girl et femme de l'ancien footballeur David Beckham, fait un tabac des deux côtés de l'Atlantique avec sa marque.

Riccardo Tisci (directeur artistique de Burberry, anciennement chez Givenchy), Sarah Burton (créatrice de la robe de mariage royale de Kate Middleton et directrice artistique d'Alexander McQueen) et Clare Waight Keller (directrice artistique de Givenchy, créatrice de la robe de mariage de Meghan Markle) jouissent également d'une renommée internationale.

Le point d'orgue du calendrier de la mode à Londres est incontestablement la London Fashion Week (www.londonfashionweek.co.uk), qui se tient deux fois par an, en février et en septembre dans divers lieux de la capitale, notamment à la Somerset House, sur le Strand.

Giles Deacon, diplômé de la St Martin's School, a pris d'assaut la capitale avec sa marque éponyme, qui se distingue par ses modèles légers et ses références éclectiques. Autre coqueluche de la *nu-rave* fraîchement émoulue de la St Martin's School, Gareth Pugh a beaucoup fait parler de lui en transposant le look des clubs de Shoreditch sur les podiums. Parmi les autres stars de la mode britannique figurent Erdem Moralıoğlu, Henry Holland, Jonathan Saunders et Christopher Kane.

La mode londonienne à l'étranger

L'influence des créateurs londoniens s'exerce bien au-delà des rives de la Tamise et de nombreux couturiers britanniques travaillent à l'étranger – comme John Galliano, qui fut longtemps le directeur artistique de Dior, et est désormais celui de la Maison Margiela. Certaines maisons comme Alexander McQueen ont tout de même conservé des ateliers de création à Londres, tandis que d'anciens exilés comme Luella Bartley ou Matthew Williamson ont décidé de revenir à Londres pour exposer leurs collections. Plusieurs designers britanniques ont récemment rejoint des marques américaines, notamment Luella Bartley, qui espère allier son style London cool à l'esthétique minimaliste de Calvin Klein.

Oxford Circus à l'intersection d'Oxford Street et Regent Street (p. 99)

Célébrités

Comparé à l'élégance souvent classique des grandes maisons parisiennes et milanaises ou à la décontraction très *street style* des créateurs new-yorkais, Londres a toujours fait figure d'excentrique. Personne n'incarne mieux cet esprit qu'Isabella Blow, journaliste de légende qui découvrit McQueen, Stella Tennant et Sophie Dahl au cours de sa carrière à *Vogue* et *Tatler*. Son suicide en 2007 causa un immense émoi dans le monde de la mode londonienne. Autre tragédie, McQueen mit fin à ses jours 3 ans plus tard, à l'âge de 40 ans.

Icône de la mode britannique, l'effrontée Kate Moss fait souvent la une de la presse depuis le début de sa carrière, tant pour son style et sa ligne de vêtements Topshop que pour sa vie tapageuse. Mais la notoriété n'est pas toujours sans retour de bâton. En 2011, l'arrestation très médiatisée de John Galliano, ancien élève du lycée Wilson pour des insultes antisémites envers un couple dans un café parisien a coûté au créateur sa place de directeur artistique de Dior. Il a depuis retrouvé le même poste à la Maison Margiela, et a développé pour l'enseigne un nouveau parfum appelé *Mutiny* ("Mutinerie").

Malgré ses moments de scandale et plusieurs disparitions tragiques, la mode londonienne réunit toujours tous les ingrédients promettant de passionnants développements.

La scène musicale

La scène londonienne, qui s'appuie sur un vaste réservoir de talents, constitue l'un des pôles artistiques majeurs de la capitale, véritable aimant pour les groupes et apprentis musiciens de la planète. Londres enrichit son patrimoine musical à travers un afflux incessant de styles et de cultures, assurant la continuité des courants et le renouvellement de l'inspiration.

Le Swinging London

Au début des années 1960, Londres émerge tout juste de l'ère des cafés-bars et du jazz. Helen Shapiro, gamine surdouée de Bethnal Green à la voix melliflue, est la chanteuse préférée des Britanniques, tandis que Matt Monroe, originaire de Shoreditch, atteint une renommée mondiale avec son timbre de crooner, que l'on entend notamment dans les bandes originales de *Bons baisers de Russie* (1964) et *Vivre libre* (1966).

À l'époque où les Beatles, débarqués de Liverpool, enregistrent leurs premiers morceaux avec le producteur George Martin aux studios d'Abbey Road, à St John's Wood, de jeunes Londoniens montent sur scène ensemble pour la première fois au Marquee Club d'Oxford Street. En 1963, les Rolling Stones décrochent leur premier cachet à l'ancien Bull & Bush de Richmond. Groupe de blues anglais mâtiné d'influences américaines, les Stones deviennent rapidement le pendant rock and roll des "Fab Four".

L'explosion musicale qui suit permet à un autre groupe, les Kinks, de se hisser au top, avec leurs chroniques uniques de la vie londonienne. Venus de Muswell Hill, au nord de Londres, ils commencent avec des mélodies R&B/garage un peu similaires à celles des Stones, et finissent par incorporer à leur musique des éléments du music-hall victorien tout en faisant de leurs chansons un véritable guide de Londres (à l'image de *Waterloo Sunset*).

Les Who, originaires de West London, attirent l'attention sur leur rock sec en fracassant leurs guitares sur scène et en jetant les postes de télévision par la fenêtre des hôtels. Luttant pour se faire entendre au milieu du vacarme ambiant, les Small Faces, futures icônes des *mods*, entament en 1965 une

TUBES LONDONIENS

1967
Waterloo Sunset (The Kinks). Classique incontestable des années 1960.

1978
(I Don't Want to Go to) Chelsea (Elvis Costello). Un Costello énergique des jeunes années.

1978
Baker Street (Gerry Rafferty). Un riff de saxo emblématique et envoûtant.

1979
London Calling (The Clash). Hymne punk puissant.

1984
West End Girls (Pet Shop Boys). Un succès du duo de pop britannique, n°1 au hit-parade.

1989
Twenty-Four Minutes from Tulse Hill (Carter the Unstoppable Sex Machine). Le quartier de Brixton connaît la gloire dans ce titre indé qui pulse.

1993
Buddha of Suburbia (David Bowie). L'une des chansons les plus sublimes du Thin White Duke.

2004
Round Here (George Michael). Une chanson émouvante qui s'inspire des souvenirs du premier jour d'école du chanteur.

2006
LDN (Lily Allen). Un tube ska entraînant de la star londonienne.

carrière mémorable. C'est d'abord un succès fulgurant, mais le groupe se disloque avant de se reformer partiellement en tant que Faces, avec Ronnie Wood et Rod Stewart au chant.

Américain natif de Seattle, mais installé à Brook Street, Soho, Jimi Hendrix porte l'art de la guitare à des sommets inégalés avant de connaître une mort tragique dans un hôtel de Notting Hill, en 1970. Dans le même temps, Dusty Springfield, originaire de West Hampstead, traverse l'Atlantique pour signer à la Motown et devenir l'une des plus grandes chanteuses de la décennie. En juillet 1969, les Stones jouent leur fameux concert gratuit à Hyde Park, devant plus de 250 000 fans.

Le Londres des années 1960 en musique

- *Play With Fire (The Rolling Stones)*
- *Eight Miles High (The Byrds)*
- *The London Boys (David Bowie)*
- *Waterloo Sunset (The Kinks)*
- *Sunny Goodge Street (Donovan)*

Les années 1970

Un groupe local du nom de Tyrannosaurus Rex a connu jusque-là un succès modéré. En 1970, il se rebaptise T. Rex et son leader Marc Bolan se pare de quelques paillettes... Le premier groupe glam-rock de l'histoire est né. Le glam encourage les jeunes à s'émanciper et à vivre comme ils l'entendent. Puis, en 1972, un garçon de Brixton à la voix de baryton, David Jones (alias David Bowie), transforme radicalement le paysage musical avec son extraordinaire *The Rise and Fall of Ziggy Stardust and the Spiders from Mars*, l'un des albums phares de la décennie. Bowie se révélera un artiste d'exception aux multiples facettes. Mêlant rock et pop synthétique, Roxy Music met au point, sous l'égide de Bryan Ferry, un glam-rock d'une grande sophistication.

Sur le front du rock, un petit groupe baptisé Led Zeppelin, formé en 1968, pose les bases du heavy metal. Deux ans plus tard, Farrok Bulsaran, né à Zanzibar et connu sous le nom de Freddie Mercury, conduit Queen vers les sommets du rock progressif. Le groupe anglo-américain Fleetwood Mac abandonne le blues pour le pop rock et prend les *charts* d'assaut des deux côtés de l'Atlantique – *Rumours*, son album clé, devient le huitième album le plus vendu de l'histoire.

Le Londres des années 1970 en musique

- *Do the Strand (Roxy Music)*
- *London Boys (T. Rex)*
- *Baker Street (Gerry Rafferty)*
- *(I Don't Want to Go to) Chelsea (Elvis Costello)*
- *London Calling (The Clash)*

Pendant ce temps, dans les arrière-salles de pubs comme le Half Moon à Putney, le Bull and Gate à Kentish Town et le Dublin Castle, à Camden, se fomente une réaction aux excès des groupes qui remplissent des stades entiers. En résulte une sorte de R&B épuré, un nouveau "rock de pub" posant les premières pierres de la révolution à venir. La recette : petites salles, labels indépendants et riffs simplissimes. De cette scène émergent bientôt des stars comme Joe Strummer, Ian Dury, les Stranglers, Dr Feelgood ou encore Eddie and the Hot Rods.

Le sentiment que n'importe qui peut monter un groupe semble s'emparer de Londres. Malcolm McLaren, célèbre impresario de Stoke Newington, signe les Sex Pistols, groupe emblématique du punk. Ils commencent à jouer, en 1976, leurs titres désormais légendaires, dont *Anarchy in the UK*.

Mais les membres de The Clash, également londoniens, parviennent à transformer la rage brute de l'époque en une protestation politique acerbe, qui leur permettra de survivre à leurs pairs. Entre coups de colère punk et chansons à texte, ils affirment leur style, dénonçant le racisme, l'injustice sociale et la brutalité des forces de l'ordre. La génération désillusionnée a enfin trouvé un leader en la personne de Joe Strummer. L'album *London Calling* (1979) s'impose comme un vibrant manifeste social. Mais le punk n'est pas qu'une affaire d'hommes. Chrissie Hynde, les Slits, X-Ray Spex et Siouxsie Sioux apportent une sensibilité différente, et vitale, à la scène post-punk londonienne.

Le Londres des années 1980 en musique

- *Driving in my Car (Madness)*
- *Electric Avenue (Eddy Grant)*
- *West End Girls (Pet Shop Boys)*
- *London Girl (The Pogues)*
- *London (The Smiths)*

Profitant de l'appel d'air créé par le mouvement punk, une foule de groupes s'engouffre dans la brèche en cette fin de décennie. The Damned s'impose comme l'un des pionniers du rock gothique. The Jam réconcilie admirablement le punk et les nostalgiques de la sous-culture *mod* (Paul Weller, charismatique leader du groupe, connaîtra un grand succès en solo après ses *hits* sophistiqués avec The Style Council), tandis que Madness impose sa folie ska sur la scène londonienne.

Peut-être en réponse à la morosité ambiante, la jeunesse retrouve une forme de sens de la fête. Déjà, la *new wave* et les nouveaux romantiques se profilent à l'horizon d'un paysage musical en pleine mutation, qui introduit les années 1980 avec Boy George, Adam Ant et Spandau Ballet.

Les années 1980

En ce début de décennie, les guitares s'effacent devant les claviers et les boîtes à rythme. La mode et l'image deviennent inséparables de la musique. Cravates hyperfines, tennis blanches à fermeture Velcro, coiffures surdimensionnées et maquillage outrancier sont partout. Le Londres surfabriqué des années 1980 voit l'apparition des inoubliables Spandau Ballet, Culture Club, Bananarama et Wham! – le leader de ce dernier, un certain Georgios Panayiotou devenu George Michael, entamera par la suite une brillante carrière solo.

Si la fin des années 1980 voit triompher les blondinets de Bros et les faiseurs de tubes Stock/Aitken/Waterman (qui produiront notamment les Londoniennes Mel & Kim et Samantha Fox), le salut vient du Nord, avec les novateurs Smiths. De leur côté, les Stone Roses et les Happy Mondays, venus de Manchester, imposent un nouveau son influencé par les raves acid-house. Toutes pupilles dilatées, la dance explose lors du *summer of love* de 1988, marqué par Soul II Soul et par l'emblématique *What Time is Love?* de KLF. Une génération tout entière adhère à cette mode et un nouveau vocabulaire fait son apparition : techno, musique électronique, hip-hop, garage, house, trance, etc.

La Britpop et les années 1990

Au début de la dernière décennie du XXe siècle débarque sur la scène britannique la Britpop, définie généralement comme un retour aux sources (et, partant, aux Beatles). Cette époque est marquée par l'opposition entre les Londoniens de Blur et les natifs de Manchester d'Oasis, les deux groupes majeurs de l'époque.

Côté londonien, on citera les brillants Suede et Elastica, sans oublier Pulp, transfuge de Sheffield, mené par l'incroyable Jarvis Cocker, et les Oxfordiens de Radiohead, déjà en marge de toutes les modes.

Mais Londres compte d'autres cordes musicales à son arc. Sa communauté indo-pakistanaise fait sensation grâce à Talvin Singh et à Nitin Sawhney, et à leurs fusions de la dance et de la musique indienne traditionnelle. Enfin, le mélange unique de rapcore, dub, dancehall, ragga et commentaires politiques d'Asian Dub Foundation trouve une écoute de plus en plus large.

2007

Hometown Glory (Adele). Magnifique célébration de West Norwood par la chanteuse née à Tottenham.

2007

London Town (Kano). Le rappeur londonien parle de sa ville natale.

2008

Warwick Avenue (Duffy). La superbe voix de cette chanteuse galloise donne à la station de métro Warwick Avenue un brin de notoriété.

2011

The City (Ed Sheeran). La pop star du folk a une vision cynique des joies et des difficultés de la vie à Londres.

2013

Goin' Crazy (Dizzee Rascal et Robbie Williams). Dizzee Rascal et Robbie Williams se retrouvent dans le quartier de Dalston sur des scooters customisés.

2013

My Name is London Town (Reg Meuross). Point de vue doux-amer sur la capitale, enregistré dans les studios Abbey Road.

2015

River Lea (Adele). Hymne à la rivière qui coule sur les terres de la grande Adele, au nord de Londres.

2019

Take Me Back to London (Ed Sheeran et Stormzy). Single inspiré du style *grime* de la superstar Sheeran, accompagné du rappeur originaire de Croydon.

Indéniablement, les groupes stars de la planète de cette décennie sont les *boy* et *girl bands* basés à Londres : Take That, All Saints, East 17 et les Spice Girls. La persistance de leur popularité s'illustrera avec le retour de ces groupes sur les planches des décennies plus tard – les Spice Girls ont notamment chanté lors de la cérémonie de clôture des JO de Londres en 2012, consacrant leur importance dans le patrimoine musical britannique.

Avec l'essoufflement de la Britpop à la fin des années 1990, d'autres courants prennent le relais. Le drum and bass et l'electronica définissent un son constellé de tubes avec des DJ comme Goldie ou le groupe londonien Faithless, qui congédie avec élégance le millénaire finissant.

Le Londres des années 1990 en musique

Piccadilly Palare (Morrissey)

Parklife (Blur)

Mile End (Pulp)

Babylon (David Gray)

Les années 2000

À l'orée du XXIe siècle, les Londoniens de Coldplay, partisans d'un rock mélodique, font sensation. Après 7 albums multiplatinés, le dernier étant un double, le groupe fait désormais figure de leader inamovible de la scène mondiale.

Pete Doherty et Carl Barât, des Libertines, renouvellent l'intérêt pour la musique aux accents de guitare punks après l'essoufflement de la Britpop. Leur premier single de 2002, *What a Waster*, fait sensation et leur premier album, *Up The Bracket*, leur vaut un disque de platine. Doherty forme ensuite les Babyshambles et Barât sort plusieurs albums avec ses groupes Dirty Pretty Things et The Jackals.

Goldfrapp, avec sa chanteuse Alison, élabore une musique électronique séductrice et sensuelle, à découvrir dans les albums *Black Cherry* et *Supernature,* avant de bifurquer brutalement vers une musique folk mystico-pastorale dans un album salué par la critique, *Seventh Tree* (2008).

La décennie est aussi marquée par la montée du grime et du genre qui lui succède, le dubstep, deux courants musicaux londoniens nés dans l'East End d'une fusion du hip-hop, du drum and bass et du UK garage. Dizzee Rascal et Kano sont les rappeurs les plus connus du genre.

Parmi les autres talents londoniens primés à faire fureur des deux côtés de l'Atlantique dans les années 2000, citons Florence and the Machine, l'excentrique auteur-interprète de West London, Lily Allen, et bien sûr l'inoubliable Amy Whinehouse, née à Southgate, puis installée à Camden, et malheureusement partie trop tôt, en 2011, à seulement 27 ans.

Le Londres des années 2000 en musique

Tied Up Too Tight (Hard-Fi)

Me & Mr Jones (Amy Winehouse)

LDN (Lily Allen)

Warwick Avenue (Duffy)

Dirtee Cash (Dizzee Rascal)

La scène londonienne aujourd'hui

Londres a toujours été un fertile laboratoire de mélodies populaires. Depuis quelques années, son succès est cependant particulièrement retentissant sur la scène grand public mondiale. Les boys bands vont et viennent, comme One Direction, qui, à l'image de nombreux groupes de ce genre, ont explosé les records de ventes avant de se séparer dans la plus grande acrimonie.

Londres ne manque pas non plus d'auteurs-interprètes. Adele, nouvelle princesse de la soul britannique, est ressortie grande gagnante des Grammy Awards 2017, remportant la récompense du meilleur album (*25*) et de la chanson de l'année (*Hello*), confirmant sa place dans le cœur du public : la native de Tottenham avait passé 10 semaines au sommet des *charts* américains avec son album *21* (2011) et avait remporté le Grammy de l'album de l'année en 2012. Au même moment, Ed Sheeran conquiert la planète ; pas moins de 10 morceaux de son troisième album *(÷),* sorti en 2017, se sont hissés dans le Top 10 britannique, et deux dans le Top 10 américain, deux premières dans l'histoire. À ce jour, Sheeran a vendu plus de 150 millions d'albums.

D'autres Londoniens sont à la tête de cette nouvelle invasion britannique aux États-Unis, notamment le groupe folk-rock indépendant Mumford & Sons, le rappeur Tinie Tempah et le chanteur soul au visage (et à la voix) d'ange Sam Smith, qui a remporté 4 Grammy Awards en 2015 avec son premier album *In The Lonely Hour*.

Pendant ce temps, le groupe londonien The XX crée son propre genre de pop électronique épurée ; Jessie Ware, de Brixton, ravit les audiences dans le monde entier avec sa soul électronique raffinée ; et le chanteur éthéré James Blake est salué pour sa musique inspirée post-dubstep. Dua Lipa, originaire de Westminster, a déjà remporté 3 Brits et 2 Grammys avec son étonnante "dark pop" (pop sombre).

Parmi les artistes londoniens de naissance ou d'adoption à découvrir, citons Skepta, vainqueur du prix Mercury et sans doute le chanteur de grime le plus en vue du moment, Michael Kiwanuka, chanteur soul, Bat for Lashes (nom de scène de Natasha Khan), chanteuse-compositrice alternative, le groupe indé originaire de North London Girl Ray et London Grammar, dont la musique mêle guitares et paroles mélancoliques à un chant qui monte volontiers dans les aigus.

Le Londres des années 2010 en musique

The City (Ed Sheeran)

Under the Westway (Blur)

Ill Manors (Plan B)

Dirty Boys (David Bowie)

River Lea (Adele)

Cinéma et médias

Le Royaume-Uni a beau évoluer dans la cour des grands, et compter à son actif des réussites notables, Londres n'est pas un épicentre de l'industrie cinématographique mondiale. La ville sert néanmoins de décor à une incroyable variété de films. Les médias nationaux ont subi plusieurs crises ces dernières années, toutefois on trouve encore un large éventail de journaux et de magazines dans les maisons de la presse londoniennes.

Londres et le cinéma

L'industrie cinématographique locale

Il y a bien eu au cours de la dernière décennie quelques énormes succès populaires, comme les oscarisés *Shakespeare in Love* (1998), de John Madden, et *Le Discours d'un roi* (2010), de Tom Hooper, ainsi que les nominés *Quatre mariages et un enterrement* (1994), de Mike Newell, et *The Queen* (2006), de Stephen Frears. Mais la production dans l'ensemble manque de constance et ce, en dépit de l'influence colossale des Britanniques à Hollywood.

Certains évoquent avec nostalgie l'âge d'or des comédies issues des studios londoniens d'Ealing, quand ceux-ci enregistrèrent une longue série de succès. De 1947 à 1955, date de la cession des studios à la BBC, ils produisirent des films devenus des classiques, comme *Passeport pour Pimlico* (1949), de Henry Cornelius, *Noblesse oblige* (1949), de Robert Hamer, *Whisky à gogo* (1949), *L'Homme au complet blanc* (1951) et *Tueurs de dames* (1955), d'Alexander Mackendrick, et *De l'or en barre* (1951), de Charles Crichton. C'est également durant cette période qu'évoluèrent les légendaires réalisateurs Michael Powell et Emeric Pressburger, à qui l'on doit *Colonel Blimp* (1943) et *Les Chaussons rouges* (1948).

Au London Film Museum, à Covent Garden, dans le West End, les fans de James Bond pourront découvrir, entre autres, une multitude de véhicules conduits par 007 (ou qui l'ont poursuivi) dans les films mettant en scène le célèbre agent secret.

Aujourd'hui, la production cinématographique britannique peine à sortir de ses filons consacrés : comédies romantiques, sagas en costumes et films de gangsters, plus quelques incursions du côté des films d'horreur. Producteurs, réalisateurs et acteurs se plaignent du manque d'audace de leurs bailleurs de fonds, tandis que les investisseurs affirment qu'il n'y a pas assez de scénarios dignes d'intérêt.

Ces dernières années, toutefois, sont sorties quelques œuvres intéressantes, tels une série de biopics consacrés à Elton John – *Rocketman* (2019), de Dexter Fletcher –, Judy Garland – *Judy* (2019), de Rupert Goold –, Winston Churchill – *Les Heures sombres* (*The Darkest Hour*, 2017), de Joe Wright –, Stephen Hawking – *Une merveilleuse histoire du temps* (2014), de James Marsh – et celui sur la vie du mathématicien et cryptanalyste britannique Alan Turing, *Imitation Game* (2014), de Morten Tyldum. *Pride* (2014), de Matthew Warchus, raconte l'histoire vraie de militants gays qui soutinrent les mineurs en grève dans les années 1980. Mentionnons également *Legend* (2015), un autre film qui relate l'histoire de jumeaux gangsters, Reggie et Ronnie Kray ; et *Lady in the Van* (2015), à partir d'une pièce écrite par Alan Bennett sur une femme qui avait vécu dans une camionnette, dans son allée de Camden Town, pendant 15 ans.

En revanche, les acteurs britanniques tiennent le haut du pavé, notamment hollywoodien, et récoltent bon nombre d'oscars. Citons ainsi Gary Oldman, Olivia Colman, Eddie Redmayne, dame Helen Mirren, sir Daniel Day-Lewis, Colin Firth, Kate Winslet, Mark Rylance, Christian Bale, Julianne Moore, Tilda Swinton et Rachel Weisz ; ou encore dame Judi Dench, dame Maggie Smith, sir Ian McKellen, Benedict Cumberbatch, Ewan McGregor, Ralph Fiennes, Jude Law, Liam Neeson, Hugh Laurie, Keira Knightley, Emily Watson, Catherine Zeta-Jones et Phoebe Waller-Bridge.

Parmi les réalisateurs britanniques de renommée mondiale on trouve Steve McQueen (*12 Years a Slave*, 2013), Tom Hooper (*Le Discours d'un roi*, 2010), Danny Boyle (*Slumdog Millionaire*, 2009), Ridley Scott (*Alien*, 1979 ; *Blade Runner*, 1982 ; *Thelma et Louise*, 1991 ; *Gladiator*, 2000 ; *La Chute du faucon noir*, 2001), Sam Mendes (*American Beauty*, 2000, *1917*, 2019), Stephen Frears (*Dirty Pretty Things*, 2002, *The Queen*, 2006) et Mike Leigh (*Vera Drake*, 2004, *Another Year*, 2010).

Le festival Film4 Summer Screen programme des films en plein air, projetés sur le plus grand écran de la ville, dans le cadre somptueux de la grande cour de la Somerset House, au sud de Covent Garden.

Londres à l'écran

Que ce soit les rues de South Kensington et d'Earl's Court pour le film *Répulsion* (1965) de Polanski ou, bien plus tard, la Harley Street de l'entre-deux-guerres pour *Le Discours d'un roi* (2010), Londres attire les cinéastes. Amoureux légendaire de New York, Woody Allen lui-même est venu y tourner *Match Point* (2005), *Scoop* (2006), *Le Rêve de Cassandre* (2007) et *Vous allez rencontrer un bel et sombre inconnu* (2010).

Le mélange d'ancien et d'ultramoderne qui caractérise l'architecture londonienne joue en sa faveur. Ang Lee a profité, pour *Raisons et Sentiments* (1995), de l'architecture néoclassique et des magnifiques parcs du Greenwich historique. La façade néogothique de la gare de St Pancras apparaît dans le film d'époque *Retour à Howard's End* (1992), de James Ivory, et dans le biopic *Chaplin* (1992), de Richard Attenborough, tandis que l'*Elephant Man* (1980) de David Lynch avait en son temps fait florès de l'ambiance maussade de Shad Thames. Sorti en 1987 et tourné en partie à Camden, *Withnail et moi*, de Bruce Robinson, demeure la quintessence de la comédie britannique décalée. Camden figure également en bonne place dans le film d'espionnage *Kingsman : services secrets* (2014), de Matthew Vaughn, tout comme Savile Row et le Black Prince, un pub de Kennington.

Londres sert aussi de toile de fond à des films d'horreur et d'anticipation. La centrale électrique de Battersea Power et les quartiers de Shoreditch et des Docklands (alors décrépits) servirent de cadre à l'adaptation, par Michael Radford, du roman dystopique *1984*

LE TOP DES FESTIVALS CINÉMATOGRAPHIQUES

Toute une série de festivals londoniens célèbrent le cinéma – des grosses productions aux films d'art et d'essai.

➔ **London Film Festival** (p. 58). Le plus grand festival de cinéma de la ville, en octobre.

➔ **Raindance Festival** (www.raindance.co.uk ; ⏲fin sept). Ce festival, leader européen du genre, célèbre le cinéma indépendant du monde entier, peu avant le London Film Festival.

➔ **Portobello Film Festival** (www.portobellofilmfestival.com ; ⏲août -sept). Durant 3 semaines en août et septembre, ce festival gratuit met en compétition 700 films indépendants, réalisés par des cinéastes londoniens et étrangers. C'est, dans ce domaine, le plus important du Royaume-Uni.

Londres sur Twitter

@Londonist *Actualités, événements, attractions et personnalités.*

@Secret_London *Les secrets les mieux gardés de Londres.*

@lecool_London *Le top des concerts, clubs, expos, films, théâtres, restaurants et boutiques.*

@SkintLondon *Tout ce qu'il y a à voir et à faire gratuitement ou pour moins de 10 £.*

@stephenfry *L'acteur, intellectuel et Londonien de génie Stephen Fry est à suivre absolument.*

(1984) de George Orwell. Dans la scène d'ouverture de *28 Jours plus tard* (2002), le réalisateur Danny Boyle dépeint un centre de Londres déserté, une scène reprise en 2006, en version gore, dans *28 Semaines plus tard*, de Juan Carlos Fresnadillo. La plus grande partie du sombre *Orange mécanique* (1971), de Stanley Kubrick, fut filmée à Londres. Dans *Les Fils de l'homme* (2006), Alfonso Cuarón enfante une vision effrayante et désespérée de la capitale. Le film d'anticipation de James McTeigue *V pour Vendetta* (2005), adapté de l'œuvre d'Alan Moore et David Lloyd, montre Londres tombée sous le joug d'un tyran.

D'autres quartiers apparaissent à l'écran, comme dans *Coup de foudre à Notting Hill* (1999), de Roger Michell, qui a mis ce quartier de l'ouest de Londres sous le feu des projecteurs, comme une partie du parc de la Kenwood House ; *Hampstead* (2017), de Joel Hopkins, n'a pas eu le même effet pour le nord de la capitale. Les ruelles dickensiennes de Borough figurent dans des productions aussi variées que *Le Journal de Bridget Jones* (2001), de Sharon Maguire, et le film de gangsters *Arnaque, crime et botanique* (1998), signé Guy Ritchie. Smithfield est paré d'une froideur glamour dans *Closer* (2004), de Mike Nichols, et l'artère de Brick Lane est projetée en pleine lumière dans *Rendez-vous à Brick Lane* (2007), de Sarah Gavron. Farringdon et d'autres quartiers du Nord servent de toile de fond aux *Promesses de l'ombre* (2007), film ultraviolent (sur fond de mafia russe) de David Cronenberg. Crouch End et New Cross Gate sont envahis par les zombies dans le désopilant *Shaun of the Dead* (2004), d'Edgar Wrigh. Ealing a fait une apparition hors de ses studios dans *Une éducation* (2009).

Grand succès au box-office, *Skyfall* (2012), de Sam Mendes, met Londres au cœur des aventures de James Bond, tandis que dans la suite, *Spectre* (2015), le siège du MI6 est rayé de la carte à la faveur d'une impressionnante scène d'explosion. L'insolite film de monstres britannique *Attack the Block* (2011), de Joe Cornish, met en scène des jeunes des cités de South London aux prises avec une invasion extraterrestre. Dans *The Deep Blue Sea* (2011), adapté du livre de Terence Rattigan et encensé par la critique, le réalisateur britannique Terence Davies dresse un portrait tragique du Londres d'après-guerre. Les monuments de Londres (Big Ben, la Bank of England, Buckingham Palace) sont en vedette dans *Le Retour de Mary Poppins* (2018), entièrement filmé dans la capitale, tandis que la Tour de Londres et le Tower Bridge apparaissent dans *Spider-Man: Far from Home* (2019).

Médias

Le drame historique *Call the Midwife*, qui se déroule dans les années 1950 à Poplar, quartier d'un East End alors rongé par la misère, est la série la plus regardée de la BBC depuis son lancement en 2012, et est diffusée dans presque 200 pays et territoires. Elle a rendu célèbre la populaire actrice Miranda Hart.

Télévision

Londres s'en tire mieux en matière de production télévisuelle que cinématographique : de nombreux programmes diffusés dans le monde entier viennent de Grande-Bretagne, depuis les *Teletubbies* et *Top Gear* jusqu'aux extraordinaires documentaires de la BBC et aux séries comiques ou dramatiques diffusées partout, tels les énormes succès que sont *Downton Abbey*, *Doctor Who*, *Call the Midwife* et *The Crown*. Quant à *The X Factor*, *Qui veut gagner des millions ?* et *MasterChef*, il s'agit de concepts britanniques dont les adaptations locales génèrent d'énormes audiences. Il existe 5 chaînes nationales : BBC 1, BBC 2, ITV, Channel 4 et Channel 5. Les chaînes de la BBC, publiques, ne diffusent pas de publicités.

Radio

Comme son pendant télévisé, la BBC Radio ne diffuse pas de publicités. BBC London (94.9 FM) propose surtout des talk-shows ; Radio 4 (93.5 FM) est avant tout une chaîne d'information ; Radio 2 (88.8 FM) de musique et de divertissement ; et Radio 1 (98.5 FM) de pop à destination des jeunes. Capital FM (95.8 FM) est l'équivalent commercial de Radio 1. Il y a aussi Radio X (104.9 FM) pour la musique indé, Kiss 100 (100 FM) pour la dance et Classic FM (100.9 FM) pour la musique classique.

Journaux et magazines

Les journaux nationaux sont pour la plupart indépendants de tout parti politique, même s'il est aisé de deviner leurs orientations. La presse écrite se divise en deux grandes catégories : les grands formats (ou *quality papers*) et les tabloïds (ou *red-tops*), bien que la différence se fasse désormais plus sur le contenu que sur le format du papier, maints grands formats étant passés à celui, plus commode, des tabloïds.

Quotidiens

Le principal quotidien londonien est l'*Evening Standard*, journal (au format tabloïd) actuellement de centre droit, publié la semaine et distribué gratuitement dans les principales gares, les stations de métro et certaines boutiques. Le rédacteur en chef est George Osborne, ex-chancelier de l'Échiquier du gouvernement de David Cameron. *Metro* (également publié la semaine) est un journal gratuit, condensé du *Standard* de la veille.

Les lecteurs sont extrêmement fidèles à leur quotidien. Le journal libéral *The Guardian* publie d'excellents reportages et alimente un site Internet réputé, le tout avec une orientation progressiste ; il est prisé des milieux intellectuels (et est passé au format tabloïd en 2018). Le *Guide*, un supplément "sorties" de format plus pratique, est vendu avec l'édition du samedi. Surnommé le "Torygraph", le *Daily Telegraph* est le journal officieux des *Tories*, le Parti conservateur ; il propose une excellente couverture des événements internationaux. *The Times* est un pilier de la presse britannique, même s'il fait partie désormais de l'empire médiatique du magnat australien Rupert Murdoch ; c'est un journal de bonne tenue, avec des articles sur de nombreux sujets, et une large couverture internationale. Quotidien sans affiliation politique bien que penchant à gauche, *The Independent* met l'accent sur les informations négligées par le reste de ses confrères. Le *Financial Times* est un poids lourd de la presse économique ; sa section week-end compte certains des meilleurs articles publiés en Grande-Bretagne.

Pour connaître le dernier scandale, plusieurs titres : le *Mirror*, journal travailliste de la vieille école destiné à la classe ouvrière, *The Sun*, quotidien le plus vendu du Royaume-Uni – réputé pour ses sympathies conservatrices –, ou encore le *Daily Star*. Parmi les autres tabloïds, citons encore le *Daily Express* et le *Daily Mail*, un quotidien de centre droit.

Journaux du dimanche

Les tabloïds mettent les bouchées doubles en divulguant des potins sur les stars, ou en proposant des suppléments mode. Fondé en 1791, l'*Observer* est le plus ancien journal du dimanche, publication sœur du *Guardian* et doté d'un excellent supplément culturel, *The New Review*. Le *Sunday Telegraph* est tout aussi sérieux et conservateur que le quotidien affilié, tandis que *The Sunday Times* n'est que mode et scandales people – enfin, si l'on ignore les suppléments et publicités directement bons pour la poubelle.

Magazines

La variété des magazines publiés est impressionnante, de la feuille de chou sur les stars du show-biz aux poids lourds axés sur la politique.

Sites Internet sur Londres

Londonist (londonist.com). Excellente rubrique "Things to Do" (à faire).

Urban 75 (www.urban75.org/blog/tag/london). Un formidable site associatif.

London on the Inside (londontheinside.com). Pour tout savoir de la tendance du moment.

London Eater (londoneater.com). Toujours l'un des meilleurs blogs gastronomiques de Londres.

Spitalfields Life (spitalfieldslife.com). Chroniques quotidiennes signées "the Gentle Author" (Le Gentil auteur) à ne pas manquer pour découvrir la vie et la culture d'East London.

Les magazines politiques ont une grande audience à Londres. Le magazine satirique *Private Eye* n'affiche aucune préférence politique et se moque de tous sans distinction. *The Economist* reste sans rival en termes d'analyse sur la politique internationale et le monde des affaires.

Hebdomadaire de droite autoproclamé plus ancien magazine de Grande-Bretagne, *The Spectator* a la faveur des électeurs conservateurs, même si ses articles spirituels plaisent souvent au lectorat de gauche. Le *New Statesman*, à l'opposé, est l'un des piliers de la presse intellectuelle de gauche.

Fanzine gratuit disponible dans les stations de métro, les grands musées et les galeries d'art, *Time Out* paraît le mardi et contient des listings de spectacles, concerts, expositions, etc. ; idéal pour prendre le pouls de la scène artistique de Londres. *Big Issue*, vendu par des sans-abri, n'est pas seulement un projet honorable ; ce titre propose aussi un bon contenu rédactionnel.

Londres adore les célébrités et *Heat*, *Closer* et *OK!* sont les pourvoyeurs les plus populaires de nouvelles à leur sujet. Côté magazines féminins, citons *Elle* et *Vogue* ; les éditions britanniques de *Glamour* et *Marie Claire* ne sont désormais plus disponibles qu'en versions numériques. Au rang des magazines masculins dits sérieux, on compte *GQ* et *Esquire*. Une kyrielle de magazines dits de style sont aussi publiés à Londres, parmi lesquels *i-D*, bihebdomadaire consacré à la mode londonienne et à la musique, et son concurrent, le bimestriel *Dazed*.

Londres pratique

Transports

ARRIVER À LONDRES

L'Eurostar, qui emprunte le tunnel sous la Manche, relie Londres à Paris, Bruxelles, Amsterdam et Marseille, avec de nombreuses correspondances possibles, notamment vers le nord de l'Europe.

Beaucoup de visiteurs arrivent par ailleurs en avion. La plupart des vols longue distance atterrissent à Heathrow. Les vols en provenance de l'Europe et du Moyen-Orient atterrissent aussi à Gatwick et Stansted. Seules des compagnies *low cost* utilisent les aéroports de Luton et London Southend.

Il est également possible (et bien moins cher) de se rendre à Londres en bus longue distance.

Pour des informations sur les formalités d'entrée au Royaume-Uni, reportez-vous p. 433.

Avion

Aéroport de Heathrow

Heathrow (www.heathrowairport.com) est l'un des aéroports internationaux les plus fréquentés au monde ; il possède 4 terminaux (numérotés de 2 à 5, le terminal 1 a fermé en 2015). C'est le principal aéroport de Grande-Bretagne pour les vols internationaux.

Consignes Dans tous les terminaux, de 5h (5h30 au T4) à 23h. Comptez 7,50 £/bagage pour 3 heures, 12,50 £ pour 24 heures et 20 £ pour 48 heures.

Hôtels Quatre hôtels de chaîne sont accessibles à pied depuis les terminaux ; plus de 20 autres sont situés à proximité. Les bus **Hotel Hoppa** (www.hotelhoppa.co.uk ; adulte/famille 5,50/10,50 £) relient les terminaux de l'aéroport à plus de 25 hôtels des environs, assurant plus de 900 trajets quotidiens 24h/24.

TRAIN

L'aéroport est desservi par la Piccadilly Line : une station pour les terminaux 2 et 3 ; une autre pour le terminal 4 ; et le terminus pour le terminal 5. Le métro (*Tube*) est le moyen de transport le plus économique entre Heathrow et le centre de Londres. Achetez une Oyster Card (5 £ remboursés lorsque vous rendez la carte, plus le prix des trajets) ou utilisez toute autre carte sans contact.

Un train part toutes les 3-9 minutes de 5h environ jusqu'à 23h45 (23h28 le dimanche). Ils circulent dans l'autre sens, de 5h47 à 0h32 (23h38 le dimanche). La Piccadilly Line fonctionne toute la nuit le vendredi et le samedi, à fréquence réduite. Le trajet jusqu'au centre de Londres dure environ 45 minutes.

Heathrow Express (www.heathrowexpress.com ; aller/aller-retour 25/37 £, enfant gratuit ; wifi). Relie Heathrow à la gare ferroviaire de Paddington en seulement 15 min ; idéal si vous logez près de la gare. La ligne fonctionne de 5h à 23h ou minuit. Vous pouvez utiliser une Oyster Card, une carte sans contact, ou des billets achetés en ligne à l'avance (moins chers). Le billet est gratuit pour les enfants.

AVERTISSEMENT

Les informations contenues dans ce chapitre sont particulièrement susceptibles de changements. Vérifiez directement auprès de la compagnie aérienne ou de l'agence de voyages les modalités d'utilisation de votre billet d'avion. N'hésitez pas à comparer les prestations. Les détails fournis ici doivent être considérés à titre indicatif et ne remplacent en rien une recherche personnelle attentive.

VOYAGES ET CHANGEMENTS CLIMATIQUES

Tous les moyens de transport fonctionnant à l'énergie fossile génèrent du CO_2 – la principale cause du changement climatique induit par l'homme. L'industrie du voyage est aujourd'hui dépendante des avions. Si ceux-ci ne consomment pas nécessairement plus de carburant par kilomètre et par personne que la plupart des voitures, ils parcourent en revanche des distances bien plus grandes et relâchent quantité de particules et de gaz à effet de serre dans les couches supérieures de l'atmosphère. De nombreux sites Internet utilisent des "compteurs de carbone" permettant aux voyageurs de compenser le niveau des gaz à effet de serre dont ils sont responsables par une contribution financière à des projets respectueux de l'environnement. Lonely Planet "compense" les émissions de tout son personnel et de ses auteurs.

BUS

Les bus **National Express** (www.nationalexpress.com ; aller à partir de 6 £, 40-90 min, ttes les 30 min à 1 heure) relient la gare routière Heathrow Central Bus Station à la gare routière de Victoria (Victoria Coach Station). Le premier bus part de Heathrow Central Bus Station (terminaux 2 et 3) à 4h20, le dernier à 22h05. Au départ de Victoria, les bus circulent de 1h à minuit environ.

Bus N9 Si vous arrivez tard dans la nuit, le bus de nuit N9 (1,50 £, 1 heure 15, ttes les 20 min) relie Heathrow Central Bus Station (et le Terminal 5 de Heathrow) au centre de Londres, avec pour terminus Aldwych.

TAXI

La course en *black cab* (taxi noir) – avec compteur – depuis/vers le centre de Londres coûte entre 50 et 100 £ pour 45 minutes à 1 heure de trajet (en fonction du trafic).

Pour un VTC (Uber ou autre), il faut se mettre d'accord avec le chauffeur sur un point de rendez-vous proche de la sortie de l'aéroport, ce qui peut poser des problèmes si vous dépendez du Wi-Fi de l'aéroport.

Aéroport de Gatwick

Gatwick (www.gatwickairport.com) est plus petit que Heathrow, mais c'est le deuxième aéroport de Grande-Bretagne pour les vols internationaux. Ses terminaux nord et sud sont reliés par un service rapide de monorail (24h/24 ; 3 min).

Consigne Les deux terminaux possèdent un service de consigne, ouvert 24h/24 dans le terminal sud et de 5h à 22h dans le terminal nord. Il vous en coûtera 6/11 £ par bagage pour 3/24 heures (ou moins). Durée maximale : 90 jours. Il est possible de préréserver une consigne en ligne (www.gatwickairport.com/at-the-airport/passenger-services/luggage).

TRAIN

National Rail (www.nationalrail.co.uk). Des trains circulent régulièrement depuis/vers les gares de London Bridge (30-45 min, ttes les 15-30 min), King's Cross (55 min, ttes les 15-30 min) et Victoria (30-50 min, ttes les 10-15 min) et fonctionnent presque toute la nuit. Les tarifs varient en fonction de l'heure, de l'itinéraire, de la compagnie (Southern ou Thameslink) et de la classe. Les billetteries automatiques sont proches de la sortie de l'aéroport vers la gare ferroviaire ; vous pouvez également payer avec une Oyster Card ou une carte de paiement sans contact.

Gatwick Express (www.gatwickexpress.com ; aller/aller-retour adulte 19,90/36,70 £, enfant 9,95/18,35 £, - 5 ans gratuit). Ces trains partent toutes les 15 min de la gare située près du terminal sud à la gare de Victoria. Depuis l'aéroport, le service est assuré entre 5h41 et 23h11. De Victoria, les trains circulent entre 5h et 22h44. Le trajet dure 30 minutes. La réservation en ligne offre une légère réduction.

BUS

National Express (www.nationalexpress.com). Les bus font la navette toute la journée entre Gatwick et la gare routière de Victoria (aller à partir de 10 £ ; 1/heure, 24h/24). Le trajet dure entre 1 heure 20 et 2 heures, selon la circulation.

EasyBus (www.easybus.com) dispose de minibus de 13 places, qui desservent Gatwick toutes les 15-20 minutes, sur plusieurs itinéraires, notamment depuis Earl's Court/West Brompton ou la gare routière de Victoria (aller simple à partir de 2 £ pour une réservation en ligne). Service 24h/24 ; durée du trajet environ 1 heure 15. Réservation obligatoire.

TAXI

La course en *black cab* (avec compteur) depuis/vers le centre de Londres coûte environ 100 £ (comptez un peu plus d'1 heure). Les *minicabs* et les taxis partagés sont généralement moins chers, mais pas toujours.

Aéroport de Stansted

Stansted (www.stanstedairport.com) est situé à 56 km au nord-est du centre de Londres, sur la route de Cambridge. Aéroport international, Stansted dessert une multitude de destinations, principalement en Europe, et accueille surtout des compagnies *low cost*, notamment Ryanair et EasyJet, mais aussi des compagnies plus importantes comme Emirates.

TRAIN

Stansted Express (☎0345 600 7245 ; www.stanstedexpress.com ; aller/aller-retour 19,40/30,70 £, 45 min, ttes les 15-30 min). Ce train relie l'aéroport à la gare de Liverpool Street via Tottenham Hale (correspondances utiles avec le métro). De l'aéroport, le premier train part à 5h30 et le dernier à 0h30. De la gare de Liverpool Street, les trains circulent de 4h40 (3h40 certains jours) à 23h25.

BUS

National Express (www.nationalexpress.com). Les bus circulent 24h/24, assurant 200 liaisons par jour.

Airbus A6 (☎0871 781 8181 ; www.nationalexpress.com ; aller à partir de 10 £). Il relie l'aéroport de Stansted à Westminster (environ 1 heure-1 heure 30, ttes les 20 min) via Marble Arch, Paddington, Baker St et Golders Green. L'**Airbus A7** (aller à partir de 10 £) dessert la gare routière de Victoria (environ 1 heure-1 heure 30, toutes les 20 min), via Waterloo et Southwark. L'**Airbus A8** (aller à partir de 7 £) dessert la gare de Liverpool Street (1 heure-1 heure 20, ttes les 30 min), via Bethnal Green et Shoreditch High Street. L'**Airbus A9** (aller à partir de 7 £, 50 min) dessert London Stratford.

Airport Bus Express (www.airportbusexpress.co.uk ; aller simple à partir de 8 £). Ces bus partent toutes les 30 min pour la gare routière de Victoria, Baker Street, Liverpool Street et London Stratford.

EasyBus (www.easybus.com). Ces bus partent toutes les 15 min pour la gare routière de Victoria via la gare de Waterloo, et pour la gare de Liverpool Street via Stratford. Le trajet pour le centre-ville (aller simple à partir de 2 £) dure 1 heure 45.

Terravision (www.terravision.eu). Ces bus relient Stansted à la gare de Liverpool Street (aller simple à partir de 7 £, 1 heure 15) et la gare routière de Victoria (à partir de 7 £, 2 heures) toutes les 20 à 40 minutes, de 6h à 1h.

TAXI

La course en *black cab* (avec compteur) depuis/vers le centre de Londres coûte environ 130 £. Les *minicabs* et les taxis partagés sont moins chers.

Aéroport de Luton

Le petit aéroport de Luton (www.london-luton.co.uk), à 51 km au nord-ouest de Londres, accueille surtout des vols *low cost* ou charters. Il transporte presque 15 millions de passagers par an.

TRAIN

National Rail (www.nationalrail.co.uk). Les trains (aller à partir de 16,70 £, 35-50 min, départs réguliers aux heures d'affluence, 24h/24) relient London St Pancras International à la gare de Luton Airport Parkway, d'où une navette (bus aller/aller-retour 2,40/3,80 £, 5-15 ans moitié prix, - 5 ans gratuit) rejoint l'aéroport en 10 minutes. Les espèces ou les cartes de paiement sans contact sont acceptées dans la navette.

BUS

Airbus A1 (www.nationalexpress.com ; aller simple à partir de 7 £ si réservé en ligne). Circule plus de 60 fois par jour jusqu'à la gare routière de London Victoria, via Portman Square, Baker Street, St John's Wood, Finchley Road et Golders Green. Le trajet dure environ 1 heure 30.

Green Line Bus 757 (☎0344 800 4411 ; www.greenline.co.uk ; aller/aller-retour 11,50/17,50 £). Circule de la gare routière de Victoria à l'aéroport de Luton toutes les 30 minutes, 24h/24, et passe par Marble Arch, Baker Street, Finchley Road et Brent Cross.

TAXI

La course en *black cab* depuis/vers le centre de Londres coûte environ 110 £.

Aéroport de London City

Proche du centre de Londres (il se trouve à 10 km à l'ouest) et du quartier commercial des Docklands, l'**aéroport de London City** (☎020-7646 0088 ; www.londoncityairport.com ; Hartmann Rd, E16 ; 🛜 ; ⓤLondon City Airport) accueille surtout une clientèle d'affaires.

TRAIN

Le **Docklands Light Railway** (DLR ; www.tfl.gov.uk/dlr) dessert la station London City Airport (zone 3). Les trains circulent toutes les 8-10 minutes, entre 5h30 et 0h15 du lundi au samedi, et entre 7h et 23h15 le dimanche. Le trajet jusqu'à Bank dure un peu plus de 20 minutes.

TAXI
La course en *black cab* (avec compteur) depuis/vers la City/Oxford Street/Earl's Court coûte environ 30/40/60 £ en fonction de la circulation.

Aéroport de London Southend

Toujours apprécié (et bien noté) par les voyageurs à petit budget, **London Southend** (southendairport.com), le sixième aéroport de Londres, est moins bondé que les autres. Situé à 63 km du centre de Londres, il est cependant relié par de nombreux trains à la gare de Liverpool Street – pratique si vous logez dans East London. L'aéroport est desservi par des vols intérieurs *low cost* et en provenance d'Europe.

TRAIN
Des trains partent de la gare de l'aéroport (adulte/enfant 17,80/8,90 £) pour les gares londoniennes de Liverpool Street et Stratford en seulement une heure. En période d'affluence, il y a 6 trains par heure, moins en dehors. Le premier train au départ de Liverpool Street est à 4h30, permettant d'arriver à temps pour les premiers vols du matin ; le dernier part à 23h59.

TAXI
Votre avion est arrivé en retard ? Vous avez perdu du temps bêtement ? Après minuit, vos seules options sont le taxi (110 £ ; pensez à partager la note avec d'autres retardataires) ou un hôtel de l'aéroport. Appelez **Andrews Taxis** (☎01702 200 000), actuellement la seule compagnie disponible la nuit.

Depuis la France

Air France (☎09 69 39 36 54 ; www.airfrance.fr) assure chaque jour des vols directs (1 heure 20) entre Paris-Charles-de-Gaulle et l'aéroport de Heathrow, à partir de 100 € environ l'aller-retour.

British Airways (☎0825 825 400, 0,18 €/min ; www.britishairways.com) propose chaque jour des vols directs depuis Paris-Charles-de-Gaulle vers Heathrow, à partir de 150 € l'aller-retour environ.

Les compagnies à bas prix **easyJet** (www.easyjet.com) et **vueling** (www.vueling.com) desservent différents aéroports londoniens depuis Paris-Charles-de-Gaulle (à partir de 65 €).

Ryanair (www.ryanair.com) assure des vols directs au départ de nombreuses villes de province (Lyon, Marseille et Toulouse, mais aussi Limoges, Dinard, Biarritz, Tours, Nîmes, Perpignan, Brive, Béziers...) vers l'aéroport de Stansted, à certaines dates.

Depuis la Belgique

Brussels Airlines (☎02 723 23 62, 05 333 81 81 ; www.brusselsairlines.com) assure plusieurs vols par jour (1 heure 10) entre Bruxelles et l'aéroport de Heathrow, à partir de 100 € l'aller-retour environ. **British Airways** (☎02 717 32 17 ; www.britishairways.com) et la **Lufthansa** (☎02 62 00 888 ; www.lufthansa.com) assurent des vols directs à des tarifs similaires.

Quelques adresses utiles :

Airstop (☎07 023 31 88 ; www.airstop.be)

Connections (☎070 23 33 13 ; www.connections.be)

Gigatours Voyages Éole (Éole à Bruxelles ☎02 672 35 03 ; www.voyageseole.be)

Depuis la Suisse

Swiss (☎0848 700 700 ; www.swiss.com) propose chaque jour de nombreux vols directs (1 heure 40 environ) au départ de Zurich ou Genève et à destination de Heathrow ou de London City ; à partir de 100 € (110 FS) l'aller-retour – les tarifs sont un peu plus intéressants au départ de Genève que de Zurich.

British Airways (☎044 800 92 22 ; www.britishairways.com) relie également Zurich et Genève à plusieurs aéroports de Londres à des prix comparables.

Consultez aussi les offres d'**easyJet** (www.easyjet.com) au départ de Bâle, Zurich et Genève ; à partir de 60 € (66 FS).

Depuis le Canada

British Airways (☎1800 2479297 ; www.britishairways.com) propose des vols directs à destination de Londres depuis Montréal (6 heures 35 ; à partir de 750 $CA), Toronto (7 heures ; à partir de 750 $CA) et Vancouver (9 heures ; à partir de 800 $CA).

AGENCES EN LIGNE

Vous pouvez réserver votre vol via une agence en ligne ou vous renseigner auprès d'un comparateur de vols :

- www.bourse-des-vols.com
- www.ebookers.fr
- www.expedia.fr
- www.govoyages.com
- www.illicotravel.com
- www.kayak.fr
- www.opodo.fr
- www.partirou.com
- www.skyscanner.fr
- www.tui.fr
- voyages.kelkoo.fr

Pour les trains :

- www.oui.sncf
- www.thetrainline.com

Air Canada (☎1 888 247 2262 ; www.aircanada.com) opère des vols directs à destination de Londres depuis Toronto ou Vancouver (à partir de 700 $CA) et depuis Montréal avec une escale (à partir de 720 $CA).

Consultez également les offres des agences et compagnies suivantes :

Expedia (☎800 469-1793 ; www.expedia.ca)

Travel Cuts (☎1-800 667 2887 ; www.travelcuts.com)

Lufthansa (☎1-800 563 5954 ; www.lufthansa.com)

Bus

Ouibus (fr.ouibus.com). Les bus à petits prix de la SNCF assurent des liaisons entre Paris et Londres (comptez 7-9 heures de trajet), à partir de 39 € environ l'aller simple. Il existe également des bus au départ de villes comme Lyon, Lille et Bruxelles.

Consultez également l'offre de **FlixBus/Eurolines** (www.flixbus.com). Ce réseau dessert de nombreuses destinations en France, en Belgique et en Suisse, depuis/vers la gare routière de **Victoria Station** (164 Buckingham Palace Rd, SW1 ; ⓤVictoria). Les tarifs débutent à 40 € environ pour un aller simple Bruxelles-Londres ou Paris-Londres.

Train

Les trains à grande vitesse **Eurostar** (www.eurostar.com) relient Paris, Bruxelles, Lille, Marseille et Calais (et désormais, certains jours, également des villes plus lointaines comme Lyon et Avignon) à la gare de St Pancras International. On compte jusqu'à 19 départs par jour. Les tarifs sont très variables, et commencent à environ 50 € l'aller simple "Standard" pour Paris ou Bruxelles et jusqu'à 310 € pour un "Business Premier" (cette dernière catégorie permettant une flexibilité totale). L'Eurostar relie Londres à Paris-Gare du Nord en 2 heures 30 et la gare de Bruxelles-Midi en 2 heures.

Abonnez-vous aux chaînes de réseaux sociaux d'Eurostar ou envoyez un courriel pour recevoir des notifications au sujet de remises et prix spéciaux. Notez que vous devez vous présenter au moins 30 minutes avant l'enregistrement.

Si vous vous rendez à Londres depuis une autre région d'Angleterre, consultez le site Internet de **National Rail** (www.nationalrail.co.uk) pour connaître les horaires et les tarifs. Les principales lignes de train nationales sont exploitées par des compagnies ferroviaires privées. Les trains ne sont pas bon marché, mais de meilleures affaires sont possibles en réservant. Si vous prévoyez de prendre plusieurs fois le train, envisagez l'achat d'une Rail Card, surtout si vous êtes en famille ou en groupe.

Voiture et moto

La traversée de la Manche la plus courte se fait via Calais. Le **Shuttle d'Eurotunnel** (www.eurotunnel.com) transporte des véhicules (voitures, camping-cars, motos) entre Coquelles, à 5 km au sud-ouest de Calais, et Folkestone, à 12 km de Douvres, en Angleterre, par le tunnel sous la Manche, 24h/24 (durée : 35 minutes ; toutes les 2 heures en moyenne). Réserver en ligne permet de bénéficier des tarifs les moins chers (à partir de 74 €/voiture l'aller-retour). Les prix incluent une voiture et ses passagers.

Vous pouvez aussi traverser la Manche en ferry. La traversée la plus courte se fait entre Calais et Douvres. Le site **DirectFerries** (www.directferries.fr) recense les différentes options.

Pour rallier Calais, comptez 290 km depuis Paris, et 200 km depuis Bruxelles. Depuis Folkestone/Douvres, il vous restera ensuite respectivement 120/130 km pour rejoindre Londres.

COMMENT CIRCULER

Transport for London (TfL ; tfl.gov.uk/plan-a-journey) et **Citymapper** (citymapper.com/london) permettent de planifier des itinéraires avec des infos actualisées sur les départs et les éventuels retards.

Pour voyager au meilleur prix, procurez-vous une **Oyster Card** (oyster.tfl.gov.uk/oyster/entry.do) ou utilisez une carte de paiement sans contact (les détenteurs d'une carte étrangère auront toutefois intérêt à se renseigner auprès de leur banque sur les frais d'utilisation de l'option sans contact à l'étranger) avec limitation journalière.

Tube (London Underground). Le métro de Londres est le moyen le plus rapide et le plus efficace de circuler, quoique sans rien voir. Les trains circulent de 5h30 à 0h30 environ et toute la nuit également les vendredis et samedis sur 5 lignes.

Train Les réseaux DLR et Overground sont pratiques pour relier des quartiers plus éloignés au centre. La ligne reliant Peckham à Shoreditch est affectueusement surnommée "the hipster line".

Bus Le réseau de bus de Londres est très étendu et très efficace, et permet d'explorer la ville en surface ; en cas de bouchons, il est parfois plus rapide de marcher.

Taxis Les *black cabs* sont partout et circulent 24h/24. Les courses sont chères, mais c'est une expérience à vivre.

Vélo Les Santander Cycles sont pratiques pour les courts trajets dans le centre de Londres, mais attention à la circulation.

Bateau

On trouve plusieurs compagnies sur les eaux de la Tamise. Toutefois, seul **Thames Clippers** (plan p. 497 ; www.thamesclippers.com ; aller adulte/enfant 8,70/4,35 £) offre réellement un service de bateau-bus. Les bateaux sont rapides et agréables ; place assise et vue sont quasiment garanties. Tous les bateaux sont accessibles en fauteuil roulant, de même que tous les quais à l'exception du Cadogan Pier, du Wandsworth Riverside Quarter Pier et du London Bridge City Pier.

Les bateaux de Thames Clipper assurent des liaisons régulières entre les embarcadères d'Embankment, Waterloo (London Eye), Blackfriars, Bankside (Shakespeare's Globe), London Bridge, Tower Bridge, Canary Wharf, Greenwich, North Greenwich et Woolwich, de 6h28 à 23h38 (8h10-23h20 le week-end).

Les billets Thames Clipper River Roamer (tarif adulte/enfant 17,80/8,90 £) donnent un accès illimité aux bateaux durant une journée entière sur la plupart des itinéraires. Réserver en ligne donne droit à une remise ; il n'est possible de payer en espèces qu'aux quais disposant d'une billetterie.

L'Oyster Card et la *Travelcard* (billet papier ou sur Oyster Card) donnent par ailleurs droit à une réduction. Les enfants de moins de 5 ans voyagent gratuitement sur la plupart des bateaux.

D'avril à octobre, on peut se rendre à Hampton Court Palace depuis Westminster Pier, au centre de Londres, sur un bateau qui remonte la Tamise sur 35 km, via Kew et Richmond. Le trajet peut durer jusqu'à 4 heures, en fonction de la marée. Ce service est géré par la **Westminster Passenger Services Association** (www.wpsa.co.uk ; aller/aller-retour adulte 19/27 £, enfant 9,50/13,50 £).

La **London Waterbus Company** (plan p. 490 ; ☎07917 265114 ; www.londonwaterbus.com ; Browning's Pool, Warwick Cres W2 ; trajet adulte/enfant 12/9 £ ; Ⓤ Warwick Avenue, Camden Town) propose des tours en péniche traditionnelle sur Regent's Canal entre Camden Lock et Little Venice.

Bus

Les fameux bus rouges à impériale permettent de contempler la ville, mais ils peuvent être lents en raison du trafic et des nombreux voyageurs qui montent et descendent à chaque arrêt.

Des plans détaillés très bien faits, à chaque arrêt, mentionnent les itinéraires de bus et destinations accessibles depuis les environs de l'arrêt (un plan indique les autres arrêts de bus dans un rayon de 2 ou 3 minutes à pied).

Les bus circulent généralement de 5h à 23h30. La plupart des arrêts de bus disposent de panneaux électroniques annonçant le temps d'attente des prochains bus, mais les applications telles que London Bus Live Countdown sur smartphone sont le moyen le plus efficace de connaître les horaires de passage.

Presque tous les bus sont désormais accessibles en fauteuil roulant ou avec une poussette (une rampe descend jusqu'au niveau du trottoir). Vous devrez passer par la porte du milieu et valider votre Oyster Card une fois à bord. Les passagers sont presque toujours patients et courtois, et vous aideront sûrement à monter ou à descendre si vous êtes en fauteuil, avec une poussette ou encombré de bagages.

Bus de nuit

- Plus de 50 lignes de bus de nuit (dont le numéro est précédé de la lettre "N") fonctionnent entre 23h30 et 5h.
- Environ 60 autres lignes fonctionnent 24h/24 – mais à une fréquence moindre entre 23h et 5h.
- Oxford Circus, Tottenham Court Road et Trafalgar Square sont les grands nœuds du réseau de nuit.
- Les bus de nuit, qui peuvent être peu fréquents, ne s'arrêtent qu'à la demande. Pensez à actionner le dispositif prévenant le chauffeur que vous souhaitez descendre.

Tarifs

Les paiements en espèces ne sont pas acceptés dans les bus londoniens. Vous devrez payer au moyen d'une Oyster Card, d'une *Travelcard* ou d'une carte de paiement sans contact. Un trajet en bus coûte 1,50 £, quelle que soit la distance parcourue. Si vous avez moins de 1,50 £ de crédit sur votre Oyster Card, vous pouvez quand même faire un dernier trajet en bus. Vous serez alors débiteur de sa Majesté, et il vous faudra créditer votre carte avant de l'utiliser à nouveau.

Comme dans le métro, les moins de 11 ans voyagent gratuitement ; les 11-15 ans paient moitié prix lorsqu'ils sont enregistrés sur l'Oyster Card d'un accompagnant adulte sur laquelle on a installé une réduction enfant (Young Visitor Discount)

OYSTER CARD

L'Oyster Card est une carte magnétique qui permet de stocker du crédit pour des trajets, ainsi que des *Travelcards* (forfaits), valables pour des périodes allant de une journée à un an. Elle fonctionne sur tout le réseau des transports londoniens.

Il suffit de la passer sur un lecteur magnétique (portant un cercle jaune) avant chaque trajet, puis à la fin du trajet. La somme correspondante est automatiquement débitée de votre carte. Dans le bus, il faut seulement passer la carte sur le lecteur magnétique une fois, à la montée. Sachez que certaines gares ou stations ne sont pas équipées de tourniquets de sortie : en ce cas il reste indispensable de passer votre carte sur un lecteur (qui émettra un bip) avant de quitter la gare : c'est ce qui permet au système de calculer le prix de votre trajet, et si vous ne le faites pas le montant maximal vous sera débité.

L'Oyster Card bénéficie de tarifs préférentiels. De plus, grâce à un système de plafonnement, si vous effectuez de nombreux déplacements sur une journée, vous êtes assuré de ne jamais payer davantage que le prix d'un forfait à la journée *Travelcard* (heures creuses ou heures de pointe).

L'Oyster Card s'achète (caution de 5 £) et se recharge dans les stations de métro, les centres d'information aux voyageurs et les boutiques arborant le logo Oyster. Pour récupérer la caution et un éventuel crédit non utilisé, il suffit de rendre votre carte Oyster à un guichet. Les mêmes tarifs s'appliquent désormais en utilisant une carte bancaire sans contact (ne nécessitant ni code ni signature), qui peut être directement utilisée sur un lecteur Oyster. L'avantage est qu'il n'est plus nécessaire de se procurer une Oyster Card, de la recharger, etc. Mais attention : renseignez-vous bien auprès de votre banque sur les frais de transaction, qui peuvent rendre cette option moins avantageuse.

– enregistrement possible dans la plupart des stations de métro de la zone 1 et à la station de Heathrow.

Marche

La marche est le meilleur moyen d'explorer Londres quartier par quartier. Un GPS (ou un bon plan) peut s'avérer utile, car les rues sinueuses peuvent désorienter le plus avisé des visiteurs. Quantité de ponts enjambent la Tamise, et deux tunnels piétonniers passent sous le fleuve : l'un à **Greenwich** (plan p. 497 ; Cutty Sark Gardens, SE10 ; ⌚24h/24 ; Ⓤ Cutty Sark) et l'autre à Woolwich.

Notez que certaines stations de métro sont bien plus proches dans la réalité que le plan du métro ne le laisse supposer, et qu'en centre-ville il peut être plus rapide de parcourir la distance qui les sépare à pied que de faire un court trajet en bus ou en métro.

Métro, DLR et Overground

Le métro londonien (London Undergroud ou *Tube* ; 11 lignes représentées par des couleurs différentes) fait partie d'un système de transport intégré comprenant aussi le Docklands Light Railway (DLR ; www.tfl.gov.uk/dlr) – un métro aérien sans conducteur qui dessert l'est de la ville – et le réseau Overground, en grande partie situé hors de la zone 1, et principalement en surface. Abstraction faite des travaux fréquents entraînant des fermetures le week-end, c'est la solution la plus simple et la plus rapide pour se déplacer en ville – à défaut d'être la moins chère.

Reportez-vous p. 22 pour plus de détails.

Taxi

Bien que chers, les taxis peuvent s'avérer pratiques. Les chauffeurs de *black cab* peuvent être hélés dans la rue. Ils sont généralement très fiables et connaissent Londres sur le bout des doigts.

Black cabs

Les taxis noirs, les fameux *black cabs*, font autant partie de l'imagerie londonienne que les bus rouges à impériale. Obligés de suivre une formation rigoureuse de 3 à 5 ans et soumis à des examens, les chauffeurs de *black cabs* agréés sont supposés connaître à fond les 25 000 rues situées dans un rayon de 10 km autour de Charing Cross/ Trafalgar Square, ainsi que les 100 lieux les plus visités du moment, clubs et restaurants compris.

➡ Un taxi indique qu'il est libre en allumant son panneau lumineux jaune au-dessus du pare-brise. Pour en arrêter un, il suffit de tendre le bras.

- Tous les *black cabs* sont supposés être accessibles en fauteuil roulant, mais on nous a signalé que ce n'était pas toujours le cas en pratique.
- Un compteur indique le prix de la course ; la prise en charge de 2,60 £ (en semaine) couvre les 235 premiers mètres. Au-delà, ajoutez 20 p tous les 117 m.
- Les tarifs augmentent le soir et la nuit.
- Vous pouvez donner un pourboire allant jusqu'à 10% du tarif, mais la plupart des Londoniens se contentent d'arrondir à la livre supérieure.
- Des applications comme **Gett** (gett.com/uk/city/london) utilisent le GPS de votre smartphone pour localiser le *black cab* le plus proche. Ce service est gratuit : vous ne payez que le montant indiqué au compteur.
- **ComCab** (☎020-7908 0271 ; www.comcab-london.co.uk) gère l'une des flottes de *black cabs* les plus importantes de Londres.

Minicabs

- Les *minicabs* (minitaxis titulaires d'une licence) sont (généralement) moins onéreux que les taxis traditionnels qu'ils concurrencent.
- Contrairement aux *black cabs*, ils ne peuvent pas être hélés dans la rue. La loi impose de les réserver par téléphone ou auprès de leurs agences (toutes les grandes artères en possèdent au moins une, et certaines discothèques ont un partenariat avec une compagnie).
- Si vous vous faites aborder par des individus se présentant comme des chauffeurs, refusez leurs services.
- Les *minicabs* n'ont pas de compteur. Il y a généralement une grille tarifaire ; renseignez-vous avant d'accepter la course.
- Demandez à votre hôtel ou à votre hôte de vous recommander une compagnie fiable dans le quartier, ou appelez (24h/24) l'un des grands opérateurs comme **Addison Lee** (www.addisonlee.com).
- Les applications mobiles de VTC comme **Uber** (www.uber.com) sont très pratiques ; notez tout de même qu'à l'heure de nos recherches la ville de Londres réexaminait une énième fois le permis d'exploitation d'Uber.

Téléphérique

L'**Emirates Air Line** (plan p. 482 ; www.emiratesairline.co.uk ; 27 Western Gateway, E16 ; aller adulte/enfant 4,50/2,30 £, avec Oyster Card 3,50/1,70 £ ; ⏲7h-21h lun-jeu, jusqu'à 23h ven, 8h-23h sam, 9h-21h dim ; 🚉Royal Victoria DLR, ⓊNorth Greenwich) est un téléphérique reliant les Royal Docks (East London) à North Greenwich, à environ 90 m au-dessus de la Tamise. La traversée est rapide et assez coûteuse, mais la vue est incroyable. L'Air Line n'a aucun escalier, et les cabines de téléphérique sont accessibles à la plupart des fauteuils roulants, même motorisés.

Tram

South London est doté d'un petit réseau de tram appelé **London Tramlink** (☎0343 222 1234 ; tfl.gov.uk/modes/trams/). Les 3 lignes totalisent 27 km de voies. La première relie Wimbledon à Elmers End via Croydon, la deuxième Croydon à Beckenham, et la troisième Croydon à New Addington. L'aller simple coûte 2,60 £ (1,50 £ avec une Oyster Card).

Vélo

Des dizaines de milliers de Londoniens se rendent sur leur lieu de travail à vélo. C'est un bon moyen de se déplacer dans Londres, même si la circulation peut impressionner les moins aguerris et qu'il convient de se montrer très prudent. La ville a fait de gros efforts pour améliorer les infrastructures ; cependant, avec l'ouverture de nouvelles "autoroutes pour cyclistes" et le lancement d'un système de vélos en libre-service, les **Santander Cycles** (☎0343 222 6666 ; tfl.gov.uk/modes/cycling/santander-cycles), qui s'avèrent très pratiques pour les visiteurs.

Transport for London (www.tfl.gov.uk) propose 14 plans gratuits des pistes cyclables de Londres, et le planificateur d'itinéraire en ligne affiche le niveau de difficulté de chaque itinéraire.

Vélos dans les transports publics

Les vélos peuvent être transportés sur les réseaux Overground et DLR, sauf aux heures de pointe (7h30-9h30 et 16h-19h lun-ven). Les vélos pliants sont autorisés sur quelques lignes de métro.

Pedicabs

Les pousse-pousse à 3 roues, pouvant accueillir 2 ou 3 passagers, font partie du paysage du West End depuis plus d'une décennie. Il s'agit là moins d'un véritable moyen de transport que d'une curiosité pour les touristes (utilisée aussi occasionnellement par des fêtards éméchés le week-end). Comptez au minimum 10 £ pour un court trajet ; mieux vaut se faire confirmer le tarif avant de monter à bord – des cas de facture démesurée ayant été rapportés. Des visites de Londres (neutres en carbone) sont également proposées, à partir de 80 £ par personne pour une

VÉLOS EN LIBRE-SERVICE

Les principaux vélos en libre-service de Londres sont les **Santander Cycles** (☎0343 222 6666 ; tfl.gov.uk/modes/cycling/santander-cycles). Les vélos sont appréciés des Londoniens comme des visiteurs.

Le principe est simple : prenez un vélo dans l'une des 750 stations de la capitale (leur nombre ne cesse d'augmenter), roulez et restituez-le dans n'importe quelle autre station.

L'accès au service coûte 2 £ pour 24 heures. Tout ce dont vous avez besoin est une carte bancaire. Les 30 premières minutes sont gratuites, puis le coût de la location est de 2 £ par tranche de 30 minutes, pour vous inciter à les garer régulièrement dans une station.

Vous pouvez emprunter des vélos autant de fois que vous le voulez durant votre période d'accès (24 heures), mais un minimum de 5 minutes de battement est requis entre chaque emprunt.

Le système de tarification est conçu pour encourager les trajets courts plutôt que les locations longue durée, pour lesquelles il est plus adapté de se tourner vers des loueurs. De plus, bien que faciles à manœuvrer, les vélos en libre-service n'ont que 3 vitesses et sont assez lourds. Seules les personnes de plus de 18 ans peuvent payer l'accès, et il faut avoir au minimum 14 ans pour pouvoir les utiliser.

Les vélos orange vif de **Jump** (www.jump.com), filiale d'Uber, ont envahi les rues et les trottoirs de Londres.

tournée des pubs. Pour plus de détails, consultez le site londonrickshaws.co.uk.

Voiture et moto

Il est peu probable que vous ayez à conduire lors de votre séjour à Londres. Tout est fait pour encourager les Londoniens à préférer les transports en commun (ou le vélo) à la voiture, et ces encouragements s'appliquent aux voyageurs. En voiture, il faut payer pour entrer dans l'Ultra Low Emission Zone (ULEZ), le carburant et le stationnement coûtent une fortune (et les contractuels sont d'une efficacité diabolique, sans même parler des caméras de surveillance guettant les véhicules en double file et les refus de priorité)... Croyez-nous, ça ne vaut pas le coup.

Péage urbain

Londres a mis en place un péage urbain ("congestion charge") destiné à réduire la circulation dans le centre. La zone assujettie au péage est délimitée par Euston Road et Pentonville Road au nord, Park Lane à l'ouest, Tower Bridge à l'est, et Elephant & Castle et Vauxhall Bridge Road au sud. Un panneau avec un grand "C" blanc entouré de rouge marque l'entrée dans la zone.

Si vous y pénétrez entre 7h et 18h du lundi au vendredi (hors jours fériés), vous devez vous acquitter d'une taxe de 11,50 £ (à l'avance ou le jour même), ou régler 14 £ le lendemain. Sinon, vous serez redevable d'une amende de 160 £ (80 £ si vous payez sous 14 jours).

En outre, si votre véhicule est ancien et polluant, vous devrez régler votre taxe sur place peu importe quel jour et à quelle heure vous entrez dans l'Ultra Low Emission Zone (ULEZ). Il est possible de payer en ligne ou par téléphone. Plus de détails sur le site Internet du TfL (www.tfl.gov.uk).

Location

Les agences de location ne manquent pas à Londres, notamment les filiales de grandes compagnies comme Avis, Europcar et Hertz. Réservez bien à l'avance pour obtenir les meilleurs tarifs, surtout le week-end.

Code de la route

- Au Royaume-Uni... on roule à gauche !
- Procurez-vous le *Highway Code* (www.gov.uk/highway-code), code de la route britannique, disponible auprès de l'Automobile Association (AA) et du Royal Automobile Club (RAC), dans certaines librairies et dans les offices du tourisme. On peut également le consulter en ligne.
- Vous pourrez conduire avec un permis de conduire étranger pendant 12 mois à compter de votre dernière date d'entrée dans le pays.
- Si vous vous rendez au Royaume-Uni avec votre voiture depuis le continent, vérifiez que vous êtes assuré.
- Le port de la ceinture est obligatoire pour le conducteur et tous les passagers ; les motards doivent porter un casque.
- Il est illégal d'utiliser son téléphone pour passer un appel ou envoyer un SMS tout en conduisant (le recours à un kit mains libres pour téléphoner sur son portable est autorisé).
- Les piétons ont la priorité aux passages piétons, mais certains n'hésitent pas à traverser n'importe où ; soyez attentif.
- La vitesse est désormais limitée à 20 miles/h (32 km/h) dans de nombreux secteurs urbains, et les radars sont omniprésents.

Contraventions

Si vous recevez une contravention ou qu'un sabot est posé sur votre voiture, appelez le numéro indiqué sur l'amende. Si votre véhicule est parti à la fourrière, téléphonez gratuitement au service **TRACE** (☎0845 206 8602 ; https://trace.london) pour le localiser. Comptez au minimum 200 £ pour récupérer votre voiture.

Permis de conduire

Si vous visitez le Royaume-Uni après le 1er janvier 2021, vous devriez pouvoir conduire avec votre permis français accompagné d'une traduction anglaise. Ce point est cependant toujours en négociation et le permis de conduire international pourrait être exigé pour conduire au Royaume-Uni.

CIRCUITS ORGANISÉS

Bus touristiques

Big Bus Tours (☎020-7808 6753 ; www.bigbustours.com ; adulte/enfant/famille 39/29/107 £ ; ⏱ttes les 5-20 min 8h30-18h avr-sept, 8h30-17h oct et mars, 8h30-16h30 nov-fév). Cette entreprise de bus touristiques réputée, avec commentaires informatifs en 12 langues, permet de monter et descendre à volonté sur 4 itinéraires. Le billet inclut une croisière City Cruises et certaines formules comportent 3 circuits à pied thématiques. Le billet est valable 24 heures. Moyennant un léger supplément, vous pouvez opter pour un billet premium valable 48 heures.

Original Tour (www.theoriginaltour.com ; adulte/enfant/famille 34/16/84 £ ; ⏱8h30-20h30 ; 👪). Montée et descente à volonté sur 6 lignes, avec commentaires en 11 langues (et pour enfants), ainsi que des réductions pour de nombreux sites et activités à Londres. Les bus partent toutes les 5 à 15 minutes ; les billets sont en vente à bord et en ligne. Il existe aussi un billet valable 48 heures (adulte/enfant/famille 44/21/109 £), et un valable 72 heures (adulte/enfant/famille 54/26/134 £).

Agences spécialisées

♥Guide London (Association of Professional Tourist Guides ; ☎020-7611 2545 ; www.guidelondon.org.uk ; demi-journée/journée en français 196/310 £). Engagez un guide touristique titulaire du prestigieux "Blue Badge". Ces guides ont derrière eux deux années d'études et ont passé avec succès une kyrielle d'examens écrits et pratiques. Ils connaissent des anecdotes que vous n'entendrez nulle part ailleurs, et organisent des visites thématiques – la famille royale, les Beatles, les parcs de Londres, ses musées... – en voiture, en transports en commun, à vélo ou à pied. Des visites en français sont proposées, mais coûtent un peu plus cher que celles en langue anglaise. Les chauffeurs-guides de circuits individuels en voiture facturent en général 405 £ la demi-journée ou 585 £ la journée entière.

Hidden London (☎020-7565 7298 ; www.ltmuseum.co.uk/whats-on/hidden-london ; 35-85 £). Découvrez les secrets les mieux gardés de Londres avec ces fantastiques visites guidées, gérées par le **London Transport Museum** (plan p. 458 ; ☎020-7379 6344 ; www.ltmuseum.co.uk ; Covent Garden Piazza, WC2 ; adulte/enfant 18 £/gratuit ; ⏱10h-18h ; 👪 ; Ⓤ Covent Garden). Vous explorerez des stations de métro abandonnées, servant parfois de décor de films (*Skyfall*, *V pour Vendetta*), et le sommet du plus vieux gratte-ciel de Londres, au 55 Broadway, siège Art déco de Transport for London. Inscrivez-vous aux alertes par courriel pour savoir quand les billets pour les prochaines visites sont mis en vente, et réservez le plus tôt possible.

Alternative London (alternativeldn.co.uk/home-fr ; 12-45 £/pers selon les circuits). Conçues pour sortir des sentiers battus, ces visites à pied et à vélo en petit groupe couvrent des thèmes comme le *street art*, la cuisine et les bières artisanales, essentiellement dans l'East End. Certaines visites sont proposées en français.

Black History Walks (www.blackhistorywalks.co.uk ; 2 heures, 10 £). Découvrez 2 000 ans d'histoire du peuple noir, à Soho, St Paul's et Notting Hill, pour ne citer que quelques-uns des quartiers où sont organisées ces visites guidées fascinantes.

Look Up London (lookup.london ; 15-30 £/pers). Bermondsey, Soho, Greenwich et la City n'auront plus de secrets pour vous grâce à ces excellentes visites à pied. Il y a aussi une visite "Jack l'Éventreur" centrée sur les femmes impliquées dans ce chapitre sanglant de l'histoire de Londres. Visites de 1 à 2 heures, en petits groupes.

Unseen Tours (☎07514 266 774 ; www.sockmobevents.org.uk ; 15 £). Si suivre une visite en anglais n'est pas un problème pour vous, voici une occasion de découvrir Londres sous un angle complètement différent. Les Unseen Tours, qui ont été primés, proposent d'explorer des quartiers de Londres (Covent Garden,

Soho, Shoreditch et London Bridge), guidé par des sans-abri londoniens. Et 60% du prix du circuit revient au guide.

Derelict London (www.derelictlondon.com ; circuits 16 £). Paul Talling, écrivain et photographe, propose ces visites d'immeubles abandonnés, de rivières oubliées et de paysages industriels, mettant l'accent sur l'histoire sociale récente de Londres. La durée des visites dépend des questions du groupe et des récits qui s'ensuivent. La plupart des excursions se terminent dans une brasserie ou un pub, où vous pourrez débriefer votre périple avec le reste du groupe.

Strawberry Tours (☎020-7859 4996 ; www.strawberrytours.com/london). Ces visites à pied sont techniquement gratuites, mais il serait inconvenant de ne pas laisser un pourboire au guide. Parmi les thèmes proposés : les monuments de Londres (Ouest, Est ou Sud), Harry Potter, le *street art*, Soho, Jack l'Éventreur, les fantômes, et enfin une tournée des pubs.

London Beatles Walks (☎07958 706329 ; www.beatlesinlondon.com ; adulte/enfant 10/8 £). Visites en groupe ou privées sur les traces des Beatles. La plupart durent un peu plus de 2 heures et peuvent se réserver en ligne.

Open City (☎020-3006 7008 ; open-city.org.uk ; 2 heures 30-3 heures à partir de 25,50 £). Cette organisation à but non lucratif propose des visites architecturales dans plusieurs quartiers de Londres, dont King's Cross, Battersea, Stratford et Canary Wharf, à pied, à vélo ou en bateau. Certaines mettent l'accent sur la photo ; commentaires toujours intéressants.

London Walks (☎020-7624 3978 ; www.walks.com ; adulte/enfant 10 £/gratuit). Vaste gamme de visites à thèmes (gastronomie, Oscar Wilde, Sherlock Holmes, Harry Potter et sites touristiques comme le Portobello Market ou le British Museum). Consultez les horaires sur le site Internet. Il y a des visites tous les jours ; il suffit de se présenter à l'heure.

Capital Taxi Tours (☎07970 911223, 020-8590 3621 ; www.capitaltaxitours.co.uk ; visite en taxi en journée de 3 heures jusqu'à 5 pers 299-325 £). Toute une gamme de visites sur mesure (shopping, TV et cinéma, etc.) en taxi avec des chauffeurs affiliés à Blue Badge, City of London et City of Westminster, disponibles en plusieurs langues.

London Mystery Walks (☎07957 388280 ; www.tourguides.org.uk ; à partir de 15 £/pers). Offrez-vous des frissons avec ces visites sur le Londres hanté ou Jack l'Éventreur, ou optez pour les visites VIP chocolat ou glace (40 £). Réservation essentielle.

Sandeman's New Europe (www.neweuropetours.eu/london). Randonnées guidées gratuites (pensez au pourboire), et excursions Old City, *street art* et Grim Reaper (Faucheuse). Horaires et points de rendez-vous sur le site Internet. L'agence propose des visites dans toute l'Europe.

Carnet pratique

Ambassades et consulats

Pour la liste complète des représentations diplomatiques britanniques à l'étranger, consultez le site www.gov.uk/world/embassies.

Représentations britanniques à l'étranger

France (ambassade ☎01 44 51 31 00 ; www.gov.uk/world/organisations/british-embassy-paris ; 35 rue du Faubourg Saint-Honoré, 75008 Paris). Consulats à Paris, Bordeaux et Marseille.

Belgique (ambassade et consulat ☎02 287 62 11 ; www.gov.uk/world/organisations/british-embassy-brussels ; 10 avenue d'Auderghem, 1040 Bruxelles)

Suisse (ambassade ☎031 359 7700 ; www.gov.uk/world/organisations/british-embassy-berne ; Thunstrasse 50, 3005 Berne)

Canada (haut-commissariat ☎613 237 1530 ; www.gov.uk/world/organisations/british-high-commission-ottawa ; 80 Elgin St, Ottawa, Ontario). Consulats à Montréal, Calgary, Toronto et Vancouver.

Représentations étrangères à Londres

France (ambassade ☎020-70 73 1000 ; uk.ambafrance.org ; 58 Knightsbridge, SW1 ; ⓊKnightsbridge ; consulat général ☎020-7073 1200 ; 21 Cromwell Road SW7 ; ⓊSouth Kensington)

Belgique (ambassade ☎020-7470 3700 ; unitedkingdom.diplomatie.belgium.be/fr ; 17 Grosvenor Cres, SW1 ; ⓊVictoria)

Suisse (ambassade ☎020-7616 6000 ; www.eda.admin.ch/london ; 16-18 Montagu Place, W1 ; ⓊBaker Street, Edgware Road ou Marble Arch)

Canada (haut-commissariat ☎ 0207 004 6000 ; www.royaume-uni.gc.ca ; Maison du Canada, Trafalgar Square, SW1 ; ⓊCharing Cross)

Argent

De plus en plus de transactions se font de manière électronique, même s'il reste quelques commerces affichant des panneaux "cash only" (espèces uniquement).

UN FIL D'ARIANE EN VOYAGE

Le portail **Ariane** (pastel.diplomatie.gouv.fr/fildariane), mis en place par le Centre de crise du ministère des Affaires étrangères, est un service gratuit permettant au voyageur français à l'étranger d'être contacté par le service consulaire, sur son téléphone portable ou par e-mail, au cas où des événements graves (crise politique, catastrophe naturelle, attentat...) se produiraient dans le pays durant son séjour, ou de contacter rapidement sa famille ou ses proches en France en cas de besoin.

La procédure d'inscription se réalise en ligne, où vous donnez des informations sur votre voyage (date de départ, de retour, numéro de téléphone portable, coordonnées d'éventuels contacts sur place, adresses de séjour et itinéraire prévu, etc.).

Grâce à ce service, vous recevrez en outre, avant votre départ, des recommandations de sécurité par e-mail si la situation dans le pays le justifie.

Il existe une application pour les Smartphones et les tablettes, intitulée Conseils aux voyageurs.

LE BREXIT

Le Brexit (mot-valise formé des mots "*British*" et "*exit*") fait référence à la sortie volontaire du Royaume-Uni de l'Union européenne (UE). En juin 2016, près de 52% des Britanniques ont choisi de quitter l'UE. Depuis le 1er janvier 2021, le pays est sorti de l'UE et les règles de libre-circulation ne s'appliquent plus. Un accord de commerce et de coopération, signé en décembre 2020, détermine les nouvelles règles applicables aux relations entre le Royaume-Uni et l'UE dans un certain nombre de domaines (voyage, santé, travail, études, fiscalité...).

Pour en savoir plus, vous pouvez consulter le portail du gouvernement français sur la préparation au Brexit (https://brexit.gouv.fr), qui répertorie notamment les questions les plus fréquentes.

Il existe des billets de 5, 10, 20 et 50 £ et des pièces de 1, 2, 5, 10, 20 et 50 p, et de 1 et 2 £. Suite à la multiplication des fausses pièces de 1 £, une nouvelle pièce a été mise en circulation en 2017, comprenant deux métaux, 12 côtés et arborant un hologramme.

Distributeurs de billets

On trouve des distributeurs (ATM, ou *cashpoints* en anglais) partout. Ils acceptent généralement les cartes Visa, MasterCard, Cirrus et Maestro. Renseignez-vous auprès de votre banque à propos des surcoûts s'appliquant aux retraits à l'étranger ; il existe désormais d'autres solutions exemptes de frais.

On trouve aussi des DAB hors banques, généralement dans les commerces et prélevant 1,50 £ à 2 £ par transaction pour tout retrait (pour les clients qui n'ont pas le choix, pas le temps de faire autrement ou en état d'ébriété), et coûtent encore plus cher si vous avez une carte étrangère. Cherchez plutôt les DAB "Free Cash".

Certains supermarchés proposent un "cashback" (remboursement après achat), mais cela reste rare à Londres.

Cartes bancaires et smartphones

Les Londoniens ont adopté le paiement sans contact en masse, notamment avec les applis mobile Apple Pay et Google Pay. Une limite de 30 £ s'applique aux transactions sans contact.

Les paiements par carte font en général l'objet de frais additionnels pour les détenteurs de cartes étrangères. Renseignez-vous auprès de votre banque avant le départ pour le meilleur moyen d'accéder à votre argent en voyage. Les cartes American Express et Diner's Club sont bien moins répandues que les Visa et les MasterCard.

Taux de change

Canada	1 $CA	0,58 £
États-Unis	1 $	0,73 £
Suisse	1 CHF	0,79 £
Zone euro	1 €	0,87 £

Pour les taux de change actualisés, consultez le site www.xe.com.

Service et pourboire

Hôtels On donne généralement aux porteurs 1 £ par bagage ; le montant du pourboire pour le personnel de chambre reste à votre discrétion.

Pubs Il n'est pas nécessaire de laisser un pourboire au bar. Pour un service à table, 1 £ par tournée est suffisant.

Restaurants Le service est toujours inclus dans l'addition. Si ce n'est pas le cas (on ne sait jamais), donnez 10% pour un service moyen, 15% pour un service correct ou mieux.

Taxis Les Londoniens arrondissent généralement le prix de la course à la livre supérieure.

Assurances

Il est conseillé de souscrire une police d'assurance qui vous couvrira en cas d'annulation de votre voyage, de vol, de perte de vos affaires, de maladie ou encore d'accident. Les assurances internationales pour étudiants sont en général d'un bon rapport qualité/prix. Lisez avec la plus grande attention les clauses en petits caractères : c'est là que se cachent les restrictions. Vérifiez notamment que le rapatriement médical d'urgence, en ambulance ou en avion, est couvert.

Vous pouvez contracter une assurance qui réglera directement les hôpitaux et les médecins, vous évitant ainsi d'avancer des sommes qui ne vous seront remboursées qu'à votre retour. Dans ce cas, conservez avec vous tous les documents nécessaires. Voir aussi p. 437.

Attention ! Avant de souscrire une police d'assurance, vérifiez bien que vous ne bénéficiez pas déjà d'une assistance par votre carte de crédit, votre mutuelle ou votre assurance automobile. C'est bien souvent le cas.

Des assurances voyages pour le monde entier sont disponibles sur www.lonelyplanet.com/travel-insurance.

Cartes de réduction

London Pass (www.londonpass.com ; 1/2/3/6/10 jours 75/99/125/169/199 £). Avantageux seulement si vous prévoyez de faire beaucoup de visites en peu de temps (et en vous levant tôt). Le pass donne un accès gratuit et sans faire la queue à tous les sites majeurs, ainsi qu'à un bus touristique (d'où l'on descend et remonte à l'envi). Il peut inclure en supplément le transport en métro et en bus. Un pass enfants à prix réduit est également proposé.

Vous pouvez télécharger le pass sur votre smartphone ou le récupérer physiquement au **London Pass Redemption Desk** (plan p. 458 ; ☎020-7293 0972 ; www.londonpass.com ; 11a Charing Cross Rd, WC2 ; ⏲10h-16h30 ; Ⓤ Leicester Sq), près de Leicester Square.

Historic Royal Palaces (☎020-3166 6000 ; www.hrp.org.uk ; adhésion individuelle/duo 53/82 £, famille 1/2 adultes 76/108 £). Si vous comptez visiter plusieurs palais royaux, souscrire à un abonnement à l'année vous permettra d'éviter les files d'attente et de visiter à volonté la Tour de Londres, Kensington Palace, Banqueting House, Kew Palace et Hampton Court Palace. Elle peut être avantageuse même si vous n'êtes à Londres que pour quelques jours, étant généralement rentable dès 3 sites visités. Les abonnements temporaires sont délivrés immédiatement et utilisables tout de suite.

Cartes et plans

Si vous n'êtes pas très GPS, procurez-vous un plan *London A-Z* chez WHSmith.

Douane

Depuis le 1er janvier 2021, le Royaume-Uni ne fait plus partie de l'Union européenne (UE).

De retour en France depuis la Grande-Bretagne, vous pouvez transporter dans vos bagages des marchandises achetées ou qui vous ont été offertes, sans avoir de déclaration à effectuer ni de droits et taxes à payer à condition que leur valeur n'excède pas 430 € (voyage en bateau et en avion) et 300 € (voyage en voiture et en train).

En cas de dépassement des limites de la franchise, vous devez faire une déclaration en ligne avant le départ, ou en douane, pour toutes les marchandises de cette catégorie. Celles-ci pourraient être saisies si elles ne sont pas déclarées.

Il existe également une franchise en quantité pour l'alcool et le tabac (voir ci-contre).

Plus d'informations sur les sites www.douane.gouv.fr et www.gov.uk/duty-free-goods/arriving-in-Great-Britain.

Limitations à l'importation

Marchandise	Produits HT
Tabac	200 cigarettes, 100 cigarillos, 50 cigares ou 250 g de tabac
Alcools et liqueurs	1 l de spiritueux ou 2 l de vin doux (comme le sherry ou le porto)
Bière et vin	16 l de bière et 4 l de vin
Autres marchandises	Valeur maximale 430 € (370 £)

Électricité

Type G
230 V/50 Hz

Formalités et visas

Formalités d'entrée et de sortie

Les citoyens de l'Union européenne, les Suisses et les Canadiens peuvent, dans le cadre d'un séjour touristique, voyager jusqu'à 6 mois au Royaume-Uni sans visa, à condition de présenter un passeport valable au moins pour la durée de leur séjour. Jusqu'au 1er octobre 2021, les ressortissants de l'UE pourront également présenter une carte d'identité valide pour entrer sur le territoire britannique. Toutefois, ils ne sont pas autorisés à travailler, à moins d'être en possession d'un permis de travail en bonne et due forme.

Les services d'immigration sont rigoureux et méthodiques lors des entretiens avec les nouveaux arrivants, mais l'apparition des passeports biométriques fait qu'il y a rarement une longue attente aux points de contrôle des passeports.

INFOS PRATIQUES

Tabac Il est interdit de fumer dans les espaces publics clos. Certains pubs possèdent une zone destinée aux fumeurs à l'extérieur, souvent sur la rue. De nombreux établissements interdisent aussi la cigarette électronique. La "vapoteuse" est également interdite dans les transports en commun.

Poids et mesures Les Britanniques utilisent à la fois le système métrique et le système impérial.

Il devient plus difficile d'immigrer au Royaume-Uni, particulièrement si l'on souhaite y faire des études ou y travailler. Avec la sortie du Royaume-Uni de l'UE (Brexit), les conditions sont devenues plus restrictives pour les membres de l'UE. Veillez à vous tenir informé sur le site de l'**autorité dédiée aux visas et à l'immigration** (www.gov.uk/check-uk-visa) ou auprès de l'ambassade ou d'un consulat britannique dans votre pays.

Avant le départ, il est impératif de contacter une représentation britannique (p. 431) pour s'assurer que les modalités d'entrée sur le territoire n'ont pas changé. Nous vous conseillons de photocopier tous vos documents importants (pages d'introduction de votre passeport, cartes bancaires, police d'assurance, billets de train/d'avion/de bus, permis de conduire, etc.). Conservez ces copies à part des originaux. Vous pouvez aussi les scanner, et les envoyer dans un fichier attaché sur votre propre boîte mail. Vous remplacerez ainsi plus aisément ces documents en cas de perte ou de vol.

Extensions de visas

Les citoyens qui ont besoin d'un visa touristique pour entrer au Royaume-Uni pourront le proroger du moment que la durée totale du séjour ne dépasse pas 6 mois, ou dans des cas relevant d'une urgence évidente (accident, décès d'un proche). Contactez le **UK Visas & Immigration Contact Centre** (☎0300 123 2241) pour plus d'informations. Notez qu'une infraction relative à votre visa peut entraîner une interdiction à vie d'entrer au Royaume-Uni.

Handicapés

Londres réserve aux voyageurs handicapés des expériences mitigées. Hôtels et sites touristiques modernes ont l'obligation d'être accessibles en fauteuil roulant, mais de nombreux édifices, B&B et pensions historiques ne peuvent pas se mettre au goût du jour pour des raisons techniques ou financières.

Néanmoins, depuis les Jeux olympiques et paralympiques de 2012, et grâce à l'état d'esprit de plus en plus inclusif au sein de la direction de Visit England, des progrès notables sont à signaler, en particulier pour les voyageurs atteints de déficiences visuelles, auditives ou cognitives.

Téléchargez gratuitement les guides Lonely Planet Accessible Travel sur lptravel.to/AccessibleTravel.

Transports

- Il est possible d'accéder, sans avoir à franchir d'escaliers, à environ un quart des stations de métro, la moitié des stations en surface, la plupart des embarcadères, tous les arrêts de tram, l'Emirates Air Line (téléphérique) et toutes les stations de DLR. Toutefois, même si les stations de métro de départ et d'arrivée que vous empruntez sont accessibles, les stations de correspondance ne le sont pas forcément – de plus l'espace entre la rame et le quai peut être redoutable, aussi est-il recommandé de bien planifier son parcours et de se faire connaître des employés du métro avant de monter à bord d'une rame.
- Le bus est une meilleure option : tous disposent de planchers surbaissés et les personnes en fauteuil roulant voyagent gratuitement. Une décision de justice a récemment confirmé que les personnes en fauteuil roulant ont la priorité sur les poussettes dans les espaces qui leur sont réservés, et les chauffeurs doivent faire respecter cette priorité.
- Tous les *black cabs* sont accessibles en fauteuil roulant, mais il est à noter que l'espace est étroit et que la hauteur est parfois insuffisante pour les utilisateurs de fauteuils roulants électriques.
- Les chiens d'aveugle sont admis partout : transports en commun, hôtels, restaurants, sites touristiques, etc.
- Les trottoirs sont généralement en bon état, les passages piétons relativement nombreux et bien placés, et les bateaux des trottoirs suffisamment larges pour que les fauteuils puissent passer. Toutefois hors du centre de Londres, les bateaux peuvent se faire plus rares.

Sources d'information

Plusieurs sites Internet rassemblent des informations utiles.

AccessAble London (www.accessable.co.uk). Excellentes

infos, contrôlées par des professionnels et consultables en ligne par quartier.

Accessible Travel Online Resources (shop.lonelyplanet.com/categories/accessible-travel). Ce guide (en anglais) édité par Lonely Planet, disponible en ligne, offre de nombreux liens utiles pour permettre aux visiteurs de profiter au mieux de leur séjour.

Disability Rights UK (www.disabilityrightsuk.org/shop/official-and-only-genuine-radar-key). Il s'agit d'un organisme de coordination des associations de personnes handicapées. De nombreuses toilettes accessibles en fauteuil roulant ne peuvent être ouvertes qu'avec une clé spéciale de la RADAR (Royal Association of Disability and Rehabilitation), délivrée (8,75 £) via le site Internet.

Transport for London (www.tfl.gov.uk/transport-accessibility/). Tous les renseignements nécessaires pour se déplacer dans Londres avec les transports publics, y compris des vidéos explicatives et un fil d'actualités Twitter qui informe en temps réel des problèmes d'accessibilité (ascenseurs en panne, etc.) dans les transports. Pages en anglais, avec possibilité de traduction Google. Plusieurs organisations opèrent dans tout le Royaume-Uni.

Action on Hearing Loss (www.actiononhearingloss.org.uk) est la principale association anglaise dédiée aux sourds et aux malentendants. De nombreux guichets de vente de billets sont équipés d'un système de boucle auditive destiné aux malentendants. Ils sont indiqués par un symbole représentant une oreille.

Royal National Institute for the Blind (www.rnib.org.uk). La principale organisation caritative du Royaume-Uni pour les malvoyants et les non-voyants.

En France, l'**APF** (Association des paralysés de France ; ☎01 53 80 92 97 ; www.apf.asso.fr ; 13 place de Rungis, 75013 Paris) peut fournir des informations utiles sur les voyages accessibles. L'agence de voyages **Yoola** (www.yoola.fr) et l'association **Ailleurs & Autrement** (www.ailleursetautrement.fr) organisent des voyages adaptés aux personnes à mobilité réduite. **Yanous** (www.yanous.com) et **handicap.fr** (www.handicap.fr) constituent également de bonnes sources d'information.

Désormais, les principales plateformes d'hébergement que sont **Abritel** (www.abritel.fr), **Airbnb** (www.airbnb.fr), **Booking** (www.booking.com) et **Hotels.com** (fr.hotels.com) ont intégré des critères d'accessibilité à leur moteur de recherche. **Mobee Travel** (www.mobeetravel.com) est une start-up qui regroupe des hébergements accessibles et qui propose aussi des séjours sur mesure. Les agences de voyages **Yoola** (www.yoola.fr) et **Comptoir des Voyages** (www.comptoir.fr) organisent des voyages adaptés aux personnes à mobilité réduite.

Heure locale

Partout dans le monde, les fuseaux horaires sont déterminés par rapport au méridien de Greenwich, le Greenwich Mean Time (GMT), que vous pourrez vous amuser à enjamber à l'occasion d'une visite au Royal Observatory (p. 293).

De fin mars à fin octobre, le Royaume-Uni vit à l'heure d'été – les pendules avancent alors d'une heure par rapport à l'heure GMT (ou UTC).

Toute l'année, Londres a 1 heure de retard sur Paris et 5 heures d'avance sur Montréal (quand il est midi à Londres, il est 13h à Paris et 7h à Montréal).

Horaires d'ouverture

Vous trouverez ci-dessous les heures d'ouverture habituelles.

Banque 9h-17h lun-ven

Magasins 9h-19 lun-sam, 12h-17h dim (parfois 11h-18h)

Poste 9h-17h30 lun-ven et 9h-12h sam

Pubs et bars 11h-23h (mais beaucoup ferment plus tard)

Restaurants 12h-14h30 et 18h-23h

Sites touristiques 10h-18h

Internet (accès)

Quasiment tous les hôtels londoniens fournissent l'accès gratuit au Wi-Fi à leurs clients, de même qu'un grand nombre de cafés, restaurants et sites culturels. On trouve, de plus, des zones Wi-Fi dans certains secteurs de Londres, notamment Oxford Street, Trafalgar Square, Piccadilly Circus, la City et Upper Street à Islington. Pour une carte du Wi-Fi gratuit à Londres, consultez le site de Time Out (www.timeout.com/london/things-to-do/where-to-find-free-wi-fi-in-london-9).

La plupart des gares, terminaux d'aéroport et même quelques stations de métro proposent un accès au Wi-FI, mais il n'est pas toujours gratuit.

Jours fériés

La plupart des sites touristiques et des

commerces ferment quelques jours à Noël et parfois à Pâques. Les lieux qui ferment le dimanche ferment aussi généralement les lundis fériés (*bank holiday Mondays*). Aucun transport en commun ne fonctionne le jour de Noël – mais il reste possible d'utiliser les Santander Cycles (vélos en libre-service), ou de commander un taxi.

Nouvel An 1er janvier

Vendredi saint et lundi de Pâques Fin mars/début avril

May Day Holiday Premier lundi de mai

Spring Bank Holiday Dernier lundi de mai

Summer Bank Holiday Dernier lundi d'août

Jour de Noël 25 décembre

Boxing Day 26 décembre

Offices du tourisme

Visit London (www.visitlondon.com), le guide officiel de la ville de Londres, fournit tous les renseignements utiles pour préparer votre séjour : les sites à visiter, les manifestations, les visites guidées, les hébergements, les restaurants et plus encore.

Plusieurs **centres d'information touristique** (www.visitlondon.com/traveller-information/essential-information/tourist-information-centres) sont répartis dans la ville. Parmi eux :

Aéroport de Heathrow (station de métro des Terminaux 1, 2 et 3 ; ⌚7h30-20h30)

Gare de King's Cross St Pancras (Western Ticket Hall, Euston Rd, N1 ; ⌚8h-18h)

Liverpool Street (plan p. 470 ; station de métro de Liverpool Street, EC2 ; ⌚8h30-17h dim-mer, 8h30-18h30 jeu-sam ; Ⓤ Liverpool St)

Gare de Victoria Station (plan p. 476 ; face au quai n°8 ; ⌚9h-17h ; Ⓤ Victoria)

Poste

Le **Royal Mail** (www.royalmail.com) est en général très fiable. Pour trouver le bureau de poste le plus proche, consultez le site www.postoffice.co.uk/branch-finder.

Codes postaux

Le système des codes postaux londoniens, qui remonte à la Première Guerre mondiale, laisse perplexes les Londoniens eux-mêmes. La ville est divisée en plusieurs secteurs, auxquels ont été attribués une lettre (ou deux) et un nombre. Ainsi, W1, le code postal de Mayfair et de Soho, désigne le district 1 de l'ouest de Londres (West : W) et EC1 correspond au district 1 du centre-est (East Central : EC). Le numéro attribué à un district n'a rien à voir avec son emplacement géographique ; il dépend de son classement alphabétique parmi les districts du secteur. C'est ainsi que, dans le nord de Londres, N1 et N16 sont voisins, tout comme E1 et E14, à l'est. Voir aussi p. 112.

Problèmes juridiques

Si vous rencontrez des problèmes d'ordre juridique pendant votre séjour à Londres, contactez votre ambassade, qui vous fournira des conseils et des renseignements.

Infractions routières

La conduite en état d'ivresse est sévèrement punie. La limite actuelle est de 80 mg d'alcool/100 mL de sang, mais gardez en tête qu'il suffit de 10 mg/100 mL pour augmenter le risque d'accident mortel de 37%. Ne prenez pas de risques inutiles. La conduite en état d'ivresse pourra vous valoir une interdiction de prendre le volant, une amende de 2 500 £ ou une courte peine de prison. Il est par ailleurs interdit d'utiliser un téléphone portable au volant, sauf si vous vous servez d'un kit mains libres.

Drogue

Il n'est pas difficile de se procurer de la drogue à Londres, en dépit des sanctions non négligeables pour la possession et la vente (voir www.gov.uk/penalties-drug-possession-dealing). Fumer du cannabis vous expose à une amende de 90 £. Pour les autres drogues, comme la cocaïne,

CONSEILS AUX VOYAGEURS

La plupart des gouvernements possèdent des sites Internet qui recensent les dangers possibles et les régions à éviter. Consultez notamment les sites suivants :

Ministère des Affaires étrangères français (www.diplomatie.gouv.fr)

Ministère des Affaires étrangères de Belgique (diplomatie.belgium.be)

Département fédéral des Affaires étrangères suisse (www.dfae.admin.ch)

Ministère des Affaires étrangères du Canada (www.voyage.gc.ca)

tout dépend de l'endroit où vous vous faites contrôler, de l'endroit où la drogue a été trouvée, de votre casier judiciaire et d'éventuels facteurs aggravants ou circonstances atténuantes. Les fouilles ne sont pas rares à l'entrée des clubs.

LE BRITISH COUNCIL

Cette agence a pour mission de favoriser le rayonnement culturel du Royaume-Uni par le biais d'échanges culturels et éducatifs. Elle s'adresse à ceux qui souhaitent apprendre l'anglais ou simplement découvrir les dernières nouveautés du Royaume-Uni. **France** (☎01 49 55 73 00 ; www.britishcouncil.fr ; 9 rue de Constantine, 75007 Paris ; autres bureaux à Lyon et Marseille) ; **Belgique** (www.britishcouncil.be) ; **Suisse** (www.britishcouncil.ch) ; **Canada** (www.britishcouncil.ca).

Santé

Assurance et services médicaux

La **carte européenne d'assurance maladie** (CEAM, en anglais EHIC), nominative et individuelle, et valable deux ans, assure l'aide médicale d'urgence (mais non le rapatriement sanitaire) aux citoyens de l'Union européenne. Vous devez en faire la demande auprès de votre caisse d'assurance maladie ou en ligne sur www.ameli.fr. Comptez un délai de 2 semaines pour la réception. Après le 1er janvier 2021, votre CEAM restera valable au Royaume-Uni jusqu'à son expiration. Un certificat provisoire de remplacement sera établi pour les personnes ne disposant pas de CEAM.

Une liste complète des institutions et praticiens de la **National Health Service** (NHS ; www.nhs.uk) est disponible dans l'onglet "*Find services near you*" du site Internet de la NHS.

Le numéro de la NHS pour les non-urgences est le ☎111. C'est un numéro gratuit, et la ligne est ouverte 24h/24 et 7j/7 toute l'année. Pour les urgences absolues, appelez le ☎999.

En plus de la CEAM, il est vivement recommandé de souscrire une assurance voyages couvrant les dépenses médicales. Vous aurez plus de flexibilité en cas de besoin (la NHS manque aujourd'hui de moyens, et les listes d'attente pour être pris en charge peuvent être longues). Assurez-vous d'être couvert pour d'éventuels frais d'ambulance et de rapatriement.

Soins dentaires

Pour des soins dentaires d'urgence, une liste de praticiens conventionnés pouvant intervenir à toute heure est disponible sur le site de la NHS (www.nhs.uk). Si la douleur est intense, s'il y a saignement abondant ou des blessures au visage, à la bouche ou aux dents, il est conseillé de se rendre directement aux urgences.

Le **University College London Hospital** (plan p. 464 ; ☎020-3456 7890 ; www.uclh.nhs.uk ; 235 Euston Rd, NW1; Ⓤ Warren St ou Euston Sq) propose des soins dentaires, à condition de consulter un dentiste au préalable. Notez bien que de nombreuses assurances voyages ne prennent pas en charge les urgences dentaires ; lisez bien votre police avant d'y souscrire, car ces soins peuvent s'avérer très onéreux.

Hôpitaux

Plusieurs hôpitaux londoniens possèdent un service d'urgences ouvert 24h/24. Mais en cas d'urgence, le mieux est d'appeler une ambulance.

Charing Cross Hospital (plan p. 492 ; ☎020-3311 1234 ; www.imperial.nhs.uk/charingcross ; Fulham Palace Rd, W6 ; Ⓤ Hammersmith). Hammersmith.

Chelsea & Westminster Hospital (plan p. 492 ; ☎020-3315 8000 ; www.chelwest.nhs.uk ; 369 Fulham Rd, SW10 ; 🚌14 ou 414, Ⓤ South Kensington, Fulham Broadway). Fulham.

Guy's & St Thomas' Hospital (☎020-7188 7188 ; www.guysandstthomas.nhs.uk ; Westminster Bridge Rd, SE1 ; Ⓤ Waterloo ou Westminster) Waterloo.

Royal Free Hospital (☎020-7794 0500 ; www.royalfree.nhs.uk ; Pond St, NW3 ; Ⓤ Belsize Park, Hampstead Heath). Hampstead.

Royal London Hospital (plan p. 482 ; ☎020-7377 7000 ; www.bartshealth.nhs.uk ; Whitechapel Rd, E1 ; Ⓤ Whitechapel). Whitechapel (avec un hôpital pour enfants).

University College London Hospital (plan p. 464 ; ☎020-3456 7890 ; www.uclh.nhs.uk ; 235 Euston Rd, NW1 ; Ⓤ Warren St ou Euston Sq). Euston.

Pharmacies

Boots et Superdrug sont les principales chaînes de pharmacies de Londres ; l'une et l'autre sont présentes dans toutes les artères commerçantes. Pour des médicaments sur ordonnance (antibiotiques, somnifères, Ventoline), il faudra consulter un généraliste au préalable.

La pharmacie Boots de Piccadilly Circus est immense et a des horaires étendus.

Eau du robinet

L'eau du robinet de Londres est potable et le plus souvent de bonne qualité. On peut demander sans crainte de l'eau en carafe au restaurant.

Vaccins

Aucun vaccin n'est nécessaire pour se rendre à Londres, mais consultez votre médecin traitant au cas où, à propos des traitements préventifs éventuellement conseillés avant de partir.

Sécurité

Londres est une ville assez sûre compte tenu de sa taille, ce qui n'empêche pas de faire preuve de bon sens.

➜ En dépit des attentats terroristes qui ont frappé Londres ces dernières années, le risque pour un voyageur isolé est extrêmement limité. Signalez tout comportement suspect à la police au ☎999 (urgences) ou au ☎101 (non-urgences).

➜ Surveillez vos effets personnels, notamment dans les bars, les clubs et les lieux bondés comme le métro.

➜ Soyez attentif lorsque vous utilisez votre smartphone/tablette. Les vols à l'arraché sont communs.

➜ Lorsque vous traversez la rue, faites attention aux cyclistes "militants" qui forcent sur les pédales.

➜ Si vous êtes victime d'agression sexuelle, contactez **Rape Crisis England & Wales** (☎0808 802 9999, 12h-14h30 et 19h-21h30 ; www.rapecrisis.org.uk) ; les personnes en détresse psychologique peuvent appeler **Samaritans** (☎numéro vert : 116 123, 24h/24 ; www.samaritans.org).

Taxes et remboursements

Une TVA (VAT en anglais, pour *value-added tax*) de 20% est appliquée sur la plupart des produits et services. Les restaurants sont tenus d'inclure la TVA dans leurs prix, mais cette règle ne s'applique pas aux tarifs hôteliers.

Il était autrefois possible de récupérer la TVA payée sur des produits achetés au Royaume-Uni, à condition de résider dans un pays extérieur à l'UE, mais le Brexit a changé la donne. Depuis le 1er janvier 2021, ce remboursement n'est plus possible.

Téléphone

Les fameuses cabines téléphoniques rouges de British Telecom (BT) n'ont survécu que dans des quartiers classés, notamment à Westminster. Certaines personnes s'y réfugient désormais quand il pleut pour passer un appel depuis leur mobile ! Les cabines téléphoniques appartiennent au passé, même s'il en reste quelques-unes. La plupart prennent les espèces et les cartes bancaires.

Appeler à Londres

L'indicatif téléphonique de Londres, le ☎020, est suivi d'un numéro à 8 chiffres commençant par 7 (centre de Londres), 8 (Greater London) ou 3.

Composer le ☎020 n'est nécessaire que lors d'un appel depuis une autre région ou d'un téléphone portable – c'est superflu pour les appels locaux.

Pour appeler Londres depuis l'étranger, composez le code d'accès international de votre pays (☎00 pour la France, la Belgique et la Suisse, ☎011 au Canada), l'indicatif de la Grande-Bretagne (☎44), l'indicatif de Londres (☎20) sans le 0 initial, puis le numéro à 8 chiffres de votre correspondant.

De Londres, pour téléphoner à l'étranger, composez le code d'accès international (☎00), l'indicatif du pays (☎33 pour la France, ☎32 pour la Belgique, ☎41 pour la Suisse et ☎1 pour le Canada) et le numéro de votre correspondant sans le 0 initial.

Téléphones portables

Il est conseillé d'acheter une carte SIM locale à votre arrivée, d'autant plus qu'après le Brexit les opérateurs de l'UE devraient recommencer à appliquer des frais d'itinérance.

Toilettes

On trouve des toilettes publiques aux standards variables à travers toute la ville, dont certaines auto-nettoyantes. Il faut généralement une pièce de 50 p pour y accéder, mais cela pourrait changer avec la raréfaction de l'usage des espèces. Les toilettes des gares et des terminaux de bus sont généralement propres, et le plus souvent équipées pour les jeunes enfants et les personnes à mobilité réduite. On trouve aussi des toilettes propres et bien indiquées dans la plupart des grands magasins, musées et galeries d'art. Pour trouver facilement les toilettes les plus proches, consultez la **Great British Public Toilet Map** (www.toiletmap.org.uk) ou téléchargez une appli mobile dédiée. Uriner sur la voie publique est un délit.

Urgences

Indicatif de Londres	☎020
Code d'accès international	☎00
Urgences (police, pompiers ou ambulance)	☎999
Police de quartier (non-urgente)	☎101

Voyager en solo

À Londres, les femmes peuvent généralement se promener, dîner et même prendre un verre seules sans être importunées. Le harcèlement de rue et les mains baladeuses sont des choses bien plus rares ici que dans nombre de grandes villes du monde. Cependant le crime est en augmentation à Londres, et il convient de prendre les mêmes précautions que dans n'importe quelle grande ville pour éviter les agressions.

Que vous soyez un homme ou une femme, ne montez pas dans un wagon vide du métro et évitez l'étage supérieur des bus lorsqu'il n'y a personne. Regardez autour de vous, faites attention à qui vous parlez et prévoyez un plan B pour rentrer si vous sortez tard (sans taxi en cas de batterie de portable à plat, cela peut être crucial).

Si vous êtes une femme voyageant seule et comptant rencontrer des gens, envisagez de loger dans un hôtel ou une auberge de jeunesse avec espaces conviviaux, comme **Mama Shelter** (www.mamashelter.com), **Qbic** (plan p. 482 ; ☎020-3021 3300 ; qbichotels.com/london-city ; 42 Adler St, E1 ; ch 54-100 £ ; Ⓟ❄☎🐾 ; ⓊAldgate East) 🌿, **Hoxton** (plan p. 472 ; ☎020-7903 3000 ; thehoxton.com/london/southwark ; Blackfriars Rd, SE1 ; ch 140-300 £ ; ❄@☎🐾) ou **Ace Hotel** (plan p. 478 ; ☎020-7613 9800 ; www.acehotel.com/london ; 100 Shoreditch High St, E1 ; ch 175-600 £ ; ❄☎🐾 ; ⓊShoreditch High St). Pour des cours, conférences et autres événements, consultez des sites Internet comme **Eventbrite** (www.eventbrite.co.uk), **Airbnb Experiences** (www.airbnb.co.uk/s/experiences) ou **Meetup** (www.meetup.com) ; pensez aux applis de rencontres amicales comme **Bumble BFF** (bumble.com/bff) ; et envisagez des randonnées urbaines spécialisées (p. 429) qui peuvent être l'occasion de rencontrer des gens partageant vos centres d'intérêt.

Langue

Tout le monde peut parler une langue étrangère : le tout est d'oser ! La grammaire, au final, n'est pas essentielle pour se débrouiller sur place. Pour réserver une chambre, commander un plat ou engager la conversation, voici 90 phrases essentielles qui vous aideront à ne pas rester muet, en toutes circonstances !

Notes sur la prononciation

Vous devriez vous faire comprendre sans difficulté en lisant nos transcriptions de prononciation comme s'il s'agissait du français, avec toutefois les particularités suivantes.

La diction anglaise comporte des accents toniques : les syllabes à accentuer sont indiquées chaque fois ici par l'italique.

Pour prononcer le "r", la langue doit être recourbée au fond du palais : on obtient ainsi un son doux proche du "w" français.

Le "th" anglais a deux prononciations possibles, indiquées ici par les lettres majuscules "S" (dites [s] en plaçant la pointe de la langue contre les dents du haut) ou "Z" (dites [z] en plaçant la pointe de la langue contre les dents du haut).

La lettre h se prononce avec une expiration.

POUR ALLER PLUS LOIN

Indispensable pour mieux communiquer sur place : le **Guide de conversation Anglais** de Lonely Planet. Pour réserver une chambre, lire un menu ou simplement faire connaissance, ce manuel permet d'acquérir des rudiments d'anglais. Inclus : un minidictionnaire bilingue.

Édité par Lonely Planet également, le guide **Petite conversation en anglais** convient, quant à lui, pour une première approche ou un très court séjour.

Enfin, pour les enfants, le **Guide de conversation des 8/12 ans Anglais** donne aux enfants des outils pour apprendre l'anglais en s'amusant.

Premier contact

Bonjour. *Hello.* hè·*lo*

Au revoir. *Goodbye.* goud·*baï*

Comment allez-vous/vas-tu ?
How are you? *hao* âr you

Bien, merci. Et vous/Et toi ?
Fine thanks, and you? faïn Sanks annd *you*

Je m'appelle...
My name is... *maï* néïm iz...

Enchanté(e).
Pleased to meet you. *pliizd* tou miit you

Voici mon compagnon/ma compagne.
This is my partner. *Zis* iz maï *par*·tneur

Présentations

D'où venez-vous ?
Where are you from? wèr âr you *from*

Je viens de...
I'm from... aïm from

Je suis marié(e).
I'm married. aïm *ma*·rid

Je suis célibataire.
I'm single. aïm *sing*·eul

Quel est votre/ton numéro de téléphone ?
What's your phone number?
wats your fown *num*·beur

Quelle est votre/ton adresse e-mail ?
What's your email address?
wats your *i*·méïl eu·*drès*

Engager la conversation

Quel est votre/ton métier ?
What's your occupation?
wats your o·kyu·*péï*·cheun

Je suis employé(e) de bureau.
I'm an office worker.
aïm eun o·fis *weur*·keur

Je suis ouvrier/ouvrière.
I'm a manual worker.
aïm eu *ma*·nieul *weur*·keur

Je suis un homme d'affaires/une femme d'affaires.
I'm a business person.
aïm eu *biz*·nès *peur*·seunn

Je suis étudiant(e).
I'm a student. aïm eu *styou*·deunnt

Je suis un(e) artiste.
I'm an artist. aïm eun *âr*·tist

Quel âge avez-vous/as-tu ?
How old are you? *hao* owld âr you

J'ai (25) ans.
I'm (twenty-five) years old. aïm (twènn·ti·*faïv*) yérz *old*

Aimes-tu l'art ?
Do you like art? dou you laïk *art*

Aimes-tu le sport ?
Do you like sport? dou you laïk *spôrt*

Aimes-tu lire ?
Do you like reading? dou you laïk *rii*·ding

Aimes-tu danser ?
Do you like to dance? dou you laïk *dann*·sing

Aimes-tu voyager ?
Do you like travelling? dou you laïk *tra*·veu·ling

Sensations

J'ai faim. *I'm hungry.* aïm *heung*·ri
J'ai froid. *I'm cold.* aïm *kôwld*
J'ai chaud. *I'm hot.* aïm *hot*
J'ai soif. *I'm thirsty.* aïm *Sœrs*·ti

Comment vous sentez-vous/te sens-tu ?
Are you all right? âr you ôl *raït*

Transports

Est-ce le bus (pour Paris) ?
Is this the bus (to Paris)?
iz *Zis* Zeu beus (tou *pa*·risse)

Est-ce l'avion (pour Paris) ?
Is this the plane (to Paris)?
iz *Zis* Zeu plèïn (tou *pa*·risse)

Est-ce le train (pour Paris) ?
Is this the train (to Paris)?
iz *Zis* Zeu trèïn (tou *pa*·risse)

C'est combien pour aller à... ?
How much is it to go to...?
hao *meutch* iz it tou *gow* tou

Ce taxi est-il libre ?
Is this taxi available?
iz Zis ta·xi eu·*vèï*·lé·beul

À quelle heure part-il ?
What time does it leave?
wat *täim* doz it *liiv*

Où puis-je trouver un hôtel ?
Where's a hotel?
wèrz eu heuw·*tèl*

Où se tient le marché ?
Where's the market?
wèrz Zeu *mâr*·kèt

Hébergement

Pouvez-vous me conseiller un logement pas cher ?
Can you recommend somewhere cheap to stay?
kann you rè·ko·*mènnd* somm·wèr *tchiip* tou *stèï*

Pouvez-vous me conseiller un bon logement ?
Can you recommend somewhere good to stay?
kann you rè·ko·*mènnd* somm·wèr *goud* tou *stèï*

Quel est le prix par nuit ?
How much is it per night?
hao *meutch* iz it peur *naït*

Je voudrais réserver une chambre, s'il vous plaît.
I'd like to book a room, please.
aïd laïk tou bœk eu *roum* pliiz

Shopping

Où est le supermarché ?
Where's the supermarket?
wèrz Ze *syou*·peur·*mâr*·kèt

Où puis-je trouver une banque ?
Where's a bank?
wèrz eu *bank*

Où puis-je acheter... ?
Where can I buy ...?
wèr kann aï *baï* ...

Est-ce que je peux le voir ?
Can I look at it?
kann aï *lœk* at it

Quel est votre meilleur prix ?
What's your lowest price?
wats your low·est *praïs*

Pouvez-vous écrire le prix ?
Can you write down the price?
kan you raït daonn Ze *praïs*

Puis-je avoir un reçu, s'il vous plaît.
I'd like a receipt, please.
aïd laïk eu ri·*siit* pliiz

Sortir

J'aimerais aller au cinéma.
I feel like going to the movies.
aï fiil laïk gow·ing tou Ze *mou*·viz

J'aimerais aller au théâtre.
I feel like going to the theatre.
aï fiil laïk gow·ing tou Ze *Sii*·a·teur

J'aimerais aller à un concert.
I feel like going to a concert.
aï fiil laïk gow·ing tou eu *konn*·seurt

Où y a-t-il des clubs ?
Where can I find clubs?
wèr kann aï faïnnd *cleubs*

Où y a-t-il des boîtes gays ?
Where can I find gay venues?
wèr kann aï faïnnd *gèï* vè·nyouz

Où y a-t-il des pubs ?
Where can I find pubs?
wèr kann aï faïnnd peubz

Visites touristiques

Quand a lieu la prochaine excursion à la journée ?
When's the next day trip?
wènz Zeu nèkst *dèï* trip

Combien de temps dure l'excursion ?
How long is the tour?
hao *long* iz Zeu touour

L'entrée est-elle comprise ?
Is the admission charge included?
iz Zi eud·*mi*·cheun tchârdj in·*klou*·did

À quelle heure doit-on rentrer ?
What time should we be back?
wat *taïm* cheud wi bi bak

Où se restaurer/ prendre un verre

Pouvez-vous me conseiller un restaurant ?
Can you recommend a restaurant?
kann you rè·ko·*mènnd* eu *rès*·trant

Pouvez-vous me conseiller un café ?
Can you recommend a cafe?
kann you rè·ko·*mènnd* eu ka·fè

Servez-vous des plats végétariens ?
Do you have vegetarian food?
dou you hav vè·djè·*teu*·rieunn *foud*

Y a-t-il un restaurant végétarien par ici ?
Is there a vegetarian restaurant near here?
iz zèèr eu vè·djè·*teu*·rieunn rèst·rant niir hiir

Je voudrais une table pour (5) personnes, s'il vous plaît.
I'd like a table for (five), please.
aïd *laïk* tou bouk eu *téï*·beul for (faïv), pliiz

Y a-t-il un espace fumeur ?
Is there a smoking area?
iz zèèr eu *smow*·king *è*·ri·a

Pouvez-vous me conseiller un bar ?
Can you recommend a bar?
kann you rè·ko·*mènnd* eu bâr

Faire ses courses

Combien coûte (un kilo) ?
How much is (a kilo)?
hao meutch iz eu *ki*·lo

J'en voudrais (200) grammes.
I'd like (two hundred) grams.
aïd laïk *tou heun*·dreud gramz

J'en voudrais (6) tranches.
I'd like (six) slices.
aïd laïk (séks) *slaï*·seuz

Quelle est la spécialité ?
What's the speciality?
wats Zeu spè·*chia*·li·ti

Commander à manger/à boire

Puis-je avoir la carte des boissons, s'il vous plaît.
I'd like to see the drinks list, please.
aïd laïk tou sii Ze *drink* list, pliz

Puis-je avoir le menu, s'il vous plaît.
Can I see the menu, please.
kann aï sii Zeu *mè*·nyou pliiz

Que me conseillez-vous ?
What would you recommend?
wat woud you rè·ko·*mènnd*

Un café (au lait).
A cup of coffee (with milk).
eu keup of *ko*·fi (wiZ *milk*)

Un thé (au lait).
A cup of tea (with milk).
eu keup of *tii* (wiZ *milk*)

L'addition, s'il vous plaît.
I'd like the bill, please.
aïd laïk zeu *bél*, pliz

Au bar

Que désirez-vous ?
What would you like?
wat woud you *laïk*

Je vous offre un verre.
I'll buy you a drink.
aïl *baï* you eu drink

Une bière.
A glass of beer.
eu *glas* of *biir*

Un verre de vin blanc/rouge.
A glass of white/red wine.
eu *glas* of waït/rèd waïn

Champagne.	*Champagne.*	cham·péïn
Santé !	*Cheers!*	tchiirz

Urgences

Au secours ! *Help!* *hèlp*

J'ai besoin d'un médecin qui parle français.
I need a doctor who speaks French.
aï niid eu *dok*·teur hou spiiks frènch

Est-ce que je peux voir une femme médecin ?
Could I see a female doctor?
coud aï sii eu *fi*·mèïl dok·teur

Je n'ai plus de médicaments.
I've run out of my medication.
aïv reun a·*out* of maï mè·di·*kèï*·cheun

Où y a-t-il un dentiste par ici ?
Where's a dentist nearby?
wèrz eu *dènn*·tist niir·baï

Où est l'hôpital le plus proche ?
Where's the nearest hospital?
wèrz Zeu *ni*·reust *hos*·pi·teul

Où y a-t-il une pharmacie de garde ?
Where's a night pharmacy?
wèrz eu (*naït*) *kè*·mist

En coulisses

VOS RÉACTIONS ?

Vos commentaires nous sont très précieux et nous permettent d'améliorer constamment nos guides. Notre équipe lit toutes vos lettres avec la plus grande attention. Nous ne pouvons pas répondre individuellement à tous ceux qui nous écrivent, mais vos commentaires sont transmis aux auteurs concernés. Tous les lecteurs qui prennent la peine de nous communiquer des informations sont remerciés dans l'édition suivante, et ceux qui nous fournissent les renseignements les plus utiles se voient offrir un guide.

Pour nous faire part de vos réactions, prendre connaissance de notre catalogue et vous abonner à notre newsletter, consultez notre site Internet : **www.lonelyplanet.fr**

Nous reprenons parfois des extraits de notre courrier pour les publier dans nos produits, guides ou sites Web. Si vous ne souhaitez pas que vos commentaires soient repris ou que votre nom apparaisse, merci de nous le préciser. Notre politique en matière de confidentialité est disponible sur notre site Internet.

À NOS LECTEURS

Merci aux voyageurs qui ont utilisé la dernière édition de ce guide et qui nous ont écrit pour nous faire part de leurs conseils, de leurs suggestions et de leurs anecdotes :
Géraldine Gourdain

UN MOT DES AUTEURS

Steve Fallon

Mille mercis à mes coauteurs, notamment Damian Harper. Merci à Kevin Bond pour ses suggestions sur le chapitre *Musique*. Ma gratitude la plus sincère aux guides de Blue Badge qui m'ont aidé sur les chapitres *Comprendre Londres*, notamment David Thompson (*Architecture*), Diane Burstein Lynch (*Théâtre et danse*), Sarah Ciacci (*Art et mode*) et Pepe Martinez (*Cinéma et médias*). Comme toujours, je tiens à témoigner à Michael Rothschild, désormais mon mari et aussi londonien que moi, mon admiration, ma gratitude et mon amour indéfectible.

Damian Harper

Mille mercis à tous ceux qui m'ont aidé et conseillé, notamment mes coauteurs, le personnel toujours serviable du Natural History Museum, Amaya Wang, Polly Bussell, Freya Barry, Tania Patel, Norman MacDonald, Penny Aikens, Bill Moran, Hollie et le fantastique personnel de la Japan House, Shannon et James Peake. Un grand merci aussi à Tim Harper pour ses précieuses suggestions, sans oublier Emma Harper.

Lauren Keith

Merci à Megan pour les pintes, les conversations et les conseils avisés sur le Londres branché ; merci à GG d'avoir toujours été d'attaque pour une dernière assiette à partager ; à Tasmin et MaSovaida pour leur soutien immoral et leur détermination à affronter l'avenir le rouge aux lèvres ; à Thomas pour m'avoir accompagné sur les toits-terrasses de nombreux dimanches soir ; à Sandie pour m'avoir encouragé à explorer encore et toujours ; et à mon propre petit cœur de m'avoir conduit dans cette ville incroyable il y a 10 ans déjà.

MaSovaida Morgan

Un grand merci à tous ceux qui m'ont aidé à faire de ce travail de rêve un plaisir de tous les instants. Mon amitié et ma gratitude vont en particulier à James Thorpe, Osi et Mat ; Anna Castelaz, Travis Levius, Shirin Beheshti ; Nazanin Shahnavaz, Austin Milne, Rosaline Shahnavaz, Maman Simin et Baba Reza ; Ali Lemer, Jo et Al ; Megan Eaves, Dan, Angus ; Mike, Debbie et B ; Max et Ro ; et Russ. Un gros câlin à Tasmin et Lauren pour leur soutien immoral lors de conversations WhatsApp mémorables. Enfin, merci du fond du cœur à Sandie de m'avoir permis de revenir dans cette ville que j'aime tant.

Tasmin Waby

Merci d'abord à Sandie et à toute la fantastique équipe Lonely Planet pour cette opportunité fantastique. Un grand merci à mes coauteurs pour leurs conseils, inspirations et retours, en particulier Lauren, qui m'a permis de garder la tête froide, et MaSovaida pour sa compagnie. Merci à tous ceux qui m'ont aidé à comprendre (et aimer) cette capitale historique et chaotique : vous savez qui vous êtes (toi aussi, Dane). Merci à mes deux petites chéries, Willa et Maisie (et leur courageuse comparse Rosa) de m'avoir accompagné lors de certaines de mes sorties en quête des meilleurs endroits où manger, faire du shopping, se reposer et s'amuser. Et merci à Hugh, pour, eh bien pour tout, en fait.

CRÉDIT PHOTO

Les cartes climatiques sont adaptées de Peel MC, Finlayson BL & McMahon TA (2007) "Updated World Map of the Köppen-Geiger Climate Classification", Hydrology and Earth System Sciences, 11, 163344.

Illustrations : p. 72-73, p. 80-81, p. 138-139, p. 180-181, p. 319-320 par Javier Zarracina, altérations sur la Tamise par Michael Weldon.

Photographie de couverture : Tower Bridge, Londres.

À PROPOS DE CET OUVRAGE

Cette 11e édition du guide *Londres* est une traduction-adaptation de la 12e édition du guide *London*, rédigé par Steve Fallon, Damian Harper, Lauren Keith, MaSovaida Morgan et Tasmin Waby.

Traduction
Antoine Thibault et Vincent Guilluy

Direction éditoriale
Didier Férat

Responsable éditorial
Dominique Bovet

Responsable prépresse
Jean-Noël Doan

Coordination éditoriale
Cécile Bertolissio

Maquette Christian Deloye

Cartographie
Cartes de Mark Griffiths et Valentina Kremenchutskaya, adaptées par Eduardo Yanes Blanch pour la version française.

Couverture Brendan Dempsey-Spencer, adaptée par Laurent Briard pour la version française.

Fabrication Emmanuelle Laine

Remerciements
à Rose-Hélène Lempereur, à Jean-Victor Rebuffet et à Régis Couturier pour leur précieuse contribution au texte, à Jacqueline Menanteau pour sa relecture attentive, à Basile Mariton pour la préparation du manuscrit et à Hugo Gadroy pour les renvois de pages. Merci également à Dominique Spaety, à Dominique Bovet et à toute la sympathique équipe du bureau de Paris pour leur soutien. Enfin, merci à Luan Angel et Nigel Longuet à Londres et à Jean-Pierre Masclef à Melbourne.

Index

Voir aussi les index :
SE RESTAURER P. 450
OÙ PRENDRE UN VERRE ET FAIRE LA FÊTE P. 452
OÙ SORTIR P. 453
SHOPPING P. 453
SPORTS ET ACTIVITÉS P. 454
SE LOGER P. 454

Références des sites
Références des cartes
Références des photos

SE RESTAURER

OÙ PRENDRE UN VERRE ET FAIRE LA FÊTE

SPORTS ET ACTIVITÉS

SE LOGER

Plans de Londres

À voir
- Plage
- Réserve ornithologique
- Temple bouddhiste
- Château/palais
- Église/cathédrale
- Temple confucéen
- Temple hindou
- Mosquée
- Temple jaïn
- Synagogue
- Monument
- Musée/galerie/édifice historique
- Ruines
- Sentō (bain public)
- Temple shintoïste
- Temple sikh
- Temple taoïste
- Cave/vignoble
- Zoo
- Autre site

Activités, cours et circuits organisés
- Bodysurfing
- Plongée/snorkeling
- Canoë/kayak
- Cours/circuits organisés
- Ski
- Snorkeling
- Surf
- Piscine/baignade
- Randonnée
- Planche à voile
- Autres activités

Où se loger
- Hébergement
- Camping

Où se restaurer
- Restauration

Où prendre un verre
- Bar
- Café

Où sortir
- Salle de spectacle

Shopping
- Magasin

Renseignements
- Banque
- Ambassade/consulat
- Hôpital/centre médical
- Accès Internet
- Police
- Bureau de poste
- Centre téléphonique
- Toilettes
- Office du tourisme
- Autre adresse pratique

Géographie
- Plage
- Refuge/gîte
- Phare
- Point de vue
- Montagne/volcan
- Oasis
- Parc
- Col
- Aire de pique-nique
- Cascade

Agglomérations
- Capitale (pays)
- Capitale (région/État/province)
- Grande ville
- Petite ville/village

Transports
- Aéroport
- Poste frontière
- Bus
- Téléphérique/funiculaire
- Piste cyclable
- Ferry
- Métro
- Monorail
- Parking
- Station-service
- Station de métro/Subway
- Taxi
- T-Bane/Station T-Bane (norvégien)
- Gare/chemin de fer
- Tramway
- Métro/Tube Station (anglais)
- Autre moyen de transport

Les symboles recensés ci-dessus ne sont pas tous utilisés dans ce guide

Routes
- Autoroute à péage
- Voie rapide
- Nationale
- Route secondaire
- Petite route
- Chemin
- Route non goudronnée
- Route en construction
- Place/rue piétonne
- Escalier
- Tunnel
- Passerelle
- Promenade à pied
- Promenade à pied (variante)
- Sentier

Limites et frontières
- Pays
- État/province
- Frontière contestée
- Région/banlieue
- Parc maritime
- Falaise
- Rempart

Hydrographie
- Fleuve/rivière
- Rivière intermittente
- Canal
- Étendue d'eau
- Lac asséché/salé/intermittent
- Récif

Topographie
- Aéroport/aérodrome
- Plage/désert
- Cimetière (chrétien)
- Cimetière (autre)
- Glacier
- Marais
- Parc/forêt
- Site (édifice)
- Terrain de sport
- Mangrove

INDEX DES PLANS

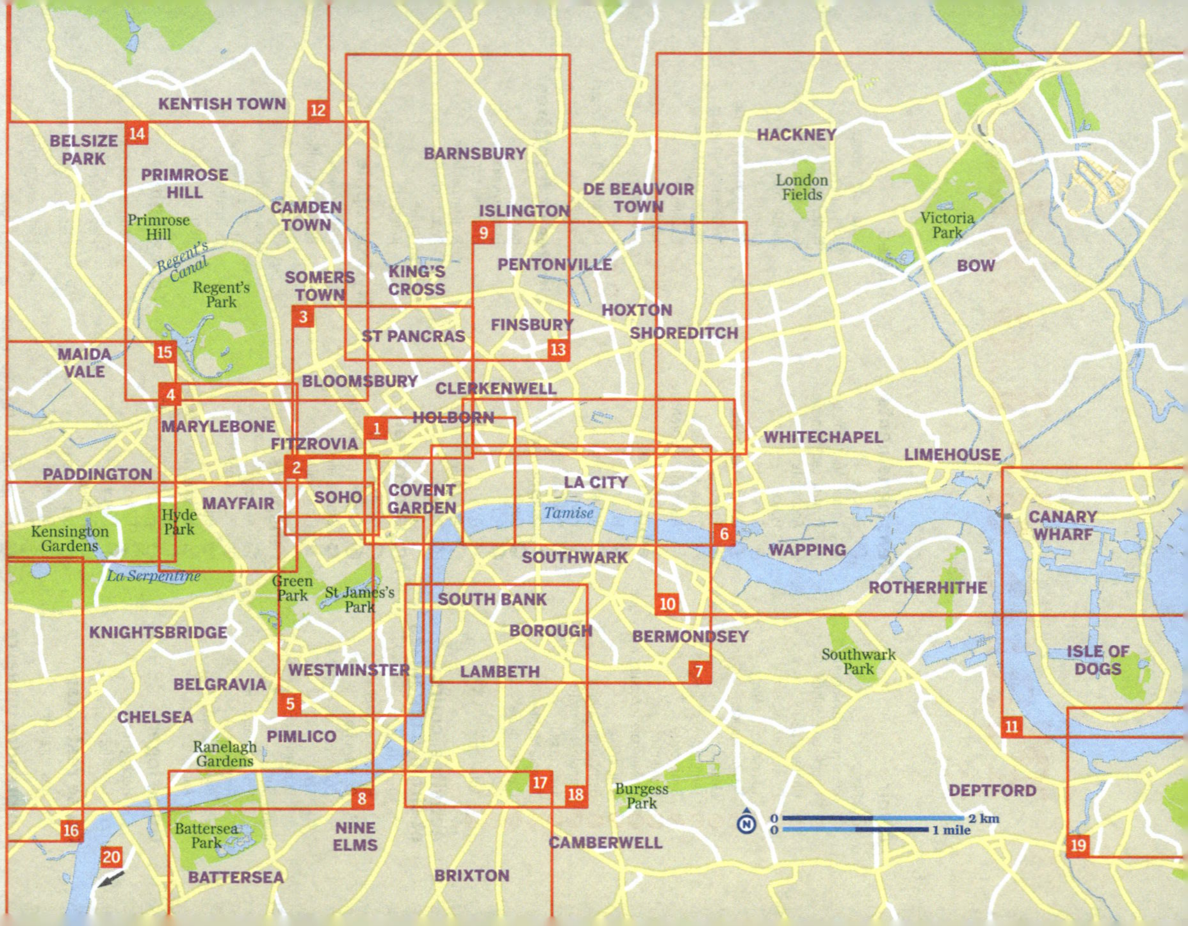

WEST END : COVENT GARDEN *Plan p. 458*

Légende p. 457

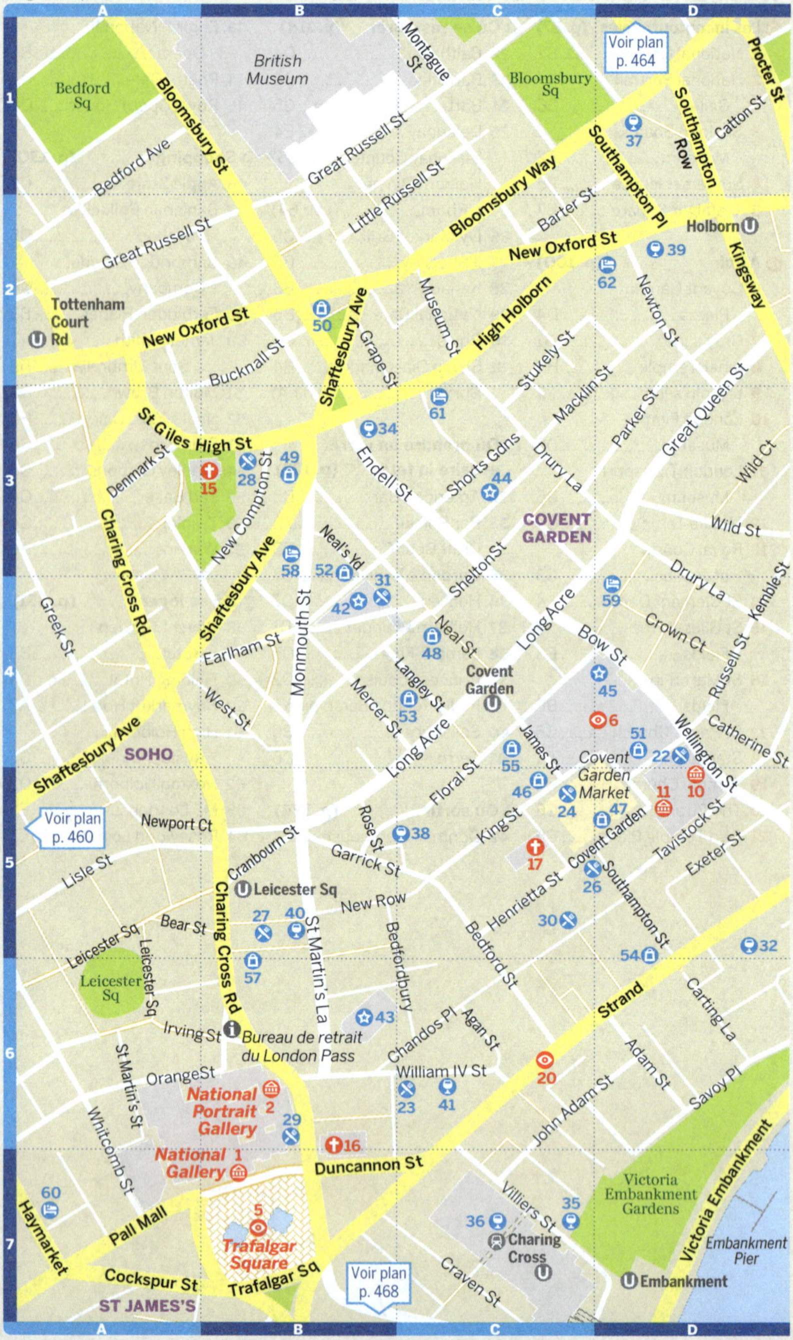

0 200 m
0 0,1 mile
E
F
G
H
1
2
3
4
5
6
7
Eagle St
Red Lion St
Chancery La
Grays Inn Rd
Brooke St
Leather La
Hatton Garden
High Holborn
Holborn
7
18
Furnival St
Fetter La
64
33
Whetstone Park
3
Sir John Soane's Museum
Lincoln's Inn Fields
Lincoln's Inn Fields
9
Old Sq
Chancery La
Norwich St
Cursitor St
New Fetter La
Bream's Bldgs
HOLBORN
New Sq
Serle St
Star Yard
Lincoln's Inn Fields
Voir plan p. 470
Sardinia St
Portugal St
Carey St
Bell Yard
Fetter La
London School of Economics and Political Science
13
Fleet St
Fleet St
Kingsway
Kean St
King's Bench Walk
Strand
25
Aldwych
14
56
19
Bouverie St
8
Essex St
Middle Temple La
12
Aldwych
Strand
Surrey St
Arundel St
Milford La
63
21
Temple Pl
Temple
Victoria Embankment
Somerset House
4
Lancaster Pl
Savoy St
Tamise
Waterloo Bridge
SOUTH BANK
Upper Ground
Duchy St
Waterloo Rd
Voir plan p. 472

Légende p. 462

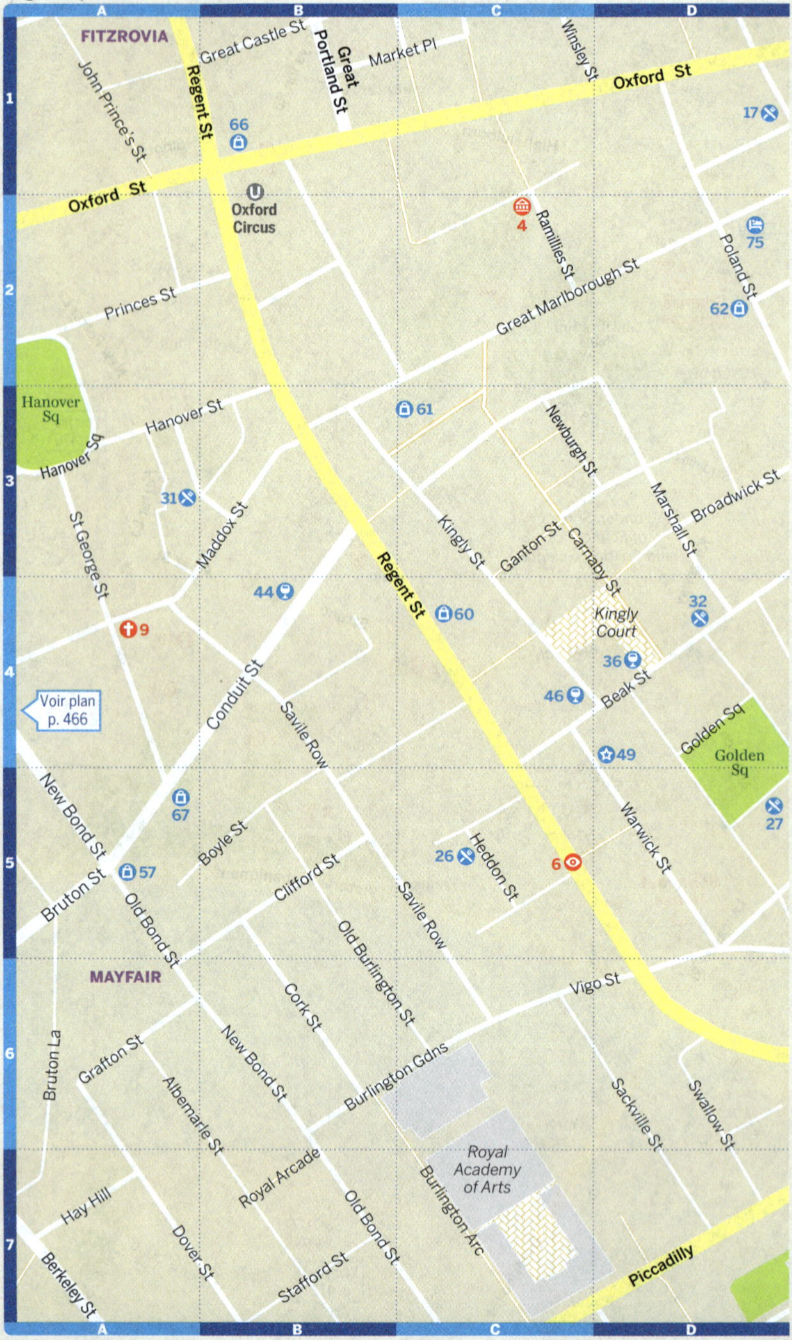

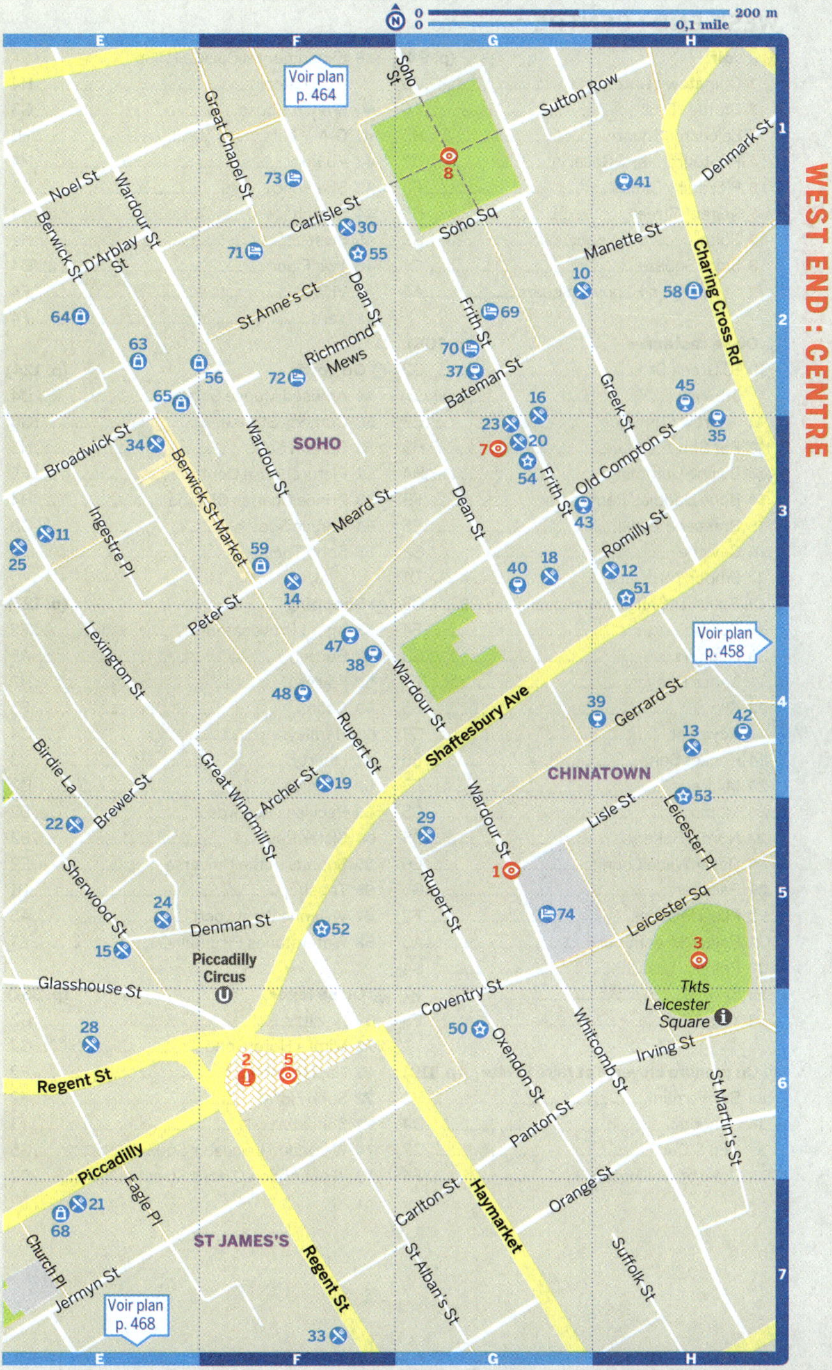

WEST END : CENTRE
0 200 m
0 0,1 mile
E F G H
1 2 3 4 5 6 7
Voir plan p. 464
Voir plan p. 458
Voir plan p. 468
SOHO
CHINATOWN
ST JAMES'S
Piccadilly Circus
Tkts Leicester Square
Soho St
Soho Sq
Sutton Row
Denmark St
Charing Cross Rd
Manette St
Greek St
Frith St
Dean St
Bateman St
Old Compton St
Romilly St
Great Chapel St
Noel St
Wardour St
Berwick St
D'Arblay St
Carlisle St
St Anne's Ct
Richmond Mews
Broadwick St
Berwick St Market
Ingestre Pl
Meard St
Peter St
Lexington St
Shaftesbury Ave
Gerrard St
Lisle St
Leicester Pl
Leicester Sq
Rupert St
Archer St
Great Windmill St
Birdie La
Brewer St
Sherwood St
Denman St
Glasshouse St
Coventry St
Oxendon St
Whitcomb St
Irving St
St Martin's St
Panton St
Orange St
Regent St
Piccadilly
Eagle Pl
Church Pl
Jermyn St
Carlton St
Haymarket
St Alban's St
Suffolk St

WEST END : CENTRE *Carte p. 460*

À voir (p. 94)

1 Chinatown Gate G5
2 Statue "Éros" F6
3 Leicester Square H5
4 Photographers' Gallery C2
5 Piccadilly Circus F6
6 Regent Street C5
7 Soho G3
8 Soho Square G1
9 St George's Hanover Square A4

Où se restaurer (p. 108)

10 10 Greek St G2
5th View (voir 68)
11 Andrew Edmunds E3
12 Bar Shu H3
13 Beijing Dumpling H4
14 Bone Daddies Ramen Bar F3
15 Brasserie Zédel E5
16 Ceviche G2
17 Ember Yard D1
18 Gauthier Soho G3
19 Gelupo F4
20 Hoppers G3
21 Kahve Dünyası E7
22 Kiln E5
23 Koya Bar G3
24 Kricket Soho E5
25 Mildreds E3
26 Momo C5
27 Nordic Bakery D5
28 Oscar Wilde Lounge E6
29 Palomar G5
30 Pizza Pilgrims F2
31 Pollen Street Social A3
32 Polpo D4
33 Shoryu F7
34 Yauatcha E3

Où prendre un verre et faire la fête (p. 119)

35 Bar Termini H3
36 Cahoots D4
37 Dog & Duck G2
38 Duke of Wellington F4
39 Experimental Cocktail Club Chinatown H4
40 French House G3
41 G-A-Y Late H1
42 Ku Bar H4
43 She Soho G3
44 Sketch B4
45 Swift H2
46 Two Floors C4
47 Village F4
48 Yard F4

Où sortir (p. 124)

49 Amused Moose Soho D4
50 Comedy Store G6
51 Curzon Soho H3
52 Picturehouse Central F5
53 Prince Charles Cinema H4
54 Ronnie Scott's G3
55 Soho Theatre F2

Shopping (p. 127)

56 Agent Provocateur F2
57 Burberry A5
58 Foyles H2
59 Gosh! F3
60 Hamleys C4
61 Liberty C3
62 Phonica D2
63 Reckless Records E2
64 Sister Ray E2
65 Sounds of the Universe E2
66 Topshop B1
67 Vivienne Westwood A5
68 Waterstones Piccadilly E7

Où se loger (p. 351)

69 Hazlitt's G2
70 Mimi's Hotel Soho G2
71 Nadler Soho F2
72 Soho Hotel F2
73 Sohostel F1
74 W London Leicester Square G5
75 YHA London Oxford Street D2

WEST END : BLOOMSBURY *Plan p. 464*

Les incontournables **(p. 79)**

1 British Museum..E6

À voir **(p. 94)**

2 All Saints Margaret Street........................B7
3 Bedford Square..D6
4 BT Tower..B5
5 Charles Dickens Museum........................H4
6 Foundling Museum..................................F3
7 Gordon Square..D4
8 Grant Museum of Zoology.......................C4
9 Petrie Museum of Egyptian Archaeology..C4
10 Pollock's Toy Museum............................C5
11 Russell Square..E5
12 St George's Bloomsbury.........................E6
13 St Pancras Church...................................D2
14 Tavistock Square.....................................D3
15 Wiener Library...E5

Où se restaurer **(p. 109)**

16 Abeno...E6
17 Ethos..B7
18 Hakkasan Hanway Place.........................D7
19 Lima...C7
20 Mortimer House Kitchen.........................B6
21 North Sea Fish Restaurant......................E3
22 Passyunk Avenue....................................A5
23 Pied à Terre...C6
24 Ragam..B5
25 Roka...B6
26 Sagar..C6
27 Tea & Tattle...E6
28 Yalla Yalla..B7

Où prendre un verre et faire la fête **(p. 120)**

29 Lamb..G4
30 London Cocktail Club..............................B6
31 Museum Tavern.......................................E6
32 Queen's Larder..F5

Où sortir **(p. 126)**

Museum of Comedy.........................(voir 12)
33 Novelty Automation................................H5
34 The Place...D2

Shopping **(p. 128)**

35 Atlantis Bookshop....................................E7
36 Blade Rubber Stamps...............................F6
37 Folk..G5
38 Gay's the Word...E3
39 Jarndyce..E6
40 London Review Bookshop.......................F6
41 Persephone Books....................................G4
42 Royal Mile Whiskies.................................E7
43 Waterstones Bloomsbury........................C4

Où se loger **(p. 351)**

44 Academy...D5
45 Arosfa Hotel..C4
46 Generator London....................................E3
47 George Hotel...E3
48 Harlingford Hotel......................................E3
49 Jesmond Hotel..C5
50 Morgan Hotel...E6
51 Ridgemount Hotel.....................................C5

Légende p. 463

0 400 m
0 0,2 mile
King's Cross St Pancras
Midland Rd
Euston Rd
Belgrove St
Argyle St
St Chad's St
Argyle Sq
Gray's Inn Rd
Leeke St
Britannia St
ST PANCRAS
Wicklow St
Vernon Rise
Swinton St
Acton St
Voir plan p. 478
Argyle St
Tonbridge St
Bidborough St
Hastings St
Cromer St
Frederick St
Wharton St
King's Cross Rd
Judd St
Thanet St
Sandwich St
Cartwright Gdns
Harrison St
Ampton St
Cubitt St
Sidmouth St
Leigh St
Heathcote St
Eastman Dental Hospital
Pakenham St
St George's Gardens
St Andrew's Gardens
Tavistock Pl
Hunter St
Doughty St
Wren St
Handel St
Calthorpe St
Coram's Fields
Gough St
Herbrand St
Marchmont St
Brunswick Centre
Brunswick Sq
Coram St
Woburn Pl
Bernard St
Guildford St
Doughty St
CLERKENWELL
Russell Sq
Millman St
John's Mews
Roger St
Great Ormond St
Orde Hall St
Lamb's Conduit
Great James St
John St
Queen Sq
Russell Sq
Emerald St
Southampton Row
Old Gloucester St
Boswell St
New North St
Harpur St
Theobald's Rd
Jockey's Fields
Gray's Inn Gardens
Bedford Pl
Red Lion St
Bedford Row
Montague St
Red Lion Sq
British Museum
Great Russell St
Bloomsbury Sq
Procter St
Eagle St
HOLBORN
Vernon Pl
Catton St
Bury Pl
High Holborn
Voir plan p. 470
Bloomsbury St
Museum St
Bloomsbury Way
Barter St
Holborn
New Oxford St
Kingsway
Whetstone Park
Lincoln's Inn Fields
Newton St
Bucknall St
Grape St
High Holborn
Stukely St
COVENT GARDEN
Parker St
Great Queen St
Voir plan p. 458
Lincoln's Inn Fields
E F G H
1 2 3 4 5 6 7

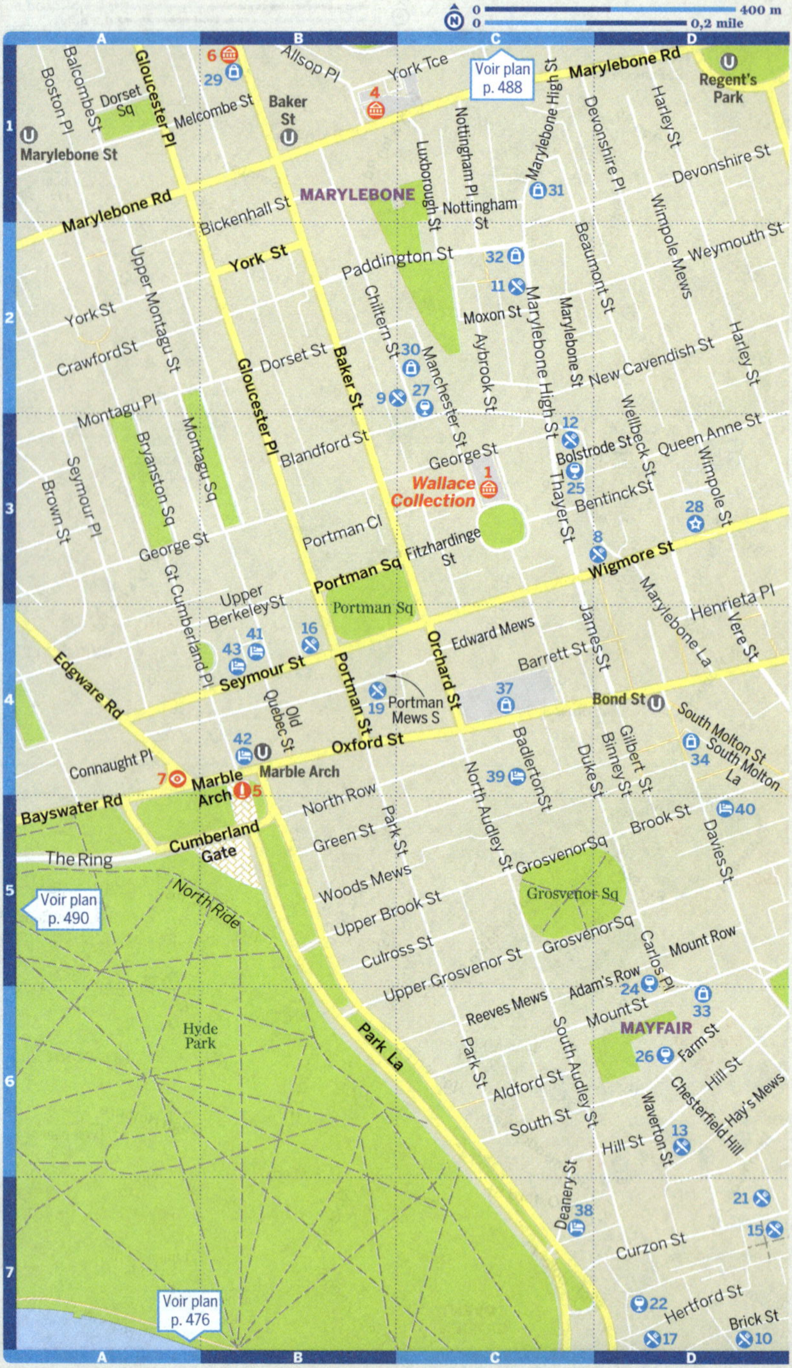
0 400 m
0 0,2 mile
A
B
C
D
1
2
3
4
5
6
7
Voir plan p. 488
Voir plan p. 490
Voir plan p. 476
MARYLEBONE
MAYFAIR
Wallace Collection
Marylebone Rd
Marylebone St
Baker St
Regent's Park
Marble Arch
Bond St
Hyde Park
Portman Sq
Grosvenor Sq
Cumberland Gate
The Ring
North Ride
Park La
Oxford St
Bayswater Rd
Edgware Rd
Connaught Pl
Seymour St
Wigmore St
Gloucester Pl
Baker St
Orchard St
Portman St
North Audley St
South Audley St
Dorset Sq
Melcombe St
Allsop Pl
York Tce
Boston Pl
Balcombe St
Bickenhall St
York St
Paddington St
Chiltern St
Luxborough St
Nottingham Pl
Nottingham St
Marylebone High St
Devonshire Pl
Harley St
Devonshire St
Wimpole Mews
Weymouth St
Beaumont St
Moxon St
Aybrook St
Marylebone St
New Cavendish St
Manchester St
Dorset St
Crawford St
Upper Montagu St
Montagu Pl
Montagu Sq
Bryanston Sq
Seymour Pl
Brown St
Blandford St
George St
Bolstrode St
Welbeck St
Queen Anne St
Wimpole St
Bentinck St
Thayer St
Portman Cl
Fitzhardinge St
Upper Berkeley St
Gt Cumberland Pl
Edward Mews
Barrett St
James St
Marylebone La
Henrietta Pl
Vere St
Portman Mews S
Old Quebec St
South Molton St
South Molton La
Gilbert St
Binney St
Duke St
Badderton St
North Row
Green St
Park St
Woods Mews
Upper Brook St
Brook St
Davies St
Culross St
Upper Grosvenor St
Reeves Mews
Adam's Row
Carlos Pl
Mount Row
Mount St
Farm St
Hill St
Chesterfield Hill
Hay's Mews
Waverton St
Aldford St
South St
Deanery St
Curzon St
Hertford St
Brick St
1
4
5
6
7
8
9
10
11
12
13
15
16
17
19
21
22
24
25
26
27
28
29
30
31
32
33
34
37
38
39
40
41
42
43

Les incontournables (p. 105)
1 Wallace Collection C3

À voir (p. 107)
2 Broadcasting House E2
3 Handel & Hendrix in London E4
4 Madame Tussauds B1
5 Marble Arch B4
6 Sherlock Holmes Museum B1
7 Tyburn Tree Memorial Plaque A4

Où se restaurer (p. 117)
8 28-50 .... D3
9 Chiltern Firehouse C2
10 El Pirata D7
11 Fishworks C2
Foyer & Reading Room at Claridge's .... (voir 40)
12 Golden Hind C3
13 Greenhouse D6
14 Kitty Fisher's E7
15 Le Boudin Blanc D7
16 Locanda Locatelli B4
17 Nobu D7
18 Park Chinois E6
19 Roti Chai B4
20 Sexy Fish E6
21 Tamarind D7
Wallace Restaurant .... (voir 1)

Où prendre un verre et faire la fête (p. 124)
22 10° at Galvin at Windows D7
23 Artesian E3
24 Connaught Bar D5
25 Golden Eagle C3
Magritte Bar .... (voir 39)
26 Punchbowl D6
27 Purl C2

Où sortir (p. 124)
28 Wigmore Hall D3

Shopping (p. 132)
29 Beatles Store B1
30 Cadenhead's Whisky Shop & Tasting Room C2
31 Cath Kidston C1
32 Daunt Books C2
33 Gina D6
34 Grays Antiques D4
35 John Lewis E4
36 Mulberry E5
37 Selfridges C4

Où se loger (p. 351)
38 45 Park Lane C7
39 Beaumont C4
40 Claridge's D5
41 Grazing Goat B4
42 Hard Rock Hotel B4
43 Zetter Townhouse Marylebone B4

0 400 m
0 0,2 mile
A
B
C
D
1
2
3
4
5
6
7
Voir plan p. 460
Voir plan p. 466
Voir plan p. 476
Royal Academy of Arts
Piccadilly
Piccadilly Circus
Regent St
Haymarket
St Martin's Pl
Trafalgar Sq
Cockspur St
Charles II St
Jermyn St
Duke of York St
Old Bond St
Albemarle St
Dover St
Berkeley St
Bolton St
MAYFAIR
The Ritz
St James's St
Bury St
Duke St
St James's Sq
Waterloo Pl
Admiralty Arch
Spring Gdns
King St
Pall Mall
ST JAMES'S
St James's Pl
Green Park
Queen's Walk
Marlborough Rd
The Mall
Horse Guards Parade
Horse Guards Rd
Lac du St James's Park
King Charles St
Churchill War Rooms
Constitution Hill
Queen Victoria Monument
St James's Park
Palais de Buckingham
Spur Rd
Birdcage Walk
Old Queen St
Buckingham Palace Gardens
Buckingham Gate
Petty France
Tothill St
Catherine Pl
Palace St
Castle La
Caxton St
Broadway
Victoria St
Abbaye de Westminster
Buckingham Palace Rd
Bressenden Pl
Old Pye St
Howick Pl
Great Peter St
Greycoat Pl
WESTMINSTER
Ashley Pl
Morpeth Tce
Carlisle Pl
Francis St
Greencoat Pl
Rochester Row
Greycoat St
Monck St
Marsham St
Tufton St
Medway St
Horseferry Rd
Wilton Rd
Victoria
Elverton St
Maunsel St
Regency St
Page St
Bridge Pl
Willow Pl
Vincent Sq
Vincent St
Gillingham St
Guildhouse St
Vauxhall Bridge Rd
Hugh St
Eccleston Sq
Belgrave Rd
Hide Pl
Chapter St
Erasmus St
Herrick St
John Islip St
St George's Dr
Warwick Way
PIMLICO
Charlwood St
1
2
4
6
9
10
11
13
14
15
16
17
20
21
22
23
24
25
26
27
28
30
32
33
34
35
36
37
38
39
41
42
43
44
45
46
47
48
49

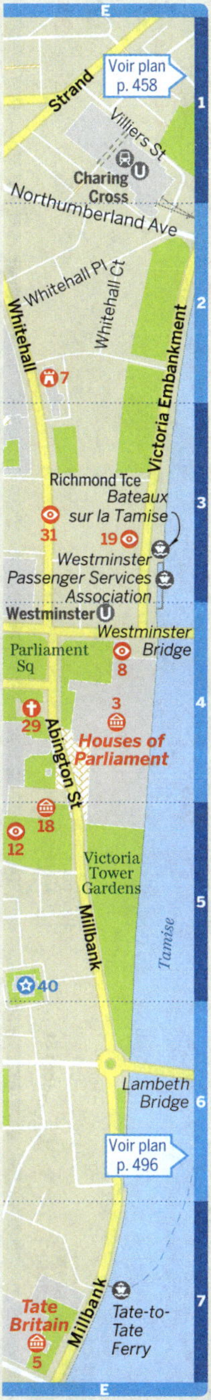

Les incontournables (p. 76)
- 1 Palais de Buckingham A4
- 2 Churchill War Rooms D3
- 3 Houses of Parliament E4
- 4 Royal Academy of Arts B1
- 5 Tate Britain E7
- 6 Abbaye de Westminster D4

À voir (p. 96)
- 7 Banqueting House E2
- 8 Big Ben E4
- 9 Burlington Arcade B1
- 10 Changing the Guard A4
- 11 Clarence House B3
- 12 College Garden E5
- 13 Green Park A2
- 14 Guards Museum C4
- 15 Horse Guards Parade D2
- 16 Household Cavalry Museum D2
- 17 Institute of Contemporary Arts D2
- 18 Jewel Tower E5
- 19 New Scotland Yard Building E3
- 20 No 10 Downing Street D3
- 21 Queen's Chapel B2
- 22 Queen's Gallery A4
- 23 Royal Arcade A1
- 24 Royal Mews A5
- 25 Spencer House B2
- 26 St James's Palace B2
- 27 St James's Park C3
- 28 St James's Piccadilly B1
- 29 St Margaret's Church E4
- 30 Supreme Court D4
- 31 The Cenotaph E3
- 32 Cathédrale de Westminster .. B6

Où se restaurer (p. 108)
- 33 Cafe Murano B2
- 34 Gymkhana A1
- 35 Quilon B5
- 36 The Other Naughty Piglet A5
- 37 The Wolseley B2
- 38 Vincent Rooms C6

Où prendre un verre et faire la fête (p. 119)
- 39 Dukes London B2
- Rivoli Bar .... (voir 48)

Où sortir (p. 124)
- 40 St John's, Smith Square E5

Shopping (p. 127)
- 41 Fortnum & Mason B1
- 42 Hatchards B1
- 43 Paxton & Whitfield B1
- 44 Penhaligon's B1
- 45 Stella McCartney A1
- 46 Taylor of Old Bond Street B1

Où se loger (p. 352)
- 47 Brown's Hotel A1
- 48 Ritz London A2
- 49 St Ermin's Hotel C4

LA CITY

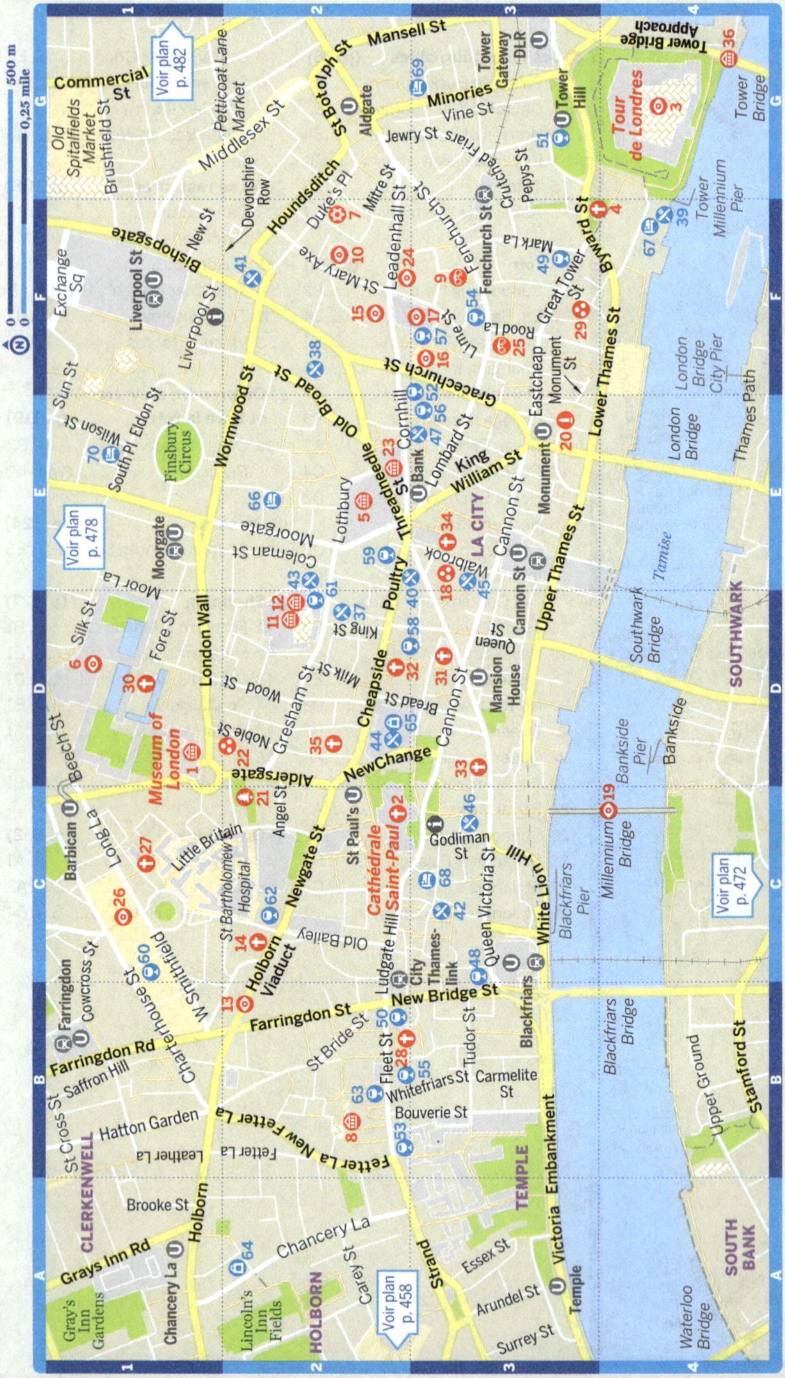

500 m
0,25 mile
Voir plan p. 482
Voir plan p. 478
Voir plan p. 458
Voir plan p. 472
Commercial St
Old Spitalfields Market
Brushfield St
Petticoat Lane Market
Middlesex St
Mansell St
St Botolph St
Aldgate
Minories
Tower Gateway DLR
Vine St
Jewry St
Crutched Friars
Tower Hill
Tour de Londres
Tower Bridge Approach
Tower Bridge
Tower Millennium Pier
Houndsditch
Duke's Pl
Mitre St
Leadenhall St
Fenchurch St
Pepys St
Mark La
Byward St
Devonshire Row
Bishopsgate
New St
Exchange Sq
Liverpool St
Liverpool St
St Mary Axe
Lime St
Great Tower St
Rood La
Eastcheap
Monument St
Lower Thames St
London Bridge City Pier
London Bridge
Thames Path
Sun St
Wilson St
South Pl
Eldon St
Finsbury Circus
Wormwood St
Old Broad St
Gracechurch St
Cornhill
Lombard St
King William St
Bank
Threadneedle St
Lothbury
Moorgate
Coleman St
Moor La
Silk St
Fore St
London Wall
King St
Poultry
Walbrook
LA CITY
Cannon St
Upper Thames St
Tamise
Southwark Bridge
SOUTHWARK
Milk St
Wood St
Gresham St
Cheapside
Bread St
Queen St
Mansion House
Beech St
Museum of London
Noble St
Aldersgate
New Change
Bankside Pier
Bankside
Barbican
Long La
Little Britain
Angel St
St Paul's
Cathédrale Saint-Paul
Godliman St
Queen Victoria St
White Lion Hill
Blackfriars Pier
Millennium Bridge
Cowcross St
Farringdon
Charterhouse St
W Smithfield
St Bartholomew Hospital
Newgate St
Old Bailey
Holborn Viaduct
Ludgate Hill
City Thameslink
Farringdon Rd
Saffron Hill
Farringdon St
St Bride St
New Bridge St
Fleet St
Tudor St
Blackfriars
Blackfriars Bridge
Whitefriars St
Carmelite St
Bouverie St
Upper Ground
Stamford St
St Cross St
Hatton Garden
Leather La
Fetter La
New Fetter La
Brooke St
CLERKENWELL
Holborn
Grays Inn Rd
Chancery La
Chancery La
Gray's Inn Gardens
Lincoln's Inn Fields
HOLBORN
Carey St
Strand
Essex St
Arundel St
Surrey St
TEMPLE
Victoria Embankment
Temple
Waterloo Bridge
SOUTH BANK

LA CITY

Les incontournables **(p. 135)**

1 Museum of London ... D1
2 Cathédrale Saint-Paul ... C2
3 Tour de Londres ... G4

À voir **(p. 144)**

4 All Hallows-by-the-Tower ... F3
5 Bank of England Museum ... E2
6 Barbican ... D1
Barbican Art Gallery ... (voir 6)
Barbican Conservatory ... (voir 6)
7 Bevis Marks Synagogue ... F2
Curve ... (voir 6)
8 Dr Johnson's House ... B2
9 Garden at 120 ... F3
10 Gherkin ... F2
11 Guildhall ... D2
12 Guildhall Art Gallery ... D2
13 Holborn Viaduct ... B2
14 Holy Sepulchre ... C2
15 Leadenhall Building ... F2
16 Leadenhall Market ... F3
17 Lloyd's Building ... F3
18 London Mithraeum ... E3
19 Millennium Bridge ... C4
20 Monument to the Great Fire of London ... E3
21 Postman's Park ... C2
22 Fortification romaine ... D2
23 Royal Exchange ... E2
24 Scalpel ... F2
25 Sky Garden ... F3
26 Smithfield Market ... C1
27 St Bartholomew-the-Great ... C1
28 St Bride's ... B2
29 St Dunstan in the East ... F3
30 St Giles' Cripplegate ... D1
31 St Mary Aldermary ... D3
32 St Mary-le-Bow ... D2
33 St Nicholas Cole Abbey ... D3
34 St Stephen Walbrook ... E3
35 St Vedast-alias-Foster ... D2
36 Tower Bridge Exhibition ... G4

Où se restaurer **(p. 149)**

Angler ... (voir 70)
Bob Bob Cité ... (voir 15)
Café Below ... (voir 32)
37 City Càphê ... D2
38 City Social ... F2
39 Coppa Club ... F4
40 Coq d'Argent ... E3
41 Duck & Waffle ... F2
42 Fat Bear ... C3
Fortnum's Bar & Restaurant ... (voir 23)
43 Hawksmoor Guildhall ... E2
44 Ivy Asia ... D2
45 Kym's ... E3
46 Miyama ... C3
47 Simpsons Tavern ... E3
Sushi Samba ... (voir 41)

Où prendre un verre et faire la fête **(p. 151)**

14 Hills ... (voir 9)
Black Parrot ... (voir 50)
48 Blackfriar ... C3
49 BrewDog Tower Hill ... F3
50 City of London Distillery ... B2
51 cloudM ... G3
52 The Counting House ... F3
53 El Vino ... B2
54 Gobpsy ... F3
55 Hack & Hop ... B2
56 Jamaica Wine House ... E3
57 Lamb Tavern ... F3
58 Merchant House ... D2
59 Nickel Bar ... E2
60 Oriole ... C1
Searcys at the Gherkin ... (voir 10)
61 Trading House ... D2
62 Viaduct Tavern ... C2
63 Ye Olde Cheshire Cheese ... B2

Où sortir **(p. 155)**

Barbican Centre ... (voir 6)

Shopping **(p. 155)**

64 London Silver Vaults ... A2
65 One New Change ... D2

Où se loger **(p. 355)**

66 Apex London Wall ... E2
67 Cheval Three Quays ... F4
CitizenM Tower of London ... (voir 51)
68 London St Paul's YHA ... C3
69 Motel One London-Tower Hill ... G3
70 South Place ... E1
The Ned ... (voir 59)

Légende p. 474

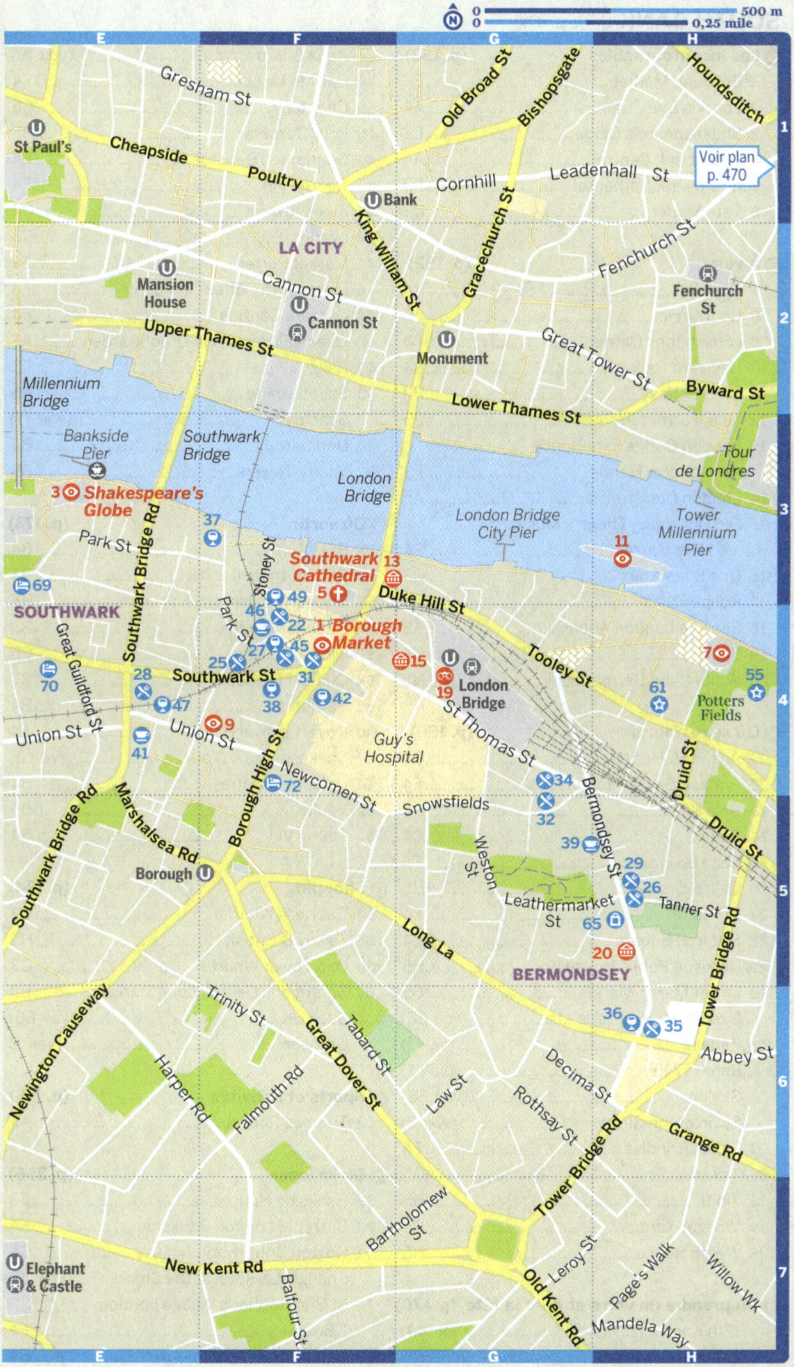
0 500 m
0 0,25 mile
E
F
G
H
1
2
3
4
5
6
7
Voir plan p. 470
Gresham St
St Paul's
Cheapside
Poultry
Old Broad St
Bishopsgate
Houndsditch
Bank
Cornhill
Leadenhall St
LA CITY
King William St
Gracechurch St
Fenchurch St
Mansion House
Cannon St
Cannon St
Fenchurch St
Upper Thames St
Monument
Great Tower St
Byward St
Millennium Bridge
Lower Thames St
Bankside Pier
Southwark Bridge
London Bridge
Tour de Londres
3 Shakespeare's Globe
London Bridge City Pier
Tower Millennium Pier
Park St
37
Stoney St
Southwark Cathedral 13
11
69
Southwark Bridge Rd
5
49
Duke Hill St
SOUTHWARK
46
22
Park St
1 Borough Market
Tooley St
7
Great Guildford St
25
27
45
15
London Bridge
55
70
28
Southwark St
31
19
61
Potters Fields
47
38
42
St Thomas St
Union St
9
Union St
Guy's Hospital
41
Borough High St
Druid St
Newcomen St
72
34
Snowsfields
Bermondsey St
Southwark Bridge Rd
Marshalsea Rd
32
Druid St
Weston St
39
29
Borough
26
Leathermarket St
Tanner St
65
Long La
20
Tower Bridge Rd
BERMONDSEY
Trinity St
36
35
Newington Causeway
Great Dover St
Tabard St
Abbey St
Decima St
Harper Rd
Falmouth Rd
Law St
Rothsay St
Grange Rd
Tower Bridge Rd
Bartholomew St
Elephant & Castle
New Kent Rd
Leroy St
Page's Walk
Willow Wk
Balfour St
Old Kent Rd
Mandela Way

SOUTH BANK *Carte p. 472*

KENSINGTON ET HYDE PARK *Plan p. 476*

Les incontournables (p. 178)
1 Apsley House F3
2 Hyde Park D2
3 Kensington Palace........ A3
4 Natural History Museum C4
5 Science Museum C4
6 Victoria & Albert Museum C4

À voir (p. 187)
7 Albert Memorial B3
8 Brompton Oratory C4
9 Carlyle's House D7
10 Chelsea Old Church...... C7
11 Chelsea Physic Garden........................E7
12 Diana, Princess of Wales Memorial Fountain C2
Elfin Oak .... (voir 67)
13 Holocaust Memorial Garden........................E3
14 Italian Gardens..............C1
15 Kensington Gardens..... B2
16 King's Road................... D6
17 Michelin House............. D5
18 National Army Museum E6
19 Statue de Peter Pan......C2
20 Rose Garden...................E3
21 Royal Albert Hall B3
22 Royal College of Music Museum.......... B4
23 Royal Hospital Chelsea E6
24 Saatchi Gallery E5
25 Serpentine Gallery........ C3
26 Serpentine Lake........... D2
27 Serpentine Sackler Gallery C2
28 Speakers' Corner.......... E1
29 The Arch........................ C2
30 Wellington Arch F3
Wildlife Photographer of the Year ....(voir 4)

Où se restaurer (p. 193)
31 A Wong.......................... G5
32 Bar Boulud E3
33 Cambio de Tercio B6
34 Comptoir Libanais C5
35 Dinner by Heston Blumenthal E3
36 Five Fields E5
37 Gordon Ramsay E7
38 Kazan............................ G5
39 Kensington Palace Pavilion A2
40 Launceston Place A4
41 Market Hall Victoria...... G4
42 Medlar C7
43 Pimlico Fresh................ G5
44 Rabbit D6
V&A Cafe................(voir 6)
45 Wulf & Lamb E5
46 Zuma D3

Où prendre un verre et faire la fête (p. 198)
47 Anglesea Arms C6
48 Coffee Bar..................... D4
49 Drayton Arms B6
50 K Bar B5
51 Queen's Arms............... B4
52 Tomtom Coffee House F5

Où sortir (p. 199)
53 Cadogan Hall E5
54 Pheasantry D6
Royal Albert Hall..................... (voir 21)
55 Royal Court Theatre E5

Shopping (p. 199)
56 Church's........................ D4
Conran Shop .... (voir 17)
57 Harrods D4
58 Harvey Nichols E3
59 Jo Loves F5
60 John Sandoe Books.......E5
61 Penhaligon's E5
62 Peter Harrington C6
63 Peter Jones.....................E5
64 Pickett E5
65 Pylones......................... G5
66 V&A Shop...................... C4

Sports et activités (p. 201)
67 Diana, Princess of Wales Memorial Playground A2
68 Pure Gym C5
Royal Albert Hall Behind the Scenes Tours .... (voir 21)
Royal Albert Hall Tour............ (voir 21)
69 Serpentine Boathouse D2
70 Serpentine Lido............ C3
Serpentine SolarShuttle Boat .... (voir 69)
71 Will to Win (Hyde Park Tennis & Sports Centre) C3
72 Winter Wonderland E2

Où se loger (p. 357)
73 Ampersand Hotel.......... C5
74 Artist Residence........... G5
75 Aster House.................. C5
76 Astor Hyde Park........... B3
77 Blakes B6
78 Cherry Court Hotel G5
79 Gore B4
80 Lime Tree Hotel..............F5
81 Luna Simone Hotel....... H5
82 Meininger B5
83 Number Sixteen C5
84 Windermere Hotel G6

Légende p. 475

KENSINGTON ET HYDE PARK

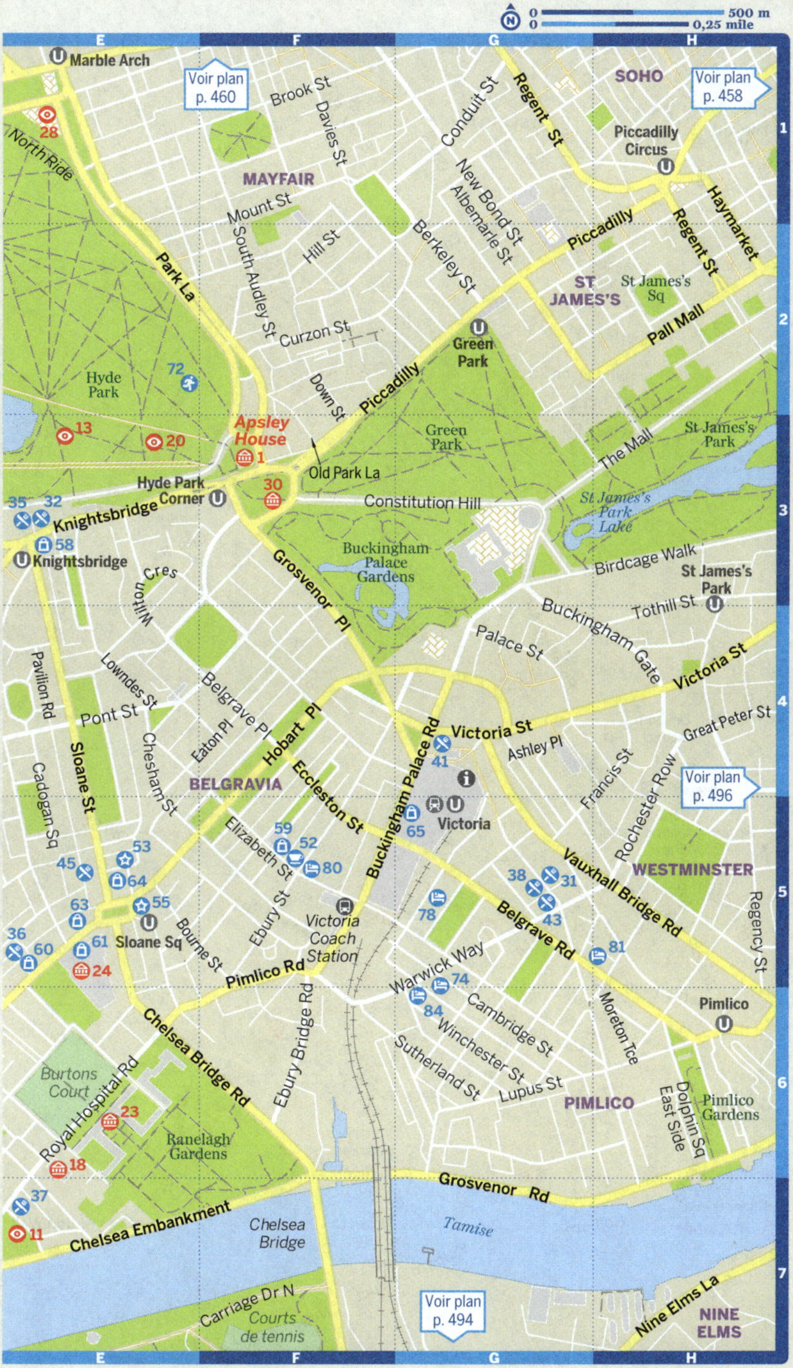
0 500 m
0 0,25 mile
E
F
G
H
1
2
3
4
5
6
7
Marble Arch
Voir plan p. 460
Voir plan p. 458
Voir plan p. 496
Voir plan p. 494
SOHO
MAYFAIR
ST JAMES'S
BELGRAVIA
WESTMINSTER
PIMLICO
NINE ELMS
Brook St
Davies St
Conduit St
Regent St
Piccadilly Circus
Haymarket
New Bond St
Albemarle St
Mount St
South Audley St
Hill St
Berkeley St
Piccadilly
St James's Sq
Pall Mall
North Ride
Park La
Curzon St
Green Park
Hyde Park
Down St
Apsley House
Old Park La
The Mall
St James's Park
Hyde Park Corner
Constitution Hill
St James's Park Lake
Knightsbridge
Buckingham Palace Gardens
Birdcage Walk
Wilton Cres
Grosvenor Pl
Tothill St
Buckingham Gate
Palace St
Victoria St
Pavilion Rd
Lowndes St
Belgrave Pl
Pont St
Eaton Pl
Hobart Pl
Victoria St
Ashley Pl
Great Peter St
Francis St
Rochester Row
Chesham St
Eccleston St
Buckingham Palace Rd
Cadogan Sq
Sloane St
Victoria
Elizabeth St
Vauxhall Bridge Rd
Regency St
Belgrave Rd
Sloane Sq
Bourne St
Ebury St
Victoria Coach Station
Pimlico Rd
Warwick Way
Cambridge St
Winchester St
Moreton Tce
Pimlico
Chelsea Bridge Rd
Ebury Bridge Rd
Sutherland St
Lupus St
Burtons Court
Royal Hospital Rd
Ranelagh Gardens
Dolphin Sq
East Side
Pimlico Gardens
Grosvenor Rd
Chelsea Embankment
Chelsea Bridge
Tamise
Carriage Dr N
Courts de tennis
Nine Elms La
28
72
13
20
1
30
35
32
58
41
65
59
52
80
53
45
64
63
55
36
60
61
24
38
31
43
78
81
74
84
23
18
37
11

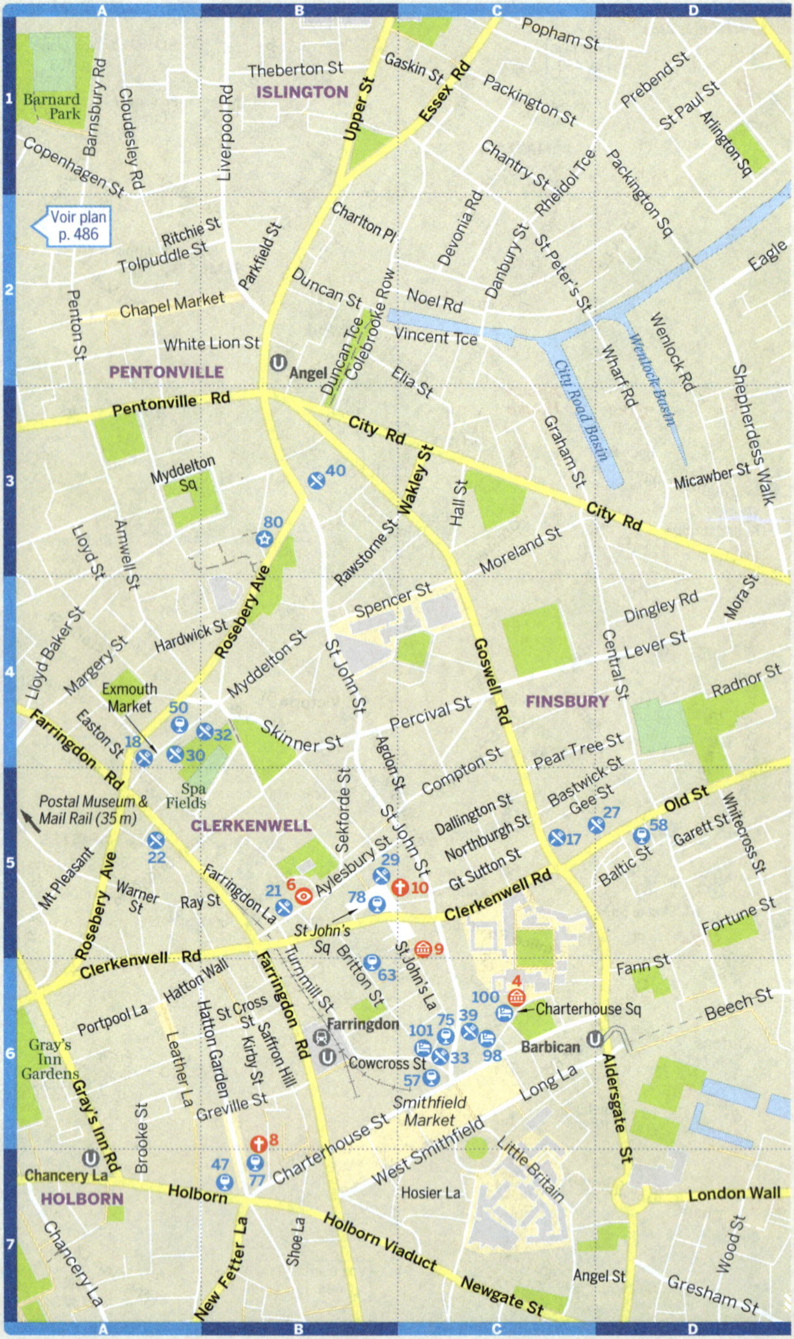
A
B
C
D
1
2
3
4
5
6
7
ISLINGTON
PENTONVILLE
FINSBURY
CLERKENWELL
HOLBORN
Barnard Park
Voir plan p. 486
Theberton St
Upper St
Gaskin St
Essex Rd
Popham St
Packington St
Prebend St
St Paul St
Arlington Sq
Barnsbury Rd
Cloudesley Rd
Liverpool Rd
Copenhagen St
Chantry St
Rheidol Tce
Packington Sq
Charlton Pl
Devonia Rd
Danbury St
St Peter's St
Eagle
Ritchie St
Tolpuddle St
Parkfield St
Duncan St
Colebrooke Row
Noel Rd
Penton St
Chapel Market
White Lion St
Duncan Tce
Vincent Tce
City Road Basin
Wharf Rd
Wenlock Basin
Wenlock Rd
Shepherdess Walk
Angel
Elia St
Pentonville Rd
City Rd
Wakley St
Graham St
Micawber St
Myddelton Sq
Hall St
Lloyd St
Amwell St
Rosebery Ave
Rawstorne St
Moreland St
Spencer St
Dingley Rd
Mora St
Lloyd Baker St
Margery St
Hardwick St
Myddelton St
St John St
Goswell Rd
Central St
Lever St
Radnor St
Exmouth Market
Farringdon Rd
Easton St
Skinner St
Percival St
Agdon St
Compton St
Pear Tree St
Bastwick St
Gee St
Old St
Garett St
Whitecross St
Spa Fields
Sekforde St
Dallington St
Northburgh St
Gt Sutton St
Baltic St
Postal Museum & Mail Rail (35 m)
Mt Pleasant
Warner St
Ray St
Farringdon La
Aylesbury St
St John St
Clerkenwell Rd
Fortune St
St John's Sq
Britton St
St John's La
Fann St
Hatton Wall
Turnmill St
Portpool La
St Cross St
Saffron Hill
Farringdon
Charterhouse Sq
Beech St
Gray's Inn Gardens
Leather La
Hatton Garden
Kirby St
Cowcross St
Barbican
Gray's Inn Rd
Greville St
Smithfield Market
Long La
Aldersgate St
Brooke St
Charterhouse St
West Smithfield
Little Britain
Chancery La
Holborn
Hosier La
London Wall
Holborn Viaduct
New Fetter La
Shoe La
Angel St
Wood St
Chancery La
Newgate St
Gresham St
1
2
3
4
5
6
7
A
B
C
D
40
80
50
32
18
30
22
27
17
58
29
21
6
10
78
9
63
4
100
75
39
101
33
98
57
8
47
77

0 500 m
0 0,25 mile
E
F
G
H
1
2
3
4
5
6
7
Regent's Canal
Baring St
Wharf Rd
Poole St
Shoreditch Park
Penn St
Hyde Rd
Orsman St
59
Phillipp St
Kingsland Rd
Dunston Rd
Haggerston Rd
Queensbridge Rd
Laburnum St
Whiston Rd
Thurtle Rd
Hows St
Nuttall St
Hemsworth St
New North Rd
Mintern St
Ivy St
Purcell St
Hoxton St
Stanway St
Pitfield St
Museum of the Home
2
Geffrye St
Ormsby St
Appleby St
11
Dunloe St
Dunloe St
Wenlock St
Crondall St
Falkirk St
24
38
Hoxton
Cremer St
Hackney Rd
Diss St
Ravenscroft St
HOXTON
Provost St
Bevenden St
Fanshaw St
Haberdasher St
Nile St
Britannia Wk
East Rd
Chart St
Bowling Green Walk
49
56
97
Columbia Rd
61
73
71
65
28
City Rd
Peerless St
Brunswick Pl
20
44
Virginia Rd
Voir plan p. 482
69
81
Old St
51
52
66
Rivington St
Curtain Rd
95
Boundary St
Brick La
93
Bath St
72
Old St
76
Great Eastern St
89
35
99
43
Bateman's Row
Shoreditch High St
Club Row
91
88
48
Bethnal Green Rd
31
14
13
15
79
53
Featherstone St
Leonard St
46
68
96
Redchurch St
36
19
Clere St
Luke St
Holywell La
Sclater St
85
3
12
SHOREDITCH
Bunhill Fields
Epworth St
Paul St
84
Shoreditch High St
ST LUKE'S
62
Quaker St
70
Worship St
SPITALFIELDS
16
Bunhill Row
Finsbury Sq
45
Clifton St
Appold St
Dennis Severs' House
Commercial St
26
42
92
1
Folgate St
7
83
Earl St
Exchange Sq
Spital Sq
Lamb St
87
34
Hanbury St
82
Chiswell St
41
67
23
Old Spitalfields Market
60
Sun St
90
74
Wilson St
94
Fournier St
Silk St
Brushfield St
5
Moor La
Moorfields
South Pl
Liverpool St
Bishopsgate
64
Fashion St
Brick La
Moorgate
Finsbury Circus
Eldon St
25
Brune St
86
Moorgate
Liverpool St
New St
Middlesex St
37
Wentworth St
54
Wormwood St
Petticoat Lane Market
55
Goulston St
Whitechapel Gallery (60 m)
Houndsditch
Coleman St
Moorgate
Voir plan p. 470
Aldgate East

CLERKENWELL, SHOREDITCH ET SPITALFIELDS

EAST LONDON *Plan p. 482*

EAST LONDON

Légende p. 481

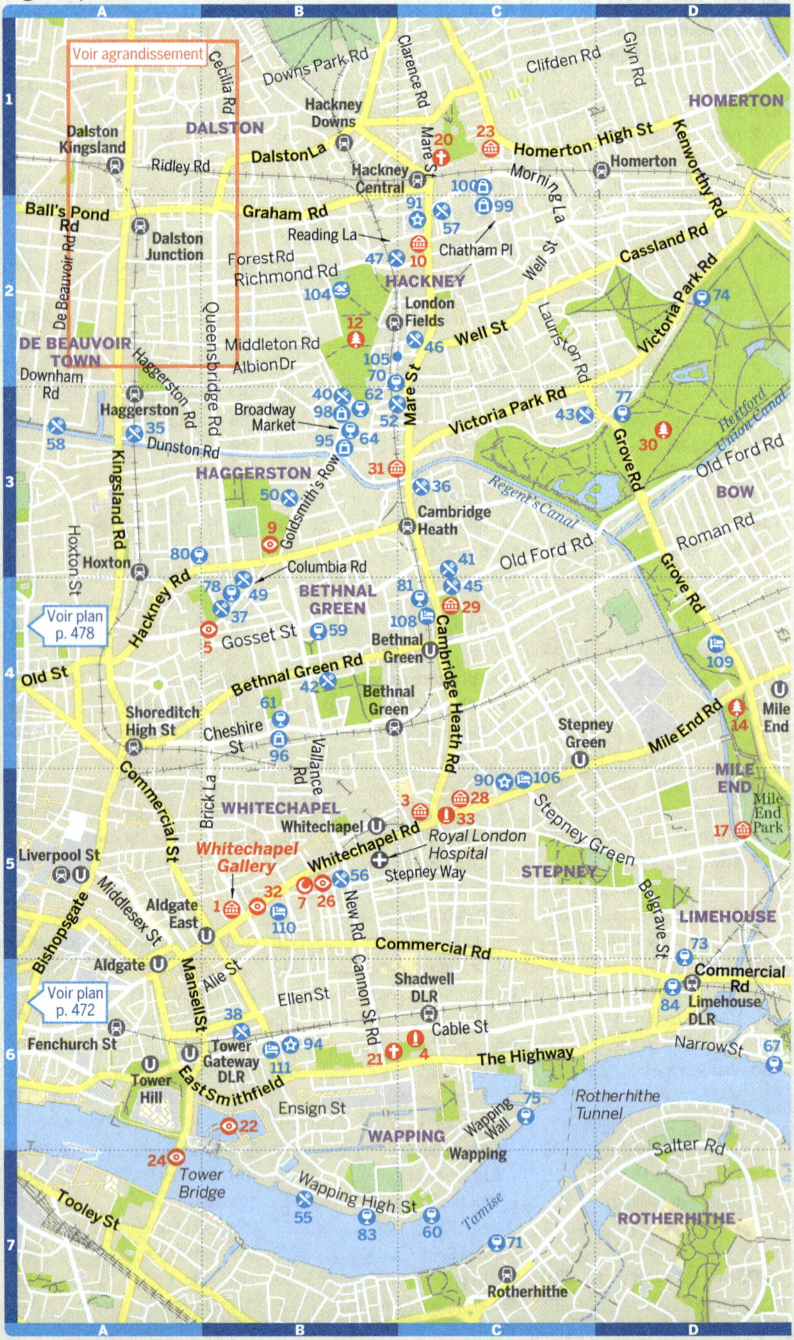

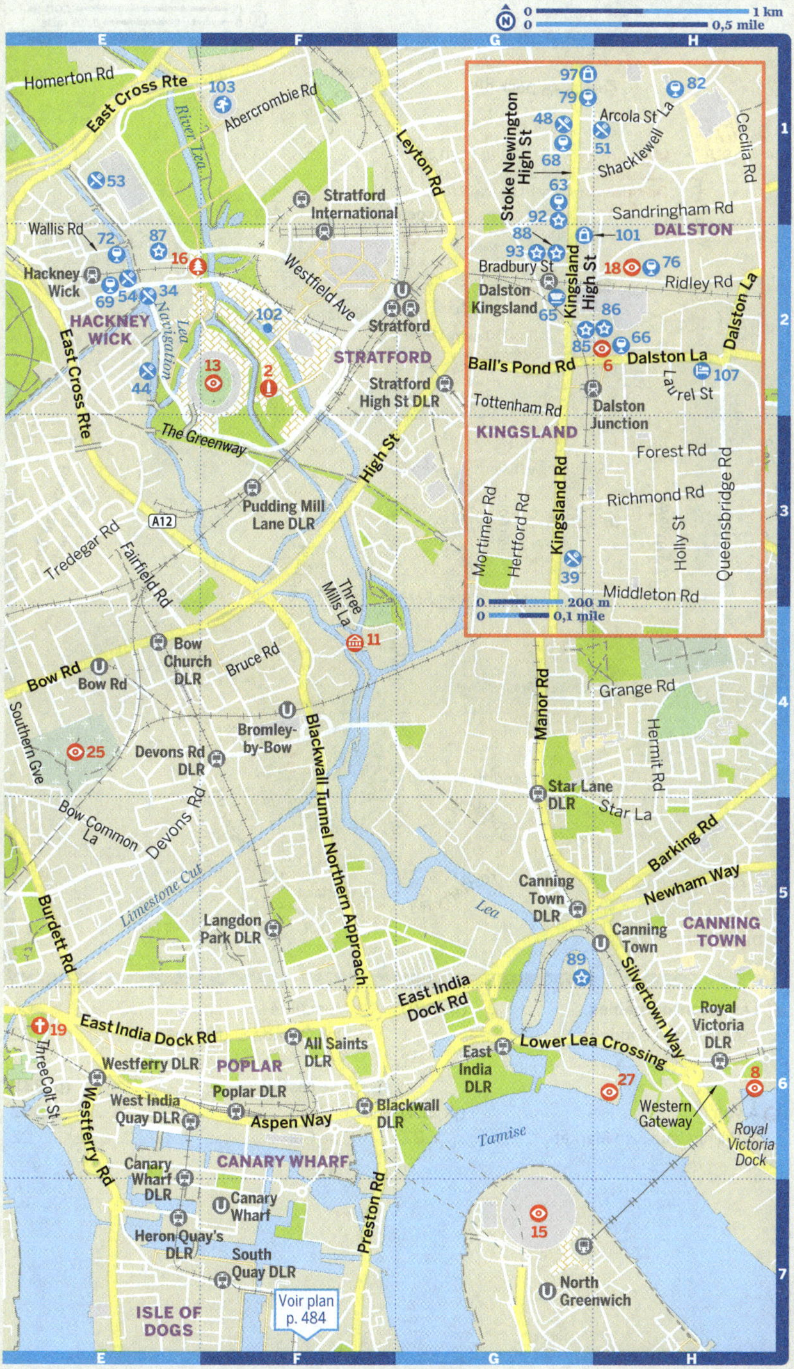
0 1 km
0 0,5 mile
E
F
G
H
1
2
3
4
5
6
7
Homerton Rd
East Cross Rte
103
Abercrombie Rd
River Lea
Leyton Rd
53
Stratford International
Wallis Rd
72
87
16
Hackney Wick
69
54
34
Westfield Ave
Stratford
HACKNEY WICK
102
Lea Navigation
13
2
STRATFORD
44
Stratford High St DLR
The Greenway
High St
Pudding Mill Lane DLR
A12
Tredegar Rd
Fairfield Rd
Three Mills La
11
Bow Rd
Bow Church DLR
Bruce Rd
Bromley-by-Bow
Blackwall Tunnel Northern Approach
Southern Gve
25
Devons Rd DLR
Bow Common La
Devons Rd
Limestone Cut
Burdett Rd
Langdon Park DLR
19
East India Dock Rd
ThreeColt St
Westferry DLR
POPLAR
All Saints DLR
West India Quay DLR
Poplar DLR
Aspen Way
Blackwall DLR
Westferry Rd
CANARY WHARF
Canary Wharf DLR
Canary Wharf
Heron Quay's DLR
South Quay DLR
Preston Rd
ISLE OF DOGS
Voir plan p. 484
97
79
82
Stoke Newington High St
48
Arcola St
Shacklewell La
Cecilia Rd
51
68
63
92
Sandringham Rd
DALSTON
88
101
93
Bradbury St
18
76
Ridley Rd
Dalston Kingsland
Kingsland High St
65
86
Dalston La
85
66
Ball's Pond Rd
6
Dalston La
107
Laurel St
Tottenham Rd
Dalston Junction
KINGSLAND
Forest Rd
Kingsland Rd
Richmond Rd
Mortimer Rd
Hertford Rd
Holly St
Queensbridge Rd
39
Middleton Rd
0 200 m
0 0,1 mile
Manor Rd
Grange Rd
Hermit Rd
Star Lane DLR
Star La
Barking Rd
Canning Town DLR
Newham Way
Lea
Canning Town
CANNING TOWN
89
Silvertown Way
East India Dock Rd
Royal Victoria DLR
East India DLR
Lower Lea Crossing
27
8
Western Gateway
Royal Victoria Dock
Tamise
15
North Greenwich

Les incontournables (p. 230)

1 Museum of London Docklands A1

À voir (p. 224)

2 Billingsgate Fish Market B2
3 Mudchute C4
4 One Canada Square B2

Où se restaurer (p. 231)

5 Plateau B2
6 The Gun C2

Les incontournables (p. 256)

1 Hampstead Heath B3
2 Highgate Cemetery D2
3 Kenwood House B2

À voir (p. 255)

4 2 Willow Road B3
5 Fenton House A3
6 Highgate Wood C1
7 Keats House B4
8 Parliament Hill C3

Où se restaurer (p. 262)

9 Gaucho A3
10 Ginger & White A4
11 La Cage Imaginaire A4
12 Stag B4
13 Wells Tavern A3
14 Woodlands A3

Où prendre un verre et faire la fête (p. 267)

15 Bull & Gate D4
16 Flask C2
17 Garden Gate B4
18 Holly Bush A3
19 Spaniard's Inn A2

Où sortir (p. 269)

20 Boogaloo D1
21 O2 Forum D4

Shopping (p. 271)

Exclusivo .... (voir 11)

Sports et activités (p. 273)

22 Hampstead Heath Ponds B3
23 Visite guidée de Highgate Cemetery C2

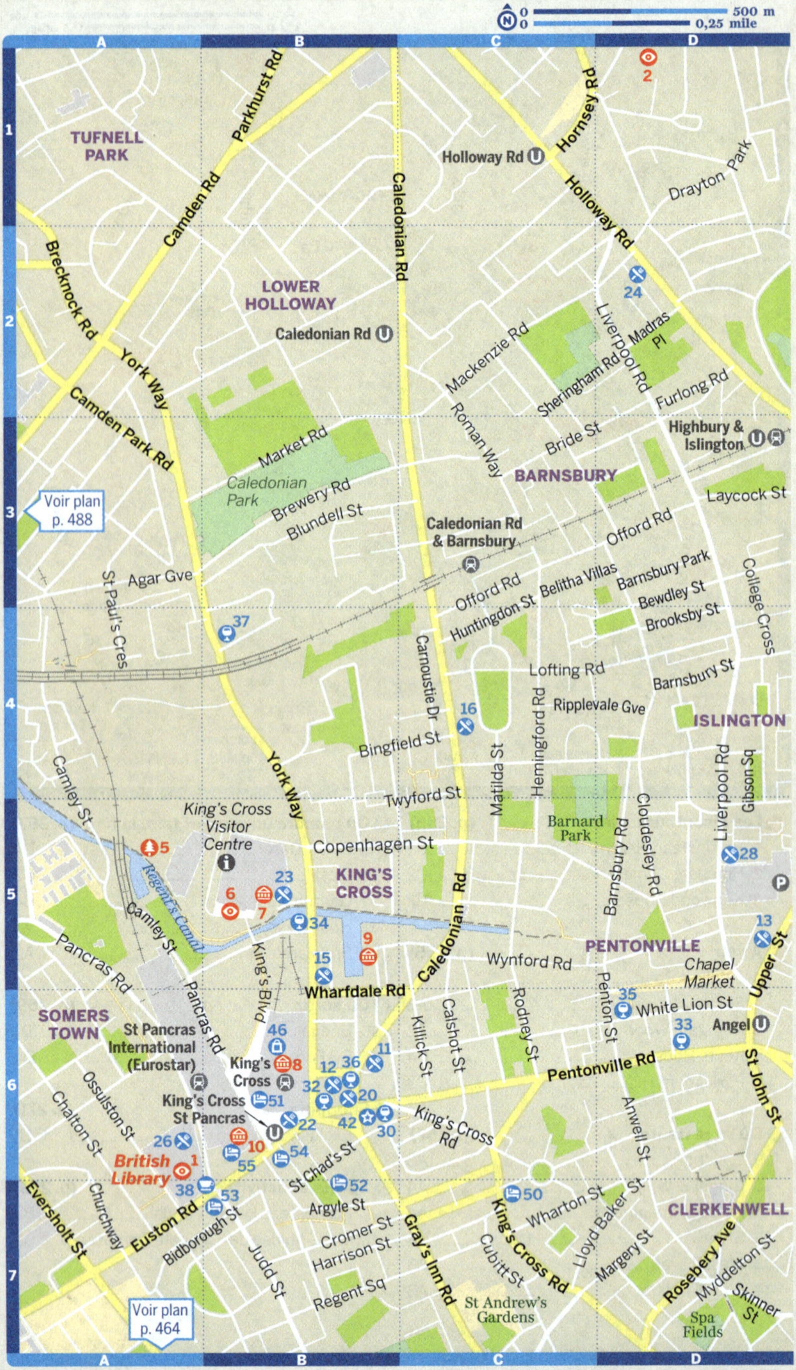
0 500 m
0 0,25 mile
A
B
C
D
1
2
3
4
5
6
7
TUFNELL PARK
Parkhurst Rd
Camden Rd
Caledonian Rd
Holloway Rd
Hornsey Rd
Holloway Rd
Drayton Park
2
Brecknock Rd
LOWER HOLLOWAY
Caledonian Rd
24
York Way
Camden Park Rd
Mackenzie Rd
Liverpool Rd
Madras Pl
Sheringham Rd
Furlong Rd
Roman Way
Bride St
Highbury & Islington
Market Rd
Caledonian Park
Brewery Rd
Blundell St
BARNSBURY
Laycock St
Voir plan p. 488
Caledonian Rd & Barnsbury
Offord Rd
Agar Gve
Offord Rd
Belitha Villas
Barnsbury Park
Bewdley St
Brooksby St
College Cross
St Paul's Cres
37
Huntingdon St
Carnoustie Dr
Lofting Rd
Barnsbury St
16
Ripplevale Gve
ISLINGTON
Bingfield St
Matilda St
Hemingford Rd
Camley St
York Way
Twyford St
Barnard Park
Cloudesley Rd
Liverpool Rd
Gibson Sq
King's Cross Visitor Centre
5
Copenhagen St
28
Regent's Canal
23
KING'S CROSS
Caledonian Rd
Barnsbury Rd
6
7
Camley St
34
13
Upper St
9
PENTONVILLE
Pancras Rd
King's Blvd
15
Wynford Rd
Chapel Market
Wharfdale Rd
Penton St
35
White Lion St
SOMERS TOWN
St Pancras International (Eurostar)
46
Killick St
Calshot St
Rodney St
33
Angel
Pancras Rd
King's Cross
8
11
12
36
Pentonville Rd
Ossulston St
King's Cross St Pancras
51
32
20
St John St
Chalton St
26
10
22
42
30
King's Cross Rd
Anwell St
British Library
1
55
54
St Chad's St
38
53
52
50
Wharton St
Lloyd Baker St
Eversholt St
Churchway
Euston Rd
Bidborough St
Argyle St
King's Cross Rd
CLERKENWELL
Judd St
Cromer St
Harrison St
Gray's Inn Rd
Cubitt St
Margery St
Rosebery Ave
Myddelton St
Regent Sq
St Andrew's Gardens
Skinner St
Voir plan p. 464
Spa Fields

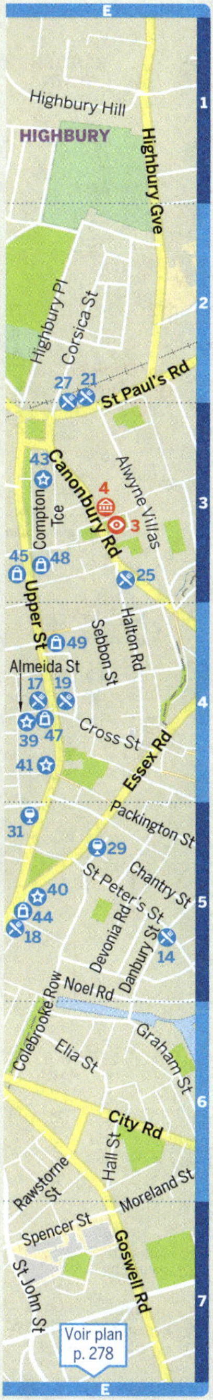

Les incontournables (p. 246)

1 British Library A6

À voir (p. 257)

2 Arsenal Emirates Stadium .. D1
3 Canonbury Square E3
4 Estorick Collection of Modern Italian Art E3
5 Gasholder Park A5
6 Granary Square B5
7 House of Illustration B5
8 King's Cross Station B6
9 London Canal Museum B5
10 St Pancras Station & Hotel B6

Où se restaurer (p. 258)

11 Addis B6
12 Bar Pepito B6
Caravan .... (voir 6)
13 Chilango D5
14 Duke of Cambridge E5
15 Ekachai B5
16 Iberia C4
Kipferl .... (voir 44)
17 Le Mercury E4
18 Oldroyd E5
19 Ottolenghi E4
20 Piebury Corner B6
21 Prawn on the Lawn E2
22 Real Food Market B6
23 Ruby Violet B5
24 Sambal Shiok D2
25 Smokehouse E3
26 Terrace Cafe & Restaurant A6
27 Trullo E2
28 Yipin China D5

Où prendre un verre et faire la fête (p. 268)

29 69 Colebrooke Row E5
30 Big Chill B6
Booking Office Bar & Restaurant .... (voir 55)
31 Bull E5
32 Camino B6
33 Castle D6
34 Chapel Down Gin Works B5
35 Craft Beer Co D6
36 Drink, Shop & Do B6
37 Egg LDN B4
38 Origin Coffee Roasters B7

Où sortir (p. 269)

39 Almeida E4
40 Angel Comedy E5
41 King's Head Theatre E4
42 Scala B6
43 Union Chapel E3

Shopping (p. 271)

Annie's Vintage Costume & Textiles .... (voir 44)
44 Camden Passage Market E5
45 Gill Wing Gifts E3
46 Harry Potter Shop at Platform 9¾ B6
Housmans .... (voir 20)
47 Mary's Living & Giving Shop E4
48 Sampler E3
49 Twentytwentyone E4

Où se loger (p. 361)

50 Clink78 .... C7
51 Great Northern Hotel B6
52 Gyle B7
53 London St Pancras YHA B7
54 Megaro B6
55 St Pancras Renaissance Hotel London B6

A
B
C
D
1
2
3
4
5
6
7
BELSIZE PARK
KENTISH TOWN
Voir plan p. 485
Belsize Gve
Antrim Rd
Haverstock Hill
Maitland Park Villas
Queen's Cres
Malden Rd
Rhyl St
Athlone St
Grafton Rd
Belsize Park Gardens
England's La
Marsden St
Kentish Town West
Hampstead Theatre (440 m)
Steele's Rd
Prince of Wales Rd
Ferdinand St
Harmood St
21
Eton Ave
Eton Rd
Eton College Rd
Hartland Rd
Merton Rise
Fellows Rd
Chalk Farm
Adelaide Rd
30
Chalk Farm Rd
20
Kentish Town Rd
King Henry's Rd
Regent's Park Rd
26
9
Camden Market
King Henry's Rd
Primrose Hill Rd
31
1
16
Elsworthy Rd
Ainger Rd
Gloucester Ave
13
14
Jamestown Rd
25
Chalcot Rd
PRIMROSE HILL
Fitzroy Rd
Gloucester Cres
Inverness St
Camden Town
6
Oval Rd
12
Primrose Hill
Regent's Park Rd
23
Gloucester Ave
24
28
Parkway
4
27
11
Prince Albert Rd
St Edmund's Tce
Ave Rd
32
18
Albert St
Townshend Rd
7
3
ZSL London Zoo
Regent's Canal
Mornington Tce
Park Village East
Albany St
Outer Circle
Outer Circle
Regent's Park
Lord's Cricket Ground (200 m) ; Abbey Road Studios (1 km)
Redhill St
8
5
Chester Rd
29
Inner Circle
Queen Mary's Gardens
REGENT'S PARK
Lac d'agrément
Park Rd
Inner Circle
Regent's Park
Outer Circle
Albany St
Sussex La
Paveley St
York Bridge
Voir plan p. 490
Outer Circle
Park Square Gardens
Rossmore Rd
Balcombe St
Gloucester Pl
Park Rd
Outer Circle
York Tce
Lisson Gve
Baker St
Allsop Pl
York Tce
Voir plan p. 466
Harley St
Regent's Park
Great Portland St
Marylebone
Baker St
Marylebone Rd
MARYLEBONE

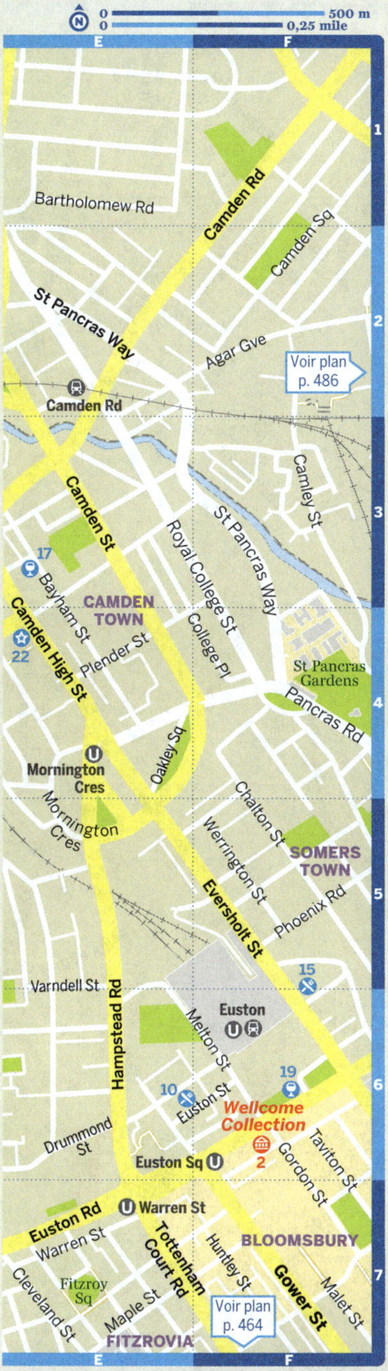

0 500 m
0 0,25 mile
E
F
1
2
3
4
5
6
7
Bartholomew Rd
Camden Rd
Camden Sq
St Pancras Way
Agar Gve
Voir plan p. 486
Camden Rd
Camley St
Camden St
Royal College St
St Pancras Way
17
Bayham St
CAMDEN TOWN
Camden High St
22
Plender St
College Pl
St Pancras Gardens
Pancras Rd
Oakley Sq
Mornington Cres
Mornington Cres
Chalton St
Werrington St
SOMERS TOWN
Eversholt St
Phoenix Rd
15
Varndell St
Hampstead Rd
Euston
Melton St
19
10
Euston St
Wellcome Collection
2
Drummond St
Euston Sq
Gordon St
Tavitton St
Euston Rd
Warren St
Warren St
Tottenham Court Rd
Huntley St
BLOOMSBURY
Gower St
Malet St
Cleveland St
Fitzroy Sq
Maple St
FITZROVIA
Voir plan p. 464
E
F

NOTTING HILL ET WEST LONDON

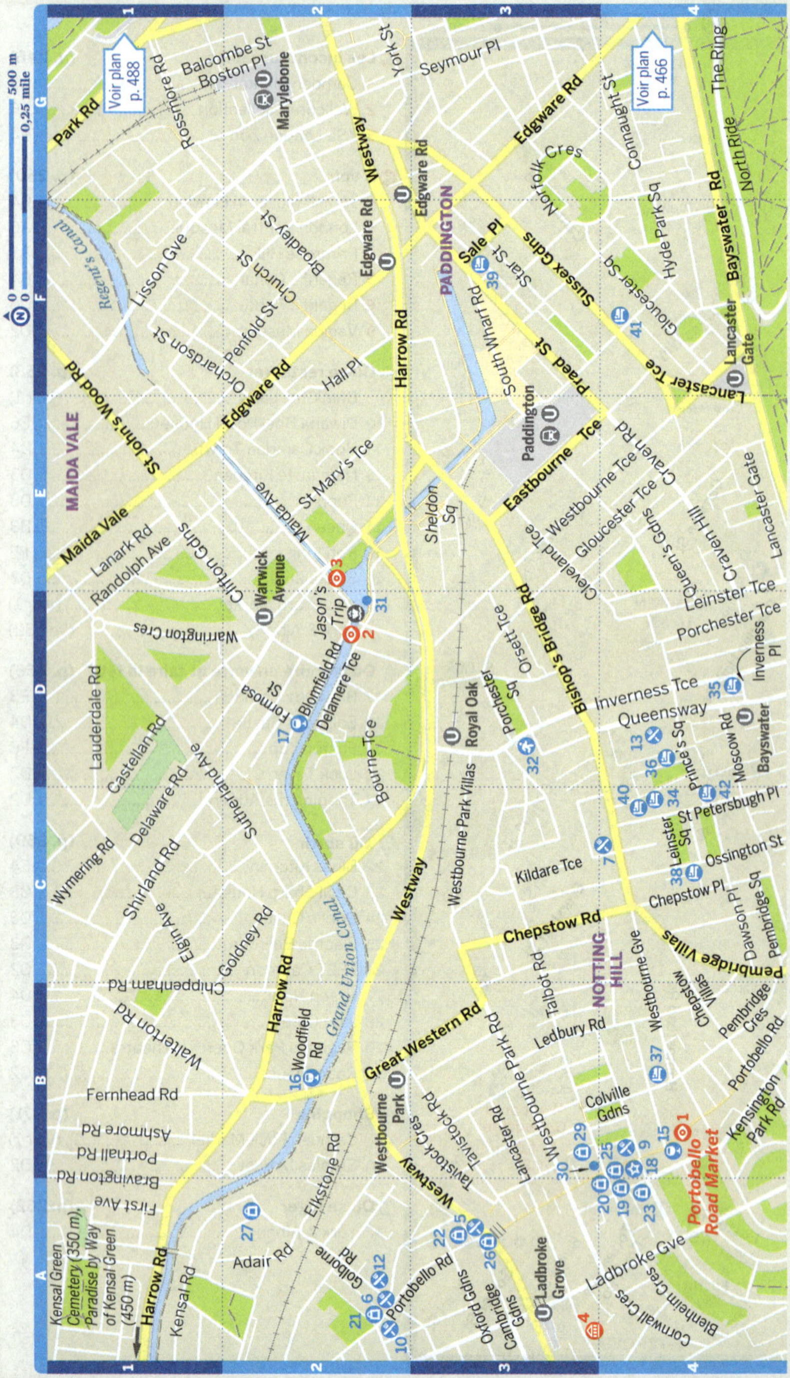

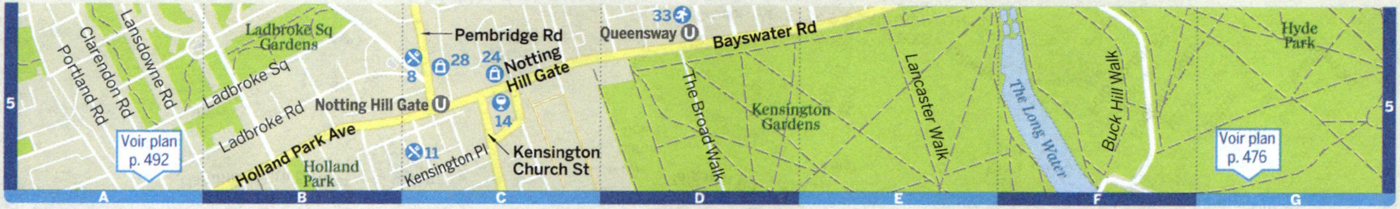

Les incontournables (p. 278)
1 Portobello Road Market B4

À voir (p. 276)
2 Grand Union Canal D2
3 Little Venice E2
4 Museum of Brands A3

Où se restaurer (p. 280)
5 Acklam Village Market A3
Arancina .... (voir 8)
6 Cockney's Pie and Mash A2
7 Farmacy C4
8 Fish House C5
9 Honest Burgers B4
10 Lowry & Baker A2
11 Mazi C5
12 Snaps + Rye A2
13 Urban Social D4

Prendre un verre et faire la fête (p. 284)
14 Notting Hill Arts Club C5
15 Portobello Star B4
16 Union Tavern B2
17 Waterway D2

Où sortir (p. 286)
18 Electric Cinema B4
Puppet Theatre Barge .... (voir 3)

Shopping (p. 287)
Adam .... (voir 26)
19 Biscuiteers A4
20 Ceramica Blue A4
Chinese Tea Company .... (voir 26)
21 Found and Vision A2
22 Honest Jon's A3
23 Lutyens & Rubinstein A4
24 Music & Video Exchange C5
25 Notting Hill Bookshop B4
26 Portobello Green Arcade A3
27 Rellik A2
28 Retro Woman Clothing Exchange C5
29 Rough Trade West B3

Sports et activités (p. 289)
30 Ginstitute B3
31 London Waterbus Company D2
32 Porchester Spa D3
33 Queens Ice & Bowl D5

Où se loger (p. 362)
34 Garden Court Hotel C4
35 La Suite West D4
36 London House Hotel D4
37 Main House B4
38 New Linden Hotel C4
39 Point A Hotel F3
40 Space Apart Hotel C4
41 Stylotel F4
42 Vancouver Studios C4

WEST LONDON : SHEPHERD'S BUSH ET EARL'S COURT

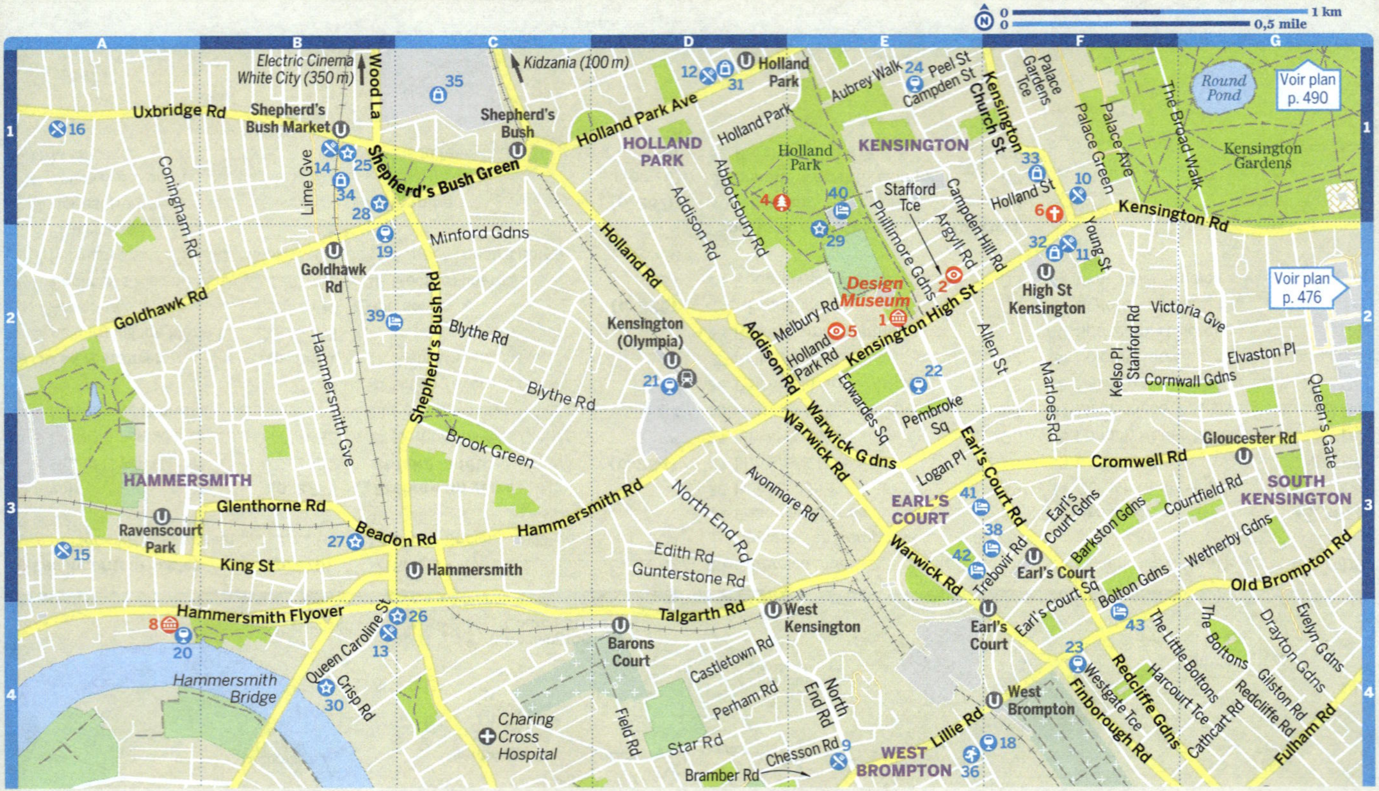

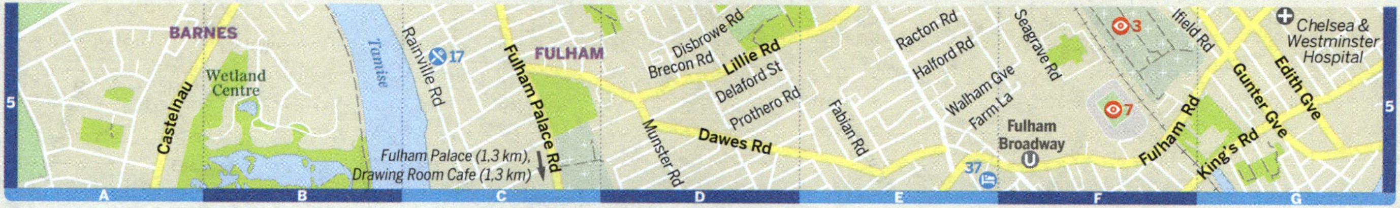

Les incontournables (p. 277)

1 Design Museum E2

À voir (p. 279)

2 18 Stafford Terrace E2
3 Brompton Cemetery F5
4 Holland Park D1
5 Leighton House E2
6 St Mary Abbots F1
7 Stamford Bridge F5
8 William Morris Society A4

Où se restaurer (p. 283)

9 222 .... E4
10 Dirty Bones F1
11 Dishoom F2
12 Flat Three D1
13 Gate B4
14 Mr Falafel B1
15 Potli A3
16 Princess Victoria A1
17 River Cafe C5

Où prendre un verre et faire la fête (p. 285)

18 Atlas F4
19 Brew Dog B2
20 Dove A4
Library Bar .... (voir 25)
21 Pergola Olympia D2
22 Scarsdale Tavern E2
23 Troubadour F4
24 Windsor Castle E1

Où sortir (p. 286)

25 Bush Theatre B1
26 Eventim Apollo C4
27 Lyric Hammersmith B3
28 O2 Shepherd's Bush Empire B1
29 Opera Holland Park E2
30 Riverside Studios B4

Shopping (p. 287)

31 Daunt Books D1
32 Japan House F2
33 Royal Trinity Hospice F1
34 Shepherd's Bush Market B1
35 Westfield C1

Sports et activités (p. 290)

36 Roberson Wine E4

Où se loger (p. 362)

37 Barclay House E5
38 K + K Hotel George F3
39 Melrose Gardens B2
40 Safestay Holland Park E1
41 St James Backpackers Hostel E3
42 Twenty Nevern Square E3
43 YHA Earl's Court F4

SOUTH LONDON : BRIXTON, CLAPHAM ET BATTERSEA

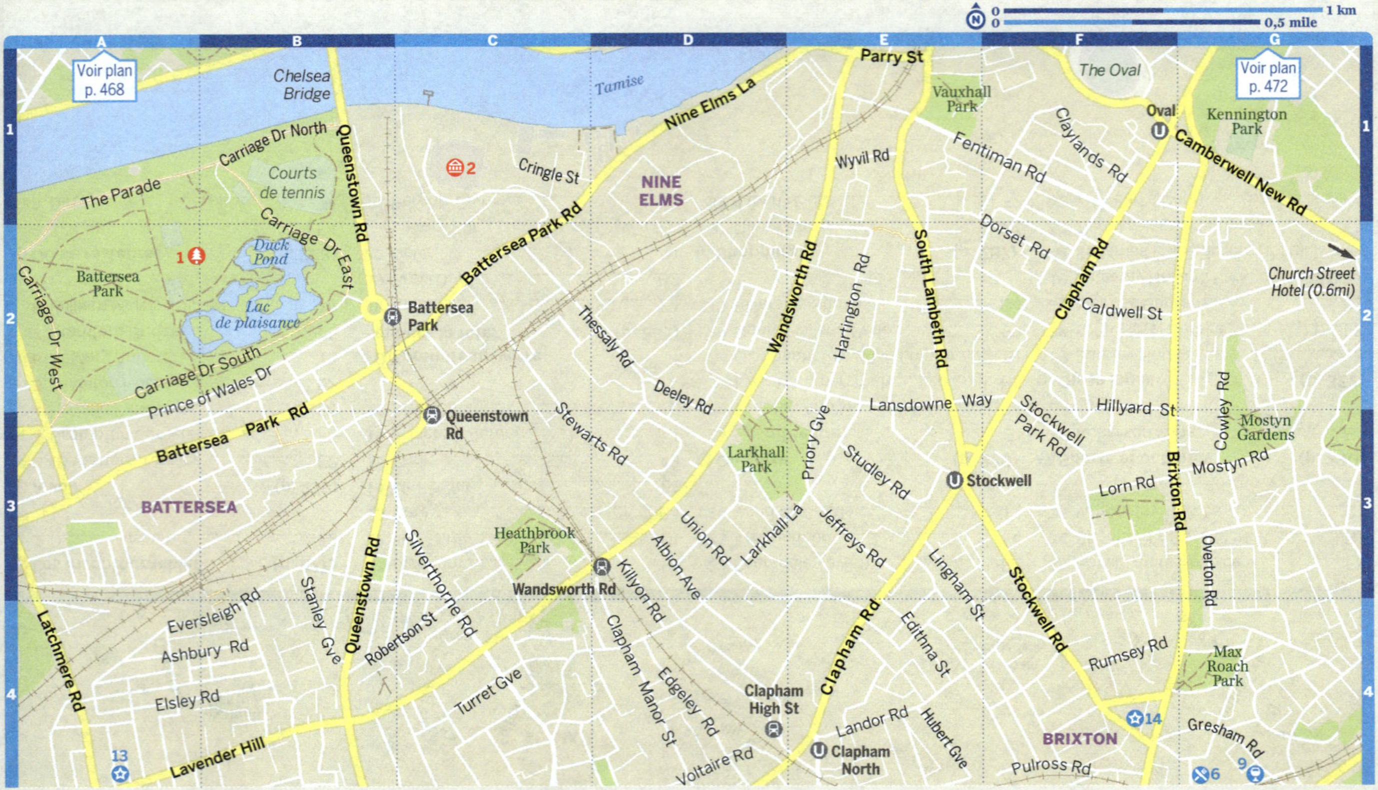

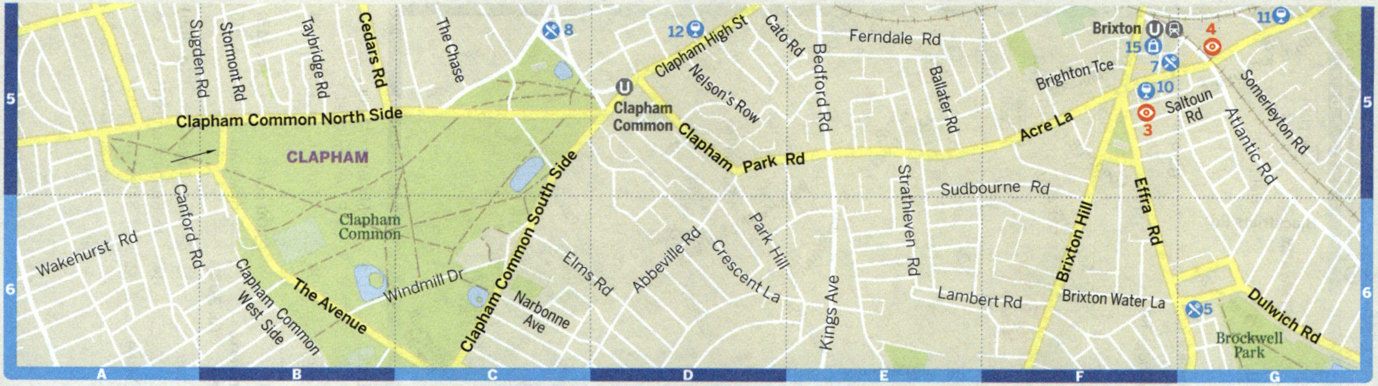

À voir (p. 303)

1 Battersea Park ... A2
2 Battersea Power Station ... C1
3 Black Cultural Archives ... F5
4 Brixton Village & Market Row ... G5

Où se restaurer (p. 305)

Franco Manca ... (voir 15)
Honest Burgers ... (voir 4)
Kricket ... (voir 4)
Mamalan ... (voir 4)
5 Naughty Piglets ... G6
6 Pop Brixton ... G4
7 Three Little Birds ... F5
8 Trinity ... C5

Où prendre un verre et faire la fête (p. 310)

9 Brixton Brewery ... G4
Federation Coffee ... (voir 4)
10 Market House ... F5
11 Shrub and Shutter ... G5
Taproom by Brixton Village ... (voir 4)
12 Two Brewers ... D5

Où sortir (p. 313)

13 Battersea Arts Centre ... A4
14 O2 Academy Brixton ... F4

Shopping (p. 313)

15 Brixton Market ... F5

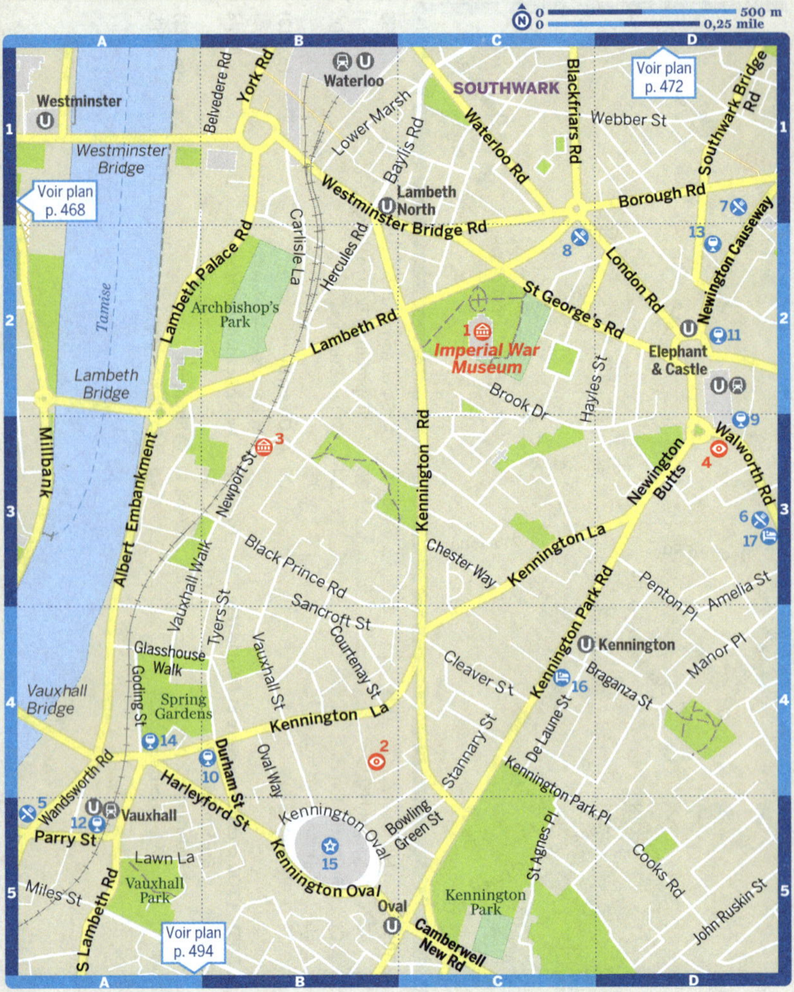

Les incontournables (p. 303)
1 Imperial War Museum.. C2

À voir (p. 303)
2 Beefeater Distillery....... B4
3 Newport Street Gallery B3
4 Strata SE1...................... D3

Où se restaurer (p. 305)
5 Brunswick House.......... A5
6 Dragon Castle................. D3
7 Mercato Metropolitano................D1
8 Paladar C2

Où prendre un verre et faire la fête (p. 308)
9 Corsica Studios.............. D3
10 Eagle B4
11 Elephant & Castle D2
12 Fire London..................... A5
13 Ministry of Sound........D2
14 Royal Vauxhall Tavern....................... A4

Où sortir (p. 313)
15 Kia Oval......................... B5

Où se loger (p. 365)
16 Kennington B&B C4
17 Safestay London Elephant Castle........ D3

Les incontournables (p. 293)

1 Cutty Sark ... C2
2 Greenwich Park ... D3
3 National Maritime Museum ... C2
4 Old Royal Naval College ... C2
5 Royal Observatory ... D3

À voir (p. 296)

6 Chapel of St Peter & St Paul ... C2
7 Greenwich Foot Tunnel ... B2
8 Old Royal Naval College Visitor Centre ... C2
9 Painted Hall ... C2
10 Peter Harrison Planetarium ... D3
11 Queen's House ... C2
12 Ranger's House ... D4
13 St Alfege Church ... B3
14 Statue de Pierre le Grand ... A2

Où se restaurer (p. 299)

15 Goddards at Greenwich ... C2
16 Greenwich Market ... C2
17 Paul Rhodes ... C2

Où prendre un verre et faire la fête (p. 299)

18 Cutty Sark Tavern ... D1
19 Little Faith ... A4
Old Brewery ... (voir 8)
20 Trafalgar Tavern ... C1

Où se loger (p. 365)

21 Mitre ... B3

RICHMOND ET KEW

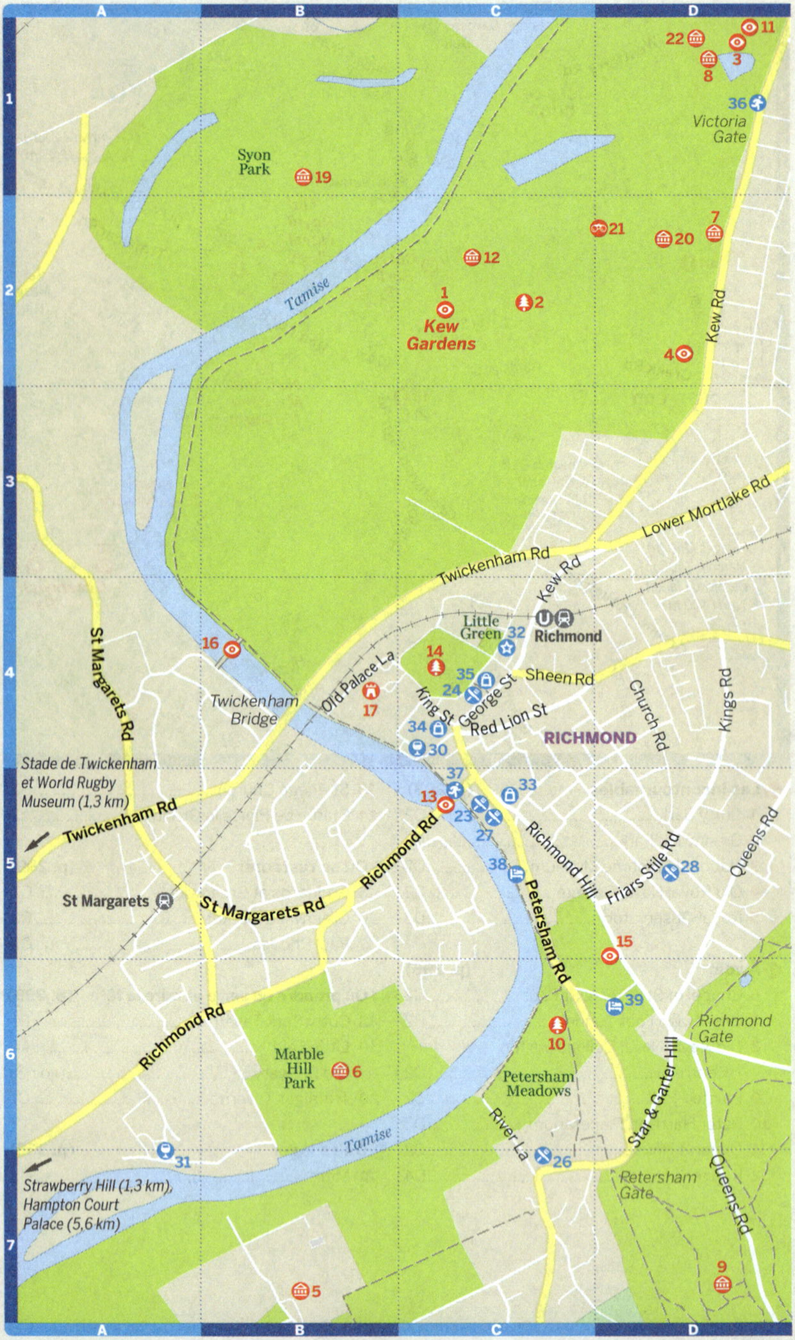

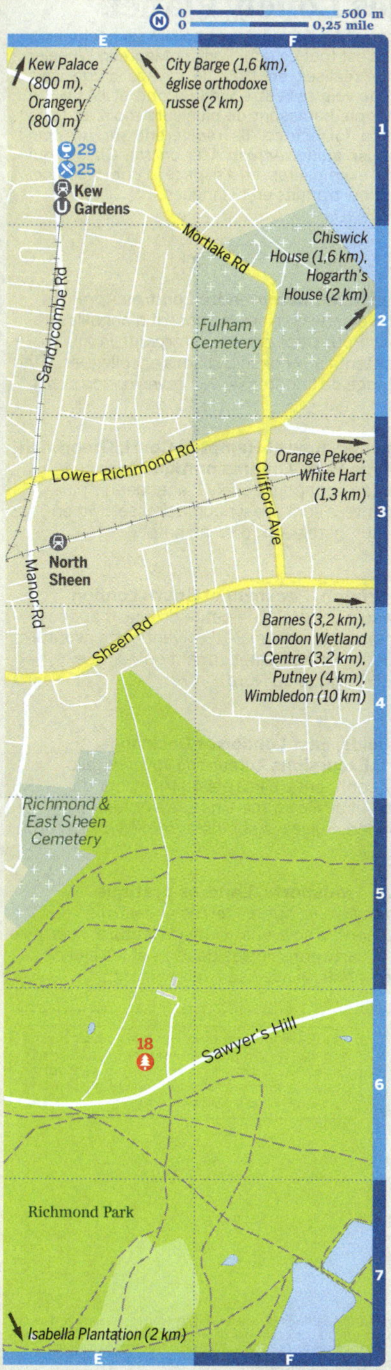

Les incontournables (p. 320)

1 Kew Gardens ... C2

À voir (p. 322)

2 Arboretum ... C2
3 Great Broad Walk Borders ... D1
4 Great Pagoda ... D2
5 Ham House ... B7
6 Marble Hill House ... B6
7 Marianne North Gallery ... D2
8 Palm House ... D1
9 Pembroke Lodge ... D7
10 Petersham Meadows ... C6
11 Princess of Wales Conservatory ... D1
12 Queen Charlotte's Cottage ... C2
13 Richmond Bridge ... C5
14 Richmond Green ... C4
15 Richmond Hill ... D5
16 Richmond Lock ... B4
17 Richmond Palace Remains ... B4
18 Richmond Park ... E6
19 Syon House ... B1
20 Temperate House ... D2
21 Treetop Walkway ... D2
22 Waterlily House ... D1

Où se restaurer (p. 327)

23 Chez Lindsay ... C5
24 Gelateria Danieli ... C4
25 Glasshouse ... E1
26 Petersham Nurseries Cafe ... C7
27 Pier 1 ... C5
28 Richmond Hill Bakery ... D5

Où prendre un verre et faire la fête (p. 329)

29 Tap on the Line ... E1
30 White Cross ... C4
31 White Swan ... A7

Où sortir (p. 330)

32 Richmond Theatre ... C4

Shopping (p. 330)

33 Teddington Cheese ... C5
34 The Open Book ... C4
35 Toko ... C4

Sports et activités (p. 330)

36 Kew Explorer ... D1
37 Richmond Bridge Boat Hire ... C5

Où se loger (p. 365)

38 Bingham Riverhouse ... C5
39 Petersham ... D6

Les guides Lonely Planet

Une vieille voiture déglinguée, quelques dollars en poche et le goût de l'aventure, c'est tout ce dont Tony et Maureen Wheeler eurent besoin pour réaliser, en 1972, le voyage d'une vie : rallier l'Australie par voie terrestre via l'Europe et l'Asie. De retour après un périple harassant de plusieurs mois, et forts de cette expérience formatrice, ils rédigèrent sur un coin de table leur premier guide, *Across Asia on the Cheap*, qui se vendit à 1 500 exemplaires en l'espace d'une semaine. Ainsi naquit Lonely Planet, dont les guides sont aujourd'hui traduits en 13 langues.

Nos Auteurs

Steve Fallon

Hampstead et North London, Où se loger, Comprendre Londres Après 20 ans passés dans East London, Steve parle cockney, se nourrit d'anguilles en gelée et boit de la bière au tonneau. Pour cette édition, il a arpenté la ville, explorant sites et bonnes adresses, attentif aux conseils d'amis et collègues. Il fait partie des guides-interprètes Blue Badge de Londres (www.steveslondon.com).

Damian Harper

Notting Hill et West London, Richmond, Kew et Hampton Court, Greenwich et South London, Kensington et Hyde Park, Londres pratique Avec ses 2 diplômes (dont un en chinois), Damian écrit pour Lonely Planet depuis plus de 20 ans. Auteur de guides expérimenté, il écrit aussi pour la presse. Il vit en Angleterre, dans le Surrey. Suivez-le sur Instagram : damian.harper.

Lauren Keith

La City, South Bank, Greenwich, Brixton, Peckham et South London Journaliste et écrivaine, Lauren a vécu à Londres une petite dizaine d'années avant de tout vendre pour faire le tour du monde en 2019. Avant cette aventure, elle avait travaillé au siège londonien de Lonely Planet en tant qu'éditrice destinations pour le Moyen-Orient et l'Afrique du Nord.

MaSovaida Morgan

Clerkenwell, Shoreditch et Spitalfields, East London et Docklands, Richmond, Kew et Hampton Court, Excursions Auteure de voyages, elle a découvert plus de 55 pays sur les 7 continents. Elle a été éditrice pour des journaux et ONG à New York, en Israël et au Royaume-Uni. Elle a obtenu un master à la University of the Arts London. Suivez-la sur Instagram (@MaSovaida).

Tasmin Waby

Le West End, Préparer son séjour, Transports, Londres pratique Née à Londres, Tasmin a grandi en Australie, sur les terres ancestrales des Aborigènes, une enfance dont elle chérit le souvenir. Outre la lecture, l'écriture et l'édition, elle se passionne pour la cartographie, les déserts et les ciels étoilés. Elle vit en Angleterre sur une péniche avec ses deux enfants.

Londres
11e édition
Traduit et adapté de l'ouvrage *London, 12th edition, May 2021*

92 avenue de France - 75013 Paris

Dépôt légal Mai 2021
ISBN 978-2-81619-134-9

Imprimé par Grafica Veneta, Trebaseleghe, Italie
Réimpression 02, avril 2022

En Voyage Éditions | un département édi8